Unsere Hoffnung – Gottes Wort

UNSERE HOFFNUNG – GOTTES WORT

Die Evangelien der Sonn- und Festtage
Auslegung und Verkündigung
Begründet von Heinrich Kahlefeld
und Otto Knoch

Neubearbeitet und herausgegeben
von
Konrad Baumgartner und Otto Knoch

Lesejahr C

VERLAG JOSEF KNECHT · FRANKFURT AM MAIN

CIP-Titelaufnahme der Deutschen Bibliothek

Unsere Hoffnung – Gottes Wort : d. Evangelien d. Sonn. u. Festtage ; Auslegung u. Verkündigung / begr. von Heinrich Kahlefeld u. Otto Knoch. Neubearb. u. hrsg. von Konrad Baumgartner u. Otto Knoch. – Frankfurt am Main : Knecht.

Frühere Ausg. u. d. T.: Die Episteln und Evangelien der Sonn- und Festtage

NE: Kahlefeld, Heinrich [Begr.]; Baumgartner, Konrad [Hrsg.]

Lesejahr C. – 1. Aufl. – 1988
ISBN 3-7820-0567-8

ISBN 3-7820-0567-8

Gesamtherstellung: Konrad Triltsch, Druck- und Verlagsanstalt GmbH, Würzburg

INHALT

Weihnachtsfestkreis

Advent

Weihnachten

Osterfestkreis

Fastenzeit

Sonntage im Jahreskreis

Vorwort

Im Lesejahr des Lukasevangeliums soll die Botschaft von der Rettung aller Menschen aus Tod, Not und Sünde durch den Heiland Gottes, Jesus von Nazaret, neu bekannt gemacht und lebendig weitergegeben werden. Der gebildete Heidenchrist Lukas hat diese Botschaft – unter Benutzung früherer Evangelienentwürfe, darunter jener des Markus – geprüft, ergänzt, neu dargestellt und in eine gute sprachliche Form gebracht, um sie Christen und suchenden Heiden im römischen Weltreich auf überzeugende Weise nahezubringen.

In seinem Vorwort sagt er über sein Vorhaben: »Ich habe mich entschlossen, allem von Grund auf sorgfältig nachzugehen und es ... der Reihe nach aufzuschreiben, um die Zuverlässigkeit« der christlichen Überlieferung aufzuzeigen (Lk 1,3f).

Diese Botschaft, das Evangelium, umschreibt der himmlische Bote, der in seinem Evangelium die Geburt des verheißenen Erlösers öffentlich bekanntmacht, als »eine große Freude, die allem Volk zuteil werden soll: Heute ist euch ... der Heiland geboren, der Messias, der Herr!« (Lk 2,11). Durch Jesus Christus will Gott allen Menschen »seine Gnade, seinen Frieden« schenken (Lk 2,14). Jesus geht daher in der Vollmacht Gottes zu den Armen, Unterdrückten, Leidenden, Kranken, den Verlorenen und in Sünde Verstrickten und hilft ihnen leiblich, seelisch, sozial und religiös aus ihrer Not. Er bietet Gottes Erbarmen und Liebe allen Menschen an, die sich glaubend darauf einlassen. Er sammelt alle, die auf ihn hören, und schließt sie zu einer neuen Gemeinschaft, dem Volk Gottes des Neuen Bundes, zusammen. Er stiftet den Neuen Bund durch seinen Tod und seine Auferstehung, schenkt den Aposteln und durch sie der Kirche aus Juden und Heiden seinen Geist, seine erlösende Kraft, um die Menschheit im Geist der Wahrheit, Gerechtigkeit und Liebe zu einen und zu retten. »Alle Völker sollen umkehren, damit ihre Sünden vergeben werden! Ihr seid Zeugen dafür. Und ich werde die Gabe, die mein Vater verheißen hat (den Heiligen Geist), zu euch herabsenden!« (Lk 24,47–49).

Seither wird diese Botschaft von Gottes Heil durch die Kirche in der Welt bekannt gemacht, sammeln sich Menschen in der Kirche

Jesu Christi wie eine große Familie zu einer neuen Gemeinschaft über alles Trennende hinweg, können die Glaubenden die Liebe Gottes und die heilenden Kräfte des Heiligen Geistes erfahren.

Dieser Band bietet allen, denen die Kirche im deutschen Sprachgebiet die Verkündigung dieser befreienden Botschaft – in diesem Jahr auf der Grundlage des Lukasevangeliums – übertragen hat, seine Dienste an, die liturgischen Perikopen richtig zu verstehen und auf verantwortliche und zugleich zeitgemäße Weise im Gottesdienst zu Wort zu bringen. Die exegetischen und pastoralen Fachleute, die diesen Band erarbeitet haben, verstehen ihre Beiträge als Hilfe für die Vorbereitung der Verkündigung durch die jeweiligen Verkünder des Evangeliums. Sie würden sich freuen, wenn sie nicht nur zu einem besseren Verständnis des Evangeliums nach Lukas, sondern auch zur Glaubensfreude der Verkünder beitragen könnten.

Regensburg/Passau, Ostern 1988 Die Herausgeber

Einführung

Die Neuausgabe der Verkündigungshilfe: Die Evangelien der Sonn- und Festtage setzt die endgültige Fassung der Leseordnung für die Sonn- und Festtage von 1981 (Rom) und 1982/83 (Deutsche Ausgabe des endgültigen Lektionars) voraus.

Jeder Band ist folgendermaßen aufgebaut:

I. Bibeltheologische Vorüberlegungen:
   1) Stellung, Struktur, Gattung der Perikope,
   2) Einzelauslegung,
   3) Theologische Würdigung

II. Liturgisch-homiletische Vorüberlegungen:
   1) Liturgische Hinweise,
   2) Homiletische Hinweise

III. Zur Predigt: Ein ausgeführter Predigtvorschlag

Weihnachtsfestkreis

Erster Adventssonntag

Lk 21,25–28.34–36

I. Bibeltheologische Vorüberlegungen

1. Stellung, Struktur, Gattung der Perikope

(1) Die Perikope ist dem zweiten Teil der sog. synoptischen Apokalypse entnommen, der vom Untergang der Welt und dem Kommen Christi zum Weltgericht handelt (Mk 13,24–37; Mt 24,29–36; Lk 21,25–38). Weggelassen ist der Hinweis auf das Sprossen des Feigenbaums (und aller anderen Bäume, Lk 21,29–33), was inhaltlich aber keine wesentliche Verkürzung der Gedankenführung darstellt.

Die sog. apokalyptische Rede bildet eine redaktionelle Einheit aus verschiedenartigen Stücken und erhielt ihre neutestamentliche Gestalt von Markus. Er will damit einerseits an der Erwartung des Kommens Christi festhalten, zugleich aber einer falschen Nah- und Nächsterwartung wehren.

(2) Lukas hat, wie ein Vergleich mit Markus (und Matthäus) zeigt, die apokalyptische Vorlage unter dem Einfluß des Untergangs Jerusalems und des Nichteintreffens der von vielen Judenchristen mit diesem Untergang verknüpften Naherwartung vom Kommen des Herrn (vgl. Mt 24,29: »bald nach jener Drangsal«; Mk 13,24: »in jenen Tagen«) nicht unerheblich verändert. Zunächst ersetzt er den Hinweis auf die Schändung des Tempels mit einem Götzenbild durch die Schilderung vom Untergang Jerusalems (Lk 21,20–24, vgl. Mk 13,14–20) und weist darauf hin, daß Jerusalem zerstört bleibt, bis die »Zeiten (kairoi) der Heidenvölker voll sind«, d. h. bis die Zeit der Heidenmission nach dem Plan Gottes erfüllt ist; vgl. Röm 11,25–32. Damit tilgt er zugleich jede Zeitangabe für das Eintreten der Endereignisse des Kosmos; er stellt 21,25 einfach fest: Die abschließenden Endereignisse werden durch eine Erschütterung der kosmischen Ordnung eingeleitet. Zwar hält er noch am Hinweis auf »dieses Geschlecht« fest, »das nicht vergeht, bis alles geschehen wird«, 21,32, streicht aber gegenüber der Vorlage Mk 13,30 (vgl.

Mt 24,34) das tauta, womit er wohl andeuten will, daß er nicht alle in der Endrede erwähnten Geschehnisse in die Zeit dieser Generation eingeschlossen sehen will, sondern nur jene, die sich auf den Untergang Jerusalems beziehen. Das Wann des Weltendes ist nach ihm ungewiß, eine Auffassung, die auch sonst in seinem Evangelium (vgl. 17,21) und in der Apostelgeschichte (vgl. Apg 1,6–8) begegnet.

Bemerkenswert ist, daß Lukas der Erschütterung der Ordnungen der Himmelssphäre (Mond, Sonne, Gestirne) den Hinweis auf eine gewaltige Unruhe des Meeres beifügt, sowie auf die Folge dieses Geschehens hinweist, die angst- und ratlose Erwartung der Menschen. Auch ersetzt er den Hinweis auf die Sammlung der Gerechten durch Engel bei der Ankunft Christi (Mt 13,27 b) durch die Aufforderung an die Adressaten des Evangeliums, voll Freude den Herrn zu erwarten, 21,28.

(3) Im Unterschied zu Markus und Matthäus schließt er den Abschnitt durch den Ausspruch Jesu von der immer dauernden Gültigkeit seiner Worte, V. 33, um auf diese Weise dem Zweifel zu wehren, die Parusie werde nun nicht mehr eintreten, und mit einer daran angehängten Mahnung, nüchtern, fromm und wachsam auf dieses Kommen Christi hinzuleben. Demnach liegt der Schwerpunkt dieser Endzeitrede nach Lukas auf der religiös-ethischen Mahnung zu einem beharrlichen christlichen Leben. Es gilt, mit dem Christsein im Gang der Zeit ernst zu machen, und zwar im Hinblick auf das Endgericht.

2. *Einzelauslegung*

V. 25f Lukas ist wie die übrigen Autoren des Neuen Testaments überzeugt, daß am Ende der Geschichte ein Zusammenbruch der gegenwärtigen kosmischen Ordnung stehen wird. Vor allem die Verfinsterung der Gestirne und das wilde Sichaufbäumen des Meeres will Lukas als semeia, als Hinweise auf das bevorstehende Ende der Welt verstanden wissen. Das Urchaos kehrt wieder (vgl. Gen 1), wenn Gott der Welt ein Ende setzt. Allerdings ist Lukas nicht an der kosmischen Seite dieses Geschehens interessiert, sondern allein an dem, was dies alles für den Menschen bedeutet: Hinweis auf den Zusammenbruch der scheinbar so sicheren Menschenwelt und das Kommen Christi. Darum weist er allein von den Synoptikern auf die Reaktion der Menschen hin: deren Ratlosigkeit und bange Erwartung. Wichtig ist aber zu sehen, daß Lukas das Wissen um den Zeitpunkt des Endes allein Gott vorbehält.

V. 27f Die kosmischen Ereignisse des Weltendes werden nicht näher beschrieben. Das Interesse der synoptischen Evangelisten liegt deutlich auf dem sichtbaren Kommen Christi als Herr und Richter der Welt und als Retter der Christen. Die Richterfunktion des mit Macht und herrscherlichem Glanz kommenden Herrn wird durch den Titel »Menschensohn« herausgestellt. Das Bild der Danielapokalypse von dem Menschenähnlichen, der im Namen Gottes das Gericht über die Gottlosen vollzieht, Dan 7,13f, und dort »das Volk der Heiligen des Höchsten« verkörpert, ist hier auf Christus übertragen. Er ist auf Grund seiner Sendung (vgl. Lk 12,8f; vgl. 22,69) und seiner Auferstehung (24,44ff; Apg 1–10; 2,32–36) der Herr, Richter und Vollender der Menschheit. Mit diesem Kommen wird vor aller Welt sichtbar, wer Jesus ist, und es wird zugleich vollendet, was mit dem Kommen Jesu als Mensch auf dieser Welt begann. Das bringt Lukas dadurch zum Ausdruck, daß er anstelle »der Wolken des Himmels« nur von »einer Wolke« spricht, analog zu jener lichten Wolke, die den auffahrenden Herrn den Blicken der Seinen entzog, Apg 1,9. Damals gaben die himmlischen Boten nach Lukas bekannt, daß sein Kommen in Herrlichkeit diesem Hingang zum Vater genau entsprechen wird (Apg 1,11: »Auf dieselbe Weise wird er kommen«).

Auffällig ist, daß Lukas die Aussage der Markus-Vorlage wegläßt, wonach der als Richter kommende Herr »seine Auserwählten« durch seine Engel sammeln und so aus dem Untergang der Welt erretten läßt, Mk 13,27; vgl. Mt 24,31, statt dessen aber die Aufforderung einfügt: »Wenn dies geschieht, dann schaut auf und erhebt eure Häupter, denn es naht eure Erlösung!« Er ist kritisch gegenüber der traditionellen/jüdischen und judenchristlichen Apokalyptik und ihren weltbildverhafteten Vorstellungen (vgl. 1 Thess 4,15f; Apk 19–21). Ihm genügt der Hinweis auf das für den Gläubigen Wesentliche: Christus vollendet nun die Erlösung der Seinen. Jetzt wird vollendet, was durch Glaube und Taufe begann (vgl. Apg 2). »Die letzten Dinge« sind nach Lukas und dem Zeugnis der apostolischen Kirche nicht Anlaß zu Furcht und äußerster Seelenbedrängnis (vgl. damit die Sequenz ›dies irae‹), sondern zu Freude und Hoffnung, weil Christus für die Seinen gestorben und auferstanden ist.

Hinzuweisen ist noch darauf, daß Lukas das Verb enggízein hier wohl nicht ohne Absicht gebraucht: An Stelle der zeitlichen Nähe des Herrn und seiner Parusie, die im NT vorwiegend durch enggys ausgedrückt wird, will Lukas hier die personale Nähe Christi betonen: *Er* »nähert sich« und vollendet so sein Erlösungswerk (vgl. Lk 21,8; – Mt 24,32; 26,18; Mk 13,28f; Röm 13,11; Phil 4,5; Apk 1,3; 22,10). Wann das geschieht, ist demgegenüber ohne Bedeutung.

V. 32f Beim Hinweis auf »dieses Geschlecht« hat Lukas wohl nicht ohne Absicht – wie bereits bemerkt – das tauta weggelassen. Geneá (ohne Attribute) begegnet bei Lukas relativ selten und ist nahezu immer zeitlich verstanden (»Generation«) ohne besondere qualitative Wertung. »Diese Generation« der Zeit- und Volksgenossen Jesu hat ihre besondere Bedeutung, auch bei Lukas, aber sie ist keineswegs die letzte Generation von Menschen vor dem Weltende. (Darum läßt Lukas auch den Hinweis auf »Tag« und »Stunde« der Parusie, Mk 13,32 par weg.) An ihr wird vielmehr deutlich, wie die Menschen »generell« zum Christusereignis stehen: Ihre Weltverhaftung verhindert, daß sie sehen, was die Stunde geschlagen hat (s. unten zu den V. 34–36).

Wichtig ist für Lukas aber der Hinweis auf die immer gültige Wahrheit der Worte Christi. Am Wort Christi hängt das Schicksal der Menschheit. Dies gilt nicht nur in Hinsicht auf die Zukunftsaussagen Jesu – das ist hier vor allem betont –, sondern auch in Hinsicht auf seine Weisungen. Nur wer die Worte Jesu ernst nimmt, kann im Gericht des Menschensohnes bestehen; selig zu preisen sind daher jene, »die das Wort Gottes hören und tun«, 10,28 (vgl. 8,21: »Meine Mutter und meine Brüder sind diese da, die das Wort Gottes hören und es tun«). Nach Lk 8,12ff aber ist es Jesus, der Gottes Wort auf den Acker der Welt sät (vgl. Lk 4,22.32; 5,1; 10,39: Maria als vorbildliche Hörerin des Wortes Christi; das Hören auf sein Wort ist das eine Notwendige; 22,61; 24,19.44).

V. 34–36 Diese ethisch-religiöse Auffüllung des Logions von der Geltungsdauer der Worte Jesu erlaubt es Lukas, dem ganzen Abschnitt einen paränetischen Schluß zu geben, die Mahnung, sich im Hingang der sich dehnenden Zeit nicht ins Irdische zu verlieren. Sonst kann niemand vor dem Richter bestehen, wenn er kommt.

Näherhin sind es folgende Dinge, die den Menschen nach unten ziehen und belasten: Die Flucht in Vergnügen und Rausch und das Aufgehen in den Alltagssorgen um das irdische Leben. Auf diese Gefahren eines verbürgerlichten, erschlafften Christentums weist Lukas immer wieder hin: So im Wort gegen die falschen Sorgen, 12,22–31; in der Deutung der Sämannsparabel auf die irdischen

Sorgen, den Trug des Reichtums und die übrigen »weltlichen Begierden«, 8,14; in der Ablehnung des Mammonsdienstes, 16,13; vor allem aber im Hinweis auf die sich so sicher fühlenden Katastrophengenerationen der Sintflutzeit und des Untergangs von Sodom und Gomorra, 17,24–37. Jene Menschen übersahen über ihren Alltagsgeschäften und Alltagssorgen die Zeichen der Zeit und verfielen so dem Untergang: »Sie aßen und tranken, kauften und verkauften, pflanzten und bauten« – und dann war es plötzlich zu spät. »Jener Tag wird plötzlich hereinbrechen«, so wie eine Schlinge ein ahnungslos dahinlaufendes Wild packt; darum gilt es, immer bereit zu sein. Dies ist nach Lukas aber nur möglich, wenn man den Blick nicht vom kommenden Richter abwendet, sich um ein Leben nach seinem Wort bemüht und beharrlich betet. Das entscheidende Mittel, immer wach zu bleiben und auszuharren, ist nach Lukas das Gebet. Nur wer »allezeit betet«, ist nicht in Gefahr, die Verbindung mit dem Herrn zu verlieren (18,1.7; 11,1–13; 22,32.40.46; vgl. Apg 1,14; 6,4; 12,5). Christsein heißt demnach, so zu leben, daß man vor dem kommenden Herrn im Gericht zu bestehen vermag.

3. Theologische Würdigung

(1) Zu den Grundhaltungen des Christen gehört nach dem Gesamtzeugnis des Neuen Testaments die Ausrichtung nach vorn, auf den in Hoheit und Macht kommenden Herrn. Der Christ glaubt und bekennt, daß die Vollendung des durch Jesu Leben und Wirken am Menschen Begonnenen endgültig erst in der Parusie Christi geschieht.

Von den Synoptikern ist Lukas am geringsten an der kosmischen Seite des Parusiegeschehens interessiert. Er teilt zwar die Auffassung von der Erschütterung dieser kosmischen Ordnung und der Erneuerung derselben, aber der Schwerpunkt seiner Aussage liegt auf der Ausrichtung des Lebens der Christen auf das Kommen Christi. Jeder Christ muß sich von Christus prüfen lassen. Wohl dem, dessen Lebensführung vor diesem Blick besteht.

Auf den Herrn hin leben, zielgerichtet leben, vor den Augen des Herrn leben: Das heißt nach Lukas ›christlich leben‹. Demgegenüber haben die Fragen nach dem Wann und Wie der Parusie lediglich untergeordneten Rang.

(2) Leben auf den Herrn und Richter hin ist für Lukas aber keine bedrückende, Angst hervorrufende, ständig belastende Sache. Er

freut sich als Christ auf Christus; er ist überzeugt, daß sich ein solches Leben lohnt, weil er weiß, was Christus durch sein Kommen, sein Sterben und Auferstehen, durch sein Wort und sein Vorbild dem Menschen geschenkt hat. Erst durch Christus ist der Mensch frei von der Verlorenheit an die Unheilsmächte dieser vergänglichen Welt, erst durch Christus hat der Mensch Hoffnung auf eine sinnvolle, reiche Zukunft, weil erst Christus den Menschen die Liebe Gottes erschlossen und geschenkt hat. Der Christ weiß, daß die Welt und das Leben ihm Zukunft und Selbstverwirklichung gewähren. So wird das Wissen um das Kommen des Richters und Vollenders für den Christen zum anfeuernden, Kraft und Freude schenkenden Motiv.

(3) Endzeitgerichtet leben heißt nach Lukas, sich an die Worte Christi halten und an seinem Vorbild sich ausrichten. Näherhin entfaltet sich ein solches Leben nach Lukas in ständiger, persönlicher und vertrauensvoller Gebetsgemeinschaft mit Christus, in brüderlicher Liebe, vor allem zu den Notleidenden und sozial Zukurzgekommenen, in der Hergabe eines Teils des Besitzes für die Armen, in nüchterner Lebensführung und in kritischer Distanz gegenüber den Alltagssorgen, die den Menschen versklaven und ihm den Blick für das Wesentliche trüben. Tod, Vergänglichkeit und große Katastrophen, gerade auch solche kosmischer Art weisen den Christen auf die Unsicherheit dieses Lebens und auf dessen Unsicherbarkeit mit irdischen Mitteln hin. Wer vor dem Herrn bestehen will, muß zukunftsgerichtet leben. So wird er frei, wirklich menschlich zu leben. Erst das Wort Christi, das in einem Menschen Wurzel schlägt, macht den Menschen zu einem wirklichen Menschen; vgl. Lk 8,15. Wer an Christi Wort sich hält, gewinnt daher die Zukunft, erlangt das Leben, das dauert; vgl. 21,33.

O. Knoch

II. Liturgisch-homiletische Vorüberlegungen

1. Liturgische Hinweise

Aus der lukanischen Kirchen- und Geschichtstheologie – ›Jetzt, heute ist die Zeit der Kirche, die Zeit des Heiligen Geistes, als die Zeit der wachsenden Vollendung‹ – wird im 4. Jahrhundert der

Advents- und Weihnachtsfestkreis komponiert. Damit ist »Adventszeit« schon von Anfang an dankbares Staunen über das Kommen Gottes in der Geschichte Jesu, in der Geschichte Israels/Judas, in der Geschichte der Welt und zugleich hoffendes Warten auf das neue Kommen Gottes, seines Menschensohnes heute und zur Vollendung der Welt und der Geschichte.

Diese lukanische Perspektive prägt auch die Liturgie des Ersten Adventssonntags. So nimmt schon der *Eröffnungsvers* mit seiner Selbstaufforderung und Hoffnungsstärke den lukanischen, paränetischen Appell des *Tagesevangeliums* auf, die *Oration* bestimmt den adventlichen Weg, die *Lesungen* markieren den Horizont der neuen nahenden Ankunft des Menschensohnes und endlich verstärkt das *Schlußgebet* nochmals den Weggedanken »durch diese vergängliche Welt«.

Aber hier liegt zugleich das liturgiepastorale bzw. liturgiehomiletische Problem: Die Adventsliturgie als Feier des geglaubten Ankommens Jesu Christi in der Gemeinde heute und in der gesellschaftlichen und kosmischen Geschichte kann nur mit einer kleinen Gruppe von Christen (als Gottesdienstteilnehmer) rechnen, die in dieser Gestalt ihr Leben und ihren Glauben feiern können. Für den größeren Teil der Gemeindemitglieder liegt der Sinn des Advents in der Vorbereitung auf Weihnachten: als Erinnerungsfeier an den Geburtstag Jesu. Und endlich für den größten Teil der sonntäglichen Eucharistiegemeinde ist die Gottesfrage und die Verbindung ihres Lebens mit möglichen Antworten auf diese Gottesfrage so zentral und offen zugleich, daß sie z. B. in den großen Bogen des *Tagesgebetes* zuerst eingeladen, eingeführt, »eingeweiht« werden müssen, ehe sie sich dem Anruf des *Evangeliums* stellen können. Oder mit den Worten der liturgischen Texte gesprochen: Der *Antwortpsalm* deutet den Grundton einer Liturgie zur Eröffnung der Adventszeit an – für eine Gemeinde in Säkularität und Diaspora (Ps 25,4 f):

»Zeige mir, Herr, deine Wege,
lehre mich deine Pfade!
Führe mich in deiner Treue und lehre mich,
denn du bist der Gott meines Heils!«

Diese gleichsam »vor«-christliche oder »nach«-christliche Einstellung hat auch ihre gute Seite; denn sie bietet die Chance an, Reste jener Weihnachtspraxis zu überwinden, die den 25. Dezember vorab als wichtiges Datum der Jesus-Biographie feiert, und stattdessen Weihnachten als das Fest der Menschenfreundlichkeit Gottes in unserer Geschichte gestern und morgen und heute neu zu entdecken. Anders gesagt: Die Fragen: »Ist Gott?«, »Wo ist Gott in unserer Welt?«, »Wie ist Gott in Jesus wirksam?« bahnen neue Wege zum Erkunden des (österlichen) Weihnachtsgeheimnisses. Oder noch einmal anders gesagt: Wir sind gut beraten – angeleitet durch die *Erste Lesung* (Jer 33,14–16) –, uns mit allem Ernst unseres Glaubens und unseres Unglaubens zu fragen: Rechnen wir mit Gottes Interesse an unserem Leben, mit seiner Gegenwart in unseren Tagen, mit der Erfüllung seines Versprechens ›Seht, Tage werden kommen . . .‹? In welcher Weise erfüllt dieser Gott in der Jesusgeschichte sein Versprechen? Aus vorsichtigen und kühnen Antworten zugleich kann uns Adventsmut und sogar Weihnachtsglaube zuwachsen, kann endlich das *Evangelium* zu adventlicher Praxis einladen.

2. *Homiletische Hinweise*

Wenn wir als homiletische und hermeneutische Grundregel voraussetzen: ›Die heiligen Texte nehmen uns unter ihr Gericht und in ihre Hoffnung und zugleich hören wir ihren Richterspruch und ihren Aufruf mitten im Wahrnehmen unserer Lebens- und Glaubenssituation‹, dann hören wir die zweifache Botschaft der adventlichen Tage: Die Hinweise auf die tödliche Bedrohung unseres Lebens und das Versprechen Gottes, sich auf unsere Seite zu schlagen. Darum gliedern wir unseren Predigtentwurf angeleitet vom *Ruf vor dem Evangelium*:

> »Erweise uns, Herr, deine Huld
> und gewähre uns dein Heil!« (Ps 85,8)

in vier Schritte:

1) »Völker voll Angst und Bestürzung . . .
   Menschen vergehen vor Angst in Erwartung der Dinge . . .«
2) »Den Menschensohn kommen sehen . . .«
3) »Erhebt eure Häupter . . .!«
4) »Bleibt immer wach und betet . . .!«

Insgesamt versuchen wir, die lukanische Sicht auf das Ende mitten in unsere Tage hinein auszulegen. Denn die Zukunft hat in der Geschichte Jesu schon begonnen: Gott ist im Kommen – zur Vollendung heute.

III. Zur Predigt: Mitten in der Angst – »erhebt eure Häupter!«

»Völker voll Angst und Bestürzung ... Menschen vergehen vor Angst in Erwartung der Dinge ...«

Angst in unserem Alltag. Angst fällt uns an bei den Frühnachrichten beim Aufstehen; Angst kriecht uns den Rücken hinauf bei der letzten Tagesschau. Meistens ist es eine stille Angst. Darum wird sie oft übertönt von lauten Tagesgeräuschen: Von harten Befehlen und schmeichelnden Werbestimmen, von grellen Schlagern und vertröstenden Politikersprüchen. Aber plötzlich ist die Angst wieder da – gellend wie eine Sirene, dröhnend wie ein nahendes Gewitter.

Angst hat viele Gesichter: Angst vor dem Unfall beim Vorbeifahren an einer Unglücksstelle, Angst vor dem Verlust der Arbeitsstelle beim Lesen roter Bilanzzahlen, Angst vor Einsamkeit nach einer zerbrochenen Ehe, Angst vor dem Versagen in der nächsten Prüfung, Angst vor vergiftetem Wasser und immer drohenderem Nord-Süd-Konflikt usw. usw... Das Register der Ängste ist lebenslang. Am Schluß nimmt uns die Angst die Kraft, uns zu wehren, zu schreien, zu klagen vor der Nähe des Todes.

Warum diese Bilder von Angst und Ängsten heute am Ersten Adventssonntag? Was hat denn Angst mit Advent zu tun? Nun, von Angst und Ängsten spricht das Evangelium am ersten Tag des neuen Kirchenjahres. Darüber bin ich froh. Denn wer von Angst spricht, der tut meistens den ersten Schritt, sie zu überwinden. So auch das Evangelium. Es hält uns den Spiegel vor, und wir können in ihm unsere Ängste erkennen. So bin ich, so sind wir: angstgetrieben, angstbesetzt, angstgelähmt. Warum gehen Christen so frei mit Angst und Ängsten um? Haben Christen weniger Angst? Wahrscheinlich nicht! Aber Christen haben weniger Angst vor der Angst. Denn sie erkennen im Angst-Haben unser aller menschliche Situation: unsere Wege durch vielfältigen Tod.

Es gibt viele Formen, Angst und Ängste niederzuhalten, an die Kette zu legen. Wir Christen haben – angeleitet durch die Lebens- und Glaubenstradition Israels/Judas – die kühnste Form, mutig der Angst zu widerstehen, mutig die Angst zu überwinden. Wir vertrauen darauf: Gott steht an unserer Seite (vgl. Eröffnungsvers: »Niemand, der auf dich hofft, wird zuschanden«). Gott ist der gute Grund unseres Mutes – mitten in allen Ängsten. Fast anmaßend in seinem Vertrauen, alle Ängste durchstehen zu können, fragt Paulus (Röm 8,31 b): »Ist Gott für uns, wer ist dann gegen uns?«

Allerdings, dieser Mut gegen alle Ängste ist nicht so leicht zu haben, denn er baut auf den tödlichen Mut des Jesus von Nazaret. Er lebt ganz und gar aus dem Vertrauen: Niemand, der auf Gott hofft, wird zuschanden. Sein Lebenswerk ist das Ausrufen dieses Vertrauens: »Das Reich Gottes ist nahe!« (Mk 1,15). Sein Evangelium ist darum frohmachende Botschaft, weil er Gott als Vater und Mutter, als Freund und Bruder ausruft, vorstellt, vorlebt. Und als Jesus wegen dieser Rede von Gott als Gotteslästerer zum Tode verurteilt wird, wagt er das tödliche Experiment: Zu sterben in dem unerschütterlichen Vertrauen: »Wer auf Gott hofft, wird nicht zuschanden.« Aber Gott rettet ihn nicht vor dem Tod. In seiner Todesangst schreit Jesus: »Mein Gott, warum hast du mich verlassen?« (Mk 15,34). Aber Gott ist nicht zu sehen.

Doch plötzlich machen die Freunde Jesu die Erfahrung: Jesus lebt! Der Hingerichtete ist auferweckt! »Gott hat ihn auferweckt« (Röm 8,11). Das Experiment des Glaubens ist geglückt: Gott ist treu, er rettet durch den Tod hindurch zum österlichen Leben. Dieses österlich erprobte Vertrauen ist das kühne Vertrauen des Paulus und der Christen – gegen alle Ängste.

Aus diesem österlich gewagten und erprobten Glauben können auch wir Christen heute Angst und Ängsten widerstehen: Weil wir »den Menschensohn kommen sehen«, den Zeugen Gottes an unserer Seite:
– in den Glaubensversuchen dieser Gemeinde,
– in den kritischen Anfragen unserer Jugendlichen,
– in unserer Partnerschaft mit der St. Patrick-Gemeinde in Uganda,
– im fürbittenden Gebet unserer alten Gemeindemitglieder.
Denn dort, wo wir ihn erwarten, läßt er uns nicht vergeblich warten.

»Erhebt eure Häupter . . .!«
Advent hat immer eine doppelte Blickrichtung. Er richtet den Blick auf uns und auf den Gott unseres Glaubens; er zeigt uns selber in unseren angstgeplagten Situationen und zeigt uns den Menschensohn, den Stellvertreter Gottes. Und weil er im Kommen ist und damit wir ihn sehen, gilt das: »Erhebt eure Häupter . . .!« Denn sein Kommen ist der Advent Gottes, und das ist der Grund unserer Zuversicht, unseres Heilwerdens (vgl. Lk 21,28 und 1,68: Die erhoffte Erlösung beginnt) und unseres Befreitwerdens aus Angstfesseln. So laden uns die Adventswochen ein, nicht zum So-tun-als-ob, als wüßten wir nichts von Gottes erfülltem Versprechen im Leben und Wirken, im Sterben und Auferwecktwerden Jesu, um so möglichst unbefangen Weihnachten, die Geburt Jesu feiern zu können. Wir dürfen uns vielmehr mit Staunen, mit Dankbarkeit, mit Freude anfüllen lassen: Über die Schleichwege der Liebe Gottes, um heute für uns Vater und Mutter, Bruder und Freund zu werden. Vielleicht sehen wir ihn zu selten am Werk, weil wir die verängstigten Köpfe (vgl. Lk 13,11) nicht heben . . .

»Bleibt immer wach und betet . . .!«
Sicherlich ist Advent eine gute Zeit, sich auf die Suche nach Gott zu machen, Gott im Unterholz unserer Tage aufzulauern, Gott im Gestrüpp unseres Alltags zu entdecken. Advent als Zeit, auf Jagd nach Gott zu gehen: Mitten in den vielgestaltigen, persönlichen und allgemeinen Gottesverborgenheiten. Denn wir können ganz leicht Gott aus den Augen verlieren, seine Gegenwart übersehen. Und wenn wir dies eine Weile tun, dann erklären wir ihn schnell für abwesend oder wir vergessen ihn. Adventswochen können Wochen der Wiederentdeckung werden. Dabei ist allerdings Wachheit gefordert: Wachheit der Sinne, ihn zu erspähen, Wachheit des Geistes, ihn zu erkennen, Wachheit des Herzens, ihn aufzunehmen. Und diese Wachheit erlernen wir betend . . ., vielleicht in einem Gebet um gute Augen . . ., vielleicht in einem Gebet, mitten in meinen Ängsten nach ihm zu suchen.

G. Bitter

Zweiter Adventssonntag

Lk 3,1–6

I. Bibeltheologische Vorüberlegungen

1. Stellung, Struktur, Gattung der Perikope

(1) Die vorsynoptische Überlieferung der Redequelle Q stellt den Täufer Johannes als einen Propheten dar, der in letzter Stunde vor dem Kommen des Eschaton Heil und Gericht ansagt und zur Umkehr aufruft. Schon hat der Holzfäller die Axt ergriffen, um die Bäume, die keine gute Frucht brachten, umzuhauen, Lk 3,9 Q; schon hat der Bauer die Worfschaufel in der Hand, um den Weizen von der Spreu zu scheiden, Lk 3,17 Q. Die Berufung auf die Zugehörigkeit zu Israel, die Abrahamskindschaft, bewahrt nicht vor dem kommenden Gericht, Lk 3,8 Q. Es gilt, umzukehren, die Taufe der Umkehr zu empfangen. Nur so kann man darauf hoffen, von dem Kommenden, der stärker als der Täufer ist, 3,16, mit heiligem Geist getauft zu werden, Mk 1,8, d. h. gerettet zu werden. Die vom Täufer gespendete Taufe ist »Angeld« auf die endgültige Geisttaufe. Die schauerliche Alternative zur Geisttaufe ist die Feuertaufe, die Gerichtslohe, in der die Sünder verbrennen, Lk 3,16 Q.

Auch in Q wurde neben der Feuertaufe wohl bereits die rettende Geisttaufe verkündet; schon dort ist der Täufer auch Heilsprophet. Die ganze atl. Eschatologie erwartet neben dem Gericht auch Heil. Feuer- und Wassertaufe sind Aktualisierungen von Joël 3,1–5.

Neben die Gerichts- und Heilsbotschaft tritt der Hinweis auf den Kommenden. »Bist du es, der kommen soll . . .«, fragen seine Boten, Mt 11,2–6 Q. Inzwischen hatte Jesus bereits die Werke des Messias, wie sie nach Jes 35,5 und 61,1 erwartet wurden, gewirkt: »Blinde sehen, Lahme gehen . . ., den Armen wird frohe Botschaft verkündet«. Der Blick des historischen Johannes erscheint ganz auf das kommende Ereignis gerichtet gewesen zu sein, über Jesus hinweg!

Jesus begann sein öffentliches Wirken im Kreis des Täufers. Anders kann man seine Taufe durch Johannes kaum erklären. Nach

Joh 3,26 – alles spricht für die Historizität dieser Notiz – wirkte Jesus eine Zeit lang am Werk des Täufers mit. In Mt 11,12 schließt er sich mit dem Täufer zusammen: »Von den Tagen des Täufers Johannes bis zur Stunde leidet das Reich Gottes Gewalt, und Gewalttäter reißen es an sich.« Beide, Täufer und Jesus, verkünden das Kommen der Gottesherrschaft, verkünden Gericht und stellen Schonung in Aussicht, wenn man die kurze Gnadenfrist nützt. Wirkkräftiges Zeichen dafür ist die gewährte Bußtaufe. Erst mit seiner Botschaft, daß in ihm das Reich Gottes anbreche, setzt sich Jesus vom Täufer ab.

In den Evangelien ist Johannes – sachlich mit Recht – mehr und mehr zum Vorläufer des Messias geworden: Mk 1,7 f; Mt 3,13–17; Lk 3,15–18; Joh 1,8.20–27; 3,27–30.

(2) Die Taufe des Johannes hat mit der jüdischen Proselytentaufe und den in Qumran gepflegten Waschungen und Tauchbädern nur einen allgemein religiösen Hintergrund gemeinsam. Sie ist aber von beiden Riten unabhängig: Die Proselytentaufe war ein Aufnahmeritus in die Glaubensgemeinschaft Israels, während die Johannestaufe für Israel selbst vorgesehen war; die Tauchbäder von Qumran geschahen wiederholt und regelmäßig, während die Johannestaufe nur einmal gespendet wurde. Sie ist ob ihrer Unwiederholbarkeit, ihrer Verkoppelung mit der Sündenvergebung, ihrer eschatologischen Zeichenhaftigkeit, ihres Öffentlichkeitscharakters einmalig. Sie entstammt dem prophetischen Bewußtsein des Täufers.

Man muß die Johannestaufe wohl als prophetisches Zeichen verstehen, das, nachdem der Täufer der Größte der Propheten ist, Lk 7,26, alle prophetischen Zeichen überragt. Der Täufer sah wohl in ihr die wirksame göttliche Zusage der für die Endzeit erwarteten Sündenvergebung. Sie hatte antizipierenden und gleichwohl effektiven Charakter. Nach allgemeiner christlicher Auffassung war mit der *christlichen Taufe* die endzeitliche Geistausgießung verbunden: Von hier mußte die Johannestaufe in neuer Weise als »vorläufig« verstanden werden.

(3) Nach der theologischen Konzeption des Lukas gehört der Täufer noch zum Alten Bund, in die Zeit der Verheißung. Die Zeit der Erfüllung beginnt erst mit Jesus, Lk 16,16. Auch der Kleinste, der in der seit Jesus angebrochenen Zeit lebt, ist größer als Johannes, der Größte der alten Zeit, Lk 7,28. Um das Neue der Jesuszeit zu betonen, läßt Lukas das öffentliche Wirken Jesu erst nach der Gefangennahme des Täufers beginnen.

Nach ihm ist der Täufer in erster Linie Prophet, der auf den Messias hinweist. Schon sein Vater Zacharias hört, daß Johannes vor dem Herrn einhergehen werde, um ihm ein bereites Volk zu schaffen, 1,17; im Zusammenhang des Kindheitsevangeliums ist das Maleachizitat auf Jesus bezogen. Der Täufer selbst, schon vom Mutterschoß an voll heiligen Geistes, hüpft als ungeborenes Kind voll Freude bei der Begegnung mit dem Messias und kündet diesen seiner Mutter an, 1,44. Da Johannes nur Vorläufer ist, wird im Lukas-Evangelium jeder Anschein des Messianischen von ihm entfernt, 3,16. Er kann nicht als der wiedergekommene, für die Endzeit erwartete Elija bezeichnet werden (Tilgung von Mk 9,11–13), sondern hat nur den Geist und die Kraft des Elija, 1,17. Er hat die Aufgabe des Wegbereiters. Auch die Verkündigung der Bußtaufe, der sich nach Lukas mit Ausnahme von Gesetzeslehrern und Pharisäern, 7,30, das ganze Volk unterzieht, 3,12, hat dieser Wegbereitung für den Messias zu dienen. Die Bußtaufe trägt in lukanischer Konzeption in sich bereits den Christusbezug (vgl. Apg 19,4; desgleichen die Verbindung von Bußaufforderung, 3,7–14, und Christusankündigung, 3,15–18). So ist nach Lukas der Täufer eher Christusverkündiger als Bußprediger. Deshalb kann für seine Botschaft auch das sonst im NT für die Verkündigung des Christusereignisses verwandte Wort euanggelizein gebraucht werden.

Der überlieferungsgeschichtliche Trend zur johanneischen Täuferkonzeption (Joh 1,7f. 15.19–34; 3,26–29; 33–36) ist unverkennbar.

2. Einzelauslegung

V. 1f Wie die Propheten (vgl. Jer 1,1ff), deren letzter und größter nach lukanischer Konzeption der Täufer ist, 7,28, wird Johannes in sein Amt eingeführt. Gottes Wort ergeht an ihn. Die Amtseinführung des Täufers stellt der Evangelist in den ihm wichtigen zeitgeschichtlichen Rahmen. Dabei leitet ihn weniger ein Interesse an historischen Daten als vielmehr das Bemühen, die weltgeschichtliche Bedeutung des Christusereignisses hervorzuheben (vgl. 2,1–3). Und darum geht es: Johannes ist ja Bote, der dem Herrn vorangehen soll, 1,17; mit seiner zeit- und weltgeschichtlichen Einordnung ist auch das Auftreten Jesu in den entsprechenden Rahmen gestellt; beim öffentlichen Auftreten Jesu, Lk 3,21ff, muß das dann nicht eigens gesagt werden.

Zugleich liegt wohl biblizistische Redeweise vor. Auch das AT datiert das Auftreten der Propheten nach den Regierungsjahren der Könige.

Kaiser Augustus hatte das Land im großen und ganzen nach dem Testament des Herodes d. Großen (gest. 4 n. Chr.) aufgeteilt. Der Herodessohn Archelaos erhielt das Kernland Judäa. Als dieser auf Grund jüdischer Bittgesuche wegen tyrannischen, judenfeindlichen Regiments im Jahre 6 n. Chr. abgesetzt wurde, wurde Judäa römischen Landpflegern unterstellt. Pilatus war deren sechster (26–36/37 n. Chr.). Herodes Antipas (4 n. Chr.–39/40 n. Chr.), ebenfalls ein Sohn des Herodes, erhielt Galiläa und Peräa. Seinem Halbbruder Philippus (4 v. Chr.–33/34 n. Chr.) unterstand östlich und nördlich von Galiläa ein Teilgebiet Ituräas und die Landschaft Trachonitis. Lysanias regierte bis 36 n. Chr. über das Gebiet um Abilene im Süden des Antilibanon. Die Herrscher werden Tetrarchen genannt, ein Bezeichnung für kleine, abhängige Fürsten, deren Rang und Machtstellung geringer als die eines Königs ist. Von 6–15 n. Chr. war Hannas Hoherpriester. Er wurde von den Römern unrechtmäßig abgesetzt. An seine Stelle setzten sie seinen Schwiegersohn Kaijafas (16–37 n. Chr.). Die öffentliche Meinung sah aber in Hannas weiterhin den Hohenpriester. So wird, ähnlich Apg 4,6, der Evangelist den Titel »Hoherpriester« nur auf Hannas beziehen. – Die historischen Angaben sind für die Chronologie des Lebens Jesu wichtig, wenngleich trotz der sechsfachen Zeitangabe das Jahr nicht eindeutig bestimmt werden kann. Wahrscheinlich reichte das 15. Jahr der Regierung des Kaisers Tiberius vom 1. 10. 27 bis 30. 9. 28.

Das Wort Gottes trifft den Täufer in der Wüste. Dort war er nach 1,80 herangereift und im Geist erstarkt. Nach Schürmann ist von hier kaum auf einen Aufenthalt des Täufers in Qumran zu schließen. Nach israelitischer Überlieferung ist die Wüste Ort des Gnadenwirkens Gottes, aber auch des Gerichtes. Die Wüste paßt auch zu der atl. Verheißung Jes 40,2ff, von der her das Wirken des Täufers verstanden wird.

V. 3 Laut Mk 1,5 ziehen die Leute zum Täufer in die Wüste hinaus. Hier ist davon die Rede, daß der Täufer in die Umgebung des Jordan, die Lukas nicht zur Wüste rechnet, kommt. Johannes ist also Wanderprophet. Das Bild vom ortsgebundenen Propheten harmoniert nicht mit dem Bild vom Vorboten im Zitat Jes 40,3ff und mit der lukanischen Vorstellung vom Täufer (vgl. Apg 13,24f; 19,4) (Schürmann).

Haupttätigkeit des Johannes ist nach Lukas die Verkündigung. Daß er taufte, wird nur nebenbei gesagt, 3,16.

Die Johannestaufe ist Taufe der Umkehr zur Vergebung der Sünden, 3,3. Lukas deutet das christologisch: Auf Grund der durch die Übernahme der Johannestaufe bezeugten Umkehr kommt es zur Begegnung mit Christus. Nach lukanischer Tradition bringt die Johannestaufe noch nicht das Heil, verleiht noch nicht den Geist und vermittelt letztlich auch noch nicht Sündenvergebung. Erst wenn Bußwerk, 3,7b–14, und Christenglaube, 3,15–18, hinzukommen, rettet sie.

V. 4–6 Das Wirken des Täufers wird vor allem von der Prophetie Jes 40,3ff her verstanden. Wie der Herold dem König, so bereitet Johannes dem Messias den Weg.

Im hebräischen Jesajatext gehört die nähere Bestimmung »in der Wüste« nicht zu der Stimme, es heißt vielmehr: »Eine Stimme ruft: In der Wüste bereitet den Weg für Jahwe; richtet in der Öde eine Straße unserem Gott«. Die LXX und ihr folgend die ntl. Überlieferung spricht von der »Stimme des Rufenden in der Wüste«.

Über Markus und Matthäus hinaus ist das Jesajazitat um zwei Verse erweitert. Ob er es so in Q vorfand oder erst erweiterte, ist unklar. Dadurch wird erreicht, daß das Ziel der Wegbereitung zur Sprache kommt: Alle Welt soll Gottes Heil schauen. Der Täufer ist also nicht nur Gerichtsprophet, wie schon die Taufe der Umkehr zur Vergebung der Sünden zeigte.

In lukanischer Interpretation ist das Heil, sotérion, das alle Welt sehen soll, niemand anders als »der Heiland«. Schon Lk 2,11 wurde Jesus als sótér verkündet. Die Universalität der Heilsverheißung entspricht lukanischer Vorstellung. Sie entspricht weitgehend atl. Theologie; sie entspricht erst recht christlichem Glauben, der hinsichtlich der von Menschen errichteten trennenden Mauer mit Paulus sagen kann: »Da gilt nicht mehr Jude oder Grieche, Sklave oder Freier, denn alle seid ihr einer in Christus Jesus«, Gal 3,28, und der mit dem Johannes-Evangelium den allgemeinen Heilswillen Gottes verkünden darf: »So sehr hat Gott die Welt geliebt, daß er seinen einzigen Sohn gab, damit jeder, der an ihn glaubt . . ., ewiges Leben habe«, Joh 3,16.

3. Theologische Würdigung

(1) Jesus tritt nicht auf, ohne daß ihm von seinem Boten der Weg bereitet ist. Zeugnis der Christen in Wort und Leben ist notwendig,

daß »Berge abgetragen und Täler aufgefüllt« werden, daß eine Straße bereitet wird, über die Christus auf die Menschen zuschreiten kann. Es ist nicht zu übersehen, daß viele Zeitgenossen, bevor sie überhaupt vor die eigentliche Glaubensentscheidung in der Begegnung mit Christus gestellt werden, an den Stolpersteinen auf dem Weg zu Fall kommen. Nur ideologische Selbstrechtfertigung wird alle Hindernisse, die unchristliches Verhalten darstellen, vorschnell als christologisches Ärgernis, als scandalum crucis usw. bezeichnen. Andererseits bleibt es ein unausweichliches Ärgernis, daß das Evangelium durch Menschen verkündet wird, daß es in der Knechtgestalt menschlicher Predigt laut wird.

(2) Christlicher Glaube wurzelt im Gegensatz zu außerchristlicher Natur- oder Weltfrömmigkeit, im Gegensatz zu geschichtslosen mystischen Erkenntnissen und frommen philosophischen Jenseitsspekulationen nicht in einem ewigen Walten der Gottheit, nicht in einem gleichbleibenden Welt- und Daseinssinn, sondern in einer *geschichtlichen Heilstat*. Darin ist er dem atl. Jahweglauben gleich. Was diesem die Errettung aus Ägypten ist, ist dem christlichen Glauben das »Christusereignis«. Deswegen kann dieses Ereignis »mit Jahr und Datum« angegeben werden.

Das entspricht nicht allgemein-menschlicher Frömmigkeit. Diese möchte lieber den Himmel oben und die Welt unten lassen; sie möchte sich aus der hiesigen in eine ewig unveränderliche jenseitige Welt flüchten oder zumindest im ewig Gleichen, nicht im Geschichtlichen, das Heil suchen. Inkarnation heißt demgegenüber, daß Gott die Tür in diese Welt von der »anderen Seite her« aufstößt, daß das Heil mitten in dieser Welt gewirkt und die Welt in dieses Geschehen hineinverwickelt wird. Deshalb ist die Geschichte nicht heilsneutral; in ihr kommt Gott auf die Menschheit zu und führt sie zu ihrer Vollendung. In ihr gibt es den Kairos, die unwiederbringlich einmalige Situation, das Weiterschreiten, die geschichtliche Bedingtheit, den Anfang und das Ende.

(3) Gott liebt und rettet nicht nur ein einzelnes Volk, nicht nur Leute einer bestimmten Konfession, nicht nur Menschen mit einer bestimmten (religiösen) Veranlagung, nicht nur Menschen mit einer bestimmten (sauberen) Vergangenheit. Gott liebt auch die Heiden, die Samariter, die Kranken, die Zöllner. »Alles Fleisch soll Gottes Heil sehen«. Was in der Konstitution über die Kirche (2,16) steht, ist einschlägig und wäre zu beherzigen. Immer wieder besteht die Gefahr, das Heil auf die »eigenen« Leute einzugrenzen, die Erlösung

egoistisch zu vereinnahmen. Doch gerade wer dies tut, fällt aus dem Heil heraus. Ein Jonas, der nicht nach Ninive geht, eine Kirche, die nicht für die Welt da ist, verliert Gottes Nähe und ihren Sinn. Berufung gibt es nur für die andern: Israel für die Heiden, Kirche für die Welt, ich für meinen Nebenmenschen!

(4) Die Bußpredigt des Täufers (V. 7–9) ist in der synoptischen Tradition nicht ohne Seitenblick auf die postbaptismale Unterweisung gestaltet. Das gilt in besonderem Maß für die lukanische Überlieferung. Der Taufempfang wirkt nicht magisch. Wer glaubt, sich durch Taufenlassen der Umkehr entziehen zu können, entgeht dem Gericht nicht. Das gilt auch für alle, die sich auf einen wie immer auch gearteten Heilsstand berufen: Kindschaft Abrahams, Zugehörigkeit zur Kirche, Rechtgläubigkeit, Priestertum, Ordensstand usw. Das Wort: »Gott kann sich aus Steinen Kinder erwecken« zerschlägt falsche Heilssicherkeit, läßt ahnen, daß niemand des Heils absolut sicher sein kann, und schenkt denen, die »draußen« sind, Hoffnung.

W. Knörzer

II. Liturgisch-homiletische Vorüberlegungen

1. Liturgische Hinweise

Advent ist ein Wort, das mit vielerlei Bedeutungen beladen ist. Man kann das ganze Alte Testament als den »Advent des auserwählten Volkes Gottes« bezeichnen; eine Zeit, in der Gott seinem Volk in immer deutlicheren Worten und Zeichen nähergekommen ist. Advent markiert aber auch die Zeit vor dem eigentlichen Kommen des Herrn im Fleische und dieses Kommen selber. Es meint schließlich jenes zweite Kommen des Herrn in Herrlichkeit am Ende der Zeiten. Dazu kommt noch unser ganz persönlicher Advent, wie wir selber Gott in Jesus Christus näher kommen während unserer Lebenszeit, oder vielmehr, wie er uns näherkommt.

Das heutige *Evangelium* ist gerichtet an die Menschen am Jordan; vor ihnen werden zwei Aspekte des Advents zur gleichen Zeit entrollt: die Ankündigung Jesu, der schon in ihrer Mitte steht, aber auch die Ansage ihres ganz persönlichen Advents. Diese zweite Bedeutung ist heute noch ebenso aktuell wie damals.

Zusammenhang mit der Ersten Lesung (Bar 5,1–9)
Hier wird ein anderer Aspekt des Advents deutlich: die freudige Vorbereitung auf das Kommen des Herrn. In poetischer Sprache

schildert der Prophet Baruch, wie sich die frohe Erwartung zu Vorbereitung und Wegbereitung steigern soll. Und er benützt dabei jenes Bild, das bei Jesaja seine klassische Form gefunden hat und als Zitat Eingang fand in das heutige Evangelium: das Bild vom Abtragen der Hügel und vom Auffüllen der Täler. Zwei Elemente fließen zusammen, in denen auch die ganze Spannung des Advents deutlich wird. Er schildert den Anbruch des Reiches Gottes, jenen zweiten Advent in Herrlichkeit. Aber zugleich erscheint das Reich auch schon jetzt und hier, gleichwie in einem Wetterleuchten, und zwar überall dort, wo Friede und Gerechtigkeit zum Durchbruch kommen.

Zusammenhang mit der Zweiten Lesung
Vergeblich sucht man in dieser Lesung das Wort Advent. Und doch spricht Paulus von nichts anderem in dieser Passage. Nur nennt er es den ›Tag Christi‹. Er verleiht dabei dem Thema vom Advent einen neuen Akzent, den Akzent Christi. In seiner Gestalt und Person ist Gottes Heiligkeit und Gottes Reich auf Erden unter uns erschienen. In seiner Person und Gestalt vollzieht sich damals, heute und für immer das Erscheinen Gottes unter uns und die Begegnung mit ihm.

Verknüpfung mit dem Dritten Adventssonntag
Am Zweiten Sonntag legt Johannes der Täufer das Thema vor. Am kommenden Sonntag wird es näher ausgeführt. Johannes spricht von Umkehr und Taufe. Die Leute fragen mit Recht, wie denn das geschehen solle. Was dann folgt, sind zwar kernige und bildhafte Aussagen, aber weit entfernt von sanfter Poesie. Der Täufer malt weder ein Weltuntergangsbild, noch gibt er einen Vorgeschmack der kommenden Herrlichkeit. Vielmehr gibt er nüchterne und praktische Gebrauchsanweisungen für einen christlichen Lebenswandel. Er spricht so nüchtern, daß es für Menschen, die auf hohe oder fromme Worte aus sind, schon wieder enttäuschend klingt.

2. Homiletische Hinweise

Das Thema der Umkehr, der Bekehrung des Herzens und des Umdenkens, ist eines der Schlüsselworte, einer jener roten Fäden, die sich durch das ganze Evangelium ziehen. Wo Johannes der Täufer den Faden fallen läßt, dort hat ihn Jesus wieder aufgenommen. Und die Kirche wird nicht müde, mit diesem Faden dort weiterzuweben am Gewand des neuen Menschen, wo Jesus ihr den Faden übergeben hat.

Ein Teil unserer frommen Bemühungen besteht wohl immer auch darin, das Evangelium zu entschärfen. Beim Wort von der Bekehrung besteht die Versuchung darin, daß man genau zu wissen glaubt, welche Kategorien von Menschen der Bekehrung bedürfen und welche nicht. Da sind zunächst die Heiden zu nennen, die es mit missionarischer Anstrengung zu bekehren gilt. Dann natürlich die Sünder, die der Bekehrung bedürfen. Da wir uns selber weder in die eine noch in die andere Kategorie einreihen lassen oder gar selber einreihen mögen, bleibt oft in unserem Leben eines der Hauptthemen christlichen Lebens einfach ausgeklammert, nämlich die Bekehrung, der wir alle immer wieder bedürfen. Bekehrung ist ein Prozeß, dem wir uns bis zum Ende unseres Lebens immer neu unterwerfen müssen, um unser Herz offen zu halten für das Kommen des Reiches.

Wer mit anderen auf diesem Weg ist, der ist froh und dankbar um Wegweiser und Wegbegleiter. In der Nachfolge Jesu dürfen auch wir für andere Wegweiser und Weggenossen sein, so wie diese für uns. Dabei sollen wir zuerst einmal versuchen, in aller Toleranz jene Täler von Vorurteilen zuzuschütten, und alle Hügel des Stolzes abzutragen, die uns nicht nur den Blick auf den Mitmenschen versperren, sondern auch die Aussicht auf das Ziel.

Ich habe als *Thema der Predigt* die nüchterne Gestalt Johannes des Täufers gewählt, die ein Vorbild für alle christliche Nüchternheit sein kann. Dies vor allem in einer Zeit, die erfüllt ist von Träumen, Utopien, Ideologien und Wundergläubigkeit, wo so vieles versprochen wird, was nicht gehalten werden kann.

III. Zur Predigt: Johannes der Täufer – ein nüchterner Prophet

Zweierlei Propheten

Worin unterscheidet sich eine Adventsfeier von einer okkultistischen Sitzung? Bei beiden herrscht gewöhnlich Dämmerlicht und beide sind geprägt von einer gewissen Erwartung. Aber während das Medium bei der okkultistischen Sitzung die Schleier, welche die Zukunft verhüllen, durch magische Praktiken zu lüften versucht, wartet der adventliche Mensch auf die Initiative Gottes. Er weiß, daß Gottes Kommen in die Welt, eben der Advent, die Ankunft Gottes, nicht von uns manipuliert werden kann.

Dieser Unterschied wird noch deutlicher, wenn man die Wahrsager und Sterndeuter den wahren Propheten Gottes gegenüberstellt, wie etwa der großen adventlichen Gestalt Johannes des Täufers. Menschliche Neugier und das Streben nach Sicherheit, auch über den Tod hinaus, haben zu allen Zeiten den Wahrsagern großen Zulauf beschert. Die Griechen zogen nach Delphi zur Pythia; die Römer versuchten, aus den Eingeweiden von Tieren mit dem Vogelflug den Gang zukünftiger Ereignisse herauszulesen. Die Asiaten verlassen sich bis heute lieber auf ihre Astrologen. Doch die beiden seelischen Kräfte der Neugierde und des Sicherheitsstrebens sind auch bei uns bis heute lebendig und finden in allen möglichen dunklen Praktiken Ausdruck.

Johannes der Täufer kann gewiß nicht in diese Art von Propheten eingereiht werden, obwohl er ein Prophet war, und, wie Jesus selber von ihm sagt: »Mehr als ein Prophet«. Doch nicht durch Magie und menschliche Manipulation wollte er Zukünftiges voraussagen; er wollte vielmehr auf Gottes Initiative hin das Reich Gottes ansagen.

Der Ruf Gottes

Zunächst scheint es, als wolle der Evangelist den Täufer in die Schar der Großen der damaligen Zeit einreihen: Tiberius, den Kaiser, Herodes, Pontius Pilatus und Kajafas läßt er vor uns aufmarschieren. Und diese Großen der Welt hatten und haben in der Tat Einfluß auf die Geschicke der Menschen. Einer aus den Genannten zumindest war verantwortlich für den Tod des Täufers und einige andere aus ihrer Zahl für den Tod von Jesus. Doch wenn wir genau hinhören, dann benutzt der Evangelist diese großen Namen lediglich dazu, das Datum festzustellen. Er macht sie zu Statisten für eine Zeitangabe: »Da erging das Wort Gottes an Johannes in der Wüste«.

In diesem einen Satz ist die Berufung des Täufers dargestellt. Kürzer und nüchterner geht es nicht. Was in den Berufungsgeschichten der großen Propheten des Alten Testamentes in poetischer Breite erzählt wird, ist hier auf den kleinsten, nüchternen Nenner gebracht. Nicht der Mensch ergreift die Initiative, sondern Gott ruft ihn. Und er ruft ihn nicht in einer okkultistischen Sitzung, das heißt in einer Atmosphäre, geschwängert vom Duft von Räucherstäbchen, sondern in der Wüste. In einer Landschaft also, wo es nur Licht und Dunkel gibt und keine fließenden Übergänge. Wo alles auf das Wesentliche reduziert ist.

Die Botschaft

Gewiß waren auch Neugier und das Streben nach Sicherheit im Spiel, als die Menschen hinauszogen zum Täufer an den Jordan. Aber die Neugierigen kamen nicht auf ihre Rechnung, und das Fernsehen wäre sicherlich auch bald wieder abgezogen. Da gibt es keine Orakelsprüche, da werden keine Weissagungen vom Stapel gelassen. Johannes gibt keinen Hinweis, wann vielleicht die römische Besatzungsmacht das Land verläßt. Und das war gewiß damals eine brennende Frage in den Herzen vieler.

Seine Botschaft hingegen ist so kurz und nüchtern, daß es fast schmerzt. Und eigentlich dauert dieser Schmerz noch fort bis zum heutigen Tag, immer dann, wenn von Taufe und vor allem von der Umkehr die Rede ist. Die Kirche greift dieses Wort ja immer wieder in ihrer Liturgie auf. Es tut immer auch weh, wenn man derart auf sich selber verwiesen und zurückgeworfen wird. Denn was bei den Propheten des Alten Testamentes noch in Liedern aufklingt, wird bei Johannes zur nüchternen Gebrauchsanweisung.

Die wahren Propheten

Gott hat seine Propheten nicht gesandt, um unsere Neugierde zu befriedigen. Er will hingegen jedem von uns sagen lassen, was wir tun müssen, um gerettet zu werden. Was andererseits viele Mitmenschen von den sogenannten Propheten erwarten, ist eher Nervenkitzel und Aufregung, statt eines klaren Wortes der Weisung. Die Prophezeiungen des Malachias (+1134), die angeblich über den weiteren Verlauf der Papstgeschichte Auskunft geben sollen, wurden gewiß nicht aus historischem Interesse oder aus Gründen der Frömmigkeit aus der Verstaubung geholt, sondern aus Sensationslust. Andere berufen sich da lieber auf den Mühlhiasl, den Propheten aus dem Bayerischen Wald. Und noch andere wollen die ›Sache mit der Zukunft‹ gleich selber in die Hand nehmen: Tischleinrücken, Kartenschlagen und das mittlerweile fast unverzichtbare Horoskop werden bemüht, um wenigstens einen winzigen Blick in die Zukunft zu tun, in jenes dunkle Morgen, das uns verschlossen ist und wohl auch besser verschlossen bleiben sollte.

Christliche Nüchternheit

Nicht umsonst hat die Kirche seit alters die okkulten Praktiken, die heute wieder überall fröhliche Urständ feiern, verboten. Dies geschah gewiß nicht aus Konkurrenzneid, sofern die Kirche selber in ihrer Liturgie und Verkündigung kaum Sensationen anbieten kann, sondern weil sie um die Gefahren für Leib und Seele weiß, die oft mit solchen Praktiken verbunden sind. Manche wollen zunächst nur genau wissen, wie es im Jenseits um einen lieben verstorbenen Menschen steht. Andere möchten dann doch einen Blick in die Zukunft ihres eigenen Lebens werfen. Und manche von ihnen enden in Verwirrung und mit einem Nervenzusammenbruch.

Als ob es nicht genug wäre, im Glauben zu wissen, daß unser Leben und unser Geschick in Gottes Händen ruht. Dort ist es sicher aufgehoben. Und ebenso sollten wir auch unsere Toten ruhen lassen in jenem ›Frieden Christi‹, den wir ihnen im Gebet erflehen.

Christliche Wundergläubigkeit

Wir dürfen uns nichts vormachen. Auch in der Wundergläubigkeit so mancher frommer Christen, die sich manchmal bis zur Wundersucht steigert, steckt ein Stück jenes Sicherheitsstrebens. Es ist gewiß menschlich und vernünftig, sich abzusichern gegen Hagel, Brand und Krankheit und für das Alter. Viele aber möchten eine ähnliche Sicherheit auch auf das Leben nach dem Tode ausdehnen. Und so wie die Menschen zu Jesu Zeit nach Wundern verlangten, so suchen manche der Heutigen in Weissagungen, Visionen und allerhand Erscheinungen ein Stück zusätzliche Sicherheit, die das Evangelium nicht bietet. Und wenn man schon selber nicht dabei sein konnte, ›als die Sonne sich drehte‹, so genügt vielen schon ein kleines Pamphlet, in dem genau beschrieben steht, wie es zuging. So hat man doch wenigstens etwas in der Hand, das man ›schwarz auf weiß mit nach Hause nehmen kann‹.

Johannes der Täufer, der Jesus doch so nahe stand, hat persönlich diese Sicherheit nicht gehabt. Aus dem Gefängnis heraus läßt er bei Jesus anfragen, ob er denn wirklich jener sei, ›der da kommen soll‹. Und dieser zweifelnde Johannes steht so manchen Menschen unserer Zeit, die selber von Zweifeln geschüttelt sind, näher als ein allzu sicherer Verkünder.

Verantwortung

Was die wahren Propheten Gottes von den Wahrsagern und Sterndeutern unterscheidet, ist dies: Die Wahrsager und ihre Klientel

Für die Komposition 3,1–20 ergibt sich bei Lukas eine wohlgeordnete *Gliederung*, in literarischer wie auch in thematischer Hinsicht. Das Stück ist aus fünf kleinen Einheiten zusammengefügt, die jeweils durch einführende oder überleitende Situationsbemerkungen zusammengehalten werden (3,1 f.7.10.15.18).

Das dritte Stück, 3,10–14, ist Sondergut des Lukas. Es setzt den vorhergehenden Teil geradlinig fort. Die allgemeine Aufforderung zur Umkehr verlangt nach der praktischen Verwirklichung. Die geistige Rückwendung von dem jetzigen Wege auf den »Weg Jahwes« bedarf der Umkehrtat im konkreten Milieu. So tritt neben die Umkehrpredigt in ihrem radikalen und umfassenden Sinn die Umkehrparänese mit ihrem konkreten und praktischen Bezug. Auch dieser Text wird durch eine Situationsbemerkung eingeführt: »Und es fragten ihn die Volksscharen: Was sollen wir nun tun?«, 3,10. Dreimal wird diese Frage nach dem praktischen Tun gestellt, dreimal gibt Johannes Antwort.

2. *Einzelauslegung*

V. 10 f Zuerst fragt »die Volksmenge«, was sie tun solle. Die freundliche Auffassung vom Volk, die wir bei Lukas finden, tritt auch hier zutage. Das Volk will an sich das Gute und Rechte; es muß nur auf den Weg gebracht und von der Verführung durch falsche Hirten und Lehrer befreit werden. Johannes antwortet mit der Aufforderung zur Barmherzigkeit, zum Tun der Liebe. »Wer zwei Mäntel hat, gebe dem einen, der keinen hat.« In der Bergpredigt heißt es radikaler: »Wer dein Gewand und deinen Mantel dir nehmen will, den hindere nicht daran«, Lk 6,29.

V. 12 f Die zweite Gruppe sind die Zöllner, bei Lukas die typischen Vertreter derer, zu denen Jesus als Freund und Heiland gesandt ist. Sie sprechen Johannes ehrfurchtsvoll mit »Lehrer« an; das ist wohl nicht als Übersetzung des aramäischen »Rabbi« zu verstehen, sondern schon hellenistisch gedacht (doch vgl. Joh 3,26). Johannes verlangt nicht, daß sie ihren Beruf aufgeben, sondern er verbietet ihnen, sich ungerecht zu bereichern. In dieser Weisung wird der Abstand zur geschichtlichen Situation deutlich. Die deklassierte Einordnung der Zöllner wird nicht beachtet. Sie werden lediglich angewiesen, in ihrem Beruf gerecht zu verfahren.

V. 14 f Soldaten kommen und fragen das gleiche. Auch sie bekommen recht praktische Ratschläge, aus denen wir etwas von der Situation der Soldaten, speziell vermutlich der Söldner (hier wohl des Herodes Antipas), erfahren. Sie sollen von Niemandem etwas erpressen, das heißt die friedliche Bevölkerung in Ruhe lassen und nicht berauben. Und sie sollen sich mit ihrem Sold begnügen. Das kann Erläuterung zum vorhergehenden sein: Anstatt das Land auszurauben, sollen sie sich bescheiden; es kann auch eine zweite Mahnung neben der ersten sein: Daß sie nicht maßlose Forderungen stellen sollen.

V. 15 Markus teilt als einzigen Predigttext die Messiasverkündigung mit. Er steht bei ihm in sachlichem und logischem Zusammenhang mit dem Eingangsvers. »Das Evangelium von Jesus Christus«, Mk 1,1, hat seinen Anfang in dieser Messiasbotschaft des Täufers. Das steht sogar in einer Spannung zu Mk 1,4, wo als Inhalt der Verkündigung des Johannes die »Bußtaufe zur Sündenvergebung« genannt ist, nicht aber seine Rede über den Stärkeren, der nach ihm kommt.

Bei Lukas ergibt sich deutlich eine Steigerung: Erst kommt die Umkehrpredigt, dann die Messiaspredigt. Durch die Einleitung, 3,15, wird dieses Thema dem Johannes vom *Volk* genannt, auf das er Antwort gibt, so wie er vorher Antwort gab. Er wird wie einer der früheren Propheten gesehen, den man befragen kann und der die Weisung Jahwes als Antwort gibt, vgl. z.B. Ez 8,1; 14,1; 20,1.31.

V. 16 Die Taufe des Johannes und die des »Stärkeren« werden einander gegenübergestellt. Während die Markus-Tradition besagt: »Ich taufe euch mit Wasser, er aber wird euch mit heiligem Geiste taufen«, bieten Lukas und Matthäus übereinstimmend die Fassung: »in heiligem Geiste *und Feuer*«.

Man hat versucht, nur eines von beiden Gliedern für ursprünglich zu halten und das andere als nachträgliche Einfügung zu beurteilen. Das inhaltlich schwierige Nebeneinander von »heiligem Geist« und »Feuer« wollte man so erklären, daß jeweils das eine von dem anderen her zu deuten sei. Die Deutung vom »Heiligen Geist« her führte zu der seit den Kirchenvätern beliebten Auffassung, es werde vom Feuer des Heiligen Geistes gesprochen, wie es die Pfingstschilderung der Apg (2,3) tatsächlich ausdrückt. Das erscheint aber als unhaltbar, da man das Wort über die Taufe nicht von der folgenden Gerichtsschilderung, 3,17, trennen kann. So bleibt nur die andere Möglichkeit, vom Gerichtsgedanken auszugehen, der in V. 17 offenkundig ist. Das Feuer ist in der apokalyptischen Sprache traditionelles Bild für das Gericht, und zwar im Alten wie im Neuen Testament, vgl. Mt 13,40.42.50; 25,41; Mk 9,43; Joh 15,6; 1 Kor 3,13; 2 Thess 1,8; Hebr 10,27; 2 Petr 3,7.

Schwieriger scheint es jedoch, auch die Rede vom »Heiligen Geist« mit dem Gericht in Verbindung zu bringen. Die beste Erklärung dafür ist wohl, daß die Wirkung des Gerichts in doppelter Weise, nach der positiven und negativen Seite, beschrieben werde. Das Gericht bringt die Vollerlösung für die einen durch die Ausgießung der endzeitlichen Gottesgabe des Geistes; und es bringt die Vernichtung für die anderen, die dem Richterspruch verfallen. Für beide Anschauungen gibt es atl. Traditionen. Vor allem in der großen Prophetie wird die reinigende (d. h.: auch richtende) und heiligende Kraft des Geistes Jahwes als eschatologische Wirklichkeit angekündigt, vgl. Joël 2,28f; Jes 4,4. Der Geist des Messias in Jes 11,1 ist zugleich der Geist des Gerichtes, der die Furcht des Herrn und erst so die Erkenntnis Gottes wirkt. Von solchen prophetischen Worten mag der Täuferspruch angeregt sein.

Versteht man die Worte vom endzeitliche Gericht, so klingt das dafür verwendete Verbum baptízein, taufen, seltsam. Hier liegt bildliche Redeweise vor, die zunächst durch die Parallele der Johannestaufe verursacht ist. Dort geht es um eine echte Taufe durch Untertauchen, hier um ein Taufen im analogen Sinne. Doch ist auch auf den Inhalt zu achten. Dann tritt im Vergleich der beiden Taufen mehr ihre Wirkung als der äußere Vorgang in den Blick. Die Taufe mit Wasser bewirkt zwar auch Reinigung, Sündenvergebung, Besiegelung der Umkehr; aber gerade darin ist sie nicht mit der eschatologischen Wirkung des Geistes und des Feuers, der rettenden Heiligung und der vernichtenden Verdammung vergleichbar. Bedenkt man dies, so wird das Bild von der Taufe weniger befremdlich. Schließlich zeigt sich im Neuen Testament eine flexible Verwendung dieses Bildes, Mk 10,38f; Lk 12,50; 1 Kor 10,2, obwohl man doch annehmen müßte, daß Verbum und Substantiv von der Institution der christlichen Taufe stärker geprägt worden wären.

V. 17 kehrt zu dem »Stärkeren« und seiner Tätigkeit als Richter zurück. Ein anderes Bild wird verwendet, das Bild des Bauern bei der Ernte, ebenfalls mit traditionellen Elementen biblischer Gerichtsverkündigung durchsetzt. Der Bauer worfelt auf seiner Tenne das Getreide, so daß die Spreu vom Winde fortgetragen wird, die schweren Körner aber nach unten fallen. Weiter wird gesagt, was mit beiden, mit Spreu und Weizen geschieht. Der Weizen wird in die Scheune eingelagert, die Spreu aber im Feuer verbrannt. Der Zusatz

»unauslöschlich« gehört zur apokalyptischen Terminologie und zeigt, daß das Bild durchbrochen und unverhüllt von der Sache, dem Gericht, gesprochen wird. Unter verschiedenen Bildern – Taufe, V. 16b, Ernte, V. 17 – wird von dem einen Gericht geredet, das der Stärkere ausüben wird, und zwar in kürzester Zeit: »Die Worfschaufel ist in seiner Hand . . .« (vgl. die gleiche eschatologische Dringlichkeit in Lk 3,9 = Mt 3,10). So ergibt sich eine gedrängte, starke Bilder verwertende Ankündigung des Messias, entsprechend der »Erwartung« der Leute, 3,15.

V. 18 Die Formulierung zeigt, daß Lukas die Predigt und die öffentliche Wirksamkeit des Täufers in Israel beenden will. Der Satz ist allgemein und abschließend formuliert. Auffällig ist das Verbum euanggelizein, »frohe Botschaft sagen«, das Lukas allerdings auch im weiteren Sinne gebraucht, d.h. nicht nur für die Reich-Gottes-Predigt Jesu oder die missionarische Verkündigung der Urkirche. Von der Gemeinde her gesehen wird damit allerdings die Täuferpredigt als christliche Predigt reklamiert. Der besondere Akzent ist in dem zweiten Verbum parakalein, ermahnen, das im Partizip hinzutritt, zu erkennen. Es geht um ein Stück Gemeindeparänese. An dieser Stelle wird die lukanische Konzeption vom Täufer, der nur Prophet ist, ein wenig durchbrochen. Er ist auch ein Prediger für die Jünger, im Sinn der Taufkatechese.

3. Theologische Würdigung

(1) Der Abschnitt V. 10–14 macht auch der christlichen Gemeinde klar, daß in dem Glaubensakt, der sich auf den Messias richtet, die Umkehr eingeschlossen ist, so daß sich der Glaube immer auch als Umkehr vollzieht. Tritt das im Glaubensbegriff der Synoptiker meist nicht ausdrücklich zutage, so ist es doch immer vorausgesetzt und mitgemeint. Die Bedeutung dieses Textes besteht darin, daß er ausdrücklich sagt, was die Überlieferung der Kirche nie verloren hat, vgl. Liturgische Konstitution 1,9: »Denen, die schon glauben, muß sie (die Kirche) immer wieder Glauben und Buße verkünden . . .«.

Es ist wichtig, daß sich die Umkehr im praktischen Tun äußert. Die christliche Predigt muß konkret, zupackend, situationsgemäß sein. Die durch das ganze Neue Testament gehende paränetische Verkündigung zeigt das mit aller Klarheit. Eine oft blutleere, dogmatisch oder biblizistisch oder »weltanschaulich-ideologisch« oder auch »liturgisch-mystagogisch« verdünnte Verkündigung erweckt zu Unrecht den Eindruck, man könne darauf verzichten. Hier hatten die älteren Standespredigten und ähnliche Formen konkreter Lebensweisung ein besseres Gespür als manche homiletischen Theorien und Praktiken des 20. Jahrhunderts. Hinter dem Text steht eine breite Überlieferung des Alten Testaments, die wir sehr aufmerksam, vor allem in dem Gewicht, das sie in der prophetischen Predigt hat, beachten müssen. Die christliche Umkehrpredigt setzt in der Situation der Hörer ein, wird in die Mitte der Messiasbotschaft geführt und mündet wieder in den Anruf zum Tun.

Die in V. 10–14 genannten Beispiele regen dazu an, die Konkretisierung in der eigenen Situation zu suchen und dabei beweglich und möglichst praktisch zu verfahren. Durch allzu starke Betonung der allgemeinen und grundlegenden Weisungen des Evangeliums (Liebesgebot) kann die Verwirklichung des Glaubens auch blutleer und abstrakt erscheinen. Zu rechter, zupackender Verkündigung gehören immer auch gezielte Vorschläge zum Tun.

(2) Die Messiaspredigt des Täufers gipfelt in der Ansage, daß Er, »der Stärkere«, mit heiligem Geist und Feuer taufen, d. h. das Gericht Jahwes vollziehen wird. Die Aussage über den zum Gericht Kommenden ist nicht nur im historischen Rückblick – auf Johannes hin gesehen – als Vorbereitung auf den nach ihm kommenden Messias zu beziehen. Solche Historisierung der Verkündigung bricht ihr die Spitze ab. Die damalige Situation der Vorbereitung ist nicht reproduzierbar, so als könnte man sich in die damalige Lage hineinversetzen und nochmals den Weg von Johannes zu Jesus gehen. Wurde das in Adventspredigten oft so geübt, dann wurde dadurch das Eigengewicht der Gerichtspredigt gemindert oder gar aufgehoben.

Jesus, der Messias, ist der endzeitliche Richter. Das darf im Glauben und im Gebet der Kirche nicht verkümmern. Die Messiasverkündigung des Täufers bleibt gültig, auch wenn sie nicht alles auszusagen vermag. Nicht nur die damaligen Zuhörer stehen vor den beiden Möglichkeiten, mit Feuer oder mit dem Heiligen Geist »getauft« zu werden, sondern alle Christen. Umkehr und Glaube scheiden jetzt schon und führen im Vollzug des Lebens zu weiterer ständiger Krisis. Das geschieht nicht nur unter einer sachlichen Norm, etwa eines Gebotes, einer moralischen Einsicht oder Maxime, sondern vor der Person dessen, der erhöht und zum endzeitlichen Richter eingesetzt wurde. Insofern Jesus, der Messias, nicht nur der gegenwärtige Herr der Gemeinde, die Mitte ihres Glaubens, ihres

Wortes und ihrer Sakramente ist, sondern auch der jeweils Kommende und Erwartete, insofern ist er auch der Richter des einzelnen, seiner Gemeinde und aller Menschen (vgl. Mt 25,31–46). Mit der Aussage vom Richter ist zugleich die Zukünftigkeit und die universale Bedeutung des Kyrios ausgesagt.

W. Trilling

II. Liturgisch-homiletische Vorüberlegungen

1. Liturgische Hinweise

In zahlreichen Diözesen der Bundesrepublik dürfte am Dritten Adventssonntag die Adveniat-Aktion im Zusammenhang mit dem Hirtenwort zu einem wichtigen Thema des Gottesdienstes werden. Das könnte einen Prediger dazu verleiten, die Eingangsfrage des *Evangeliums*: »Was sollen wir also tun?« als Hörerfrage zu interpretieren und selbst in prophetischer Manier mit einem deutlichen: »Spenden!« zu beantworten. Die vorausgehende Exegese der Perikope zumal warnt mehr als deutlich vor einer zu allgemeinen appellativen Predigt. Ein gezielter Vorschlag der Umkehr mag eine spürbare ›Spende‹ für manchen sein. Eine solche Predigt wäre wohl auch »konkret, zupakkend, situationsgemäß«, aber es fehlte dann dem Imperativ der notwendig vorausgehende Indikativ, der zunächst einmal die Ermöglichung des Handelns aufzeigt.

Die Paränese dieser Perikope ist zwar unüberhörbar; das Bedrohliche der Gerichtsankündigung kann gerade durch die emotional stark geladene Bildsprache erheblich schrecken. Auch wenn diese »Täuferpredigt als christliche Predigt reklamiert« wird, muß man wohl anmerken, daß sie – für sich genommen – die Frohbotschaft verkürzt, zumal man auch nicht bestreiten kann, daß die Eschatologie des Täufers eine andere ist als die Jesu.

Jesus selbst wird über Johannes ein großartiges Urteil abgeben (Lk 7,28), doch er wird es paradox wieder ins Gegenteil verkehren, weil in ihm selbst das Reich Gottes angebrochen ist, in dem neue Maßstäbe anzulegen sind, sicher nicht weniger radikal, aber von ganz veränderten Voraussetzungen aus.

Selbst die *Erste Lesung* (Zef 3,14–18 a), die eine Umkehrpredigt an ein religiös und sozial dekadentes Volk voraussetzt, schlägt hier tröstende, frohe, ja geradezu jubelnde Töne an über die Rettung durch Gott, so daß sie fast wie ein Kontrasttext zum Evangelium wirkt.

Das gleiche gilt erst recht für die *Zweite Lesung* (Phil 4,4–7). Die Freude über die nahe Ankunft des Herrn ist der Grund für die Güte zu den Menschen. Die sich daraus ergebende Sorglosigkeit läßt sich nur schwer (wenn überhaupt!) in Einklang bringen mit dem, was dann im Evangelium folgt.

2. Homiletische Hinweise

Die Verkündigung im Anschluß an dieses Evangelium hat es nicht leicht. Den ersten Teil werden vermutlich sehr viele Hörer aufnehmen als oft gehörten christlichen Appell: »Gebt etwas ab! Lebt anständig!« Das paßt generell in die Vorweihnachtszeit, in der man sich um Nettigkeiten und Nächstenliebe müht, weil das nun einmal (fast) alle tun, auch wenn sie nicht mehr wissen sollten, warum. Viele soziale Einrichtungen wissen dieses Klima zu nutzen.

Hier wird eine Predigt in der Weise gegensteuern müssen, daß sie deutlich den Grund der Umkehr mitbenennt und durchaus die Umkehr als etwas beschreibt, das sich als praktisches Tun im konkreten Milieu äußert.

Der zweite Teil des Evangeliums dürfte jedoch für die Hörer noch schwieriger aufzunehmen und innerlich zu akzeptieren sein. Jesus als endzeitlicher Richter in einer Predigt so kurz vor Weihnachten – das liegt wohl quer zur Erwartungshaltung der meisten Hörer.

Nun könnte der Prediger versucht sein, seine Hörer »dort abzuholen, wo sie sind« und sie – liturgisch sauber! – aus der Vorweihnachtsstimmung in die Adventszeit zurückzuführen. Ob es aber nicht doch reichlich unfair und homiletisch völlig unergiebig wäre, die gemütvolle Stimmung der Hörer als Unheilssituation umzudeuten? Es mag liturgisch noch so gut und begründet sein, daß die unmittelbare Vorbereitung auf Weihnachten erst mit dem 17. Dezember beginnt, im Verständnis der Hörer beginnt sie bereits vor dem Ersten Adventssonntag. Darin liegt für den Prediger eine fast unüberbrückbare »Ungleichzeitigkeit«. Wer mag, kann die Umkehr im Blick auf den endzeitlichen Richter hin predigen. Aber an Weihnachten wird er vom Kind reden müssen. Das wird dann mit einem Male nicht mehr so bedrohlich fordernd, sondern nur noch schenkend sein.

Der Frage der Perikope: »Was sollen wir also tun?« geht theologisch die Frage: »Was hat er für uns getan?« voraus. Und weil diese Frage zum Teil an Weihnachten beantwortet wird, kann jene im Licht dieser Teilantwort legitim neu gestellt werden. Es ist ein für allemal sicher, daß der endzeitliche Richter unser Bruder Jesus sein wird. Ihn werden wir angemessen empfangen wollen, so daß wir an uns gerichtete konkrete Forderungen als um so größere innere Verpflichtung ansehen werden.

III. Zur Predigt: Eine Sache mit Konsequenzen

Eine anstößige Rede
Wo gehobelt wird, da fallen Späne, sagt man. Hier, im eben gehörten Evangelium, wird gehobelt, aber anständig! Am besten: Kopf einziehen! Wie beim Donnerwetter zu Hause . . . Dieser »ungehobelte« Johannes gehört einfach in den »Spielplan« des Advent. Jedes Jahr taucht er auf. Wir nehmen ihn zur Kenntnis, aber wen regt er noch auf? Wer nimmt ihn ernst? Der kann doch beinahe alles sagen! Wir singen weiter: »Wir sagen euch an den lieben Advent . . .«, ». . . mein's Herzens Tür dir offen ist . . .« und lassen ihn reden. Der Täufer stört eigentlich mit seiner Predigt.

Die Frage
In der Tat: Im Zusammenhang der übrigen Texte dieses Sonntags nimmt sich das Evangelium recht merkwürdig aus. Der Grundtenor sonst ist Freude über die bevorstehende Ankunft des Herrn. Doch die Predigt des Johannes wirkt in diesem Zusammenhang so, als wollte da noch jemand kurz vor der Ankunft eine Gemeindemission alten Stils veranstalten. Da wird nicht schöngeistig dahergeredet, da geht's zur Sache. Er redet Tacheles. Hier spricht kein Paradepferd geistlicher Beredsamkeit, auch kein Diplomat mit gewandter Redetaktik, sondern einfach »die Stimme eines Rufenden in der Wüste«. Seine zuweilen geradezu ausfälligen Redensarten zeigen eine unerhörte Respektlosigkeit. Das ist manchmal eine bedrohliche Publikumsbeschimpfung. Hier redet einer grob und ungeschliffen, aber er hat etwas zu sagen. Darum die Reaktion: »Was sollen wir also tun?«

Viele Jahre Wüste hatten Johannes auf das Wesentliche konzentriert. Einsamkeit ist keine gute Rednerschule, macht nicht geschwätzig und erzeugt kein Pathos, aber sie führt in das schweigende Gespräch mit Gott. Aus dieser Begegnung konnte er dann so reden wie einer, der mit Überzeugung spricht. Weil er selbst überzeugt war, konnte er überzeugend reden. Man nahm ihm seine Sache ab, und sein Ruf zur Umkehr wurde gehört. »Was also sollen wir tun?«, fragten die Menschen, die wie er auf den Messias warteten.

Klartext . . .

Johannes bleibt ihnen eine Antwort nicht schuldig. Er redet nicht drum herum. Klipp und klar sagt er: Das habt ihr zu tun, wenn ihr euch anstellt zur Umkehrtaufe. Das ist nicht nur ein Ritus. Das hat Konsequenzen fürs Leben! – Und was für welche! Seine Antwort bleibt nicht im unverbindlichen Vorfeld der Mitmenschlichkeit, sie ist klar und eindeutig. Umkehr ist eine Sache des Herzens mit Konsequenzen.

. . . damals

Die Menschen damals – und mit ihnen Johannes – erwarteten einen mächtigen und strengen Messias, der in einem religiös und sozial dekadenten Volk Ordnung schaffen sollte. Diesem Messias wollte man durch Zucht und strenge religiöse Übungen den Weg bahnen. Als aber Jesus dann als dieser Messias auftrat, da wurden die Erwartungen doch so sehr enttäuscht, so daß selbst Johannes Jesus später fragen ließ: »Bist du es wirklich, oder müssen wir noch auf einen anderen warten?«

. . . heute

An Weihnachten werden wir das Geburtsfest dieses Messias feiern. Wir warten nicht mehr auf den Messias – darin unterscheiden wir uns grundlegend von den Menschen des Alten Bundes –, wir warten nur noch darauf, in wenigen Tagen wieder seine Geburt feiern zu können. Darum ist die Vorfreude, zu der die Lesungen auffordern, heute auch eine überaus angemessene Grundstimmung. Wir wissen bereits, wer gekommen ist, und was wir ihm als unserem Menschenbruder verdanken. Darin haben wir dem Täufer Johannes durchaus etwas voraus.

Konsequenzen

Aber gilt uns dann seine Predigt gar nicht mehr? – Sicher werden wir sie unter völlig veränderten Voraussetzungen als damals hören müssen. Wir wissen dankbar, was der Messias Jesus bereits für uns getan hat. Deshalb können wir aber genauso wie die Menschen damals fragen: »Was sollen wir darum also tun?« Denn Hinwendung zu ihm ist eine Sache des Herzens mit Konsequenzen. Und da kann die »Standespredigt« des Täufers auch in ihrer Schärfe immer noch anregend sein. Johannes wird in seinen Beispielen ganz praktisch: Allen sagt er, daß sie teilen sollen, teilen, bis es weh tut! Die Zöllner packt er an ihrer empfindlichsten Stelle, dem Portemonnaie. Und den Soldaten treibt er Ungerechtigkeiten und Gewalt aus.

Wäre das nicht alles auch ganz leicht in mein eigenes Leben zu übersetzen? Ich denke schon, wenn ich's nur wollte!

H. Kombrink

Vierter Adventssonntag

Lk 1,39–45

I. Bibeltheologische Vorüberlegungen

1. Stellung, Struktur, Gattung der Perikope

Der Abschnitt Lk 1,39–45 stand bereits in jenem Geschichtenkranz, den der Evangelist nach redaktioneller Überarbeitung an den Anfang seines Evangeliums stellte: im »vorlukanischen Kindheitsevangelium« und dort an pointierter Stelle. Während die anderen Erzählungen entweder von Johannes, 1,5–25; 1,57–80, oder von Jesus, 1,26–38; 2,1–40, kündeten und das gegenseitige Verhältnis der beiden Gestalten durch das Stilmittel des überbietenden Parallelismus zum Ausdruck gebracht wurde, begegnen sich hier Johannes und Jesus, Wegbereiter und Messias in einer Szene. Beide sind noch nicht geboren. Doch der Täufer, schon vom Mutterleib an voll heiligen Geistes, 1,15, erkennt Jesus, den Größeren, den Kommenden, den er anzusagen hat, 1,44. Im Verhalten der Mütter wird deutlich, wie die Kinder zueinander stehen. Elisabet, die Ältere, die Verheiratete, die Priesterfrau, neigt sich vor Maria, der Jüngeren, dem noch nicht heimgeführten Mädchen und begrüßt die gesellschaftlich viel tiefer Stehende ehrfürchtig als Mutter ihres Herrn. Ob man nun die Szene als Mittelstück eines zweigliedrigen Diptychon bezeichnen (Laurentin), oder sie mit der Ankündigung der Geburt Jesu, 1,26–38, zu einer einzigen Geschichte zusammenziehen und in ihr einen überbietenden Parallelismus zu den V. 1,23–25 der Geschichte von der Ankündigung des Täufers erblicken will (Schürmann) – sicher spielt das Verhältnis Jesus-Täufer in diesem Abschnitt theologisch eine leitende Rolle. Dabei läßt sich kaum entscheiden, ob schon in der frühen Zeit, in der das vorluk. Kindheitsevangelium entstand, von Rivalität zwischen Jesusgemeinden und Täufergemeinden gesprochen werden kann. Von einer Polemik gegen eine Überschätzung des Täufers ist in unserem Text auf jeden Fall nichts festzustellen. Im Gegenteil: Johannes wird wegen seines Bezugs zu Christus gewürdigt. Die christliche Gemeinde hatte wegen der eschatologischen

Predigt des Täufers durchaus Interesse an ihm. Er gehört in die Geburtsgeschichte Jesu hinein, weil Gott ihn an den Anfang der öffentlichen Tätigkeit Jesu gesetzt hat (vgl. Mk 1,14f) und nach jüdischer Anschauung das Leben der Erwachsenen sich schon in ihrem Verhalten im Mutterschoß abschattet. Wie später der Erwachsene huldigt schon der Ungeborene Jesus, dem Größeren. Wie er ihn als den Kommenden später dem Volk ansagt, so hier seiner Mutter Elisabet. Die Täufererzählungen sind also Evangelium.

2. *Einzelauslegung*

V. 39f Gottes Bote sprach von dem Zeichen, mit dem Gott Maria die Zuverlässigkeit der Verheißung des Messiaskindes bekunden wollte, 1,35. Diesem Hinweis gehorsam, macht sich Maria auf, um Elisabet, die trotz ihres hohen Alters empfangen hat, zu besuchen. In aller Eile geschieht das. Diese Eile darf kaum historisch begründet werden. Eher geht es um die Charakterisierung des Gehorsams Marias oder um die erwartungsvolle Freude ob des anhebenden endzeitlichen Geschehens.

Die Ortsangabe ist unbestimmt; sie wird durch den Hinweis auf die Lage im Bergland etwas präzisiert.

V. 41–44 Maria sieht das Zeichen, an dem sie die Glaubwürdigkeit der an sie ergangenen Verheißung erkennen soll: Elisabet ist schwanger. Doch darüber hinaus erfährt sie auch in der Huldigung, die ihrem Kind und ihr zuteil wird, daß Gott am Werk ist.

Auch Elisabet erkennt dies durch das Aufhüpfen ihres Kindes in ihrem Schoß. Sie versteht dies als Huldigung ihres Kindes vor dem Messiaskind. Lk 1,15 bewahrheitet sich: Schon vom Mutterschoß an ist der Täufer mit heiligem Geist erfüllt. Darüber hinaus geht die Verheißung von Mal 3,20 in Erfüllung: In der messianischen Zeit werden die Geretteten springen wie Kälblein aus dem Stall. Hier erschallt der endzeitliche Jubel.

Der Geist befähigt Elisabet zu erkennen, daß auch Maria empfangen hat und wen sie in ihrem Schoß trägt. So begrüßt sie diese als Mutter ihres Herrn und bezeichnet sie als die Gesegnetste – der Superlativ ist semitische Redensart – unter den Frauen (vgl. Jud 13,18) und ihre Leibesfrucht als gesegnet. Damit beginnt die Preisung Marias als der Mutter des Messias, die zuerst Gottes Bote anstimmte, 1,28, auch bei den Menschen. Die Marienverehrung der urchristlichen Gemeinden spiegelt sich wieder.

Dieser Lobpreis auf Maria, der letzlich im eschatologischen Jubel über das Christusereignis seinen Ursprung hat – daß zunächst Maria genannt wird, hängt mit der Begrüßungssituation und dem Maria versprochenen Zeichen zusammen –, ist nicht Resultat eigenen Nachdenkens. Es ist geistgewirkt. Darauf weist das laute, an prophetisches Sprechen erinnernde Rufen hin.

V. 45 Der Vers zeigt, wie sehr die Geschichte mit 1,26–38 verbunden ist. Elisabet preist Maria selig, weil sie im Gegensatz zu Zacharias dem Wort Gottes glaubt. Sie ist Mutter des Glaubens und Mutter der Glaubenden. Die Mutterschaft Marias darf nicht nur biologisch verstanden werden. Sie hatte »tiefe Voraussetzungen in ihrem personalen Leben, war eingebettet in verfügbare Hingabe und Glauben«, so wird sie hier auch schon vertieft »nicht nur als leibliche, sondern zuvorkommend als geistliche« Mutterschaft verstanden (Schürmann).

3. Theologische Würdigung

(1) Gott steht zu seinem Wort. Er ruft den Menschen nicht auf den Weg des Glaubens, um ihn dort »verhungern« und »verdursten« zu lassen. Abraham (Gen 15,8), Mose (Ex 3,12), Gideon (Ri 6,20f. 36–40) und die Eltern Simsons (Ri 13,20) erhalten als Hilfe für den Glauben ein Zeichen. Ebenso Maria. Das Zeichen ersetzt aber den Glauben nicht, wie das Verhalten des Zacharias zeigt (1,18; vgl. 11,29); es setzt ihn vielmehr voraus. Nur für den Glaubenden spricht es. Am deutlichsten wird das dort, wo selbst Krippe (2,12) und Kreuz (Joh 3,14; Mk 15,39 u.a.) dem Glaubenden zu Zeichen für Gottes Handeln werden.

(2) Der Jubel des noch nicht geborenen Täufers ist der Jubel, in den die Gerechten der Endzeit ausbrechen werden (Mal 3,20). Die Erzählung lädt ein, in diesen Jubel einzustimmen. Der eschatologische Jubel gehört – auch wenn er mit dem Seufzen und Stöhnen ob des »Noch nicht« (Röm 8,23) vermischt ist, auch wenn es ein Jubel unter Tränen ist – wesentlich zum endzeitlichen Gottesvolk. Er ist Zeichen seines Selbstverständnisses und darf in der Kirche nie verstummen (vgl. Apg 2,46 und die zahlreichen Doxologien in den Briefen). Grund des Jubels ist das Christusereignis, in dem die Endzeit anbricht. Er ist Zeichen dafür, daß die Gemeinde die für die Endzeit zugesagte Gabe des Geistes besitzt. Nur im Geist, also im Glauben an das Christusgeschehen, nicht aus profaner Einsicht (etwa

in die überragende Bedeutung Jesu für einen wahren Humanismus u. dgl.) ist dieser Jubel möglich, vgl. 1 Kor 12,3.

(3) Nicht in erster Linie um ihrer leiblichen Mutterschaft, sondern um ihres Glaubens willen ist Maria als »Mutter Gottes« zu preisen, vgl. 8,21; 11,27. Die geistliche Mutterschaft geht der leiblichen voraus, nicht umgekehrt. Deshalb ist Maria auch unsere Mutter. So soll sich der Lobpreis Elisabets in unserem Lobpreis fortsetzen. Er hat seinen Grund im endzeitlichen Jubel über das Christusereignis und muß stets mit diesem verbunden bleiben.

(4) In Elisabet tritt die Gemeinde, treten wir Maria gegenüber. Die Gnade, die ihr widerfahren ist, ist einzigartig. In ihrem Schoß hat Gottes Geist Gottes Sohn geschaffen. So können wir uns vor ihr nur verneigen, wie dies Elisabet tat, sie als die »einzig Begnadete«, als »Mutter des Herrn« begrüßen. In der dogmatischen Sprache der Kirche und in der Volksfrömmigkeit hat sich dies in dem Würdetitel »Gottesmutter« niedergeschlagen.

W. Knörzer

II. Liturgisch-homiletische Vorüberlegungen

1. Liturgische Hinweise

Weihnachtliche Vorfreude durchzieht bereits die *Lesungen* und die *Gebete* dieses Sonntags. »Tauet ihr Himmel von oben« ruft der *Eingangsvers* der Messe und schlägt den Grundakkord jener Erwartung an, die der nahen Erfüllung schon gewiß ist. Es kann nicht mehr lange dauern. Was hier in zeitlichen, in die Zukunft weisenden Kategorien angesagt wird, das versucht die Liturgie in die Dimension des persönlichen Glaubens zu übersetzen: Gott wird nicht irgendwann einmal sein Heil, seine Nähe, sich selbst in dieser Welt zum Vorschein bringen. Er läßt sich jetzt erfahren. Dies ereignet sich immer dann, wenn Menschen bereit geworden sind, ihr Herz für seine Hingabe (vgl. das *Tagesgebet*), das heißt für ihn zu öffnen, ihn einzulassen und ihn in dieser Welt leibhaftig werden zu lassen, wie Maria es durch ihr Ja-Wort auf die Zumutung des Engels (vgl. Lk 1,38) exemplarisch vorgelebt hat.

Die Adventszeit erfüllt sich, sie kommt an ihr Ziel, wo immer Menschen dem ankommenden, dem in die Welt und in ihr Leben einbrechenden Gott Raum geben und so »Reich Gottes« werden: Kein »Reich« in dem uns vertrauten Sinn des Wortes, auch kein besonderer Ort, sondern jener »Frei-Raum«, in dem Leben glückt (vgl. Mi 5,3.4a), weil Gott es mit uns leben kann und sein Name »Immanuel« (vgl. *Kommunion-Vers*) für uns Wirklichkeit wird.

2. Homiletische Hinweise

Ähnlich »erfüllungsnah« wie die liturgischen Texte ist wohl auch die innere Stimmung vieler Gottesdienst-Besucher, wenngleich ihr Denken sicherlich weniger vom Weihnachtsereignis bestimmt ist, dafür mehr von der vorweihnachtlichen Hektik. Es macht allerdings kaum Sinn, wenn Prediger diese beliebte Schablone aufgreifen und – in welcher Form auch immer – gegen den bekannten adventlichen Rummel zu Felde ziehen. Sinnvoller erscheint es, positiv jene Möglichkeiten zu nützen, die die Liturgie bereit hält. Sie lädt den Gläubigen ein, innezuhalten, zur Ruhe zu kommen und sich innerlich zu öffnen für die »Botschaft des Engels« (*Tagesgebet*), die Prophezeiung aus Micha (*Erste Lesung*) und deren theologische Deutung, wie sie die *neutestamentliche Zweite Lesung* aus dem Hebräer-Brief verkündet.

Modell, Vorbild kann dafür die im *Evangelium* geschilderte Begegnung zwischen Elisabet und Maria sein, denn in dieser Begegnung bricht etwas auf, kommt »mehr« zum Vorschein: Das »Mehr« der göttlichen Nähe. Für die *Predigt* ergeben sich daraus verschiedene Impulse:

Adventszeit: Ein Weg zu Gott

Adventliche Zeit, Vorbereitungsphase, Angebot innerer Öffnung oder wie auch immer man diese Wochen überschreibt. Entscheidend ist sicherlich, daß in ihr der Mensch nicht »draußen« bleibt. Es geht dabei vorrangig nicht um eine zeitliche Erwartung, sondern um die innere Öffnung, darum also, daß ich fähig werde, Gott in mein Leben hereinzulassen und ihm zu begegnen. Von Karl Valentin stammt der bekannte Ausspruch: »Morgen besuche ich mich – hoffentlich bin ich zu Hause!« Zu Hause sein, bei sich sein, empfangen können, für Überraschungen bereit werden: Solche Haltungen sind nicht unbedingt selbstverständlich. Viele Menschen müssen sie oftmals unter Schmerzen neu, beziehungsweise wieder lernen. Wer sich darauf einläßt, der lebt Advent, der ist unterwegs zu Gott, der bereitet sich für die Begegnung mit ihm.

Advent: Mehr als eine zeitliche Phase christlichen Lebens

Damit ist ein zweiter möglicher thematischer Schwerpunkt angedeutet: Advent ist mehr als eine bestimmte zeitliche Phase. Advent ist

Ausdruck einer erwartenden, einer offenen Haltung. Advent ist dann, wenn ich nicht mehr nur aus mir lebe und meinen eigenen Fähigkeiten traue, sondern mich dem anvertraue, an-traue (!), der zu mir kommt, mit mir sein möchte als »Immanuel«, als Gott auch mit mir. Es ist deutlich, daß so eine adventliche, im geistlichen Sinn jungfräuliche Grundhaltung den vorherrschenden Strömungen dieser Welt entgegenläuft und im Kontrast steht zu den Macher-Typen und dem Alles-Können-Wahn. Christen glauben daran, daß ihr und der Welt Heil gerade in dieser Alternative liegt.

Begegnung verwandelt
Ein drittes Verkündigungsthema legt das Evangelium nahe. Es schildert, wie sich Elisabet und Maria begegnen. Dabei bricht etwas auf. »Mehr« wird spürbar (vgl. Lk 1,41 und 44), Gott wird erfahren. Die folgende Predigt-Anregung versucht diesen Gedanken aufzunehmen und dabei zu zeigen, daß Begegnungen Menschen und ihre Umwelt verändern können.

III. Zur Predigt: Begegnungen verwandeln

Adventliche Begegnungen
Die vorweihnachtlichen Verkündigungstexte sind gerade bei Lukas voll von Begegnungs-Erzählungen. Der Engel Gabriel trifft im Tempel auf Zacharias und kommt dann später zu Maria in ihre Wohnung. Heute hören wir, wie Maria Elisabet besucht, und in wenigen Tagen werden wir daran erinnert, wie die Hirten das göttliche Kind im Stall finden und Simeon und Hanna sich im Tempel von dem ersehnten göttlichen Retter »treffen« lassen. Gott will uns begegnen. Er läßt sich dort erfahren, wo Begegnungen gelingen. Am Evangelium können wir heute fast exemplarisch ablesen, was dazu nötig ist.

Elisabet und Maria: Zwei Menschen begegnen sich
Da hören wir, wie Maria in eine Stadt in Judäa »eilte« (Lk 1,39). Dieses Eilen ist Zeichen dafür, daß sie glaubt und gehorcht. Wenn wir nur einmal daran denken, welche Würde sie kurz vorher von

dem Engel zugesprochen bekam: Sie soll die Mutter des Erlösers sein. Und nun eilt sie als Mutter des langerwarteten Messias zu ihrer Base Elisabet. Keine Spur von Stolz oder Hochmut, obwohl diese Haltungen durchaus verständlich wären. Nichts von all dem, was wir Maria wohl alle zugestehen würden und womit sich Würden- und Amtsträger aller Zeiten in Kirche und Welt ganz selbstverständlich umgeben. Freilich: Begegnungen werden dadurch erschwert oder kommen überhaupt nicht mehr zustande. Vermutlich ist dies auch ein wesentlicher Grund, daß das wirkliche Leben dabei zu kurz kommt. Denn Leben ist Frucht echter Beziehungen, und je stärker diese behindert sind, desto mehr macht sich Schein-Leben, Illusion, Wirklichkeitsverlust breit. Maria aber ist eine »Würden-Trägerin« ganz anderer Art! Trotz ihrer hohen Berufung ist sie sich nicht zu gut, nun ihrer Verwandten zu Hilfe zu kommen.

Ähnliches können wir auch an Elisabet erkennen. Auch sie ist ja von Gott berufen. Sie weiß sich auserwählt. Auf wunderbare Weise ist sie fruchtbar geworden. Auch sie hätte, menschlich gesprochen, allen Grund, sich bedienen, sich hofieren zu lassen. Dazu kommt noch die Stellung als die Ältere, Verheiratete, die Frau eines Priesters dazu. Gegen allen Brauch »neigt (sie) sich vor Maria, der Jüngeren, dem noch nicht heimgeführten Mädchen und begrüßt die gesellschaftlich viel tiefer Stehende ehrfürchtig als Mutter ihres Herrn« (*W. Knörzer*).

Maria und Elisabet: Zwei begegnungsfähige Menschen

Zwei Menschen werden uns hier geschildert, die sich nicht bestimmen lassen von ihrer Größe, ihrer Bedeutung, ihrer Berufung, die vielmehr ganz menschlich handeln. Gerade so aber kann die Begegnung gelingen und Neues zum Vorschein kommen, denn Einbildung macht blind, schlichte Rücksichtnahme auf den anderen öffnet die Sinne. Elisabet ist offen, sie horcht und folgt ihrem Gespür. Dabei »spürt« sie, wie sie vom heiligen Geist erfüllt wird (V. 41) und, so sagt der Text ganz plastisch, wie das Kind in ihrem Leib »hüpft« (V. 44). Elisabet ist feinfühlig für die Wirklichkeit. Darum kann sich etwas in ihr ereignen, und darum auch kann sie Maria wirklich begegnen.

Von Maria hören wir in dieser kurzen Szene sehr wenig, aber der Zusammenhang, ihr Eilen zu Elisabet, macht deutlich, daß auch sie offen und bereit ist, fähig, nicht nur zu Elisabet zu kommen, sondern bei ihr auch anzukommen und sie bei sich ankommen zu lassen.

Wie begegnungsbereit bin ich?
Man darf wohl diese Beobachtungen auch auf unsere Zeit, auf sich selbst übertragen. Was hier mit wenigen Strichen von Maria und Elisabet angedeutet ist, das kann uns hellhörig machen für die Bedingungen, für die Voraussetzungen jeder gelingenden Begegnung. Nur dort, wo ich mich öffnen, von meinen Ideen und Vorstellungen lösen kann, nur dort schaffe ich jenen Raum, jenen Frei-Raum, in den der andere einziehen, in dem er bei mir ankommen kann. Meistens allerdings müssen Menschen »draußen« bleiben. Wir sind »besetzt«. Besetzt von unserem Terminkalender, von unseren Sorgen und Ängsten, von Wünschen, von Einstellungen, von all dem, was uns wichtig ist. Jeder von uns kennt aber wohl auch Erfahrungen, wo er einen anderen an sich herankommen, ja zu sich »herein« ließ und ein Stück weit seine Probleme, seine Hoffnungen, ihn selber anzunehmen verstand. In solchen Momenten haben wir wohl immer wieder überraschend erfahren, daß da etwas aufgebrochen ist: tiefes Verstehen, innere Freude, Kraft, Sinn. Das Evangelium spricht in diesem Zusammenhang vom »Jubel« der Elisabet und davon, daß sie vom heiligen Geist erfüllt wurde (V. 41). Wir werden uns sicher meist scheuen, unsere eher alltäglichen Erfahrungen so zu benennen, obwohl sie auch in diese Richtung weisen.

Gott will uns begegnen
Genau hier liegt auch die Verbindung des bisher Gesagten mit dem Weihnachtsfest. Weihnachten ist das Fest der Begegnung Gottes mit uns im Menschen Jesus Christus. Die Voraussetzung dafür ist bei Gott, daß er klein wird, nicht auf seiner Position beharrt, sondern sich öffnet für uns, sich uns anvertraut, sich auf uns einläßt, an uns glaubt. Wo wir mitspielen, uns ebenso mit diesem Gott einlassen, da kann diese Begegnung gelingen.

Wo aber Menschen nicht auf einander zugehen, sondern nur auf sich selbst bezogen sind, da bleiben sie isoliert und leben bestenfalls nebeneinander, häufig gegeneinander. Auch Gott und Mensch können nur zueinander kommen, wenn sich beide auf das Wagnis dieser Begegnung einlassen. Gott wagt diesen Schritt: Das feiern wir an Weihnachten. Dieses Fest kann aber nur stattfinden, wenn auch wir dazu bereit sind.

Adventliche Menschen erfahren Gott
Wo das geschieht, da bricht auch in unserer Mitte etwas von dem Weihnachtsjubel auf. Da wird Gott erfahren auch in unseren

menschlichen Begegnungen. Da kommt Gottes Geist zum Vorschein: als der Friede, als die Kraft, als der Sinn für unser Leben. Weihnachten heißt: Gott will uns begegnen. Auf Weihnachten geht der Mensch immer dann zu, wenn er sich darauf einläßt. Weihnachten ereignet sich, wenn Menschen zu einander kommen, wie es uns das Evangelium am Beispiel von Maria und Elisabet vorzeichnet. So kann uns diese Begebenheit Mut machen, adventliche Menschen zu werden, begegnungsfähiger zu werden, uns für jene Menschen zu öffnen, die uns jeden Tag nahekommen und doch meist »draußen« bleiben müssen. Wenn es uns gelingt, ihnen unsere Tür zu öffnen, sie bei uns, in uns aufzunehmen, da können nicht nur sie, da kann auch Gott bei uns ankommen und jenen Frieden aufbrechen lassen, den Weihnachten nicht nur besingen, sondern tatsächlich schenken will.

D. Katte

Am Heiligen Abend

Mt 1,1–25; Kurzfassung 1,18–25

I. Bibeltheologische Vorüberlegungen

s. Lesejahr B, 53 ff.

II. Liturgisch-homiletische Vorüberlegungen

s. Lesejahr B, 59 ff.

III: Zur Predigt: Was wäre unser Leben ohne Weihnachten?

Ein eigenartiger Traum

Vor wenigen Tagen erzählte mir eine Frau: »Stellen Sie sich vor, heute Nacht habe ich geträumt: Das Weihnachtsfest fällt aus! – Wie komme ich bloß zu so einem Traum?«

Was mag die Frau bewegt haben? Was kann in ihr vorgegangen sein, was war ihr nachgegangen? Vielleicht war es der Streß in diesen Wochen und Tagen: Beruf und Familie, Geschenke besorgen, Einkäufe erledigen, Festvorbereitungen zu Hause. War ihr all das zuviel geworden, über den Kopf gewachsen, daß sie sich im Traum davon befreien wollte? War Weihnachten für sie zum Albtraum geworden?

Ansichten

Aber, Hand aufs Herz! Was ginge uns ab, wenn Weihnachten wirklich ausfallen würde? Was würden wir vermissen? Was macht uns dieses Fest kostbar? Die einen wären vielleicht ganz froh. Sie sagen: Wenn nur Weihnachten schon vorbei wäre! So viele Feiertage nacheinander! Soviel Stimmung und Gefühl! Soviel verordnete Harmonie zu Hause und mit den Verwandten! Und die vielen Süßigkeiten und das kräftige Essen. Wenn nur schon wieder alles normal und alltäglich verliefe!

Andere würden sagen: Nein. Weihnachten möchte ich nicht missen. Ein bißchen Ruhe und Stimmung, ein wenig Zeit füreinander. Außerdem: Festtagsbraten und Festtagskonzert sind doch nicht zu verachten. Und nicht zu vergessen: der schöne Gottesdienst in der Kirche, der Glanz und die Lichter, die alten Lieder der Kindheit, die Geschenke. Das alles macht doch Weihnachten schön und kostbar. Das Feiern gehört doch zum Leben! Der nüchterne Arbeitsalltag kommt noch früh genug.

Was finden wir in der Tiefe des Festes?
All das würden wir bestimmt auch unterschreiben: Weihnachten bedeutet uns sehr viel. Wir würden erst merken, was uns fehlt, wenn Weihnachten tatsächlich ausfiele, oder wenn es dieses Fest nicht geben würde.

Können wir als Christen darüber hinaus noch mehr sagen, warum uns dieses Fest so kostbar ist, so unverzichtbar und wertvoll – selbst dann noch, wenn kein Schnee liegt, wenn wir keine Geschenke bekämen, wenn kein Weihnachtsgebäck und keine Weihnachtsgans das Fest versüßen oder »aufbessern?«

Weihnachten ist für uns das Fest der Erlösung
In Jesus Christus hat Gott uns befreit von Sünde und Schuld, von der Macht des Bösen und vom ewigen Tod. Gott hat seinen Sohn gesandt als Sühne für unsere Sünden (vgl. 1 Joh 4,10). Weihnachten ist für uns das Fest unserer Befreiung: von Sünde, von hoffnungsloser Gottferne, vom Tod für immer. Das sind so wichtige Dinge für mein Leben, daß ich mir ein Leben ohne Weihnachten, besser: ein Leben ohne Gott, ohne die Gemeinschaft derer, die an Jesus Christus glauben, gar nicht mehr vorstellen kann. Wer mir Weihnachten, nein, das Erlöstsein nehmen wollte oder könnte, der würde mir mein eigentliches Leben nehmen: die Hoffnung auf Gott, auf die Rettung und die Erlösung durch ihn.

An Weihnachten feiern wir diese Hoffnung: Gott läßt seine Welt und uns Menschen nicht im Stich. Das hat er uns gezeigt, als sein Sohn in Jesus von Nazaret Mensch geworden ist: einer von uns allen und einer für uns alle. Nein, Weihnachten darf nicht ausfallen. Es kann gar nicht ausfallen. Weil Gott sein Ja zu uns Menschen nicht widerruft. Das gehört einfach gefeiert, – gibt es etwas Schöneres;

K. Baumgartner

In der Heiligen Nacht

Lk 2,1–14

Am Morgen

Lk 2,15–20

I. Bibeltheologische Vorüberlegungen

s. Lesejahr B, 64 ff.

In der Nacht: Lk 2,1–14

II. Liturgisch-homiletische Vorüberlegungen

s. Lesejahr B, 71 ff.

III. Zur Predigt: Die Macht des Kindes

Armut als Methode
Es kann nicht nur eine erbauliche Sprachform sein, wenn uns gesagt wird: Jesus ist als Kind armer Leute auf die Welt gekommen. Seine Eltern gehörten sozial eher zur unteren Schicht; politisch spielten sie überhaupt keine Rolle; kulturell lebten sie in einem Land am Rande der eigentlichen Entwicklungen.

Was bedeutet es, wenn Gott in die Menschheit kommt und nicht mit jener Macht auftritt, die jedermann an den Tag legt, der hier etwas ausrichten möchte, um Einfluß zu gewinnen und die Menschen irgendwohin zu führen? Warum diese Ohnmacht? Oder steckt hinter ihr eine andere Form von Macht?

Macht durch Zwang

Wir kennen in der Geschichte der Menschheit viele politische Führer, die alle etwas Besonderes schaffen wollten. Sie versprachen ihren Untertanen eine Zeit des Friedens, des Wohlstandes und viele andere Vorzüge. Sie führten Krieg für Frieden, sie verlangten Opfer für einen zukünftigen Reichtum, sie mußten Zwang anwenden, um mögliche Freiheiten zu erkämpfen. Immer gerieten sie in Zwänge, gerieten in Konkurrenz und zerstörten irgendwann das Ganze durch die Art, wie sie mit Macht vorgehen mußten.

Mächtig durch Vertrauen

Jesus will auch ein Reich bringen, aber von anderer Art. Er wird Kind armer Leute. Er übt auch Macht aus. Er tritt im Namen einer Macht auf, die aber ganz anders ist. Es ist die Macht eines Ohnmächtigen. Ein kleines Kind ist in der Familie auch ohne äußere Macht, es ist hilflos. Und doch bestimmt es das ganze Leben dieser Familie. Es ist mächtig, weil es geliebt wird. Es ist mächtig, weil es umsorgt wird. Es ist mächtig, weil es sich ganz auf die Umgebung verläßt. Es ist mächtig durch Vertrauen.

So wollte Gott seine Macht bei uns ausüben. Nicht auf der sachlichen Ebene, wo gezwungen und erzwungen wird, wo es Konkurrenz gibt, wo der einzelne nur als Fachmann oder Einflußreicher oder Reicher eine Rolle spielt. Gott wollte Einfluß nehmen auf der Ebene des Persönlichen.

Das Reich Gottes will im Bereich des Persönlichen seinen Platz einnehmen. Es will die Beziehungen neu regeln. Es will den göttlichen Bereich in das Gefühl der Menschen und in ihre Art des Umgangs miteinander einpflanzen.

Darum das Kind in der Krippe. Es spricht von Gott und seinem Reich unter uns. Es erzählt, wie Gott bei uns sein will: ohnmächtig mächtig, persönlich geliebt und aufmerksam umsorgt. Denn er liebt jeden einzelnen auch persönlich und umsorgt ihn.

Diese Botschaft soll uns froh machen. Wir sind nicht eingezwängt in anonyme Abläufe, sondern wir sind persönlich gemeint, weil dahinter eine große Liebe steht.

Daß wir das neu spüren dürfen in diesen Tagen, das ist mein Weihnachtswunsch an Sie.

L. Mödl

Am Morgen: Lk 2,15–20

II. Liturgisch-homiletische Vorüberlegungen

s. Lesejahr B, 75 ff.

III. Zur Predigt: Wer ist dieses Kind in der Krippe?

Weihnachten als anrührendes Fest

Warum rührt uns Weihnachten so tief im Herzen an? Warum treten sogar Männern, die sich sonst sehr hart geben, Tränen in die Augen, wenn sie – vielleicht der einzige Gottesdienstbesuch im Jahr – an der Christmette teilnehmen?

Sicher trägt zu diesem Angerührtsein die ganze Atmosphäre dieses Festes bei: die Lichter, die Geschenke, das Beisammensein in der Familie, die Kindheitserinnerungen. Aber eine entscheidende, wohl meist unbewußte Rolle spielt dabei die Tatsache, daß im Mittelpunkt des christlichen Weihnachtsfestes ein Kind steht.

Wenn wir als Christen das Weihnachtsfest nicht nur in äußerlicher Rührseligkeit begehen wollen, wenn wir zu einem Ergriffensein kommen wollen, das unser Leben verändert, dann ist es notwendig, über die grundsätzliche Frage nachzudenken: Wer ist dieses Kind in der Krippe? Wir werden die Antwort in drei Schritten vollziehen: Dieses Kind in der Krippe ist einzigartig als menschgewordener Sohn Gottes; es ist das Zeichen unendlicher Liebe; es ist das Zeichen unendlicher Hoffnung.

Dieses Kind ist einzigartig als menschgewordener Sohn Gottes

Jedes Kind ist einmalig. Dies erfahren Eltern mit mehreren Kindern in besonders anschaulicher Weise. Jedes Kind ist anders, denn es bringt eine Reihe von körperlichen, seelischen und geistigen Eigenschaften mit sich, die es einmalig machen. Aber das Kind in der Krippe ist in einzigartiger Form einmalig: Das Jesus-Kind ist das einzige Kind dieser irdischen Welt, in dem Gott in seiner Fülle wohnt, es ist das einzige Kind, das der menschgewordene Sohn Gottes ist.

In diesem Kind begegnet das für den menschlichen Verstand Unbegreifliche: In diesem Kind ist Gott Mensch geworden. Der unendlich große Gott, den das ganze Weltall nicht fassen kann, er wird anfaßbar in diesem kleinen Kind. Der unendlich machtvolle Gott, der das ganze Weltall erschaffen hat, begibt sich in die Ohnmacht eines hilflosen Kindes. Der unendlich herrschende Gott, der das Geschick des ganzen Weltalls lenkt, macht sich in diesem Kind abhängig von der Sorge der Menschen.

Wenn wir dies bedenken, wird uns klar: An Weihnachten birgt die äußerliche Rührseligkeit, die der Anblick eines neugeborenen Kindes auslöst, unbewußt eine tiefere Ahnung, nämlich die Ahnung eines großen Geheimnisses, die Ahnung eines tiefen Geheimnisses. Ist es nicht so, daß wir Menschen – wie es die biblische Urgeschichte darstellt – gottgleich sein möchten? Und nun tritt hier die Umkehrung ein: Gott will Mensch sein; ja, Gott wird tatsächlich Mensch in einem Kind; Gott, der über allem steht, wird ein Kind, über das Menschen verfügen.

Haben wir schon einmal von einem Menschen gehört, der eine oberste Stelle eingenommen und der sich dann freiwillig in eine Stellung begeben hat, wo er anderen untergeordnet war? (Zum Beispiel: Gibt es einen König oder einen Präsidenten eines Staates, der freiwillig den Saaldiener des Parlaments machen würde?) Die Menschwerdung Gottes in dem Jesus-Kind ist fürwahr ein anrührendes, ein tief ergreifendes Geheimnis. Es ist zugleich ein lichtes Geheimnis, denn in diesem Kind zeigt sich zweierlei: Es ist das Zeichen unendlicher Liebe, es ist das Zeichen unendlicher Hoffnung.

Das Jesus-Kind ist das Zeichen unendlicher Liebe

Jedes Kind, das in bewußter Absicht von einem sich liebenden Menschenpaar gezeugt wird, ist ein lebendiges Zeichen der Liebe. Aber das Kind in der Krippe ist in einzigartiger Weise ein Zeichen der Liebe. Denn dieses Kind bezeugt als Sohn Gottes: Gott selbst ist die Liebe.

Wenn wir nach dem letzten Beweggrund fragen, warum Gott Mensch geworden ist, bleibt als einzige Antwort: So etwas tut nur die Liebe; Gott ist aus Liebe Mensch geworden, aus Liebe zu uns Menschen. Hier wird über Gott selbst offenbar: Gott ist nicht eine schreckliche Macht, sondern eine liebende Macht; Gott will uns Menschen nicht unterdrücken, sondern er will liebend für uns Menschen da sein; Gott will uns Menschen nicht etwas wegnehmen, sondern er will uns bereichern; Gott will uns Menschen nicht elend, sondern glücklich machen; Gott begibt sich selbst ins Elend, um – in Solidarität – uns Menschen aus dem Elend zu erlösen.

Damit zeigt sich etwas überwältigend Großes, das uns – über alle äußerliche Rührseligkeit hinweg – tiefinnerlich ergreifen kann und soll: Die höchste Macht der Welt ist Liebe; Gott selbst ist die Liebe. Ziel der Liebe Gottes ist das Heil, das ganzheitliche Wohl und Glück von uns Menschen. Wir Menschen sind umfangen und getragen von der unendlichen Liebe Gottes.

Das Jesus-Kind ist das Zeichen unendlicher Hoffnung

Jedes neugeborene Kind, das gesund ist, weckt bei den Eltern große Hoffnungen: Das Kind hat das ganze Leben mit vielen Möglichkeiten vor sich; dem Kind soll es in dieser schwierigen Welt besser gehen; das Kind soll erleben, was vielleicht den Eltern nicht vergönnt war: mehr Liebe, mehr Gerechtigkeit, mehr Friede, mehr Glück. Doch das Kind in der Krippe ist in einzigartiger Weise ein Zeichen der Hoffnung. Denn dieses Kind bezeugt als Erlöser der Welt: Gott selbst will die Welt erneuern.

Wenn wir nach dem letzten Ziel fragen, wozu Gott Mensch geworden ist, bleibt als große Antwort: Gott will sein Reich der Liebe allumfassend verwirklichen. Das Kind in der Krippe ist als Erlöser der Welt eine unendliche Verheißung: Es birgt unendliche Möglichkeiten in sich. Es bringt den Durchbruch zu einer neuen, besseren Welt, d. h. es befreit aus der Verfallenheit an das Böse und stärkt zum Tun des Guten; es überwindet den Tod und eröffnet ewiges Leben; es bildet den Neuanfang für die Verwirklichung des göttlichen Reiches der Liebe, der Gerechtigkeit, des Friedens und des Glücks.

Auch hier zeigt sich etwas überwältigend Großes, das uns zutiefst ergreifen kann und soll: Gott selbst befreit uns Menschen neu zu unseren, von ihm geschenkten großen Möglichkeiten; Gott selbst setzt sich ein für eine bessere Welt; Gott selbst steht uns bei in der Verwirklichung von mehr Menschlichkeit.

Weihnachten als Anbetung und Handlungsimpuls

Angesichts eines so großen und lichten Geheimnisses können und sollen wir Christen in zweifacher Weise reagieren:

zum einen: Laßt uns anbeten, den Sohn Gottes und Erlöser der Welt! Gleich jetzt, in dieser Eucharistiefeier!;

zum anderen: Laßt uns handeln aus dem Geist dieses Geheimnisses! Im Alltag, durch Liebe und Hoffnung!

G. Kraus

Am Tag

Joh 1,1–18; Kurzfassung 1,1–5.9–14

I. Bibeltheologische Vorüberlegungen

s. Lesejahr B, 80 ff.

II. Liturgisch-homiletische Vorüberlegungen

1. Liturgische Hinweise

Die Texte sprechen davon, daß es an Weihnachten etwas Außergewöhnliches zu sehen gibt. Gottes Sohn »hat unsere Menschennatur angenommen« (*Tagesgebet*), und nun ist das Heil zum Greifen nahe. Der Mensch kann die Herrlichkeit Gottes mit den Sinnen erfassen. Der alttestamentliche Prophet Jesaja (*Erste Lesung*) sieht dieses faßbare Heil bereits voraus und beschreibt es in einer wunderschönen Lautmalerei: Aus allen Fugen des alten, ruinierten Jerusalem singt und klingt es. Der Jubel über die Rettung ist zu hören, das Kommen Gottes ist zu sehen. Und wer mit seinen wachen Sinnen das Heil, den Frieden und die Freude vernimmt, der stimmt mit ein in den Jubel über einen Gott, der tröstet und erlöst. Der *Antwortpsalm* 98 (97) läßt den Jubel über die Erlösung in Musik übergehen: »Alle Länder der Erde« sollen dem Herrn wie in einem festlichen Chorkonzert singen und spielen.

Besonders der Hebräerbrief (*Zweite Lesung*) läßt uns das Heil schauen. Gott ist in Jesus Christus sichtbar geworden, er ist »Abbild« der göttlichen Herrlichkeit. Der Tag der Erlösung ist in ihm aufgeleuchtet. »Ein großes Licht« ist uns erschienen (*Ruf vor dem Evangelium*).

Der scheinbar so abstrakte Johannesprolog (*Evangelium*) ist ebenfalls sehr bildhaft. Ein Licht leuchtet in der Finsternis. Gottes »Wort« ist Licht, und dieses »Wort-Licht« ist »Fleisch« geworden, Mensch. Der unsichtbare Gott hat in Jesus sichtbar unter uns gewohnt. »Wir haben seine Herrlichkeit gesehen.«

Die Liturgie am Weihnachtstag will uns offen machen für das Eigentliche dieses Festes: die Nähe Gottes zu uns Menschen. Es geht darum, die Herrlichkeit Gottes mit gläubigem und nüchternem Herzen zu schauen und in den Lobgesang über die Menschwerdung Gottes einzustimmen.

2. Homiletische Hinweise

Alle drei Schrifttexte wollen Hoffnung wecken und Trost schenken. Der Mensch ist nicht von Gott verlassen. Er ist ihnen unsagbar nahe mit seiner Hilfe.

Der *Jesaja-Text* verkündet dem Gottesvolk gegen Ende des babylonischen Exils die Befreiung aus Knechtschaft und Unterdrückung durch Jahwes mächtigen Arm. Jesaja sieht die Befreiung aus den aussichtslos erscheinenden Verhältnissen klar voraus und kann mit der Verkündigung des Heils sein Volk trösten und ermutigen. Wenngleich unsere Zeit von der damaligen sehr verschieden ist, so ist doch die mangelnde Zukunftsperspektive ähnlich. Wie zur Zeit der babylonischen Gefangenschaft die Menschen in Depressionen und Resignation fielen, weil die Aussichten auf eine positive Wende düster waren, so haben auch heute viele Menschen die Hoffnung auf eine gute Zukunft in Frieden und Freiheit aufgegeben. Daß gar Gott der schrecklichen Bedrohung ein Ende setzen und dauerhaften Frieden schenken könnte, ist für viele außer jeder Betrachtung. Prophetische Worte von der Dynamik des Jesaja könnten hier Wunder wirken.

Der *Hebräerbrief* tritt ebenfalls der Resignation von Menschen entgegen. Gott schweigt nicht einfach zu allem, was geschieht. Durch seinen Sohn sagt uns Gott, daß die Welt von den Sünden gereinigt wird. Sein Wort ist wirkmächtig. Wie die Welt am Anfang durch Gottes Wort entstanden ist, so entsteht auch jetzt durch Gottes Wort eine neue Schöpfung. Es wird Schluß gemacht mit allem Unheil und aller Friedlosigkeit. Der Name Jesus bedeutet Heil und Leben. Durch ihn ist und wird alles erschaffen. Gott greift in Jesus Christus in das Weltgeschehen ein. Das *Evangelium* des Johannes macht das vollends deutlich. Es benutzt die Begriffe von Licht und Dunkelheit, um feierlich vorzutragen, was in der Menschwerdung des ewigen Sohnes Gottes geschehen ist. Wie konkret und faßbar das Heil ist, das von Gott kommt, gipfelt in dem Satz: »Und das Wort ist Fleisch geworden und hat unter uns gewohnt«. Alle Schrifttexte dieses Tages verkünden die Nähe Gottes. Dabei ist Jesus Christus von zentraler Bedeutung. Er macht uns Gott erfahrbar. Gott ist uns im Menschen Jesus nahe. Es gilt aber auch, in Jesus nicht nur einen Menschen zu sehen. Gott ist uns in ihm nur nahe, wenn er Gott und Mensch zugleich ist. Deshalb unterstreicht das Johannesevangelium die Präexistenz Jesu. Es geht um den göttlichen Logos, der Mensch geworden ist.

Es bieten sich einige *Predigtthemen* an:
Gottes Heil; Hoffnung; Erlösung; Jesus; Gottes Sohn; Gott spricht; die Nähe Gottes.

Am meisten reizt mich das Thema: *Die Nähe Gottes.* Gerade weil viele heute eher die Abwesenheit Gottes erfahren und sich von Gott verlassen fühlen, ist mir das Thema so wichtig. Es wird nicht leicht sein, den Menschen unserer Zeit Auge und Ohr für Gottes Nähe auch heute zu öffnen. Ich muß mit innerem Widerstand rechnen, weil Glaube nicht zu beweisen ist. Ich denke aber, daß ich eine Chance habe, wenn ich mich selbst menschlich verhalte. Für Menschlichkeit sind viele heute sehr empfänglich. Ein Prediger, der selbst Nähe zur Gemeinde lebt und von Gottes Nähe überzeugt ist, ja diese weitergibt, könnte aufmerksame Zuhörer finden.

III. Zur Predigt: »Gottes Nähe«

Die Nähe eines Menschen

Kürzlich fragte ich eine ältere Frau, die oft allein ist, was sie sich zu Weihnachten wünsche. Ganz spontan kam die Antwort: »Die Nähe eines Menschen.« Mitarbeiter der Telefonseelsorge werden an den Feiertagen oft von Leuten angerufen, die sonst keinen Menschen haben.

In dem Fernsehfilm »Das Haus am Ende des Tunnels« von Gero von Boehm sagt ein Patient der Frankfurter AIDS-Station: »Was ich brauche, sind eigentlich Menschen.« Wie wichtig menschliche Nähe ist, sagt auch folgender *Text* von *Wilhelm Willms:*

> »Wußten Sie schon, daß die Nähe eines Menschen gesund oder krank machen, tot oder lebendig machen kann?
> Wußten Sie schon, daß die Nähe eines Menschen gut oder böse machen, traurig oder froh machen kann?

Wußten Sie schon, daß das Wegbleiben eines Menschen sterben lassen kann, daß das Kommen eines Menschen wieder leben läßt?
Wußten Sie schon, daß die Stimme eines Menschen einen anderen Menschen wieder aufhorchen läßt, der für alles taub war?
Wußten Sie schon, daß das Wort oder das Tun eines Menschen wieder sehend machen kann, einen, der für alles blind war, der nichts mehr sah, der keinen Sinn mehr sah in dieser Welt und in seinem Leben?
Wußten Sie schon, daß das Zeithaben für einen Menschen mehr ist als Geld, daß das Anhören eines Menschen Wunder wirkt, und daß ein Vorschuß an Vertrauen hundertfach auf uns zurückkommt?«

Absonderung
Man kann sich fragen, wie es eigentlich dazu kommt, daß Menschen allein bleiben und keinen finden, der ihnen heilsame Nähe schenkt. Es fällt auf, daß heute immer mehr Menschen ohne feste Gemeinschaft leben. Treffs für Singles werden in fast jeder Stadt organisiert.

Der Ursachen für häufiges Alleinsein von Menschen sind viele. *Ein* Grund liegt sicher darin, daß Menschen von Menschen enttäuscht sind. Es gibt so viel Gleichgültigkeit, Treulosigkeit, ja Feindseligkeit. »Homo homini lupus – der Mensch ist dem Menschen ein Wolf« ist ein uralter Satz. Letztlich geht's um Sünde; sie bewirkt die Absonderung, die Isolation mit all ihren schlimmen Folgen.

Finsternis
Der Evangelist Johannes spricht von Finsternis und meint damit jenen beklagenswerten Zustand, in dem Menschen sich befinden, die der Liebe entbehren. Jesaja faßt die Erfahrung von Dunkelheit in Worte, wenn er schreibt: »Wir tasten uns wie Blinde an der Wand entlang und tappen dahin, als hätten wir keine Augen. Wir stolpern am Mittag, als wäre schon Dämmerung, wir leben in Finsternis wie die Toten« (Jes 59,10). Teilnehmer einer Selbsterfahrungsgruppe wurden einmal dazu aufgefordert, in einer Zeichnung die hellen und dunklen Bereiche ihres Inneren zu Papier zu bringen. Alle waren nachher erstaunt zu sehen, wie oft der schwarze Stift genommen wurde. Finsternis, ja, es gibt sie in uns, und wir könnten viele Namen dafür finden: Einsamkeit, Enttäuschung, Depression, vielleicht auch Sünde, die eigene und die von anderen.

Gottes Licht

Das Evangelium zeigt, daß Gott um die Bedeutung menschlicher Nähe für uns weiß. Er schickt uns einen *Menschen*, dessen Nähe im wahrsten Sinne des Wortes gesund, lebendig und gut macht: »Und das Wort ist Fleisch geworden und hat unter uns gewohnt.« Nicht irgend ein Mensch ist es, der zum Licht in unserer Dunkelheit wird; es ist *der* Mensch, Gottes »Wort«, durch den alles geworden ist. Dieser Mensch Jesus Christus, dessen Nähe uns Menschen aufatmen und wirklich leben läßt, bringt uns zugleich die Nähe Gottes, die alle Finsternis vertreibt. Wir brauchen einen Menschen, und wir brauchen Gott, um leben zu können. In Jesus Christus haben wir beides gefunden. Wenn schon die Nähe eines Menschen lebenswichtig für uns ist, um wieviel mehr wird die Nähe Gottes ein Leben in uns entfalten, das kein Ende kennt. »Aus seiner Fülle haben wir alle empfangen, Gnade über Gnade.« Nicht Finsternis ist unsere Zukunft, sondern Gottes große Herrlichkeit.

Frage und Antwort

Es mag sein, daß mancher dem Wort von Gottes Nähe nicht ganz traut. Wer einmal skeptisch geworden ist, kann so rasch nicht wieder glauben. Bereits die Gemeinde des Johannes stellte bange Fragen: Ob Jesus wirklich nahe war, wo doch viele Christen finstere Ablehnung zu spüren bekamen? Sie erfuhren schließlich Gottes Nähe in der christlichen Gemeinde. Immer noch war Gott in Menschen nahe. Kirche ist der fortlebende Christus. So ist es wichtig, die Gemeinde aufzusuchen; anderswo ist Gottes Nähe nicht zu finden. »Wer euch hört, hört mich« (Lk 10,16), sagt Jesus zu den Jüngern. Die Nähe von Gott und Mensch, die jeder zum Leben braucht, ist in der christlichen Gemeinde erfahrbar. Die Tür dorthin ist der Glaube. Sie ist natürlich um so leichter zu finden, je mehr Christen sich wirklich als Menschen erweisen, die von der Menschlichkeit Jesu durchdrungen sind.

Die Nähe Gottes weitergeben

Wer nun Gottes Nähe spürt, der muß sie auch weitergeben. Weihnachten ist das Fest von Licht und Leben. Es kommt darauf an, das Licht, das wir an diesem Tag empfangen, weiterzugeben, damit es hell wird im Leben, auch des Nächsten.

Und je mehr wir bereit sind, durch unsere Nähe Lichter in anderen anzuzünden, um Dunkelheit zu vertreiben, desto heller wird es auch in uns selbst. Wer gibt, empfängt.

Die helle Zukunft

Sicher wird es auch in Zukunft noch manche Dunkelheit geben. Aber seit Gottes menschliche Nähe uns Licht gebracht hat, kann Dunkelheit sich nicht mehr ewig halten. *Jochen Klepper* (+1938) drückt das in einem Adventslied so aus:

»Noch manche Nacht wird fallen auf Menschenleid und – schuld. Doch wandert nun mit allen der Stern der Gotteshuld. Beglänzt von seinem Lichte, hält euch kein Dunkel mehr; von Gottes Angesichte kam euch die Rettung her.« (*Gotteslob* Nr. 111,4)

H. Bücker

Sonntag in der Oktav
Fest der Heiligen Familie
Lk 2,41–52

I. Bibeltheologische Vorüberlegungen

1. Stellung, Struktur, Gattung der Perikope

(1) Die Erzählung vom Zwölfjährigen im Tempel beschließt das lukanische Kindheitsevangelium. Sie ist dessen Finale und hebt nachträglich den tiefen Sinn der ganzen Vorgeschichte ins Licht. Zum ersten Mal im Lukas-Evangelium spricht Jesus selbst. Sein erstes Wort kündet von dem einmaligen Verhältnis und dem radikalen Gehorsam, in dem er, der Sohn, dem Vater gegenübersteht. Von hier beginnen alle Würdetitel, die im Kindheitsevangelium bisher Jesus zugelegt wurden, neu zu leuchten.

Das gilt vor allem für die Hoheitsaussage »Sohn Gottes«. Schon in der Verkündigungsszene wurde Jesus vom Engel als »Sohn des Höchsten« angekündigt, 1,32. Unmittelbar zuvor war davon die Rede, daß er »groß« sein werde. Der absolute Gebrauch des Wortes »groß« kommt im Alten Testament nur als Prädikat Gottes vor. Doch die Aussage bleibt wegen ihrer Anlehnung an 2 Sam 7,14 undeutlich: Dort wird der König »Sohn Gottes« genannt, ein Ausdruck für besondere Erwählung. Deutlicher ist schon 1,35: Das Heilige, das aus Marias Schoß hervorgeht, soll Gottes Sohn heißen. In dem abschließenden Finale, das unsere Perikope bildet, sagt Jesus selbst. »Wußtet ihr nicht, daß ich in dem sein muß, was meines Vaters ist?« Nach dem Vorwurf Marias »Dein Vater und ich haben dich mit Schmerzen gesucht« 2,48, wirkt diese Aussage besonders stark. Jesus hat einen besonderen Vater, dem er in Gehorsam untertan ist. Das gläubige Bekenntnis zu Jesus, dem Sohn Gottes, das sich durch das ganze lukanische Kindheitsevangelium hindurchzieht, hat hier seinen Höhepunkt.

(2) Die Szene ist mit der vorhergehenden von der Darstellung Jesu im Tempel, 2,21–40, besonders eng verbunden. Beidesmal ist

der Tempel Schauplatz des Geschehens. Die Mal 3,1 verheißene Ankunft des Herrn in seinem Tempel geht in Erfüllung. Beide Erzählungen schließen refrainartig: Der Knabe wächst heran und nimmt zu an Weisheit und Wohlgefallen vor Gott und den Menschen, vgl. 2,40 mit 2,52. Trotz dieser engen Verflechtung wird der Abschnitt ursprünglich nicht mit dem vorhergehenden Geschichtenkranz verbunden gewesen sein. Es handelt sich also um eine ursprünglich isolierte überlieferte Einzelgeschichte. Mit Ausnahme der häufig vorkommenden Kopula kai, die an eine semitische Vorlage erinnert, sind die Wendungen im übrigen Kindheitsevangelium typisch griechisch. P. Gaechter vermißt die rhythmische hebräische Form des vorhergehenden Teils. Dazu kommt, daß bereits 2,40 den Eindruck eines Abschlusses macht. Sicher ist die Erzählung, deren Entstehung im Kreis hellenistischer Judenchristen – Sprache, Tempelfrömmigkeit – vermutet werden muß (Schürmann), nicht äußerlich angehängt. Ein Autor – ob der Evangelist oder ein anderer –, der das Vorhergehende tief in sich aufgenommen hat, hat sie geschickt mit dem ganzen Kindheitsevangelium verbunden.

Ob mit der Erzählung 1,80 überboten werden soll – der Täufer weiß erst als Erwachsener von seiner Berufung, Jesus schon als Kind, an der Schwelle zum Erwachsenenalter –, ist unsicher, da die Erzählung erst später dem Geschichtenkranz angefügt wurde.

(3) Man kann die Erzählung nicht mit den in Ägypten, im Judentum und im Hellenismus gleichermaßen bekannten Geschichten von der früh entdeckten Weisheit später berühmter Männer in Verbindung bringen. Dazu ist der Text zu verhalten. Auch der Vorwurf der Mutter würde kaum dazu passen. Auch das im Judentum bekannte Motiv, daß ein Kind verlorengeht und beim Studium des Gesetzes aufgefunden wird, hat bei der Gestaltung der Geschichte kaum eine Rolle gespielt. Die religionsgeschichtlichen Anklänge sind äußerlich, ungenau und zufällig.

(4) Die Erzählung vom Zwölfjährigen im Tempel ist die einzige »Jugendgeschichte« Jesu innerhalb der kanonischen Evangelien. Zwischen ihr und den zum Teil geschmacklosen Legenden über den heranwachsenden Jesus im apokryphen Kindheits-Evangelium nach Thomas stehen Welten.

Im Gesamt des luk. Kindheitsevangeliums hat sie nicht den Charakter einer biographischen Szene. Das gläubige Bekenntnis zu Jesu Person und Heilswerk, das im ganzen Kindheitsevangelium laut wird, wird noch einmal zusammengefaßt und zu Ende geführt (Laurentin). Zugleich wird die Aufmerksamkeit des Lesers durch diese Geschichte auf den Hauptteil des Evangeliums gelenkt: Was wird von diesem Jesus noch alles zu erwarten sein! Zur Botschaft der Engel, zu den prophetischen Worten Simeons und Annas tritt jetzt das eigene Offenbarungswort Jesu.

2. *Einzelauslegung*

V.41–45 Nach gesetzlicher Vorschrift (Ex 23,14–17; 34,23f; Dtn 16,16f) hatten alle erwachsenen Männer in Israel dreimal im Jahr, zum Pascha-, Pfingst- und Laubhüttenfest, nach Jerusalem zu wallfahren. Heranwachsende waren ab dem 13. Lebensjahr zum Halten des ganzen Gesetzes verpflichtet; die Knaben sollten aber schon zuvor stufenweise daran gewöhnt werden. Ob zur Zeit Jesu auch die Frauen zu den Wallfahrten verpflichtet waren, ist umstritten. Die weiten Entfernungen – von der Südgrenze Galiläas bis Jerusalem sind es immerhin 100 km Luftlinie – machten eine genaue Befolgung der gesetzlichen Vorschriften unmöglich; die meisten Juden begnügten sich mit der Teilnahme an einer Wallfahrt alljährlich.

Die galiläischen Pilger reisten in größeren Gruppen, um gegen räuberische Überfälle gesichert zu sein. Am Abend trafen sie sich zum Übernachten an einem gemeinsamen Sammelplatz. So ist es nicht verwunderlich, daß Jesu Eltern sich erst am Abend über Jesu Abwesenheit beunruhigten. Diese reisten jedes Jahr zum Paschafest. Vor der gesetzlich vorgeschriebenen Zeit nahmen sie den Knaben (vgl. die Steigerung 2,12.16: brephos; 2,17.27.40: paidion; 2,43: pais) mit. Mindestens drei Tage lang hatten sich die Wallfahrer in Jerusalem aufzuhalten. Jesu Eltern aber blieben die ganze Festwoche. Gern vermerkt der Erzähler, daß Jesu Eltern fromm waren und sich an das Gesetz hielten. Die ungebrochene Tempel- und Gesetzesfrömmigkeit ist Grundzug des gesamten luk. Kindheitsevangeliums, vgl. 1,5–25; 2,21–40.

V. 46 Nach dreitägigem Suchen finden die Eltern Jesus im Tempel. Die drei Tage dürfen nicht hintergründig auf die Zeit zwischen Karfreitag und Ostern oder auf die halbe Woche von Dan 9,27 bezogen werden. Eher ist an volkstümliche Rede zu denken, hinter der das atl. und rabbinische Theologumenon steckt, daß Gott die Seinen nie länger als drei Tage, d.h. nur eine kurze Zeit, auf Hilfe warten läßt. Jesus sitzt mitten unter den Lehrern, hört ihnen zu und befragt sie. Die rabbinische Lehrmethode bestand in Disputation über das Gesetz, die Schüler saßen auf dem Boden und stellten Fragen oder hörten der Disputation der Rabbis zu. Als Ort der Disputation wird der Tempel angegeben. Damit ist entweder eine Halle des äußeren Tempelvorhofs oder eine eigene Synagoge auf dem Tempelberg gemeint. Daß Jesus die Lehrer belehrte, steht nicht im Text. Aber er weist sich bei den anerkannten Sachverständigen durch Gelehrsamkeit aus.

V. 47 Der Vers ist wohl eine spätere Einfügung. Er hemmt den reibungslosen Fluß der Erzählung. V. 48 schließt nahtlos an V. 46 an. Dazu wechselt das Subjekt. Nun ist auch von Antworten Jesu, nicht nur von Fragen die Rede. Die Gelehrten geraten außer sich; die christliche Tradition wußte, daß Jesus eine Lehre in Vollmacht verkündigte, Mk 1,22–27; 6,2; Mt 7,28f u.a.

V. 48 Die Eltern erschrecken. Maria, nicht, wie man erwarten möchte, Josef, redet das Kind an. Das ganze luk. Kindheitsevangelium scheint aus der Perspektive von Frauen erzählt zu sein.

Jesus ist Marias Kind. Nach ihrer Meinung gehört Jesus zu den Eltern. Mit Schmerzen haben sie ihn gesucht. Deshalb die vorwurfsvolle Frage, warum Jesus ihnen das angetan habe. Ist die Stelle überinterpretiert, wenn man an die kurz zuvor stehende Weissagung des Simeon denkt (2,35)?

V. 49–51 Jesu Antwort ist Höhepunkt der Erzählung. Hier steht das einzige Wort Jesu im Kindheitsevangelium und zugleich das erste Wort Jesu im Evangelium überhaupt. Es spricht in Verhaltenheit und doch geheimnisvoller Vieldeutigkeit (Frageform!) von dem besonderen Verhältnis, in dem Jesus zu seinem Vater steht. Die Wendung »mein Vater« ist im Spätjudentum als Anrede Gottes äußerst selten. Nach jüdischer Auffassung verbot die Ehrfurcht eine derart familiäre Anrede. Bedenkt man, daß es vox ipsissima Jesu ist, Gott mit dem Kosewort Abba anzusprechen, daß er sich nie mit den Jüngern zur gemeinsamen Vateranrede zusammenschloß, sondern seinen Vater von ihrem Vater abhob, wie Joh 20,17 theologisch reflektierend (aber sicher Jesustradition erinnernd) zum Ausdruck bringt, dann wird deutlich, daß hier zum Ausdruck kommt, was später als das Eigentliche und Tiefste an Jesus empfunden wurde: sein besonderes Verhältnis zum Vater. Jesus ist der Sohn schlechthin. Doch zugleich wird deutlich, wie dieses Verhältnis verstanden werden muß: Jesus nimmt nicht die Stelle des Vaters ein, sondern ist in radikaler Weise ihm gegenüber gehorsam. Gerade so ist er der Sohn. So »mußte« (deĩ) er in dem bleiben, was seines Vaters ist.

Grammatikalisch kann diese Wendung auf den Auftrag des Vaters und auf den Tempel bezogen werden. Der Zusammenhang zwingt zu letzterem. Dieses göttliche »Muß« trennt Jesus von seinen Eltern. Dein Vater und ich haben dich gesucht, hieß es 2,48. Jetzt ist von *dem* Vater die Rede, dem Jesus ausschließlich angehört und zu folgen hat. Daraus folgt eine gewisse Scheidung zwischen Jesus und seinen Angehörigen (vgl. Mk 3,31–35; Lk 11,27f; Joh 2,4).

Die Jesusüberlieferung wußte von der besonderen Art des Sohnseins Jesu zu berichten. Eindrucksvoll wird das zu Beginn des Lukasevangeliums gezeigt. Jede psychologisierende Deutung ist hier fehl am Platz. Hier wird das Bekenntnis zu Jesus als dem Gottessohn laut, schon in Bezug auf den Zwölfjährigen. Wichtiger als der Titel ist aber hier wohl die Interpretation dieses Sohnseins: als radikaler Gehorsam gegenüber dem Vater. Jesus, der Sohn Gottes, ist im Tempel. Die Verheißung von Mal 3,1 ist in Erfüllung gegangen.

Das Nichtverstehen der Eltern charakterisiert das Wort Jesu als Geheimniswort. Nach Schürmann hat diese Bemerkung primär literarische Funktion, nicht historische: Sie fordert den Leser auf, das geheimnisvolle Wort wie Maria im Herzen zu bewahren und immer wieder zu erwägen. So muß man mit Gottes Offenbarung umgehen! (vgl. Dan 7,28; Lk 2,19). Im Fortgang des Evangeliums wird der Leser über diese rhèmata (=hebr. dabar: Wort, Ereignis, vgl. 1,65; 2,19) Deutlicheres erfahren.

Die Bemerkung, daß Jesus in Nazaret seinen Eltern untertan war, soll davon abhalten, das besondere Verhalten Jesu als Ungehorsam (vgl. die besondere Bedeutung des vierten Gebotes im Judentum!) mißzuverstehen.

V. 52 Refrainartig (vgl. 2,40) heißt es, daß Jesus an Weisheit, Alter und Wohlgefallen vor Gott und Menschen zunahm. Diese Formeln haben in den Erzählungen der Kindheit Simsons (Ri 13,24) und Samuels (1 Sam 2,26) ihr Vorbild. Die Weisheit Jesu, von der 2,40 die Rede war, wurde durch die Erzählung vom Zwölfjährigen im Tempel demonstriert. Über 2,40 hinaus ist jetzt auch vom Fortschritt im Wachstum Jesu die Rede.

3. Theologische Würdigung

(1) Höhepunkt des Textes ist V. 49. Jesus gibt zu verstehen, daß er im Auftrag seines Vaters steht. Gerade in seinem Gehorsam erweist

er sich als Gottes Sohn. Nicht heidnische, selbstentworfene Vorstellungen von Gottessohnschaft, die gerne Jesus an Stelle Gottes, den Sohn an Stelle des Vaters setzen, sondern die Offenbarung hat zu bestimmen, wie die Gottessohnschaft Jesu verstanden werden muß. Nicht darin, daß er Wunder wirkt und alles weiß, sondern darin, daß er bis zur Erniedrigung am Kreuz Gott gehorsam ist, ist Jesus Gottes Sohn, vgl. Mk 15,39; Phil 2,5–11. Von diesem Gehorsam ist in nuce schon hier die Rede.

(2) Die radikale Zugehörigkeit Jesu zum Vater sprengt die familiären Gegebenheiten. Auch das gilt für Jesus in einmaliger Weise. Mütterliches, menschliches Begreifen kommt hier an seine Grenze. Auch Maria hat zu glauben und Gott zu vertrauen, der ihr Kind in dieser Weise in Beschlag genommen hat. Unter dem Kreuz stehend wird sie das in letzter Zuspitzung erleben. So wird sie der christlichen Gemeinde Urbild des Glaubens. Später wird Jesus den ihm Nachfolgenden sagen: »Wer Vater oder Mutter mehr liebt als mich, ist meiner nicht wert, und wer Sohn oder Tochter mehr liebt als mich, ist meiner nicht wert«, Mt 10,37; »Suchet zuerst Gottes Reich und seine Gerechtigkeit, und alles andere wird euch dazugegeben werden«!, Mt 6,33.

W. Knörzer

II. Liturgisch-homiletische Vorüberlegungen

1. Liturgische Hinweise

Die Heilige Familie (Jesus, Maria, Josef) ist Inhalt dieses Festes, das sich unmittelbar an die Feier der Geburt des menschgewordenen Gottessohnes anschließt. Die Texte dazu sind »familienbezogen« zusammengetragen.

Die *Erste Lesung* aus dem Alten Testament (Jesus Sirach) enthält einen »Generationenvertrag« hinsichtlich Ehrerbietung und Hochachtung: Wer Vater und Mutter ehrt und achtet, ihre Fehler und Schwächen erträgt und verständnisvoll nachsieht, kann später damit rechnen, daß einmal seine eigenen Kinder ebenso mit ihm umgehen werden.

In der *Zweiten Lesung* (Kolosserbrief) ergeht die Aufforderung, einander zu lieben, weil wir von Gott geliebt sind. In all dem Guten, das wir – als Familie – einander tun, wirkt Gott durch uns und an uns. Die Liebe zu unseren Allernächsten ist auch das Maß unserer Gottesliebe.

2. Homiletische Hinweise

Das Fest der Heiligen Familie wurde bei der letzten Liturgiereform vom Sonntag nach Epiphanie auf den Sonntag nach Weihnachten vorgezogen. Zu Weihnachten, dem Fest der Familie, rücken die Familien erfahrungsgemäß näher zusammen. Man will harmonische Festtage miteinander verbringen, manche wollen dies wenigstens jetzt, einmal im ganzen Jahr. Harmonie wird angestrebt. Dazu paßt das harmonische Familienleben Jesu als Vorbild und Beispiel für die christliche Familie, wenigstens auf den ersten Blick.

Seit einigen Jahren berichten die Medien regelmäßig, nach Weihnachten allerdings, wo und wie die familiäre Weihnachtsidylle gestört wurde. Irgendwo haben immer Menschen soviel Freizeit und Gemeinsamkeit nicht verkraftet. Sie sind mit sich und mit den anderen auf so engem Raum nicht fertig geworden. Es kommt dann zu Kurzschlußhandlungen, zu Streit und Tätlichkeiten, manchmal mit Verletzten und Toten. Familie ist demnach – sogar an Weihnachten – nicht nur Harmonie.

Auch in der Erzählung des *Evangeliums* ist die Harmonie gestört. Wohl zu keiner Zeit ist es der Familienharmonie zuträglich, ein verlorengegangenes Kind suchen zu müssen. Die überlieferte Antwort Jesu war zudem nicht geeignet, die Aufregung abzumildern und die Harmonie wiederherzustellen.

Jesu Hinweis auf »Gott, den Vater«, eignet sich, in der Predigt behandelt zu werden. Das keineswegs immer harmonische Familienleben muß im Alltag gelebt werden. Dabei soll in den Alltagssorgen – sie sind eine Form der Liebe – die Sorge um das Heil füreinander in der Familie nicht verdrängt oder vergessen werden.

III. Zur Predigt: Füreinander haften

Eltern haften für ihre Kinder

»Betreten verboten – Eltern haften für ihre Kinder!« Eine bekannte Aufschrift, die vor allem an Baustellen oder in Werkstätten zu lesen ist. Sie soll warnen und schützen. Den Fremden, Ortsunkundigen, der leicht verunglücken könnte; den Bauherrn oder Werkstattinhaber, von dem nach einem Unfall Schadensersatz gefordert werden könnte. Vorsorglich hat man an Kinder gedacht, die nicht lesen können oder wollen. Für sie, die Minderjährigen, haften die Eltern. Haften, das heißt, sie haben den angerichteten Schaden mit ihrem Geld wieder gut zu machen. Sie können sogar wegen Vernachlässigung der Aufsichtspflicht bestraft werden, im besonders schweren Fall mit einer »Haft«-Strafe, die sie dann im Gefängnis absitzen müssen. »Betreten verboten – Eltern haften für ihre Kinder,« das beschreibt eine klare Regelung. Jeder kann dies verstehen und weiß, was er zu tun und zu lassen hat. Niemand kann sich mehr herausreden.

Das Verbotsschild, das wir gelegentlich lesen, ist ein Hinweis auf unseren Lebensalltag. Es gilt als selbstverständlich, daß Eltern für ihre Kinder sorgen, daß sie für sie da sind. Es bedarf keines ausdrücklichen Gebots oder Verbots. Vom ersten Lebenstag an sorgen Eltern, daß das Kind, der Säugling, nicht verhungert, nicht verdreckt, nicht verwahrlost. Mit ihrer Fürsorge begleiten die Eltern den Schulbesuch, das Studium oder die Berufsausbildung, ja auch die Eheschließung ihrer Kinder.

Weil Eltern bei uns häufig unter Einschränkungen aufgewachsen sind, wollen sie, daß es ihren Kindern besser ergeht. Dafür strengen sich Eltern heute an. Die Sorge um die Kinder ist so normal und üblich, daß wir darüber kaum nachdenken. Aufmerksam werden wir erst, wenn berichtet wird, daß es irgendwo nicht so ist. Etwa dann, wenn Kinder von ihren Eltern vernachlässigt oder mißhandelt werden. Oder wenn Eltern ihre erwachsen gewordenen Kinder nicht loslassen wollen. Sie sollen nicht in eine fremde Stadt ziehen, obwohl es für den beruflichen Aufstieg erforderlich wäre; sie sollen nicht heiraten, weil der Partner als Eindringling empfunden wird. Die Eltern wollen weiterhin für ihr Kind »haften«, das Sorgerecht erscheint ihnen als Sorgepflicht.

Kinder haften für ihre Eltern

Im Lauf des Lebens kann auch die umgekehrte Situation eintreten: Kinder müssen für ihre Eltern sorgen, haften. Beispielsweise, wenn die Eltern krank oder alt geworden sind und sich nicht mehr selbst versorgen können. Selbst wenn eine Behörde, das Sozialamt etwa, zunächst hilft, wird das vorgestreckte Geld von den Kindern später eingefordert. – Manchmal leiden Kinder auch darunter, daß ihre Eltern berühmt oder reich sind. Sie würden lieber unauffällig, einfach, normal leben und gerne um ihrer selbst willen angenommen werden. Für Fehler in der Erziehung und für Versäumnisse ihrer Eltern haften Kinder oft lebenslang. Wohnung, Nahrung, Kleidung haben sie erhalten. Zeit, Geduld, Nachsicht, Zuwendung und Wärme haben sie dagegen weniger erfahren. Selbst erwachsen geworden, haben sie nun Schwierigkeiten, dem Partner oder den eigenen Kindern die erforderliche Liebe und Zuwendung zu schenken. Möglicherweise haben schon ihre Eltern unter denselben Unzulänglichkeiten gelitten. Was sie nie erfahren hatten, konnten sie auch nicht weitergeben.

Füreinander haften – im Leben, im Glauben

Von der Kindheit Jesu und seiner Familie wissen wir nicht viel. Das Wenige, das überliefert wurde, haben wir heute im Evangelium gehört. Auch für das, was berichtet wurde, kann gelten »Eltern haften für ihre Kinder«: Jesus war im Tempel geblieben. Seine Eltern suchten ihn, bis sie ihn gefunden haben. Jesu Antworten auf Marias Vorhaltungen blieben zunächst unverstanden: »Warum habt ihr mich gesucht? Wußtet ihr nicht, daß ich im Haus meines Vaters sein muß?« Später wurde diese Antwort Jesu als sein erster Hinweis auf seine Sendung durch Gott, den Vater, verstanden. Beim Gespräch damals konnte Jesu Antwort als Gegenvorwurf an seine Eltern verstanden werden, etwa: »Habt ihr denn vergessen, daß ich auch dem Vater im Himmel gehöre? Ihr habt mich doch selbst hierher, zum Tempel, zu Gott, mitgenommen!«

In solch vorwurfsvollem Ton werden Kinder heute ihre Eltern kaum daran erinnern, daß sie sie zu Gott, zum Glauben, hinführen sollen. Weithin haben Eltern dies auch nicht völlig vergessen. Besonders ausgedrückt wird dies bei der Taufe, bei der Erstkommunion, auch bei der Hochzeit, kurz, beim festlichen Empfang von Sakramenten. Man will auch hierbei für seine Kinder das Beste, kirchliche Feierlichkeiten dürfen nicht fehlen. Kirchliche Feste ersetzen jedoch keine beständige Hinführung zum Glauben. Als alleiniges religiöses Geschehen im Leben und in der Erziehung können sie zur Lüge werden, auch wenn bei der Feierlichkeit viele fromme Worte gemacht werden. Glaube ist untrennbar verbunden mit Glaubwürdigkeit. Gerade Kinder spüren sehr schnell, ob Eltern auch alltäglich vorzuleben versuchen, was sie ihren Kindern belehrend sagen. Es soll Hilfe für Eltern und Kinder sein, wenn seit einiger Zeit die Eltern bei der Vorbereitung auf den Sakramentenempfang einbezogen werden und dabei auch mitwirken: beim Taufgespräch, bei der Erstkommuniongruppe, bei der Firmvorbereitung.

Kinder werden ihren Eltern kaum Vorwürfe machen, wenn sie am Sonntag zu Sport- oder Freizeitveranstaltungen mitgenommen werden statt zum Gottesdienst. Zunehmend häufiger wird bei Elternversammlungen auch verlangt, daß der Religionsunterricht in der Schule auf die letzte Stunde gelegt werden müsse. Das Fach sei nicht so wichtig, es könne auch ganz wegfallen. Bis Eltern diese Fehlbewertung einsehen, bis ihnen klar wird, daß sie für ihre Kinder auch in Glaubensdingen haften, kann es zu spät sein. Möglicherweise haften dann die Kinder für diese Versäumnisse ihrer Eltern ihr Leben lang. Umgekehrt sollte dieses in unserer Gesellschaft gängige Verhalten Mahnung und Ansporn sein für die Gemeinde der Glaubenden, für uns. Mahnung, nicht zu vergessen, daß wir im Glauben füreinander haften. Mühen wir uns daher miteinander stets neu um ein gutes Klima und um Glaubwürdigkeit: im Gottesdienst, im Religionsunterricht, in der Familie, im Zusammenleben miteinander.

J. Grehl

Zweiter Sonntag nach Weihnachten

Joh 1,1–18; Kurzfassung: 1,1–5.9–14

I. Bibeltheologische Vorüberlegungen

s. Lesejahr B, 101 ff.

II. Liturgisch-homiletische Vorüberlegungen

1. Liturgische Hinweise

Ganz im Kontrast zu unserer leicht hektischen Lebensweise greift die Liturgie dieses Sonntags zunächst das Thema »Stille« auf: »Als tiefes Schweigen das All umfing und die Nacht bis zur Mitte gelangt war, da stieg dein allmächtiges Wort, o Herr, vom Himmel herab« (Weish 18,14–15 – *Eröffnungsvers*). Dieses Thema wird im *Tagesgebet* fortgeführt. Denn um Gottes Wort zu hören, braucht es die Bereitschaft des Menschen. Gott »erleuchtet alle, die an ihn glauben« (*Tagesgebet*), damit sie das Licht seiner Herrlichkeit schauen.

Gerade am Anfang eines Neuen Jahres ist der Mensch aufgeschlossener für diese Botschaft des Lichtes. Vielleicht hat er Planungen und Vorsätze für das kommende Jahr gefaßt, auch bezüglich seines religiösen Lebens und hofft nun auf Licht, Erleuchtung und Ermunterung für seinen Weg.

Gottes Wort steht dem Menschen nicht teilnahmslos gegenüber, sondern ist »Nähe« und Hilfe zum Leben. In der Schrift tritt Gottes Weisheit als personifizierte Mahnrednerin Gottes auf (Spr 8,1–21). »Er sendet sein Wort zur Erde« (Ps 147,15 – *Antwortpsalm*), und »in Jakob sollst du wohnen« (Sir 24,8 – *Erste Lesung*).

Sicherlich wurden diese Texte mit Bedacht gewählt, um auf das *Evangelium* hinzuweisen. Denn in der *Ersten Lesung* heißt es weiter: »Vor der Zeit, am Anfang, hat er mich geschaffen, und bis in Ewigkeit vergehe ich nicht« (V. 9). Und im Kontrast zum *Evangelium*

»kommt die Weisheit an« beim Volk: »Ich faßte Wurzel ... im Eigentum des Herrn, in seinem Erbbesitz« (V. 12).

Paulus zieht die Linie weiter, die von »Gottes Weisheit« und »Gottes Wort« gewiesen werden: Denn auch uns hat Gott »in ihm ... erwählt vor der Erschaffung der Welt ...; er hat uns aus Liebe im voraus dazu bestimmt, seine Söhne zu werden durch Jesus Christus« (*Zweite Lesung* – Eph 1,4f). Und der Apostel bittet, daß wir erleuchtet werden zu verstehen, »zu welcher Hoffnung ihr durch ihn berufen seid« (V. 18).

Diesen Weg der Wahrheit hat uns Gott gewiesen (*Gabengebet*), und der Beter bittet, Gott möge unser Verlangen erfüllen (*Schlußgebet*).

2. Homiletische Hinweise

Ein erster Hinweis auf die Verkündigung besteht zunächst darin, daß sich der Prediger nicht von diesem Evangelientext abschrecken lassen soll. Womöglich erinnert er sich daran, daß die Fachexegeten in ihrem Kommentar viele Seiten dafür (Joh 1,1–18) aufwenden. – Ein zweiter Hinweis soll den Prediger ermutigen, sich mit diesem recht hymnisch und philosophisch erscheinenden Text intensiver zu befassen. Denn auch dieser Text zeigt das Bemühen des Neuen Testaments, Jesus zu verstehen. Dazu werden an anderer Stelle zahlreiche andere Hoheitstitel und Bezeichnungen verwendet für Jesus: Sohn des Zimmermanns und der Maria, Sohn Davids, Messias, Heiland, Menschensohn, Sohn Gottes, Herr, Herr und Gott usw.

Dies zeigt das Bemühen des gesamten Neuen Testaments und das Interesse, diesen Jesus von Nazareth, diesen Christus, in Worte zu fassen. Denn erst das, was man aussprechen und beschreiben kann, hat man eigentlich verstanden.

Auch unser Glaube heute braucht viele Wege, um Jesus zu verstehen: Sowohl die einfachen als auch die denkerisch abgesicherten Wege. Denn Gott ist heute auch »ein Gott der Philosophen und Denker« (*Heinrich Beck*).

Jeder Mensch macht die natürliche Erfahrung von Licht und Dunkel im Ablauf des Tages und des Jahres. Das Licht bestimmt unseren Lebensrhythmus von Wachen und Schlafen, von Tätigsein und Erholung.

Zugleich aber wurden Licht und Dunkel zu einem Bild für das Innere des Menschen: Der Mensch erlebt Zeiten der Helle, damit

Zeiten der Freude und des Wohlseins, und er erlebt Zeiten der Dunkelheit, der Bedrängnis und der Enge.

Hinzu kommt die Bedeutung von Licht und Finsternis bei allen Religionen. Licht und Finsternis kämpfen miteinander, und dieser Kampf wird verstanden als Kampf des Guten mit dem Bösen. In diesem Zusammenhang stellen sich die Religionen jeweils die Frage: Wer von beiden wird siegen und sich auf Dauer als stärker erweisen? Was bestimmt den Menschen in seinem Tun und Streben: Das Licht oder das Dunkel? An diesen Kampf erinnert sich auch die Bibel des Alten und des Neuen Testaments. Hier seien einige Aussagen genannt:

»Der Herr ist mein Licht und mein Heil« (Ps 27,1).
»Völker wandern zu deinem Licht . . .« (Jes 60,3).
»Zwar sitze ich in der Finsternis, aber der Herr ist mein Licht« (Mi 7,8).
»Ihr seid das Licht der Welt« (Mt 5,14), und
»Achte darauf, daß in dir statt Licht nicht Finsternis ist« (Lk 11,35).
»Laßt uns ablegen die Werke der Finsternis und anlegen die Waffen des Lichts« (Röm 13,12).
»Wer sagt, er sei im Licht, aber seinen Bruder haßt, ist noch in der Finsternis« (1 Joh 2,9).
»Ich bin das Licht der Welt« (Joh 8,12).

Jesus ist für uns der, der als das wahre Licht in diese Welt gekommen ist: Ob ihn ein Mensch annimmt und aufnimmt, ist seine schicksalhafte Lebensentscheidung. Darauf verweist das Evangelium: »Er kam in sein Eigentum, aber die Seinen nahmen ihn nicht auf« (V. 11).

Die Geschichte Jesu hat einen doppelten Anfang: Einen irdischen, wie ihn Matthäus und Lukas aufnotieren, und einen ewigen. So haben es auch die ersten Christen erkannt und aufnotiert. Der Hörer von heute muß sich für diesen doppelten Ansatz öffnen, auch wenn er sich vielleicht nicht in jedem Fall für die darin verwendeten Formulierungen erwärmen kann. Denn theologische Aussagen sind auch dann bedeutsam, wenn selbst viele Einzelne sie nicht für wichtig halten mögen! »Der Verfasser des Johannes-Evangeliums will die Autorität und Legitimitation des irdischen Jesus von Nazareth dadurch herausstellen, daß er sein ewiges Wesen enthüllt und darin seine ganze Autorität wurzeln läßt« (*A. Läpple*).

Trotzdem ist der Text eher ein Lied oder ein Hymnus als eine dogmatische oder trinitarische Lehraussage. Die Verse sind trotz allem mehr verhüllend als enthüllend. Der Prediger wird aus ihnen deshalb keine Christologie ableiten dürfen, sondern eher ein Preis- und Danksagungslied für das, was Gott getan hat. Die Maltechnik der Ikonen kann zur Verdeutlichung beitragen: Was Matthäus und Lukas schildern, ist das bildhafte, zeigbare und recht anschauliche Geschehen; was wir bei Johannes finden, ist der Goldhintergrund des Ganzen, ohne alle konkrete Figürlichkeit.

Beide Seiten gehören bei den Evangelisten zusammen: Gott und Mensch. Wer von Gott redet, ohne den Menschen im Blick zu haben, läuft Gefahr, Gott in unüberbrückbarem Abstand zu halten. Und wer nur vom Menschen redet, vergrößert ihn ungebührlich und setzt ihn fast absolut. Die Bibel bringt beide in die rechte Beziehung: Das Wort wird Fleisch, um unter uns zu wohnen (V. 14) und uns so zu retten.

Der Meditierende kennt die folgenden Exerzitienschritte, die zur Verdeutlichung hier angeführt werden: »Gott, du bist da und wendest dich mir liebend zu. – Ich darf dir vertrauen. Denn du schenkst mir dein Vertrauen. Stärke mich immer mehr im Vertrauen. – Weil du als Menschensohn zu uns gekommen bist, vertraue ich mich dir an: mich, mein Leben, meine Freuden und Sorgen, meine Stärken und Schwächen. Ich danke dir für deine Nähe«.

III. Zur Predigt: Gott spricht zum Menschen

»Mensch wird der Mensch durch die Sprache«
Wie glücklich sind Eltern, wenn sie ihr Kind anschauen, ihm zulächeln, und ihr Kind reagiert, bewegt sich, zappelt und lächelt eben falls. Das Kind teilt sich auf diese Weise mit, noch ohne Worte. – Mit noch mehr Glück sind die Eltern erfüllt, wenn das Kind die ersten Worte spricht, wenn aus dem Brei von Lauten sich das Wort »Mama« und »Papa« herauskristallisiert. Und ab dem Alter von etwa eineinhalb Jahren lernt das Kind gezielt, Dinge zu benennen, Wünsche zu äußern und sich bewußt auszudrücken. Ein großer Schritt im Menschsein ist hier geglückt! »Mensch wird der Mensch durch die Sprache«, formulierten deshalb die Sprachphilosophen.

Sprache ermöglicht Begegnung

Mit der Sprache benennt der Mensch die Dinge der Welt, die Umgebung, alles, was ihm begegnet. Mit den Worten der Sprache wächst zugleich sein Verstehen und sein Begreifen. Denn die Sprache hilft uns nicht nur, Dinge und Gegenstände zu benennen, sondern auch Kontakt mit anderen Menschen aufzunehmen. Die Sprache verhilft uns zu einer Ich-Du-Beziehung.

Im Ausland, aber auch bei uns zu Hause merken wir schnell, wie schwierig es ist, sich mit jemandem zu verständigen, wenn man seine Sprache nicht spricht. Das Wichtigste kann man natürlich mit Zeichen, Gesten und mit der Körpersprache ausdrücken. Aber ein Gespräch, eine intensivere Kontaktaufnahme, braucht das Wort und eine Sprache, die beide verstehen. Dann geschieht wirkliche Kommunikation, d.h. Gemeinschaft miteinander im Denken, Sprechen und gegenseitigen Verstehen.

Gott spricht zum Menschen

Das Bild der Sprache verwendet auch der Evangelist Johannes, um auszudrücken, wie nahe Gott uns Menschen ist: »Gott ist das Wort. Und das Wort ist Fleisch geworden und hat unter uns gewohnt« (V. 14). Der Sohn ist nicht das erste Wort Gottes an die Menschen, wohl aber das Wort, das nicht überboten werden kann. Der Brief an die Hebräer drückt dies an seinem Beginn so aus: »Viele Male und auf vielerlei Weise hat Gott einst zu den Vätern gesprochen durch die Propheten; in dieser Endzeit aber hat er zu uns gesprochen durch den Sohn« (V. 1f).

Gott will, daß seine Kommunikation bei uns ankommt und wir ihn als den verstehen, der zu uns spricht, der uns hört, der uns als wichtig annimmt.

Deswegen sendet er seinen Sohn, das Wort, als Kind in die Welt, damit wir ihn wirklich verstehen können. »Ganz der Vater, ganz die Mutter« sagen wir von unseren Kindern.

Gottes Wort wird Fleisch, ganz Gott und ganz Mensch, bleibt nicht nur Gedanke, Idee oder ein Symbol.

Jesus, Gottes Wort, tritt ein in unsere menschlichen Verhältnisse: In Armut und Leid, in Sterben und Tod, in Einsamkeit und Sprachlosigkeit. In Jesus leidet er mit den Menschen und freut sich mit den Menschen. Und dies gilt so sehr, daß ihm bei einem Vergleich mit Johannes dem Täufer der Vorwurf gemacht wird: »Der Menschensohn ist gekommen, er ißt und trinkt; darauf sagen sie: Dieser

Fresser und Säufer, dieser Freund der Zöllner und Sünder!« (Mt 11,19). Jesus hat sich ganz und gar auf uns eingelassen, er spricht unsere Sprache, er lebt unser Leben.

Jesu Worte verstehen und annehmen

Da Jesus unsere Sprache spricht, können wir ihn auch verstehen in dem, was er uns sagt und in dem, was er tut. Dies hat eine vielfältige Bedeutung:

- Sich orientieren an Jesus Christus. Denn »das Licht leuchtet in der Finsternis« (V. 5) und »erleuchtet jeden Menschen« (V. 9). Das will sagen, daß wir uns bewußt dem Licht, d. h. Gott zuwenden müssen. Wir müssen Christen sein, die Gott zugekehrt sind, die sich lösen aus einer ichhaften Haltung und die Güte und Menschenfreundlichkeit leben, die in Christus Jesus erschienen ist.
- Jesus Christus aufnehmen. Dann kann es einmal richtig heißen: »Er kam in sein Eigentum und die Seinen nahmen ihn auf« (vgl. V. 11). Denn wer ihn aufnimmt, empfängt »aus seiner Fülle . . . Gnade über Gnade« (V. 16).
- Zeugnis ablegen von Jesus Christus. So wie Johannes der Täufer, der »als Zeuge kam, um Zeugnis abzulegen für das Licht, damit alle durch ihn zum Glauben kommen« (V. 7) – so wie Stephanus, der erste Blutzeuge, und die vielen nach ihm.

Das Evangelium macht deutlich, daß Gott dem Menschen immer die Freiheit läßt, d. h. der Mensch kann sich für Gott entscheiden und sich ihm auch verweigern.

Wer sich jedoch auf Gott einläßt, dem geht ein Licht auf, der erhält Leben in Fülle. Für den wird das Wort Gottes zu einer Kraft, die ihn einmal zur ewigen Anschauung bei Gott befähigt.

J. Danko

Erscheinung des Herrn

Mt 2,1–12

I. Bibeltheologische Vorüberlegungen

s. Lesejahr B, 105 ff.

II. Liturgisch-homiletische Vorüberlegungen

s. Lesejahr B, 108 ff.

III. Zur Predigt: Weise aus dem Osten begegnen uns

Ausländer unter uns
Wer heutzutage durch unsere Großstädte geht oder über das Gelände einer Universität, begegnet ihnen auf Schritt und Tritt: den jungen Menschen aus anderen Ländern und Erdteilen. Sie gehören zum Erscheinungsbild unseres Lebens und unseres Alltags: die ausländischen Mitbürger aus Italien, aus Griechenland und aus der Türkei, aus Polen und Kroatien, aus dem Iran und aus Afghanistan, aus Nigeria oder aus dem Sudan.

Heute erinnern uns die »Weisen aus dem Morgenland«, die »Sterndeuter aus dem Osten«, an diese Wirklichkeit – mitten unter uns. Und weil nach alter Tradition einer der »drei Könige« aus Afrika stammte, trägt einer von unseren Sternsingern ein schwarzes Gesicht und die Kollekte der Gottesdienste am heutigen Festtag kommt den jungen Kirchen in Afrika zugute.

Asien – der religiöse Kontinent
Ich möchte aber heute unsere Aufmerksamkeit auf die Menschen lenken, die aus dem Fernen Osten zu uns kommen, aus den Ländern

Asiens: aus Indien oder Thailand, aus Laos und Burma, aus Vietnam und Kambodscha, aus Korea, Japan und China. Asien ist ja der größte Kontinent der Erde: 57% der Weltbevölkerung wohnen dort; der Anteil der Christen ist freilich – nach über fünfhundert Jahren immer neuer Missionsversuche –, abgesehen von den Philippinen, minimal. Weniger als zwei Prozent gehören einem der christlichen Bekenntnisse an, und in manchen Ländern wie China oder Japan sind es nur 0,5%.

Die Skepsis, ja der Widerstand gegenüber dem Christentum hat allerdings nichts mit fehlender Religiosität zu tun, ganz im Gegenteil: Asien ist wohl der Kontinent, der am tiefsten religiös ist. Alle großen Weltreligionen sind von Asien ausgegangen: das Judentum, das Christentum und der Islam im westlichen Asien; die großen ethischen Religionen und Lebensphilosophien wie der Hinduismus, der Buddhismus, der Taoismus und der Konfuzianismus im östlichen Asien. Wer in eines der genannten Länder reist, ist überrascht und beeindruckt von der Kraft der Religionen, die auch heute noch das Leben bestimmen. Und nicht von ungefähr hat sich selbst in den kommunistisch regierten Ländern die Einstellung zu den Religionen in jüngster Zeit verändert: Statt sie abzulehnen und zu bekämpfen, ist man nun bemüht, die positive Kraft der Religionen und Philosophien für die Nation fruchtbar zu machen.

Menschen- und Kultur-Verachtung der Christen

Das Verhalten der Westeuropäer, auch der christlichen Missionare, gegenüber den Menschen, den Religionen und Kulturen des Fernen Ostens war lange Zeit – ähnlich dem des Königs Herodes, der Hohenpriester und Schriftgelehrten im heutigen Evangelium gegenüber den »Weisen aus dem Osten« – bestimmt von Stolz, Besserwisserei, Überheblichkeit, Menschenverachtung – und Angst zugleich. Auch christliche Missionare hatten über Jahrhunderte hin nur Verachtung und Spott übrig für die anders geartete religiöse Welt des Ostens. Noch zu Beginn unseres Jahrhunderts gab es z. B. solche Urteile von Westeuropäern: »Die Religionen Chinas sind häßlich, absurd, die lächerlichsten der Welt. Keine Regel der Kunst, keine Ästhetik, satanische Musik . . ., die Literatur ist dumm, kindisch . . ., ohne Gefühle, gemachte Sätze, die einen zum Erbrechen reizen.« Oder ein deutscher Bischof in Indien urteilte vor gut hundert Jahren über dieses Land: »Das Volk ist auf der untersten Stufe der Bildung, in der rohesten Abgötterei . . .« So sehr fühlten sich die Europäer als die Überlegenen, als die eigentlichen Menschen, so sehr glaubten sich die Christen »im Besitz der Wahrheit«, daß selbst der heilige Franz Xaver vor seinem Entschluß, China zu missionieren, sagte: »Ich gehe nach China, um den Teufeln und den Menschen, die sie anbeten, den Krieg zu erklären. Die Chinesen sollen nicht länger den Götzen und den Dämonen dienen.« Eine solche Einstellung war keine Basis für eine Mission, welche den anderen Menschen gewinnt, indem sie seine Würde und seinen Eigenwert respektiert.

Veränderte Einstellungen

Heute sind wir zu anderen Haltungen und Meinungen gekommen, Gott sei Dank! Fern-Ost-Reisen sind »in«, Yoga und östliche Meditationsweisen sind gefragt, Religionswissenschaftler treffen sich zu Kongressen über gemeinsame Fragen, der Papst lädt Vertreter aller Weltreligionen ein zur Begegnung und zum gemeinsamen Gebet. Wir hören allmählich auf, »unseren Nachbarn Steine in den Garten zu werfen, sondern wir öffnen unsere Augen für die Vielfalt und Schönheit ihrer Blumen« (*W. Bühlmann*), oder mit den Worten des heutigen Evangeliums gesagt: Wir entdecken den Wert der Kostbarkeiten aus ihren Heimatländern, auch als Geschenke für uns.

Seit dem Zweiten Vatikanischen Konzil versuchen wir, den anderen Religionen mit Hochachtung zu begegnen, erkennen in ihnen »Strahlen der Wahrheit Christi« und lehnen alle Verachtung oder Benachteiligung von Menschen aufgrund ihrer Rasse, ihrer Hautfarbe oder ihrer Religion entschieden ab, »weil dies dem Geist Christi widerspricht« (Nostra aetate Nr. 5). Zugleich lehnen wir nichts von alledem ab, was in diesen Religionen wahr und heilig ist« (ebd. Nr. 2). Denn der Gott und Vater Jesu Christi ist auch der Gott aller Menschen und aller Religionen.

Auf eigenen Wegen zu Jesus Christus finden

Freilich, wir Christen glauben auch daran, daß durch die Offenbarung Gottes in Jesus Christus und den Glauben an ihn die Sehnsucht sich zutiefst erfüllt, die in den Religionen und Kulturen des Ostens zu spüren ist –: Hätten wir nur auch jenen religiösen Ernst, den soviele Menschen dort haben!

Aber wir Europäer werden den Asiaten nicht den Weg der Wahrheit vorzuschreiben haben, den sie gehen müssen. Sie dürfen und sie werden ihren eigenen Weg gehen: als indische Kirche, als chinesische Christen, als Kirche von Vietnam oder Kambodscha. Der Ursprung des Christentums ist nicht Rom, sondern Jerusalem und Bethlehem –, dorthin sind damals die Weisen aus dem Osten aufgebrochen, dorthin – an die Quellen des Christentums – dürfen sich die suchenden Menschen aus aller Welt auch heute orientieren: Dort finden sie Jesus, den König der Juden, den Heiland aller Völker.

Damals sind die Sterndeuter aus dem Osten »auf einem anderen Weg heim in ihr Land gezogen«. Wovon wird der Heimweg unserer asiatischen Mitbürger heute bestimmt sein? Von einem Zugewinn an technischem und wissenschaftlichem Können, von Skepsis gegenüber Wohlstand und Freizügigkeit hier im Westen –, oder von der Begegnung mit der Wahrheit des Lebens, mit Gott in Christus, dem Heil der Welt und aller Völker? Die Antwort auf solche Fragen hängt nicht zuletzt von uns ab: Wie wir ihnen als Menschen und als Christen begegnen. Dann kann sich das Wunder der Erscheinung des Herrn heute und mitten unter uns ereignen.

K. Baumgartner

Erster Sonntag im Jahreskreis
Taufe des Herrn

Lk 3,15–16.21–22

I. Bibeltheologische Vorüberlegungen

1. Stellung, Struktur, Gattung der Perikope

Diese Perikopenstücke sind von ihrem Zusammenhang abgetrennt und künstlich wieder zusammengefügt. Offenbar sollte der Blick in erster Linie auf die Person des Messias gerichtet werden, wie sie in der Verkündigung des Täufers gesehen wird (aber auch nur zur Hälfte, da V. 17 fehlt) und wie sie in der Taufe Jesu durch die Geistsalbung und die Himmelsstimme proklamiert wird. Wir müssen versuchen, beiden Textstücken für sich gerecht zu werden und ihre tieferliegende Zusammengehörigkeit aufzudecken.

Für den Zusammenhang ist der gesamte Täuferteil, wie ihn Lukas in 3,1–20 (22) komponiert hat, zu bedenken. Es folgen einander die Textstücke 3,1–6.7–9.10–14.15–18.19–20 (21–22) mit den überleitenden Situationsbemerkungen in 3,1 f.7.10.15.18.

Von V. 15 an strebt der Täuferteil bei Lukas seinem Höhepunkt zu, der Ankündigung des Richtermessias. Die Taufe Jesu in V. 21–22 ist zunächst literarisch deutlich von dem Täuferteil abgesetzt, da Lukas die Verhaftung des Johannes in V. 19 f dazwischengeschoben hat. Damit soll zum Ausdruck kommen, daß seine Zeit zu Ende ist, sein Wirken gewaltsam mit dem Prophetenschicksal abgebrochen wurde und daß jetzt die Zeit Jesu und die Zeit des Evangeliums begonnen hat. So machen wir die merkwürdige Beobachtung, daß Johannes bei der Taufe Jesu überhaupt nicht erwähnt wird. Aus Markus, Matthäus, Johannes ergibt sich, was geschichtlich sicher ist, daß Jesus von Johannes getauft wurde. Indirekt ist dies auch aus Lukas zu entnehmen, vgl. V. 21; es wird aber nicht gesagt. Damit rückt die Taufe Jesu an den Beginn der Zeit Jesu und steht nicht mehr am Ende der Zeit des Täufers. Sie ist bereits Erfüllung des eschatologischen Geschehens.

Literarkritisch ist das Verhältnis von V. 16b zu Mk 1,7.8 und zu Mt 3,11 etwas kompliziert. Es liegt offenbar eine Doppelüberlieferung nach Markus und nach der Redenquelle vor. Sowohl Lukas wie Matthäus haben beide Überlieferungen auf je verschiedene Weise verknüpft. Für die Taufe Jesu ist Lukas deutlich von Matthäus abhängig, zeigt aber charakteristische eigene Formulierungen.

2. *Einzelauslegung*

V. 15.16a V. 15 leitet die Perikope mit einer redaktionellen Bemerkung ein. Sie verstärkt das Gewicht der kommenden Rede des Täufers und stellt zugleich »das Volk« in den Vordergrund, zu dem der Messias gesandt ist. Im Volk gibt es die lebendige Hoffnung auf das Kommen und Handeln Gottes, und es gibt Überlegungen und Gespräche, ob Johannes nicht der Messias sei, jene Gestalt, auf die sich die Erwartung des kommenden Handelns Gottes konzentriert hatte. Die indirekt hier mitgeteilten Überlegungen erinnern an das »Verhör« des Täufers, das im Johannes-Evangelium durch eine offizielle Jerusalemer Gesandtschaft angestellt wird (Joh 1,19–28). Damit enthält die Täuferrede auch ein indirektes Zeugnis des Täufers über sich selbst und über seine Tätigkeit. Zugleich wird das Thema der folgenden Rede in der Frage, die im Volk behandelt wird, schon angedeutet, ja, in gewisser Weise vorweggenommen.

V. 16b Im Unterschied zu Markus haben Matthäus und Lukas im ersten Teil der Täuferrede diese Gedankenfolge:

> Ich taufe euch mit Wasser . . .; es kommt der Stärkere als ich . . .; er wird euch mit heiligem Geist und Feuer taufen.

Zur Einleitung V. 15.16a würde die Markus-Folge (1,7f) besser stimmen, da nach der Person und nicht nach der Tätigkeit (Taufe) gefragt wird. (Daraus ist zu schließen, daß sich Lukas in dem mit Matthäus gemeinsamen Text der Redequelle anschließt.) Es entsteht kein guter logischer Übergang zwischen dem ersten und dem zweiten Glied: Zwar taufe ich mit Wasser –, aber es kommt einer, der stärker ist als ich. Sachlich geht es jedenfalls um zwei Fragen: die nach den beiden Personen und die nach ihren Funktionen.

Die Person des Kommenden wird mit dem auffälligen altertümlichen Ausdruck der »Stärkere« beschrieben. Darin ist auch ein Indiz für das hohe Alter und wohl für die originale Rede des Johannes zu sehen. Die größere Stärke erweist sich darin, daß der Täufer sich nicht fähig fühlt, diesem auch nur den geringsten Sklavendienst zu leisten, »die Schuhriemen aufzubinden«. Sie erweist sich vor allem aber darin, daß er als der eschatologische Richter kommt. In seinem Gericht wird die Macht und Stärke Gottes offenbar werden. Die Predigt des Johannes ist also eschatologische Verkündigung.

Die Taufe »in heiligem Geist und Feuer« meint wohl die beiden Aspekte, unter denen das Gericht Gottes gesehen werden muß, als Läuterung (in heiligem Geist) und als Vernichtung (in Feuer). Dabei steht gemäß der jüdischen Erwartung einer endzeitlichen »Ausgießung« des Geistes die Taufe »im Geist« im Vordergrund.

V. 21 Betont sagt Lukas, daß »das ganze Volk« getauft wurde, wie er später nochmals sagt: »Und das ganze Volk, das Johannes hörte, auch die Zöllner gaben Gott Recht, indem sie sich mit der Taufe des Johannes taufen ließen«, Lk 7,29. Die Pharisäer und Schriftgelehrten aber verweigerten sich dem Willen und Anspruch Gottes und ließen sich nicht taufen, 7,30. Mitten in diesem allgemeinen Taufgeschehen wird auch Jesus getauft. Das wird so unauffällig und knapp geschildert, daß man überrascht ist (vgl. den offizielleren Eingang bei Mk 1,9 und das umständliche Taufgespräch bei Mt 3,4f). Die Gründe haben wir angedeutet. Eigentlich kommt es Lukas nicht auf die Taufe Jesu an, sondern auf die Offenbarung Gottes.

Daß Jesus betete, ist dem Evangelisten hier wie an vielen anderen Stellen wichtig zu sagen (vgl. 9,29; 22,39ff). Dem betenden Jesus wird die Offenbarung Gottes zuteil.

Die Offenbarung geschieht im Epiphaniestil, mit einigen dazugehörigen Elementen: Öffnung des Himmels, Herabkunft des Geistes in »körperlicher Gestalt«, die Himmelsstimme als Höhepunkt. Die Öffnung der Himmel (bildhafter noch Markus: Die Himmel spalteten sich) bereitet das offenbarende Geschehen und Wort vor.

V. 22 Das Offenbarungsgeschehen ist vor allem das Herabkommen des »Heiligen Geistes« auf ihn. Daß Jesus als »Charismatiker«, als charismatischer Prophet in Israel wirkte (Dämonenbannungen!), daß er von den Zeitgenossen so eingestuft (vgl. das häufige »Sie hielten ihn für einen Propheten« u.ä.) und in einer frühen christologischen Erkenntnis von den Gemeinden Palästinas so auch geglaubt wurde (vgl. die älteste Schicht einiger Wundergeschichten; die Redequelle), ist völlig deutlich. Das charismatische Wirken Jesu hat nach der Überlieferung hier im Taufgeschehen seinen Ursprung. Der öffentliche, proklamierende Charakter des Geschehens ist betont (»das ganze Volk«, »in körperlicher Gestalt«, d.h. für alle sichtbar).

Geistmitteilung und Proklamation im Wort geschehen für die Öffentlichkeit Israels.

Warum als bildhafte Konkretisierung gerade eine Taube gewählt worden ist, ist seit alters umstritten und auch heute nicht sicher zu sagen. Am nächsten führen wohl solche atl. Texte, in denen die sorgende Anwesenheit und Verheißung der Hilfe Jahwes mit ähnlichen Ausdrücken umschrieben werden (»unter dem Schatten deiner Flügel«, vgl. Ps 17,8; 36,8 u. ä.; Dt 32,11). Damit wird die Himmelsstimme vorbereitet, in der sich Gott zu ihm als dem »Sohn« bekennt.

Das offenbarende Wort geschieht vom Himmel her. Es ist in zwei Textfassungen überliefert. In einigen »westlichen Texten« ist V. 7 aus Ps 2 zitiert: »Mein Sohn bist du. Ich habe dich heute gezeugt.« Mit dem Psalmwort wäre einer der fundamentalen Beweisorte zitiert, die der Urkirche zur Ausbildung der Erhöhungsvorstellung und der Sohn-Gottes-Anschauung dienten. Die wahrscheinlichere Leseart enthält ebenfalls den Anfang von Ps 2,7: »Du bist mein Sohn«, fährt aber fort: »der geliebte; an dir habe ich Wohlgefallen gefunden«.

Das offenbarende Wort ist Bezeichnung und Vorwegnahme dessen, was das ganze »messianische« Werk Jesu durch den Weg des Leidens in die Erhöhung enthält. Alles Kommende steht unter dieser Versicherung durch die Gottesstimme, vor allem natürlich das Leiden und der Tod Jesu. Es ist darüber hinaus die Enthüllung des Geheimnisses Jesu als des Sohnes schlechthin, mit der ein nur »messianisches« Verständnis des Sohnestitels überstiegen wird (Schürmann). Das Bekenntnis Gottes zum geliebten, das heißt: einzigen Sohn, und das Bekenntnis der Gemeinde zu ihm als ihrem erhöhten Herrn fallen zusammen.

3. Theologische Würdigung

(1) Für die christliche Gemeinde ist das archaische Bild, das V. 16b zeigt, wichtig. Ihr Herr ist für sie weiterhin der Kommende, obgleich er schon gekommen ist. Und er ist auch als Kommender der Stärkere, stärker nämlich als alles, was sich dem Willen und Werk Gottes widersetzt und den Menschen versklavt. Einmal noch scheint dieses archaische Christusbild durch in der Bildrede von dem Stärkeren, der den Starken besiegt und seine ganze Waffenausrüstung nimmt und als Beute verteilt, Lk 11,22. Erweist sich so seine Macht bereits in der Bannung der Dämonen, der Überwindung der Mächte

des Bösen, so wird sie in seiner Auferstehung besiegelt und nach dem Glauben der Kirche in seinem Richteramt vollendet, wenn er jede Herrschaft und Macht und Kraft vernichten und über alle Feinde herrschen wird, auch über den Tod, vgl. 1 Kor 15,25–27.

(2) Jesus beginnt seinen Weg und tut sein Werk in der Kraft des heiligen Geistes. Die Rede von dem Geist Gottes ist für uns weithin blaß und dürftig geworden. Hier kann sie neue Kraft und Farbe gewinnen, und zwar nach beiden Stellen, an denen »der heilige Geist« erwähnt wird. Das eine Mal als jene Macht, die auf Jesus herabkommt und ihn erfüllt und damit sein ganzes Werk als geistgewirktes, göttlich-schöpferisches im voraus bezeichnet. Das andere Mal, wo der Geist als die reinigende und läuternde Kraft Gottes in der Scheidung des Gerichtes und in der Ausgießung am Ende gesehen wird. So spannt sich ein weiter Bogen von den Charismatikern und dem Wirken Jahwes durch seinen Geist im Alten Testament über das Erscheinen Jesu bis zum vollendenden Gericht. Gott wirkt alles dies durch den lebenweckenden, begnadenden, aber auch immer scheidenden Geist. Alles, was in der Kirche und Gemeinde geschieht, kann nur von daher begriffen werden, so notwendig für die richtige Erkenntnis und Praxis in der Pastoral etwa soziologische Erkenntnisse und Kategorien sind. Der Lebensgrund der Kirche ist pneumatisch.

W. Trilling

II. Liturgisch-homiletische Vorüberlegungen

1. Liturgische Hinweise

Das Fest der »Taufe des Herrn« steht als Bindeglied zwischen dem Weihnachtsfestkreis und der beginnenden Jahresreihe. Adventliche und weihnachtliche Motive klingen noch nach: Verheißung und Erwartung des Heils; Ankunft und Proklamation des Retters.

In allen Evangelien wird die *Taufe Jesu als Epiphanie-Geschehen* gezeichnet: Die Himmelsstimme proklamiert Jesus als »Sohn« Gottes; der Geist kommt auf ihn herab und bevollmächtigt ihn zu seiner Sendung. Das wahre Wesen Jesu und sein prophetischer Auftrag treten zutage. Die Taufe durch Johannes markiert so auch den Beginn seiner öffentlichen Wirksamkeit.

Das *Lukas-Evangelium* betont besonders deren ›charismatischen‹ Charakter: Jesus ist der Geistträger, der nicht nur vom Geist erfüllt und inspiriert wird, sondern ihn auch weitergibt, »mit dem Geist tauft« (vgl. 3,16). Dieses geisterfüllte Wirken wird – nach dem am *Zweiten Sonntag* eingeschobenen, gleichfalls als Epiphaniegeschehen zu deutenden Weinwunder von Kana – in den folgenden Perikopen der Jahresreihe entfaltet.

Bezüge zu den *Lesungen* finden sich vor allem unter dem Gesichtspunkt: »Der Heilbringer kommt.« Die *Erste Lesung* (Jes 42,1–7) beschreibt das Wirken des »Gottesknechtes«, der Gerechtigkeit, Heilung und Befreiung bringt –, ein Urbild prophetischer Tätigkeit, das auf Jesus ›wie angegossen‹ paßt. Alternativ bietet die Liturgie Jes 40,1–5.9–11 an: Die Rückkehr des Volkes Israel aus dem Exil unter der Führung seines »Hirten« Jahwe. Bindeglied zum *Evangelium* ist hier die »Stimme, die in der Wüste ruft: Bereitet den Weg des Herrn« (vgl. 40,3); das Neue Testament sieht diese Stimme, die Gottes rettende Ankunft ansagt, in Johannes dem Täufer verkörpert.

Auch die *neutestamentlichen Lesungen* sprechen vom Heilswirken Jesu, das mit seiner Taufe seinen Anfang genommen hatte. Apg 10,34–38 betont dabei Wortverkündigung, Heilung und Befreiung von der Knechtschaft des Bösen. Der Alternativtext Tit 2,11–14; 3,4–7 stellt die gnadenhafte Rechtfertigung, die Erlösung von der Schuld, die Ausgießung des Geistes in der christlichen Taufe und das neue Leben der Gerechtigkeit heraus. Der Verweis auf das »Bad der Wiedergeburt und der Erneuerung im Heiligen Geist« (3,5) knüpft eine Verbindung zwischen der Taufe Jesu und der »Taufe mit Feuer und Geist«, wie sie nun im Namen des Geistträgers Jesus von der christlichen Gemeinde gespendet wird.

2. Homiletische Hinweise

Generell werfen die Berichte der Evangelien über die Taufe Jesu das Problem auf, wieso eigentlich Jesus, obgleich Sohn Gottes, sich der Bußtaufe des Johannes unterzogen habe. Bedurfte er denn noch der Umkehr und Reinigung? Historisch-kritisch ist die Frage nach Jesu Motiven, die Johannestaufe zu empfangen, bis heute nicht eindeutig geklärt. War sie Ausdruck von Demut, in das büßende und auf den Retter wartende Volk gleichsam ›einzutauchen‹? Sollte sie Johannes als gleichgesinnten Propheten bestätigen? Wollte Jesus damit seine eigene Anteilnahme an der endzeitlichen Erwartung der Gottesherrschaft zum Ausdruck bringen?

Die Evangelien selbst geben ihre je eigenen Deutungen unter verschiedenen Aspekten. Die Perikopenauswahl des Lukasjahres läßt sehr das *Verhältnis zwischen Johannes und Jesus* ins Auge fallen. Die Taufe Jesu wird hier zum Anlaß, ihn als den von Johannes angekündigten »Stärkeren« herauszustellen, der mit dem Geist »gesalbt« wird (vgl. auch Lk 4,18!) und darum wirkmächtig »mit Geist und Feuer«, nicht nur zeichenhaft mit Wasser tauft. Bevor er allerdings dieser Sendung folgt, muß er selbst mit dem Geist getauft werden: So erscheint die Taufe Jesu hier weniger als Bußtaufe durch Johannes, eher als Geisttaufe durch den »Vater«!

Die gesamte Szene ist mit eschatologischer Spannung geladen: Die Erwartung des Volkes; die Frage, wer denn der Messias sei; das Wort des Johannes über den »Stärkeren«, der kommt; schließlich die Proklamation Jesu als »Sohn« und Geistträger. Die Taufe verwandelt sich so in ein Epiphaniegeschehen. Jesu Wesen, Vollmacht und Sendung und nicht zuletzt seine einzigartige Beziehung zum Vater offenbaren sich.

Zwischen den Zeilen enthalten die Perikopen über die Taufe Jesu auch eine Art Katechese über die Bedeutung der christlichen Taufe. Gerade dic lukanische Fassung läßt wesentliche Elemente davon erkennen: Den Geistempfang beim Gebet sowie die »Gotteskindschaft«, an der ja jeder Glaubende – unbeschadet der besonderen Gottessohnschaft Jesu selbst – teilhat.

Der unten folgende *Predigtentwurf* versucht, diese Idee der ›impliziten Taufkatechese‹ zu entfalten.

Weitere Predigtgedanken könnten an der Heilserwartung und am Verhältnis Johannes-Jesus anknüpfen. Auch heute »ist das Volk voller Erwartung«: Einerseits sieht man die Welt in Krise, ja von globalen Katastrophen (Umwelt, Atomkrieg u. a.) bedroht, andererseits gibt es die Erwartung eines »Neuen Zeitalters« (»New Age«), mit der sich ausgesprochene Heilshoffnungen verbinden. Beides zusammen schafft in den Augen vieler eine geradezu eschatologische Stimmung. Doch stellt sich dabei auch – genau wie damals – die Frage, wer denn der authentische Heilbringer sei! Mancherlei ›Propheten‹ treten auf. Woran soll man »die Geister unterscheiden«? Unsere Perikope weist hier einen Weg: Johannes der Täufer tritt wohl mit dem Sendungsbewußtsein und der Sprachgewalt eines Propheten auf. Doch weiß er genau, daß nicht er selbst der messianische Heilbringer ist, sondern nur die »Stimme«, die ihn ankündigt. Er demütigt sich vor dem »Stärkeren« und weist auf Jesus hin. Jeden Propheten, Meister des geistigen Lebens oder »Guru«, der sich selbst in den Mittelpunkt stellt, sich als Heilbringer ausgibt, oder gar sich verehren läßt, muß man demnach als falschen Propheten entlarven! Wer aber auf Jesus hinweist und sein eigenes ›Charisma‹ ganz in den Dienst dieses wahren »Herrn aller« (vgl. Apg 10,36) stellt, ist ein echter Prophet: Auf ihn darf man hören.

III. Zur Predigt: Mit Jesus in die Taufe steigen

Johannestaufe – christliche Taufe

Man nannte ihn den »Täufer« – Johannes, jenen letzten der Propheten, der Jesus unmittelbar vorausging. Nichts war so typisch für ihn wie eben dies, daß er die Leute, die zu ihm kamen, taufte, das heißt im Wasser untertauchte zum Zeichen der Läuterung und Buße. Auch Jesus ließ sich von Johannes taufen.

Wenn wir von dieser Szene hören, denken wir wohl unwillkürlich an die Taufe, wie sie in unseren Kirchen gespendet wird. Wir alle haben sie, meist schon als Kinder, empfangen. Tatsächlich war die Taufe des Johannes Vorbild für die christliche Taufe. In dem Augenblick, als Jesus sich taufen läßt, entsteht aus der Bußtaufe des Johannes die neue »Taufe mit Feuer und Geist«.

Nach Auskunft der Bibelwissenschaft enthalten die Erzählungen der Evangelien von der Taufe Jesu, gleichsam zwischen den Zeilen, zugleich eine Art kurze ›Katechese‹, eine Unterweisung über die Bedeutung des Tauf-Sakramentes. Sie wurde bei Taufgottesdiensten vorgelesen. Lassen wir uns doch jetzt einfach von dieser Szene mitnehmen: Steigen wir in Gedanken zusammen mit Jesus ins Wasser der Taufe hinein und erleben noch einmal mit, was unsere eigene Taufe bedeutet! Für viele Christen ist sie (leider) ein fast vergessenes Sakrament. In Wirklichkeit bildet sie Anfang und Grundlage des gesamten Christseins. Dort hat Gott uns, ohne Vorleistung unsererseits, reich beschenkt. Das Getauftsein besser zu verstehen und bewußter zu bejahen, kann darum unseren Glauben neu lebendig machen.

vorzutragen als alle eigene moralische Anstrengung. Ich lebe von einer Gabe, einem Geschenk Gottes.

Gotteskindschaft

Mit Jesus zusammen bete ich und preise den Vater. Da höre ich seine Stimme: »Du bist mein geliebter Sohn; an dir habe ich Gefallen gefunden!«

Auch dieses Wort war nicht allein an Jesus gerichtet, jeder, der glaubt, darf sich als »Kind Gottes« fühlen! Der Vater sagt also »Ja« zu mir. Er nimmt mich an, weil er mich liebt. Aus dieser Gewißheit darf ich leben. Ein schönes Gefühl: Angenommen zu sein, auch wenn Menschen mich ablehnen, geliebt zu sein, auch wenn ich gar [illegible]

Osterfestkreis

Aschermittwoch

Mt 6,1–6.16–18

I. Bibeltheologische Vorüberlegungen

s. Lesejahr B, 115ff.

II. Liturgisch-homiletische Vorüberlegungen

1. Liturgische Hinweise

»Am Aschermittwoch ist alles vorbei«, auch das Fastnachtslied mit dieser Aussage ist verklungen. Vorbei ist die Zeit des Verkleidens, der Büttenreden, der Bälle und Umzüge, des Narrentreibens.

Abschied von der närrischen Zeit nehmen heute die einen mit Fischessen und »Beerdigung« der Fastnacht; die anderen nehmen, oft zur selben Uhrzeit, am Aschermittwochsgottesdienst teil. Sie lassen sich das Aschenkreuz auflegen, versammeln sich unter dem Kreuz, suchen Weisung und Ermutigung durch Gottes Wort. Dies gilt es ernstzunehmen und bereits bei der zeitlichen Festlegung des Gottesdienstes zu bedenken. Auch Berufstätige, die spät Feierabend haben, sollten teilnehmen können. Heute besucht kaum jemand am Aschermittwoch den Gottesdienst als Pflichtübung. Die Gläubigen erwarten, daß ihnen in der stillen Zeit, der Fastenzeit, vor allem Jesu Leben und Leiden nähergebracht wird. Dadurch wird der Glaube an den Auferstandenen vertieft und bestärkt. Dies soll in der Liturgie durch Schrifttexte, Zeichenhandlungen, Bilder und Musik angeboten werden. Fantasie und Kreativität sind gefordert, das Angebot der Meßfeiern mit Meditation, Frühschicht, Bußfeier usw. zu ergänzen und dadurch auf die sehr berechtigten Erwartungen einzugehen.

2. Homiletische Hinweise

»Am Aschermittwoch fängt alles neu an«, so könnte zusammenfassend die Überschrift der Texte dieses Tages lauten.

In der *Ersten Lesung* läßt Joël Gott, den Herrn, zur Umkehr aufrufen. Das ganze Volk soll sich dazu versammeln. Die Priester sollen den Bittruf um Mitleid und Erbarmen vortragen. Die anderen Völker sollen nicht über die »Gottverlassenen« und deren Gott spotten können. Der Herr will sich seines Volkes erbarmen, des Volkes, das zu ihm umkehrt.

In der *Zweiten Lesung* (2. Korintherbrief) ruft Paulus zusammen mit den Mitarbeitern Gottes ebenfalls zur Versöhnung mit Gott auf. Zugleich erneuert er Gottes Heilszusage an alle, die seine Gnade empfangen haben.

Im *Evangelium* des Matthäus macht Jesus deutlich, daß Frömmigkeit nicht neben oder über dem Leben bestehen kann. Rechte Frömmigkeit ist nicht dem Alltag aufgeklebt, sondern Lebenswirklichkeit. Im alltäglichen Tun und Lassen, in der Haltung und Gesinnung Gott und dem Nächsten gegenüber wird Frömmigkeit gelebt und erlebt.

III. Zur Predigt: Diskretion

Diskretion zugesichert

»Diskretion zugesichert«, so steht, dick gedruckt, häufig in Anzeigen, in denen Eheanbahnung oder Kreditvermittlung angeboten werden. Wer über ein Institut eine Frau oder einen Mann sucht, wer sich Geld leihen muß, dem wird ausdrücklich versichert, daß sein Anliegen diskret behandelt wird. Diskretion, das ist Verschwiegenheit gegenüber Unbeteiligten, Takt gegenüber Beteiligten. Menschen suchen einen Partner, mit dem sie künftig ihr Leben teilen wollen. Nach und nach können sie sich öffnen und werden sich gegenseitig ihre Lebensgeschichte, ihre Gedanken, Gefühle und Erwartungen anvertrauen. Gleichzeitig machen sie sich schrittweise mit dem zunächst Fremden vertraut. Verschwiegen und taktvoll muß das geschehen. Wenn es um die eigene Person geht, sind wir alle leicht zu verletzen. – Mit der Kreditvermittlung ist es ähnlich. Geld ist im Leben wichtig, auch wenn ein Sprichwort etwas anderes sagt. Kreditwürdig ist und bleibt auch, wer glaubwürdig ist oder wenigstens glaubwürdig zu sein scheint.

Diskretion gefordert

Mit der Frömmigkeit der Juden befaßt sich Jesus im Evangelium zum Beginn der Fastenzeit. Frömmigkeit, das ist Hinwendung zu

Gott und zugleich Zuwendung zum Mitmenschen, zum Nächsten. Sie wird ausgedrückt durch: Almosen geben, Gebet und gemeinsamen Gottesdienst, durch Fasten. Jesus kritisiert die Formen jüdischer Frömmigkeit, die gebräuchlich sind. Er ist nicht gegen Almosen-geben, Beten, Fasten. Er prangert die selbstgerechte öffentliche Darstellung der Frömmigkeit an und fordert zugleich Diskretion für das Verhältnis zu Gott und zum Nächsten. Zuwendung zum Nächsten und vertrauende Hinwendung zu Gott kann gelingen, wenn sie verschwiegen und taktvoll geschieht. Die öffentliche Darstellung von Gebet und guten Werken, die Jesus kritisiert, setzt Gott zum Handelspartner herab, der gefälligst den verdienten Lohn zu geben hat. Sie verletzt gleichzeitig den Mitmenschen, der zu spüren bekommt, daß er von mir abhängig und mir daher zu Dank verpflichtet ist. Die öffentliche Darstellung der Frömmigkeit macht den Frommen unglaubwürdig. Wer sich die Last und Mühen der guten Werke anschauen läßt, wird auch bald durchschaut werden.

Diskretion angestrebt
Im Advent 1987 haben Vertreter von evangelischen und katholischen Kirchenchören öffentlich die Kaufhäuser gebeten, auf die »Beschallung« der Kunden mit Advents- und Weihnachtsliedern zu verzichten. Die stille Zeit vor dem Weihnachtsfest sollte wieder mehr Zeit der Stille und Besinnung werden. Die Einstimmung auf ein Fest des Glaubens erfordert, daß weihnachtliche Lieder zu Ruhe und Besinnung führen. Sie sollen nicht marktschreierisch und taktlos zur Steigerung der Kauflust eingesetzt werden. – Für die Fastenzeit, die stille Zeit vor dem Osterfest, ist solche Erinnerung und Mahnung bisher nicht erforderlich. In Kaufhäusern werden keine Fasten- oder Osterlieder gespielt. Dies allein macht diese Wochen vor Ostern nicht zu einer guten Fastenzeit. Es kann aber verdeutlichen, wie wichtig Diskretion für die rechte Frömmigkeit ist.

Daran sollen wir denken, wenn wir uns in den nächsten Wochen umsehen, wo und wie wir unser »*Almosen*« geben. Dabei hat das Wort »Almosen« bei uns keinen guten Klang. Keiner will Almosenempfänger oder Almosengeber sein, weil die Vorstellung besteht, es handle sich um die »milde Gabe«, die der Reiche aus seinem Überfluß wohlgelaunt dem Bittsteller huldvoll zukommen läßt. Wenn wir das, was wir geben können – nämlich Zeit, Aufmerksamkeit, Zuwendung, Fürsprache, Geld, ein gutes Wort – als not-»mildernde« Gabe verstehen, brauchen wir uns am Wort »Almosen« nicht mehr zu stören. Dabei sollen wir die »mildernde Gabe« verschweigen und taktvoll geben oder einbringen zur Linderung von Not und zur Hilfe für den Nächsten.

Die *Hinwendung zu Gott im Gebet* oder im gemeinsamen Gottesdienst geschieht bei uns höchst selten, um damit den Leuten die Frömmigkeit zu zeigen, um möglichst angenehm aufzufallen. Meist fallen diejenigen, die regelmäßig zur Kirche gehen, den anderen auf und werden gelegentlich dafür mit abschätzigen Äußerungen bedacht. Manchmal wollen Mitchristen an einem Fest, oder auch jetzt am Beginn der Fastenzeit, wieder näher zur Gemeinschaft der Glaubenden rücken. Jahrelang hatten sie eine eher lockere Beziehung zu Gott, Glauben, Kirche. Dafür gibt es manchmal gute Gründe: Kleine Kinder, Kranke, die zu versorgen waren, Wechsel des Wohnortes, Enttäuschungen mit der Kirche. Werden sie jetzt von uns wieder aufgenommen wie Kinder desselben Vaters, wie unsere Brüder und Schwestern, einfühlsam, verschwiegen, taktvoll? Oder werden sie hinausgebissen mit Blicken und Bemerkungen, weil wir fürchten, daß dann unsere Frömmigkeit künftig nicht mehr in so hohem Ansehen stehen wird? – Möglicherweise wollen wir selbst einen solchen Schritt tun und haben Angst davor; Angst, weil wir nicht wissen, ob die Gemeinschaft der Glaubenden zu Verständnis und Takt fähig oder willens ist.

Ähnlich ist es, wenn jemand nach Streit und Auseinandersetzung ehrlich auf *Aussöhnung* bedacht ist. Manchmal wagt keiner einen Schritt auf den anderen zu, weil er fürchtet, dies würde ihm als Dummheit und Schwäche ausgelegt werden. Jeder hat Angst davor, für sein Nachdenken und Einlenken verspottet zu werden. So wäre schon viel erreicht, wenn wir uns daran erinnern und erinnern lassen, daß Frömmigkeit der Diskretion bedarf, wenn jemand den Schritt der Versöhnung auf uns zugeht.

Für Eheanbahner und Kreditvermittler ist Diskretion eine wichtige und unverzichtbare Voraussetzung für das Geschäft. Jesus hat die Frömmigkeitsformen der Juden, die auf öffentliche Darstellung ausgerichtet waren, kritisiert. Zugleich hat er gelehrt, daß rechte Frömmigkeit verschwiegen und taktvoll geschieht. Lassen wir es zur Lehre und Anleitung für uns werden, in dieser Fastenzeit Diskretion anzustreben: Bei dem, was wir geben, im Gebet und Gottesdienst, in Versöhnung und Vergebung, wenn wir darum bitten oder gebeten werden.

J. Grehl

Erster Fastensonntag

Lk 4,1–13

I. Bibeltheologische Vorüberlegungen

1. Stellung, Struktur, Gattung der Perikope

(1) Die Stellung der Perikope ist durch die Markus-Vorlage bestimmt. Nach der Jordantaufe, Mk 1,9, ist Jesus durch die Gottesstimme und den Geist zum Messias proklamiert und geweiht worden, Mk 1,10f. Nun leitet ihn der Geist, und er bringt ihn zunächst in die Wüste, Mk 1,12. Dort verweilt Jesus vierzig Tage, und in dieser Zeit wird er vom Satan geprüft, Mk 1,13.

Diese Prüfung war offenbar in der Redequelle – vgl. Lk 4,3–12 mit Mt–4,3–10 – zu einer Folge von drei anschaulichen Szenen ausgearbeitet. Eine knappe Situationsangabe, die vom Fasten Jesu sprach (Lk 4,2b.c = Mt 4,2), leitete wohl die erste von ihnen ein. Lukas wie Matthäus hat sie an den Text von Mk 1,12 angeglichen und durch ihn bereichert: Lk 4,1.2a; Mt 4,1.11.

(2) Hinter der Redequelle vermutet man judenchristliche Kreise des Mutterlandes. Darauf ist zu achten, wenn der Text auf der Ebene der Quelle verstanden werden soll. Dann nämlich ist der altjudenchristliche Verstehenshorizont zu wahren. Was bedeutet z.B. innerhalb seiner der Ausdruck »Sohn Gottes«? Was bedeutet »Satan«? Was besagt für die Darstellungsweise die Berufung auf Schriftworte; was überhaupt bedeutet die Fassung der Aussage in die Form szenischer Vorgänge? Solche Betrachtung der Perikope unter traditionsgeschichtlicher Perspektive ist kein müßiges Spiel. Sie kommt der Predigt zugute; denn sie gibt ihr Grund und Festigkeit.

(3) Zu fragen ist auch, ob zwischen den drei Szenen Unterschiede der Konzeption zuerkennen sind. So zeigt sich etwa, daß der Gedanke an die Beschaffung des Brotes aus der Situation des Fastens hervorgeht, und es ist zu erwägen, ob nicht vielleicht die Provokation Gottes in der Tempelszene dieses erste Thema anhand des Zitates aus Ps 90 nur variiert. Die Szene hingegen, in der Jesus

zugemutet wird, von Gott abzufallen und dem »Herrn der Welt« zu huldigen, zeigt eine andere Thematik als die beiden ersten. Auch die Figur des Satan ist hier anders gesehen. Daraus würde sich ergeben, daß die drei Stücke erst im Gang der Überlieferung ausgeformt und zusammengefügt worden sind, und weiter, daß deren Abfolge, so wie Matthäus sie bietet, vor der des Lukas den Vorzug hat.

2. *Einzelauslegung*

V. 1f Die Verbindung mit der Tauf-Theophanie, Lk 3,22, ist ausdrücklich hergestellt: »Voll des Geistes« ist nun Jesus, und der Geist führt ihn in die Wüste, den Ort der Vorbereitung aller großen Werke. Die Anfechtungen durch den Satan, die sich nach Markus durch die ganze Zeit hinziehen, geschehen hier konzentriert am Anfang. So ist der Ansatz gegeben für die Darstellung der Redequelle, die nun zu hören ist.

V. 3f Der Vorschlag des »Prüfers« (vgl. Mt 4,3) meint – vor dem Hintergrund der Manna-Gabe des Mose in der Wüstenzeit –, der »Gottessohn« solle doch zu eigenen Gunsten seine Wunderkraft gebrauchen. Die Zumutung stützt sich unausgesprochen auf ein Schriftwort wie Dtn 8,3: »Er (Jahwe) ließ dich (Israel) Hunger leiden und speiste dich dann mit dem Manna . . .«. So setzt nun die Antwort Jesu das Zitat fort: ». . . um dir kund zu tun, daß der Mensch nicht vom (irdischen) Brot allein lebt . . .«. Das Schriftwort ist aber tatsächlich nur die Einkleidung für die eigentliche, die innere Antwort und überhaupt für die Haltung Jesu, die kein Wunder will, um sich das eigene Leben zu erleichtern.

V. 5–7 Lukas sowohl wie Matthäus scheint einen visionären Charakter der Berg-Szene anzudeuten. Matthäus erinnert mit seinem Hinweis auf den »sehr hohen Berg« an das Wort Ez 40,2–4: »In göttlichen Gesichten brachte er mich auf einen sehr hohen Berg, und er sagte zu mir: Menschensohn, schau mit deinen Augen und achte auf alles, was ich dir zeigen werde«, vgl. auch Offb 21,10. Lukas erreicht den Eindruck des Visionären, indem er gerade nicht von dem Berge spricht: Jesus wird »emporgeführt«, und »in einem Nu« werden ihm »alle Reiche der Erde« gezeigt.

Das Angebot von Macht und Herrlichkeit erläutert Lukas, indem er den »Fürsten der Welt« (vgl. Joh 12,31) mit seiner Herrschaft prahlen läßt, V. 6. So wird die Bedingung verständlich, die er setzt: Wer über die Welt herrschen wolle, müsse zuerst ihn als Lehnsherrn anerkennen und mit Kniefall ihm huldigen. So ist die Stelle der Entscheidung deutlich gemacht: Weltliche Herrschaft wäre für Jesus Verrat am messianischen Auftrag und Abfall von Gott.

V. 8 Wieder ist die Abweisung in ein Schriftwort gekleidet; Dtn 6,13: »Du (Israel) sollst Jahwe, deinen Gott, fürchten und ihm allein dienen«. Das Wort hilft, zur Sprache zu bringen, was man an Jesus erkannt hat: Er ist an seinen Gehorsam, an seine Verehrung für Gott so völlig gebunden, daß irdische Macht für ihn kein Angebot sein kann.

V. 9–11 Lukas legt offenbar Wert darauf, daß die abschließende Szene an Jerusalem gebunden sei. Hier, in der heiligen Stadt, wird ja die irdische Wirksamkeit Jesu ihr Ende finden. Der Gedanke an die Passion, der den Evangelisten bewegt, vgl. V. 13, ist also auch örtlich nahegelegt. Der Vorgang ist so beschrieben, daß der Satan Jesus auf einen Vorsprung am Dach des Tempelhauses oder an der hohen Südmauer des Tempelbezirks stellt und ihn auffordert, im Vertrauen auf das Gotteswort von Ps 90,11 sich in die Tiefe zu stürzen.

V. 12 Die abweisende Antwort ist wiederum in ein Schriftwort, Dtn 6,16; vgl. Ex 7,7, gefaßt: Es ist gottlos, Gott zu einem Wunder herausfordern und damit auf die Probe stellen zu wollen. – Diesmal steht also Wort gegen Wort, und doch ist nicht gemeint, man rede aneinander vorbei: Der Spruch frommen Vertrauens auf Gottes Behütung wird vielmehr überholt durch die härtere Erkenntnis, die am irdischen Dasein Jesu zu lernen ist.

Gott hat sich ja gar nicht gebunden, seinen Geliebten zu behüten; er wird es zulassen, daß er den Menschen in die Hände fällt. Wer das nicht wahr haben will, stimmt nicht mit Gott überein; er ist den »Menschengedanken« verfallen, vgl. Mk 8,32f. Erst in dem Augenblick, da Jesus seinen Weg zu Ende gegangen ist, wird Gottes Werk einsetzen, und das wird größer sein als jede wunderbare Bewahrung. So ist in der Antwort Jesu die Grundentscheidung ausgesprochen, unter der sein Leben steht. Die Verkündiger, die in der Redequelle zu hören sind, haben das begriffen und anschaulich gemacht.

*

Im Rückblick auf die Perikope lassen sich einige Klärungen erreichen.

(1) Bereits in der Quelle scheint das Stück auf den Bericht von der Tauf-Theophanie gefolgt zu sein; denn in der Lukas- wie in der

Matthäus-Fassung heißt es in der Wüsten- und in der Tempelszene: »Wenn du denn Gottes Sohn bist . . .«, Lk 4,3.9.

»Gottes Sohn« ist also im Text der Quelle so wie in der Proklamation Lk 3,22 zu verstehen, nämlich als Bezeichnung des Messias. Fragt man nun, wie Lukas selbst den Titel auffaßt, dann zeigt sich, daß auch er den Messias meint. Das beweist der sogleich folgende Abschnitt 4,14–30, in dem Jesus die prophetische Ansage des mit dem Geist Jahwes Gesalbten für erfüllt erklärt; ferner die Formulierung des Jüngerbekenntnisses von Caesarea: »Du bist der Gesalbte Gottes«, 9,20; ferner die Frage, die im Synedrium an Jesus gestellt wird: »Bist du der Gesalbte?«, 22,67, und die nachstoßende zweite Frage: »Du bist also Gottes Sohn«?, 22,70. Man kann hinzufügen, was an den Reden der Apg deutlich wird: Überall ist »Messias« – und dessen Verdeutlichung durch »Kyrios« – höchster Ausdruck des Bekenntnisses zum Erhöhten. Das bedeutet: Selbst auf der Verkündigungsebene des Lukas ist der Blick noch nicht auf das Seinsgeheimnis Jesu gerichtet. Andererseits ist »Gottes Sohn« für die apostolische Verkündigung ein Titel, der den des Messias von innen her zerdehnt. Er deutet auf die Nähe und Innigkeit des Verhältnisses zwischen Gott und dem »Geliebten«. Er wird auf dem Höhepunkt der synoptischen Aussagen ausgelegt durch das großartige Logion vom Vater und vom Sohn, das ebenfalls der Redequelle angehört, Lk 10,22.

Wer den angeführten Texten und dem der Perikope gerecht werden will, muß darauf verzichten, Erkenntnisse wie die des Vierten Evangelisten in die synoptische Perikope einzutragen. Die Neigung dazu ist von der systematischen Theologie her begreiflich, aber es geht nun darum, eine andere, der ontisch interessierten vorausliegende Denkweise zur Geltung kommen zu lassen. In ihr wird das Geheimnis Jesu von seinem Auftrag, seinem Weg in die Vollendung, von seiner Stellung bei Gott her in den Blick gefaßt. Das ist ein gesunder erster Ansatz für eine Christologie, die nicht bloß »zu glauben vorstellt«, sondern die Glaubenserkenntnis der Hörenden erweckt, in Gang setzt und zu tieferen Einsichten hinführt.

(2) Zur Figur des Satan ist zu beachten, daß es in den synoptischen Evangelien Stellen gibt, die eine sehr alte biblische Auffassung bewahren. Danach ist *satān* eine Gestalt in der Umgebung Gottes; seine Funktion ist es, die Menschen zu beobachten, zu prüfen, ja auf die Probe zu stellen, und wo sie sich nicht bewähren, sie bei Gott zu

verklagen. So die Darstellung im Prolog des Buches Ijob, ferner in der vierten Vision des Propheten Sacharja, Sach 3,1 ff, und dort, wo der Engel Gottes als »satān« dem Bileam den Weg verstellt, Num 22,22. Die Konzeption scheint darauf zu beruhen, daß man in anschaulicher Weise durch die Beschreibung des himmlischen Gerichtshofes mit seinen unterschiedlichen Rollen das strenge und gerechte, das prüfende und erbarmungsvolle Walten Gottes zu erfassen trachtet, so daß, was der »Prüfer« und »Verkläger« tut, ursprünglich und eigentlich Gottes eigenes Handeln ist.

In derselben Bedeutung steht die Figur des Prüfers in einer Reihe von Herrenworten: Lk 22,31: »Der satān hat sich (bei Gott) ausgebeten, euch zu sieben wie den Weizen . . .«. Weil also eine Funktion beschrieben wird und nicht eine substantielle Gestalt, kann auch Simon Petrus wegen seines Einspruchs gegen das Messiasleiden ein satān genannt werden, Mk 8,33. – Darüber scheint auch die Auseinandersetzung wegen des »Teufelsbündnisses«, Mk 3,22 ff, nicht hinauszugehen. Wenn nämlich Jesus die Vorstellung, der Satan wirke die Zerstörung seiner eigenen Macht, als unsinnig erweist, dann schlägt er ja nur den so formulierten Angriff der Schriftlehrer ab. Der weitere durch Komposition dort angefügte Spruch von dem Starken, der durch den Stärkeren entmachtet wird, 3,27, klingt wie ein Sprichwort und erinnert zugleich an die Gerichtsrede des Täufers, Lk 3,16 f, die ursprünglich Gott selbst im Blick hat.

Danach ist Satan der entschiedene und unversöhnliche Feind Gottes, der zum Verderben der Menschen seine Macht in der Welt aufzurichten trachtet. Aber ihm tritt die Herrschaft Gottes entgegen, und Jesus ist der durch Gott Ermächtigte, der ihn besiegt. In diese Linie gehören die allegorisierenden Gleichnisauslegungen in Mk 4,14 ff und Mt 13,28 und 39: der Zusatz im Vaterunser-Text des Mt: »Errette uns von dem Bösen«, 6,13; und dahin nun auch die Auffassung des Lukas von der Perikope: Er sieht in den drei Szenen eine beleidigende Abfuhr für den Verderber, die zu gegebener Zeit dessen Rache heraufführt, 22,3.

Von diesen Überlegungen her scheint es richtig, die Szene in der Wüste und die beim Tempel dem »Prüfer« zuzuordnen, die vom Berge aber dem »Verderber«.

(3) Auch die Art der *Darstellung* läßt sich nun deutlicher erkennen. Ihre Form sowohl wie ihre Thematik enthebt die Auslegung der Notwendigkeit, mit protokollierbaren, physischen Vorgängen

zu rechnen. Die Vorstellung innerer Erlebnisse von visionärer Art wäre zwar leichter vollziehbar, aber wieder und vielleicht noch dringlicher wäre zu fragen, woher die Unbeteiligten ihr Wissen haben sollten. Die Wahrheit hingegen, die in den Szenen der Perikope tatsächlich zur Sprache kommt, ist die des Daseins und Weges Jesu, seiner Berufsauffassung, seines Gottesverhältnisses, seines Verzichtes auf Propaganda, auf gesellschaftlichen Einfluß – eben das, was Mt 12,19f mit dem Zitat vom Gottesknecht sagen will, dessen Stimme man nicht auf der Straße hört. Auch was der Anlaß zu solcher Darstellung war, läßt sich vermuten. Es gab ein Bedürfnis der frühchristlichen Lehrer, klarzumachen, daß die wirkliche Gestalt Jesu mit phantastischen Ideen von göttlicher Begünstigung, von verfügbarer Gewalt, von politischer Macht vor allem, völlig verfehlt wird. Erwartungen solcher Art gab es ja sowohl im jüdischen wie im hellenistischen Bereich.

(4) Daß Jesus *Schriftworte* in den Mund gelegt werden, ist nicht nur ein Hilfsmittel der Darstellung; darin wird auch seine völlige Bindung an Gottes Willen, der in der Schrift zu Worte kommt, erkennbar. Wenn aber nun in der Tempelszene diese Haltung Jesu mit Hilfe eines anderen Schriftwortes auf die Probe gestellt wird, dann wird von der realen Daseinsgestalt Jesu her eine fromm erscheinende, aber unwahre Vorstellung von der Behütung des Gerechten bewußt gemacht und abgewiesen. Damit ist für die Jüngerbelehrung gleichsam im Nebensatz ein Punkt gewonnen.

3. Theologische Würdigung

(1) Die von manchen Auslegern vorgebrachte Beobachtung, es handle sich in der Perikope nicht um spezifisch messianische Versuchungen, trifft zu. Der Messias, wie er in der jüdischen Vorstellung steht, ist nicht durch Wundermacht charakterisiert, und die Weltherrschaft braucht ihm nicht erst angeboten zu werden, sie kommt ihm vom Titel her zu. Tatsächlich ist jedoch der Lehrvorgang viel komplizierter. Was in den Szenen in der Wüste und beim Tempel vorgeführt wird, ist konzipiert in der Spannung zwischen der politischen und religiösen Heilserwartung der Umwelt auf der einen und der Wirklichkeit Jesu auf der anderen Seite. Jesus hat Wunder getan, und so wird klargestellt, daß seine Armen-Existenz dadurch nicht aufgehoben wurde. Er war der Liebe Gottes anheimgegeben, und so wird gesagt, daß ihm nicht deshalb Tod und Schande erspart worden

sind. Das Angebot der Weltherrschaft aber und dessen radikale Ablehnung hat eine eigene Bedeutung. Es mußte klargestellt werden, was die apostolische Verkündigung meint, wenn sie in Jesus den inthronisierten Messias sieht.

Die österliche Erkenntnis seiner Stellung im Heilswerk Gottes hat ja ihren Ausdruck in diesem und verwandten Würdetiteln gefunden, Apg 2,36; Röm 1,4; 10,9; Phil 2,9–11. Die Bedeutung solcher Würde für die Welt und ihre eschatologisches Geschick ist klar gesehen, zugleich aber auch ihre strikte »Unweltlichkeit« im gegenwärtigen Äon.

Dem dient offenbar die Perikope. Sie schließt sich eng an die Messias-Weihe an, und sie bedeutet für Lukas eine Vorklärung für die messianische Selbstoffenbarung Jesu in der Synagoge von Nazaret, 4,18–21.

(2) Solche Klarstellung gibt auch für das Selbstverständnis der Jüngergemeinde Orientierung. Dem einzelnen wird gesagt, daß die Annahme bei Gott keine Vergünstigung für das Sein in der Welt mit sich bringt. Die frommen Erwartungen, die in den Psalmen zu Worte kommen, werden so, wie sie gemeint waren, nicht erfüllt; ein Jünger des Gekreuzigten muß dazu reif geworden sein, das Kreuzesschicksal zu ertragen, Mk 8,34. Seine Kraft kommt aus der Verheissung, die ihm zugesprochen wurde, Lk 6,20ff, und aus der inneren Stärkung, die er wie sein Herr empfängt, Mk 13,11–13.

Der Gemeinde aber wird gesagt, daß sie in der Welt keine Machtstellung gewinnen kann, und daß es ein Zeichen der Gefahr ist, wenn man sie ihr anbietet. Ihr Verhältnis zur Welt ist das des freien Dienstes in unbestechlicher Lauterkeit. Durch den Verzicht auf Macht rettet sie sich immer neu von der Katastrophe des Abfalls vom Evangelium.

H. Kahlefeld

II. Liturgisch-homiletische Vorüberlegungen

1. Liturgische Hinweise

Zweifelsohne beginnt die Fastenzeit (in der lutherischen Agende »Passionszeit« genannt) mit dem Aschermittwoch. Sieht man jedoch auf die verbreitete Umtriebigkeit, die an diesem Tage herrscht (Ausnüchterung vom Faschingskehraus, opulente Fischessen diverser Gruppierungen, politisch-folkloristische Fensterreden der Parteien), dann tut die Liturgie der Kirche gut daran, mit dem *Ersten Fastensonntag* den Ursinn der Vorbereitung auf das Osterfest in den Mittelpunkt zu stellen: Einkehr, Besinnung, Gebet. Inhaltlich wird der Erste Fastensonntag vor allem durch das *Evangelium* (Lk 4,1–13) vom vierzigtägigen Wüstenaufenthalt Jesu bestimmt. (Diese Thematik bleibt übrigens durch die synoptischen Parallelen während der Lesejahre A: Mt 4,1–11 und B: Mk 1,12–15 voll gewahrt.) Aber noch zwei weitere Charakteristika der Fastenzeit kommen in den Texten des Ersten Fastensonntags zum Klingen: Zum einen der Hinweis auf die Taufe (sei es als Erinnerung oder als Vorbereitung, vgl. *Zweite Lesung*: Röm 10,8–13), zum anderen der Ruf zu Umkehr und Buße (*Tagesgebet*). Schließlich sollen die Gläubigen in diesen vorösterlichen Wochen mehr als sonst dem Gebet obliegen (vgl. *Erste Lesung*: Dtn 26,4–10) und mit größerem Eifer das Wort Gottes hören (*Schlußgebet*).

Fasten hat nach der Liturgiekonstitution des Zweiten Vatikanischen Konzils nicht bloß eine nach innen gerichtete, individuelle Dimension, sondern ebenso auch eine äußere und soziale Komponente (SC 110). Während die innere Bußgesinnung die Gläubigen zum Empfang des Gottesgeistes bereitet (*Präfation*), drängt die soziale Bußgesinnung nach draußen und will die verbreitete Not lindern und wenden helfen. Durch quantitatives und qualitatives Fasten werden jene Spenden erübrigt, die die Hungernden zur Sättigung brauchen (*Misereorkollekte*).

2. Homiletische Hinweise

Ein erster Predigtgedanke, der sich aus der Perikope nahelegt und vornehmlich die vom beruflichen Alltag stark geforderten Hörer ansprechen dürfte, ist der Wüstenaufenthalt Jesu: Abschalten und Ausspannen – zwei unumgängliche Erfordernisse, um zu sich selbst zu finden. Wenn in letzter Zeit Exerzitien und Einkehrtage sowie Angebote zu Meditation und Kloster auf Zeit sich ständig steigender Nachfrage erfreuen, dann spürt gerade jener Personenkreis, wie notwendig das Äquivalent der Besinnung zum Menschsein gehört. Die Homilie könnte die Hörer einladen, sich während der Fastenwochen in selbstgewählte Wüstensituationen zu begeben: Einmal keine Termine annehmen, keine Besuche machen, keine Fernsehunterhaltung suchen, um stattdessen ein Buch zu lesen, einen Spaziergang zu unternehmen, ein Gespräch mit Gott zu beginnen.

Eine andere Predigtthematik, die ebenfalls im Evangelium gründet, könnte den spirituellen und sozialen Sinn der vierzigtägigen Fastenzeit erschließen. Auch hier dürfte die Hörbereitschaft gegenüber früher deutlich gestiegen sein. Angesichts diverser Diät- und Heilfastenprogramme – fast durchwegs aus dem profanen Bereich – würde eine Homilie besonders bei jüngeren Hörern einen katechetischen Dienst erfüllen. Nicht zuletzt sind jene Glieder der Kerngemeinde, die seit Jahren das Bischöfliche Hilfswerk »Misereor« solidarisch mittragen, für Begründungen aus biblischen Texten dankbar.

Fernsehnachrichten und Zeitungen berichten täglich vom Hunger in der Welt einerseits, sowie von der Praxis bestimmter Wirtschaftsregionen, die Lebensmittel vernichten, andererseits. Angesichts dieser himmelschreienden Diskrepanz könnte eine Predigt zwei Ziele verfolgen: Anleitung zu verantwortlichem Umgang mit Nahrungsmitteln insgesamt, aber auch Motivation zu sozialer Fasten- und Abstinenzgesinnung, die den eingesparten Betrag ganz bewußt an notleidende Menschen weiterreicht.

Zwar führen die Hörer regelmäßig im »Vaterunser« die Bitte im Mund: »Und führe uns nicht in Versuchung!« Gleichwohl werden Versucher und Versuchung im säkularistierten Alltag kaum wahr-, geschweige denn ernstgenommen. Das Versuchungsszenarium der Perikope zeigt demgegenüber auf, daß Teufel und Versuchbarkeit des Menschen gleichermaßen Realität sind. Die Predigt müßte diese theologische wie anthropologische Grundbefindlichkeit ansprechen und heutige Spielarten der Verschleierung des Versuchers aufdekken.

III. Zur Predigt: Nicht Glaubensbewahrung, sondern Glaubensbewährung

Gegenstände auf dem Prüfstand

Als Verbraucher ist es für mich wichtig, daß das Auto oder die Haushaltsgeräte, die ich kaufe, vom Erzeuger nachhaltig getestet worden sind. Noch so ausgereifte Konstruktionen nützen nichts, wenn entweder das Material schadhaft oder die Verarbeitung unsachgemäß vollzogen worden ist. Was besagt die gegebene Garantie? Hersteller und Verkäufer versichern: Ich kann mich auf den erworbenen Gegenstand verlassen, anderenfalls bekomme ich gleichwertigen Ersatz. – Test und Prüfung gehören zu unserem Leben.

Der Wille auf dem Prüfstand

Psalm 1 beginnt mit dem Lobpreis jenes Menschen, der in der Prüfung standhält. Damit spricht der Psalmist eine Grundbefindlichkeit aus: Seit wir im Kindesalter die Vernunft erlangt haben, erfahren wir uns lebenslang Situationen ausgesetzt, in denen wir uns entscheiden müssen. Entscheidungen gehören zu unserem Leben: im Beruf, bei der Standeswahl, in der Politik. Sie gehören auch zu unserem Leben als Christen: Wir müssen Entscheidungen treffen – im Glauben und aus dem Glauben.

Jesus auf dem Prüfstand des Versuchers

Von Jesus bekennen wir im Vierten Hochgebet: »Er ist Mensch geworden durch den Heiligen Geist, geboren von der Jungfrau Maria. Er hat wie wir als Mensch gelebt, in allem uns gleich außer der Sünde.« Aus dem heutigen Evangelium wissen wir, daß auch ihm Entscheidung und Prüfung nicht erspart geblieben sind. In drei Stufen entfalten sich diese Versuchungen, wie sie das Evangelium nennt: Es geht dabei um drei elementare menschliche Bedürfnisse, wie das Gesättigtwerden vom Hunger, um Geltung und Ansehen der Person sowie um das Bedientwerden bzw. um das Sich-bedienenlassen. Jesus hat die Versuchung bestanden. Ebenso dreifach, wie der Versucher an ihn herantritt, weist er den Teufel zurück. Sattsein, Macht haben und Bedientwerdenwollen sind nicht seine Sache. Darum dürfen sie auch nicht ein Kennzeichen seiner Jünger und seiner Gemeinde sein.

Versuchungen unserer Tage

Sattsein, Macht haben und Bedientwerdenwollen – das sind letztlich die Urversuchungen des Menschen. Sie lassen sich, angefangen bei der Versuchungsgeschichte des Stammelternpaars, bis heute beobachten. Allerdings treten sie kaum einmal in plumper Dreistigkeit auf. Vielmehr ist für sie charakteristisch das raffinierte Sich-Verschleiern. Sie kommen einher unter Stichworten wie dem sog. Recht auf Selbstverwirklichung, oder dem sog. Recht auf Ehrerbietung, weil Abstammung, Bildungsgrad und Titulaturen doch dazu »ermächtigen«, oder das sog. Recht auf Bedientwerden, weil Status, fiskalisches Ausgestattetsein oder auch Krankheit dazu verhelfen. Ich habe mich nicht versprochen: Sogar das Krankenbett kann zum Feldherrnhügel werden. Hier wird Hilfsbedürftigkeit zur Verschleierung von Macht. Gestehen wir es uns ein, daß auch in unserer Mitte und in nahezu allen Bereichen kirchlichen Lebens solche verschleierten Versucher und Versuchungen am Werk sind.

Bewährter Glaube rettet

Nun können wir fragen: Warum darf sich sogar im Bereich des Glaubens der Teufel als Versucher tummeln? Weil Gott uns sein Reich als Einladung anbietet. Gott lädt uns ein und nicht vor. In dieser Freiheit, wie wir unser gesamtes Leben führen, sollen wir auch mit seiner Einladung umgehen. In seinem Reich gibt es nur Freie und Freiwillige. Würden wir keine Wahlmöglichkeit besitzen, dann wäre der Himmel ein »Gefängnis von Guten«.

Nun wissen wir – trotz Egoismus, Hochmut und Starrsinn – letztlich doch um unsere Schwachheiten. Legion sind die Stationen, in denen wir dem Versucher bereits auf den Leim gegangen sind. Wenn wir jedoch mit dem Willen zur Selbstkorrektur vor Gott hintreten und wie der verlorene Sohn um Nachsicht bitten, dann erwartet er uns mit offenen Armen und in der Freude des jederzeit zur Vergebung bereiten Vaters. Heute, am Ersten Fastensonntag, erneuert er seine Einladung. Es liegt an uns, ob wir uns von ihr verlocken lassen.

E. Schulz

Zweiter Fastensonntag
Lk 9,28 b – 36

I. Bibeltheologische Vorüberlegungen

1. Stellung, Struktur, Gattung der Perikope

(1) Der Abschnitt von der »Verklärung Jesu« gehört zu den schwierigsten Stücken der synoptischen Überlieferung. Es ist deshalb gut, zu Beginn der Auslegung daran zu erinnern, daß Lukas den Grundbestand eines solchen Stückes aus einer weit älteren Tradition übernimmt, so daß seine eigene Aussage nur innerhalb des vorgegebenen Gebildes zur Geltung kommen kann.

(2) Bereits die Vorlage der lukanischen Fassung, das Markus-Evangelium, ordnet die Verklärung Jesu sehr dicht in den Ablauf der Erzählung ein. Die Verklärungsszene empfängt so durch ihre Stellung im Zusammenhang »über ihren christologischen Sinn hinaus einen besonderen heilsgeschichtlichen Aussagewillen, wobei die lukanische Redaktion ihre eigenen Akzente setzt« (Schürmann). Für die Darstellung des Lukas ist charakteristisch, daß sie das Leidensthema noch nachdrücklicher artikuliert als die des Markus. Überhaupt ist hier die Verklärung noch enger der Leidens- und Auferstehungsvorhersage zugeordnet, vgl. 9,22–27.

(3) Die Verklärungsszene in ihrer lukanischen Gestalt bedeutet »ein die verbalen Ankündigungen bestätigendes prophetisches Zeichen für den angekündigten exodos (vgl. V. 51), welches vor dem bevorstehenden Leiden für kurze Zeit sichtbar macht, was nach demselben kommen soll: das Eingehen in seine Herrlichkeit« (24,26) (Schürmann).

(4) Allem Bemühen, die Verklärungsperikope durch eine Strukturanalyse zu erhellen, ist eine zumindest beim gegenwärtigen Stand der Forschung noch nicht überschreitbare Grenze gezogen. Denn »als Ganzheit sperrt sich die Erzählung dagegen, in ein vorgegebenes Genus eingeordnet zu werden: das Christusgeschehen spricht sich hier literarisch in eigener Art eigenartig aus« (Schürmann).

V. 28f Das Dritte Evangelium eröffnet die Szene mit Hilfe einiger traditioneller Darstellungselemente: Neben dem von Lukas bevorzugten Motiv des betenden Jesus sind es vor allem einige dem Buch Exodus entlehnte Stilmittel, die den Leser auf die bevorstehende Kundgabe eines Geheimnisses vorbereiten: Christus besteigt zusammen mit drei Auserwählten (vgl. Ex 24,1.9) den Berg der Offenbarung; die Veränderung des Antlitzes Jesu und vor allem das von Licht strahlende Gewand künden die Nähe des Göttlichen an (vgl. Ex 24,16.17); »doxa ist in der Septuaginta die Wesensart Gottes; mit Hilfe dieses Begriffes sucht Lukas hier christologische ›Wesensaussagen‹ zu machen« (Schürmann); dem Aussageziel, Jesus und Mose miteinander zu vergleichen und dabei die Erhabenheit des Christus angemessen zu betonen, dient das Motiv der Steigerung; der Mose der Wüste wird von Gottes doxa getroffen, die Glorie des Sohnes aber ist seine eigene, 9,32.

V. 30 Der Evangelist sichert die Szene gegen den Verdacht einer bloß subjektiven Vorstellung, indem er die beiden Zeugen nennt, die anschließend als Autoritäten in der Heilsgeschichte Israels gedeutet werden. Wahrscheinlich ist Elija als pars pro toto aller Propheten genannt, und der Sinn der Angabe »Mose und Elija« trifft mit der Wendung »Gesetz und Propheten« zusammen, vgl. Lk 24,25.44.

Da es die erklärte Absicht des Evangelisten ist, im Urbild der Jesuszeit die Kirche seiner Tage im Glauben zu stärken, dürfte für ihn das Christusschicksal den eigentlichen Gesprächsinhalt bilden, vgl. Lk 24,44f. Darauf werden sich auch »diese Reden« (vgl. 9,28) beziehen, welche am Eingang der Perikope erwähnt werden und mit der Leidensvorhersage, 9,22–27, identisch sind.

V. 31–33a Die Verse sind das Hauptstück des lukanischen Sondergutes im Rahmen der Verklärungsperikope; sie enthüllen die spezifische Interpretation des Dritten Evangelisten. Lukas bezeichnet in einer ihm eigenen Terminologie das Gesprächsthema. Der Nachdruck im Verständnis des »Ausgangs« Jesu ruht auf den »Leiden des Christus«. Redaktionelle Querverbindungen zu vorausgehenden und nachfolgenden Angaben sind dafür besonders aufschlußreich (vgl. 9,22–27; 9,44). Das Motiv des Weges Jesu nach Jerusalem klingt zum ersten Male auf, vgl. 9,51. Begriffe wie »Ausgang« und »Hinwegnahme« sind für den Glaubenden Stichworte, die mit dem ganzen Christusgeheimnis gefüllt sind, vgl.

24,18–24. Mit Absicht wird auch gesagt, daß dem so sein »muß«; denn Jesu Schicksal entspricht einer göttlichen Verfügung. Das trifft aber auch für den Ort zu, denn Jerusalem ist die Stadt, auf die sich nach Lukas die Jesuszeit als ihrem Höhepunkt konzentriert.

Das Unverständnis der Jünger illustriert das ganze Geschehen noch einmal als Geheimnis. Auch die »Säulen« der Kirche, vgl. Gal 2,9, begreifen Gottes Absichten erst, nachdem ihnen der Herr den Sinn dafür erschlossen hat, vgl. 24,25. Das Motiv der schlafenden Jünger erinnert an die Ölbergszene, vgl. 22,45; ebenso dürfte das lukanische Urteil über das Verhalten des Petrus als Beispiel für mangelndes Glaubensverständnis nicht ohne den Einfluß der Passionsgeschichte zu denken sein (vgl. 22,45; 22,31–34; 22,54–61). Durch eine derartige Motivübertragung soll in der Hauptsache eine für die ganze Zeit der Kirche maßgebliche Einsicht vermittelt werden: Im Grunde verhält sich der Mensch vor dem Ärgernis des Kreuzes immer gleich, es sei denn, der Herr selbst öffne dem Jünger den Sinn für Gottes Pläne und Verfügungen.

V. 33b Jesus wird von Petrus auf lukanische Weise als epistáta angeredet. Das Wort erscheint im Dritten Evangelium immer dann, »wenn es um die Vollmacht Jesu geht« (Schürmann). Die Reaktion des Petrus will das Zusammentreffen der Umstände sicher auch als gute Gelegenheit charakterisieren, doch dürfte der Skopus des Verhaltens und der Worte in eine andere Richtung weisen. Im Jünger steigt die Ahnung einer anbrechenden Vollendung auf. Was Israel bisher während der Tage des Laubhüttenfestes nur als Zeichen künftiger Vollendung feiern durfte, das Verweilen in den Hütten Gottes, das scheint nun Tat werden zu können. Darum hat das Unverständnis des Petrus für Lukas in der Hauptsache theologische Gründe. Der Evangelist will sagen: Der Apostel verfehlt den Sinn der Situation. »Es geht nicht an, die schwindende Szene festhalten und in der gewährten Herrlichkeitsszene verweilen zu wollen; vielmehr heißt es, auf den Sohn zu hören« (Schürmann). Zudem »verdrängt« Petrus und in ihm die Kirche das Wissen um die notwendigen Zwischenstufen des Leidens, die für den Christus und die gläubige Gemeinde gleicherweise unabdingbar sind.

V. 34 Der Vers leitet in den nächsten Akt über, der dann zum eigentlichen Höhepunkt führt. Gott gewährt seine verhüllte Nähe, und alle Beteiligten sind zugelassen, um die Erklärung des Vaters für den Sohn entgegenzunehmen. Die »Wolke« ist in der Überlieferung Israels schon längst ein Symbol für den »Raum Gottes«, besonders

dann, wenn dem Menschen eine »Audienz« gewährt wird. Die Begegnung mit der Gottheit erregt folgerichtig zunächst Bestürzung und Furcht.
V. 35 Die Wolkenstimme, das Medium zur Kundgabe der göttlichen Deklaration, kommentiert das Geschaute. Tat- und Wortoffenbarung konvergieren. »Die Wolkenstimme hebt ins Wort, was in der Verklärung sichtbar wurde; die Verklärung wiederum beleuchtet den Sinn des Wortes« (Schürmann). Das Ereignis ist ein Geschehen der Letztzeit, denn nun erschallt Gottes eigene Stimme, und nicht nur deren Echo, aufs neue. Die Textgestalt der Deklaration ist aus der Verbindung von zwei alttestamentlichen Zitaten entstanden. Die Worte der Schrift, Jes 42,1 und Ps 2,7, sind zu einer Aussage vereinigt worden. Beide Zeugnisse deuten und vertiefen überkommene Messiasvorstellungen durch eine dezidierte Sohnes-Christologie. Die Deklaration setzt sich fort in einer Weisung; diese verpflichtet, auf Jesus, den verheißenen »Propheten wie Mose«, zu hören, vgl. Dtn 18,15. Der Kontext des Dritten Evangeliums und der spezifisch lukanische Akzent gebieten, auf den Christus zu hören, der den Seinen den Sinn für das Leidensgeheimnis erschließt. Durch die Konfrontation Jesu mit den Autoritäten der bisherigen Offenbarungsordnung wird auch eine Steigerung sichtbar: »*Ihn*, den Sohn, muß man hören – mehr als auf das Gesetz (Mose) und die Propheten (Elija), die nur ansagen, was sich im Sohn und seinem Geschick ausspricht« (Schürmann).

Die lukanische Interpretation der Verklärung gipfelt in der für die ganze Zeit der Kirche maßgeblichen Weisung: »Auf ihn höret«! »Wahre Jüngerschaft Jesu Christi besteht nicht in irgendeiner sinnlosen Aktivität und leeren Betriebsamkeit, wie sie uns im Hüttenbauen der Jünger entgegentritt, sondern allein im rechten Hören auf das Kyrios, den verklärten Jesus« (H. Baltensweiler).

V. 36 Die Szene zielt auf das Offenbarungswort. Sobald es ergangen ist, bricht die Handlung ab. Diese auch homiletisch nicht unwirksame Darstellung läßt verstehen, daß für die Zeit der Kirche die Gegenwart und das Wort Jesu genügen.

Die Zeugen bewahren das Geheimnis, solange es nicht verstanden werden kann, d. h. bis nach Ostern. Mit dem Wirken des Auferstandenen in der Zeit der vierzig Tage und vor allem nach seiner »Aufnahme« beginnt der Abschnitt der Heilsgeschichte, in dessen Mittelpunkt die geistgewirkte Verkündigung steht, vgl. Apg 1,8. Dann kommen die Apostel auch der Verpflichtung nach, das Geheimnis Jesu offen zu verkünden. Der Leser des Evangeliums weiß aus dem vorangehenden Zusammenhang um die vorösterliche Situation der Jünger. Gott hat in ihnen zwar ein bereites Ohr und ein williges Herz erweckt, aber auch sie haben im Grunde noch keine zulängliche Einsicht.

3. Theologische Würdigung

(1) Lukas, der Theologe der Heilsgeschichte, stellt an den Hörer und an den Künder der Perikope bestimmte Forderungen. Alle geistliche Einsicht in der Kirche, deshalb auch das Verständnis für den Weg Christi und die gläubige Teilnahme daran, ist von Gott gewirkt und wird dem geschenkt, der sich für eine Begegnung mit dem Unsichtbaren bereithält. Des näheren hat das geistliche Verständnis die Verklärung als ein durch den Gang der Heilsgeschichte vorgeprägtes Geschehen zu begreifen. Die Gesetzmäßigkeit von Verheißung und Erfüllung bestimmt den Ablauf; darin kommen dann auch die von Gott in Dienst genommenen Offenbarungsmittler zu Wort. Indes kennt das Heilswirken Gottes keine mathematische Kongruenz; es hat seine Kairoí, seine »Stunden«, die in und durch die Geschichte zutage treten. Sie sind nur im Glauben zu ergreifen. Der »Ausgang« des Messias ist ein solcher Kairos; in ihm tritt die ursprünglich Gott zukommende Doxa als die seine zutage.

(2) Im Zentrum der Leseeinheit steht nämlich die Sohnes-Christologie, die alle Messiasprädikate übersteigt. »Hier wird . . . der wortmächtige ›Sohn‹ sichtbar, der am Anfang bei der Taufe und in der Versuchung der Wüste vorgestellt wurde, 3,21 f; 4,1–13 – aber nun in doppelter Überbietung: der Sohn wird hier nicht nur offenbar, sondern auch in seiner Doxa transparent, wobei das Sohnsein nicht nur wie dort durch das Motiv der Versuchlichkeit, sondern durch die Leidensvorhersage einem ungeschichtlichen Verständnis gegenüber abgesichert wird« (Schürmann).

(3) Die Gemeinschaft der Glaubenden, die Kirche des Evangelisten und die heutige, soll sich in den Begleitern Jesu widererkennen. Sie sehen Phänomene, wähnen deren Ablauf zu begreifen und verstehen in Wahrheit »das Geheimnis« nicht. Es besteht die Gefahr, daß der Sinn für die Jesuszeit und damit auch der Maßstab für die Zeit der Kirche verfehlt wird. Dem Mißverständnis verfällt nämlich, wer auf eine unerlaubt verkürzte Weise den Sprung in die vollendete Form christlichen Seins, in die Fülle der Glorie bei Gott schon in der

Zwischenzeit zu tun versucht, ohne die notwendigen Stufen des Christusweges zu bedenken und auf sich zu nehmen. Nach der Weisung ihres Herrn muß die apostolische Verkündigung und im Einklang mit dieser Norm des Glaubens alle Predigt immer wieder den Weg des Christus mit sämtlichen Phasen vorlegen und in Erinnerung rufen: »Mußte nicht der Messias dies leiden und so eingehen in seine Herrlichkeit?«. Nur die Einstellung des Glaubens eröffnet einen Zugang zu dem »Muß« Gottes, das auf dem Christusweg ruht und als Gestaltgesetz den Schlüssel für die Heilsgeschichte bietet, Lk 24,32: »Und ausgehend von Mose und allen Propheten, zeigte er ihnen, was in allen Schriften sich bezieht auf ihn.«

(4) Die lukanische Fassung der Verklärungsperikope demonstriert der Kirche auf exemplarische Weise, worauf es für sie in Wahrheit ankommen muß. Sie hat Jesus als den »auserwählten Sohn« anzunehmen, weil er von Gott als solcher den Glaubenden vorgestellt worden ist. Die Kirche kommt dieser Bestimmung nach, indem sie »auf ihn hört«. In ihm haben sich ja alle göttlichen Stimmen, die im Lauf der Heilsgeschichte ergangen sind, zu dem Wort Gottes verdichtet.

(5) Der Szenenschluß bestätigt das ständige »Hören auf ihn« als die Grundfunktion der Kirche, 9,36: »Und als die Stimme ergangen war, befand sich Jesus allein. Sie aber bewahrten Schweigen und erzählten in jenen Tagen niemand etwas von dem, was sie gesehen hatten.« Das factum brutum redet nicht. Der tiefere Sinn des Geschehenen tritt erst zutage, nachdem der Herr selbst im Licht seiner endgültigen Bestätigung durch Gott den Glaubenden die Augen öffnet, vgl. Lk 24,32.

A. Schulz

II. Liturgisch-homiletische Vorüberlegungen

1. Liturgische Hinweise

Die Einführung in das Meßlektionar stellt fest: Die Perikopenauswahl der Fastensonntage ist so getroffen, daß bei den einzelnen Sonntagen eine möglichst enge Verbindung zwischen den Abschnitten zustandekommt.

Die *alttestamentlichen Lesungen* beziehen sich auf die wichtigsten Etappen der Heilsgeschichte. Die *Lesungen aus den Apostelbriefen* sind auf das *Evangelium* und die alttestamentliche Lesung abgestimmt. Für die ersten beiden Sonntage gilt die bisherige Ordnung der Evangelienperikopen: die Versuchung Jesu für den Ersten, die Verklärung Jesu für den *Zweiten Fastensonntag*, der hier das Thema ist.

Abraham, der die gewohnten Lebenssicherungen in der Offenheit für Gottes Anruf hinter sich gelassen hat (vgl. Gen 12,1), erweist sich in der Spannung zwischen zugesprochener Verheißung und noch ausstehender Erfüllung in der *Ersten Lesung* (Gen 15,5–12.17–18) als Vater der Glaubenden. Er ist Hörer des Wortes Gottes. Er vertraut der Zusage Gottes, zu der sich dieser in einem Bundesschluß verpflichtet. Im Durchgang von Jahwe allein durch die zerteilten Opfertiere (der Bund ist Gottes alleinige, ungeschuldete Initiative) wird schon der Blick auf das Lebensopfer Christi gerichtet, in dessen Blut der neue, ewige Bund geschlossen wird.

Diesem Grundgedanken folgt die *Zweite Lesung* aus dem Philipperbrief (Phil 3,17–4,1). Für die christliche Lebensgestaltung erweist sich das Kreuz Jesu als der entscheidende Angelpunkt für den Ausblick auf die neue, uns im Christusgeschehen erschlossene Wirklichkeit. Somit darf der Glaubende nicht als Feind des Kreuzes Christi leben, indem er im Irdischen zuhause ist. Vielmehr findet er seine Heimat im Aufblick zum erhöhten und verklärten Christus, im Himmel. Die Losung der Hoffnung lautet: Die machtvolle Herrlichkeit Jesu gestaltet in ihrer verwandelnden Kraft unsere armselige Leiblichkeit um und holt sie in die bergende Nähe Gottes heim.

Bezieht man die hier kurz angestimmten Themen der beiden Lesungen auf das in Teil I erschlossene Evangelium, so zeigen sich für unseren Sonntag folgende »Gesichtszüge«:

- Das, was alle drei Texte zusammenbindet, ist die heilsgeschichtliche Frage: Wie wird unser Leben zu einem heilen Leben, meine Lebensgeschichte zur Heilsgeschichte?
- Christus bereitet uns dazu den Weg. Er ist die Erfüllung aller menschlichen Sehnsucht nach Heimat (Verheißung des Landes an Abraham). Indem er als Sohn den Weg des Leidens geht, leuchtet uns das Ziel seines Weges auf, offenbart er sich als Herr unseres Weges, erweist er seine Herrlichkeit. Darauf kommt es Lukas besonders an.
- Die Stimme aus der Wolke weist uns den Weg zum Ziel: das Hören auf seinen Sohn. Diese Haltung ist vorbildlich vorgebildet im Glauben des Abraham.

2. Homiletische Hinweise

Das Evangelium bietet mehrere Ansatzpunkte, um wesentlichen Momenten eines christlichen Lebensweges nachzugehen:

- Vor seinem Leidensgang nach Jerusalem leuchtet kurz das Ziel Jesu, seine Herrlichkeit beim Vater auf. Durch die Hinzunahme von Mose und Elija ist in der Verklärung zugleich eine Geschichte der Treue Gottes zu seinen Verheißungen gegenwärtig. Gott geht in seinem Sohn sogar in die Nacht und Finsternis unseres Lebens, um diese zu überwinden. Wir brauchen in unserem Leben immer wieder Spuren gelungenen Lebens, an denen sich die Hoffnung auf Vollendung festmachen kann. Vielleicht bekommen wir da und dort den »roten Faden« unseres Lebens zu fassen, in dessen Anblick uns aufleuchtet, daß unser Weg von einem treuen Gott mitgetragen wird. Solchen Erfahrungen gilt es nachzuspüren.
- Petrus schlägt vor, drei Hütten zu bauen. Oft bleibt der Mensch bereits im Vordergründigen stecken. Er spannt den Bogen seiner Hoffnung zu wenig weit. Es ist wichtig, unseren Blick zu schärfen, damit wir uns nicht in falschen Abhängigkeiten und Gewohnheiten niederlassen und festsetzen (»Wohnung nehmen«). Entscheidend ist: Wann und wo will Gott von mir, daß ich loslasse und mich auf den Weg mache?
- Das Beispiel der drei Jünger zeigt: Christsein ist immer Unterwegssein. Und vielleicht sprechen wir richtiger vom immer neuen Christwerden als vom Christsein. Das Hören, aus dem der Glaube kommt und in dem der Glaube wächst, ist eine nicht so selbstverständliche Kunst. Sie braucht Übung. Ihr Ziel ist der Gehorsam aus innerster Überzeugung.
- Die Verklärung Jesu vor den Jüngern stellt uns vor die Frage: Warum tritt Gott nicht so hell und strahlend, so einleuchtend in unser Leben ein, daß kein Zweifel mehr an seiner Gegenwart möglich ist? Gottes Liebe zwingt nicht und vergewaltigt nicht. Sie anerkennt unsere Freiheit und riskiert die Möglichkeit der Ablehnung. Sie ist eine je neu ergehende Einladung.

III. Zur Predigt: Leben im noch verhüllten Anblick Gottes

Gottes verhüllte Gegenwart

Es gibt wohl kaum jemand, der nicht den streitbaren und doch liebevollen Don Camillo in der Verfilmung mit dem unvergessenen Louis Fernandel kennt. Für mich ist diese Verfilmung seit meiner Kindheit mit der Erzählung von der Verklärung Jesu verknüpft. Als kleinen Jungen hat es mich tief beeindruckt, wie die Stimme vom Kreuz zu Don Camillo spricht. Bis in den Traum hinein hat mich das verfolgt. Die Szene dieser Begegnung hat sich tief in mein Gedächtnis eingeprägt. Immer, wenn ich von der lichtvollen Erscheinung Jesu vor den Jüngern lese, tritt sie mir vor Augen, und ich denke mir, so oder ähnlich möchte ich Jesus auch erleben. So einleuchtend möchte ich ihn vor Augen haben, über jeden Zweifel seiner Gegenwart erhaben.

Aus vielen Gesprächen weiß ich heute, daß ich mit diesem Wunsch nicht allein bin. Ich weiß aber auch, daß Gott größer ist als unser ganzes menschliches Begreifen. Er läßt sich von uns nicht in den Griff bekommen. Wohl aber eröffnet uns seine Liebe den Raum der Begegnung mit ihm. Gott möchte als Antwort auf seine Liebe auch unsere Liebe.

Österliche Bußzeit: Weg zum Licht

Es ist eine Alltagserfahrung: Liebe kann erkalten. Oft fast unmerklich und langsam dringt die Kälte in die Lebendigkeit unserer Beziehungen ein, auch in unsere Beziehung zu Gott. Die österliche Bußzeit möchte uns dazu bereiten, uns aus der Umarmung alles Lebensfeindlichen, aus der Erstarrung, zu lösen, indem wir in uns wieder die Liebe zu dem wachsen lassen, dessen Licht auf uns wartet. Das Evangelium nimmt uns dazu mit auf den Weg.

Durch gläubige Menschen an der Hand genommen

Wir sehen: Jesus geht nicht mit der Masse des Volkes, ja nicht einmal mit seinen Zwölf, sondern nur mit Dreien, die persönlich genannt werden, auf den Berg der Verklärung. In dieser kleinen Gruppe tut sich das Entscheidende.

Wir erleben heute einen gewaltigen Aufbruch hin zur kleinen überschaubaren Gruppe, auch und gerade in unserer Kirche. Die Menschen wollen nicht in der Anonymität der Masse untergehen. Sie wollen dort Heimat finden, wo nicht das ›Man‹, sondern das ›Ich‹ zählt und großgeschrieben wird.

Nicht anders ist es mit unserer Beheimatung im Glauben. Eine unpersönliche Vermittlung von sogenannten Glaubenswahrheiten erwärmt selten einen Menschen für den Glauben. Wem jedoch eine zutiefst berührende persönliche Begegnung mit glaubenden Menschen geschenkt wird, der kann darin erfahren, daß er in solchen Begegnungen den Berg des Glaubens eine Stufe weiter erklimmt.

Wenn wir uns das vor Augen halten, dann merken wir, daß unser Glaube in der Begegnung mit solchen Menschen ein ganz persönliches Gesicht bekommen hat. – Wäre es nicht gut, uns wieder einmal unseres eigenen Glaubensweges zu erinnern und uns jene guten Gesichter augenscheinlich vorzustellen, die uns den Glauben weitergegeben haben? Wir werden dann erkennen, daß die Begebenheit mit den Dreien im heutigen Evangelium nicht bloß eine Geschichte von damals ist. Sie ist auch unsere ganz persönliche Geschichte. Gott hat uns in solchen gläubigen Menschen schon lange an der Hand genommen, um uns ein Stück weit das Licht des Glaubens zu erschließen.

Leben im Licht – Blick Gottes

Die Jünger werden mit der lichtvollen Erscheinung Jesu konfrontiert. Damit begegnet ihnen nicht nur das Ziel Jesu, sondern auch ihr eigenes Ziel. – Sehen wir unser persönliches Leben im Licht Gottes an, das uns da aufstrahlt. Was sehen wir? Vielleicht ist es zunächst so, daß sein Licht wie die Röntgenstrahlen durch die Schichten unserer Oberfläche hindurch in jene Tiefen und Haltungen leuchtet, aus denen wir leben. Es wird dabei wohl so sein, daß Gott in uns nicht alles in der rechten Ordnung findet. Aber wir brauchen vor seinem Anblick keine Angst zu haben. Unser Leben wird durch seinen Anblick nicht eingeengt, sondern findet neuen Raum. Denn sein Anblick ist ein liebender Blick, der uns leben läßt und den glimmenden Docht nicht auslöscht. In die Enge unserer sündigen Dunkelheit hinein hören wir immer wieder sein verzeihendes Wort. Ja, und grundlegender noch, Gottes Licht, das uns in Jesus aufstrahlt, ist seine Einladung, uns von jeder Enge zu befreien und unser Leben in die Helle und Weite seiner Herrlichkeit zu stellen. Bei ihm finden wir letzte und umfassende Geborgenheit und Heimat.

(5) Schließlich darf der Prediger eine ergänzende Aussage der apostolischen Verkündigung auch an dieser Stelle nicht völlig außer acht lassen. Jeder Glaubende befindet sich ja noch in einem unaufhörlichen Läuterungsprozeß und bleibt deshalb ein »Sünder«. Als solcher ist er aber gehalten, seinen Herrn nicht nur als künftigen Richter zu fürchten, vgl. 2 Kor 5,10, sondern auch als Fürsprecher beim Vater vertrauensvoll anzurufen, vgl. Röm 8,34; 1 Joh 2,1 f.

A. Schulz

II. Liturgisch-homiletische Vorüberlegungen

1. Liturgische Hinweise

Die Liturgie in der Fastenzeit des Lukas-Lesejahres präzisiert das Thema Umkehr und Buße für die feiernde Gemeinde hinsichtlich der praktischen Lebensführung. Insofern kommt sie dem Menschen in seinem Bedürfnis nach konkreter Weisung entgegen, legt aber den Finger auf eine wunde Stelle: Die Ehrlichkeit aller religiös motivierten Handlungen, die im unerschütterlichen Vertrauen auf Gottes Zusagen wurzelt und dessen häßliches Gegenbild die allgegenwärtige Versuchung zur Heuchelei darstellt.

Diese Gedanken gewinnen in den liturgischen Texten des Dritten Fastensonntags eine seltene Dichte und eröffnen eine zwingende Perspektive auf das persönliche Leben.

Heiligkeit bedingt Reinheit

Die Gemeinde wird auf die Thematik eingestimmt durch den *Eröffnungsvers* (Ex 36,22–26): Gottes Heiligkeit bedingt eine Reinigung des Menschen, die über alles hinausgeht, was irdische Waschungen zu leisten vermögen. Es geht auch um mehr als um bloße Entfernung von Schmutz oder Flecken. Wenn Gott sich ein neues Volk aus allen Ländern sammelt, läutert er es dadurch, daß er jedem einzelnen seinen Geist schenkt. Aufgrund solcher Inspiration wird ein neues, das geistbestimmte Handeln möglich.

Gott ist da – und schenkt Heil

Die drei Schriftlesungen der Liturgie stehen in einem wohlabgewogenen Spannungsverhältnis zueinander. Die *Erste Lesung* (Ex 3,1–8 a.13–15) zitiert die Feuervision des Mose im brennenden

Dornbusch. Sie erinnert die feiernde Gemeinde daran, daß der wie die Feuersglut unnahbare Gott in Wirklichkeit der ganz Nahe ist, der immer wache und zum rettenden Eingreifen bereite »Ich-bin-da«.

Die *Zweite Lesung* (1 Kor 10,1–6.10–12) ist daraufhin mit Bedacht gewählt. Paulus bezieht sich auf die wundersamen Begebenheiten der Wüstenwanderung, die dem Volk in unwirtlicher Gegend Speise und Trank gewährten. Gott ist also *immer* bei seinem Volk und garantiert das Überleben. Dafür verlangt er aber auch etwas: Glaubenstreue. Daß die Wüstengeneration dahingerafft wurde, deutet Paulus als Strafe für mangelnden Glaubensmut und – als Folge dessen – sittliches Versagen. Darum kann er auch diese Geschehnisse als Warnung für uns betrachten, insbesondere als Wink dafür, die Sakramente nicht als magisch wirkende Mittel des Heils mißzuverstehen. Erlösung ist unmöglich ohne Umkehr und Glauben. Sie wird besiegelt im Zeichen des Sakraments, verlangt aber nach sittlicher Bewährung im Leben.

Der Ruf zum Heil bedeutet Umkehr

Diese Verknüpfung nimmt das *Evangelium* insofern auf, als Jesus harsch jeden ursächlichen Zusammenhang zwischen Unglücksfällen des Lebens oder Erleiden von ungerechter Gewalt mit einer wie auch immer gearteten Sündhaftigkeit der davon Betroffenen leugnet. Ein solcher Rückschluß ist also immer unzulässig und falsch. Wohl kennzeichnen Unglück und Gewalt unser unerlöstes Dasein. Sie sind aber darum nur ständige Mahner zur Umkehr und drängen den, der das zu erkennen vermag, um so mehr zum Vertrauen, das Heil nur von Gott zu erwarten.

Der gemeinsame Nenner, der die drei Schriftlesungen verbindet, ist Gottes stete und heilende Gegenwart, der sich der Mensch im vertrauenden Glauben vergewissern kann. Deutlich tritt so das biblische Motiv der allzeit erforderlichen Umkehr zutage. Es gewinnt im Gleichnis der zweiten Hälfte des Evangeliums Lk 13,6–9 noch schärfere Konturen: Wer umkehrt, bringt Frucht!

Der *Antwortpsalm* (aus Psalm 103) meditiert das Motiv der Barmherzigkeit und ständigen Vergebungsbereitschaft Gottes, der *Ruf vor dem Evangelium* zielt auf den Kern der christlichen Botschaft. Er zitiert mit Mt 4,17 das Herzstück der Verkündigung Jesu: »Kehrt um« – spricht der Herr – »das Himmelreich ist nahe«. So ist Umkehr und Buße nicht ein nebensächliches Element, das eben zur Fastenzeit gehört, sondern als das ausgewiesen, was es nach dem Zeugnis des

Evangeliums ist: Zentrum jeder christlichen Verkündigung – auch heute.

Das *Tagesgebet* benennt in der nüchternen Sprache der lateinischen Liturgie die Situation, der sich die feiernde Gemeinde in der Fastenzeit bereitwillig stellt: Sie bittet den barmherzigen Gott um Vergebung durch die drei klassischen Werke der Frömmigkeit. In dieser Einstellung widmet sie sich der Vorbereitung auf das österliche Hochfest.

2. Homiletische Hinweise

Die deutliche Zweiteilung des Evangeliums läßt eine Gewichtung der Predigt in zweifacher Hinsicht zu: Entweder befaßt sich der Prediger intensiver mit dem Ruf zur Umkehr, der auch durch menschliche Schicksalsschläge motiviert sein kann, oder er wendet sich dem Gleichnis vom Feigenbaum zu mit seiner unüberhörbaren Forderung, daß Umkehr auch Früchte zeitigen muß.

Schicksalsschläge rufen zur Umkehr
Selbst in unserer Zeit, da vieles, ja alles geplant wird, gibt es grausame und unverständliche Schicksalsschläge. Dadurch bricht bei Menschen, die von solchen Ereignissen unmittelbar betroffen sind, der Glaube an die universelle Machbarkeit aller Einzelheiten im Leben zusammen. Solches Erleben erschüttert – heilsam – das Grundgefühl der Zeitgenossen, eine wohlüberlegte Planung sei die beste Versicherung für ein glückliches Leben.

Hier sollte der Prediger ansetzen und zum Verständnis der Deutung Jesu hinführen, daß Schicksalsschläge als Anstoß zur Umkehr gedeutet werden müssen. Dadurch ergibt sich wie von selbst die Korrektur einer Vorstellung, die auch unter Kirchenchristen weit verbreitet ist: Wenn diesen oder jenen ein Unglück ereilt hat, zeigt sich darin Gottes gerechte Strafe. Bekanntlich wissen ja Außenstehende über das moralische Verhalten eines Betroffenen immer besser Bescheid als dieser selbst. Hier sind deutliche Worte der Mißbilligung nötig und angebracht, wie sich auch Jesus nicht scheute, jeden ursächlichen Zusammenhang zwischen Unglücksfällen und brutaler Gewalt mit moralischer Schuld in Abrede zu stellen, – entgegen weitverbreiteter Ansichten frommer Zeitgenossen.

Umkehr muß Frucht tragen

Das Gleichnis vom unfruchtbaren Feigenbaum bietet sich als Predigtthema an, wenn es sachgemäß gedeutet wird und der Verkündiger kurzschlüssige moralische Anwendungen vermeidet. Es ist von der kollektiven Bedeutung auszugehen, die nicht nur der Weinberg, sondern auch der Feigenbaum in der Sprache der Bibel hat (vgl. Jer 8,13; Hos 9,10; Mich 7,1). Jesus sucht zunächst die Frucht der Bekehrung an seinem Volk –, er sucht sie vergebens. Die Ereignisse des Leidensweges, der ihm bevorsteht, geben ihm recht.

Die frühe Christenheit hat aber schon bald dieses Gleichnis auch auf sich bezogen. Das neue Gottesvolk, die Kirche, muß Frucht tragen, wenn das Bekenntnis zum Herrn eine echte Umkehr darstellen soll. Hier trifft das *Tagesgebet* den Nagel auf den Kopf, wenn es bei der Liturgie feiernden Gemeinde die Werke der Frömmigkeit anmahnt. Nicht als ob die Werke die Umkehr herbeiführen würden! Die Umkehr, die in der Fastenzeit den Glaubenden neu bewußt werden sollte, wird – so sie echt ist – diese Frucht von selbst hervorbringen.

Appell an die lebendige Gemeinde

Es ist allerdings auch denkbar, daß eine weit ausholende und breiter angelegte Predigt beide Aspekte des Evangeliums miteinander verbindet. Allerdings bedarf es dazu einer gründlichen gedanklichen Vorbereitung, die in ihre Überlegungen auch die alttestamentliche und die neutestamentliche Lesung einbezieht.

Der Gedankengang könnte etwa so verlaufen: Der Ruf zur Umkehr trifft die Gemeinde jetzt. Nicht immer besitzt jedermann die dafür nötige Offenheit. Die Erschütterung, die ein Schicksalsschlag verursacht, kann den seinem Ich verhafteten Menschen zur Besinnung bringen und ihn dem Appell zur Umkehr öffnen. Die Gemeinde der Glaubenden darf nie der Versuchung erliegen, sich in die Nestwärme gepflegter Geselligkeit zurückzuziehen. Niemand darf vergessen, daß Umkehr kein einmaliger, vielmehr ein lebenslanger Vorgang ist, der nie seinen Abschluß findet. Nur ständige Besinnung darauf wird Gemeinde ermächtigen, werbend nach außen zu wirken und die Frucht zu tragen, die der Herr von ihr erwartet.

III. Zur Predigt: Glaube und Umkehr sind nie am Ziel

Aberglaube hat Hochkonjunktur

Aberglaube hat heute Hochkonjunktur. Es ist nicht zu fassen, wie viele Menschen, die Verantwortung tragen, die man zudem für intelligent hält, sich an Horoskop, Wahrsagerei, sogar an okkulten oder ähnlichen Praktiken in ihren Entscheidungen orientieren. Man kann dieses Phänomen nur so verstehen, daß jeder in dem unübersichtlichen Wirrwarr des Geschehens nach einem Punkt sucht, der ihm zuverlässigen Halt bietet. Die alte Erkenntnis, daß der Aberglaube ins Kraut schießt, wenn der Glaube stirbt, wird dadurch erneut bestätigt.

Glaube bedarf der Erfahrung

Glaube bedarf der Erfahrung, daß Gott da ist. Ein mystisches Erlebnis, wie es Mose geschenkt war, wird nicht jeder erwarten dürfen. Wir sind an jene Gestalten als Zeugen verwiesen, die Gottes Wirken unmittelbar erfahren haben. Vertrauen, das wir solchen Zeugen gegenüber aufbringen müssen, entspricht dem geforderten Vertrauen Gott gegenüber. Und auf dieses Vertrauen, diese Sicherheit kommt es an.

Warum dann Leid in der Welt?

Gott läßt sich aber nicht in die Karten gucken –, schon gar nicht auf die primitive Weise, die menschlichen Denkgewohnheiten entspricht. Wir vermeinen zum Beispiel, Gottes Gerechtigkeit in Schicksalsschlägen zu erkennen, die Übeltäter in unserem Lebenskreis treffen – nach dem Motto: So straft Gott die bösen Buben! Ist uns klar, welch ein unwürdiges Gottesbild wir da in uns herumtragen? Als ob Gott ein rachsüchtiger Kleingeist wäre! Das kann doch nicht den Erfahrungen entsprechen, die den berufenen Zeugen zuteil wurden.

Zu Recht weist Jesus solche Gedanken, die im pharisäischen Judentum weit verbreitet waren, scharf zurück. Aber viel zu viel Leid gibt es in der Welt. Das ist unleugbar. Wie soll man es denn begreifen, wenn nicht so? Die Fragestellung ist nicht neu. Bereits das Buch Ijob beschäftigt sich bohrend mit diesem Thema: Warum trifft das Leid oft und gerade den Gerechten? Der Versuch, eine ursächliche Verbindung zwischen Schicksalsschlägen und vielleicht auch nur »geheimen« Sünden anzunehmen, wird bereits dort zurückgewiesen. Während das Buch Ijob nur zu der Antwort findet, daß der Mensch vor der unbegreiflichen Größe Gottes kapitulieren muß, führt die Deutung Jesu weiter: Unverhofftes Leid mag den hektisch nur mit seinen Angelegenheiten befaßten Menschen zur Besinnung bringen, ihn dadurch für den Ruf zur Umkehr bereiten. Schmerz und Übel haben keine Bedeutung in sich, es sei denn die, daß sie als Frucht der Sünde in der Welt sind. Aber sie können auch den Menschen öffnen für die Hinwendung zu Gott. Wer das zu sehen vermag, wird für die Umkehr reif.

Die Frucht der Umkehr

Wer den Ruf zur Umkehr vernimmt, kann aber nicht mehr so leben wie bisher. Er muß – aufgenommen in die Gemeinschaft der Glaubenden – mit ihnen Zeugnis für Gottes Wirken ablegen. Das ist die Frucht, die der Herr von seiner Gemeinde einfordert, die zu bringen sie jederzeit bereit sein muß.

Frucht bringen heißt, Verantwortung für den Mitmenschen spüren. Dann müssen wir nicht in Sorge sein, unser Leben vertan zu haben. Auch die von uns Angesprochenen sollen aber Frucht bringen und nicht umsonst gelebt haben. So kann Heil auch heute Wirklichkeit werden.

K. Maly

Vierter Fastensonntag

Lk 15,1–3.11–32

I. Bibeltheologische Vorüberlegungen

1. Stellung, Struktur, Gattung der Perikope

Die liturgische Perikope verbindet die Parabel vom Verlorenen Sohn, 15,11–32, mit der Einleitung, 15,1–3, die Lukas dem Gleichniskapitel »Vom Verlorenen« voranstellt. Die trotz ihrer Gerafftheit breit wirkende Parabel bildet fraglos den Höhepunkt der Komposition und hebt sich von den beiden voranstehenden Gleichnissen »Vom verlorenen Schaf«, 15,4–7, und »Von der verlorenen Drachme«, 15,8–10, die auffallend parallel gestaltet sind, durch ihre formale Eigenständigkeit und besonderen Charakter ab.

Im Unterschied zum Gleichnis, das »einen typischen Zustand oder typischen bzw. regelmäßigen Vorgang« erzählt – so freut man sich, wenn man ein verlorenes Schaf, eine verlorene Drachme wiederfindet –, handelt es sich bei der Parabel um eine frei erfundene Geschichte, »einen interessierenden Einzelfall« (Bultmann). Stützt sich das Gleichnis auf die Autorität des allgemein Bekannten und Anerkannten, so gewinnt die Parabel den Hörer durch Anschaulichkeit und Objektivität in der Darstellung des Einzelfalles. Gerade dadurch aber veranlaßt sie zu bereitwilliger Annahme der Aussage. Der Ausleger hat darauf zu achten, daß er diesen Charakter nicht zerstört, indem er etwa versucht, die Einzelzüge allegorisch zu interpretieren und Punkt für Punkt Bild- und Sachhälfte einander gegenüberzustellen. Die Parabel wirkt nicht durch Allegorie, sondern durch Analogie. Sie muß in sich selbst verständlich gemacht werden, damit ihre Entsprechung zur Sache, um die es geht, das »tertium comparationis«, sichtbar und wirksam wird.

Bei den in Lk 15 zusammengestellten »Gleichnissen« geht es um die Zuwendung Gottes zu den Sündern, die sich in Jesu Tischgemeinschaft mit Zöllnern und Sündern manifestiert. Doch kann sich die Arbeit des Auslegers nicht darin erschöpfen, diesen Bezugspunkt herauszustellen. Es geht ja, wie die Notiz des Evangelisten 15,1–3 feststellt, um den Gegensatz zwischen Erzähler (Jesus) und Zuhörern (Pharisäer und Schriftgelehrte). Die Parabel zeigt, daß der Redende sich den Angeredeten – hier also den Gegnern – zuwendet und ihnen die Möglichkeit zuspielt, »mit dem Erzähler ins Einverständnis zu kommen« (Linnemann). Der Ausleger hat dieser Situation Rechnung zu tragen, indem er sich bemüht, den Mitteln nachzuspüren, die der Erzähler anwendet, um dieses Ziel zu erreichen. Letztlich geht es also in der Auslegung um die Wiederholung des Vorgangs, der durch die Rede Jesu bei den ursprünglichen Hörern ermöglicht wurde: Die eigene Haltung durch ihn in Frage stellen zu lassen.

2. *Einzelauslegung*

V. 1f Als Einleitung zur anschließenden Gleichnisrede hat Lukas eine kleine Szene gebildet, die an das Wort: »Dieser nimmt sich der Sünder an und ißt mit ihnen«, V. 2, gebunden ist. Der Evangelist ist freilich auch hier von der Tradition abhängig, wie die Nähe dieses Textes zu dem von Mk 2,16 zeigt. Überhaupt ist zu vermuten, daß die ganze Szene in Anlehnung an Mk 2,15–17 gebildet wurde. Lukas hat das Motiv der »Annahme« der Sünder hinzugefügt. Diese Verdeutlichung liegt nun als Akzent auf dem »Essen mit den Sündern«: Die Tischgemeinschaft manifestiert die Annahme. So wird Jesu Verhalten von den Pharisäern und Schriftgelehrten auch verstanden: »Dieser hat seine Freude an Zöllnern und Sündern und feiert mit ihnen« (so übersetzt E. Linnemann). Ein Mahl, ein Festmahl ist gemeint, nicht eine zufällig sich ergebende Stärkung im Kreise der Sünder. Nach jüdischer Sitte sollte man mit den Gottlosen, das sind die mit den Heiden verkehrenden, das Gesetz mißachtenden Zöllner und die Sünder, deren Gesetzlosigkeit bekannt ist, keinerlei Berührung haben, nicht einmal, um sie Gottes Gebot zu lehren. Sie waren moralisch und gesellschaftlich geächtet. Wenn Jesus an dieser entscheidenden Stelle die Sitte durchbricht, gerät das ganze Gebäude moralisch-religiöser Anschauungen und gesellschaftlicher Konventionen ins Wanken. Das Murren der Pharisäer und Schriftgelehrten ist also mehr als Unzufriedenheit: Es ist Protest, wie das Murren der Väter in der Wüste Protest gegen Gottes Führung ist, vgl. Num 14,2.

Der Protest richtet sich dagegen, daß Jesus in dieser Weise mit Menschen umgeht, die eigentlich büßen müßten. Auch die Frommen Israels wußten, daß Sünde und Verfehlung menschliche Möglichkeiten sind, und es war allgemeiner Glaube, daß Gott sich der Bußfertigen annimmt (vgl. Ps 34,19; 51,19). Diese Zöllner und Sünder aber, mit denen Jesus »feiert«, büßen ja gerade nicht! Wären sie Büßer, dann hätten selbst Pharisäer ihnen die Gemeinschaft nicht versagt. Daß sie zu Jesus »kommen« und sein Wort »hören«, V. 1, kann in ihren Augen nicht Buße sein.

V. 3 Jesus antwortet auf den Protest mit einer Gleichnisrede. »Folgendes Gleichnis« bezieht sich nach dem Kontext zunächst auf das Gleichnispaar »Vom verlorenen Schaf« und »Von der verlorenen Drachme«, dem die Parabel »Vom verlorenen Sohn« angefügt ist. Die Zuordnung, die in der liturgischen Auswahl zustande kommt, verändert den Sinnzusammenhang.

V. 11–13 Die einleitende Situationsschilderung läßt noch nicht erkennen, worauf die Geschichte hinaus will. Die Bitte des jüngeren Sohnes, ihm sein Erbteil zu geben, ist nicht ungewöhnlich. Der Vater ist offenbar als reicher Großbauer vorgestellt; nach damaligem Recht ging der gesamte Familienbesitz an den Erstgeborenen über. Der Jüngere aber hat Anspruch auf einen Teil – hier auf ein Drittel – des Besitzes, der nicht unmittelbar zum Hof gehört (vgl. Dtn 21,17). Es handelt sich also nicht um eine freche Forderung, sondern um eine verständliche Bitte. Auch der Aufbruch des Jüngeren und seine Auswanderung sind nicht außergewöhnlich. Etwa vier Millionen Juden lebten in der Diaspora, etwa eine halbe Million in Palästina. Das Land war oft von Hungersnöten heimgesucht, während die großen Handelsstädte der Levante viele Möglichkeiten boten voranzukommen. Von »Aufsässigkeit gegen den Vater« kann keine Rede sein.

Doch nun beginnt der Faden der Geschichte sich abzuwickeln: Der Sohn vergeudet sein ererbtes Vermögen in einem verschwenderischen Leben. Das gottlose Leben des Sohnes ist zugleich ein Hinweis auf das Leben der Sünder. Die pharisäischen Zuhörer werden aufmerksam.

V. 14f In der Hungersnot verdingt sich der ins Elend Gekommene bei einem Heiden, der ihn auf seinen Gütern die Schweine hüten läßt. Was uns als vernünftiger Ausweg aus dieser Not erscheint, ist den Schriftgelehrten und Pharisäern, an die sich die Parabel wendet, Zeichen für den Abfall vom Glauben Israels.

Warum geht er nicht zur nächsten jüdischen Gemeinde, wo man ihm sicher geholfen hätte? Statt dessen ist er im Dienst eines Heiden, wo er den Sabbat nicht halten, die Speisegesetze nicht beachten kann. Kurzum: Er hat den Glauben verleugnet. Das zeigt sich am deutlichsten in seiner Arbeit. Er muß sich mit unreinen Tieren abgeben (vgl. Lev 11,7). »Verflucht sei der Mann, der Schweine züchtet« (Traktat Baba Qamma 82b). – »Die Anspielung auf die Zöllner, auf jene, die sich – die Gesetze des väterlichen Glaubens verleugnend – in den Dienst der Heiden gestellt haben, ist nun offenkundig« (Linnemann). Für einen gesetzesfrommen Juden ist damit das schlimmste Urteil über den Sohn und über die Zöllner und Sünder gefällt.

V. 16–20a Der Sohn leidet Not; er beneidet die Schweine um ihr Futter, das wohl aus den kaum genießbaren getrockneten Schoten des Johannisbrotbaumes besteht. Er muß hinter dem Vieh zurückstehen; denn er kann sich nicht von dem nehmen, was Eigentum seines Herrn ist. So vergleicht er nun sein Leben mit dem der Taglöhner im Hause seines Vaters, die Brot im Überfluß haben, während er als Sohn des Hauses vor Hunger umkommt. An diesem Punkt der Überlegung aber kommt er zu der Erkenntnis, daß er durch sein liederliches Leben vor Gott und seinem Vater in Schuld geraten ist. Er kann sich nicht mehr als Sohn fühlen. So beschließt er, zwar heimzukehren, aber den Vater durch Bekenntnis und Bitte dahin zu bringen, ihn wenigstens wie einen Taglöhner zu halten. Und er führt seinen Entschluß aus.

V. 20b–24 War das bisher Erzählte durchaus nicht ungewöhnlich, so fällt das nun Folgende völlig aus dem Rahmen des Alltäglichen. Daß der Vater dem Sohn entgegenläuft, ist ganz gegen die Würde, die der Orientale achtet. Umarmung und Kuß Wange an Wange lassen erst gar nicht zu, daß der Sohn sich niederwirft, um Fuß oder Hand des Vaters zu küssen, wie es seiner Lage entsprochen hätte. Der Vater behandelt ihn als Gleichgestellten. Für ihn ist der Heimgekehrte Sohn des Hauses. Das Schuldbekenntnis und die Bitte des Sohnes, im Vaterhaus wie ein Taglöhner gehalten zu werden, kommen nach dieser im Zeichen ausgedrückten Anerkennung seiner Sohnschaft zu spät. Der Vater antwortet ja eigentlich gar nicht darauf, sondern setzt die Reihe der Zeichenhandlung in einem Befehl an die Sklaven fort: Das Ehrenkleid zeichnet den Sohn als Ehrengast aus; die Verleihung des Ringes – man wird wohl an einen Siegelring zu denken haben – überträgt Vollmacht; die Schuhe kennzeichnen den freien Mann; das Schlachten des gemästeten Kalbes schließlich leitet das Freudenfest ein zur Aufnahme des Heimgekehrten in die häusliche Mahlgemeinschaft. Er ist als Sohn angenommen, obwohl er nur als Taglöhner eingestellt werden wollte. Seine Schuld ist vergeben.

Daß der Vater Vergebung übt, ist den Hörern so unbekannt nicht, vgl. Ps 103,13; Jes 64,7. Schließlich erbarmt er sich ja eines umkehrenden Sünders. Aber was ist das für eine Umkehr! Kein Wort von Bewährungsprobe, von Bußwerken, Demütigungen; dem Bekenntniswort eilt das Zeichen des Erbarmens und der vergebenden Annahme voraus. Damit hat die Parabel ihr eigentliches Thema erreicht. V. 24 ist wie ein Kehrreim, der am Ende, V. 32, wieder aufgegriffen wird.

V. 25 Es geht im zweiten Teil der Parabel um das Fest: Um das Feiern der Tischgemeinschaft mit dem Heimgekehrten, der in Gnaden angenommen ist. Damit ist direkt die zwischen Jesus und seinen Hörern strittige Sache der Annahme der Sünder aufgegriffen. Der Erzähler macht dieses sein Hauptinteresse nicht zuletzt dadurch deutlich, daß das Fest schon im Gange ist, als der ältere Sohn nach Hause kommt. Er hört ja schon draußen Musik und Lärm der tanzenden Männer; und der Tanz folgte gewöhnlich dem Festmahl.

Es werden in diesem zweiten Teil unauffällige Parallelen zum ersten erkennbar, die einen besonderen erzählerischen Reiz darstellen und die Aussage der Parabel unterstreichen. Wiederum handelt es sich um eine Heimkehr. Diesmal kommt der rechtschaffene ältere Sohn von der Feldarbeit –, der Gegensatz zum jüngeren ist augenscheinlich.

V. 26–28 Der ältere Sohn erfragt sich die Neuigkeit und gerät in Zorn. Er weigert sich hineinzugehen. Der Protest gegen die Feier kann nicht deutlicher dargestellt werden. Wiederum geht der Vater zu seinem Sohn hinaus –, diesmal, um dem rechtschaffenen Älteren zuzureden. Das Zeichen väterlicher Liebe gilt auch ihm.

V. 29 f Doch der antwortet mit Vorwürfen. Sie gelten dem Anlaß des gegenwärtigen Festes. Wenn der Ältere auf die vielen Jahre seiner Arbeit und die Treue gegenüber dem väterlichen Gebot hinweist und betont, daß es nie zu einer »Feier« mit seinen Freunden bei einem geschlachteten Böckchen kam, so ist damit nicht gesagt, daß er etwa zu kurz gekommen wäre. Vielmehr macht der Gegensatz zu seinem Bruder deutlich, daß er sich ärgert über dieses unberechtigte Fest: Um wieviel steht er doch über diesem Tunichtgut, der alles verpraßt und verhurt hat! Und dem veranstaltet nun der Vater ein

Fest mit dem gemästeten Kalb. Das ist wider alle Ordnung, das ist nicht recht.

Den Hörern Jesu wird in der Gestalt des Älteren die Wertschätzung ihres eigenen Gesetzesgehorsams vorgestellt. Sie sind nun in derselben Situation der Entscheidung wie jener rechtschaffene Sohn: Sollen sie dem Zureden folgen und am Fest teilnehmen oder nicht? Darin liegt die Entsprechung, auf die die Parabel zielt. Der Protest der Pharisäer richtet sich ja dagegen, daß Jesus in seiner Tischgemeinschaft mit den Sündern Buße und Umkehr nicht zu fordern scheint, während der ältere Sohn der Parabel gegen den Anlaß des Festes protestiert. Die Parabel identifiziert die Hörer nicht mit dem älteren Bruder, spielt ihnen aber seine Rolle zu, um sie zu gewinnen.

V. 31 f Der Vater redet den protestierenden Sohn mit teknon, Kind, an. »Du bist allezeit bei mir«, damit ist das Wort des Sohnes, er diene dem Vater all die Jahre, V. 29, ausdrücklich aufgegriffen. Das geschieht aber, um seinem Widerspruch gegen den Jüngeren, der das nicht sagen konnte, die Spitze zu nehmen: Der war ja nicht beim Vater, »er war verloren«, V. 24.32. Also muß gefeiert werden, daß er nun gefunden ist. – Der zweite Teil der Zurede des Vaters behebt den Eindruck, er sei ungerecht. Er ist es so wenig wie der Herr im Gleichnis von den Arbeitern im Weinberg, Mt 20,1–16. »Alles, was mein ist, ist dein.« Der Ältere lebt doch in der dauernden Gemeinschaft mit dem Vater. Nun aber tritt der Jüngere wieder in diese Gemeinschaft: Der Verlorene ist gefunden. Er ist wieder lebendig, da er tot war. Damit ist die Gemeinschaft mit dem Vater in ihrem tiefsten Grund genannt: Sie ist das Leben. Außerhalb ihrer ist der Tod.

Das alles ist gesagt zum Bruder, der sich doch nun ebenfalls freuen und am Fest teilnehmen müßte. Die überzeugende Begründung des Festes ist zugleich die Entkräftung des Protestes gegen das Fest. Der Ältere kann sich nun eigentlich der Teilnahme an der Feier nicht mehr entziehen. Diesen Eindruck hinterläßt die Parabel bei den Hörern Jesu, die sich an seiner Tischgemeinschaft mit den Sündern ärgern.

Noch ein Akzent verleiht dem Schluß besonderes Gewicht: »Es mußte« – edei – gefeiert werden. Damit bekommt der Kehrvers, V. 24, einen volleren Klang. Die Feier ist nicht beliebig, sondern Gesetz göttlicher Ordnung, das jetzt gilt. Wird der gehorsame Sohn, werden die gesetzestreuen Hörer diesem Gebot der heilsgeschichtlichen Stunde gehorchen? – Das hieße, mit Jesus ins Einverständnis kommen. Darum wirbt die Geschichte.

3. Theologische Würdigung

(1) Jesus hält Tischgemeinschaft mit Zöllnern und Sündern, die zu ihm kommen und ihn hören. Er widersetzt sich der gesetzesfrommen Haltung, die allenfalls mit Bußfertigen Umgang haben will, weil diese sich durch ihre Buße Hoffnung auf Vergebung erwirken. Jesus nimmt, die zu ihm kommen, an ohne solche Manifestation der Bußgesinnung – wie in der Parabel der Vater den jüngeren Sohn.

(2) Buße wird von Jesus in neuer Weise verkündet. Sie ist nicht mehr Leistung des Menschen, der durch seine im entsprechenden Wandel erwiesene Umkehr die Voraussetzung für die Vergebung schafft. Umkehr besteht vielmehr darin, daß der Mensch zu Jesus kommt und ihn glaubend hört. Die Gemeinschaft mit ihm in seinem Wort schenkt Vergebung ohne Vorleistung. Das Erbarmen Gottes ist unverdient.

(3) Es gilt, den Widerspruch gesetzesfrommen Verhaltens gegen das göttliche Erbarmen zu überwinden. Der Anschein leichtfertiger Sicherheit, in jedem Falle zu denen zu gehören, die angenommen sind, wird dem Ernst des Evangeliums nicht gerecht. Es richtet sich vielmehr an Menschen, die ihre Schuld erkennen und sie nicht zur Bagatelle herabwürdigen. Nur sie können das Evangelium als befreiende Botschaft hören.

(4) Die Stiftung des Herrenmahles geschah auf dem Hintergrund der Mahlgemeinschaft Jesu mit den Sündern. Die zur Eucharistie Versammelten sind Menschen, die mit Jesus zu Tische sitzen. Sie empfangen Vergebung durch das Gemeinschaft mit Jesus stiftende Mahl. Damit haben sie sich bereits entschieden, am Fest teilzunehmen. Sie stehen nicht draußen wie der zürnende Bruder. Die Teilnahme an der Eucharistie ist zugleich Bekenntnis zum Geschenk der Vergebung, die Jesus zusagt.

(5) Wer am Fest teilnimmt, kann nicht mehr gegen die Feier protestieren, die dem Wiedergefundenen gilt. Er »muß« sich freuen. Ist er damit nicht selbst zu dem neuen Leben erweckt, das die Gemeinschaft mit Jesus gibt? Dann aber gilt auch die Solidarität mit dem Bruder, der das Erbarmen Gottes empfängt.

H. Leroy

II. Liturgisch-homiletische Vorüberlegungen

1. Liturgische Hinweise

Die österliche Bußzeit erhält ihre Prägung von dem ersten und ursprünglich einzigen Fest im christlichen Jahr, dem »Pascha des Herrn«. Das lassen die Texte dieses Sonntags deutlich erkennen. Das Paschamahl des Alten Bundes, bei dem Israel seine Befreiung aus der ägyptischen Knechtschaft durch die große Rettungstat seines Gottes feierte (*Erste Lesung*), erhielt eine Erweiterung und Vertiefung durch die neue, noch größere Befreiung, die Christus durch seinen Tod und seine Auferstehung der ganzen Menschheit gebracht hat (*Tagesgebet und Zweite Lesung*). Gottes großes Anliegen ist die Versöhnung des Menschen (*Evangelium*). Sie gilt es anzunehmen, um sie dann im Mahl erleben zu dürfen.

Die Gedanken der biblischen Texte können als Leitfaden zur Feier der Liturgie dienen: Entfremdung – Gott will unsere Versöhnung – Ja sagen zum Leben – Feier der Versöhnung im Mahl.

Bußakt: Das Volk Israel wanderte vierzig Jahre lang durch die Wüste, »weil sie nicht auf die Stimme des Herrn gehört hatten« (Jos 5,6). Aber Gott gab dennoch seinen Wunsch zur Versöhnung nicht auf, bis er verwirklicht war: »Heute habe ich die ägyptische Schande von euch abgewälzt« (Jos 5,9 a).

Der verlorene Sohn »zog in ein fernes Land«, lebte wie ein Heide, vergaß, daß er Sohn eines guten Vaters war. Doch als ihn das Elend zur Umkehr trieb, sah ihn der Vater »schon von weitem kommen, und er hatte Mitleid mit ihm. Er lief dem Sohn entgegen, fiel ihm um den Hals und küßte ihn« (Lk 15,20).

Christus hat uns mit Gott versöhnt. An uns liegt es, diese Versöhnung anzunehmen. Der Apostel Paulus fleht uns im Namen Christi an: »Laßt euch mit Gott versöhnen« (2 Kor 5,20 b).

Geeignet für den *Bußakt* ist auch der Psalm 130 (»Aus der Tiefe rufe ich, Herr, zu dir«), ein Kontext zur Sehnsucht des verlorenen Sohnes.

Das *Tagesgebet* erinnert an die Versöhnungstat Gottes, aber auch an die Einladung an uns, »mit froher Hingabe« dem Fest der Erlösung entgegenzueilen.

Die im *Wortgottesdienst* verkündete Botschaft der Versöhnung bereitet die Dankesworte des *Hochgebetes* vor (besonders geeignet: Drittes und Viertes Hochgebet und Hochgebet »Versöhnung«).

2. Homiletische Hinweise

Jede Predigtvorbereitung sollte zwei Grundüberlegungen berücksichtigen: Wie lautet die biblische Botschaft (vgl. Teil I)? Wer sind die Zuhörer? Wie sieht deren Situation aus?

a) Richtet sich die Predigt an eine »normale« Gottesdienstgemeinde, in der es natürlich auch »Verlorene« geben kann, so ist es naheliegend, vor allem den älteren Sohn in den Blick zu nehmen.

Jesus wendet sich mit diesem Gleichnis an die Pharisäer und Schriftgelehrten, an die Gerechten. Er will ihnen gegenüber sein Verhalten zu den Zöllnern und Sündern rechtfertigen. Ebenso kann unsere Predigt eine Werbung und Bitte sein, sich derer anzunehmen, die am Rande stehen und Fehler gemacht haben.

Die Rechtschaffenen sind oft so dem moralisierenden Denken verhaftet, daß ihnen jegliches Verständnis für zuvorkommendes, »unverdientes« Erbarmen nicht nur fremd, sondern sogar ein Ärgernis ist. Da mag gelegentlich uneingestandener Neid mitspielen (»Wenn ich es mir nur auch so leicht machen könnte!«), aber auch die Sorge, daß Barmherzigkeit zur Relativierung aller moralischen Maßstäbe verleite.

Der ältere Bruder wird im Evangelium vom Vater nicht als Heuchler verurteilt, vielmehr nennt er auch ihn »mein Kind«. Auf das Gefühl der Benachteiligung reagiert er mit dem Hinweis: »Du bist immer bei mir, und alles, was mein ist, ist auch dein.«

Zu bedenken ist: Wer sich über die Barmherzigkeit Gottes, die auch dem »Verlorenen« unverdientes Glück schenkt, nicht freuen kann, der kann das Fest Gottes nicht frohen Herzens mitfeiern.

b) Sind die klassischen »Verlorenen« (Gefangene, Obdachlose, Asylanten, Drogenabhängige . . .) die Zielgruppe, so wird dem jüngeren Sohn das besondere Augenmerk gelten.

Jeder kann seine Hoffnung auf den barmherzigen Vater richten, selbst wenn die Schuld noch so groß ist. Schneller als der Sohn mit seiner Beichte ist der Vater mit der Vergebung. Der Weg zum Vater ist der Weg des Vaters zum Sohn.

Aber: Realität ist auch der Widerstand des älteren Bruders (z. B. in der Familie, in der Gemeinde). Vielleicht kann der Jüngere dem Älteren mit dem Hinweis helfen: Du hast es gut, einen Vater zu haben, mit dem du reden und leben darfst. Ich begreife nicht, daß dir das nicht genug ist.

c) Eltern mag der barmherzige Vater als Vorbild dienen. Jesus meinte mit dem Vater wohl in erster Linie Gott, wohl aber auch die Menschen.

Manche Eltern haben auch solche »zwei Söhne«, dankbare und schwierige Kinder.

Was ist, wenn ein Kind nach vielen Irrwegen wieder nach Hause findet, mit Schulden und Schandtaten beladen, ungepflegt und vielleicht sogar straffällig? Heißt es dann: »Du bist nicht mehr mein Sohn. Du bist für mich gestorben!«, oder: »Ich bin ganz selig, daß du wieder da bist, daß du lebst und nicht tot bist!«? Werden große, demütigende Schuldbekenntnisse verlangt oder kommt die Vergebung vor der Beichte?

d) Ein Vorschlag, der alle drei Personen des Gleichnisses betrachtet:

Die Geschichte erzählt von einem, der die gewohnten Pfade verläßt und die Freiheit sucht. Der andere braucht die Sicherheit des Vaterhauses. Der Vater hat beides: er schenkt dem einen die Freiheit, dem anderen die Sicherheit. Beides ist etwas Gutes, aber eben nicht das ganze Gut. Doch der Vater hofft: »Eines Tages werden sie zu mir kommen, weil sie spüren, daß sie mit dem halben Gut nicht leben können. Dann will ich ihnen das Leben in Fülle schenken.«

e) Weitere Themen können sein:
- Sünde = Trennung vom Vater;
- Eucharistie = Mahl der Versöhnung.

III. Zur Predigt: Sich Mitfreuen – Mitfeiern

Die Zeiten ändern sich

Je älter jemand wird, umso deutlicher erfährt er: Die Zeiten ändern sich –, und mit ihnen oft auch die Menschen.

Es war in der Nazi-Zeit. Ein rechtschaffener Mann besuchte auch in dieser schwierigen Zeit jeden Sonntag den Gottesdienst, obwohl er von seinem Nachbarn, einem strammen Parteigenossen, auf offener Straße deswegen angepöbelt wurde. Als sich dann aber die Zeiten geändert hatten, war dieser Nachbar schon nach wenigen Jahren Mitglied der Kirchenverwaltung, trug bei der Fronleichnamsprozession stolz den Baldachin, war einer der engsten Vertrauten des Pfarrers. Jener, der während des Dritten Reiches seine Treue zur Kirche unter Beweis gestellt, öffentliche und berufliche Nachteile eingesteckt, unliebsame Verhöre und sogar Haft auszuhalten hatte, war darüber sehr verärgert. Das ist verständlich. Wer tut sich da nicht schwer, andern die Treulosigkeit einfach nachzusehen?

Ähnlich ergeht es auch manchen, dessen Ehe zu einem dornenreichen Kreuzweg geworden ist, der aber dennoch unbeirrt an dem einmal gegebenen Jawort festhält. Ich habe alle Achtung vor diesen Leuten, aber ich weiß auch, wie hart sie gelegentlich über Geschiedene urteilen.

Auch das ist kein Einzelfall: Eine ältere Frau, verbittert wegen ihrer Einsamkeit, verweist gerne darauf, daß sie in ihrer Jugend etliche attraktive Verehrer abgewiesen habe, weil für sie der Austausch von vorschnellen Intimitäten nicht in Frage kam. Aber ihr Urteil über jene, die sich da freizügiger verhalten, ist ungemein hart.

Sind wir die Dummen?

Es ist eine bekannte Tatsache: Die härtesten Urteile werden oft von den Rechtschaffenen gefällt. Aber nicht deswegen, weil sie vielleicht besonders giftig oder boshaft wären. Sie werden einfach von einer ganz nüchternen Überlegung geleitet: Wenn mein Bemühen um ein ordentliches Leben einen Sinn haben soll, wenn die Nachteile und mancher Verzicht nicht umsonst sein sollen, dann will ich doch wenigstens auch da und dort ein paar kleine Privilegien. Oder, und das ist das Allerwenigste, was ich erwarten kann: Es sollen die anderen, die sich um gar kein Gebot kümmern, zur Rechenschaft gezogen und bestraft werden, und wenn es erst am Jüngsten Tag ist.

Dieses Denken ist kaum einem von uns völlig fremd. Um es ganz klar zu sagen: Wir wollen, daß der Sünder (vor allem jener, der ein größerer Sünder ist als wir) bestraft wird, weil wir sonst nicht mehr einsehen können, warum wir uns abmühen sollen. Sonst sind wir doch die Dummen.

Genau das ist das Problem, das Jesus in seinem Gleichnis klären will. Er erzählt es ja den Gerechten. Das waren damals die frommen Juden und seine theologischen Kritiker. Sie denken und verhalten sich wie der ältere Sohn.

Eigentlich ist der ältere Sohn uns keineswegs unsympathisch. Er ist kein Heuchler, sondern sagt ganz klar, was er denkt, worüber er sich ärgert: »Mein jüngerer Bruder hat sich sein Erbteil auszahlen lassen, hat das Kapital aus unserem Betrieb gezogen und dann mit seinen Flittchen verschwendet, während ich daheim treu und brav geschuftet habe. Und jetzt, wo er alles verpraßt hat, will er wieder daheim unterschlüpfen. Und mein Vater ist so verrückt und nimmt ihn nicht nur auf, sondern feiert sogar noch ein Fest. Das sieht ja fast nach Belohnung aus.«

Die Liebe des Vaters

Und nun schildert Jesus, wie der Vater sich um seinen daheimgebliebenen Sohn bemüht. Ihm gilt die gleiche Liebe wie dem verlorenen Sohn. Auch ihn nennt er »mein Kind«. Er spürt, daß dieser sich benachteiligt fühlt und will ihm helfen, sich seines besonderen Glücks bewußt zu werden, das freilich von anderer Art ist: »Du bist doch immer bei mir. Alles, was mein ist, ist auch dein. Das ist doch ein großes Glück. Das ist ein anderes Glück als dieser plötzliche Ausbruch der Freude, die dein verlorener Bruder bei seiner Heimkehr erfahren durfte. Das ist ein gleichmäßiges Glück. Warum fällt es dir so schwer, ja zu meiner Liebe zu sagen? Bist du neidisch, weil sie nicht nur dir gilt, sondern auch deinem Bruder? Feiere doch mit mir die Heimkehr deines Bruders. Freue dich über sein Glück, auch wenn es unverdient ist. Meine Liebe übertrifft eben die bloße Gerechtigkeit.«

Schwer zu begreifen

Diese Liebe Gottes ist schwer zu begreifen, vor allem, wenn andere sie empfangen dürfen, vielleicht sogar – wie wir meinen – unverdient. Darum wird auch jeder, der versucht, diese Liebe Gottes nachzuahmen, Ärger mit den Gerechten bekommen. So bekam der Pfarrer Ärger mit seinen Getreuen, weil sie die Nachsicht mit dem ehemaligen Nazi nicht schlucken konnten. So wird es manchem Seelsorger verübelt, wenn er »öffentliche Sünder« am Mahl der Versöhnung teilnehmen läßt. Auch Eltern, die wie der barmherzige Vater handeln, sind dem Vorwurf der Ungerechtigkeit ausgesetzt. Oder stellen wir uns eine Regierung vor, die ein umfassendes Hilfsprogramm für Kriminelle vorlegen würde. Vielen ist doch heute schon zuviel, was für die »Verbrecher« getan wird. Und Ärger bekam auch Jesus. Die Geschichte, die wir gehört haben – es war ja nicht die einzige dieser Art –, wurde ihm schwer angekreidet, zumal er nicht nur so sprach, sondern auch so handelte. Er setzte sich mit den Leuten, die von den Rechtschaffenen gemieden wurden wie die Pest, an einen Tisch. Da braucht man nicht lange zu fragen:

»Herzliebster Jesus, was hast du verbrochen, daß man ein solch' hart Urteil hat gesprochen?«

Es ist für jene, die sich tagtäglich redlich abmühen, einfach schwer zu verstehen, wie man so nachsichtig mit denen sein kann, die ihre eigene Lust und Laune zum Leitfaden ihrer Lebensgestaltung machen. Ob der ältere Sohn nach der Erklärung des Vaters bei dem Fest mitgefeiert hat, läßt Jesus in seiner Geschichte offen. Aber soviel ist sicher: Wenn der Gerechte sich nicht auch über die grenzenlose Liebe Gottes zu den anderen, die diese Liebe gar nicht »verdient« haben, freuen kann, bleibt er »draußen«, in der Hölle der Gerechten, die nur auf ihr Recht pochen, aber keine Ahnung von der Liebe haben. Davor möge Gott uns bewahren.

P. Hinsen

Fünfter Fastensonntag

Joh 8,1–11

I. Bibeltheologische Vorüberlegungen

1. Stellung, Struktur, Gattung der Perikope

Die Perikope steht im Vierten Evangelium zwischen den Abschnitten 7,40–52 und 8,12–20, die szenisch und thematisch eng zusammengehören. Daß sie eingeschoben ist, zeigt sich – ganz abgesehen vom textgeschichtlichen Befund – daran, daß die seit 7,14 geltende Szene eigens abgeschlossen werden mußte durch die etwas dünne Regiebemerkung, die Leute seien nach Hause gegangen, 7,53, und Jesus habe sich an den Ölberg – gedacht ist wohl an Betanien, vgl. Joh 12,1 – begeben. Hier setzt dann, eingeleitet durch eine Situationsangabe, die fast wörtlich der von Lk 21,37 gleich ist, die Perikope ein. An deren Ende hört man ohne Überleitung den Erlöserruf: »Ich bin das Licht für die Welt«, der analog steht zu 7,37: »Wenn einer dürstet, der komme zu mir ...« und eingeführt wird mit der Wendung: »*Abermals* sprach Jesus zu *ihnen*«, nämlich zu der festlichen Menge, die nach 7,14 und 7,37 beim Tempel versammelt ist.

Auch aus sprachlichen Gründen – die hier nicht darzulegen sind – gehört die Perikope nicht in den Bereich der johanneischen Darstellung.

Textgeschichtlich ist bedeutsam, daß die wichtigsten griechischen Handschriften bis zum vierten Jahrhundert und die ältesten Zeugen der Vetus Latina, ferner die griechischen Kirchenväter und Bibelausleger die Perikope nicht kennen. Andererseits werden in einer außerbiblischen Schrift des dritten Jahrhunderts, der syrischen Didaskalia, die Bischöfe vor zu großer Strenge in der Bußdisziplin gewarnt mit dem Hinweis auf das Herrenwort: »Auch ich verurteile dich nicht«. Ein Evangelium wird dort nicht erwähnt, aber Ambrosius, Augustinus und Hieronymus haben die Perikope offenbar in einer Handschrift des Vierten Evangeliums gelesen. Vermutlich ist sie zunächst in einem außerkanonischen judenchristlichen »Evangelium« tradiert worden. Daß das zweifellos alte Stück erst spät in einer der kanonischen Schriften seinen Platz gefunden hat, läßt sich vielleicht daraus erklären, daß man bei dem Kampf um die Durchsetzung der christlichen Ehemoral im heidnischen Bereich einen solchen Text als schwierig empfand und darum im Hintergrund hielt.

2. *Einzelauslegung*

V. 1 f Die Situationsangabe verdeutlicht Lk 21,37 mit dem Worten: »Er war den Tag über im Tempel und lehrte, zur Nacht aber ging er hinaus und übernachtete bei dem sogenannten Ölberg. Und alles Volk war schon in der Frühe bei ihm im Tempel, um ihn zu hören.« Man vergleiche damit den Satz 8,2.

V. 3–5 Nun treten »Schriftlehrer und Pharisäer« auf. Von Schriftlehrern hört man bei Johannes nicht, aber bei den Synoptikern: Mk 2,16; 7,1.5; Mt 5,20; 12,38 u. a. Sie führen eine Frau herbei, die sie beim Ehebruch ertappt haben. Da sie also Zeugen geworden sind, haben sie vor Gericht am Urteil mitzuwirken. Das ist klar, aber sie haben eine Frage an Jesus. Sie wollen wissen, ob er zustimmt, wenn man die Schuldige dem Tod überliefert. Nach dem Gesetz steht auf Ehebruch die Todesstrafe, und das bedeutete in der älteren Zeit, als man solche Texte wie Dtn 22,22 f noch nicht in juristischer Feinarbeit differenzierte, die Steinigung: »Im Gesetz des Mose ist uns geboten, solche zu steinigen«, V. 5.

V. 6a Man kommt zu Jesus – so erklärt es der beigefügte Satz 6a –, weil man ihn an dem konkreten Fall »erproben« will. Seine Barmherzigkeit für die Schuldigen ist bekannt; sie hat ihm den Schimpfnamen »Freund der Sünder« eingetragen, Lk 7,34 Q. Nun könnte er, der beansprucht, den Willen Gottes zu offenbaren, in eklatanten Widerspruch mit der Tora gebracht werden, die ja unerbittlich fordert, daß »das Böse in Israel ausgerottet werde«, Dtn 13,6; 22,21.24. Die Lage ist also ernst.

V. 6b Jesus bückt sich und schreibt in den Sand. Die Geste muß ebenso interpretiert werden wie in V. 8: Jesus entzieht sich dem Gegenüber seiner Partner. Er läßt sich nicht zur Rede stellen.

V. 7 Sie aber beharren bei ihrer Frage. So richtet Jesus sich auf und sieht sie nun an. Darauf gibt er seine Entscheidung. Sie nimmt nicht Stellung zum Gesetz, sondern hebt die vorgelegte Frage aus dem rechtlichen Bereich und versetzt sie in den des unmittelbaren Gottesverhältnisses. Sie spricht die Zudringlichen als solche, die selbst unter dem Gerichte Gottes stehen, an. Für einen Augenblick werden sie wichtiger als die Frau. Die Szene ist vergleichbar jener des Todesprozesses, in der Jesus vor Pilatus steht, aber unbesorgt um das eigene Geschick den Menschen Pilatus in den Blick faßt: »Sagst du das von dir aus . . .?« Joh 18,34.

Die Zeugen sind also gefragt, was sie noch unternehmen wollen, wenn sie sich ernstlich auf die eigene Lage besinnen. Mit dem naheliegenden Bild vom »ersten Stein« wird im Grunde das gleiche gesagt, was an anderer Stelle bildlos und direkt ausgesprochen ist: »Richtet nicht, so werdet ihr nicht gerichtet; verurteilt nicht, so werdet ihr nicht verurteilt; laßt frei, so werdet ihr frei gelassen! Denn mit dem Maß, mit dem ihr meßt, wird euch gemessen werden«, Lk 6,37 f.

V. 8.9 a Nachdem er gesprochen hat, entzieht sich Jesus abermals den Partnern. So läßt er jedem von ihnen Raum zum Entschluß. Und sie sind redlich genug, jeder für sein Teil die prophetische Mahnung anzunehmen. – Blickt man von da auf V. 6 zurück, wo als Motiv angegeben wurde, daß man Jesus auf die Probe stelle, um ihn verklagen zu können, so ist da mit einer polemisch geschärften Darstellung zu rechnen. Für schriftgelehrtes Denken bedeutet ja das Verhalten Jesu tatsächlich ein Problem. Man kann seine Bezeugung der versöhnenden Liebe nicht zusammenbringen mit der Forderung der Tora, die doch als endgültige Offenbarung des Willens Gottes gilt. Nun bietet sich aber die Möglichkeit, das Problem am Fall zu konkretisieren, und man verlangt, daß Jesus zeige, wie seiner Auffassung gemäß zu verfahren sei. Um so bedeutsamer wird dann die Antwort, die in V. 7 berichtet wurde.

V. 9 b Die Entscheidung ist damit gefallen, aber das Geschehen kommt nun erst zu seinem Höhepunkt. Zurückgeblieben sind nur Jesus und die Frau. Von dieser aber wird immer noch gesagt, daß sie »in der Mitte« stehe. So wird die Lücke deutlich: Es fehlen die Zeugen, die sie zuvor »in die Mitte gestellt« hatten, V. 3.

V. 10 f Jesus übersieht nicht die Schuld; er verlangt ja einen neuen Anfang. Aber er sieht die Situation in einer anderen Perspektive. Der Schuldige ist Gott selbst anheimgegeben; Gott aber ist mächtig, die Menschenmaße zu überschreiten und in schöpferischer Gerechtigkeit der Gnade Raum zu schaffen. So erklingt eine Thematik, die in der synoptischen Tradition breit bezeugt ist, vgl. Mk 2,15 ff; Mt 20,1 ff; Lk 15,1 ff; 18,9 ff; 19,1 ff; 7,36 ff.

3. Theologische Würdigung

(1) Die Eigenart der Perikope tritt hervor, wenn man sie mit Stücken vergleicht, die einen Ausspruch Jesu, damit er verständlich wird, in einen Situationsrahmen setzen, so z. B. Mk 2,16 und 17; 2,18 und 19; 2,23 und 27; 3,32 und 33. Hier hingegen geschieht die Verkündigung durch die Handlung selbst, und das Wort Jesu ist nur ein Akt in deren Ablauf. Es gehört nicht in die »Spruchüberlieferung«; man kann es sinnvoll nur zitieren, wo die Perikope bekannt ist.

Der Vorgang als solcher muß also in der Homilie zur Geltung kommen. Man wird ihn nicht »nacherzählen«, aber ihn sichtbar machen. Man wird ihn nicht als Augenzeugnis akzentuieren, ihn aber als wesentliche Darstellung der Haltung Jesu erkennen lassen.

(2) Jesus überschreitet den Bereich der das Leben Israels ordnenden Tora. Die Schriftlehrer, die bei der »Weisung« stehen bleiben und aus ihr allein zu leben und zum Leben anzuleiten trachten, verstellen sich den Blick auf die Initiative Gottes; sie sehen Gott gebunden und eingeschränkt durch sein eigenes Gesetz.

Daraus entspringen solche gefährlichen Mißverständnisse wie das des Gesetzesmannes, der im Tempel betet, Lk 18,10 ff; daraus auch der Widerstand, den Jesus zu überwinden sucht, wenn er in den Gleichnissen vom Herrn der Arbeiter, Mt 20,1 ff, und vom Vater des verlorenen Sohnes, Lk 15,11 ff, von der Freiheit Gottes zur Gnade spricht, die durch nichts beschränkt werden kann.

Die Tora und mit ihr alle kultische und ethische Ordnung ist sinnvoll und an ihrer Stelle nützlich, aber das Evangelium Jesu dient keiner solchen Ordnung, sondern einzig dem unmittelbaren und durchgreifenden Anspruch Gottes auf den Menschen, und zwar zunächst, wo er als einzelner betroffen und imstande ist, im persönlichen Einsatz der Initiative Gottes zu folgen. Der Durchbruch zum Dialog des Lebens mit dem lebendigen Gott, das ist die Sache, welche Jesus betreibt.

H. Kahlefeld

II. Liturgisch-homiletische Vorüberlegungen

1. Liturgische Hinweise

Der *Eröffnungsvers* (aus Ps 43) spricht bereits ein Thema des heutigen *Evangeliums* an: Gott wird angerufen als Retter aus einer unmenschlichen, unversöhnten Umwelt, die sich zudem als gottfeindlich erweist. Der »starke Gott« allein kann im Grunde Recht verschaffen, das heißt den Menschen in seiner Gebrochenheit und steten Gefährdetheit annehmen und gerade so befreien. So ist er der rettende Gott, der Neues schafft, indem er Zukunft schenkt.

Die *Erste Lesung* (Jes 43, 16–21) zeigt dies am Beispiel der Geschichte des Volkes Israel. Die Israeliten im Babylonischen Exil sind niedergeschlagen. Sie spüren nichts mehr von der Macht Gottes, wie sie sich doch einst beim Auszug aus Ägypten gezeigt hat. Deshalb lenkt der Prophet nun den Blick des Volkes nach vorne. »Seht her, nun mache ich etwas Neues« (V. 19). Dieser Satz wird zum Axiom aller biblischen Theologie. Die Ausrichtung auf das Neue einer gottgeschenkten Zukunft verändert auch die Gegenwart, verändert letztlich den Menschen. Gerade die Erinnerung an die Treue Gottes schenkt der Gegenwart die Qualität der Zukunft, atmet selber Hoffnung. Erinnerung wird so zur Verkündigung oder ermöglicht diese (vgl. den *Antwortpsalm* 126).

Auch Paulus erfährt die verändernde Kraft aller Gottesbegegnung. Seit seinem Erlebnis vor Damaskus kennt seine Biographie den krassen Gegensatz eines »früher« und »jetzt«. So kann er von sich sagen: »Ich vergesse, was hinter mir liegt, und strecke mich nach dem aus, was vor mir ist« (Phil 3,13 b). Auch hier gilt: Gottes Kraft führt in die Freiheit. Weder fremde noch selbstgemacht Zwänge, ja nicht einmal die eigene Schuld können die Liebe Gottes hindern, den Menschen zu ergreifen. Wichtig ist freilich, daß der Mensch sich ergreifen läßt, und so als Ergriffener die geschenkte Chance eines Neubeginns sieht.

Mit dem *Fünften Fastensonntag* erfährt die Buß- und Umkehrbereitschaft der Gemeinde noch einmal eine deutliche Ermutigung und Ausrichtung. Das *Evangelium* von Jesus und der Ehebrecherin hat einen erlösenden Charakter. Es ist ein Aufruf, selbst bei der Schuld nicht stehen zu bleiben. Schuld wird nicht verharmlost, vielmehr überwunden: nicht durch gesetzeseifrige und selbstgerechte Ankläger, sondern durch die Hinwendung zu Jesus, dem göttlichen Erbarmer. Die anklagenden Schriftgelehrten stehen weder im Einklang mit Gott noch mit sich selbst. So hat Jesus die Ankläger in Angeklagte verwandelt. Zur Ehebrecherin aber sagt er: »Geh, und sündige nicht mehr!«

»Wenn fromme Leute sich unaufhörlich mit den Sünden anderer beschäftigen, wird man den Verdacht nicht los, daß ihnen diese Grübelei mehr Vergnügen bereitet als die Sünde selbst dem Sünder« (*Anthony de Mello*, Warum der Vogel singt – Geschichten für das richtige Leben, Freiburg ⁴1986). Diese Erfahrung dürfte keinem Seelsorger fremd sein. Unsere heutige Perikope setzt dem gegenüber eine eindringliche Ermahnung, doch zu bedenken, wovon man selber lebt und wer man ist. Die Gemeinde Jesu soll das Erbarmen Gottes leben und vor-leben, weil sie es selbst erfahren hat. Jeder einzelne lebt doch aus der Gnade Gottes und von den Möglichkeiten, die ihm dadurch geschenkt werden. Und jeder hat einen nötig, der ihm vergibt. Jeder hat die Barmherzigkeit Gottes nötig.

Die anklagenden Schriftgelehrten, die verurteilte Ehebrecherin, der vergebende Jesus – um diese Personen dreht sich die Geschichte über das Erbarmen Gottes. Und irgendwo mittendrin stehen in diesem Szenarium auch wir selber. Der Prediger kann die einzelnen Perspektiven der Figuren unseres Textes aufzeigen.

Wenn man bedenkt, daß in der Alten Kirche die Vorbereitung auf Ostern zugleich die Vorbereitung der Katechumenen auf dem Empfang der Taufe war, dann könnte auch die Predigt die christliche Grundwahrheit herausstellen: Wir sind durch Christus befreit vom Bösen und erhalten gerade deswegen immer wieder die Abkehr von der Sünde und die Umkehr zu Christus geschenkt (vgl. das Exorzismus-Gebet über die Taufbewerber). Letztlich sind Umkehr und Glaube Schritte hin zur Teilnahme am Paschamysterium. Zeigt doch der *Kommunionvers* (Joh 8,10 — 11) deutlich auf: Was als Verheißung im *Evangelium* angeklungen ist (das Erbarmen Gottes über unserem Leben), kommt in der Kommunion zu einer ersten Erfüllung. Wer aber dieses Erbarmen Gottes selber »genossen« hat, ist in die Einheit mit Christus hineingenommen und wird selber, solchermaßen versöhnt, aufgefordert und befähigt, nicht nach Gesetz oder Buchstaben zu handeln, sondern – wo und wie auch immer – neues Leben ermöglichen zu helfen und Versöhnung zu schaffen.

III. Zur Predigt: Versöhnt leben

Zweierlei Maß

Eine Welt, die nur sich selbst kennt und sieht, erliegt sich auch selbst. Das will sagen: Wer nicht über den eigenen Horizont hinaussieht, erliegt leicht der Täuschung, das und nur das für die volle Wirklichkeit zu halten, was er gerade erblickt. Die Gefahr der Selbsttäuschung ist also groß. Dies hat uns die Psychologie längst nachgewiesen. Und so kommt es denn auch, daß immer wieder Menschen einander verkennen, weil sie sich selbst zu wenig kennen. Ein bekannter Spruch der Antike lautet nicht von ungefähr: »Mensch, erkenne dich selbst!«

Die Schriftgelehrten und Pharisäer unseres heutigen Evangeliums jedenfalls handeln zunächst in vermeintlich gutem Glauben, als sie die Ehebrecherin vor Jesus führen. Nicht ahnend, daß sie letztlich damit nicht diese richten, sondern sich selber. Sie sind noch ganz dem alten Denken verhaftet, wonach das Gesetz die oberste und letzte Instanz ist. Gleichzeitig wollen sie Jesus öffentlich dazu zwingen, zum Gesetz zu stehen. Aber dieser denkt anders: Dem Menschen soll Genüge getan werden. Und so befreit er diese Frau, indem er die Ankläger auf seine Weise herausfordert und in Schranken weist: »Wer von euch ohne Sünde ist, werfe als erster einen Stein auf sie!« Die souveräne Überlegenheit dieser Antwort entlarvt die Überheblichkeit jener, die an dieser Frau ein Exempel statuieren wollen.

Die Frau aber erfährt das wunderbare Geschenk neuen Lebens durch Christus. Sie wird angenommen als Mensch, der sich zwar verfehlt hat, aber nicht darin festgehalten wird. Sie erfährt, daß sie mehr wert ist als all ihre Verfehlungen zusammen sie in Frage stellen können. Ihre Identität von Gott her bleibt bestehen. Nur die Liebe vermag den Sünder zu retten, gleichzeitig ist allein die Liebe das Heilmittel für den Sünder. Jeder lebt von dieser Grundwahrheit –, doch wie oft legen wir zweierlei Maß an? Wovon wir selber existieren, gestehen wir oft anderen nicht zu.

Gemeinde als Ort des versöhnten Umgangs

Der Sünderin ist, wie wir gesehen haben, das Leben von Gott neu geschenkt. Aus dieser Erfahrung kann und soll sie nun leben. Sie darf neu spüren, daß sie ihr Leben im Grunde Gott verdankt. Gerade durch diesen Vorgang und den Zusammenhang von Sünde, Schuld,

Reue und Angenommensein erfährt die Frau tiefer als alle Gottes-theoretiker die Wahrheit Gottes in ihrem Leben. Diese Wahrheit ist kein Buchstabe und Gesetz, sondern vollzieht sich ständig im Ereignis des Lebens eines Menschen, der offen ist für Gottes Erbarmen.

Diese Erfahrung soll nun die Gemeinde Jesu prägen. In jeder Eucharistiefeier lobt und preist die Gemeinde das Erbarmen Gottes, weil sie es selbst erfahren hat, weil sie selber daraus lebt. Aber auch außerhalb des Gotteshauses sollen wir das Erbarmen Gottes leben, vor-leben, in aller Dankbarkeit und Demut. Es kommt entscheidend darauf an, daß wir nicht nur mit Worten oder im Gottesdienst Erbarmen und Versöhnung »praktizieren«, sondern dann, wenn es »ernst« wird: im Alltag unseres Lebens.

Wie verhalten wir uns zum Beispiel gegenüber denen, die aus den Bahnen eines geordneten Lebens geraten sind? Sind wir nicht oft vorschnell mit Urteilen bei der Hand? Geschieht es nicht auch bei uns, daß wir zwar selber sofort mit Entschuldigungen bei der Hand sind, wenn es um unsere Haut geht, keineswegs aber genau so behend bereit sind, andere zu ent-schuldigen? Wie verhalten wir uns z. B. gegenüber denen, die nach einer gescheiterten Ehe wieder geheiratet haben? Versuchen wir dann auch, die anderen, die Betroffenen, mit den Augen Jesu zu sehen? Stehen wir als Gottesdienstgemeinde nicht doch auf der Seite der Satten und Reichen (bildlich gesprochen), während unsere Solidarität mit den Leidenden eher unterentwickelt scheint? Fragen über Fragen, die nicht anklagend gemeint sind, sondern eher sich vorsichtig ergeben.

Mein Traum wäre eine Gemeinde, in der etwas zu spüren ist von der Freude Gottes über einen einzigen Sünder, der umkehrt. Feiern wir doch unsere Gottesdienste so einladend, daß jene, die vielleicht jahrelang nicht mehr bei uns waren, gerne wiederkommen, sich zu Hause fühlen! Versuchen wir doch, unsere eigene Menschlichkeit immer mehr auszurichten am Vorbild Jesu! Vergessen wir nicht: Wir sind als seine Kirche auf sein Testament gegründet und verpflichtet: auf das neue Gesetz der Liebe und des Erbarmens. Wenn wir immer mehr vorleben, was wir glauben, werden wir glaubwürdig und für die Welt ein Zeichen der Hoffnung.

»Siehe, ich mache alles neu!«

Unter diesem großartigen, göttlichen Vorzeichen stehen die Lesungen des heutigen Fastensonntages. Früher sprach man von diesem Sonntag als dem »Passions-Sonntag«. Das Leiden Christi kam in den

Blick der Gemeinde. Aber auch dieses steht ganz im Zeichen des Neu-Schaffens Gottes. Sein Leiden bewirkt unsere Erlösung. Jesus erwirkt uns allen Vergebung: in seinem Leiden und Sterben. Wie kostbar ist doch ein solches Geschenk?! Laßt uns im Gedenken daran von neuem Gemeinde Jesu sein, die Neues schaffen darf, indem sie Zukunft von Gott her erbittet, erwirkt und einander ermöglicht.

M. Unsin

Palmsonntag

Vorbemerkung:
Die Liturgie des Palmsonntags weist zwei Teile auf: das Gedächtnis des messianischen Einzugs Jesu in Jerusalem in Verbindung mit einer Prozession und den Beginn des Gedächtnisses der Passion Jesu, gestaltet durch den Vortrag einer Passionserzählung der vier Evangelien. Diese wird in den einzelnen Lesejahren dem jeweiligen Evangelium entnommen. Die Liturgie des Karfreitags ist statt dessen gleichbleibend durch die Passionserzählung des Johannes geprägt.

Mit Rücksicht auf die Prozession und den Umfang der Passionserzählung fällt heute meist eine eigene Verkündigung weg. Wegen der theologischen Bedeutung der gefeierten Ereignisse und der entsprechenden biblischen Zeugnisse sollte aber nicht völlig auf eine kerygmatische Erschließung verzichtet werden. Es ist daher angebracht, in der Form einer Statio vor oder einer kurzen homiletischen Meditation nach dem Vortrag der Evangelientexte die Mitfeiernden auf das Mysterium des liturgisch begangenen Heilsgeschehens hinzuweisen. Dafür werden hier entsprechende exegetische, bibeltheologische und kerygmatische Hinweise gegeben.

Soll dabei das Geschehen beim messianischen Einzug Jesu eigens herausgestellt werden, empfiehlt sich eine Statio oder eine Kurzhomilie in Verbindung mit der Palmprozession.

Bei der Hinführung zur gesamten Feier des Palmsonntags empfiehlt sich eine Besinnung zu Beginn der Liturgie und vor der Verlesung der Passionsgeschichte.

Das Evangelium zur Prozession
Lk 19,28–40

I. Bibeltheologische Vorüberlegungen

1. Stellung, Struktur, Gattung der Perikope

Die Perikope verbindet die Erzählungen von der ›Reise‹ Jesu nach Jerusalem (den sog. Reisebericht: 9,51–19,27) mit der Darstellung vom letzten Wirken, Leiden und Auferstehen Jesu in Jerusalem (19,28–24,53). In der Erzählung dieser Perikope erreicht Jesus Jerusalem, dem im Evangelium des Lukas die heilsgeschichtliche Schlüsselrolle zukommt. In Jerusalem beginnt die Verkündigung des Evangeliums (1,8–22), dort auch endet sie (24,52f); von dort geht der Weg des Evangeliums in die Welt (24,46–49; Apg 1,4–8). Auf die Bedeutung dieser Perikope im Evangelium weist auch die Beobachtung hin, daß die Ankündigung der Engel über die Bedeutung der Geburt des Messiaskindes, Lk 2,14, jetzt in Erfüllung geht: »Im Himmel ist Friede und Herrlichkeit in der Höhe«, weil der von Gott gesandte messianische »König« das Heil der Stadt Davids anbietet (19,38). Das stellt der nachfolgende Hinweis auf das Wirken und Verkündigen Jesu im Tempel ausdrücklich heraus (19,45–48). Leider aber weisen die religiösen Führer Israels dieses Heilsangebot ab, wie die vorausgehende Lehrerzählung vom anvertrauten Geld (19,11–27) und die nachfolgende prophetische Zeichenhandlung Jesu (19,41–44), je verbunden mit der Gerichtsansage über Jerusalem (19,27; 19,43f), deutlich zeigen. Insofern kommt dieser Perikope, zusammen mit dem vorausgehenden und den beiden angeschlossenen Abschnitten (19,41–44.45–48), eine Schlüsselfunktion im Ganzen des Evangeliums zu: Sie berichtet vom endgültigen Heilsangebot Gottes an Jerusalem und zeigt zugleich an, wie dieses von den Führern des Volkes Gottes abgewiesen wird und deshalb seinen Weg zu den Heidenvölkern nimmt.

2. Einzelauslegung

V. 28 Durch den Anschluß an die Gerichtsaussage über die Feinde des neu eingesetzten Königs, 19,27, gewinnt der Zug Jesu nach Jerusalem den Charakter eines richtenden Geschehens. Der messianische König wird seine Herrschaft gegen seine Feinde durchsetzen, für diese bedeutet sein Kommen daher das Gericht.

V. 29a Die Ortsangabe schließt sich an die Vorlage Mk 11,1 an, weist aber zugleich auf ungenaue Ortskenntnis des Evangelisten hin, da der normale Weg von Jericho her über Betanien nach Betfage verlief; man konnte aber auch direkt über Betfage nach Jerusalem gehen.

V. 29b–34 Das Auffinden des Füllens ist als messianischer Auftrag zu verstehen und zielt auf die messianische Zeichenhandlung Jesu hin, entsprechend Sach 9,9 als friedlicher Messiaskönig der Armen Israels in Jerusalem einzuziehen. Dem gottgewollten Geschehen entspricht das messianische Vorauswissen Jesu. Darum auch erheben die Besitzer des Füllens keinen Einspruch gegen das Vorgehen ›des Herrn‹. Dieser Titel, ho kyrios, ist deutlich durch das nachösterliche Bekenntnis geprägt, wie öfters im Evangelium des Lukas (vgl. 1,43; 2,11; 9,54; 10,1.17; 11,1; 16,8; 19,8).

V. 35f Die Aussage, daß die Jünger Jesus beim Aufsitzen (epebibasan, von embibazein) auf den Esel halfen, spielt auf die Einsetzung Salomos zum König an (1 Kön 1,38 LXX). Damit wird auch indirekt hingewiesen auf den Sinn dieses Vorgangs: Jesus zeigt sich öffentlich als der verheißene Messiaskönig aus dem Haus David (2 Sam 7,13; vgl. Lk 1,27.32; 1,69f; 20,41–44). Die Jünger Jesu bekennen sich zu ihm und huldigen ihm durch das Ausbreiten ihrer Gewänder auf dem Weg (vgl. 2 Kön 9,13). Durch die Wundertaten Jesu haben sie in Jesus den von Gott Verheißenen erkannt. Im Unterschied zu Markus preisen lediglich die Jünger Jesus, nicht aber andere Festpilger.

V. 38 Der Zuruf an Jesus, seine Proklamation, unterscheidet sich deutlich von dem Bekenntnis der Begleiter Jesu bei Markus. Die politisch und innerweltlich mißverständliche Aussage Mk 11,10: »Gepriesen sei das Reich unseres Vaters David, das nun kommt«, fehlt bei Lukas. Jesus wird statt dessen bekannt als »der König, der kommt im Namen des Herrn«. Durch den Zusatz: »Im Himmel (ist) Friede und Herrlichkeit auf der Erde« wird dieses Königtum als ausschließlich religiös näher bestimmt. Entsprechend dem Engelsbekenntnis bei der Geburt Jesu, Lk 2,14, wird hier die dortige Aussage, allerdings in umgekehrter Reihenfolge, wiederholt und als erfüllt angezeigt: Das Heil Gottes zeigt sich in der Herrlichkeit des verheißenen messianischen Königs, nämlich des Sohnes Gottes, des Heilands und Erlösers der Welt: Das Heil, das Jesus bringt, kommt durch das Evangelium (vgl. Lk 24,47f; Apg 1,6–8) und schließt auch das ein, was Jesus ankündigte und bewirkte: Sündenvergebung, Heilung leiblicher und seelischer Nöte, Gotteskindschaft, neues göttliches Leben, Friede mit Gott und den Menschen. Das, was der jüdische Schlußsegen beim Tischgebet als Wunsch aussprach: »Er, der Frieden schafft in den Höhen, möge Frieden schaffen über uns und ganz Israel«, wird durch Jesus Wirklichkeit (vgl. zur Friedenshoffnung, die von Jerusalem ausgehen soll, Sach 1,12–17; Hag 2,9; Jes 40,2; 52,7–12; 54,6–10). Nun ist es in die Hand Jerusalems, vor allem seiner religiösen Führer gelegt, ob Gottes Heilsangebot in Israel Wirklichkeit werden wird.

V. 39 Der Einspruch der Pharisäer gegen dieses Messiasbekenntnis und ihre Aufforderung, Jesus selbst möge seine Jünger zum Schweigen bringen, läßt nichts Gutes erwarten. Was die Ablehnung Jesu als Messias, seine Tötung und die Unterdrückung des Bekenntnisses zu ihm für Folgen haben wird, zeigt die drohende Feststellung Jesu. Die Ruinen Jerusalems und des Tempels werden dann unüberhörbar Zeugnis ablegen für Jesu messianischen Anspruch (vgl. dazu Hab 2,11). Damit weist er auf die Bedeutung der jetzt geforderten Entscheidung hin. Jetzt geht es um Heil oder Unheil für Israel.

3. Theologische Würdigung

Die Perikope stellt auf dramatische Weise heraus, was das Kommen Jesu für Israel und die Menschheit bedeutet. Er ist der beglaubigte endgültige Heilbringer Gottes. Dort, wo er aufgenommen, geglaubt und bekannt wird, kommt Gottes Heil in diese Welt. Der Friede der Welt unter den Völkern und Menschen ist eine Folge des Friedens mit Gott. Dort, wo Menschen an Jesus als den Heiland Gottes glauben, können die Grenzen und Spannungen religiöser, völkischer, gesellschaftlicher und sonstiger Art überwunden werden, wächst die Menschheit zur Familie Gottes zusammen (s. das Verstehenswunder an Pfingsten, Apg 2,1–11, und den Hinweis Jesu auf die Familie Gottes, Lk 8,21). An diese Verheißung und die darin eingeschlossene Botschaft der Hoffnung auch für die Menschen heute erinnert die Verlesung dieser Perikope im Gottesdienst des Palmsonntags. Das Schicksal Jerusalems nach dem Tod Jesu legt dabei Zeugnis ab für die Wahrheit der Botschaft dieser Perikope.

O. Knoch

II. Liturgisch-homiletische Vorüberlegungen

1. Liturgischer Hinweis

Die Liturgie bekennt durch das Festthema, die Prozession und die Verlesung der Festperikope Jesus jedes Jahr aufs neue als den gottgesandten Heiland der Welt und fordert die Festteilnehmer auf, sich der Sendung Jesu zu öffnen und ihn als den Erlöser der Welt zu bezeugen (s. *Eröffnungsvers, Orationen, Hymnus*).

2. Homiletischer Hinweis

Die Kirche wendet sich mit ihrer Verkündigung an die Christen, welche die Liturgie mitfeiern und sich ihrer Botschaft öffnen. Sie ruft ihre Glieder auf, sich für Christus zu bekennen und das angebotene Heil freudig und zielbewußt zu ergreifen, damit Christi Kommen ihnen zum Heil gereiche. Sie weiß dabei, daß der in der Eucharistiefeier gegenwärtige Herr jedem der gläubig Mitfeiernden bereits jetzt Anteil schenkt an seiner göttlichen Lebensfülle.

III. Zur Predigt: Jesus ist Gottes Heil – für uns und die Welt

Der *Text* für eine Statio oder eine Meditation in Verbindung mit der Palmprozession könnte etwa lauten:

»Wir begehen heute das liturgische Gedächtnis des festlichen Einzugs Jesu in Jerusalem vor seinem Tod, bei dem er sich öffentlich als der verheißene endgültige Heiland Gottes für Israel und alle Menschen bekannte. Die Wahl eines jungen Esels als Reittier weist einerseits auf eine Verheißung des Propheten Sacharja (9,9) hin, der Messias werde als ein Armer erscheinen, der auf dem Reittier der armen Leute reitet, andererseits auf die Krönung Salomos zum Nachfolger Davids (1 Kön 1,38), aus dessen Geschlecht der Messias hervorgehen soll (2 Sam 7,13). Die Jünger Jesu haben Jesus durch ihre Zurufe als den verheißenen Heilbringer bekannt und sind ihm freudig gefolgt. Ihre Bekenntnisworte weisen zugleich darauf hin, worin das Heil besteht, das durch Jesus in die Welt kam: es ist Gottes Gnade und Friede, Gottes Liebe, welche die Herzen verwandelt und uns Menschen zu Liebe und Frieden befähigt. *Heute* ist uns dieses Heil angeboten. *Heute* will Gottes Liebe und Friede Wirklichkeit werden in unserer Welt«.

O. Knoch

Die Passionserzählung nach Lukas

22,14–23,56; Kurzfassung: 23,1–49

I. Bibeltheologische Vorüberlegungen

1. Stellung, Struktur und Gattung der Perikope

Auf das Ende und die Vollendung des Weges und Wirkens Jesu in Jerusalem läuft das Evangelium des Lukas zu und findet in der Auferstehung Jesu seinen Zielpunkt. Das zeigen die Eröffnung des Evangeliums im Tempel zu Jerusalem (1,5ff) und dessen Abschluß dort (24,53), die Verknüpfung von Heilsansage bei der Geburt Jesu (2,14: »Verherrlicht ist Gott in der Höhe, und Friede ist auf der Erde bei den Menschen des göttlichen Wohlgefallens«) und beim Einzug Jesu in Jerusalem als Messiaskönig (19,39: »Im Himmel ist Friede und Herrlichkeit in der Höhe«), die drei Aussagen über das Leiden und Auferstehen Jesu in Jerusalem (9,22; 9,43f; 18,31–33, vgl. 17,25; 24,6), vor allem aber der auf Jerusalem hin ausgerichtete sog. Reisebericht (9,51–18,14, beachte bes. die Notizen 9,57; 10,38; 13,22.33; 17,11; auch 18,31.35; 19,1.11). Die Einleitung zum Reisebericht 9,51 zeigt, daß »die Hinaufnahme des Menschensohnes« sowohl dessen Leiden und Sterben, wie auch seine Auferstehung und die Erhöhung zur Rechten Gottes umfaßt (s. 24,6f.34.50; Apg 1,2.9.11; 2,33–36). Von Jerusalem aus soll dann ab der Sendung des Geistes das Evangelium in der ganzen Welt verkündet werden (Lk 24,47; Apg 1,8). So bildet die Passionserzählung den Abschluß des irdischen Weges Jesu und als solche die Voraussetzung und den Anlaß für den Weg der Kirche in die Welt. Insofern liegt der Höhepunkt und Wendepunkt des Wirkens Jesu nicht in der Passion, sondern in der Erhöhung in die Herrschaft Gottes. Der auferstandene Herr wird das in Galiläa Begonnene endgültig durch die Apostel und die Kirche in die griechisch-römische Welt, bis nach Rom, weiterführen (vgl. Apg 1,6–8; 28,30f).

In der Passion geht es nicht so sehr um die Befreiung der Welt von der Macht der Sünde durch den Sühnetod Jesu, als vielmehr um die endgültige Brechung der Satansherrschaft und um die Vollendung des Heilandswirkens Jesu durch Leiden und Sterben hindurch (vgl. 22,3.21 f.53; 22,15–20; 22,69; 23,42.46; 24,25–27.44–47), Jesus gibt dabei das Beispiel für das Sterben eines »Gerechten« (23,47). Dies entspricht dem in »der Schrift« enthüllten Heilsplan Gottes: »Mußte nicht der Messias all das erleiden, um so in seine Herrlichkeit zu gelangen!« (24,26). »Alles muß in Erfüllung gehen, was im Gesetz des Mose, bei den Propheten und in den Psalmen über mich gesagt ist . . .: Der Messias wird leiden und am dritten Tag von den Toten auferstehen und in seinem Namen wird man allen Völkern, angefangen von Jerusalem, verkünden, sie sollen umkehren« (24,44–46).

Lukas greift bei der Gestaltung seiner Passionserzählung sowohl auf das Evangelium des Markus als auch auf Sonderüberlieferungen zurück, die er nach seinen theologischen Leitgedanken bearbeitet. Näherhin finden sich folgende Abschnitte: Der Beschluß der Hohenpriester und Schriftgelehrten, Jesus zu töten und der Verrat des Judas (22,1–6), die Vorbereitung und Durchführung des Abendmahls, mit der Stiftung des Neuen Bundes und mit Anweisungen und Vorhersagen für seine Jünger, bes. Petrus (22,14–23,24–30.31–34.35–38); das Gebets-Ringen am Ölberg (22,39–49); die Gefangennahme Jesu, das Versagen des Petrus, die Verspottung Jesu und das Verhör vor dem Hohen Rat, die Auslieferung an Pilatus, die Verspottung durch Herodes und die Verhandlung vor Pilatus (22,47–53.54–62.63–65.66–71; 23,1–5.6–12.13–25); die Kreuzigung, der Tod und das Begräbnis Jesu (23,26–43.44–49.50–56); die Auffindung des leeren Grabes mit der Engelsbotschaft von der Auferstehung und den angeschlossenen Erscheinungserzählungen bei und in Jerusalem, mit Deutung des Todes durch den Auferstandenen und Auftrag zur Weltmission, sowie dem abschließenden Hinweis auf die Aufnahme Jesu in den Himmel und einer Schlußbemerkung (24,1–12.13–35.36–49.50–52a.52b–53).

Insofern lassen sich vier größere Einheiten erkennen: die vorbereitenden Ereignisse (22,1–6), die Stiftung des Neuen Bundes beim letzten Mahl mit letzten Hinweisen und Vorhersagen Jesu für die Jünger (22,14–38), die Erzählung vom Leiden und Sterben Jesu (22,39–56) und die Botschaft von der Auferstehung und Himmelfahrt Jesu und seinem missionarischen Auftrag an die Kirche (24,1–53). Die Erzählung des Lukas vom letzten Mahl, dem Sterben und Auferstehen Jesu mit seinem Auftrag an die Kirche kann man am ehesten als heilsgeschichtlichen Bericht mit ekklesisaler, theologischer und paränetischer Zielsetzung charakterisieren. Der Evangelist zeigt, auf welcher heilsgeschichtlichen Voraussetzung die Kirche gründet, was ihre Aufgabe ist und wie ein Christ richtig handeln, leben und leiden soll.

Die liturgische Perikope des Lukasjahres umfaßt nur die heilsgeschichtliche Erzählung vom Abendmahl bis zum Begräbnis Jesu. Sie ist deshalb als heilsgeschichtliche Erzählung mit paränetischer Ausrichtung zu bestimmen.

2. *Einzelauslegung*

An redaktionellen Schwerpunkten der lukanischen Passionserzählung treten im Gegenüber zur Markusvorlage hervor: die erweiterte Abendmahlserzählung (s. Gründonnerstag C!) mit Hinweis auf die Bedeutung des Geschehens, die Stiftung des Neuen Bundes und die Verheißung erneuter eschatologischer Gemeinschaft (22,14–20), das testamentarische Wort an die Jünger (22,24–30), der Hinweis auf die Aufgabe des Petrus nach seinem Versagen (22,31–34) und der Aufruf an alle zum Kampf (22,35–38); sodann die Herausarbeitung des Vorbildcharakters des Gebetsringens Jesu in der Versuchung (mit Konzentration auf nur einen Akt des Gebetskampfes unter Beistand eines Engels, 22,39–46) und der Hinweis auf das Handeln Satans in der Passion Jesu (22,53).

Die eigentliche Passionserzählung ist einerseits deutlich von historischen Gesichtspunkten bestimmt: Nach Lukas fand keine Nachtsitzung des Synedriums statt, das Verhör Jesu am Morgen endete nicht mit einem Urteil, sondern stellte lediglich fest, ob Jesus tatsächlich einen Messiasanspruch erhob, um ihn als gefährlichen politischen Aufrührer dem römischen Landpfleger übergeben zu können (vgl. die Angabe bei der Überstellung 23,2: »Er verwirrt unser Volk . . . und behauptet, er sei der Messias und König«); die Befragung des Herodes ist ebenfalls historisch glaubwürdig (23,6–12).

Von apologetisch-missionarischen Zielsetzungen bestimmt ist die dreimalige Unschuldserklärung Jesu durch Pontius Pilatus (23,4.13–15) und die völlige Entschuldigung des obersten römischen Beamten am Tod Jesu (23,24f).

Paränetisch geprägt ist die Darstellung des Verhaltens Jesu gegenüber den Menschen auf seinem Todesweg: Obwohl er der von allen Verlassene und bis in den Tod Verhöhnte ist, sorgt er sich voll

Mitleid um alle, auch um seine Gegner (s. das Wort an die Frauen Jerusalems 23,28 f; das Gebet für seine Feinde 23,34; das Wort an den reumütigen Schächer 23,43) und bleibt so der Heiland der Verlorenen und Sünder bis zuletzt. Den letzten Schrei Jesu (s. Mk 15,37) deutet der Evangelist als vertrauendes Sterbegebet Jesu (Lk 23,46; Ps 31,6). Jesus gibt so ein verbindliches Beispiel für alle Christen, die leiden und sterben müssen (s. das Zeugnis des Hauptmanns, 23,47: »Wahrhaftig, dieser Mensch war ein Gerechter!«). Darum wird Jesu Leichnam auf wunderbare Weise in einem ehrenhaften Grab bestattet (23,35–55).

3. Theologische Würdigung

(1) Lukas möchte eine zuverlässige Darstellung dessen geben, was sich beim Leiden und Sterben Jesu zugetragen hat (s. die Zielsetzung des Evangeliums 1,1–4). Aber zugleich will er zeigen, wie Gott das von bösen Motiven bestimmte tragische Geschehen so in seinen Heilsplan eingeordnet hat, daß es zum geschichtswendenden Heilsgeschehen wurde (s. die Schriftbeweise 24,25–27; 24,44–46) für die ganze Menschheit. Gott bedient sich auch der menschlichen Dummheit und Bosheit, um Heil zu wirken. Jeder, der sich im Leiden vertrauensvoll in Gottes Hand gibt, wie Jesus, kann dadurch die Geschichte zum Guten lenken.

(2) Anfeindung, Anklage, Verfolgung, Leiden und Sterben gehören auch zum Leben des Christen. Wer wie Jesus Christus Gott gegenüber gehorsam und vertrauend sein Leiden annimmt, wird von Gott die Kraft empfangen, das Leiden sieghaft zu bestehen und dadurch das ewige Leben erlangen. Das Gebet gibt dazu die Kraft (s. die Ölbergszene).

(3) Jesus leidet und stirbt für andere als ein alle Menschen Liebender. Darum hat sein Sterben erlösende Kraft und ruft zugleich die Christen auf, wie ihr Herr zu lieben und zu leiden.

(4) In der Eucharistiefeier begeht die christliche Gemeinde das Gedächtnis der Stiftung des Neuen Bundes durch das erlösende Leiden Jesu und erfährt die Kraft des Auferstandenen. Sie nimmt dabei die Endgemeinschaft mit ihrem Herrn im Reich Gottes vorweg.

(5) Am Beispiel Petri, der Jesus nachfolgenden Frauen und des reumütigen Raubmörders weist Lukas auf die Weisen hin, wie Menschen Jesus heilbringend begegnen können; die unheilvollen Weisen

der Einstellung gegenüber Jesus stellt Lukas am Beispiel der jüdischen Führer, des Hohen Rates, der Spötter unter dem Kreuz und des unbußfertigen Schächers dar. Unentschieden, aber menschlich offen für Jesus bleiben Pilatus, die Frauen am Weg und der Hauptmann beim Kreuz. Die Passionserzählung des Lukas fordert ihre Hörer und Leser heraus, sich auf Jesus einzulassen und durch den Glauben an ihn und durch seine Nachfolge das endgültige Heil Gottes zu ergreifen (beachte das ›Heute‹ in der Verheißung an den reumütigen Schächer, 23,43).

O. Knoch

II. Zur Verkündigung: Hinweise zum Vollzug

Mit Rücksicht auf die knappe Zeit, die für eine Hinführung zur Botschaft der lukanischen Passionserzählung zur Verfügung steht, können lediglich kurze Hinweise zum gläubigen Verstehen derselben geboten werden.

Als Hilfe für eine Hinführung zum Kerygma der Passionszeugnisse wird hier ein modellhafter *Einführungstext* angeboten. Die Liturgie des heutigen Sonntags ist durch das Gedächtnis des feierlichen Einzugs Jesu als Messias Israels in Jerusalem und seiner Passion nach dem Zeugnis des Lukasevangeliums geprägt. Um die dabei vorgetragenen Texte im Sinn des Evangelisten besser zu verstehen, wird nun kurz hingewiesen auf bedeutsame *Motive*, welche die Passionsdarstellung des Lukas prägen.

III. Einführung zur Passionserzählung des Lukas: Jesus, der Heiland – Vorbild im Leiden

Modellhafter Vorschlag

Der Heidenchrist Lukas möchte zunächst einen zuverlässigen Bericht vom dramatischen Geschehen des messianischen Einzugs Jesu in Jerusalem, seiner Ablehnung, der Stiftung des Neuen Bundes und seines Leidens und Sterbens dort für all jene geben, die sich in der heidnischen Welt für die Heilsbotschaft der Christen interessieren. Zugleich möchte er den Vorwurf widerlegen, Jesus von Nazaret sei ein Hochverräter gegen den römischen Kaiser gewesen. Darum weist er auf die politische Verfälschung der Botschaft Jesu durch die jüdischen Führer und deren Druck auf Pontius Pilatus ausdrücklich hin. Allerdings zeigt er auch auf, daß hinter den menschlichen Akteuren die Macht des Bösen maßgeblich am Werk war. Sodann legt er dar, wie Gott das böse Geschehen seinem Heilsplan dienstbar machte, durch seinen Sohn alle Menschen aus der Macht der Sünde und des Satans zu befreien. Weil Jesus sich gehorsam dem bösen Geschehen unterwarf und sich Gott ganz anvertraute, verlieh Gottes Liebe diesem Tod sühnende und erlösende Wirkung und wendete dadurch das böse Schicksal der gefallenen Welt zum Guten. Mit Jesu Sterben und Auferstehen begann der Neue Bund. Wer in die Kirche eintritt und die Eucharistiefeier mitvollzieht, tritt damit in die heilstiftende Wirklichkeit des Neuen Bundes ein und gewinnt so Gemeinschaft mit Gott und neues Leben.

Am Leiden und Sterben Jesu arbeitet der Evangelist schließlich heraus, wie ein Christ auf Verfolgung antworten, und – wenn es gilt – auch leiden und sterben soll. Weil jeder Christ Gottes Liebe vertrauen darf und im Gebet den Beistand Gottes erfährt, kann er auch die Not der Mitmenschen sehen und ihr Leiden gläubig mittragen. Er darf sich auch im Leiden und Sterben wie sein Herr und Vorbild in Gottes guten Händen geborgen wissen. Jeder, der sich müht, als Mensch im Geiste Jesu zu leben und zu sterben, darf darauf vertrauen, daß auch ihm die Verheißung Jesu an den reumütigen Schächer gilt: »Du wirst mit mir im Paradiese sein!« Jeder Christ wirkt durch seinen Glauben und seine Liebe daran mit, daß Gottes Liebe durch Jesus Christus in der Welt offenbar wird, Menschen ergreift und erneuert und unsere Welt verwandelt und rettet.

O. Knoch

Gründonnerstag

Joh 13,1–15

s. Lesejahr A bzw. B

Alternativ: Lk 22,7–38; Kurzfassung: 22,14–30

Vorbemerkung:
Der Evangelist Lukas hat die Überlieferung vom letzten Mahl Jesu so gestaltet, daß dieses Mahl die Mitte des Passionsgeschehens bildet, weil Jesus dabei den Neuen Bund im Rahmen eines Paschamahls stiftete und der Kirche für ihre Eucharistiefeiern wichtige testamentarische Anweisungen gab. Diese Absicht des Evangelisten zeigt sich an der Ausgestaltung der Überlieferung vom letzten Mahl Jesu zu einer »Gottesdienst-, Gemeinde- und Lebensordnung« (*H. Schürmann*) für die nachösterliche Kirche.

Leider wird in der neuen Perikopenordnung die Abendmahlsüberlieferung des Lukas weder am Gründonnerstag noch am Fronleichnamsfest des Lesejahres C zur Geltung gebracht, so daß die für die Eucharistie feiernde Kirche wichtigste Abendmahlsverkündigung im Rahmen der neuen liturgischen Leseordnung nicht zur Auslegung kommt. Diesem bedeutsamen Mangel soll daher durch ein Angebot abgeholfen werden, das der Seelsorger entweder am Gründonnerstag des Lukasjahres oder am Fronleichnamsfest für eine ergänzende Verkündigung aufgreifen und auswerten kann.

I. Bibeltheologische Vorüberlegungen

1. Stellung, Struktur und Gattung der Perikope

Lukas hat, wie der Vergleich mit der Markusüberlieferung zeigt, die Darstellung des letzten Mahles Jesu mit seinen Jüngern vor seinem Tod breit ausgestaltet, um dieses Geschehen zur Mitte des heilbringenden Leidens Jesu zu machen und dadurch der Kirche für ihre Eucharistiefeiern die Anweisungen des ›Testamentes Jesu‹ in die Hand zu geben. Die Abendmahlsüberlieferung des Lukas umfaßt den Abschnitt 22,7–38 mit folgenden Stücken: Die Vorbereitung des Paschamahles (22,7–14), die Mahlfeier mit Stiftungsauftrag und Hinweis auf den Verräter (22,14–23), die Anweisung für den rechten Dienst im Jüngerkreis (22,24–27), die eschatologische Verheißung für die Mahlteilnehmer (22,28–30), den Auftrag an Simon mit Vorhersage seines Versagens (22,31–34), die Aufforderung zum Kampf in der Zeit des Fernseins Jesu (22,35–38). Den Kern der kunstvoll aufgebauten Komposition bildet der Abschnitt 22,14–23 mit der Jüngerweisung 22,24–27 und der Verheißung 22,28–30. Dessen zentrale Aussage ist der Hinweis 22,20 auf die Stiftung des Neuen Bundes durch die Todeshingabe Jesu und der Auftrag 22,29, des heilbringenden Leidens Jesu in der Form einer kultischen Mahlfeier zu gedenken. Insofern kann man die Abendmahlsdarstellung des Lukas als testamentarische Verfügung Jesu für die nachösterliche Kirche und ihre Eucharistiefeiern und die rechte Lebensgestaltung aus der Eucharistiefeier heraus bezeichnen. Dem entspricht die Beobachtung, daß nach Lukas der Auferstandene die Kirche selbst zur Eucharistiefeier führt (Emmausperikope 24,25–35) und daß das eucharistische ›Brotbrechen‹ in den urchristlichen Gemeinden eine zentrale Rolle spielte (Apg 2,42; 20,7–12). Der Exeget H. Schürmann hat deshalb die Abendmahlsgestaltung des Lukas als Gottesdienstagende bezeichnet und sie näherhin als Gottesdienstordnung, Gemeindeordnung, Lebensordnung bestimmt.

2. *Einzelauslegung*

V. 7 Der einleitende Vers verbindet, den jüdischen Gegebenheiten entsprechend, das Paschafest mit dem Fest der Frühjahrsweizenernte, das eine Woche lang, nach dem Beseitigen des alten Sauerteiges und gesäuerter Brote, mit dem Essen neuzubereiteter, ungesäuerter Brote (Mazzen) begangen wurde. Lukas setzt wie Markus und Matthäus voraus, daß das letzte Mahl Jesu im Rahmen eines Paschamahles begangen wurde. Auf die mit dieser Überlieferung verbundenen Probleme (beachte z. B. andere Terminangabe bei Johannes) braucht hier nicht eingegangen zu werden, da dies für die christliche Verkündigung in Verbindung mit der Lukastradition nicht von wesenhafter Bedeutung ist.

V. 8–13 Über Markus hinaus werden die Namen der beiden zur Vorbereitung des Paschamahles abgesandten Jünger angegeben: Petrus und Johannes, die später für die Urgemeinde maßgebenden Personen. Es war üblich, daß die Einwohner von Jerusalem den Festpilgern geeignete Räume für die Paschamahlfeier zur Verfügung stellten. Das wird hier vorausgesetzt. Es scheint, daß der einen Wasserkrug tragende Mann, was damals wohl selten vorkam, da die Wasserbeschaffung normalerweise Frauen oblag, wohl Diener des Besitzers des zum Mahl vorgesehenen Raumes, von Jesus deshalb als Kontaktmann ausgewählt wurde, um Judas und damit die Häscher nicht vorzeitig auf den Ort des letzten Mahles aufmerksam zu machen. Bei dem Raum handelte es sich um einen größeren Raum im Obergeschoß, der mit Speisepolstern ausgestattet war.

V. 14 weist darauf hin, daß Jesus zur vorgesehenen Stunde, d.h. nach Sonnenuntergang, weil damit ein neuer Tag begann, sich mit dem Zwölferkreis festlich zu Tisch legte. Die Beschränkung der Mahlteilnehmer auf den Zwölferkreis weist auf die Zielsetzung des von Jesus beabsichtigten Geschehens hin.

V. 15 stellt heraus, daß Jesus diesem Paschamahl eine ganz besondere Bedeutung zuerkannte, weil er in der Feier dieses Mahles seine Sendung zeichenhaft vollenden, sein Erlösungswerk vergegenwärtigen und den Jüngern gnadenhaft mitteilen wollte.

V. 16–20 Die Abendmahlsüberlieferung des Lukas ist dadurch geprägt, daß der Gabe von Brot und Wein an die Jünger mit deutendem Bezug auf die Lebenshingabe Jesu, verbunden mit einem Gedenkauftrag, V. 19–20, ein Paschamahlgeschehen vorangestellt ist mit zwei Akten: des Essens, V. 16, und des Trinkens, V. 17, je mit deutendem Bezug auf das Reich Gottes, V. 16.18. Der Hinweis auf das Essen wird nicht ausdrücklich auf das jedes Mahl einleitende Austeilen eines Stückes gebrochenen Brotes bezogen, außerdem fehlt ein Segenswunsch über das Brot, soll also das Ganze des Paschamahles bezeichnen. Ein eigenes Segenswort wird aber über den (einleitenden?) Becher mit Wein gesprochen, wofür das für die christliche Eucharistiefeier typische Verb eucharistein gebraucht wird. Auffällig ist, daß bei Lukas der sog. eschatologische Ausblick auf die künftige Mahlfeier Jesu mit seinen Jüngern im vollendeten Reich Gottes nicht wie bei Markus am Ende, sondern am Anfang des Mahles seinen Platz hat, V. 16.18. Zweimal weist Jesus ausdrücklich darauf hin, daß das jetzt gefeierte Mahl die endzeitliche Mahlgemeinschaft im Reich Gottes (vgl. Lk 14,15–24) vorwegnimmt und dort seine Vollendung finden wird. Zwischen dem jetzigen und dem künftigen Mahl besteht eine innere Beziehung. Wer am jetzigen Mahl teilnimmt – ausgenommen der Verräter, V. 22 – wird auch am endzeitlichen Mahl teilnehmen, 22,29 ff. Diese messianische Verheissung setzt ein Doppeltes voraus: das gewaltsame Ende der Mahlgemeinschaft und die Vollendung der messianischen Sendung Jesu durch seinen Tod im Gehorsam gegen den Willen des Vaters, s. 22,42.

Wie die merkwürdige Mahleinleitung der lukanischen Abendmahlsdarstellung zustande kam, die sich – zumindest was die beiden Becherworte betrifft – zu überschneiden scheint (vgl. dazu Mk 14,23; 1 Kor 11,25 f), läßt sich nicht mehr eindeutig erhellen. H. Schürmann vermutet, daß in den Versen 15–18 und 19–20 zwei verschiedene Abendmahlstraditionen zusammengewachsen sind, eine ältere judenchristliche (V. 15–18) und eine jüngere heidenchristliche (V. 19 f). Lukas jedenfalls hat die V. 15–20 wohl bereits als Einheit vorgefunden und versteht dementsprechend die V. 15–18 als Einleitung zum gesamten Mahlgeschehen, wobei er – ebenso wie Markus und 1 Kor 11,23–52 – auf das Essen des Paschalammes nicht mehr abhebt. Die christliche Eucharistiefeier, ohne das Essen eines Paschalammes, ist für ihn bereits selbstverständliche Gegebenheit.

V. 19 f enthält die eigentlichen Stiftungsworte, welche auf die das Abschiedsmahl Jesu qualifizierenden Akte hinweisen: Das Dankgebet (eucharistein!) über das Brot, dessen Zerbrechen und Austeilen an die Mahlteilnehmer mit dem deutenden Wort: »Das ist mein Leib, der für euch hingegeben wird!« und angeschlossenem Auftrag zum gedenkenden kultischen Begehen, sowie das entsprechende Vorgehen beim Becher – dem dritten Becher des Pascharituals nach dem Verzehr des Paschalammes – mit dem Deutewort: »Dieser Becher ist der Neue Bund in meinem Blut, das für euch vergossen wird«, jedoch ohne Wiederholung des Stiftungsauftrags. Der Vergleich mit der Herrenmahlüberlieferung 1 Kor 11,23–25 zeigt, daß Lukas hier den Typ der Stiftungsworte wiedergibt, der in den vorwiegend heidenchristlichen Gemeinden bei den Eucharistiefeiern in Gebrauch war. Paulus hat ihn entweder aus dem Kreis der Hellenisten in Jerusalem oder aus der Mischgemeinde von Juden- und Heidenchristen in Antiochia übernommen (s. Apg 11,25 f). Vom Typ der eucharistischen Stiftungsworte, der bei Markus und Matthäus überliefert wird, unterscheidet sich diese liturgisch-sakramentale Tradition durch die soteriologische Deutung des gebrochenen Brotes auf die Hingabe des Leibes Jesu, die Beifügung eines eigenen Stiftungsauftrags, die Deutung der sühnenden Hingabe des Lebens Jesu (»Vergießen des Blutes«) als Akt der Stiftung des verheißenen (Jer 31,31–34) Neuen Bundes Gottes mit seinem Volk, sowie durch die weiter fortgeschrittene Parallelisierung von Brot- und Becherwort. Der Tod Jesu wird als Sühnetat zugunsten der Seinen nach dem Vorbild des stellvertretend leidenden Gottesknechts verstanden (V. 19f: »Leib, für euch hingegeben«; »Blut, für euch vergossen«, vgl. Jes 53,7.10.12) und als bundstiftendes Opfergeschehen entsprechend dem Bundesopfer am Sinai (Ex 24,8: »Blut des Bundes«). Wie die passivische Formulierung der beiden Opfertermini »hingeben«, »vergießen« zeigt, handelt es sich um ein von Gott gesetztes Geschehen, das Jesus Christus im Geist vollkommenen Gehorsams vollzieht (s. 22,42). Die Deutung der beiden Mahlelemente Brot und Wein als Opferelemente zeigt zugleich an, daß es sich beim Genuß dieser Mahlgaben um ein sakramentales Geschehen handelt: Der Mahlteilnehmer tritt in eine Lebens- und Schicksalsgemeinschaft mit Jesus Christus ein und gewinnt so Anteil an der Sühnewirkung des Todes Jesu und damit an der Gnadenwirklichkeit und Lebensfülle des Neuen Bundes. Ihm kommt als Jünger Jesu durch die zeichenhaft-sakramentale Mitfeier des Todes Jesu die Heilsfrucht des »für Euch« zugute. Lukas deutet zwar die sakramentalen Elemente des Neuen Bundesmahles aus, aber nicht eigenständig, sondern hebt statt dessen auf die ethische und existentielle Bedeutung des Abendmahles ab, wie die Anhänge zeigen, aber er setzt die vorgegebene Sühnetheologie des Leidens Jesu und das kultisch-sakramentale Verständnis der Eucharistiefeier voraus.

V. 21–23 Der an das Mahlgeschehen unmittelbar angeschlossene Hinweis auf den am Tisch sitzenden und mitfeiernden Verräter macht die Kirche darauf aufmerksam, daß ihre eigentlichen Feinde »falsche« Christen sind, welche sogar die Eucharistiefeier mitvollziehen und darum nicht rechtzeitig erkannt und ausgeschlossen werden können. Lukas denkt hier vor allem an Irrlehrer und Schwärmer, aber auch wohl an Denunzianten bei den weltlichen Behörden (s. Apg 20,28–30). Jeder Christ hat sich daher zu prüfen, ob er auf redliche Weise Glied an der eucharistischen Mahlgemeinschaft der Kirche ist.

V. 24–27 Lukas hat den Rangstreit unter den Jüngern in den Abendmahlssaal verlegt (vgl. Mk 10,41–45), um dadurch darauf hinzuweisen, daß Eifersüchteleien, Rivalitäten, Machtkämpfe und Herrschaftsansprüche unter den Gemeindeleitern und Verantwortlichen für die Gemeindegottesdienste die größte Gefahr für die Einheit der Kirche und ihrer Gemeinden darstellen. Zur Zeit des Evangelisten handelte es sich bei diesem Personenkreis um Inhaber fester Gemeindeämter, Presbyter und Episkopen, s. Apg 14,23; 20,17.28. Ihnen wird das Beispiel Jesu vor Augen gestellt, der seine Jünger nicht beherrschte, sondern sogar bei Tisch bediente. Wer der Eucharistiefeier vorsteht, hat sich als Diener der Gemeinde zu begreifen, nicht als deren Herr.

V. 28f Jedem, der sich als Gemeindehirt bewährt, das gilt analog auch für jeden Christen, der sich mutig in den Versuchungen des Lebens behauptet (s. 8,11–15), gilt die Verheißung Jesu, am vollendeten Reich Gottes teilzuhaben. Als Bringer und Verwalter des Reiches Gottes kann Jesus diese Zusage verwirklichen. Auffällig ist, daß »Jesu Reich« hier mit dem noch ausstehenden vollendeten Reich Gottes, in eins gesetzt wird (vgl. 17,20f; 23,42f), obwohl in der Person Jesu und in seinen Heilsgaben gerade auch in der Eucharistiefeier, die Kräfte dieses Reiches bereits gegenwärtig sind. Die besondere Verheißung an die Zwölf, über die zwölf Stämme Israels zu herrschen (s. Mt 19,28), wird hier auf eine besonders ausgezeichnete Weise der Teilnahme der Mitglieder dieses Kreises an der Freude des vollendeten Heils gedeutet (vgl. 19,17f.26; auch 14,10f.14.24).

V. 31–34 Alle Christen haben sich in der Nachfolge des leidenden Jesus zu bewähren (s. 22,40.46), der sich ebenfalls in der Versuchung zu bewähren hatte. Das gilt in besonderer Weise für Simon. Die Vorhersage und die damit verbundene Zusage besonderer Sorge Jesu weisen auf die Vorrangstellung des Simon Petrus und seine Hirtensorge für die ganze Kirche und ihre Hirten hin. Für ihn persönlich betet der Herr in besonderer Weise, nicht für alle Apostel (s. 6,13). Sie und alle amtlichen Hirten der Kirche sind an die Aufgabe und das Charisma der Glaubensstärkung des Simon gewiesen. In dieser Aussage wird nicht nur die führende Rolle des Simon Petrus in der Urkirche greifbar (s. die Darstellung der Funktion des Petrus in der Apostelgeschichte Kap. 1–12; 15), sondern auch die Petrusverehrung der nachapostolischen Generation.

Der Abschnitt deutet zugleich an, daß kein Christ aufgrund der Teilnahme an der Eucharistiefeier, auch nicht der Leiter derselben, vor Versuchung und Fall geschützt ist. Jeder bedarf vielmehr der

Wachsamkeit, des Gebetes, notfalls der Umkehr und des Hörens auf die Gemeindehirten, um sich im Kampf gegen Satan zu bewähren.

V. 35–38 Auf diesen Kampf des Christen und der Kirche in der Zeit des Fernseins Jesu bis zu dessen Parusie macht abschließend die eindringliche Mahnung Jesu aufmerksam. »Schwert« ist Bildwort für den bevorstehenden Kampf (vgl. das Bild von der geistigen Rüstung des Christen Eph 6,14–18). Jedem Christen kann es wie dem Herrn ergehen. Die Christusgemeinschaft, die in der Eucharistiefeier am dichtesten erfahren werden kann, bewahrt also weder vor Versuchung noch vor Verfolgung, sondern hat sich im Leben der Kirche und der Welt immer neu zu bewähren.

3. Theologische Würdigung

(1) Lukas hat die Abendmahlsüberlieferung zu einem eucharistischen und pastoralen Testament Jesu für die Kirche ausgestaltet. Er setzt dabei die häufige, sicher an jedem ersten Tag der Woche, dem Tag der Auferstehung des Herrn, begangene kultisch-sakramentale Eucharistiefeier der Kirche als feste Ordnung der Gemeinden voraus (s. Apg 2,42; 20,7–12; vgl. 1 Kor 11,17–25). Diese gottesdienstliche Feier, geleitet durch amtlich bestellte ›Hirten‹ (Presbyter, Episkopen, Apg 14,23; 20,28), bildete dabei das Zentrum des Gemeindelebens und gewann dadurch maßgebliche Bedeutung für den Lebensvollzug der einzelnen Christen.

(2) Der Evangelist hebt dabei pastoral nicht auf die kultisch-sakramentale Gemeinschaft der Eucharistieteilnehmer mit ihrem Herrn und Erlöser Jesus Christus ab – diese setzt er als gegeben voraus –, sondern wertet diese Gemeinschaft paränetisch aus. Dabei weist er zunächst darauf hin, daß die lebenspendende Wirklichkeit des Neuen Bundes am dichtesten bei der Eucharistiefeier erfahren werden kann, daß die Eucharistiefeier also die Lebenskräfte des Auferstandenen den Mahlteilnehmern zugänglich macht und daß das künftige Reich Gottes darin vorweggenommen und zugleich zugeeignet wird. Die Teilnahme an der Eucharistiefeier ist daher grundlegend für das Leben einer christlichen Gemeinde und ihrer Glieder.

(3) Die Gemeinschaft mit dem Auferstandenen gilt es in der Gemeinde und zwar je entsprechend dem Stand und Dienst des einzelnen Christen sowie im Gesamt aller Christengemeinden zu bewähren. Dazu sind vor allem die Amtsträger der Kirche verpflichtet.

Jeder Christ aber hat dienstbereit dazu beizutragen, daß die Kirche eine Gemeinschaft im Geist Jesu bleibt.

(4) Vor allem aber soll die eucharistische Christusgemeinschaft das Leben der Christen bestimmen in einer unchristlichen, von bösen Lebenspraktiken und vom Einfluß des Bösen geprägten Welt. Die »Versuchung«, nicht die Verfolgung durch diese ›Welt‹ stellt dabei die Hauptgefährdung des Christseins dar (22,28.31; 8,11–15; 22,40.46). Aus der rechten Mitfeier der Eucharistie heraus kann der Christ Kraft für den geistigen Kampf gewinnen, der ihm aufgetragen ist. Daneben sind Hören des Wortes Gottes (8,4), Gebet (21,34–36; 22,40.46), tätige Nächstenliebe (6,35; 10,25–37; 14,12–14) und Hören auf die Gemeindehirten (22,32) für den Christen wichtig.

Die Eucharistieparänese des Lukasevangeliums hat wegen ihres Ansatzes und ihrer konkreten Zielsetzung gerade für die heutigen katholischen Gottesdienstgemeinden und die Bewährung der sakramentalen Christusgemeinschaft in einer vielfältig entchristlichten verführerischen Welt besondere Zeitnähe und Bedeutung.

O. Knoch

II. Liturgisch-homiletische Vorüberlegungen

Auszugehen ist vom sakramentalen Ansatz der Eucharistieparänese des Evangelisten in seiner Abendmahlsüberlieferung. Die Weise der kerygmatischen Auswertung hängt dabei von den liturgischen Möglichkeiten und der pastoralen Zielsetzung des Seelsorgers ab.

III. Zur Predigt: Aus der Mitte leben

Die neue Lebensordnung

Unser Leben ist eingespannt in den Kreislauf eines Jahres und in den Kreislauf des Lebens. Manchmal läuft das Lebensrad ganz locker dahin; manchmal müssen wir kräftig in die Speichen greifen, um es in Bewegung zu halten. Ein Rad, das ruhig und sicher laufen soll, gerade in kritischen Zeiten, muß sich um eine Mitte drehen. Die Nabe muß alles zusammenhalten.

Heute Abend soll dieses Rad einmal zur Ruhe kommen. Denn wir besinnen uns gemeinsam auf diese Mitte, um die sich unser Christenleben dreht. Was gibt unserem Leben Schwung? Was treibt uns vorwärts? Es ist die Liebe. Eine einfache und doch folgenschwere Antwort: »Die Liebe lenkt unseren Lauf« (*Kahlil Gibran*, Der Prophet).

Im Geschehen des Abendmahls bündelt sich alles, was für unser Leben und das der Gemeinde wichtig ist. Am Ende werden wir nach der Liebe gefragt werden und nach unserem Dienst. Schon immer war der »Letzte Wille« eines Menschen eine heilige Sache, die es im Gedenken an den Verstorbenen unter allen Umständen zu erfüllen galt. In dem heutigen Evangelium legt uns Lukas den letzten Willen, das Testament unseres Herrn vor. Nicht ein Kirchengebot führt uns zusammen; die Liebe des Herrn ist es, die uns zusammenbringt. Nicht *wir* leisten Gott einen Dienst; Gott selber bedient uns durch seinen Sohn. Deshalb haben die christlichen Gemeinden von Anfang an ihre Gottesdienste unter dem Eindruck dieses Letzten Abendmahls gefeiert. Das Liebesmahl wurde für sie zu der großen Ordnung, die fortan das Gemeinschaftsleben bestimmte. An der Liebe zum Nächsten muß sich der Christ noch heute messen lassen.

Die große Verheißung

Gemeinschaft untereinander und Gemeinschaft mit Gott, das sind die großen Ziele der Liebe und damit auch dieser Feier. Sie werden nicht nur verheißen, sie erfüllen sich schon jetzt Stück für Stück, wenn Menschen wie Geschwister vom gleichen Brot essen und aus dem gleichen Kelch trinken. Miteinander essen und trinken, das verbindet auf besondere Weise; deswegen werden alle wichtigen Ereignisse in unserem Leben mit einem Mahl verbunden, die Taufe wie die Hochzeitsfeier, das Jubiläum und selbst noch das Begräbnis. Das gemeinsame Essen macht den Tag zum Erlebnis, wir werden die Menschen, die mit uns gegessen haben, nicht mehr vergessen. Wir sind mit ihnen verbunden. Keiner kann hinterher so tun, als sei nichts gewesen.

Durch das Abendmahl werden wir mit dem Schicksal Jesu verbunden; wir nehmen als Freunde teil an seinem Leben; wir erleiden seinen Tod in unserem Sterben; wir erwarten die Auferstehung. Dann führt uns Jesus selber zum großen Mahl mit Gott, das die Schrift nicht müde wird, unter immer neuen Bildern zu beschreiben. Aus dieser Verheißung können wir leben.

Die Gefahr von innen

Die Verheißung gibt aber keine Sicherheit. Das »Noch-nicht« bestimmt unser Leben und unsere eigene Freiheit; deswegen ist es und bleibt es gefährdet bis zum letzten Augenblick. Daher kommt auch die eigentliche Gefahr für den einzelnen wie für die Gemeinde von innen. Selbst in den großen Bedrohungen von außen und in schweren Verfolgungszeiten haben die Christen durchgehalten, dieses Mahl in Katakomben und Konzentrationslagern gefeiert wie in Wüsten und Gefängnissen; in der Kraft dieser Speise haben sie überlebt und die Liebe gerettet.

Unsere »Endzeit« vor dem Dritten Jahrtausend bringt eine Fülle von Irrlehrern und Sekten hervor, die sich auf die Bibel berufen und dennoch die Spaltung in die Gemeinde tragen. Nur wer für die Gemeinschaft ist und in der Gemeinschaft bleibt, kann essen und trinken, ohne sich dem Gericht auszusetzen.

Fast noch gefährlicher als die Sektenbildung in den eigenen Reihen sind die Rangstreitigkeiten, die Eifersucht und die Rivalitäten nicht nur der Leiter, sondern auch der Gemeinden untereinander. Überall wo Herrschaftsdenken oder Machtlust sich in den Vordergrund drängen, wird Jesus neu ins Gesicht geschlagen oder gar verraten. Er ist gekommen, um in Liebe zu dienen; daran sollten sich alle Christen ein Beispiel nehmen. Denn im Zeichen des Abendmahls kann es kein oben und unten mehr geben. Wir alle sind Brüder Jesu. Wir alle sind Geschwister.

Bewährung im Alltag

Wir feiern heute abend auch den Weg, den Jesus konsequent bis zum Ende ging. Ohne das »Schwert«, also ohne Kampf, wird es im Leben des Christen nicht gehen. Die Vorläufigkeit treibt erst noch auf die Entscheidung zu. Das Leben bleibt ein harter Kampf, keiner von uns ist vor Versuchung und Fall sicher. Noch ist das Böse nicht so besiegt, daß es uns nichts mehr anhaben könnte.

Deswegen darf uns diese Feier nicht auf das Jenseits vertrösten, etwa so: Wartet nur, das Festmahl mit Gott ist euch sicher! Das Abendmahl des Herrn gibt uns zwar einen »Vorgeschmack« des kommenden Festes; mindestens genau so wichtig aber ist das Mahl als Hoffnungszeichen für unsere Welt. Brot und Wein sind handfeste Zeichen unseres Lebens und unseres Auftrags: Sie stärken uns im Kampf gegen Unordnung und Unrecht, sie befähigen uns zum Teilen – von der Nahrung bis zur Zeit –, sie helfen uns, das Evangelium Jesu dort zu verkünden, wo sonst kein anderer hinkommt, um es auszurichten.

R. Breitenbach

Karfreitag

Joh 18,1–19,42

s. Lesejahr B, 200 ff

Ostern

Osternacht

Lk 24,1–12

I. Bibeltheologische Vorüberlegungen

1. Stellung, Struktur und Gattung der Perikope

(1) Das Osterbekenntnis steht im Ursprung des christlichen Glaubens und der christlichen Verkündigung. Das bezeugen jene kerygmatischen Grundformeln, wie sie bereits Paulus vorgelegen haben und in den ältesten uns überlieferten Ostertext 1 Kor 15,3–7 eingegangen sind. Ohne das leere Grab oder nähere Umstände der Erscheinungen zu erwähnen, geben sie das einfache Zeugnis der Menschen wieder, denen der Auferstandene begegnet ist: Wir haben den Herrn gesehen; er ist uns erschienen.

Die Ostererzählungen der Evangelien gehören nicht zur ältesten Ostertradition. Sie sind im Zuge der Entfaltung dieser Grundbotschaft entstanden. Sie beschreiben anschaulich, was die kurzen Bekenntnisformeln enthalten. Sie sind also von ihrem Ursprung her kerygmatisch geprägt. Die Auslegung hat sie auf ihr Kerygma hin zu befragen.

(2) Bei den Ostererzählungen der Evangelien ist zwischen Grabes- und Erscheinungsgeschichten zu unterscheiden. Die beiden Traditionen stehen ursprünglich gesondert nebeneinander, sind aber im Laufe der Überlieferung immer enger zusammengewachsen (vgl. Mt 28,9f; Joh 20,11–18).

Die Grabesgeschichte gehört zum gemeinsamen Bestand der synoptischen Tradition. Matthäus und Lukas sind in ihren Erzählungen von Markus abhängig. Mit Mk 16,8 endet die direkte literarische Verbindung der Synoptiker.In den Erscheinungsgeschichten gehen sie ihre eigenen Wege.

(3) Die Frage, welcher literarischen Gattung die Grabesgeschichte angehört, ist weitgehend geklärt. Die Exegeten kennzeichnen sie übereinstimmend als ›Legende‹. Diese allgemeine Bestimmung wird von einigen Autoren präzisiert: Die Grabesgeschichte wird als Kultätiologie interpretiert, als eine mit der kultischen Verehrung des leeren Grabes in Jerusalem zusammenhängende ätiologische Legende.

Der Begriff »Legende« bedarf einer Klärung. Er begegnet nicht selten Mißverständnissen und ruft Verwirrung hervor. Das als Legende oder legendär Bezeichnete wird oft eo ipso als gänzlich unhistorisch oder gar als unwahr und darum für die Verkündigung unzumutbar abgewertet. Ein solches Verständnis verbietet sich für ernsthafte formkritische Überlegungen. Demgegenüber ist nachdrücklich zu betonen, daß die Legende durchaus Wahrheit zur Sprache bringt, und daß mit dieser literarischen Kennzeichnung die Frage der Historizität keineswegs präjudiziert ist. Wenn die Legende keinen historischen Bericht bietet, so kann sie doch durchaus Kunde von historischen Ereignissen enthalten. Letzteres ist im Falle der Grabesgeschichte durchaus nicht auszuschließen. Um nur ein Argument für den historischen Anhalt dieser Erzählung zu nennen: Hätte man bei einer literarischen Fiktion gerade Frauen, deren Aussage damals kaum etwas galt, als Zeugen eingeführt?

Die literarische Bestimmung der Grabesgeschichte als Legende sollte freilich davor warnen, sie wie einen historischen Bericht auszulegen. Jeder Versuch, aus dieser Erzählung den Ablauf der Ereignisse am Ostermorgen zu rekonstruieren, ist abwegig. Es kommt darauf an, ihre Botschaft zu vernehmen.

2. Einzelauslegung

Jeder Evangelist gibt die Grabesgeschichte in eigener Fassung wieder. Zwar greift Lukas direkt auf die ihm vorliegende Markus-Überlieferung zurück, doch hat er sie selbständig umgestaltet. Die Auslegung hat vor allem auf die Besonderheiten zu achten, auf das, was Lukas in der Osterverkündigung für wichtig hält. Zu Mk 16,1–8 vgl. H. Kahlefeld, B-Evv, 239–43.

(V.1) »Am ersten Tag der Woche am frühen Morgen ...«, so beginnt die Erzählung. In dieser Zeitangabe sind sich die vier Evangelisten bei allen Verschiedenheiten einig. Sie sagen übereinstimmend, daß die Osterbotschaft in der Frühe des ersten Wochentages zum ersten Mal verkündigt und vernommen worden ist. Ist diese Datierung, die den ältesten Bekenntnisformeln entspricht (vgl. 1 Kor 15,4 »am dritten Tag«), nur eine theologische Setzung? Wohl kaum. Sie hält in Erinnerung, daß die Auferweckung Jesu zu einem bestimmten Zeitpunkt manifest geworden ist und damit Zeit und Geschichte betrifft. Die Frauen kaufen den Balsam nicht erst unmittelbar vor dem Gang zum Grabe (so Mk 16,1); sie haben die Salbung gleich nach dem Begräbnis vorbereitet, vgl. Lk 23,56. Ihr Eifer und ihre Verehrung dem Toten gegenüber sind groß, machen sie sich doch gleich »am frühen Morgen« auf den Weg.

(V.2–4) Lukas strafft die Erzählung. Der gewaltige Stein vor dem Eingang des Grabes hat bei Markus eine wichtige Funktion als retardierendes Moment. Lukas erwähnt gar nicht, daß er den Frauen Sorge bereitet, sondern bemerkt nur kurz, daß er weggewälzt ist und die Frauen ungehindert ins Grab gehen. Sie finden den Leichnam Jesu nicht und geraten darüber (nicht etwa des Steines wegen) in Ratlosigkeit. Der Anblick des leeren Grabes schafft nicht Glauben, sondern Verwirrung.

Markus spricht nur von einem Engel, Lukas von zweien. Wie das jüdische Gesandtschaftsrecht in wichtiger Mission zwei Boten vorsieht, so soll hier die doppelte Zeugenschaft die Glaubwürdigkeit der Botschaft unterstreichen und ihren verpflichtenden Anspruch sichern.

(V.5–7) Die Erzählung drängt sehr schnell zu ihrem Zentrum. Sie zielt auf die Botschaft der Engel an die erschreckten Frauen. Lukas hat ihr sein eigenes Gepräge gegeben.

Die Frauen müssen sich zunächst (im Stil eines Sprichwortes) sagen lassen, daß es unsinnig ist, einen Lebenden bei den Toten suchen zu wollen. Jesus ist nicht unter den Toten und nicht am Ort des Todes zu finden: »Er ist nicht hier.« Der Blick wird vom leeren Grab weg auf ihn hin gelenkt: »Er ist auferweckt«. Die passivische Formulierung weist darauf hin, daß Gott hier am Werk gewesen ist. Ostern ist Gottes Tat. Er hat Jesus auferweckt.

Markus und Matthäus schließen die Engelbotschaft ab mit dem Hinweis: »Er geht euch voran nach Galiläa, dort werdet ihr ihn sehen«, Mk 16,7; Mt 28,7. Lukas prägt diesen Vers zu einer neuen Aussage um. Dabei bleibt das Wort Galiläa stehen, wird aber nicht auf eine kommende Begegnung mit dem Auferstandenen bezogen, sondern mit früheren Weissagungen in Verbindung gebracht, vgl. Lk 9,22.44; 18,31–34: Jesus hat sein Kreuz und seine Auferstehung bereits in Galiläa vorausgesagt; jetzt ist das Angekündigte eingetreten.

Entsprechend seiner jerusalemischen Konzeption ist Jerusalem für Lukas der Ort des Ostergeschehens. Hier gehen die Verheißungen in Erfüllung. Alle Wege Jesu führen dorthin. Von Jerusalem sendet der Auferstandene seine Zeugen aus bis an die Grenzen der Erde. Jerusalem ist der Mittel- und Wendepunkt des Heilsgeschehens.

(V. 8f) »Erinnert euch, wie er zu euch gesprochen hat . . .«, so werden die Frauen gemahnt, »und sie erinnern sich seiner Worte«. Die Frauen (und mit ihnen die Kirche) werden nachdrücklich an das verwiesen, was Jesus vor Ostern verkündet hat. In der Erinnerung von Ostern her wird sein Wort lebendig, erscheint sein Weg bis hin zum Kreuz in neuem Licht. Im Erinnern kommen die Frauen zum Glauben und wissen sich (ohne besonderen Auftrag, vgl. Mk 16,7; Mt 28,7) gerufen, das Gehörte weiterzusagen. Sie fliehen nicht entsetzt vom Grabe weg, Mk 16,8 und schweigen nicht, sondern tragen die Botschaft zu den Aposteln.

(V. 10f) Erst jetzt werden die Frauen namentlich genannt. Dabei zeigen sich Differenzen zu den anderen Evangelisten. Nur Maria Magdalena ist übereinstimmend in allen vier Evangelien erwähnt.

Den Aposteln erscheint die Nachricht der Frauen als leeres Geschwätz. Sie schenken ihnen keinen Glauben. Sie halten es nicht einmal für nötig, zum Grabe zu gehen und die Nachricht an Ort und Stelle zu überprüfen. Wie ist diese eigenartige Reaktion zu erklären? Nach jüdischem Recht gilt die Aussage der Frauen nicht viel. Und nun soll ihr Zeugnis den Osterglauben der Kirche begründen? Beruht er schließlich auf Weibergeschwätz? Nein, sagt der Evangelist gegenüber solchen Verdächtigungen. Die Apostel sind kritische Leute gewesen. Wenn sie zum Osterglauben gekommen sind, dann weder durch Frauengerede noch auch durch den Anblick des leeren Grabes.

(V.12) Petrus eilt nun doch zum Grab, findet es leer und kehrt nachdenklich zurück. – Dieser Vers, der auf Joh 20,3–10 zurückgeht, ist nachträglich hier eingefügt. Er fehlt in westlichen Handschriften.

3. Theologische Würdigung

(1) Die vorliegende Perikope trägt in den Kommentaren zumeist die Überschrift: »Das leere Grab«. Wir haben uns dem allgemeinen Sprachgebrauch angeschlossen und sie als Grabesgeschichte bezeichnet. Das ist jedoch ungenau. Im Zentrum der Erzählung steht nicht das leere Grab, sondern die Botschaft von der Auferweckung Jesu.

In der Osterverkündigung der Evangelien besitzt das leere Grab keinen eigenständigen Wert und dient erst recht nicht als Beweis für die Realität der Auferstehung. Es ist durchaus nicht so, daß die, die das Grab leer finden, augenblicklich an die Auferweckung Jesu glauben. Ganz im Gegenteil: Der Anblick des leeren Grabes erweckt Ratlosigkeit, Lk 24,4. Die Kunde davon vermag keine neue Hoffnung zu begründen, Lk 24,22–24.

Ein leeres Grab gibt Rätsel auf, es gibt aber nichts her und erklärt nichts. Als pures Faktum ist es mannigfachen Auslegungen ausgesetzt. Es ist mißdeutbar und von Anfang an mißdeutet worden. Das geben die Evangelien klar zu erkennen, indem sie sich mit solchen Mißdeutungen (Betrug der Jünger, Leichendiebstahl, vgl. Mt 28,11–15; Joh 20,6f.13) auseinandersetzen. Das leere Grab besagt zunächst nur: »Er ist nicht hier«, Lk 24,6. Es könnte bestenfalls die Rückkehr eines Toten in diese Welt beweisen. Damit ist der Glaube an die Auferweckung Jesu jedoch noch gar nicht in den Blick gekommen. Die ersten Zeugen haben nicht auf Grund des leeren Grabes und erst recht nicht an das leere Grab geglaubt. Wenn sie es gesehen haben, dann ist es Gegenstand ihrer sinnlichen Wahrnehmung gewesen, nicht Glaubensgegenstand.

Das leere Grab hat keine selbständige kerygmatische Bedeutung, sondern nur eine hinweisende Funktion. Im Zentrum der Erzählung steht die Botschaft der Engel: »Er ist nicht hier, er ist auferweckt«, 24,6. Der Blick der Frauen wird nicht auf das leere Grab gelenkt, als könnte dadurch Glaube begründet werden, sondern geradezu vom Grabe weg: »Was sucht ihr den Lebenden bei den Toten«, 24,5. Die Engel weisen über das Grab hinaus auf den Auferstandenen hin. Die

Frauen sollen die Jünger nicht zum Grabe rufen, sondern zur Begegnung mit ihrem Herrn, Mk 16,7.

Das leere Grab spricht nicht für sich, es sagt erst im Zusammenhang der Osterbotschaft etwas aus. Ihr zugeordnet weist es auf den Auferstandenen hin, und zwar in einer ganz bestimmten Hinsicht. Es zeigt an, daß der Auferstandene der gekreuzigte Jesus von Nazaret ist, kein anderer, nicht ein gänzlich jenseitiges Wesen, sondern eben der Jesus, der im Grabe gelegen hat. Der Auferweckung, so wahr sie ein neues, die menschlichen Kategorien sprengendes Ereignis ist, kann nicht von der irdischen Person Jesu von Nazaret getrennt werden.

(2) Die Frauen werden an das erinnert, was Jesus ihnen während seines öffentlichen Wirkens in Galiläa gesagt hat, Lk 24,6. Das Wort des irdischen Jesus bleibt für die Kirche maßgebend, vgl. Mt 28,6.20. Der erhöhte Christus ist kein anderer als der Jesus der Erdenzeit. Lukas ist daran gelegen, diese Kontinuität zum Ausdruck zu bringen. In keinem anderen Evangelium wird der Auferstandene so menschlich dargestellt wie bei ihm; nirgends trägt er so wenig die Züge des erhöhten Kyrios. Das Zusammensein mit ihm wird fast so beschrieben wie eine Begegnung mit dem irdischen Jesus. Während die Osterereignisse in den übrigen Evangelien deutlich als singuläres Geschehen herausragen, stellt Lukas die Kontinuität des Lebens Jesu bis zur Himmelfahrt heraus. Die Auferstehung tritt gegenüber der Himmelfahrt als Wendepunkt zurück.

Jesus ist der Menschensohn, der durch Kreuz und Tod zur Herrlichkeit gelangt, Lk 24,7.26.46. Er geht den vom Vater verfügten Weg, der weitergeht im Weg der Kirche. Ostern ist der Schlüssel zum Verständnis dieses Weges.

(3) Lukas zeigt auf, daß Jesus diesen Weg gehen »mußte« (vgl. das dei, 24,7.26.44). Die Juden nehmen Anstoß am Leiden und Sterben des Messias. Sie sehen in der Schrift einen anderen Weg für ihn vorgezeichnet, einen glanzvollen Weg, auf dem Israel von der Fremdherrschaft befreit wird. Demgegenüber betont Lukas: Gott will nicht den Glanz, sondern das Leiden des Messias. Das Kreuz ist nicht die Katastrophe seiner Wege, sondern der Punkt, in dem sie sich treffen. Jesu Weg steht von Anfang, 2,49, bis Ende, 24,44, unter dem göttlichen »Muß«. Es vollzieht sich an ihm kein dunkles Geschick, er erfüllt den Willen Gottes, wie ihn die Schrift bezeugt. Der Christus muß leiden, um in seine Herrlichkeit einzugehen, 24,26. Von dieser Herrlichkeit her fällt Licht auf die Bücher des Mose und

der Propheten und offenbart das Kreuz als ihre Erfüllung. Der Auferstandene ist es, der die längst bekannten und doch verkannten Schriften erhellt. Nur von ihm her und allein durch ihn wird ihre Botschaft einleuchtend. Er ist ihre erhellende Mitte, der Schlüssel zu ihrem Verständnis.

F. Kamphaus

II. Liturgisch-homiletische Vorüberlegungen

1. Liturgische Hinweise

Zur Struktur der Osternachtfeier
Vier große Symbole geben der Feier der Osternacht ihr Gepräge: Licht – Wort – Wasser – Blut. Im Licht der neuen Schöpfung (*Lichtfeier*), das in unseren Herzen aufstrahlt (vgl. 2 Kor 4,6) wird die Heilsgeschichte in ihren vielen Episoden (*Wortgottesdienst*) erst sinnvoll und verstehbar. Die Botschaft von Gott, der den Menschen Leben schenken will, ruft zur Entscheidung auf: In der Taufe empfängt der Glaubende neues Leben (*Tauffeier*), wenn er sich von den Mächten des Bösen abkehrt und sich zum dreifaltigen Gott bekennt. Dieses neue Leben in der Gemeinschaft der Glaubenden wird genährt vom Leib und Blut Christi und besteht in der Gemeinschaft mit ihm in seinem Leib (*Eucharistiefeier*).

Zur Auswahl der Lesungen
Wenn aus Zeitgründen nicht alle Lesungen vorgetragen werden, könnte die Botschaft vom neuen Leben ein Auswahlkriterium sein. Davon sprechen ausdrücklich die *Erste Lesung* (Schöpfungsbericht), die *Dritte Lesung* (Durchzug durch das Rote Meer), die *Siebte Lesung* (neues Herz und neuer Geist) und die *Epistel aus dem Römerbrief*.

Zur Mystagogie der Osternacht
Deutlicher als in anderen Gottesdiensten zeigt und vollzieht sich in der Osternachtfeier der Weg des Christwerdens. In der *Lichtfeier* wird die Erfahrung ausgesprochen, die einen Menschen nach dem Glauben fragen läßt: Ihm ist unversehens ein Licht aufgegangen. Darauf folgt Belehrung über den Glauben durch die *Verkündigung* des Wortes und Wirkens Gottes. Sie mündet in die *Taufkatechese* des

Römerbriefes. Die Botschaft allein vermag freilich den Glauben noch nicht zu wecken (vgl. die Emmausperikope). Dazu muß als »Ostererfahrung« die Begegnung mit dem Auferstandenen kommen, der selbst die Zweifel seiner Jünger überwindet. Eine solche Erfahrung innerer oder äußerer Art befähigt zum Glaubenszeugnis. Davon spricht das *Evangelium*. Die Feier der Liturgie lädt dazu ein, diese »Ostererfahrung« hier und jetzt zu machen: Die beiden Hauptsakramente Taufe und Eucharistie sind die grundlegenden Weisen sakramentaler Begegnung mit dem gegenwärtigen Herrn.

2. Homiletische Hinweise

Leben als Geschenk

Das Entscheidende kann ich mir nicht beschaffen, es wird mir geschenkt: Atem, Licht, Liebe, Vergebung, Glück. Ich kann an Erfahrungen appellieren, wie gerade in dunklen Stunden ein Licht aufgegangen ist und sich wieder ein Weg zum Leben gezeigt hat. Solche Erfahrungen ermutigen zur Hoffnung, daß es wirklich Leben gibt.

Nur der Suchende findet

Wer tatenlos wartet, was geschieht, erfährt nicht viel. Wenn ich Hoffnung auf Leben habe, komme ich in Bewegung und beginne zu suchen. Scheinbar unüberwindliche Hindernisse können sich auflösen, »der Stein war weggewälzt«. Wenn sich ein Weg zeigt, fällt mir ein Stein vom Herzen: Das Leben ist nicht endgültig begraben.

Zusage des Lebens von Gott

Die eigene Suche des Menschen geht ins Leere – »das Grab ist leer«. Seine Ratlosigkeit kann nur vom Herrn und Schöpfer des Lebens überwunden werden. Daß es trotz allen Scheiterns, trotz der ständigen Bedrohtheit des Menschen, trotz aller scheinbaren Sinnlosigkeit und Leere wirklich Leben gibt, kann ich nur wissen, wenn Gott es mir zusagt (s. die Botschaft der Engel).

Lebendige Erinnerung

Wenn ich Leben erfahre (Freude, Glück, Vergebung, Liebe . . .), wird mir klar: Ich habe es doch eigentlich schon immer gewußt. Worte, Begegnungen, Erfahrungen tauchen in der Erinnerung auf und werden mir als Vorzeichen und Bestätigung der jetzigen Erfahrung deutlich: Auch für mich gibt es Leben. Das mußte alles so sein, auch das Schwere, damit ich an diesen Punkt meines Lebens gelangen konnte, in welchem mir das Leben als Gottesgeschenk zugesagt wird.

Begegnung mit dem lebendigen Herrn
Erst wer Jesus Christus als den Auferstandenen erfahren hat und an ihn glaubt, kann seine Worte verstehen. Die Berichte der Evangelien helfen ihm umgekehrt auch, seine jetzige Erfahrung zu deuten. Er erkennt sich selbst in den Erzählungen der Bibel wieder. Was ist meine »Ostererfahrung«? Kann sie zum Appell an die Erfahrung der Zuhörer werden?

Glaubenszeugnis
Eine solche Glaubenserfahrung, im Glauben gedeutete Alltagserfahrung, ist nicht beweisbar. Ich kann nur davon erzählen, auch wenn es anderen unglaublich vorkommt (»Geschwätz«), und hoffen, daß ein anderer sich ebenfalls aufmacht und zu suchen beginnt (»Petrus lief zum Grab«). Ihm kann dieselbe Erfahrung zuteil werden.

III. Zur Predigt: Auf der Suche nach Leben

Licht in der Nacht
Was haben wir erlebt, als vorhin in der Dunkelheit der Nacht das Licht des Osterfeuers aufleuchtete, als dieses Licht in die dunkle Kirche hineingetragen wurde? Weckt dieses Bild nicht Erinnerungen? Dunkle Stunden meines Lebens, in denen ich nicht mehr sehen konnte, wie es weitergehen sollte; Zeiten der Angst und Verwirrung –, wer kennt das nicht! Ja, vielleicht müssen manche von uns gerade jetzt eine solche Zeit durchstehen.

Aber, gibt es nicht auch diese andere Erfahrung, daß solche Dunkelheit unverhofft aufgehellt wird durch ein befreiendes Wort, eine ermutigende Begegnung, vielleicht durch einen Gedanken, der mir unversehens einfällt? Und da geht mir ein Licht auf, und ich kann wieder leben.

Beschaffen kann ich mir solche Lichtblicke nicht. Aber ich kann sie dankbar annehmen, wenn sie mir geschenkt werden. Und dann weiß ich: Leben ist doch möglich; auch ich darf leben. Das Entscheidende wird mir geschenkt, ohne mein Verdienst: die Luft zum Atmen, das Licht, die Vergebung, die Erfahrung von Liebe, das Wissen, daß mein Leben letztlich angenommen und bejaht ist. Von Gott und auch von Menschen. Es gibt Licht in der Nacht –, das sagt und zeigt uns die Osternacht.

Auf dem Weg zum Leben

Aber was dann? Das Osterfeuer erlischt, die Osterkerze brennt nicht für immer. Was nützt mir ein Lichtblick, wenn es dann doch wieder dunkel wird? Er hilft mir nur dann, wenn ich mich vom Licht verlocken lasse, aufzubrechen und nach dem Leben zu suchen, das ich für einen Augenblick gesehen habe.

Das Evangelium spricht davon. In aller Frühe, beim ersten Licht, eilen die Frauen zum Grab des Herrn, um ihre begrabene Liebe zu suchen und wenigstens dem Toten noch Ehre zu erweisen. Aber wie soll man zu ihm gelangen? Ist nicht alles zu spät, die Hoffnung begraben, das Leben verloren?

Die Frauen gehen dennoch. Und siehe da: Der Stein ist weggewälzt, der Zugang frei. Was werden sie finden bei ihrer Suche nach dem verlorenen Leben? Ihre Suche läuft ins Leere; das Grab ist leer, ihre begrabene Hoffnung verschwunden. Ratlos stehen sie da. – Habe ich es nicht gleich gewußt? Das Leben ist verloren. Das Licht hat mich betrogen. Die Hoffnung läuft ins Leere! Kennen wir nicht diese tödliche Erfahrung? Wird die Nacht nicht nur unerträglicher, wenn das kurz aufflammende Licht wieder verlischt?

Leben als Geschenk

Wenn es jetzt noch Leben gibt, so kommt es nicht von mir; es wird mir zugesagt von Gott: der Augenblick der Gnade. Zwei Männer in leuchtenden Gewändern sagen es den Frauen am leeren Grab: Was habt ihr hier zu suchen? Im Grab gibt es kein Leben. Laßt die Vergangenheit! Wendet euch dem wahren Leben zu! Hat er es euch nicht gesagt? Also glaubt ihm doch, dem Herrn, der euer Leben ist! – Halten wir einen Augenblick inne: Habe ich so etwas nicht auch schon erlebt? Vielleicht nicht gerade in der umwerfenden Macht, mit der Jesus Christus dem Paulus vor Damaskus begegnet ist, aber doch so, daß auch ich sagen kann: Ich weiß, daß Jesus Christus lebt –, er hat auch mein Herz berührt.

Der Engel sagt zu den Frauen: Erinnert euch an das, was er euch gesagt hat. Da erinnerten sie sich an seine Worte. Erinnert euch! –

Und wirklich, habe ich es nicht immer schon geahnt? Hat es mir nicht jeder neue Tag zugeflüstert: Glaub' nur, es gibt Leben? Sagt es nicht auf ihre Weise jede Knospe, die nach langem Winter aufbricht? Kenne ich sie nicht längst, diese befreiende Freude, wenn eisiges Schweigen sich in einem versöhnlichen Wort wieder löst, wenn mein Herz auf einmal warm wird und weit, weil ich spüre, daß es einen Menschen gibt, der mich liebt? Weiß ich es nicht im Grunde meines Herzens längst, daß die großen Glaubensworte mir persönlich gelten: Gott hat dich so sehr geliebt, daß er seinen Sohn für dich hingab? Der, auf den es ankommt, der lebendige Gott, sagt ja zu dir, ja, du sollst leben. Leben in Fülle ist dir zugedacht!

Erfahrung zum Weitersagen

Solche Erfahrung läßt sich nicht herstellen. Aus seiner Freiheit schenkt sie der auferstandene Herr. Er tut es durch seine Boten, wie das heutige Evangelium es beschreibt; er begegnet aber auch selbst dem suchenden Menschen in inneren und äußeren Erfahrungen. In diesen österlichen Tagen werden wir immer wieder davon hören. Aus solcher Lebenserfahrung läßt sich dann auch die Vergangenheit verstehen. Auf einmal betrifft es mich selbst, wenn ich höre, daß Gott am Anfang das Leben erschaffen hat, daß er sein Volk aus der Knechtschaft befreit, daß er dem toten Gebein durch seinen Geist neues Leben einhaucht. Die Stationen der Heilsgeschichte finde ich wieder in Stationen meines Lebens. Mit den Frauen des heutigen Evangeliums erfahre ich, wie meine Erinnerung geweckt wird und all die alten, längst vertrauten Worte Sinn bekommen.

Dann aber hält es die Frauen nicht länger am leeren Grab. Sie kehren in die Stadt zurück, um es den anderen weiterzusagen, was sie erlebt haben. Denn die Erfahrung von neu geschenktem Leben verkümmert, wenn ich sie für mich behalte; sie bewährt sich, wenn ich andere daran teilhaben lasse und ihnen bezeuge: Es gibt auch für dich Hoffnung und Zukunft und Leben. Und mag es auch vielen unwahrscheinlich klingen, ja mögen sie es als sinnloses Geschwätz abtun: Wenn nur wieder der eine oder andere in Bewegung kommt, wie Petrus im Evangelium, und selbst beginnt, sich der Erfahrung des Lebens zu öffnen!

Begegnung mit dem Auferstandenen

Wovon wir reden, das soll sich jetzt ereignen. In der Tauffeier wird jeder von uns gefragt, ob er sich heute ganz bewußt von allem

Lebensfeindlichen, letztlich vom Satan als dem Feind des Lebens abkehren und sich dem lebendigen Gott zuwenden will: weg vom leeren Grab, hin zum Herrn des Lebens! Dieser Durchgang vom Tod zum Leben hat sich in der Taufe an uns bereits verwirklicht. In der Besprengung mit dem Taufwasser erfahren wir es sinnenhaft: wir sind wiedergeboren zu neuem Leben. Der Karfreitag ist vorüber, der Tod überwunden, das Leben hat gesiegt.

Ob auch wir heute diese österliche Erfahrung machen dürfen? Wer nach dem Auferstandenen sucht, darf damit rechnen, daß dieser ihm entgegen kommt. Wir dürfen darauf hoffen, daß er auch uns die Augen und die Herzen öffnet, damit wir ihn im Zeichen seiner Gegenwart, dem Sakrament der Eucharistie, erkennen und empfangen. Ich wünsche es uns allen von Herzen, daß wir im Glauben erfahren dürfen, wie da ein Licht in der Nacht aufstrahlt und ich es in meinem Herzen weiß: der Herr lebt, und auch ich darf leben.

F. Eisenbach

Ostersonntag am Tag

Joh 20,1–9

I. Bibeltheologische Vorüberlegungen

s. Lesejahr B, 214 ff

II. Liturgisch-homiletische Vorüberlegungen

1. Liturgische Hinweise

Höhepunkt des Osterfestes, ja des Kirchenjahres, ist die Feier der Osternacht. An ihr gemessen, steht der Gottesdienst am Ostersonntag eine Stufe tiefer. Die Texte, die in der Osternacht als *Evangelien* gelesen werden, sind den Hörern gut bekannt. Weniger vertraut ist ihnen der Text Joh 20,1–9 des Ostersonntags. Die alte Leseordnung brachte den Abschnitt nicht.

In unserem Text wird mehr vom leeren Grab als von dem Auferstandenen berichtet. Dennoch ist klar: Nicht das leere Grab, sondern die Erscheinungen des Herrn haben die Jünger überzeugt und zum Glauben geführt. Das leere Grab ist nur ein zusätzliches Argument. Die Bemerkung in V. 8 »Er sah und glaubte«, bleibt eine Ausnahme im Vergleich der biblichen Texte.

Der unbefangene Hörer wird sich fragen, warum im Johannestext so ausführlich über die verschiedenen Tücher und Binden berichtet wird. Schon Chrysostomos gibt den Hinweis, daß die geordnet daliegenden Tücher einen hastigen Leichenraub ausschließen. Bereits das älteste Zeugnis der Auferstehung in 1 Kor 15,3 ff nennt die vier Schritte des österlichen Geschehens: er starb, – er wurde begraben, – er wurde auferweckt –, und er ist erschienen. Den gleichen Ablauf bezeugt Petrus in Apg 10,34 ff, in dem Abschnitt, der als *Erste Lesung* trifft. Ein Hinweis auf das leere Grab fehlt bei diesen frühen Zeugnissen.

Beide Perikopen, die als *Zweite Lesung* möglich sind (Kol 3,1–4 und 1 Kor 5,6 b–8) zeigen den Getauften als den neuen Menschen, der Christus angezogen hat. Er ist der Sünde gestorben und hat den alten Sauerteig hinausgeschafft. Er lebt in einer neuen Existenzweise mit Christus. Er ist zum Leben im Geist des Auferstandenen berufen.

2. Homiletische Hinweise

Der Ostersonntag vereinigt zum Gottesdienst Christen, die nur selten zum Gottesdienst kommen, mit der Kerngemeinde. Die zweite Gruppe hat wahrscheinlich schon an der Feier der Osternacht teilgenommen. Sie hat das Osteralleluja bereits gehört und in Gedanken und Gemüt aufgenommen. Die eher seltenen Kirchenbesucher kommen zum Gottesdienst, weil Ostern ein hoher Feiertag ist, an dem man seine Verbundenheit mit der Kirche beweist. Für sie sollte in Abgrenzung zum Hasen- und Eierrummel das zentrale Festgeheimnis behandelt werden.

Für den Ostersonntag bieten sich folgende *Predigtthemen* an:
a) »Warum wir an die Auferstehung glauben«. Dabei kann dargestellt werden, daß nicht das leere Grab, sondern das Zeugnis der Jünger über die Erscheinungen ausschlaggebend sind. »Wir haben den Herrn gesehen«. Das wichtige Thema, gerade für die etwas Fernerstehenden, stärkt auch den Glauben der Kerngemeinde.
b) »Durch die Auferstehung Jesu werde auch ich ewig leben«. Das Thema stützt sich auf die Texte der *Zweiten Lesung* und stellt Ostern in die reale Existenz des Christen von heute. Als Konsequenz des neuen Lebens ergibt sich das Handeln und Leben aus dem Glauben.
c) Reizvoll wäre es auch, auf die Anregungen des Teils I/3 einzugehen und zu zeigen, daß das persönliche Glaubenszeugnis stets mehr mitreißt als amtliche Verlautbarungen. Auch hier ist der Christ unserer Tage leicht anzusprechen.

Der folgende Predigtentwurf behandelt das zuerst genannte Thema.

III. Zur Predigt: Warum wir an die Auferstehung glauben

Ostern macht Freude
Ostern, das ist ein guter Tag, das ist ein schöner Tag. Gern hören wir die Botschaft von der Auferstehung. Jesus Christus gekreuzigt,

gestorben und begraben, ist auferstanden und lebt. Das Halleluja der Osternacht durchströmt auch diesen Ostermorgen und verklingt noch lange nicht in unseren Ohren und in unseren Herzen. Auch in der Natur regt sich neues Leben. Die Frühlingssonne läßt die Knospen schwellen und bringt Mensch und Tier in frohe Stimmung. So öffnet bereits das Erleben der Jahreszeit unser Herz ein wenig für unseren Auferstehungsglauben. Was zuerst den Frauen klar wird, was bald darauf die Jünger verkünden, wird zur weltbewegenden Botschaft: Der Herr ist auferstanden, er ist wahrhaft auferstanden.

Das leere Grab sagt noch nichts

Zuerst verstanden es die Frauen. Das Evangelium nach Johannes nennt als erste Maria von Magdala. Sie entdeckt das leere Grab. Sie sagt es den Jüngern, Petrus und Johannes kommen. Sie sehen das leere Grab. Doch nur von einem wird gesagt: Er sah und glaubte. Alle anderen schütteln den Kopf und bleiben bei ihrer Trauer und Hoffnungslosigkeit. Das muß wohl auch so sein. Wer läßt sich denn schon durch ein leeres Grab überzeugen? Ist denn ein leeres Grab schon ein Beleg für eine Auferstehung? Malen Sie es sich selber aus! Da wird auf unserem Friedhof ein Mann beerdigt. Nach drei Tagen findet man das Grab geöffnet und leer. Was würden wir dazu sagen? Was würden die Zeitungen schreiben? Nichts von Auferstehung, nichts von Totenerweckung! Nein, von Leichenraub wäre die Rede, von Grabesschändung und so fort. – Genau so war es in Jerusalem.

Erst die Erscheinungen überzeugen

Auch Maria von Magdala reagiert so. Sie erkennt Jesus nicht. Sie hält ihn für den Gärtner und sagt: Wenn du ihn weggebracht hast, sag mir, wohin du ihn gelegt hast. Also Leichenraub. Jesus sagt nur ein Wort: »Maria.« Da wird ihr klar, was geschehen ist: Jesus lebt. Er ist nicht mehr im Grab. Aber sein Leichnam wurde nicht gestohlen, nein, er ist auferstanden und lebt. Er hat den Tod besiegt.

Wie kommen die Jünger zum Auferstehungsglauben? Nicht ein leeres Grab hat sie überzeugt. Sie glauben an die Auferstehung, weil sie Jesus gesehen haben, weil er ihnen erschienen ist.

Im Lauf der Geschichte gab es immer wieder Leute, die sagten: Jesus ist nicht auferstanden. Das haben sich die Jünger nur gewünscht. Gewünscht und schließlich geglaubt. Und am Ende behauptet und verkündet.

Die Ereignisse des Ostermorgens sprechen eine andere Sprache: Nicht Leichtgläubigkeit, sondern Zweifel beherrschen das Geschehen. Lukas (24,22) berichtet von den Frauen, die das leere Grab fanden. Er berichtet von den Engelserscheinungen, die sie hatten. Was aber sagen die Männer dazu? Einige gingen zum Grab, fanden es leer, ihn selbst aber sahen sie nicht. Also nichts ist passiert! »Weibergeschwätz!«

Erst Jesus selbst hat sie überzeugt, daß er ihnen erschienen ist, daß er mit ihnen geredet, daß er mit ihnen gegessen hat, daß sie ihn anfassen konnten wie Thomas.

Zwar lobt der Evangelist jene, »die nicht sehen und doch glauben«. Uns Heutigen ist es aber lieber, daß die Jünger zunächst kritisch waren und erst nach kritischer Prüfung zum Glauben kamen.

So können wir beruhigt sagen: Wir laufen keinem Phantom nach. Unser Osterglauben steht auf festem Grund. Vier Stellen des Neuen Testaments berichten vom leeren Grab, doch ein gutes Dutzend von den Erscheinungen des Herrn.

Glaubensüberzeugung und leeres Grab

Das wohl älteste Zeugnis der Auferstehung in dem Ersten Korintherbrief (15,3ff) zählt zu diesen Texten und sagt: »Christus ist gestorben –, und er ist begraben worden –, er wurde auferweckt –, und er erschien.« Dann werden die Zeugen genannt von Petrus bis zu Paulus. Das leere Grab wird gar nicht erwähnt. – Die Erscheinungen haben die Apostel überzeugt; das leere Grab war erst ein zweites Motiv.

Glaube bleibt immer ein Wagnis

Durch das kritische Verhalten der Jünger gewinnen wir zwar Sicherheit. Doch bei aller Sicherheit bleibt der Osterglaube, wie jeder Glaube, auch ein Stück Wagnis.

Man kann zeigen, daß 2 mal 2 vier ist, oder daß der Rhein in die Nordsee mündet. Aber man kann in der gleichen Manier nicht zeigen, daß Jesus von den Toten auferstanden ist. Unser Glaube hängt vom Zeugnis des Verkünders ab. Man kann den Glauben nicht beweisen, sondern nur bezeugen. Wir fragen uns: Kann man diesem Zeugnis trauen und glauben, oder nicht?

Wir hörten heute morgen einen Abschnitt aus dem Johannesevangelium. Dort ist aufgeschrieben, was Johannes verkündet hat. Der

Verfasser weist immer wieder darauf hin, daß »dieses Zeugnis wahr ist«. Ja, er lobt den Lieblingsjünger noch mehr als Petrus. Beide liefen zum Grab. Doch nur der Lieblingsjünger wurde sofort überzeugt und glaubte. Diesem hervorragenden Zeugnis, meint der Verfasser, können auch wir trauen. Und auch wir können Zeugnis ablegen, damit auch andere zum Glauben finden.

Wer Zeugnis gibt, wirbt für den Glauben

Vor einigen Jahren kam in Deutschland ein neuer Erwachsenen-Katechismus heraus (Deutsche Bischofskonferenz 1985). Es ist ein gutes Buch. Aber ein Buch ist noch kein Zeugnis. Der Glaube der Menschen lebt nicht vom gedruckten Katechismus, sondern vom Glaubenszeugnis der Christen.

So müssen auch wir uns fragen: Ist mein Glaube, ist mein Leben so, daß man dadurch zum Glauben finden kann? Gebe ich Zeugnis für Glaube, für Vertrauen, für Hoffnung und für Liebe?

Christus ist auferstanden, er ist wahrhaft auferstanden. Dieser Glaube erfülle unsere Herzen und unseren Sinn. Er mache uns froh und zuversichtlich. Er gebe uns Hoffnung und Vertrauen. Dann sind wir auch fähig, Zeugen des Glaubens zu sein.

F. Boo

Ostermontag

Lk 24,13–35

I. Bibeltheologische Vorüberlegungen

s. Lesejahr B, 224ff

II. Liturgisch-homiletische Vorüberlegungen

1. Liturgische Hinweise

Alle *Orationen* beschwören das neue Leben, das die Glaubenden in der kirchlichen Gemeinschaft kraft der Auferstehung Jesu Christi erhalten. Das *Tagesgebet* legt den Akzent auf den inneren Zusammenhang von Taufe und Kirche: Die Taufe bringt die Mitgliedschaft in der Kirche und sie fordert Treue zur Berufung im Alltagsleben. Das *Gabengebet* macht bewußt, daß das neue Leben in der Einheit von Glaube und Taufe geschenkt wird; dieses neue Leben – so die Bitte – soll für die Gläubigen einmünden in das ewige Leben. Im Vertrauen auf die lebensvollen österlichen Geheimnisse erbitten wir im *Schlußgebet*: Wir, die Gläubigen, mögen die Kraft erhalten, auf unserem Lebensweg der Vollendung entgegenzugehen.

In den *Perikopen* finden sich zentrale Texte der neutestamentlichen Auferstehungsbotschaft. Da die Auferstehung Jesu Christi ein entscheidendes Spezifikum des Neuen Bundes ist, wird nicht nur die *Zweite*, sondern auch die *Erste Lesung* aus dem Neuen Testament genommen. Die *Erste Lesung* (Apg 2,14.22–33) enthält die Missionspredigt des Petrus an das Volk Israel. Ihr Angelpunkt ist eine der ältesten Verkündigungsformeln der Urgemeinde: Gott hat den gekreuzigten Jesus auferweckt. – Das älteste schriftliche Zeugnis über die Auferstehung Jesu bringt die *Zweite Lesung*, ein Abschnitt aus dem etwa um 55 n. Chr. geschriebenen Ersten Korintherbrief. Die Mitte bildet der Text 1 Kor 15,3–5: Eine Bekenntnisformel, die

Paulus selbst aus früherer Tradition übernommen hat und in der die Zentralbotschaft von Tod und Auferstehung Jesu zusammengefaßt ist. Die Erscheinungen des auferstandenen Jesus, die in 1 Kor 15,5–8 knapp aufgezählt sind, werden im *Evangelium* der Emmausgeschichte (Lk 24,13–35) exemplarisch veranschaulicht: Zwei Jünger erleben in konkreter Erfahrung den in neuer Weise lebenden Jesus.

2. Homiletische Hinweise

Erste Lesung: Apg 2,14.22–33
Die Missionspredigt des Petrus für das Volk Israel hat als Schwerpunkte: eine Zusammenfassung des öffentlichen Wirkens Jesu (V. 22), die Deutung des Kreuzestodes Jesu (V. 23), die Verkündigung der Auferstehung Jesu (V. 24), die Begründung der Auferstehung aus der Schrift (V. 25–31), das persönliche Zeugnis der Apostel (V. 32), die Verkündigung der Erhöhung und Geistsendung Jesu (V. 33).

Hier wird deutlich: Die christliche Frohbotschaft bezieht sich auf das ganze Leben und Geschick Jesu. Entscheidende Mitte aber ist seine Auferstehung. So bedeutet Christ sein: Zeugnis ablegen für den auferstandenen Jesus Christus und Freude am Leben haben in der Hoffnung auf das ewige Leben, das die Auferstehung Jesu vermittelt.

Zweite Lesung: 1 Kor 15,1–8.11
Paulus stellt hier das Zusammenspiel von Evangelium und Glaube heraus. Das Evangelium ist einerseits rettende Macht, es ist andererseits eine Botschaft mit festen Inhalten. Der Glaube steht in Korrelation: Zum einen ist er das Vertrauen auf die Heilsmacht des Evangeliums, zum anderen ist er die wohlüberlegte Annahme von Aussagen des Evangeliums, die in einer festformulierten Überlieferung weitergegeben werden. Zentrale Inhalte der überlieferten Heilsbotschaft sind Tod und Auferweckung Jesu. Zur Beglaubigung der Auferweckung Jesu sind die Erscheinungen vor einer auserwählten Gruppe von Zeugen entscheidend.

In der Predigt kann über die Bedeutung der Erscheinungen des auferstandenen Jesus gesprochen werden: Als äußere Begegnungserfahrungen haben die Erscheinungen bei den Jüngern den Glauben an die Auferstehung Jesu begründet; als Sendungen haben die Erscheinungen die durch das Kreuzesschicksal Jesu eingeschüchterten Jünger in todesmutige Bekenner verwandelt.

Es kann auch der paulinische Begriff des »Evangeliums« erschlossen werden, etwa in folgender Gedankenstruktur: das Evangelium als rettende Botschaft, d. h. als Botschaft der Versöhnung, der Befreiung, der Freude; das Evangelium als inhaltlich festgelegte Botschaft, d. h. mit Tod und Auferstehung Jesu als Zentralinhalt.

Evangelium: Lk 24,13–35
Mit dem Kreuzestod Jesu ist bei seinen Jüngern die große Hoffnung zusammengebrochen, daß Jesus das Volk Israel – vor allem politisch von der römischen Fremdherrschaft – erlösen werde. Dies kommt deutlich in Wort und Verhalten der beiden Jünger zum Ausdruck, die in bitterster Enttäuschung Jerusalem verlassen haben und nun nach Emmaus unterwegs sind. In ihrer geistigen Blindheit können sie weder den ihnen begegnenden, auferstandenen Jesus erkennen noch die Nachricht der Frauen vom leeren Grab deuten. Erst als ihnen Jesus die Vorstellung vom leidenden Messias aus den Schriften erschließt und erst als sie Jesus beim Brotbrechen erleben, gehen ihnen die Augen auf. Sie erkennen den auferstandenen Jesus und eilen zurück nach Jerusalem, wo ihnen die versammelten Jünger ihr eigenes Erlebnis mit der Aussage bestätigen: »Der Herr ist wirklich auferstanden«.

Was diese Emmausgeschichte für unser Glaubensleben bedeutet, möchte der nachfolgende Predigtvorschlag entfalten.

III. Zur Predigt: Die Emmausgeschichte und wir

Emmausgeschichte: Weg unseres Glaubens
»Begreift ihr denn nicht? Wie schwer fällt es euch, alles zu glauben, was die Propheten gesagt haben?« (Lk 24,25). So tadelt der auferstandene Jesus die zwei Emmaus-Jünger. Diese können, da sie in ihren selbstentworfenen Erlösungsvorstellungen völlig gefangen und zugleich enttäuscht sind, weder mit dem Kreuzestod Jesu noch mit der Botschaft der Frauen vom neuen Leben Jesu etwas anfangen.

Muß nicht Jesus auch uns gegenüber diesen Vorwurf erheben? Verschließen nicht auch wir uns oft dem tieferen Verstehen des Glaubens? Ist nicht auch unser Herz zu träge? Vertiefen wir uns daher ernstlich in die Texte der Heiligen Schrift, um so den wahren Sinn zu erschließen.

Solche Mühe des gründlichen Glaubensverständnisses lohnt sich! Dafür legt die Emmausgeschichte Zeugnis ab. Denn so erkennen wir im Glauben: Gott hat Jesus durch den Tod zum neuen, ewigen Leben geführt; Gott will auch unser Leben durch alles Leid hindurch zur Herrlichkeit, durch alle Traurigkeit hindurch zur Freude führen. Veranschaulichen wir uns das im tieferen Betrachten der Emmausgeschichte, die ein Gleichnis für unseren Weg des Glaubens ist.

Emmausgeschichte: exemplarische Stimmungen der Jünger

Die Emmausgeschichte vollzieht sich als ein Drama in drei Akten, denen drei beispielhafte Stimmungen entsprechen: Dunkelheit des Herzens durch eine zerschlagene Lebenshoffnung; aufkommendes Licht durch eine neue Erkenntnis; strahlende Freude über den neugefundenen Lebenssinn.

Erster Akt: Die zwei Jünger sind auf der Flucht vor niederschmetternden Erlebnissen in Jerusalem, die in ihren Herzen tiefste Dunkelheit verursacht haben. – In ihnen herrscht das Dunkel der Traurigkeit und Hoffnungslosigkeit, weil für sie der Tod Jesu eine große Katastrophe ist. Katastrophal wirkt, daß ihr bewunderter Jesus – »mächtig in Wort und Tat vor Gott und dem ganzen Volk« – ein so schreckliches Ende als Gehenkter am Kreuz gefunden hat; katastrophal wirkt, daß mit dem kläglichen Tod Jesu die Hoffnung auf politische und soziale Befreiung – »Wir hatten gehofft, daß er der sei, der Israel erlösen werde« – zerstört ist. – In den beiden Jüngern herrscht ferner das Dunkel der Fassungslosigkeit und Verständnislosigkeit, weil der Leichnam Jesu aus dem Grab verschwunden ist. Sie sind bestürzt darüber, daß das Grab leer ist, und sie verstehen nicht, was die Erscheinungsbotschaft an die Frauen bedeuten soll, daß Jesus lebt.

Zweiter Akt: Die beiden Jünger haben zwei Erlebnisse mit dem auferstandenen Jesus, die in ihnen das Licht der Einsicht und Erkenntnis aufleuchten lassen. – Sie gewinnen Einsicht durch das Gespräch mit Jesus: Seine Einführung in den tieferen Sinn der Schriftaussagen macht ihnen klar, daß zum Messias das Leiden gehört, und zwar als Durchgang zur Herrlichkeit. – Die Jünger gewinnen zudem durch das Zeichen des Brotbrechens die Erkenntnis: Jesus selbst ist es, der mit ihnen Mahl hält; Jesus lebt leibhaftig, aber in einer ganz neuen Weise, wie das plötzliche Entschwinden zeigte.

Dritter Akt: Die beiden Jünger kehren zurück nach Jerusalem, wo sie sich in Gemeinschaft mit den anderen Jüngern über die Wirklichkeit der Auferstehung Jesu freuen. Noch in derselben Stunde brechen die beiden auf, weil ihre übergroße Freude zur Mitteilung drängt. In Jerusalem finden sie die Elf und die übrigen Jünger versammelt, die ihnen ihrerseits in übergroßer Freude entgegenrufen: »Der Herr ist wirklich auferstanden«.

Emmausgeschichte: ein Spiegel unseres Lebens
In der Emmausgeschichte spiegeln sich wesentliche Erfahrungen unseres menschlichen Lebens. Zum einen spiegelt sich darin die Wechselhaftigkeit unseres Lebens. Wir Menschen sind wie die Emmausjünger unterwegs. Ähnlich wie ein Weg bergauf und bergab führt, befinden wir uns in einem ständigen Auf und Ab, in einem unberechenbaren Wechsel von positiven und negativen Ereignissen und daraus erwachsenden Stimmungen. Unser Leben bewegt sich zwischen den Polen: Erwartung und Enttäuschung, Hoffnung und Verzweiflung, Freude und Traurigkeit.

Zum anderen spiegelt sich in der Emmausgeschichte unser Angewiesensein auf andere, um die Schwierigkeiten des Lebens bewältigen zu können. Wir brauchen ähnlich wie die Emmausjünger das Gespräch, damit wir schlimme Erlebnisse von innen heraus überwinden können, d.h. wir brauchen deutend-klärende Worte und ermutigenden Zuspruch von anderen Menschen. Außerdem brauchen wir gerade in Zeiten der Hoffnungslosigkeit die Erfahrung von Gemeinschaft. Ähnlich wie den Emmausjüngern in der Mahlgemeinschaft das neue Leben Jesu klar wurde, kann uns in Verzweiflungssituationen die anteilnehmende Gemeinschaft von Mitmenschen neuen Auftrieb geben: Das Leben geht weiter, geht in neuer Form weiter. Entscheidende Impulse zum Leben aber erhalten wir als glaubende Christen in der »Gemeinschaft des Brotbrechens«, in der Feier der Eucharistie.

Emmausgeschichte: Bittruf unseres Glaubens
In der Emmausgeschichte steht ein Bittruf, der sich uns in vielen Lebenssituationen auf die Lippen drängen kann. Es ist der Bittruf: »Herr, bleibe bei uns, denn es will Abend werden!« Wir können ihn gleich in Gebetsform verwenden: Ja, Herr, bleibe bei uns, wenn Dunkelheit über unsere Herzen hereinbricht. – Bleibe bei uns im Dunkel der Traurigkeit, wenn uns ein lieber Mensch oder eine wert-

volle Sache genommen ist, wenn uns Unmenschlichkeit in den Institutionen, in denen wir leben, begegnet. – Bleibe bei uns im Dunkel der Hoffungslosigkeit, wenn eine große Erwartung oder ein großes Ziel in unserem Leben zerstört worden sind, wenn uns Menschen, auf die wir vertraut haben, in großer Not im Stich gelassen haben. – Bleibe bei uns im Dunkel der Sinnlosigkeit, wenn alles positive Bemühen in Familie und Beruf umsonst erscheint, wenn uns auch der Glaube zu entschwinden droht.

Wir können den Bittruf auch positiv wenden: Herr, bleibe bei uns, damit es in unseren Herzen Licht wird. – Gib uns Worte des Trostes und der Ermutigung: aus der Heiligen Schrift und aus Gesprächen mit Mitmenschen. – Gib uns innere Kraft: aus dem Mahl der Eucharistiefeier, durch die Erfahrung tiefster Gemeinschaft mit dir und den Mitmenschen. – Gib uns lichte Freude aus der Überzeugung des Glaubens: Du, Herr Jesus Christus, begleitest uns als Auferstandener immer auf dem Weg unseres Lebens; du gehst in allem Auf und Ab unseres Lebensweges als hilfreicher Freund an unserer Seite.

G. Kraus

Zweiter Sonntag der Osterzeit
Weisser Sonntag

Joh 20,19–31

I. Bibeltheologische Vorüberlegungen

s. Lesejahr B, 234 ff

II. Liturgisch-homiletische Vorüberlegungen

1. Liturgische Hinweise

Wieder ist in dieser Osterzeit die *Erste Lesung* der Apostelgeschichte entnommen – jenem Buch, in dem gezeigt wird, wie christliche Gemeinde in einer ihr feindlich gesonnenen, auf jeden Fall anders denkenden Umwelt wirken und überzeugen kann. Das Leben, Zeugnis und Wachstum der Urgemeinde waren einerseits bestimmt von dem wundertätigen Wirken der Apostel, speziell des Petrus, wie auch von der Einmütigkeit der ganzen Gemeinde bei ihren Zusammenkünften – Faktoren, die das Anwachsen der Zahl der Glaubenden bewirkten (vgl. Apg 5,12–16). Andererseits gab es auch eine Menge zu überwindender Schwierigkeiten: das anders geartete Denken und Verhalten der Nichtchristen bewirkten eine scheue Distanz der Gemeinde zu ihnen; sie schufen u. a. Anlässe zur Verfolgung der Kirche.

Die Offenbarung des Johannes, aus der als *Zweite Lesung* in der Osterzeit Abschnitte verlesen werden, ist ein Trostbuch für die verfolgte Kirche. Es enthält Visionen und Auditionen von himmlischen Botschaften. Die heutige Lesung (Offb 1,9–11 a.12–13.17–19) spricht von der Beauftragung des Johannes zur Abfassung des Buches und von der Vision des auferstandenen Christus.

Von der Berufung des Jünger spricht auch das *Evangelium* (Joh 20,19–31). Die Jünger sollen Anteil erhalten an der Sendung

Jesu, wenn auch Ängste und Zweifel, wie bei Thomas, immer wieder Hindernisse sind, die es schwer oder unmöglich machen, den Glauben an den Auferstandenen anzunehmen und glaubwürdig zu bezeugen.

2. Homiletische Hinweise

Für die Verkündigung bieten sich folgende Ansatzpunkte:
– *Die Angst der Jünger (Thomas) vor der Welt »draußen«*, die sich lähmend auswirkt auf die Bewältigung der Aufgaben der Christen und der Kirche in der jeweiligen Welt und Umwelt. Das Wort von der »kleinen Herde«, heute oft ganz anders verstanden, als es bei Lk 12,32 gemeint ist, stellt für uns eher eine Negativ-Antwort auf unsere heutige Lage dar, als daß es eine Perspektive der Hoffnung und Zuversicht bietet. Welches sind die Kräfte, die Angst und Zweifel überstehen lassen?
– *Die Frage nach der Weitergabe des Glaubens*
Bei aller Unzulänglichkeit und Begrenztheit auch der urchristlichen Gemeinden war doch ihre entscheidende Kraft der Glaube, daß Gott jeden Menschen auf eine bestimmte Weise mit Gaben ausstattet. Diese Gaben zu entfalten, ihnen eine »Chance« auch in der Gemeinde zu geben, auf diese Weise also möglichst viele Menschen »in Dienst« zu nehmen zum Aufbau des Ganzen – das erscheint als die einzige Chance, um mit der heutigen Krise des Glaubens fertig zu werden, bzw. die Weitergabe des Glaubens zu ermöglichen. Steht sich die so und nicht anders gewordene Traditions- und Dienstleistungskirche bei ihrem Auftrag selbst im Wege? Alles hängt davon ab, ob wir eine kleine Herde der Hoffnung und Zuversicht sind, statt eine kleinmütige oder ängstlich besorgte Herde. Es geht darum, wieder eine Kirche zu werden, die sich am Heilshandeln Jesu orientiert.

III. Zur Predigt: Besinnung auf das eigentliche Heilshandeln Jesu

Verschlossene Türen – verschlossene Herzen

Eigentlich hätten die Türen schon längst offen sein, die Jünger schon längst »draußen« sein müssen. Jedenfalls hatten dies die

Frauen am Ostermorgen, als es noch dunkel war, bereits gewagt. Sie waren zum Grab gegangen, waren die ersten Zeugen der Auferstehung geworden und mit dieser frohen Botschaft zu den Jüngern zurückgekehrt. Doch die Apostel glaubten den Frauen nicht; sie hielten das alles für Geschwätz (Lk 24,17). So blieben die Türen verschlossen. »Aus Furcht vor den Juden« – heißt es ausdrücklich. Der Evangelist scheut sich nicht, die Feigheit und Angst der Jünger beim Namen zu nennen.

Wer aber solche Angst hat, bei dem bleiben nicht nur die Türen der Wohnung verschlossen, sondern auch die Türen des Herzens. In der Situation der Angst werden die Herzen verengt, bleiben Augen und Ohren für neue Entwicklungen und Ereignisse blind und taub. Hoffnungsvolle Wirklichkeiten werden nicht mehr erkannt, sondern die Wirklichkeit selbst wird als Bedrohung empfunden. Denn sie verunsichert, stellt den Betroffenen in Frage, wird ihm höchstens zum Anlaß, sich hinter Vorschriften und Verordnungen einzumauern und zu verschanzen. Weil neue Erkenntnisse, die man nicht wahrhaben will, nicht möglich sind, gibt es auch keine mutigen Entscheidungen, keine geeigneten Initiativen, die nötig wären, um dem Anruf der Stunde gewachsen zu sein. Die Angst macht unfähig zu Neuem und Ungewohnten. Sie bewahrt zwar vor Fehlschlägen und Enttäuschungen, sie läßt aber auch nichts Neues zu: keine Begegnungen – weder mit Menschen noch mit Gott; auch nicht mit dem Auferstandenen. Während es in der Zeit vor Ostern noch ein offenes Sehen und Hören gab gegenüber dem, was Jesus tat und sagte, stellten sich in der Zeit nach der Auferstehung, in der statt des Sehens der Glaube gefragt war, Zweifel und Ängste ein. Die Apostel waren wie Menschen, die sich nicht trauten, eine Brücke zu betreten. Zögern und Zaudern machten sie unfähig zu mutigen Taten der Liebe und Versöhnung. Deshalb taten auch die Jünger die Türen nicht auf. Jesus selbst trat in ihre Mitte und sprach: »Friede sei mit euch!« Er sprach ihnen nicht nur Frieden zu, sondern beauftragte sie zu einer Sendung: »Wie mich der Vater gesandt hat, so sende ich euch!«.

Zuversicht, die Ängste überwindet

Für die Jünger der Zeit zwischen Ostern und Pfingsten gilt das Wort von der »begnadeten Angst«. Als Jesus in ihre Mitte getreten war, schien das Lähmende und Ausweglose ihrer Situation wie weggewischt. Mit offenen Ohren und Augen vermochten sie, in sich aufzunehmen und zu begreifen, warum sie Jesus eigentlich jahrelang auf seinen Wegen gefolgt waren – welchen Sinn die Begegnungen mit Jesus gehabt hatten, was das Weggehen Jesu für sie bedeutete: »Geh zu meinen Brüdern und sag ihnen . . .« (Joh 20,17); »Ihr seid meine Zeugen dafür» (Lk 24,48); »Nun aber geht und sagt meinen Jüngern und dem Petrus: Er geht euch voraus nach Galiläa« (Mk 16,7); »Mir ist alle Macht im Himmel und auf der Erde gegeben. Darum geht zu allen Völkern und macht alle Menschen zu meinen Jüngern« (Mt 28,18 f).

Dabei blieben genug äußere Anlässe zu Angst und Mutlosigkeit. Auch nach ihrem Sendungsauftrag waren die sie verfolgenden Juden Realität geblieben. Zudem lebten die Christen im Römischen Reich, welches die ganze damals bekannte Welt beherrschte. Das Reich der Römer duldete alles –, nur nicht ein Reich neben sich, welches als Konkurrenz oder Gegensatz hätte angesehen werden können. Jede aufkommende Konkurrenz wurde deshalb im Keim erstickt: Wo sich jemand der göttlichen Verehrung des Kaisers verweigerte, hatte er mit Gefängnis und Tod zu rechnen. Die meisten Apostel haben beides zu spüren bekommen.

Trotz der hoffnungslosen Lage wurde aber nun das »Fürchte dich nicht« zur Mitte ihres Lebens. Daraus erwuchs ihnen neuer Mut, der sie zu entschlossenen Taten anspornte. Schließlich hatte der Vater zugesagt, ihnen »das Reich« zu geben. Sie hatten begriffen, daß es sich dabei um kein Land, kein Territorium, keine politische Macht handelte, sondern um eine Gabe, die allen Menschen zuteil werden sollte: Gerechtigkeit, Versöhnung, Liebe und Frieden. Dieser neue Zustand der Welt, in der Jesus und sein Geist die neue bestimmende Wirklichkeit werden sollten, verschaffte sich gleich am Anfang seine glaubwürdigen und überzeugenden Argumente: Alle wurden vom Heiligen Geist erfüllt; sie begannen in fremden Sprachen zu reden; es waren Juden, Parther, Meder, Elamiter, Bewohner aus Mesopotamien, Judäa, Kappadozien, Asien und Ägypten, die sie hörten . . . (Apg 2). Und in den ersten christlichen Gemeinden, die damals entstanden, wuchs der Glaube an eine geeinte neue Menschheit: »Es gibt nicht mehr Juden und Griechen, nicht Sklaven und Freie, nicht Mann und Frau; denn Ihr alle seid Einer in Christus Jesus (Gal 3,28).

Was der Prophet Joël bereits im Alten Testament für die Zukunft des messianischen Reiches vorausgesagt hatte, war jetzt in Erfüllung gegangen: »Ich werde von meinem Geist ausgießen über alles Fleisch. Eure Söhne und Töchter werden Propheten sein, eure jungen Männer werden Visionen haben, und eure Alten werden Träume haben. Auch über meine Knechte und Mägde werde ich meinen Geist ausgießen . . ., und sie werden Propheten sein« (Apg 2,17 f).

»Machbare Kirche« oder: Orientierung am Heilshandeln Jesu?

Bischof *Johann Weber* von Graz hat vor einiger Zeit von einem »kirchlichen Atheismus« gesprochen, also von einem Atheismus bei den Christen mitten in der Kirche, einem Atheismus, der bei Klerikern und Laien festzustellen ist. Er meinte damit, es gebe bei uns eine Kirche, die nicht aus der Gnade lebe, in der es auch längst kein Ringen um Berufung mehr gebe. Wir kultivierten vielmehr zu Tode gestaltete Feiern; eine bis zum Exzeß getätigte Betriebsamkeit; da gebe es Positionskämpfe; da erlebe man eine in Büros, bei Tagungen und auf Kathedern geplante »machbare Kirche« mit einer großen, oft verschleierten Rückzugsbewegung, die immer weniger Leute versammelt. Christen, die sich mit dem »Betrieb Kirche« beschäftigen, hätten die eigentlichen Dimensionen der Menschwerdung, des Kreuzes und der Auferstehung, der Wiederkunft Christi in Macht und Herrlichkeit aus ihrem Bewußtsein verdrängt. Diese »verschleierte Rückzugsbewegung« scheint in einem heute oft bemühten Wort ihren Ausdruck zu finden: im Wort von der »Kleinen Herde«. Tatsächlich kann die Herde »klein« sein – an Zahl, aber auch im Geist und in der Wahrheit. Aber wenn sie die Furcht überwindet, wird sie sich mutig der Tatsache bewußt, daß ihr das Reich gegeben ist (Lk 12,32). Deshalb liegen im »Fürchte dich nicht« und im »Friede sei mit euch« die Schlüssel einer Verheißung und des zukunftsträchtigen Anfangs der nachösterlichen Gemeinde.

Im heutigen Evangelium wird auch deutlich gemacht, worauf es dabei ankommt: Wirkungsvoller Glauben ist nicht das Ergebnis einer gut strukturierten Gemeinde. Glaubenskraft fließt nicht einfach aus einer guten Organisation und Verwaltung. Als Jesus zum ersten Mal in die Mitte der Jünger tritt, ist Thomas nicht dabei. Als er zum zweitenmal kommt, konzentriert er sich ganz auf Thomas, den Zweifler und Zauderer. Jesus verwirft ihn nicht; er macht ihm keine Vorwürfe; er gestattet ihm sogar, seine Hand in die noch offene Wunde zu legen –, so als wollte er zu allen Umstehenden sagen: Eine Kette ist immer nur so stark, wie das Schwächste der Glieder. Jesus läßt sich auf den momentan Schwächsten ein. Darin wird – wie so oft im Evangelium – das eigentliche Heilshandeln Jesu deutlich gemacht. Er verkündet die Botschaft vom Reich Gottes allen Menschen. Der Schreiber eines Kirchenliedes bringt es in einem bekannten Text zum Ausdruck: »Im göttlichen Erbarmen / liebt Christus alle gleich, / die Reichen und Armen / beruft er in sein Reich . . .« (*Friedrich Dörr*). Dennoch scheinen sich die Schwachen, Zöllner und Sünder leichter mit dem Reich Gottes zu tun. Umgekehrt hat auch Jesus für sie eine Vorliebe: »Nicht die Gesunden brauchen den Arzt, sondern die Kranken. Darum lernt, was es heißt: Barmherzigkeit will ich, nicht Opfer. Denn ich bin gekommen, um die Sünder zu rufen, nicht die Gerechten« (Mt 9,12 f).

Kirche lebt aus der Kraft der Schwachheit

In den letzten Jahren wurde in deutschen katholischen Zeitungen oft die Frage diskutiert, was Jesus wohl tun und sagen würde, wenn er heute käme. Einer Zeitung habe ich folgende »modernen Seligpreisungen« entnommen:

»Heilig die Armen und Hungernden! Gottes Herrlichkeit wartet auf sie.
Heilig die Verfolgten und Gefolterten! Sie sind eins mit mir.
Heilig die Gefangenen und Unterdrückten! Die Liebe meines Vaters umfaßt sie.
Heilig die Trauernden! Die Leiden dieser Welt sind in nichts zu vergleichen mit der künftigen Herrlichkeit.
Heilig die Kranken! Durch sie schenke ich Menschen das ewige Heil.
Heilig, die viele Lasten tragen! Sie sollen sich freuen und jubeln, denn Gott wird ihr Lohn sein.
Heilig, die nie verzagen! Ich helfe ihnen.
Heilig, die mit den Armen und Unterdrückten leben und ihnen dienen! Heiliger Geist erfüllt sie.
Heilig die kleinen Gemeinschaften! Sie haben mich gefunden.
Heilig, die sich um Frieden und Befreiung mühen! Mein Friede und meine Gerechtigkeit wirkt in ihnen.
Heilig, die mir nachfolgen und mich verkünden! Sie zünden den Menschen das Licht an.
Heilig, die ihre Feinde lieben! Auch ich liebe alle Menschen.
Heilig die Suchenden! Sie werden Wahrheit finden.
Heilig, die mich im Sterben rufen! Mich ruft niemand vergeblich.

Aber wehe den Folterern! Sie kennen mich nicht.
Wehe den Unterdrückern, die ihre Macht in Politik und Wirtschaft mißbrauchen! Sie haben keinen Trost zu erwarten.
Wehe den Reichen, die nicht teilen! Sie leben ohne Gott.
Wehe den Dummen, die Gesetz und Tradition über den Geist der Liebe stellen! Ich kann durch sie nicht wirken.
Kehrt um und glaubt an die Freudenbotschaft! Das Reich Gottes mit all seiner Kraft wartet auf euch.«

Solche Worte sind eine Einladung an uns alle, heute Boten der Hoffnung, Zeugen Christi zu sein!

F. Köster

Dritter Sonntag der Osterzeit

Joh 21,1–19; Kurzfassung 21,1–14

I. Bibeltheologische Vorüberlegungen

1. Stellung, Struktur, Gattung der Perikope

Die Perikope ist dem sogenannten Nachtragskapitel entnommen, das nach Abschluß des Vierten Evangeliums (s. die Schlußbemerkung 20,30 f) von unbekannter Hand, wohl aus dem Schülerkreis des Evangelisten, angefügt wurde (21,24: »Wir wissen, daß sein Zeugnis wahr ist«). Es berichtet von einer Erscheinung des Auferstandenen am See von Tiberias. Er weist drei Teile auf: Einen Bericht von einem wunderbaren Fischfang aufgrund des Eingreifens des Auferstandenen und eine Begegnung mit ihm (Frühmahl), V. 1–14, einen Bericht über die Bestellung des Simon Petrus zum Hirten an Stelle Jesu, V. 15–19, und daran angeschlossen ein Gespräch über das Todesschicksal des Simon Petrus und des Lieblingsjüngers, V. 20–23. Der Erscheinungsbericht setzt eine Überlieferung von einem wunderbaren Fischfang des Petrus und seiner Gefährten voraus, die auch bei Lk 5,1–11 begegnet: Man beachte folgende Übereinstimmungen: das Fischfangmotiv, die handelnden Personen: Petrus und seine Gefährten, eine Selbstoffenbarung Jesu als Voraussetzung zur Herausbildung der Funktion und Stellung des Petrus, ferner den »synoptischen« Sprachcharakter des Stücks, der sich deutlich von dem des übrigen Johannes-Evangeliums unterscheidet. Der Erscheinungsbericht steht im Dienste der Weisung Jesu für die nachösterliche Kirche, daß Simon Petrus nun ihr legitimer Hirt sei.

Die Einordnung als dritte Erscheinung ist von dem oder den Nachtragsredaktoren unter Rücksichtnahme auf die Berichte im Vierten Evangelium getroffen; in Wirklichkeit gehen aber die galiläischen den Jerusalemer Erscheinungen wohl voraus (s. Mk 16,7; Mt 28,7.16).

Die liturgische Leseordnung bietet nur den ersten und zweiten Teil des Nachtrags. Der Hinweis auf das Todesschicksal der beiden

Hauptjünger entfällt. Die Kurzfassung läßt auch den zweiten Teil, V. 15–19, weg. Im österlichen Verkündigungszyklus geht es der Liturgie mehr um die Bedeutung der Auferstehung als um die des Petrusamtes für die nachösterliche Kirche.

2. *Einzelauslegung*

V. 1 Der zweimalige Gebrauch des Verbs phaneroo, erscheinen, sich kundtun, offenbaren, zeigt an, was das Sich-Zeigen des Auferstandenen für seine Jünger bedeutet: Eine Kundmachung seiner Sorge um das Heil der Menschen. In dieser Sorge des Auferstandenen gründen die Heilssorgen der Kirche ebenso wie Vollmacht und Sendung des Petrus.

V. 2 Wortführer ist Simon, der hier als der Petros, der Felsenmann herausgestellt ist. Auf seine Initiative hin kommt es zum Fang. Neben den »Söhnen des Zebedäus« (nur hier im Vierten Evangelium mit diesem Beinamen bezeichnet) sind noch zwei Jünger genannt, die allein im Vierten Evangelium eine Rolle spielen: Thomas und Natanael (s. 1,45–50; 20,24–29). Offenbar um die Sieben-Zahl vollzumachen, ist noch von zwei weiteren, namentlich nicht genannten Jüngern die Rede.

V. 3f Die Tatsache, daß der Fischzug erfolglos war, ist wichtig für den Fortgang des Geschehens, ebenso wie der Hinweis, daß die Jünger den Auferstandenen nicht kennen, der hier, wie sonst in den »Ostergeschichten«, als der Fremde, ganz Andere sich zeigt.

V. 15–11 Die Bitte Jesu um Fische an die zurückkehrenden Fischer, die erst das Wunder einleitet, weist durch die Anrede »Kindlein«, paidia, auf das besondere Verhältnis des Bittstellers zu den Fischern hin, was diese aber zuerst nicht bemerken. Erst als die Fische sich trotz der Morgenhelle »auf der anderen Seite des Bootes« ins Netz drängen, geht dem »von Jesus geliebten Jünger« auf, daß der am Ufer Wartende nur Jesus sein kann. Warum die erfahrenen Fischer einem solch unsinnigen Hinweis eines Unbekannten ohne Widerspruch entsprechen, interessiert den Erzähler nicht.

Im Gegenüber von Simon Petrus und dem »Lieblingsjünger« klingt ein Motiv auf, das im Vierten Evangelium eine wichtige Rolle spielt: Die Spannung zwischen Charisma und Amt, zwischen dem Gewährsmann des johnneischen Überlieferungskreises und der petrinisch ausgerichteten Großkirche (vgl. 1,35–42; 13,23–25; 18,15–18.25–27; 20,3–10; 21,20–23.24). Petrus ist zwar voll Eifer, aber ihm fehlt die tiefere Einsicht in das Geheimnis Jesu. So bedarf es des Hinweises »jenes Jüngers«.

Zwei Motive durchdringen sich beim Einholen des Netzes: 153 große Fische finden sich darin und dennoch zerreißt es nicht. Die Zahl 153 hat im ganzen des Vierten Evangeliums (beachte z. B. die Hochzeit zu Kana, 2,1–11) und gerade auch dieser Überlieferung (s. V. 2: 7 Jünger) sicher eine theologische Bedeutung. Nach Hieronymus unterscheiden die Zoologen des Altertum 153 Gattungen von Fischen. Alle Arten, Rassen, Völker, Religionen finden sich demnach im Netz der Kirche – in dieser Geschichte als Schiff und Fanggruppe des Petrus dargestellt –, und dennoch zerreißt das Netz nicht, zerbricht die Einheit der Kirche nicht. Die alle Menschen zur Einheit sammelnde Kraft der Kirche gründet dabei in Sendung und Wille des auferstandenen Herrn. Die nachösterliche Universalkirche spricht in dieser Überlieferung ihre missionarische Erfahrung aus: Im Netz des Petrus findet sich die neue Menschheit aus Juden und Heiden, Freien und Sklaven, Reichen und Armen, Männern und Frauen.

V. 12f Die Notiz von der Fremdheit des erkannten Auferstandenen will theologisch verstanden werden: Gerade als der Herr der Kirche, der wunderbar in ihrer Geschichte wirkt, bleibt der Auferstandene für die Kirche der ganz Andere, der sich der Verfügung auch der Führer der Kirche entzieht. Er bleibt der Herr. Der Auferstandene lädt die Seinen zum Frühmahl ein. Auch hier steht nicht die Erinnerung an gemeinsame Mahlzeiten in der Morgenfrühe am See Genesaret, wohl auf der sog. Felsenplatte Mensa domini bei Tabgha (Siebenquell), in der Nähe Kafarnaums, im Vordergrund, sondern die ständige Gegenwart des Erhöhten in seiner Kirche, vor allem bei der Agape, dem urchristlichen Liebesmahl. Der Auferstandene ist der Stifter der liebenden Gemeinschaft der Kirche und ihrer Führer.

V. 15–19 Dieser Abschnitt spricht von der Stellung und Funktion des Simon Petrus in der Kirche des Auferstandenen. Er ist gegliedert durch eine dreimalige Befragung des Petrus mit einer dreimaligen Beauftragung durch den Auferstandenen und eine abschließende prophetische Ansage des Schicksals Petri, verbunden mit einer Aufforderung zur Nachfolge. Auf die Bedeutung des hier Gesagten weist neben der Dreizahl der Aussagen die feierliche Anrede des Petrus als »Simon, Sohn des Johannes«, die Parallelität des Aufbaus und die hoheitliche, vollmächtige Weise des Redens Jesu. Dem Stil nach handelt es sich um eine feierliche Vollmachtsübertragung mit dem Charakter letztwilliger, testamentarischer Gültigkeit.

Die Anrede läßt mit Bedacht den in der Einleitung V. 15a gebrauchten Titel Petros, Felsenmann, weg. Denn inhaltlich soll hier dasselbe gesagt werden wie Mt 16,13–17. Jesus bestellt Simon zu seinem »Beauftragten, Bevollmächtigten und Stellvertreter«. Diese Vollmacht stammt vom Auferstandenen (vgl. 1 Kor 15,3ff; 9,1f; Gal 1,15–18; 2,7–9).

Die einzige Bedingung für die Berufbarkeit Simons ist dessen Christusliebe. Zwar entscheidet Gottes Wille, wer zu Jesus findet, Joh 6,65; der Berufene muß aber mit Gottes Willen mitwirken. Das entscheidende Kriterium ist liebende Offenheit für Christus. Sie ist die Voraussetzung für ein kirchliches Amt. Was diese johanneische Forderung meint, ist in den V. 18 und 19 gesagt: Leben und Einsatz für Christus bis zum Tod.

»Liebst du mich mehr als diese (mich lieben)?« Zwar ist diese Frage nur einmal in der Steigerungsform gestellt, ist aber sachlich auch an den beiden anderen Stellen so zu verstehen. Hier wird der Anspruch erhoben, daß nur *der* Christus vertreten kann und darf, der ihn auch mehr liebt, als dies alle anderen tun. In der dreimaligen Frage ist wohl auch angespielt auf die dreimalige Verleugnung des Petrus, 18,17.25.27. Dies und die Trauer des Petrus über die dreimalige Frage Jesu, der doch wissen muß, daß Petrus ihn liebt, weisen darauf hin, daß jeder hinter dem zurückbleiben muß, was von Jesus gefordert ist.

Zu beachten ist auch, daß es Simon nie wagt zu behaupten, daß er Jesus mehr liebe, als die anderen dies tun. Es ist dem Jünger Jesu verwehrt, sich auf seine Liebe zu Christus etwas einzubilden oder gar sich damit in der Jüngergemeinde aufzuspielen. Christliche Heiligkeit schließt egoistische Selbstgefälligkeit aus. Der Christ kann nur auf Christus schauen und an ihn sich halten, will er vor Christus bestehen.

Der dreimalige Auftrag: »Weide meine Schafe« meint immer dasselbe: An Stelle Christi die Herde Christi, das Volk Gottes aus Juden und Heiden (»anderer Schafstall«), zu weiden (s. 10,1–18). Mit diesem Auftrag ist zugleich die Bevollmächtigung durch den Auferstandenen verbunden.

Diese Aussage über die Sendung und die Vollmacht des Simon Petrus entspricht den übrigen Petrusaussagen des Neuen Testaments (vgl. Mt 16,13–20; Lk 22,31f; Joh 1,42; 1 Petr 5,1f).

»Weiden« (einmal: poimainein, neben dem Fachbegriff für Hütetätigkeit boskein: zweimal) bezeichnet im jüdisch-hellenistischen Raum hoheitliches Handeln als Herrscher, König oder religiöser Führer einer untergebenen Menschengemeinschaft, im Neuen Testament ist es als Fachwort für die Führungsaufgabe und Führungsvollmacht der Bischöfe und Presbyter, d. h. der obersten Gemeinde-»Hirten« gebraucht (vgl. Apg 20,28; 1 Kor 9,7 f; 1 Petr 5,2; Jud 12; s. auch Offb 2,27; 7,17).

Weil Petrus Christus als den Herrn und Hirten »repräsentiert«, muß er Christi Leben konsequent entsprechen. Das besagt die Aufforderung »Folge mir nach« (vgl. V. 22), die hier im Sinne von Nachahmung des Vorbildes Jesu im eigenen Lebensvollzug zu verstehen ist.

Das Wort von der Nachfolge gewinnt hier zugleich den Sinn einer prophetischen Aussage über das Schicksal des Petrus. Unser Text blickt (s. auch die Aussage der V. 20–23) auf den Tod des Petrus bereits zurück und versteht dessen Leben als eine vorbildliche Darstellung dessen, der mit der Nachfolge ganz ernst macht. Für den Jünger Christi besteht so eine notwendige Entsprechung von christlicher Berufung, christlicher Sendung und christlichem Lebensvollzug.

V. 20–23 Der Anhang hebt auf den besonderen, nicht gewaltsamen Tod »des Jüngers, den Jesus liebte« und das aus der urchristlichen Naherwartung stammende Mißverständnis ab, vor dem Tod dieses Jüngers komme der Herr in Vollmacht wieder. Eine solche Auffassung kann sich nicht auf das Wort des Herrn berufen. Abgewehrt wird zugleich die Meinung, jener Jünger sei nicht ebenso Vorbild für Christusnachfolge wie Petrus, weil er nicht gewaltsam für Christus sterben mußte. Das Schicksal eines jeden liegt in Gottes Hand, es kommt vielmehr darauf an, der eigenen Sendung voll zu entsprechen, um vor Christus groß zu sein.

3. Theologische Würdigung

(1) Wenn auch die Perikope Joh 21,1–19 bzw. 21,1–14 als Evangelium eines Sonntags der Osterzeit gewählt wurde, darf dies nicht dazu verleiten, den Text historisch-apologetisch auszuwerten. Es geht hier nicht um das Wann, Wo und Wie der Erscheinungen des Auferstandenen, sondern um die Frage nach Wesen und Aufgabe der

Kirche sowie nach der Herkunft und Vollmacht des Amtes des Petrus.

Da die Schwerpunkte der beiden Abschnitte 1–14 und 15–19 nicht identisch sind, die Hauptaussage zudem in den V. 15–19 liegt, sollte auch dann, wenn die Langfassung vorgelesen wird, entweder über den Abschnitt 1–14 oder über den zweiten Abschnitt, 15–19, gesprochen werden.

(2) Die theologische Aussage der V. 1–14 kreist um das Thema: Wesen und Aufgabe der nachösterlichen Kirche. Anders als in Joh K. 10 – Kirche als Herde Gottes aus Juden und Heiden – oder in Joh K. 15 – Kirche als Weinstock – wird die Kirche hier als Schiff und als Fischfangunternehmen der Mannschaft des Petrus, zugleich auch als reich gefülltes, unzerreißbares Netz vorgestellt. Sie verfügt dabei über ungewöhnliche Erfahrungen: Über unerwartete Mißerfolge wie auch über wunderbare Erfolge dort, wo sie einfach dem Wort ihres auferstandenen Herrn folgte. Ihr auferstandener Herr will alle Menschen retten und hilft daher, Menschen aller Rassen, Völker, Religionen und Klassen durch das Evangelium zu einen.

(3) Zugleich ist die Kirche die Gemeinschaft derer, die mit dem Auferstandenen Tischgemeinschaft halten und die von ihrem Herrn wunderbar gespeist und betreut wird. Sie lebt aus der Sorge und Nähe ihres auferstandenen Herrn, der ihr auf verborgene und zugleich offene Weise nahe ist.

(4) Die kerygmatische Mitte der V. 15–19 liegt in der Bestellung des Simon, des Sohnes des Johannes, zum guten Hirten der nachösterlichen Kirche durch den Auferstandenen, den allein rechtmäßigen Hirten der Herde Gottes. Er vertritt wirklich die Stelle des zum Vater gegangenen Hirten. In dessen Vollmacht leitet er die Kirche aus Juden und Heiden und sorgt sich um deren Leben und Gedeihen. Herde Gottes, Hirtentum Jesu und Hirtenamt des Petrus gehören deshalb wesentlich zusammen. Nur wer Petrus als Hirten der Kirche anerkennt, hat Christus zu seinem Herrn. Gerade als Zeugnis der johanneischen Kirche ist diese Aussage über das Petrusamt von hoher Bedeutung.

Allerdings sind die johanneischen Akzente dieser Aussage nicht zu übersehen. Die Berufung des Petrus ist reine Gnadentat des Auferstandenen. Sie fordert aber von dem Berufenen selbstlose Liebe zu Christus und die Bereitschaft, wie er sich für die Herde Gottes einzusetzen. Nur wo Petrus sich in der Christusnachfolge bewährt, bezeugt und vertritt er Christus auf glaubwürdige Weise.

(5) Die Spannung Petrus-Liebesjünger, Amt und Charisma, die im ganzen Nachtragskapitel zum Vorschein kommt, gilt es zu beachten. Das Amt ist nicht alles in der Kirche; entscheidend ist die Liebe zu Christus, die für alle in der Herde Christi wesensnotwendig ist. Maß und Intensität dieser Liebe sind keineswegs durch das Amt normiert oder allein dem Amte vorbehalten. Es kann durchaus sein, daß die größere Christusliebe nicht bei den Amtsträgern zu finden ist. Das gilt es demütig anzuerkennen. Aber der Träger größerer Liebe darf seine Liebe nicht ausspielen gegen das Amt, so als ob er des Amtes nicht bedürfe und daher berechtigt sei, den abzulehnen und nicht anzuerkennen, der in Christi Namen in der Kirche Verantwortung trägt. Andererseits muß der Amtsträger sich angerufen wissen, seinen Dienst aus Liebe zu Christus und den Christen zu tun. Denn Vollmacht, ohne Liebe ausgeübt, tötet; Liebe aber ohne ordnendes Amt droht in Unordnung und Sektentum zu enden. Beide, Amt und Charisma, gehören wesentlich zusammen und sollen einander helfen, in der Liebe zu wachsen und mit der Nachfolge ernst zu machen.

O. Knoch

II. Liturgisch-homiletische Hinweise

1. Liturgische Hinweise

Auch an diesem Sonntag werden die Perikopen aus der Apostelgeschichte und der Offenbarung des Johannes fortgesetzt. Allgemein haben beide *Lesungen* folgende Tendenz: Die *Erste Lesung* hebt auf die Anfänge christlicher Glaubensverkündigung ab, den Typos der apostolischen Predigt; nachdem in der nachösterlichen Zeit sich den Jüngern das Geheimnis von Tod und Auferstehung Jesu in der Begegnung mit dem Herrn erschlossen hat, erschließen sie ihrerseits ihren jüdischen Glaubensbrüdern ihren Glauben. – Die *Zweite Lesung* hat die Bedrängnis der Christen der nachapostolischen Zeit im Auge; sie lenkt den Blick auf die Bedrängnis und das Opfer des Gekreuzigten, der der Herr des neuen Äon ist.

An diesem Sonntag liegt der Akzent in beiden Perikopen auf dem Verhältnis von Tod und Auferweckung (Erhöhung). So spricht die Rede des Petrus nicht vom Tod Jesu, um Schuldvorwürfe an die Juden zu machen. Petrus stellt vielmehr den Zusammenhang her zwischen Tod, Erhöhung und Sündenvergebung im Sterben des Messias (als heilgeschichtliche Notwendigkeit). In der Offenbarung taucht die Metapher »Lamm« auf für das Leiden des Gerechten, des Gottesknechtes und des Gewaltlosen. In diesem Begriff bündeln sich die Paradoxa: die Macht gehört dem Gewaltlosen, der Reichtum dem Armen, die Herrlichkeit dem Erniedrigten.

2. Homiletische Hinweise

Ein möglicher Zugang zur Predigt ist das Petrusbild; doch geht es hier nicht um eine Theologie des Petrusamtes. Zu beachten ist das kontroverse Zeugnis lukanischer und johanneischer Prägung, wie es sich z. T. in der *Ersten Lesung* und im *Evangelium* zeigt. In diesen Zusammenhang gehören Hinweise auf die Parallele der dreimaligen Verleugnung. Eine Betrachtung über die »Titel« und »Titulierungen« Petri wäre denkbar (»Kephas«, »kleingläubig«, »Satan«). Auch eine Erinnerung an die Quo-vadis-Legende scheint mir angebracht.

Ideen für ein Predigtthema: Die Glaubensgeschichte ist als Lebensgeschichte immer »bewegt«: Was für einen Petrus gilt, darf erst recht für jeden anderen gelten. Glauben »hat« man nicht, Glaube »ist« Leben. Ein »kleiner« Glaube ist immer noch mehr als keiner (wird auch von Jesus nicht als Verurteilung verstanden). Glaube und Unglaube (bzw. der Zweifel) liegen enger beieinander, als wir oft denken.

Eine zweite Möglichkeit bietet das Fazit der Exegese: Der Herr ist den Seinen vertraut und fremd zugleich. Sein Rat an die Fischer ist unfachmännisch und zugleich der richtige.

Ideen für ein Thema: Die Kirche oder die Gemeinde kann erfolglos sein, obwohl alles richtig geplant und fachmännisch durchgeführt wird. Nicht die Fischer, sondern »der Herr« ist der Herr (in Kirche und Welt). So wenig Gottes Wege die unseren sind, genauso waren die Zugänge Jesu zu den Menschen (zu seinen Lebzeiten) sehr unkonventionell. Er war oft auf der »falschen« Seite, orientiert an den Außenseitern. Aber gerade deswegen war er nicht exklusiv oder esoterisch, erst recht nicht der geborene Insider. Ihm ging es um »alle« 153 Fische. Eine Gewissenserforschung für den Prediger und seine Gemeinde?

III. Predigt: »An die Auferstehung glauben – leibhaftig«

»Ich glaube an die Auferstehung der Toten«

So beten wir in jedem Glaubensbekenntnis. Das ist schnell gesagt. Und ich muß gestehen, für mich geht es oft so schnell, daß ich mir kaum etwas dabei vorstelle. Weil diese Aussage auch fast am Schluß steht, läßt die Konzentration ohnehin etwas nach. Ein Bild, eine Vorstellung davon habe ich beim Beten nicht.

Die Maler der Gotik und der Renaissance hatten schon ihre Bilder davon. Immer wenn sie das Jüngste Gericht malten, ließen sie die Toten ihren Gräbern entsteigen. Und da kamen keine Geister oder Skelette heraus, sondern Menschen mit ihren Leibern, wie Gott sie geschaffen hatte.

Auferstehung und Leib bringen wir heute nicht mehr ohne weiteres zusammen. Früher benannten die Menschen im Glaubensbekenntnis die »Auferstehung des Fleisches«; und manche älteren Kirchenlieder singen noch von der Auferstehung des Leibes. Das ist kein Zufall. Sicher ist die Übersetzung »Auferstehung der Toten« korrekt. Aber was an der Auferstehung leibhaftig, leiblich ist, ist zurückgetreten. Auferstehung verstehen wir eher als etwas Geistiges; sie wird idealisiert. Nicht von ungefähr versuchte ein moderner Theologe Auferstehung so zu begreifen: »Die Sache Jesu geht weiter.«

Verlust der Beziehung zum Leib

Ich glaube, wir haben den Leib nicht nur im Glauben an die Auferstehung verloren, sondern überhaupt in unserer Zeit. »Halt«, werden Sie sagen, »leben wir nicht in einem Zeitalter des Körperkults?« In der Tat, die Menschen widmen sich ihrem Körper wie kaum je zuvor: von der sogenannten sexuellen Revolution bis hin zur Body-Building-Welle, es dreht sich alles um den Körper. Aber der Körper, der Leib ist nur Mittel zum Zweck: der Leib dient nur der Lust, – und die Liebe bleibt auf der Strecke. Und mancher hetzt seinen Körper durch viele Torturen, um nur ja so schnell und schlank zu sein, wie »man« es eben sein muß. Da wird der Leib verkürzt auf den Unterleib, der Körper verkümmert zur Laufmaschine. Nebenbei gesagt, wir Christen dürfen den Zeigefinger nicht zu hoch heben. Hat es nicht oft genug geheißen, der Leib sei des Teufels? Und war der Leib nicht allzuoft ein recht minderwertiger Teil von Gottes Schöpfung?

Leibhafte Begegnung mit Jesus: damals ...

Wenn die Evangelisten von Jesus berichten, geht es da immer sehr leibhaftig zu, sinnenhaft und handgreiflich. Wie oft ist von Essen und Trinken die Rede! Jesus war wohl ziemlich oft zu Gast bei den Menschen. Und wenn Jesus predigt, vergißt er nicht, daß die Leute zu essen bekommen. Denken Sie an die Hochzeit zu Kana oder an das Letzte Abendmahl! Und es wird sogar berichtet, daß Jesus in seiner letzten Stunde Durst hatte.

Jesus ist auch nicht unantastbar. Die Sünderin berührt ihn, als sie ihm die Füße wäscht, und die blutflüssige Frau faßt ihn an. Und Jesus will mit den Menschen in Berührung kommen, er schreckt selbst vor den Unberührbaren nicht zurück, den Aussätzigen. Ja, das Werk der Erlösung vollzieht sich an seinem Leib, seinem bloßen Leib. Um des Heiles willen wird der Gottesknecht bis aufs Blut gequält. Aus seinen Wunden fließt das Heil.

So ist es auch mit der Auferstehung Jesu. Die Jünger erfahren es ganz leibhaftig: Er lebt! Am letzten Sonntag hörten wir: Thomas kommt nur zum Glauben, weil er mit dem verwundeten Heiland in Berührung kommt. Und Jesus läßt sich berühren und spüren. In den Wunden findet Thomas den Herrn und findet sich selber. Im Evangelium heute erkennen die Jünger Jesus nicht mit dem Auge oder mit dem Ohr, mit dem Verstand schon gar nicht. Sondern sie mühen sich ab – aus Leibeskräften. Zwar tun sie das Unmögliche, das er von ihnen verlangt. Aber sie erkennen den Herrn erst, als sie seine Gegenwart wirklich mit Händen greifen können. Als die Kraft ihrer Arme fast erlahmt, da sagt der geliebte Jünger: Es ist der Herr. Die Jünger fragen nicht: Wer bist du? Sie wissen es viel besser, denn der Herr gibt ihnen zu essen; er hält das Mahl der Liebe mit ihnen. Seine Liebe können sie mit dem Leib spüren; die Liebe geht durch den Magen.

... und heute

»Glauben heißt Nicht-Sehen«, »Glauben heißt Fest-für-wahr-Halten«. Solche Sätze haben viele von uns geschluckt. Und sie sitzen so in uns drin, als wären sie die ganze Wahrheit. Zu glauben, daß Auferstehung leibhaftig ist, fällt uns schwer. Und daß der Glaube und der Leib zusammengehören, auch. Mag sein, daß unsere nüchterne Zeit es uns so schwer macht. Oder weil viele unserer Gotteshäuser so kalt und wenig sinnenfreudig geworden sind.

Ich behaupte, es gibt leibhaftige Zeichen für den Glauben. Wie sehr hat ein Papst Johannes XXIII. die Menschen begeistert! Von seinen menschlichen Gesten, von seinen schlichten Worten war man einfach angerührt, ob nun Christ oder nicht. Weil jeder seine Menschlichkeit spüren konnte – selbst seine rundliche Figur gab Zeugnis davon –, hat dieser Papst gewiß mehr bewirkt als noch so kluge päpstliche Dokumente. Und erinnern Sie sich noch, wie der letzte Papst die Menschen mit seinem Lächeln in Bann zog? In den wenigen Tagen seiner Amtszeit hatte er keine Chance, die Kirche nach seinen Vorstellungen zu leiten. Aber allein in seinem Lächeln, in seinem unkonventionellen Auftreten spürten viele einen verheißungsvollen Anfang.

Mit Leib und Seele glauben, über die Sinne zum Glauben finden, den Glauben leibhaftig spüren – das alles läßt sich nicht »machen«. Das kann man nicht »programmieren«. Das sagt uns das Evangelium heute auch. Zu erfahren, Jesus ist vom Tode erstanden, das stand auf keiner Tagesordnung, das wurde in keinem Lehrgang geübt.

Aber auch heute können wir mit dem Auferstandenen in Berührung kommen, auch heute strömt sein Leben in uns. Wenn wir jetzt miteinander Eucharistie feiern, dann begegnen wir ihm leibhaft, im besten Sinn des Wortes. Denn wir empfangen seinen Leib, wir trinken sein Blut. Und wir werden, was wir empfangen: Christi Leib – hier und heute, in dieser Gemeinschaft des Glaubens. Die Antwort auf diese Begegnung im Leib sollte dann heißen: Christus in unserem Leben zu bezeugen, mit Hand und Mund, in Wort und Tat. Leibhaftig glauben – das meint schließlich: Es kommt der Tag, an dem wir Gott »leibhaftig« begegnen – von Angesicht zu Angesicht. Dann wird unser Leib verwandelt in eine neue Leiblichkeit – mit Körper, Seele und Geist. Dann werden wir in Gott sein und bei ihm: in einer neuen verklärten Existenz – für immer und auf ewig.

B. Grandthyll

Vierter Sonntag der Osterzeit

Joh 10,27–30

I. Bibeltheologische Vorüberlegungen

1. Stellung, Struktur, Gattung der Perikope

Die Hirtenrede von Joh K. 10 bedarf wie jede Bildrede der deutenden Auslegung. Die heutige Evangeliums-Perikope erfüllt zusammen mit den V. 7–10 und 14–18 diese Funktion. Möglicherweise ist die Ordnung der einzelnen Abschnitte von Joh 10 gestört: Die V. 22–26 sind als Einleitung zu den beiden Gleichnissen (Hirt und Mietling: V. 10–13; Hirt und Dieb: V. 1–6) denkbar, während die weniger bildlichen Partien V. 7–10; 14–18; 27–30 auf die beiden Gleichnisse Bezug nehmen und deren Aussagekern freilegen. Die V. 31–39 schließen organisch an V. 30 an; die darin berichtete Auseinandersetzung zwischen Jesus und »den Juden«, V. 31, entzündet sich an der in V. 30 behaupteten Einheit zwischen Jesus und dem Vater. Inhaltlich gehört V. 10 zu den Offenbarungsreden des Vierten Evangeliums. Darin bilden die vier »Ich bin«-Worte der V. 7.9.11.14 die Kernsätze; unser Abschnitt, V. 27–30, enthält zusammen mit V. 7–10 und 14–18 deren theologische Explikation.

2. Einzelauslegung

V. 27 Im Anschluß an V. 26 – »Ihr glaubt nicht, weil ihr nicht von meinen Schafen seid« – zeigt V. 27 das Spezifische des durch den Glauben geschaffenen Verhältnisses zwischen Jesus und den Seinen auf. – Hatte die Hirtenrede bisher alle Schafe im Auge (vgl. bes. V. 16!), so gehören nach V. 27 nur jene zu Jesu Schafen, die (auf) seine Stimme hören und Jesus nachfolgen. Gemeint ist das typisch johanneische Hören, das zwar auch ein Anhören, ein Zuhören im herkömmlichen Sinn besagt, das aber dieses Hören versteht als »annehmendes und bewahrendes Hören, . . . ein Hören, das im Hören auf das Gehörte eingeht, . . . das hörend . . . im Gehörten verweilt . . . Und solches Hören ist die innere Form des Glaubens . . . Das Hören eröffnet nicht nur den Glauben, sondern in ihm vollzieht er sich auch« (H. Schlier). Gemeint ist sodann das typisch johanneische Nachfolgen, das der Vierte Evangelist als verdeutlichendes Synonym zu »Glauben« verwendet, und das die Dynamik des Glaubensvollzugs, das Unterwegs-Sein des Glaubenden anvisiert. Wer Jesus nachfolgt, lebt ein Leben, dessen einzelne Akte bestimmt sind vom weg-weisenden Wort des Offenbarers. Dieser »erkennt« seine Schafe, vgl. V. 14. Der Begriff, der wie »Sehen« und »Hören« zu den johanneischen Vorzugswörtern zählt, wird von Jesus (Gott) und vom Menschen ausgesagt und bezeichnet über bloß rationales Erkennen hinaus »das Verhältnis wesenhafter Verbundenheit« zwischen Erkennendem und Erkanntem (Bultmann). Der johanneisch Erkennende übt bestimmenden Einfluß auf den Erkannten aus. Das gilt vom Erkennen Gottes bzw. des Offenbarers dem Menschen gegenüber (vgl. Joh 10,14; 10,27); es gilt aber auch in umgekehrter Richtung von der durch den Offenbarer ermöglichten Gottes- bzw. Christuserkenntnis des Glaubenden, Joh 10,14; 17,3. Der Erkannte tritt in das Leben des Erkennenden maßgeblich ein. Der glaubende Mensch erfährt, daß der Erkennende für den Erkannten da ist. Hier enthüllt sich die im Begriff des Erkennens mitgemeinte Nuance erkennenden Liebens bzw. liebenden Erkennens, die aber begrifflich erst 17,21–26 (und im Johannesbrief) artikuliert wird.

V. 28 Der Erkennende – Jesus – gibt den Erkannten das Heilsgut schlechthin, das ewige Leben. Dieses besteht nach Joh 17,3 darin, »daß sie dich den alleinigen, wahren Gott erkennen, und den, welchen du gesandt hast, Jesus Christus«. Die Erkannten werden erkennen: Damit ist das Verhältnis des gegenseitigen Bestimmtseins, näherhin das Verhältnis des Liebens und Geliebtseins angesprochen, das

V. 29 durch keine feindliche Macht gestört oder gar aufgehoben wird, und das gerade wegen dieser seiner Sicherheit den Glaubenden jeder Angst enthebt. – Das »Zugrundegehen« ist zu verstehen als Gegensatz zu »ewiges Leben«; gemeint ist nicht das physische Sterben, sondern der end-gültige Verlust des Lebens, das der Offenbarer anbietet, und das er letztlich selber ist, vgl. 11,25; 14,6. Der Gegensatz begegnet auch Joh 3,16, sowie (der Sache, nicht dem Wortlaut nach) an den Stellen, die Glauben und Nichtglauben mit Tod (bzw. Sterben) und Leben in Beziehung bringen, Joh 5,24; 11,25 f u. a. – »Hand« (vgl. V. 28: Meine Hand; V. 29: Die Hand des Vaters) steht hier wie öfters im Alten Testament für »Macht«. Gottes Hand ist für sein Volk bergende, für die Feinde vernichtende Macht. – Der Wortlaut von V. 29 wird von den alten Textzeugen verschieden überliefert. Die neue Einheitsübersetzung folgt der gut bezeugten Leseart: »Mein Vater, der sie (die an mich Glaubenden) mir gegeben (d. h. sie zum Glauben an mich geführt) hat« – vgl. Joh 6,44.65 –, »ist größer als alle (gemeint sind alle, die die Glaubenden Jesus entreißen möchten, obwohl der Vater sie ihm in die Hände gegeben hat)«.

V. 30 Die vom Vierten Evangelium öfters betonte Einheit zwischen Vater und Sohn (vgl. bes. 17,11.21.22 u. a) ist nach V. 30 der Hintergrund, auf dem die Aussagen der V. 27–29) zu verstehen sind. Die gemeinte Einheit ist zunächst die des Erkennens, vgl. 10,15, d. h. das gegenseitige Sich-Bestimmen und Voneinander-Bestimmtsein; sie ist ferner die Einheit des Wollens und des Wirkens, vgl. 5,19 f; auf dem Hintergrund von Joh 1,1 ist sie schließlich die Einheit im Wesen, von der außer dem Prolog auch die Abschiedsreden, 14,10; 17,21–26, sprechen. Wie der nächste Abschnitt, V. 31–39, zeigt, ist in V. 30 das zuletzt genannte Verständnis von Einheit vorausgesetzt.

3. Theologische Würdigung

Die theologische Würdigung hat zu geschehen auf dem Hintergrund der Hirtenrede, auf die unsre Perikope erläuternd eingeht.

(1) Die V. 27–29 zeigen zunächst scheinbar rein deskriptiv das neue Verhältnis zu Jesus und zu Gott, in das der Glaubende eingetreten ist. Gleichzeitig (und mit verhaltener Eindringlichkeit!) wird aber dem Glaubenden ein neues Selbstverständnis gegeben. Das im Hirtengleichnis gebrauchte Bild von Hirt und Herde ist dafür eine wichtige Verstehenshilfe. – Der Glaubende hat sich durch seinen Glaubensentscheid dem Offenbarer übereignet. Er hat sich dafür entschieden, sich fortan von ihm bestimmen zu lassen, immer je jetzt »auf ihn zu hören«, und zwar in der existentiellen Offenheit auf Jesus als auf den hin, der das bestimmende Wort spricht.

(2) Hören geschieht dann richtig, wenn es zum glaubenden Eingehen auf Jesu »Stimme«, V. 27, und damit zur Nachfolge führt, zum Nach-Gehen des Weges, den der Offenbarer geht. An solchem Nach-Gehen hängt alles; nach 14,6 gibt es nur einen Weg, der ans Ziel führt, und das ist Jesus selbst.

(3) Zwischen dem Offenbarer und den Glaubenden besteht eine enge Weggemeinschaft. Die Glaubenden »gehören« Jesus (»meine« Schafe: V. 27); der Vater hat sie ihm »gegeben«, V. 29, da er sie zum Glauben kommen ließ, vgl. 6.44.65. Er schützt sie wie einen kostbaren Besitz, und seine bergende Kraft ist stärker als jede widergöttliche Macht, V. 28. Mit Sicherheit weiß der Glaubende um eine Geborgenheit, aus der ihn keiner herausreißt, V. 28f.

(4) Damit, aber auch mit dem Wort von der Zueignung des ewigen Lebens, V. 28, betont der johanneische Jesus seine (und Gottes) Initiative zum Heil jedes einzelnen. Und zwar erfährt einer die Heilsgabe des Lebens immer neu im Je-Jetzt des Glaubens (»ich gebe«, Präsens, V. 28).

(5) Der glaubenden Existenz wird in den V. 28bc und 29b eine befreiende Heilssicherheit zugesagt. Sie beruht darauf, daß der Gott, dem sich der Glaubende anschließt, »größer ist als alle« –, d.h. vor allem: als die widergöttlichen Kräfte, auch die im eigenen Inneren.

(6) Die Sicherheit, in der der Glaubende als Glaubender lebt, hat ihren Grund darin, daß er im Offenbarer Gott begegnet, daß er im Bekenntnis zum Sohn auch den Vater »hat«, vgl. 1 Joh 2,23, weil Sohn und Vater eins sind, Joh 10,30. Diese Sicherheit ist allerdings nicht von außerhalb des Raumes zu »beweisen«, in den der Glaubende aufgrund des gehörten und angenommenen Zeugnisses eintritt. Sicherheit wächst dem Glaubenden nicht von »außen« zu, sondern von innen, aus dem stets neuen Horchen und Gehorchen, das ihn die Einheit mit dem Sohn und dem Vater erleben läßt, in die er (etwa nach 17,23) einbezogen ist.

(7) Von diesem existentiellen Hintergrund her gesehen ist das Wort von der Einheit zwischen Vater und Sohn, das nach Joh 10,31–39 auf scharfe Ablehnung stößt, zugleich höchste Verheißung und schärfste Herausforderung. Aber gerade im ärgerniserregenden Charakter dieser Botschaft liegt ihre Bedeutsamkeit. Jeder Generation ist er und nur er der Heilsmittler, der als der fleischgewordene Logos von ur-an bei Gott und selber Gott ist, Joh 1,1f. Wer so an ihn glaubt, wie es die V. 27–30 voraussetzen, dem ist als höchstes der Heilsgüter das Leben zugesagt »in seinem Namen«, Joh 20,31.

J. Pfammatter

II. Liturgisch-homiletische Vorüberlegungen

1. Liturgische Hinweise

Dieser Sonntag trägt von alters her den Namen »Misericordia Domini«. Was im *Eröffnungsvers* der Eucharistiefeier steht: »Die Erde ist voll von der Huld (Erbarmen) des Herrn«, gibt dem ganzen Sonntag sein Gepräge. Jesus, der gute Hirt, kennt die Seinen und schenkt ihnen aus dem unerschöpflichen Erbarmen Gottes heraus ewiges Leben. Um das rechte Geleitetwerden zur ewigen Weide bitten das *Tages-* und das *Schlußgebet*. Und in der Eucharistiefeier wird Wirklichkeit, was im *Evangelium* ausgesagt ist: Der Herr gibt sich selbst als Gabe des Lebens.

So sehr der Sonntag vom Gedanken der Zuwendung und Verheißung Gottes lebt, er verschweigt nicht die andere Realität: die Lebenshingabe Jesu wird nicht von allen angenommen. Die *Erste Lesung* berichtet von der Ablehnung und Verfolgung derer, die die Botschaft vom Guten Hirten weitertragen. Und die aus der längeren Offenbarungsrede vom Guten Hirten ausgewählte *Evangeliumsperikope* ist der Abschluß einer Rede, in der es um die Auseinandersetzungen Jesu mit den Juden und schließlich auch um die Ablehnung Jesu durch die Juden geht. Dennoch: An diesem Sonntag steht nicht so sehr der Kampf im Vordergrund, sondern der Hirt selber, der die Fülle des Lebens schenkt, der als das geschlachtete Lamm eine große Zahl von Gläubigen aus der Bedrängnis ins ewige Leben geführt hat (*Zweite Lesung*).

Insgesamt liegt ein froher Ton über diesem Sonntag: Gott kennt uns, er führt uns, das schenkt Glaubensgewißheit. Sie sollte den Ton der Predigt bestimmen.

2. Homiletische Hinweise

Gegengewicht zu Enttäuschungen
»Ich kenne die Meinen, und sie folgen mir«. Ob nicht mancher Prediger heute – vielleicht bitter – feststellen muß: Viele folgen nicht oder nicht mehr, sie gehen weg? Ob nicht der eine oder andere heute, am Weltgebetstag für geistliche Berufe, sich sagt: Es gibt viel zu wenig geistliche Berufe, und aus meiner Gemeinde ist in den letzten Jahren kein Priester, kein(e) Pastoralrefent(in), kein(e) Ordensmann(frau) hervorgegangen. Und ob nicht diese johanneische

»Sicherheit« heute bei manchen eher Resignation und Traurigkeit als Gewißheit und Freude weckt?

Gegen diese verständlichen Vorbehalte setzt der heutige Evangeliumsabschnitt die erstaunliche Gewißheit, daß es Menschen gibt, die Jesus kennen und ihm folgen. Die Gewißheit gründet in der Treue Gottes zum Menschen und in der Hingabe Jesu an die Menschen. Die enttäuschenden Erfahrungen der Gegenwart, die der Prediger macht, sollten bei der Vorbereitung dieser Predigt zugelassen und in der Predigtmeditation in die johanneische Aussage hineingenommen werden: »Gott hat die Welt so sehr geliebt, daß er seinen einzigen Sohn hingab, damit jeder, der an ihn glaubt, nicht zugrunde geht, sondern das ewige Leben hat. Denn Gott hat seinen Sohn nicht in die Welt gesandt, damit er die Welt richte, sondern damit die Welt durch ihn gerettet wird« (Joh 3,16f). Dieser verläßliche Ausgangspunkt all unserer Tätigkeit im Weinberg des Herrn kann den Blick hinlenken auf die, die Jesus »kennen« und ihm folgen.

Weltgebetstag für geistliche Berufe

Der Evangeliumsabschnitt gehört zur Offenbarungsrede Jesu, der sich als guter Hirt bezeichnet. Es ist wichtig, das Begriffspaar Hirt-Schafe in diesem Beziehungsfeld zu lassen. Hirt ist Jesus, Schafe sind alle Gläubigen, ob sie in einem geistlichen Beruf leben oder nicht. Hirt meint hier vor allem die soteriologische Funktion Jesu. Sie sollte klar stehen bleiben und nicht vorschnell in die pastorale Funktion des Amtes hineingenommen werden. Das Wort vom Hirten ist zwar von alters her auf die Lehr- und Leitungsaufgabe der Kirche angewendet worden, es umschreibt auch sehr anschaulich die Verantwortung des Amtes. Aber das Wissen, daß der eigentliche Hirt nur Jesus selber ist, kann zur Klarheit führen, bei Gott zu belassen, was zu ihm gehört, und im Abbild dazu deutlich zu machen, was Thema der Hirtenrede ist und deshalb für die »Hirten«, die in geistlichen Berufe Lebenden, gelten kann: Vertrauen zu haben und Vertrauen zu stiften. Diese Trennung sollte auch in der Predigt deutlich gemacht werden, wenn über das Thema »Geistliche Berufe« gepredigt wird.

Hirt – Schafe

Der ausgewählte Evangeliumstext beginnt mit dem Wort: »Meine Schafe hören auf meine Stimme«. Das Wort »Schaf« kann im Hörer das Unbehagen wecken, das nun einmal mit dem Wort verbunden ist. Ich würde dieses Unbehagen dennoch nicht problematisieren, sondern sofort auf das Thema zugehen: Gott hat Vertrauen zu uns, er kennt uns. Vielleicht ist im Zusammenhang mit dem Gute-Hirt-Sonntag dieses Unbehagen der bildlichen Reden sowieso schon früher thematisiert worden. Außerdem erspart es Raum für die Entfaltung dessen, was mit dem Wort »kennen« assoziiert wird.

III. Zur Predigt: Geborgenheit in Gott

Erstaunliche Gewißheit

Das Evangelium hebt mit einer erstaunlichen Gewißheit an, die sogleich auch Fragen weckt.

Die Gewißheit: Jesus behauptet: »Meine Schafe hören auf mich, ich kenne sie, und sie folgen mir.« Und die Frage: Wie kann Jesus das so sicher behaupten? Woher nimmt er seine Gewißheit? Hat er nicht selbst in seinem Leben erfahren müssen, daß sogar seine engsten Mitarbeiter ihn am Ende alle verlassen haben? Und hat der Schreiber des Johannesevangeliums nicht zu spüren bekommen, daß immer wieder Mitglieder der Gemeinde weggegangen sind?

Aber gleichzeitig kommen mir die vielen Menschen in den Sinn, von denen Jesus zu Recht sagen kann: Ich kenne sie, und sie folgen mir, z. B. Maria, Maria aus Magdala, Maria und Martha, Johannes und, nach manchen Phasen der Verleugnung, auch Petrus. Und dann die vielen, die Jesus nicht mehr als Menschen erlebt haben, z. B. Paulus und die vielen Gemeindemitglieder, die er in seinen Briefen ausdrücklich mit Namen nennt. Und schließlich die vielen Heiligen aus den zweitausend Jahren Christentum, die wir im Laufe eines Kirchenjahres feiern, z. B. Martin, Elisabeth, Nikolaus, Franziskus, Elisabeth, Ignatius, Teresa, P. Rupert Mayer und Edith Stein, unsere Namenspatrone, und dann »die Schar aus allen Nationen und Stämmen, Völkern und Sprachen, die niemand zählen kann« (*Zweite Lesung*), die durch große Bedrängnis hindurchgegangen sind, an Christus festgehalten und so die Vollendung erlangt haben. Es waren und sind heute die, die überzeugend christlich gelebt haben und leben. Von ihnen kann Jesus sagen: Ich kenne sie, und sie kennen mich, und sie folgen mir.

Kennen

Was mag in diesem »Kennen« alles mitschwingen? Zuerst scheint für mich darin sehr viel Verläßlichkeit auf, so als wollte Jesus sagen: Ich kenne sie; ich weiß, daß ich mich auf sie verlassen kann; mögen sie auch mit Schwächen behaftet sein, letztlich, wenn es darauf ankommt, oder ganz tief auf dem Grund ihrer Seele, glauben sie an mich. Sehr viel Vertrauen Gottes zum Menschen spüre ich in diesem Wort. »Den/die kenne ich« – darin schwingt umgangssprachlich ein doppeltes mit: »Den/die kenne ich –, da lasse ich mir nichts vormachen, auf den/die kannst du dich verlassen, bei dem/der kannst du sicher sein, daß er/sie . . .«. Diese Aussagen können eine Warnung oder auch eine Verheißung meinen, Voraussage von Scheitern oder Gelingen. Aus der Aussage Jesu höre ich die zweite Möglichkeit: Ich kenne sie –, ich weiß, daß sie mir folgen, daß sie glauben.

Dieses Kennen meint weniger ein Durchschauen, bei dem man sich ertappt fühlt und wodurch man in seinen verborgenen Motivationen bloßgestellt wird, es meint weniger eine Analyse, in der man sich ausgeliefert und festgelegt fühlt. Es klingt mehr ein Verstehen, ein ganz starkes Zutrauen und Wohlwollen durch, das von dem verläßlichen Fundament einer grundsätzlichen Güte ausgeht, die im anderen auf dem Grund seines Seins Gutheit sieht. Nicht-festgelegt-Sein, sondern Gelassen-Sein höre ich daraus.

»Der Mensch hat viele Gesichter. Welches ist echt und welches ist unecht? Um sein Dasein zu verstehen, genügt es nicht, ihn so zu sehen, wie er jetzt handelt. . . Selbst wenn er sich einem bestimmten Lebensmodell unterstellt, bleibt er doch gefügig und aufsässig, angepaßt und empörerisch, gefangen und aufrührerisch. Ein Stein ist durch seine Abgeschlossenheit gekennzeichnet, aber die hervorragende Eigenschaft eines Menschen ist es, eine Überraschung zu sein.« (*A. J. Heschel*). Diese Überraschung traut uns Gott zu.

Wir sind eine Überraschung

Lassen wir uns dieses Zutrauen, das Gott zu uns hat, zugesagt sein. Gott glaubt an uns. Er will tun, was Jesus im Evangelium des heutigen Sonntags gesagt hat: »Ich kenne sie, und sie folgen mir. Ich gebe ihnen ewiges Leben. Sie werden niemals zugrunde gehen, und niemand wird sie meiner Hand entreißen.« Gott, der uns erschaffen hat, macht sich stark für uns. Unbeirrbar treu ist er, eingestellt auf unsere Entfaltung, auf das, was wir zutiefst werden können. Das ist das Angebot, das uns der Gute Hirte macht: Er will uns auf ewig grüne Weide führen.

Der Text von *Max Frisch* »Du sollst dir kein Bild machen« ist (schon oft in Predigten verwandt worden und) Ihnen vielleicht bekannt. Wenn man ihn auf das Verhältnis Gottes zu uns Menschen bezieht, klingt er vielleicht noch einmal neu und ermutigend:

»Eben darin besteht ja die Liebe, das Wunderbare an der Liebe, daß sie uns in der Schwebe des Lebendigen hält, in der Bereitschaft, einem Menschen zu folgen in allen seinen möglichen Entfaltungen. Wir wissen, daß jeder Mensch, wenn man ihn liebt, sich wie verwandelt fühlt, wie entfaltet, und daß auch dem Liebenden sich alles entfaltet, das Nächste, das lange Bekannte. Die Liebe befreit es aus jeglichem Bildnis. Das ist das Erregende, das Abenteuerliche, das eigentlich Spannende, daß wir mit den Menschen, die wir lieben, nicht fertig werden: weil wir sie lieben; solange wir sie lieben.«

Diese Liebe – so glauben wir – lebt im Guten Hirten.

F. Richardt

Fünfter Sonntag der Osterzeit

Joh 13,31-33 a.34–35

I. Bibeltheologische Vorüberlegungen

1. Stellung, Struktur, Gattung der Perikope

Mit 13,31–35 beginnen die Abschiedsreden Jesu und seine letzten Gespräche mit den Jüngern. Sie schließen mit dem Abschiedsgebet Jesu, 17,1–26, vor dem Gang in die Passion, 18,1. Leiden und Tod Jesu sind im unmittelbar voranstehenden Text durch die zeichenhafte Handlung der Fußwaschung, 13,1–20, und die Bezeichnung des Verräters, 13,21–29, bereits in den Blick gerückt worden. Nachdem Judas, von Jesus durch das Reichen des Bissens als Verräter gekennzeichnet, 13,26.30, aus der Tischgemeinschaft der Jünger mit Jesus in die Nacht hinausgetreten ist, 13,30, und sein Werk beginnt, 13,27, ist die Zeit der Verherrlichung Jesu angebrochen, 13,31.

Die Zeitangabe 13,31 a knüpft an das Weggehen des Judas an und leitet die Rede Jesu ein, die von der Verherrlichung Gottes und des Menschensohnes handelt, V. 31 b. Dann wendet Jesus den Blick auf die Jünger, V. 33, die eigens angesprochen werden, und kennzeichnet die Situation des Abschieds und die daraus erwachsende Trennung mit ihrer Not. Unmittelbar daran wird im Liebesgebot das Vermächtnis des Scheidenden übergeben, das den Jüngern die Überwindung der Not des Abschieds ermöglicht, V. 34, und die Stellung der Jüngergemeinde in der Welt charakterisiert, V. 35.

2. Einzelauslegung

V. 31 f In merkwürdiger Paradoxie ist von der Verherrlichung als einem »jetzt« abgeschlossenen, dann aber auch wieder als einem »sofort« hereinbrechenden Vorgang die Rede. Vergangenheit und Zukunft sind aneinander gebunden im eschatologisch gefüllten »Jetzt«, das die Zeit des Menschensohnes bezeichnet und darin die immer gegenwärtige eschatologische Entscheidungssituation markiert: »Jetzt ist Gericht über die Welt«, 12,31. Der johanneische Menschensohn ist der auf Erden wandelnde Gottessohn, der durch sein Wort und seine Zeichen die Wahrheit Gottes offenbart. Diese Offenbarung kulminiert im Kreuz: Im Hinübergang, aus dieser Welt hinaus, in die Herrlichkeit des Vaters. So fällt die Verherrlichung Jesu, seine Erhöhung in die Herrlichkeit des präexistenten Sohnes (vgl. 17,5), mit der Erhöhung am Kreuz (vgl. 3,14; 12,32.34; 18,32) zusammen. Außerhalb des Neuen Testaments (vgl. Dan 7,13) ist der Menschensohn in der Regel eine Herrlichkeitsgestalt, aber die synoptische Überlieferung spricht vom leidenden Menschensohn. Johannes verbindet beide Motive auf seine Weise: Die Passion Jesu ist sein Weg in die Herrlichkeit. Seine Verherrlichung aber ist zugleich Verherrlichung Gottes, dessen »Wahrheit« in der Erhöhung Jesu offenbar wird. Wie Vergangenheit und Zukunft mit einander verknüpft sind im eschatologischen »Jetzt«, so ist die Verherrlichung Gottes an die Erhöhung Jesu gebunden. Sie ist Fülle eschatologischer Gegenwart.

Zeitlich entfaltet erscheint solche Präsenz als das »sofort« anbrechende, also der unmittelbar bevorstehenden Zukunft noch angehörende Ereignis in der Passion, so als ob zwischen dem »Jetzt« und dem »Sofort« noch etwas läge. Doch ist diese scheinbare Distanz vom Ziel des Weges Jesu her überwunden: Sein ganzes Wirken vollzieht sich im Sog seines Hinganges. Er ist immer der »Hingehende«. Das »Sofort« der Passion, seines Hinübergangs in die Herrlichkeit also, bricht im »Jetzt« in jede Gegenwart, auch in die des Johannes und seiner Gemeinde.

V. 33 Die Bezeichnung der Jünger als teknia, d. h. Kindlein, begegnet im Vierten Evangelium nur an dieser Stelle, häufig dagegen in 1 Joh (vgl. 1 Joh 2,1.12.28; 3,7.18; 4,4; 5,21). Die Anrede der Jünger durch Jesus impliziert die Anrede der johanneischen Gemeinde. Die Zeit, da Jesus bei den Jüngern ist, wird als die eschatologisch »kurze« Zeit, ein Weilchen, mikron, bezeichnet. Die Abschiedsreden greifen dieses Thema erneut auf, 16,16–24. Hier ist der Ton nur kurz angeschlagen, hat aber bereits seinen vollen Klang. Gericht und Heil brechen über die Jünger herein wie über die Juden, 7,35, und über den Kosmos, 14,19 a, und zwar »über ein Kleines«. Formelsprache atl. Gerichts- und Heilsprophetie ist in diesem Wort aufgegriffen (vgl. Jer 51,33; Hos 1,4; Jes 10,25; Hag 2,6; Ps 37,10 a; Jes 29,17 a). Gericht und Heil sind aber nun verknüpft mit dem Hinübergang Jesu in die Herrlichkeit. Rein innerweltlich muß dieser

Hinübergang als Scheitern Jesu verstanden werden. So verstehen die Juden das Wort. Sie rechnen 7,33–35 mit dem Aufbruch Jesu in die heidnische Diaspora und 8,21 f gar mit seinem Selbstmord. Auch die Jünger können Jesus auf seinem Weg in die Herrlichkeit nicht folgen. Sie bleiben in einer Welt, die Jesu Hingang nicht begreift und damit auch die Jünger nicht versteht. Sie sind fremd in einem Kosmos, der ihnen verständnislos und feindlich gegenübersteht. So hat sich die Gemeinde des Johannes begriffen. Nicht von ungefähr ist die Anrede der Jünger identisch mit der Anrede der Adressaten des Ersten Johannesbriefes.

V. 34 Die Frage, wie die von Jesus verlassene, von der Ablehnung des Kosmos umgebene Jüngerschaft noch Jüngergemeinde Jesu sein und bleiben kann, wird mit der Übergabe des »Neuen Gebotes« beantwortet. Hier muß ein doppeltes Mißverständnis abgewehrt werden. Zunächst ist festzustellen, daß in diesem Wort »kein ethisches Prinzip aufgerichtet wird, unter das das menschliche Leben allgemein zu stellen wäre; ein Prinzip, das etwa in Jesu historischer Gestalt anschaulich geworden wäre« (Bultmann). Dadurch nämlich wäre die Verbindung mit Jesus aufgelöst und dem Menschen die Zukunft in die eigenen Hände gelegt. So verstanden, wäre Jüngerschaft nicht mehr Gemeinde Jesu. Zudem könnte das Liebesgebot, wollte man es als ethisches Prinzip verstehen, schwerlich als »neues Gebot« bezeichnet sein. Es ist nicht neu im Blick auf das Alte Testament (vgl. Lev 19,18) noch hinsichtlich der antiken Philosophie. Der Lobspruch der Priester im Jerusalemer Tempel beim Morgengebet am Sabbat sagt ja bereits: »Der in diesem Hause wohnt, pflanze unter euch Brüderlichkeit und Liebe, Frieden und Freundschaft« (vgl. auch Josephus Flavius, Jüdischer Krieg 2,119). »Neu« ist das Liebesgebot vielmehr, weil es kraft der Erhöhung Jesu den Glaubenden die Möglichkeit eröffnet, einander so zu lieben, wie Jesus sie geliebt hat. Damit ist nicht der Grad der Liebe oder ihre Art und Weise beschrieben, sondern *der Grund der Liebe* genannt, der sie eben zu einer »neuen« Liebe macht. Dieser Grund aber ist Jesus selbst, der die Offenbarung Gottes bringt und ist und im Glauben angenommen sein will. Dieser Glaube begründet die Liebe, die deshalb so nur in der Gemeinde der Glaubenden gelebt werden kann. Und so ist die aus der Annahme Jesu erwachsende Liebe die Weise seiner Gegenwart in der Gemeinde. Daß die Feindesliebe (vgl. Mt 5,43–45) nicht in den Blick kommt, sondern von der Bruderliebe innerhalb der Gemeinde die Rede ist, ist daraus zu verstehen, daß es um die Präsenz Jesu in seiner Gemeinde geht. Johannes schließt damit die Feindesliebe nicht aus.

V. 35 So weist die Liebe die Gemeinde als Jüngerschaft Jesu aus. Die Lebensgemeinschaft der Jünger mit dem irdischen Jesus (vgl. 1,43), ist aus ihrer historischen Gebundenheit in die reine Glaubenswirklichkeit der Gemeinschaft mit dem Erhöhten übertragen. Im Zeugnis der Jünger von der lebendigen Liebe Jesu ist er selbst erkennbar und fordert zur Entscheidung auf. Das eschatologische »Jetzt« wirkt in der Welt durch die »neue« Gemeinde Jesu.

3. Theologische Würdigung

(1) Die Verherrlichung, d. h. Erhöhung Jesu ist nach Johannes untrennbar mit dem Kreuz verbunden. Jesu Passion ist zugleich Hinübergang in die Herrlichkeit Gottes. In der neuen Seinsweise des Erhöhten ist er bei seiner Gemeinde, die ihm glaubend angehört.

(2) Die Zeit des Wirkens Jesu ist die eschatologisch kurze Zeit der Entscheidung. Gericht und Heil des Menschen sind in der Entscheidung für oder gegen Jesus beschlossen. Der in seiner Gemeinde wirkende Herr fordert durch das Glaubenszeugnis dieser Gemeinde immer neu zu solcher Entscheidung auf.

(3) Vermächtnis des scheidenden Offenbarers an die Seinen ist das neue Gebot der Liebe. Die Neuheit der Liebe ist begründet in ihrer Identität mit Jesus, welcher Geber und Gabe in einem ist. Man kann die Gabe nicht empfangen ohne die Annahme des Gebers. Dadurch unterscheidet sich christliche Liebe im Sinne des Evangeliums von anders begründeter Mitmenschlichkeit und Humanität.

(4) Die Gemeinde derer, die das neue Gebot leben, ist neue Welt inmitten des Kosmos. Sie hat einen neuen Ursprung empfangen und repräsentiert den Wirkbereich des verherrlichten Herrn. Dieser Glaube ist dem Kosmos zugewandt, der das Leben des Herrn in seiner Gemeinde erkennen und glaubend anerkennen soll.

H. Leroy

II. Liturgisch-homiletische Vorüberlegungen

1. Liturgische Hinweise

Die Osterzeit ist nach der Liturgiereform als Einheit konzipiert worden. So heißen die Sonntage der Osterzeit nicht mehr wie früher

»Sonntage nach Ostern«, sondern »Ostersonntage«. Ihre Liturgie ist geprägt vom Pascha-Mysterium als dem Zusammenklang von Leiden, Tod und Verherrlichung Christi. Auferstehung, Himmelfahrt und Geistsendung sind zusammen die österliche Wirklichkeit.

Im Lesejahr C sind die *Lesungen* aus der Apostelgeschichte bzw. der Offenbarung des Johannes genommen, die *Evangelien* aus Johannes. Dadurch sollen das Leben, das Wachstum und das Zeugnis der Urkirche zur Sprache kommen (Apg), die feste Hoffnung aus der Glaubensfreude angesprochen (Offb) sowie die Abschiedsthematik (Joh) erläutert werden. Von den für die Osterzeit zur Verfügung stehenden fünf *Präfationen* ist nur die erste für bestimmte Tage (Osternacht, Ostersonntag, Osteroktav) festgelegt. Im Lesejahr C empfiehlt sich für den Fünften, Sechsten und Siebten Ostersonntag die *Präfation für die Osterzeit III*, weil in ihr Jesus als der Paraklet angesprochen und gepriesen wird. Dies ist eine nochmalige Entfaltung des Themas der Abschiedsreden, die an diesen Sonntagen treffen.

Das *Tagesgebet* des Fünften Ostersonntags ist dem Altgelasianum (8. Jahrhundert) entnommen. Es entfaltet das österliche Geheimnis durch den Hinweis auf die Taufthematik, die in der Formulierung der Annahme als geliebte Kinder zum Ausdruck kommt. Die mehr dogmatische Redeweise des lateinischen Originals ist durch biblische Bezüge personal aufgebrochen worden. Gott wird als »unser Vater« angesprochen (Mt 6,9), der uns erlöst hat. Der Blick wird auch auf alle gerichtet, die an Christus glauben: So wird das *Tagesgebet* zu einem ökumenischen Gebet, in dem den Glaubenden die wahre Freiheit und das ewige Erbe zugesagt werden. Dieses Geschenk des ewigen Erbes, das an Röm 8,17 erinnert, wird auch im *Gabengebet* angesprochen: Die Feier der Eucharistie soll Anteil geben an der göttlichen Natur. Im *Schlußgebet* kommt der therapeutische Aspekt der Liturgie zum Ausdruck: Das Essen des eucharistischen Brotes soll an Leib und Seele gesund machen. Dieser Heilsindikativ der Nähe Gottes führt zum Imperativ eines neuen Lebens: »Gib, daß wir die Gewohnheiten des alten Menschen ablegen und als neue Menschen leben.« Die Feier der Liturgie und der Gottesdienst des alltäglichen Lebens werden in den Orationen dieses Sonntags miteinander verbunden.

2. Homiletische Hinweise

Vor den Bericht über das Apostelkonzil in Jerusalem (K. 15) stellt Lukas in der *Apostelgeschichte* die erste Missionsreise des Paulus: die Probleme der Heidenmission müssen erst da sein, bevor sie auf dem Konzil behandelt und besprochen werden können. Die Erfolge in der Heidenmission werden dabei als Werk Gottes gedeutet.

Die *Offenbarung des Johannes* deutet in K. 21,1–5a (*Zweite Lesung*) die Vollendung der Weltgeschichte mit zwei Visionen: der Erschaffung der neuen Welt und dem Erscheinen des himmlischen Jerusalem. Es gibt nun nicht mehr das dreistufige Weltbild (Himmel – Erde – das todbringende Meer als Wohnbereich der dämonischen Mächte), sondern nur mehr den »neuen Himmel« und die »neue Erde«, wo dem Bösen kein Raum mehr gelasssen ist. Die zweite Vision beschreibt das neue Jerusalem, die heilige Stadt, als Gegenbild zur großen Stadt Babylon (Rom). Es wird mit einer Braut verglichen, die sich für ihren Mann geschmückt hat: Die Symbolik vom Ehebund Jahwes mit Israel (Hos 3; Ez 16; Jes 62) wird darin aufgegriffen. Die Erklärung dieser Visionen bietet dann die Stimme vom Thron: Gott wohnt unter den Menschen, seine Präsenz ist universal entgrenzt, die lebensbedrohlichen Mächte haben ihre Kraft verloren.

Der Text Joh 13,31–35 (*Evangelium*) leitet die erste johanneische Abschiedsrede ein, die bis zum Ende von K. 14 reicht. Bei der Abschiedsrede handelt es sich um die Gattung Abschiedsgespräch, in der das Vermächtnis bedeutender Männer an eine ihnen nahestehende Gruppe weitergegeben wird, um die Kontinuität zu sichern. Bei Johannes wird dabei die Zeit der Nacht als der Zeitpunkt des Verrats zur Stunde der Verherrlichung: Das neue Gebot der Liebe wird als Heilsgabe des Abschieds gedeutet. Die Verbindung des Heilswerkes Jesu mit dem Verrat des Judas läßt nach dieser Gestalt fragen. Dies soll in der Predigt ausgeführt werden.

J. Green hat in seinem Roman »Jeder Mensch in seiner Nacht« folgendes zu bedenken gegeben: »Merken Sie sich, daß wir alle, wie wir sind, unseren Namen statt des Judas Namen einfügen könnten.«

III. Zur Predigt: Judas – ein Apostel Jesu

Bilder von Judas
»Wer sich ein Bild von jemandem macht, hat aufgehört, ihn zu lieben.« Dieser Satz, der dem alttestamentlichen Bilderverbot sehr nahekommt, stammt von dem Schriftsteller *Max Frisch*. Sich ein Bild machen –, das tun wir doch ständig mit den Menschen, mit denen wir zusammenleben. Ein Bild aber kommt sehr schnell in einen Rahmen: Es legt fest, läßt dem anderen keine Chance mehr für Änderungen und Revisionen seines Lebenskonzeptes. Ein Bild haben sich auch die Jünger und Evangelisten von Judas gemacht, der im Zwölferkreis ganz eng mit Jesus und den übrigen Aposteln verbunden war, aber dann doch eigene Wege ging. Er wurde sehr schnell zum Dieb, zum Veruntreuer der gemeinsamen Kasse, zum Verräter schlechthin. Wer war eigentlich dieser Judas, was waren seine Absichten?

Der historische Judas
Die historischen Fakten, die wir mit Judas in Verbindung bringen können, sind äußerst spärlich. Es läßt sich nur soviel sagen: Judas stammte aus Judäa, aus einer wohl recht traditionsbewußten Familie, weil er den beliebten Patriarchennamen »Judas« erhielt. Jesus hat ihn in seine Nachfolge gerufen und ihn so zu einem der zwölf Repräsentanten des endzeitlichen Israel gemacht. Bei der Verhaftung Jesu spielte er eine undurchsichtige Rolle. Er hat zum Gelingen der Verhaftungsaktion nicht unerheblich beigetragen. Seine Motive sind jedoch nicht bekannt: Geldgier und Betrügerei sind nachträgliche Interpretationen, am ehesten kann man noch enttäuschte messianische Hoffnungen vermuten. Dieses nüchterne und ernüchternde Ergebnis muß uns daher fragen lassen, wie Judas zum Unmenschen, zur Verkörperung des Satans, zur Bestie in der christlichen Interpretation geworden ist.

Die Deutung des Johannes
Der Evangelist Johannes deutet die Gestalt des Judas von der Situation seiner Gemeinde aus: Die Johannesgemeinde war durch zwei traumatische Ereignisse schockiert. Zum einen durch den Ausschluß aus dem Judentum, der durch die Einfügung des Ketzersegens in das Achtzehngebet (nach 70 n. Chr.) auch liturgisch vollzogen wurde.

Kein Christ konnte jetzt mehr in der Synagoge dieses Gebet mitsprechen, ohne sich dabei selbst zu verfluchen. Damit wurde für die johanneische Gemeinde der Jude insgesamt zum Vertreter der Gegenwelt, des glaubenslosen Kosmos. Das andere traumatische Ereignis war die Spaltung innerhalb der Gemeinde: viele Gläubige sind einfach in Richtung gnostischer Sekten abgewandert. Dieses Ereignis veranlaßte den Evangelisten, ständig zum Bleiben und zur Entscheidung für Jesus aufzufordern. Er verstand die eigene Gemeinde als Bereich des Lichts, den Weggang von ihr als Gehen in die Finsternis. In diese Schwarz-Weiß-Sicht wurde nun auch die Gestalt des Judas eingereiht.

Judas – der Verräter von Anfang an

In der johanneischen Brotrede (K. 6) wird der Unglaube gegenüber Jesus in einer Steigerung dargestellt: Es gibt diesen Unglauben nicht nur unter den Juden, es gibt ihn auch unter den Jüngern, ja sogar im Zwölferkreis. Bevor überhaupt der Name des Judas im Vierten Evangelium fällt, wird schon seine Schandtat vorauswissend erwähnt: »Jesus wußte von Anfang an . . ., wer es ist, der ihn ausliefern werde« (6,64 b). Für Judas gibt es keine Entwicklungsmöglichkeit, er ist von Anfang an als Verräter gebrandmarkt. Auf ihn wird nun geladen, was in der synoptischen Tradition auch noch Petrus gegolten hat, nämlich daß Jesus ihn einen Satan schilt. Petrus wird jetzt auf Kosten des Judas entlastet: Der eine spricht nur noch das Bekenntnis, der andere ist ausschließlich für den Verrat verantwortlich. Zwischentöne sind nicht mehr zugelassen.

Auch die Kritik des Judas an der verschwenderischen Salbung Jesu durch Maria (K. 12,1–8) wird nicht mehr ernstgenommen: Sein Motiv ist nicht Armenliebe, wie er selbst vorgibt, sondern Habsucht und Geiz. Das Beisammensein des Judas mit Jesus beim Letzten Abendmahl (K. 13) wird nicht als Erwählung gedeutet, sondern als letzte Perfidie: Die »Judaskommunion« ist die höchste Form teuflischen Verhaltens; der Verräter nützt den tiefsten Ausdruck von Gemeinschaft, um seinen Plan durchzusetzen.

Judas – ein Apostel, der sich gegen Jesus entschieden hat

Johannes läßt Judas nach dem Abendmahl hinausgehen in die Finsternis: Die Finsternis ist für ihn Symbol der Gottferne. »Das Licht leuchtet in der Finsternis, aber die Finsternis hat es nicht ergriffen.« Dies ist die Deutung des Johannes. Fest steht nur soviel: Judas hat sich von Jesus und dem Jüngerkreis abgewendet, er hat beim Verrat Jesu eine durchaus aktive Rolle gespielt. So steht er stellvertretend für den Menschen, der sich von Jesus abwendet.

Unser Bild von Judas

Der Judasname wird heute auch noch bei uns in der Alltagssprache verwendet, wenn Verrat im Spiel ist. Die Frage an uns lautet: Können wir es verkraften, wenn sich Menschen von der Botschaft Jesu abwenden, ohne daß wir sie deshalb maßlos negativ verzeichnen? Vielleicht stehen wir heute vor einer ganz neuen Chance: Es geht letztlich wohl nicht um die Rehabilitierung des Judas, sondern um weit mehr: Nämlich daß wir als Christen mit einem letzten Ernst und einer letzten Radikalität an Jesus glauben, ohne daß wir den anderen, die sich gegen Jesus entscheiden, das Menschsein absprechen. Die Geschichte des Christentums hat zum Entstehen von Feindbildern nicht unerheblich beigetragen. Vielleicht liegt die Zukunft des Christentums in seinem Beitrag zur Entfeindung der Andersdenkenden. Darin liegt die Aktualität der Gestalt des Judas.

E. Garhammer

Sechster Sonntag der Osterzeit

Joh 14,23–29

I. Bibeltheologische Vorüberlegungen

1. Stellung, Struktur, Gattung der Perikope

Die liturgische Perikope ist aus dem Schlußteil der Ersten Abschiedsrede Jesu genommen, zu deren Stileigentümlichkeiten gehört, daß der Redefluß durch gelegentliche Fragen oder Bitten einzelner namentlich genannter Jünger unterbrochen und weitergeführt wird: Simon Petrus, 13,36 f, Thomas, 14,5, Philippus, 14,8, Judas, nicht der Iskariot, 14,22. Mit der Antwort Jesu auf die Frage nach der Selbstoffenbarung Jesu vor den Jüngern und Verweigerung solcher Offenbarung vor dem Kosmos setzt der liturgische Text ein, 14,23. Die Antwort Jesu behandelt den Gegenstand der Frage auf höherer Ebene, indem vom Glaubensverhältnis des Menschen zu Gott gesprochen ist. Mit V. 25 beginnt der eigentliche Schluß der Rede. Rückblickend auf alles bisher Gesagte wird die Möglichkeit des Verständnisses im Pneuma verheißen, 14,25 f. Der angefügte Friedensgruß ist zu einem Vermächtnis ausgestaltet, 14,27 f, um dann den Blick der Jünger auf ihre eigene Situation zu lenken, da Jesus nicht mehr unter ihnen ist und sie dennoch in seiner Gegenwart sind, 14,29–31 b. Die Aufforderung zum Aufbruch beschließt die Rede, 14,31 c. – Die für den Gottesdienst bestimmte Textauswahl läßt den Abschnitt mit V. 29 schließen, der den Hinweis auf die Situation der Jünger einleitet. Die Kürzung entstellt den Sinn des Ganzen nicht, doch bekommt der dadurch bewirkte Abschluß eigenes Gewicht.

2. Einzelauslegung

V. 23 f Die Antwort Jesu greift auf eine Aussage in V. 21 zurück. Dort war gesagt, daß die Liebe zu Jesus sich im Beobachten seiner Gebote erweist, und die Liebe Jesu und des Vaters darin erfahren wird, daß Jesus sich dem Liebenden offenbart. Was apokalyptisch geprägte Erwartung in der Parusie erhofft, wird hier bereits der Glaubenserfahrung des einzelnen zugesprochen. Darum die Frage des Judas nach der Offenbarung vor der Welt.

Statt die Frage in der Aufnahme des Stichwortes »Offenbarung« direkt zu beantworten, wird noch einmal von der Liebe gesprochen, die sich zeigt im Bewahren des »Logos« Jesu, der hier das Gesamt seiner Botschaft meint (vgl. 5,24; 8,51). Der Glaubende erfährt das Kommen Jesu und des Vaters. Schon der Plural macht deutlich, daß nicht an das Ereignis der Parusie gedacht ist, auch nicht an die Erscheinungen des Auferstandenen. Was der hier verheißene Vorgang mit den genannten Ereignissen gemein hat, ist das Element des Kommens, das wesentlicher Bestandteil der Offenbarung ist. Der Mensch erfährt im Glauben die Ankunft Gottes in seinem Leben, die mit der Präsenz des Erhöhten zusammenfällt. Jesus ist nichts für sich selbst, in ihm erscheint Gott.

Die Ankunft Gottes durch Jesus im Leben des Glaubenden erhält aber eine neue Dimension, indem sie als »Wohnungnehmen« gekennzeichnet ist. War 14,2 von den Wohnungen im Hause des Vaters die Rede, so ist hier die Wohnung des Vaters und des Sohnes im Menschen genannt. Es wird also wohl beidesmal dieselbe Glaubenswirklichkeit gemeint sein. Joh. greift atl. Vorstellung und Formulierung vom Wohnen Gottes inmitten seines Volkes auf (vgl. Ez 37,26 f; Sach 2,14). Doch ist diese Vorstellung hier individualisiert und an den Glauben gegenüber Jesus und seiner Lehre gebunden. In der Gemeinde der Glaubenden erfährt der Mensch die Offenbarung als Ankunft und Bleiben Gottes durch Jesus. Es ist bezeichnend, daß »Bleiben« im Worte Jesu (8,31) und »Bleiben« in Jesus durch den Genuß der eucharistischen Speise (6,56) die wahre Jüngerschaft bezeichnet. Das Bleiben Gottes durch Jesus im Menschen korrespondiert diesem Bleiben des Menschen in Jesus und darin in Gott. Es handelt sich um zwei Aspekte ein und derselben Wirklichkeit. Jüngerschaft gründet in der glaubend erfahrenen Offenbarung Gottes in Jesus. Wenn dann gesagt ist, daß derjenige die Botschaft Jesu nicht bewahrt, der Jesus nicht liebt, V. 23 b, so ist die Judasfrage beantwortet. Der Kosmos, der nicht in der Liebe zu Jesus steht, vermag seine Offenbarung nicht zu empfangen. Er sperrt sich gegen Gott, indem er sich der Botschaft Jesu verschließt (V. 24).

V. 25 f Die Botschaft Jesu wird eröffnet durch den Parakleten, den Heiligen Geist. Das erste Bleiben Jesu bei den Jüngern und sein

Reden zu ihnen wird mit dem Abschied vor der Passion beendet. Eine neue Weise der Gegenwart Jesu bei den Seinen beginnt, indem das Pneuma, vom Vater im Namen Jesu gesandt, sein Reden aufgreift und öffnet. Es handelt sich nicht um ein Fortsetzen der Rede Jesu; das Reden des Pneuma ist vielmehr auf Jesu Wort bezogen: Der Geist »lehrt«, indem er an das »erinnert«, was Jesus gesagt hat. So wird die Gegenwart Gottes im Menschen erfahren als Offenbarung des Geistes, der den Grund der Botschaft Jesu im Glaubenden freilegt und ihn so erst die Wahrheit erkennen läßt, aus der die Liebe zu Jesus kommt (vgl. 16,13f).

V. 27 Jesus gebraucht zum Abschied den Gruß Israels: schalôm! Das Wort ist im Vierten Evangelium nur hier und in vergleichbarem Sinn 16,33 gebraucht, als reine Grußformel 20,19; 21,26. Doch hat das Grußwort schon im Alten Testament größeres Gewicht (vgl. Num 6,26; Ps 28,11; Jes 54,13; 57,19; Ez 37,26). Wie V. 27b zeigt, meint der »Friede«, den Jesus zum Abschied den Seinen schenkt, die Überwindung von Furcht und Verwirrung des Herzens. Solcher Friede ist identisch mit der Gegenwart Jesu. Deshalb hinterläßt der Scheidende diese Gabe, in der er selbst über seinen Abschied hinweg bei den Jüngern verbleibt. Sie erfahren nun im Glauben seine Gegenwart und können so die Bedrängnis überstehen, die ihnen im Kosmos, der Jesus ablehnt, widerfährt. Der Kosmos kann den Frieden nicht geben; er ist ja Grund der Furcht und Verwirrung. Jesus *gibt* auch anders als der Kosmos: Er schenkt sich selbst. Der Friede, von dem hier gesprochen wird, ist also Wirklichkeit des Glaubens, nicht mit weltlichen Mitteln erreichbarer Zustand.

V. 28 Abschließend erinnert Jesus an seine Worte vom Hingang und Kommen; vgl. 14,2–4.12.18f. Damit ist am Ende der Rede der Gipfel der Wirksamkeit Jesu den Jüngern vorgestellt: Die Erhöhung Jesu am Kreuz als Hinübergang in die Herrlichkeit und die Erfahrung des Verherrlichten in der Offenbarung des Geistes. Darum wird als Frucht der Liebe die Freude über seinen Gang zu dem Vater genannt, in dessen Gehorsam Jesus steht. Denn nur durch sein Gehen ist sein Bleiben ermöglicht; bliebe er nicht, gingen die Jünger unter. Ein rein zeitgenössisches Zusammensein mit Jesus bleibt weit zurück hinter der im Geist ermöglichten Gemeinschaft mit ihm. Der Glaube ist keine Selbstverständlichkeit. Doch kann er erwachsen aus der Versenkung in das Wort Jesu, das den Vergleich mit der Wirklichkeit Gottes aushält (V. 29).

schließen sich Geist-Verfaßtheit und raum-zeitliche Fleischwerdung der Kirche nicht aus, sondern bedingen sich gegenseitig. In besonders dichter Weise vereinen sich beide Komponenten in der Eucharistiefeier: sichtbar in den Gestalten von Brot und Wein und erfahrbar in der lebendigen Glaubens-Communio aller Mitfeiernden.

Der *Eröffnungsvers* ist ein Jubelruf aus dem Herzen von Befreiten, der im gesamten Gottesdienst nicht verhallen darf. Die Geist-Frucht von Ostern, die Freiheit, zu der uns Jesus durch sein Kreuz und seine Auferstehung befreit hat (vgl. Gal 5,1 ff), sollte während des Gottesdienstes als kostbare Gabe spürbar werden. Freilich bleibt diese Gabe Geschenk. Daher steht im *Tagesgebet* die Bitte: »Laß uns die österliche Zeit in herzlicher Freude begehen und die Auferstehung unseres Herrn preisen, damit das Ostergeheimnis, das wir in diesen fünfzig Tagen feiern, unser ganzes Leben prägt und verwandelt.« In der lateinischen Fassung kommt die Geist–Initiative Gottes noch stärker zum Ausdruck: »Fac nos . . .«: »Mach du, daß wir . . .!«.

Die Texte der beiden *Lesungen* bringen die Verschränkung der Geist-Wirklichkeit Gottes in der Gemeinde Jesu Christi (*Zweite Lesung*) mit der Gestaltung des kirchlichen Alltags in Zeit und Raum (*Erste Lesung*) prophetisch und historisch zu Gehör. Sie sind so wichtig und auch so schön, daß man auf keine der beiden verzichten kann.

Vor diesem Hintergrund muß die Eucharistiefeier als eine mystische Feier des Glaubens zugleich den Lebenserfahrungen der Anwesenden Raum geben, damit das österliche Geheimnis der Christus-Freiheit in ihnen reiche Frucht bringen kann (vgl. *Schlußgebet*). Geist und Leben müssen sich berühren dürfen und können. Die Gestaltung der Begrüßung, des Bußaktes, der Predigt, der Fürbitten, des Friedensgrußes, der Kommunionmeditation und des Liedgutes kann dazu eine Hilfe sein.

Als *Präfationen* bieten sich die Präfation vom Heiligen Geist II oder die Präfation für die Sonntage im Jahreskreis VI an.

2. Homiletische Hinweise

Das *Johannesevangelium* verdeutlicht, daß es eine christliche Weisheit gibt, aus der jegliche Lebensfülle kommt: die Abgeklärtheit des Geistes, die Fähigkeit zur Entscheidung in schwierigen Situationen, das Wagnis zum christlichen Zeugnis in widrigen Umständen. Diese Weisheit ist nicht von dieser Welt, sie wird vom Heiligen Geist offenbart. Man kann sie letztlich auch nicht durch Bücher oder Studien erwerben. Da sie zuinnerst nicht Frucht menschlicher Tätigkeit ist, liegt sie auch jenseits aller Berechnungen, zu denen wir uns immer wieder versucht fühlen. Sie ist keine Weisheit des Gewinns, des Erwerbs, der Macht. Die Aussagen des Vierten Evangeliums wollen eine geistliche Unterweisung sein, die den Weg in diese Weisheit aufzeigt, die die Weisheit Jesu Christi ist und jenseits aller asketischen Regeln, aller geistlichen Übungen und aller menschlichen Vorstellungen liegt. Dieser Weg zur Weisheit des Heiligen Geistes ist die Herzmitte und die Quintessenz eines reifen christlichen Lebens. Gibt es aber überhaupt den reifen Christen? »Nach dem Neuen Testament *muß* es ihn geben, denn auf ihn zielt die ganze neutestamentliche Verkündigung ab« (*Carlo M. Martini*).

Das Johannesevangelium ist demnach ein schwieriges Evangelium. Es ist in Inhalt und Form nicht leicht zu verkraften. Es braucht das meditative »Wiederkäuen« seiner Aussagen. Es braucht die Versenkung in den Text. Das Johannesevangelium setzt ein hohes Maß an geistlicher Erfahrung voraus. Es ist kein Evangelium, das den Anfänger anspricht, sondern den reifen Christen.

Angesichts der sonntäglichen Johannesperikopen ist der Priester ganz als »Geistlicher« gefordert. Eine aktualisierende Umsetzung der johanneischen Gedanken in der Predigt wird ihm deshalb nur gelingen, wenn er den geistlichen Sinn der betreffenden Stellen erfaßt hat. Damit freilich ist auch die höchste Kompetenz angesprochen, die eine Gemeinde von ihrem Vorsteher verlangen darf. Mit anderen Worten: Das Johannesevangelium fordert im Amt die Person des Geistlichen. Mit einer kurzen Textvorbereitung am Samstagnachmittag ist dieser Forderung sicher nicht Genüge getan. Das Sonntagsevangelium sollte vielmehr schon die gesamte vorausgehende Woche Begleiter im seelsorgerlichen Alltag sein.

Die folgende »Predigt« ist nicht als Vorlage, sondern nur als Anregung zu gebrauchen. Sie möchte den Prediger ermutigen, die Zuhörer an seinem eigenen geistlichen Leben teilnehmen zu lassen.

III. Zur Predigt: Bausteine für geistliches Leben

Jeder der folgenden Bausteine kann als Predigtgrundlage dienen. Die persönliche Entscheidung zu einem der Bausteine sollte auch die Gestaltung der Eucharistiefeier mitbestimmen.

Christi Himmelfahrt

Lk 24,46–53

I. Bibeltheologische Vorüberlegungen

1. Stellung, Struktur, Gattung der Perikope

In dieser Perikope sind deutlich zwei Abschnitte zu unterscheiden: V. 46–49, die Rede Jesu an seine Jünger, und V. 50–53, Abschied und Himmelfahrt Jesu, Rückkehr der Jünger nach Jerusalem.

Die Rede Jesu V. 46–49 stellt die Fortsetzung der bereits in V. 44 beginnenden Abschiedsrede dar. Wegen ihres besonderen Charakters hat man sie das »Testament Jesu« genannt: In der Form einer Schriftunterweisung blickt Jesus auf sein irdisches Wirken zurück und zugleich auf dessen Fortsetzung unter »allen Völkern« voraus; dazu bestellt er seine Jünger als »Zeugen« und sagt ihnen die Gabe des Geistes zu.

Die auf diese Unterweisung folgenden Schlußverse berichten sehr knapp und karg über Abschied und Himmelfahrt Jesu. Sie stehen mit diesem Thema in Spannung zum Anfang des lukanischen Fortsetzungswerkes, der Apostelgeschichte. Dort wird 1,4–14 über die Himmelfahrt noch einmal berichtet, und zwar ausführlicher. Während man am Ende des Evangeliums den Eindruck hat, daß Abschied und Himmelfahrt noch am gleichen Tag erfolgen, an dem der Auferstandene den elf Aposteln erscheint, also am Ostertag, behandelt die Apostelgeschichte die Himmelfahrt als Abschluß der Vierzig Tage, während deren Jesus den Seinen als der Auferstandene erschien »und die Sache des Gottesreiches darlegte«, 1,3. Diese Abweichung sucht man gelegentlich dadurch zu beheben, daß vor der Abschiedsrede Lk 24,44–49 ein Einschnitt angenommen wird, so daß die Apg 1,3 erwähnten 40 Tage hier einen Platz hätten. Eine andere Lösung scheint sich dadurch nahezulegen, daß man für die Schlußverse des Evangeliums, V. 50–53, eine nachträgliche Interpolation annimmt, vor allem wegen der angeblich »unlukanischen Lokalisierung in Betanien« (Conzelmann). Aber diese Verse enthalten einige lukanische Spracheigentümlichkeiten, die gegen die Interpolationsthese sprechen. Für die Auslegung haben wir die hier aufgezeigte Spannung zu beachten, ohne sie durch Harmonisierung aufzuheben. Jedenfalls wird im Blick auf die jeweilige Stelle des Abschieds- und Himmelfahrtsberichtes deutlich, daß dieser im Evangelium als dessen (kurz gefaßter) Abschluß dient und in der Apostelgeschichte als Eröffnung und Hinweis auf die Zeit der Kirche, in welcher der in den Himmel Aufgefahrene vor allem im apostolischen Verkündigungswort gegenwärtig bleibt.

Formgeschichtlich ist beachtenswert, daß die Abschiedsrede des Auferstandenen das Schema des Schriftbeweises benutzt, das ähnlich auch an anderer Stelle erscheint. Wie in 24,25–27 (Emmaus) stellt Jesus auch hier sein Leiden und seine Auferstehung in die Perspektive der Schrifterfüllung: »Es steht geschrieben . . .«, V. 46. Nach V. 44 war seine Verkündigung auf Erden vor allem Hinweis darauf, »daß alles erfüllt werden müsse, was im Gesetz des Mose und in den Propheten und Psalmen geschrieben ist über mich«. Vom Prinzip der Schrifterfüllung sind nun nicht nur Tod und Auferstehung Jesu, sondern – aufgrund dessen – auch die Verkündigung des Evangeliums durch die Kirche bestimmt (vgl. Apg 2,31 f; 10,43; 13,47; 17,2 f). Am Prinzip der Schriftgemäßheit lag dem Evangelisten offenkundig, um hierdurch die Kontinuität des *einen* Heilsgeschehens vom Israel des Alten Bundes über Jesus bis hin zum Verkündigungsgeschehen der Kirche in der Gegenwart zu unterstreichen.

2. *Einzelauslegung*

V. 46 Daß der Christus leiden und am dritten Tage von den Toten auferstehen müsse, läßt sich nicht schon anhand bestimmter Stellen aus dem Alten Testament belegen. Jes 53 ist hier nur indirekt anzuführen, da die Gestalt des Gottesknechtes und des Messias voneinander zu unterscheiden sind. Zudem ist die Erwartung eines leidenden und auferstehenden Messias im Judentum nicht ohne weiteres vorauszusetzen. Dennoch ist diese Aussage »schriftgemäß«, nämlich im Blick auf das Gesamtzeugnis der Schrift. Sie enthält den Willen und Heilsplan Gottes. Eben dem entspricht Jesus, wenn er nach Lk 9,22.44; 17,25; 18,31–33 sein Leiden als Gottes Willen erwartet und übernimmt und sich dadurch als der wahre »Messias Gottes« (9,20, vgl. 2,26; Apg 4,26) erweist. Im leeren Grab des Auferstandenen erinnern sodann die beiden himmlischen Boten an die Vorhersage Jesu, die jetzt erfüllt ist, 24,6 f.

V. 47 Der Erinnerung an die Schriftgemäßheit von Leiden und Auferstehung Jesu folgt sogleich der Ausblick auf die Verkündigung, die die Kirche bei allen Völkern durchzuführen hat. Auch diese Verkündigung in der Zeit der Kirche erfolgt »schriftgemäß«, d. h. entsprechend dem Willen und Heilsplan Gottes. Gott will die Verkündigung an alle Völker – beginnend von Jerusalem aus, wie Lukas im Blick auf Apg 1–2 hinzufügt; sie ist für die Kirche die eigentliche und unausweichliche Aufgabe. Denn sie soll zur Umkehr führen und damit die Vergebung der Sünden bewirken. Solche universale Missionen erfüllt die Kirche in der Treue zu Jesus »aufgrund seines Namens«. Indem allen Völkern die Umkehr gepredigt wird, wird das Heilswerk Jesu weitergeführt. Jesus ist die Autorität, welche die Kirche begründet und bleibend bestimmt, und er ist damit auch der eigentliche Gegenstand ihrer Verkündigung. Der »Name« Jesu steht hier für die unverwechselbare heilsgeschichtliche Bedeutung seiner Person (vgl. Apg 2,21.38; 3,6.16 u. ö.). Was die Kirche in der Erfüllung des Heilsplanes Gottes tut, das kann sie nicht anders tun als in der dauernden Bindung an Jesus. Leiden und Auferstehung Jesu stellen das Eröffnungsdatum der Verkündigung an die Völker dar. Aber auch das Umgekehrte ist zu bedenken: Von Tod und Auferstehung Jesu als Grunddatum der Heilsgeschichte kann nicht anders sachgerecht gesprochen werden als in der Verkündigung an die Völker.

V. 48 »Ihr seid Zeugen dafür.« Mit diesem Wort spricht Jesus seine Jünger direkt an. Sie sollen die Worte Jesu und damit auch seine universale Heilsintention in ihrer Verkündigung bezeugend festhalten. Mit dieser Anrede ist nach Lukas nicht nur die Verkündigungsfunktion der Jünger näher bestimmt, sondern auch ihre besondere Sendung und Bevollmächtigung angesprochen (vgl. Apg 1,8). Die Nachwahl des Matthias in Apg 1,15–26 läßt deutlich erkennen, daß nicht nur ein bestimmtes Wissen von Jesus, sondern auch der erwählende Gotteswille, der den Kreis der »Zwölf« begründet, für das »Amt« der Zeugen maßgebend ist.

V. 49 Den Zeugen sagt der Auferstandene die »Verheißung des Vaters« zu (vgl. Apg 1,4). Ihr Amt werden sie in der »Kraft aus der Höhe« erfüllen und so eigentlich erst zur Wahrnehmung ihres Auftrages fähig sein. Diese Kraft wird in Apg 1,8 näher als die »Kraft des auf euch herabkommenden Heiligen Geistes« bestimmt. Darauf sollen sie in Jerusalem, dem von Gott bestimmten zentralen Ort der Heilsgeschichte, warten – ein Hinweis auf die Erfüllung am Pfingsttag.

Eine gewisse Spannung zum Abschluß des Johannes-Evangeliums ist nicht zu übersehen. Dort, 20,21 f, empfangen die Jünger den Heiligen Geist am Abend des Ostertages unmittelbar durch den Auferstandenen in ihrer Mitte, also ohne die Wartezeit. Was nach Johannes als Mitteilung des neuen Lebensgeistes durch den Auferstandenen am Ostertag erfolgt, das erscheint bei Lukas in einzelne Zeiteinheiten entfaltet, die je für sich als »Heilige Zeiten« die Gegenwart des Auferstandenen verdeutlichen. Mit der »Kraft des Heiligen Geistes« wird Jesus gegenüber seiner zeitlich-irdischen Gegenwart in neuer Weise in der Welt und unter den Seinen wirksam. Der Geist, den Jesus zusagt, ist seine bewegende, geschichtlich wirksame Kraft über seinen Tod und seine Auferstehung hinaus.

V. 50 Nach dieser letzten Verfügung Jesu ist nur noch sein Abschied von den Jüngern zu berichten. Mit erhobenen Händen segnet er sie. Daß Jesus sich mit einem solchen »Schlußsegen« verabschiedet, berechtigt noch nicht dazu, ihn etwa im Blick auf den hohepriesterlichen Segen in Sir 50,20 f als »messianischen Hohenpriester« (Grundmann) handeln zu sehen. Dennoch dürfte ein gottesdienstliches Schema an dieser Stelle einwirken: Lukas beschließt mit dem Abschiedssegen Jesu nicht nur diese Perikope, sondern auch das ganze Evangelium. In ihm hat er die Geschichte Jesu auf Erden dargestellt und versteht sein Werk als »memoria Christi«. In dieser Gestalt bleibt das Gedächtnis des geschichtlichen Jesus in der Zeit der Kirche erhalten und erinnert so die »Zeugen« ständig daran, von wem sie Auftrag und Kraft empfangen haben und woran ihre Verkündigung gebunden bleibt.

V. 51 Mit dem Segen, der die Jünger mit Jesus verbindet, trennt er sich von ihnen. Nur ein Teil der Textzeugen erwähnt an dieser Stelle eigens, daß Jesus »in den Himmel emporgehoben wurde«. Möglicherweise wurde in einigen Textversionen die Erwähnung der Himmelfahrt unterdrückt, da sie am Anfang der Apostelgeschichte berichtet wird. Aber auch das Umgekehrte ist möglich: Vielleicht wurde ein ursprünglich als Abschiedsbericht stilisierter Schluß durch die aus Apg K. 1 bekannte Himmelfahrt ergänzt. Jedenfalls dürfte, auch wenn die Erweiterung mitgelesen wird, der Charakter der Abschiedssituation dadurch nicht verdeckt und der Unterschied zu Apg K. 1 nicht verwischt werden.

V. 52 Auch am Anfang dieses Verses läßt ein Teil der Textzeugen das Niederfallen der Jünger unbeachtet. Von der Anbetung des Auferstandenen durch die Jünger bei seinem Abschied spricht der

Schluß des Matthäus-Evangeliums: 28,17. »Mit großer Freude« kehren die Jünger nach Jerusalem zurück. Diese Freude ist ein Zeichen ihrer Erwartung: In Jerusalem werden sie die Kraft des Heiligen Geistes empfangen und damit Jesus nicht verlieren, sondern neu gewinnen. So schließt das Evangelium mit einem frohen Ausblick, obwohl sehr klar von einem Abschied und einem Ende des irdischen Wirkens Jesu die Rede ist.

V. 53 Der Schlußsatz nimmt Apg 2,46 und 5,42 vorweg. Für eine gewisse Zeit bleibt der Tempel noch der Ort, an dem man sich versammelt, um Gott zu loben. Aber es ist ja schon das neue Israel, das sich hier versammelt, und für dieses wird der Tempel einmal zu eng werden, wenn die Botschaft Jesu zu allen Völkern getragen wird.

3. Theologische Würdigung

Gegenüber der eigentlichen Himmelfahrtserzählung Apg 1,4–14 ist für unsere Perikope vor allem zu beachten, daß sie den Schluß des Evangeliums bildet. Die Jünger erhalten Weisung für ihre zukünftige Aufgabe, nicht ohne daß sie an die Geschichte Jesu erinnert und gebunden werden. Von Jesus, dessen geschichtliche Sendung der Evangelist in seinem Werk darstellt, erhalten die Jünger und damit die Kirche überhaupt Anstoß und Ausrichtung. Die Perikope zeigt, in welcher Weise diese Bindung für die Kirche wirksam bleibt.

(1) Die Jünger – in und mit ihnen auch die ganze Kirche – haben den Auftrag, allen Völkern zu ihrem Heil »Umkehr zu verkünden«. Das entspricht der Heilsintention Jesu, und darin erfüllen sie den Heilsplan Gottes. Tod und Auferstehung Jesu stellen hierzu das Eröffnungsdatum dar. Verkündet die Kirche Tod und Auferstehung Jesu als das grundlegende, die Geschichte wendende Heilsereignis, ist sie mit dieser Verkündigung immer auch an ihre Sendung zu den »Völkern« verwiesen. Beides gehört zusammen. Die Kirche steht so unter der Bestimmung Jesu, seine universale Heilsintention in der Welt zum Tragen zu bringen. Sie darf daher nicht zu einer Sekte oder Kaste werden. Sie muß alle Selbstgenügsamkeit und Selbstbesorgtheit überwinden und auch die mit ihrer Sendung verbundene Herausforderung der Welt annehmen und zum Heil der »Völker« wenden.

(2) Die Kirche erfüllt ihre Sendung nicht ohne Jesus,und das bedeutet: in der Kraft des von ihm zugesagten Geistes. Das Wirken

des Heiligen Geistes ist die neue Weise der Gegenwart Jesu. Hiermit ist ein Doppeltes angezeigt: a) Die in der Kirche wirksame Kraft des Heiligen Geistes bestimmt sich immer von Jesus her, der als der Auferstandene und Erhöhte kein anderer ist als der Irdische. Darum hat der Heilige Geist in der Kirche eine zugleich erinnernde und anregende Bedeutung. Die Kirche bleibt die Kirche Jesu Christi, indem sie sich von seinem Heiligen Geist ständig anregen läßt. – b) Die Gegenwart Jesu im Geiste ist eine geschichtlich wirksame Gegenwart. Jesus nimmt zwar Abschied von dem Kreis seiner Jünger, er ist in Zukunft nicht mehr leiblich-irdisch unter ihnen. Aber die Freude, mit der die Jünger nach Jerusalem zurückkehren, zeigt, daß sie schon angerührt und bewegt sind von der geschichtlich wirksamen Kraft seiner neuen Gegenwart im Geiste. In dem gleichen Vertrauen hat die Kirche auch weiterhin vorwärts zu schauen und ihre Aufgabe an der Welt zu erfüllen. Denn darin bezeugt sich ja gerade die bleibende Gegenwart Jesu, der sein Werk begleitend zur Vollendung bringen will.

K. Kertelge

II. Liturgisch-homiletische Vorüberlegungen

1. Liturgische Hinweise

Als aufgefahrener und erhöhter Herr kehrt Jesus wieder. Dies ist das Thema der Festfeier dieses Tages. So verspricht es der *Eröffnungsvers*, der aus dem Text der *Ersten Lesung* (Apg 1,1–11) genommen ist. Eine solche neue Gegenwart des Herrn stellt auch die *Zweite Lesung* (Eph 1,17–33) vor Augen: »Wie überragend groß sich seine (Gottes) Macht an uns, den Gläubigen, erweist durch das Wirken seiner (Christi) Kraft und Stärke.« Es ist dieselbe »Kraft und Stärke« Gottes, welche auch die Auferweckung und Erhöhung Jesu bewirkt hat. Beides, Auferweckung und Erhöhung wie die neue Ankunft als Gabe des Geistes, gibt damals wie heute Anlaß zu »großer Freude«, zum steten Verweilen »im Tempel« und zum Lobpreis Gottes (*Evangelium*).

Deshalb ist die Orientierung der Glaubenden doppelt ausgerichtet: »Unser Sinnen und Verlangen geht zum Himmel, wo Christus als Erster der Menschen bei Gott ist« (*Schlußgebet*); deshalb »erheben wir uns über das Irdische und suchen, was droben ist« (*Gabengebet*). Und zugleich sollen wir Zeugen des Auferstehungs- und Erhöhungsgeschehens sein, allen Völkern in Christi Namen die Umkehr zur Vergebung der Sünden verkünden (*Evangelium*) und so die Menschen bereiten, daß Gott »die Augen ihres Herzens erleuchtet, damit sie verstehen, zu welcher Hoffnung sie durch Christus berufen sind« (*Zweite Lesung*). Dann können sie voll Freude und Dankbarkeit erfahren: In der Himmelfahrt Jesu hat Gott den Menschen erhöht; deshalb sind auch wir zur selben Herrlichkeit wie er gerufen (*Tagesgebet*).

2. Homiletische Hinweise

Natürlich steht dieser Festtag für viele als »Vatertag« und »Wandertag« mit anschließender Einkehr im Mittelpunkt des Erlebens. Für die feiernde Gemeinde müßte die Heilsbedeutung dieses Festes innerlich erfahrbar werden: Der erhöhte Herr ist heute in neuer Weise gegenwärtig.

Was *Karl Barth* als die drei Weisen der erneuten Ankunft Jesu nach Tod und Auferstehung bezeichnet, scheint mir dazu hilfreich, und der nachfolgende Predigtentwurf orientiert sich daran. In den Ostererscheinungen ereignete sich Jesu »kleine, aber grundlegende« Ankunft. Dadurch hat er sich in die Erfahrung und das Zeugnis der Ur-Zeugen hinein geoffenbart. – Eine zweite Weise der Ankunft glauben wir in der stets neuen, aber verborgenen Ankunft durch den Geist: Im Notleidenden und Ausgestoßenen; in der Zusammenkunft von »zwei oder drei in Jesu Namen«; in der Verkündigung des Wortes und in der Feier der Eucharistie. Schließlich bekennen wir Jesu endgültige Ankunft in Herrlichkeit, das machtvolle Offenbarwerden seiner jetzt schon gegebenen Geistgegenwart, durch die die Welt hineinverwandelt wird in die vollendete und bleibende Gottesherrschaft.

Der nachfolgende Predigtvorschlag möchte der Gemeinde das Festgeheimnis zugänglicher machen, indem er es zeigt: Als Fest der Erhöhung Jesu; als Feier einer neuen Nähe Gottes; als Erinnerung an unseren Auftrag, den Herrn heute sichtbar und erfahrbar zu machen.

K. Baumgartner

III. Zur Predigt: Gottes neue Nähe

Abschied von einem Freund

Nimmt ein guter Freund von uns Abschied, dann sind wir traurig. Wir hatten uns an seine Gegenwart und Nähe gewöhnt. Wir hatten gemerkt: Zu ihm konnten wir Vertrauen haben, mit ihm konnten wir offen reden, von ihm konnten wir lernen. Er wird uns in der kommenden Zeit sehr fehlen, und das schmerzt uns. Sicher, er wird uns schreiben und gelegentlich anrufen. Aber das macht das Herz im Augenblick auch nicht leichter. Auch nicht die Aussicht, ihn später vielleicht einmal wiederzusehen. Wir spüren nur die kommende Wegstrecke der Einsamkeit und Ratlosigkeit. Wir wissen nicht recht, wie es nun weitergehen soll.

Abschied vom Herrn?

Stellt sich auf den ersten Blick nicht so oder ähnlich die Situation der Jünger dar? Sie hatten voll Freude und Glück erfahren dürfen, daß ihr Herr Sieger geblieben war über die Macht des Todes. Seine lebendige Nähe hatte sie nach Ostern wieder in Bann geschlagen und gestärkt. Er hatte ihnen »seine Hände und Füße gezeigt« (Lk 24, 40) und ihnen »die Augen geöffnet für das Verständnis der Schrift« (Lk 24,45). Er hatte ihnen Mut zugesprochen und ihnen die Gabe des Geistes zugesagt. Ihre Erfahrung war: Der Herr lebt, er ist bei uns, er wird uns nicht verlassen, er tröstet und begleitet uns.

Und nun wird er ihnen plötzlich genommen. »Während er sie segnete, verließ er sie und wurde zum Himmel empor gehoben« (Lk 24,51). »Eine Wolke . . . entzog ihn ihren Blicken« (Apg 1,9). Die Zeit, in welcher der Herr bei seinen Vertrauten »ein und aus ging« (Apg 1,21) war zuende.

Doch ist hiermit das letzte Wort über die Himmelfahrt Christi gesprochen? Ist dieses Fest, das wir heute begehen, ein Fest, das uns den Herrn nimmt und alle Hoffnung auf seine baldige Wiederkehr zunichte macht? Soll es ein Fest des Abschieds sein, ein Tag voll Wehmut und Trauer?

Vollendung und Auferstehung

Wir sollten hier denen trauen, die all ihre Kraft und ihre ganze Lebenszeit darauf verwenden, für uns Gottes Wort auszulegen und zu erklären: Uns Menschen von heute aufzuschließen, was die Bibel in der Sprache und unter den Bildern längst vergangener Zeiten an

Glaubenseinsicht und Glaubenszuversicht uns weitergeben möchte. Wenn wir die Bibel hier recht verstehen wollen, sagen diese Menschen uns, dann dürfen wir nicht bei den Bildern und Darstellungsweisen der Himmelfahrt Christi stehenbleiben. Wir müssen uns fragen, was die Evangelisten damit sagen wollen.

Für das ganze Neue Testament besteht kein Zweifel, daß Jesus schon im Augenblick seiner Auferweckung in den Himmel aufgefahren ist. »Himmelfahrt« ist die Vollendung der Auferstehung, oder besser: »ihre andere Seite« (*Vilmar*). Auferstehung und Himmelfahrt gehören also zusammen.

Die Erzählung der Himmelfahrt Christi bei Lukas möchte nicht berichten, *wie* dies geschah, sondern uns nahebringen, *was* geschah: Daß Jesus in seiner Auferstehung erhöht wurde zur Rechten des Vaters, daß er teilhat an seiner Macht und Herrlichkeit. Christus ist »gestorben und zum Leben gelangt, damit er Herr sei über Tote und Lebende« (Röm 14,9). Vom Vater her ist er dann den Jüngern erschienen, die geheimnisvollen »vierzig Tage« hindurch, und hat sie belebt, bestärkt und zugerüstet für die kommenden großen Aufgaben.

Im erhöhten Herrn, will das Fest Christi Himmelfahrt sagen, trifft den Menschen von heute der Anspruch und die Zusage des lebendigen Gottes selbst. Wir haben, und das mag in manchen Stunden ein Trost sein, unsere Sache auf den gesetzt, der von sich die unerhörte Aussage machen kann: »Mir ist alle Gewalt gegeben im Himmel und auf Erden« (Mt 28,18).

Ansage einer neuen Nähe Gottes

Von hier aus wird deutlich, daß mit der Himmelfahrt Christi den Jüngern und uns zwar seine irdische, greifbare und sinnenfällige Gegenwart genommen worden ist. Der Jesus eines sehr unmittelbaren und begrenzten Trostes ist gegangen. Aber nur, um als weltumspannender Christus neu und radikal zu kommen, zu allen Menschen aller Zeiten. Der Auferstandene ist nicht der in weite Ferne Entrückte, der unwirklich Gewordene. Sondern weil er in Gottes Herrlichkeit einging, ist er uns näher gekommen als je ein irdischgeschichtlicher Mensch es könnte.

Auf dem Grund unseres Herzens wohnt er; wo zwei oder drei in seinem Namen zusammenkommen, dort ist er selbst; er kommt zu uns im tröstlichen Zwiegespräch und in der betenden Gemeinde; er geht uns in den Armen und Randsiedlern entgegen, in den Verfolgten und Gefolterten. Und nicht zuletzt im Wort der Verkündigung und, auf eine einzigartige Weise, in der Eucharistie.

Christi Himmelfahrt markiert also den Beginn einer neuen, vielfältigen und ungeahnt intensiven Gegenwart des Herrn unter uns, in seinem Volk. Das Fest möchte keinen Punkt setzen, sondern einen Doppelpunkt: Uns aufschließen für den Herrn, der da ist und unaufhaltsam kommt.

Erinnerung an einen Auftrag

Im Bekenntnis des erhöhten und doch nahen Herrn geht es für uns nicht nur um eine preisende Aussage zum Lobe Gottes, sondern noch um etwas anderes. Inmitten der Himmelfahrtserzählung heißt es bei Lukas, und das ist ein Wort des Herrn: ». . . In seinem Namen wird man allen Völkern, angefangen in Jerusalem, verkünden, sie sollen umkehren, damit ihre Sünden vergeben werden« (Lk 24,47). Dieses Wort gilt nicht nur den damaligen Jüngern, sondern auch uns, den heutigen Christen. Es möchte uns an eine Aufgabe erinnern, die wir im Grunde schon in der Taufe und in der Firmung übernommen haben: Von der Gegenwart und Güte und Hilfe Gottes Zeugnis zu geben – jeden Tag, in allen Lebensbereichen, für die Menschen, die uns begegnen, die mit uns leben. Das heißt in letzter Konsequenz: Gerade für die Suchenden, die Mutlosen, die Beschämten und Verzweifelten durch unseren Glauben, unsere Hoffnung und unsere Liebe Gott nahe zu bringen, ihn erkennbar und erfahrbar zu machen.

Durch uns, nicht an uns vorbei, möchte der Herr in die Nähe der Menschen kommen und sich als ihr Freund zeigen.

»In großer Freude kehrten sie nach Jerusalem zurück« (Lk 24,42). Es ist Zeit, ans Werk zu gehen – voller Freude; dort, wo wir leben; heute, nicht erst morgen.

H. Jacob

Siebter Sonntag der Osterzeit

Joh 17,20–26

I. Bibeltheologische Vorüberlegungen

1. Stellung, Struktur, Gattung der Perikope

Diese Perikope ist Abschluß und Höhepunkt des Abschiedsgebetes Jesu. In Gebetsform faßt Joh K. 17 die Schwerpunkte der Offenbarer-Theologie der Abschiedsreden, K. 13–16, und der K. 2–12 des Johannes-Evangeliums zusammen, insbesondere deren christologische, soteriologische, ekklesiologische und anthropologische Implikationen. Die einzelnen Abschnitte machen einzelne »Anliegen« Jesu explizit: so die Verherrlichung des Sohnes und (durch sie) die des Vaters, V. 1–5; die Glaubenstreue und die Heiligung der Jünger, V. 6–19, und schließlich die Einheit und Vollendung der Glaubenden, V. 20–26. Unsere Perikope umfaßt die Bitten um Einheit, V. 20–23, um Christusgemeinschaft und Herrlichkeitsschau, V. 24, und schließlich die Bitte um Vollendung der Glaubenden durch das Einwohnen Christi in ihnen, V. 25–26.

Für das rechte Verständnis der literarischen Art des Abschiedsgebetes ist der lange traditionsgeschichtliche Prozeß zu bedenken, den das Evangelium bis zu seiner schriftlichen Fixierung durchlaufen hat. Für die literarische Form des Gebetes kommt der Redaktion entscheidende Bedeutung zu. Wenn der Vierte Evangelist den vorösterlichen Jesus betend einführt, läßt er in ihm und durch ihn den erhöhten und verherrlichten Christus sprechen, wie er ihn aufgrund der während Jahrzehnten reflektierten und weitergegebenen Überlieferung kennt. Er lenkt den Blick des Lesers auf den Jesus, der unmittelbar vor seiner Gefangennahme und Kreuzigung steht und darum in äußerster Konzentration auf das Wesentliche spricht –, läßt aber deutlich durchblicken, daß der Betende der Erhöhte und Verherrlichte ist, der Kreuz und Tod durchschritten und »die Welt überwunden« hat, Joh 16,33.

V. 20f »Die auf ihr Wort hin an mich glauben«: Hier, wie V. 8 – und schon Röm 10,17 – beruht der Glaube auf dem gehörten Wort. Gebetsanliegen ist die Einheit der Glaubenden. Welcher Art diese Einheit (hier und in den V. 22–23) ist, ergibt sich daraus, daß sie in der Einheit zwischen Vater und Sohn begründet ist und daß sie diese Einheit abzubilden hat. Das Verhältnis zwischen Vater und Sohn ist das der »reziproken Immanenz« (R. Schnackenburg), d. h. ein gegenseitiges In-Sein von Vater und Sohn (wie schon Joh 14,10.20), eine Beziehung, die keiner Vorstellungskraft zugänglich ist. Als Verstehenshilfe bietet sich jedoch das Theologumenon vom gegenseitigen »Erkennen« an, vgl. 10,15; Mt 10,27 par. Danach geht im Vorgang des Erkennens der Erkannte in den Erkennenden ein. Dieser seinerseits öffnet sich dem Erkannten und gewährt ihm Raum. Dabei übersteigt der hier gemeinte Erkenntnisprozeß die rein rationale Ebene. Was schon im zwischenmenschlichen Bereich gilt, ist auch hier vorausgesetzt: Personales Erkennen wird dem Erkannten nur dann gerecht, wenn es diesen ganzheitlich bejaht, also ein liebendes Erkennen ist. – Die Einheit der an Jesus Glaubenden muß in der liebend-erkennenden Einheit zwischen Vater und Sohn begründet und darin geborgen sein, soll sie ihr Ziel erreichen, »daß die Welt glaube« (V. 22); daher die Bitte, die Glaubenden mögen »in uns« eins sein. – Weil solche Einheit nicht machbar ist, weil sie die bloß menschlichen Möglichkeiten übersteigt, wird in ihr Gott selbst epiphan. Die »Welt« sind hier die Nicht- bzw. die Noch-Nicht-Glaubenden (vgl. 1,9f u. a.). Diesen soll die Einheit der Glaubenden Anschauungsunterricht sein, Weg zum Glauben daran, daß Gott seinen Sohn »gesandt« hat. Gemeint ist ein Glaube, der sich sowohl auf den Sendenden wie auf den Gesandten richtet und der sich als lebendig erweist in der existentiellen Zustimmung zur Tatsache, daß Gott ist und daß Gott gut ist.

V. 22 Herrlichkeit ist der »zusammenfassende, gefüllteste Begriff für die vollkommene Klarheit und Heilskraft Gottes, die dort die Atmosphäre beherrscht, wo Gott ist. Herrlichkeit ist das Göttliche an Gott, so daß der, der an Gottes Herrlichkeit teilhat, an Gott selbst teilhat, indem Gottes Wesen ihn ganz durchdringt und bestimmt« (U. Wilckens). In der Herrlichkeitsgabe liegt der Ermöglichungsgrund zur Einheit, wie sie V. 21 beschreibt, und wie sie vor und in der »Welt« mit überzeugender Kraft für den Glauben wirbt. – Die

Einheit der Gläubigen wird hier (wie in V. 21) durch die Vergleichspartikel kathōs: so-wie, auf ihr Urbild, die Einheit zwischen Vater und Sohn bezogen.

V. 23 Vollendete Einheit ist nur im Urbild. Sie soll nach der Bitte von V. 23 auch im Abbild aufscheinen, damit das offenbarende Tun Jesu und in ihm der Heilsplan Gottes an sein letztes Ziel komme: zur Volloffenbarung der Liebe, mit der der Vater den Sohn und die ganze Welt liebt. V. 23b berührt sich eng mit 3,16; beide Stellen betonen Gottes Liebe zur »Welt« und sehen die Sendung, 17,23, bzw. die Gabe, 3,16, des Sohnes als (allerdings nur im Glauben annehmbaren) Erweis dieser Liebe. Die Partikel kathōs drückt aus, daß zwischen der Liebe des Vaters zum Sohn und seiner Liebe zu den Menschen in der Welt inhaltlich kein Unterschied besteht.

V. 24 »Die du mir gegeben hast« sind die Menschen, die zum Glauben an Jesus gekommen sind. Auch nach 10,29 hat der Vater die Glaubenden dem Sohn »gegeben«. Aber ihre Lebensgemeinschaft mit dem Sohn soll erst noch zur Vollendung kommen. Dieses Ziel intendiert das Gebet in V. 24. »Ich will« hebt sich deutlich ab vom »Ich bitte« von V. 20. Daß der Wille Jesu dem des Vaters in allem entspricht, also kein Gegensatz zwischen dem Wollen von Vater und Sohn besteht, hat Jesus nach Johannes schon früher betont, Joh 4,34; 5,30; 6,38. – »Wo ich bin, sollen auch sie mit mir sein« zeigt die Lebensgemeinschaft mit Jesus als Weggemeinschaft, die zwar das Kreuz miteinschließt, dabei aber auf Herrlichkeit ausgerichtet ist. – »Damit sie meine Herrlichkeit sehen« nimmt die Bitte um die Verherrlichung des Sohnes von V. 5 auf und bezieht sie auf die Herrlichkeitsgabe, die der Sohn vom Vater empfängt, jetzt wie schon »vor Grundlegung der Welt«. Nach V. 24 hat der Vater dem Sohn Herrlichkeit gegeben, weil er ihn liebt »vor Grundlegung der Welt«. Somit hat Herrlichkeit mit Liebe zu tun. Sie ist – wie schon zu V. 22 gesagt wurde – nicht etwas außerhalb oder neben Gott, sondern letztlich er selbst in seiner sich verströmenden Liebe.

V. 25 Die Vateranrede (»Gerechter« Vater) bezeichnet die Vollendung der Glaubenden durch die Herrlichkeitsschau als Forderung der Gerechtigkeit. Wie Jesus die Herrlichkeit besitzt als Erkennender und Erkannter (»Ich habe dich erkannt«, V. 25b), so macht der Hinweis auf die Glaubenden (»Auch diese haben erkannt, daß du mich gesandt hast«) deren Anspruch auf die Herrlichkeitsschau geltend. Im Hintergrund dieser Forderung steht Joh 16,8–10, wonach der Paraklet die »Welt« in bezug auf die Gerechtigkeit überführen wird, weil Jesus zum Vater zurückkehren und der Sichtbarkeit entzogen sein wird, so daß er nur mehr dem Glauben zugänglich ist. Durch ihr Ja zum Offenbarer haben sich die Glaubenden von der »Welt« abgehoben, sich »entweltlicht. Im Gegensatz zur »Welt« haben sie Jesu Sendung durch den Vater (an-)erkannt, vgl. V. 21 c und 23 c, und haben damit im Sohn den Vater geschaut, vgl. 14,9.

V. 26 Ermöglicht wurde dies aufgrund des offenbarenden Tuns des Sohnes (»Ich habe kundgetan und werde kundtun deinen Namen«). Mit diesem letzten Satz, den er Jesus vor der Passion sprechen läßt, kehrt der Evangelist zum Prolog seines Jesusbuches zurück, der mit dem Satz endet: »Der einzige Sohn, der im Schoß des Vaters ruht, er hat (von Gott) *Kunde gebracht*«, Joh 1,18. Im Kundtun dessen, was menschlicher Spekulation verschlossen bleibt, in der Offenbarung des Vaters, liegt für die Menschheit die heilsgeschichtliche Bedeutung Jesu Christi.

3. Theologische Würdigung

(1) Das Abschiedsgebet Jesu atmet von Anfang bis Schluß den Geist der Offenbarer-Theologie des Vierten Evangeliums. Im Verständnis des Evangelisten ist aber Offenbarung des Vaters Offenbarung der Gottes-Herrlichkeit; diese ihrerseits ist Manifestation der Einheit zwischen Vater und Sohn. So liegen die Schwerpunkte des Gebetes mit innerer Folgerichtigkeit bei den Begriffen Herrlichkeit und Einheit.

(2) Das Abschiedsgebet steht im Johannes-Evangelium an der Nahtstelle zwischen dem Ende des öffentlichen Wirkens Jesu und dem Beginn der Passion. Der Inhalt der Bitten ist aus diesem Kontext zu begreifen: Das offenbarende Tun Jesu soll weitergehen und alle Menschen erreichen (vgl. die Auftragsworte des Auferstandenen, Mt 28,18–20; Mk 16,15; Apg 1,8). Die Gemeinschaft der Glaubenden hat nun Sendung und Auftrag des Offenbarers zu übernehmen. Das Abschiedsgebet zeigt: Dem Offenbarer ist entscheidend daran gelegen, daß seine Sendung weitergeht.

(3) Die Glaubensgemeinschaft erscheint in unserer Perikope als Ort der dynamischen Präsenz des Vaters mit dem Sohn im Pneuma. In der Gemeinschaft der Glaubenden wird das Wort der Zeugen gesprochen und gehört, V. 20; von ihr soll es in Wort und Tat weitergetragen werden und in der »Welt« Glaube, Erkenntnis und Liebe erwecken, V. 21,23.

(4) Einheit der Glaubenden ist unabdingbare Voraussetzung für die Glaubwürdigkeit der Botschaft. Negativ ausgedrückt: Uneinigkeit (in den Äußerungsformen von Rücksichtslosigkeit, Egoismus, Rechthaberei, Lieblosigkeit) übt vor der Weltöffentlichkeit eine »lähmende Wirkung auf die Überzeugungskraft der Verkündigung« (H. Strathmann) aus.

(5) Die der Einheit von Vater und Sohn nachgebildete Einheit unter den Glaubenden, ist ein vom Geist Gottes gewirktes und immer neu zu wirkendes großes Wunder. Sie kann nicht organisiert, noch befohlen, noch vorgetäuscht werden, wo sie nicht vom Gottesgeist stets neu bewirkt, demütig empfangen und im schlichten Tun der Liebe dargelebt wird. Weil sie Gabe Gottes ist, existiert sie unter Menschen nur dort, wo diese im engen Anschluß an den im Geist gegenwärtigen Jesus (»Ich in ihnen«, V. 23.26 b) bzw. im In-Sein in Vater und Sohn (V. 21) leben.

(6) Nach Joh 17,21–23 kann die »Welt« nur durch die Erfahrung einer mehr als formell-äußerlichen Liebe glauben, daß Gott ist, und daß er sie so wie seinen einzigen Sohn liebt, V. 23. Wie sich diese Liebe im Kreuz Christi zeigte, vgl. Joh 3,16; 15,13, so will sie sich vor den Augen der »Welt« immer wieder als existent erweisen durch die Bereitschaft der Glaubenden, für die Brüder das Leben einzusetzen; 1 Joh 3,16. So ist das Abschiedsgebet Jesu gerade in seinem letzten Teil besonders eindringliche »Bitte um die Frucht des Kreuzesopfers« (W. Thüsing).

(7) Der Offenbarung der »Herrlichkeit« eignet eine innere Dynamik, aus der heraus sie auf Mit-teilung, auf Weitergabe und auf Annahme angelegt ist. So erreicht sie vom Offenbarer über die, die der Vater ihm »gegeben« hat, 17,6, Menschen, die auf deren Zeugnis hin zum Glauben kommen, 17,20; in diesen bietet sie sich der »Welt«, den Menschen aller Geschlechter an. Immer ereignet sie sich wie damals als verbale Verkündigung *und* als geistgewirkte Weitergabe der Liebe Gottes, V. 26. Dabei gibt der Vater nicht nur Auftrag und Sendung, er bewirkt auch das glaubende Eingehen auf die Botschaft, vgl. Joh 6,44.65. So ist Glaube Annahme der Herrlichkeitsgabe, die der Vater über den Sohn in den Kosmos hinein verströmt, und anfanghafte, auf Vollendung angelegte Teilhabe am Leben des drei-einen Gottes.

J. Pfammatter

II. Liturgisch-homiletische Vorüberlegungen

1. Liturgische Hinweise

Mit dem Siebten Sonntag der Osterzeit beginnt die letzte Woche vor dem Pfingstfest.

Die Zeit zwischen der Auferstehung und Verherrlichung Jesu am Ostertag und dem Kommen seines Geistes wird man nicht so sehr als historische Zeitspanne verstehen müssen, sondern (mit dem *Tagesgebet*) als die Wirklichkeit seiner Verheißung: Der Herr will nicht nur unser Ziel sein, sondern die »Wahrheit« unseres »Weges« –, d. h. die innerste und wesentliche Dimension unserer irdischen Lebensspanne. Dieses »bei uns Bleiben« läßt keine Differenz aufkommen zwischen »seiner« Zeit und »unserer« Zeit. Insofern gibt es in der Heilsgeschichte des Neuen Bundes kein Vergangensein, von dem sich die Menschengeschichte im Laufe der Jahre und Jahrhunderte immer mehr entfernte. Hier gibt es kein Verdämmern, keine Geschichts-Verdrängung. Denn nichts ist ausschließlich »in jener Zeit«, und nichts ist nur »seine« Geschichte, was nicht auch unsere Lebenszeit und unsere Geschichte ist. So wie auch unsere Geschichte und Zeit immer auch zugleich und zutiefst die Seine ist. Eben deshalb ist es möglich, daß für den Christen das »Gedächtnis« und das »Erinnern« eine solch zentrale Bedeutung für den gegenwärtigen Ablauf der Zeit hat.

Wenn die »memoria Christi« demnach nicht etwas Vergangenes meint, das vor dem Vergessen bewahrt werden müßte, sondern etwas Gegenwärtiges, das jedes menschliche Leben – das der Christen nicht anders als das der ganzen Menschheit – innerlich trägt, bestimmt und begleitet, dann bedeutet dies nichts geringeres als: Das »mysterion«, das die christliche Gemeinde am Sonntag feiert, ist das »mysterion« des im menschlichen Leben gegenwärtigen Christus. Wichtig ist, daß dieses »mysterion des Menschen«, das der Herr in seinem Geist ist, für uns nicht einfach eine mythische »Hinterwelt« ist, die für den, der glaubt, eine Art »moralische Stütze« für den Alltag wäre. Oder vielleicht gar nur etwas wie eine Wunschwelt, die uns das Leid, die Ungewißheit und die Einsamkeit des Lebens leichter ertragen läßt. Das »mysterion des Menschen« ist weder ein frommer Gedanke, noch eine moralische Stütze, noch eine Art Überlebenshilfe. Vielmehr ist dieses »mysterion« eine Verheißung –, also etwas, das uns mehr als Aufgabe und weniger als zuständliche Gabe gegeben ist. Alle Texte der Messe sprechen von diesem »Suchen« (*Eröffnungsvers*), vom »Rufen« dessen, was »verheißen« ist (*Tagesgebet*) und schließlich von einer zukünftigen Vollendung des Menschen zwischen dem »Jetzt« des Christus und dem »Noch-nicht« der Kirche.

2. *Homiletische Hinweise*

Diese Themen einer christlich verstandenen Welt- und Lebensgeschichte, die durch das Mit-Gehen, Mit-Tragen und Mit-Leiden des Herrn mit uns bestimmt ist – was am Pfingsttag bedacht wird ist ja eben dieses Gegenwärtigsein des verherrlichten Herrn »im Geist« – werden von den *Lesungen* auf vielfältige Weise angesprochen, ins Bewußtsein gehoben oder zumindest eröffnet.

Daß es der Christus-Bewegung schon in der ersten Generation um die Menschheits-Geschichte insgesamt geht – also um jeden Menschen, jede Zeit und jede Kultur –, dieser »universale Zug« wird bereits in der Vision und im Martyrium des Stephanus deutlich (*Erste Lesung*): Die Kirche durchbricht den national-religiösen Rahmen Israels. Das Verstoßungs-Szenario der Hinrichtung des Messias wiederholt sich in der Ausstoßung des Stephanus, oder besser: Die weltumspannende Geste des Guten Hirten realisiert sich gerade durch die ideologischen Blockaden und Hinrichtungen hindurch. Nicht zufällig komponiert Lukas die Szene um das erstmalige Auftreten des späteren Heiden-Apostels Saulus (Apg 7,58).

Was hier aufscheint, ist: Nicht eigentlich die Apostel, die Märtyrer, oder die Kirche »führen das Werk des Herrn weiter«, sondern Gott selbst lebt und handelt und liebt und rettet in der weitergehenden »Hirten-Geschichte« (Heilsgeschichte) seines Sohnes. Was den »Dienern des Wortes« und der Kirche insgesamt bleibt, ist gemäß dem Programmwort des Auferstandenen: »Ihr werdet mir Zeugen sein . . .« (Apg 1,8). Das Be-Zeugen und nicht das Er-Zeugen ist der Sendung gemäß.

Lukas betont dabei immer wieder, daß das christliche Leben insgesamt und vor allem das der Gemeinden und ihrer »Lebensäußerungen« geistgetragen und geistgewirkt ist. Aber die Kirchengeschichte mahnt hier wohl zur Vorsicht und Klarsicht. Nicht jede christliche oder kirchliche Lebensäußerung ist Ausdruck des Christus-Geistes und nicht jede Lebenspraxis (der Kirche und des einzelnen Christen) läßt in den »offenen Himmel« des Stephanus (7,55) blicken. Lukas läßt da keinen Zweifel: Stephanus »schaut« und läßt sehen – d. h. be-zeugt – durch seinen demütigen Gehorsam und durch die mutige Vergebungsbitte für seine Henker.

Deutlich ist zu erkennen, daß die Hinrichtung des jungen Zeugen von Lukas ähnlich gezeichnet wird wie das Sterben Jesu: Jesus übergibt seinen »Geist« in die Hände des Vaters, so auch Stephanus; und Jesus bittet für seine Henker; ähnlich Stephanus. Man kann hier ein Motiv der christlichen Schicksalsgemeinschaft mit dem Herrn und seiner Lebensgeschichte sehen. Man kann aber auch – in der von uns gewählten heilsgeschichtlichen Perspektive – den Zeugnis-Akt einer christlichen Existenz erkennt: Stephanus bezeugt die unbeirrbare Hinwendung Gottes zu seinem Volk –, auch »nach« dem Karfreitag. Dies ist dadurch zugleich die »memoria« an die Treue Gottes innerhalb der sündigen Selbst-Verschlossenheit des Menschen.

Dieser Gedanke, daß Gott selbst diese unsere irdische Geschichte trägt und seine rettende Liebe sich gegen alle Kreuzigungen und Steinigungen durchsetzen wird, ist auch in der *Zweiten Lesung* (Offb 22,12–14.16–17.20) angesprochen: Gott handelt in der Geschichte. Der Christ und die Kirche »be-zeugen« dieses rettende Wirken. Von hierher haben dann auch die »Werke« des Menschen ihr Gewicht: Sie sind nichts anderes als Ausdruck und Symbol des wirkenden Geistes und nicht lohnsüchtiger Egoismus. In ihnen »bezeugt« der Mensch und die Gemeinde, was und wie der Weltenrichter Jesus handelt und wirkt in dieser »kurzen« irdischen Geschichtszeit. Von daher sind sie auch unverzichtbar. Sie dürfen (Berufung) und können (Begnadung) Heilszeichen sein: Leiblichkeiten des Geistes und Einschlagstellen der rettenden Gnade.

Der Blick ist vollständig und ausschließlich auf den rettenden Gott der Geschichte gerichtet. Der Christ und die Gemeinde erscheinen in demütiger Passivität und Erwartung. Hier wird »um nichts« gebetet –, nicht um dieses und nicht um jenes. Im Gegenteil: In den V. 14 und 15 wird Zuversicht und Zukunft ausgebreitet. Worum gebetet wird ist einzig der Abbruch der Geschichtszeit und der Durchbruch von Gottes Herrschaft und Reich (20): »Maranatha!«

Hier erhält die »martyria«-Existenz des Christseins ihre eindringlichste Gestalt. Die »Epiklese« (Bitte um den Geist) wird nicht etwas, was die Kirche »auch« tut, sondern sie ist ihre Lebensform: Nicht soll sie beanspruchen, »anstelle Gottes« zu handeln, sondern sie soll um den Geist rufen, damit ihre »Werke« das rettende Tun des Weltenrichters Jesus »be-zeugen«.

Unter den bisher skizzierten Predigt-Themen soll hier das Thema »Einheit« aus dem Evangelium des Tages (Joh 17,20–26) etwas breiter ausgefaltet werden. Dies nicht nur deshalb, weil »Einheit« die einzelnen Themen der *Tagesgebete* und *Lesungen* (wie sie bisher angesprochen wurden) zusammenfaßt und (als Tat des Heiligen Geistes) innerlich bestimmt, sondern vor allem deshalb, weil der Kirche heute mehr und mehr bewußt wird, daß es nicht ihre primäre Aufgabe ist, die Weisheit ihrer Denk- und Glaubensgeschichte möglichst heil durch die Zeiten zu bringen, sondern in dieser Weisheit nach dem Willen Christi zu fragen (*Epiklese*), um eben diesen Willen und das Tun Christi in dieser Zeit demütig und deutlich sichtbar zu machen, d. h. zu »be-zeugen«.

III. Zur Predigt: Einheit als Grunddatum christlicher Existenz

Für den Christen und für jeden religiösen Menschen ist »Einheit« nicht *ein* Thema unter anderen Themen, sondern ist eine unverzichtbare Vision und Hoffnung: Darin verschmelzen religiöser Glaube und menschliche Sehnsucht nach Frieden, Harmonie und menschlicher Würde. Wahrer Glaube kann ja kaum eine egozentrische Mobilmachung des Jenseits zugunsten einer besseren Lebens- oder Leidbewältigung im Sinn haben –, obwohl natürlich auch dieses Ziel grundsätzlich legitim ist, wie die Kultur des Bitt-Gebetes zeigt. Aber zunächst und wesentlich ist Religion eben nicht Lebenshilfe, sondern Hingabe an Gott und somit Ausdruck und Sehnsucht des Menschen nach Einheit und Versöhnung mit ihm –, wie immer das im Einzelnen auch verstanden und praktiziert werden mag.

Einheit als Sehnsucht

Unsere menschlichen Erfahrungen und Hoffnungen kennen sehr wohl die Bedeutung von »Einheit«. Wir sprechen – heute mehr den je – von dieser »Einheit« als einem irdischen Gut und einer innerzeitlichen Hoffnung. Ohne sie wäre unter den Menschen nicht nur Verzweiflung, Vereinzelung und Angst, sondern die Menschen wären für einander nicht viel mehr als eine ständige Bedrohung und das Leben ein Kampf jeder gegen jeden.

Einheit ist lebenspraktisch eigentlich nur dort, wo es wohl das Verschiedene gibt, nicht aber das Feindliche und den Feind. Insofern ist Einheit nichts anderes als Friede und Versöhnung. Und Angstlosigkeit gegenüber dem Fremden und Unbekannten. Einheit ist Aggressionslosigkeit gegenüber Mit- und Umwelt bis hin zum Frieden mit der Natur. Eine solche Sehnsucht nach einem Ende aller Bedrohungen und aller innermenschlichen und sozial-politischen Zerrissenheit bewegt heute eigentliche alle Menschen und durchaus nicht nur solche, die ihre Sehnsucht religiös begründen oder von ihrer Glaubensverantwortung her motivieren.

Einheit als Aufgabe

Ohne Zweifel gibt es hier wirklich einiges zu tun, das jedem möglich ist und das wohl auch von jedem gefordert und erwartet werden muß. Natürlich ist Einheit für den Christen nicht ein Projekt und eine Aufgabe, die man managen, also herstellen kann. Obwohl natürlich der Christ um die Geschenkhaftigkeit wissen muß – Jesu Gebet um Einheit muß man wohl so verstehen –, weil Einheit eine religiöse Idealität darstellt, die in unserer menschlichen Erfahrungswelt nur in gebrochener und unvollendbarer Fragmenthaftigkeit vorkommt, sollten wir nicht vergessen, daß geschenkhafte Gnade und sittlicher Auftrag keineswegs Gegensätze sind. Denn was Geschenk ist oder war, das weiß der Mensch zumeist immer erst im Nachhinein und sozusagen erst dann, wenn er die Summe seiner Bemühungen vergleichen kann mit dem tatsächlichen Ergebnis und der Frucht seiner Handlungen. Insofern sind alle Werke und Anstrengungen des Menschen immer schon mehr als bloße Akte des Kalküls. Immer sind sie – besonders dann, wenn sie den Menschen sittlich beanspruchen – spirituell durchsetzte Handlungen, die in dem Maße, als sie spirituell sind, in dieser unserer endlichen und sündig gebrochenen Lebenszeit mehr oder weniger weit hinter ihrem eigenen Anspruch zurückbleiben.

Einheit als Weg

Einheit ist aber nicht nur eine sittliche Aufgabe, hinter der der Mensch von sich aus immer zurückbleibt. Diese Aufgabe und dieses Ziel hat in sich selbst etwas »Nomadenhaftes« an sich –, etwas, das von ihrem eigentlichen Sinngehalt her immer schon über sich hinaus und insofern unerreichbar ist. Dafür gibt es im Glaubensleben selbst ebensoviele Beispiele wie im Bereich der zwischenmenschlichen Beziehungen, im Verhalten zu sich selbst und in der ökonomischen, sozialen und politischen Lebenswelt.

Die Paradoxie des Nomadenhaften liegt zunächst wohl sicher darin, daß Einheit in seiner radikalsten Form nur zwischen Personen möglich ist. Das bedeutet, daß in ihr die Unendlichkeit des Mysteriums, das der Mensch durch seine radikale Gottbezogenheit ist, grundsätzlich keine Begrenzung zuläßt. Das bedeutet zugleich, daß die schärfste Infragestellung von Einheit ebenso personale Dimensionen hat. Jesus spricht sie im Imperativ der Feindesliebe an.

Zugleich mit dieser unendlichen Tiefe personaler Einheit oder Feindschaft ist das Nomadenhafte von Einheit und ihre nur fragmentarische Gelungenheit darin zu erkennen, daß es in ihr immer um die gemeinsam verbindliche Wahrheit geht, die – unter dem Gesetz des menschlichen Geistes – einzig im Glaubensakt umfassend erkennbar ist. Bloß intellektuelle Bemühung der menschlichen Vernunft wird bekanntlich immer von der Neigung bedroht, daß ich meine Wahrheit zur Disziplinierung und Beherrschung deiner Wahrheit verwende –, ganz gleich, ob es sich dabei um die Wahrheit eines Mitmenschen handelt oder um die Wahrheit Gottes. Einheit ist so verstanden immer ein unendlicher, nomadenhafter Prozess und der Weg einer Intention, die unter irdischen Bedingungen sich ihrer eigenen Endlichkeit bewußt bleiben muß, um nicht tyrannische Vereinnahmung zu sein.

Einheit als ethische Praxis

Das bedeutet einerseits, daß Einheit ein Wort und Ziel des Glaubens und ein Thema der Religion ist. Und das bedeutet andererseits, daß Einheit eben aus diesem Grund nur eines anderen Ethos bedarf, als es jenes ist, das in unserer menschlichen Trieb- und Bedürfniswelt vorrangig gilt. Hier heißt es: Leben ist Kampf und Überlegenheit; ist Durchsetzung und Überbietung, d. h. Dominanz und Beherrschung. Leben benötigt den Gegensatz (*R. Guardini*), um zu sich selbst zu kommen, braucht die Überwindung des Fremden und nicht seine freie Anerkennung, Toleranz und sogar Förderung.

An solchen Überlegungen kann man erkennen, daß Einheit in ganz bestimmte ethische Voraussetzungen, Haltungen und Bereitschaften eingebunden ist, ohne die sie nicht gelingen kann. Wichtig ist zu erkennen, daß es sich hier trotz des religiösen Anspruchs von Einheit keineswegs nur um einen religiösen Sonderbereich handelt, sondern um die Aufgabe der Neugestaltung menschlicher Beziehungen aus dem Anspruch der menschlichen Würde selbst heraus. Welche Schritte zu einer solchen Neugestaltung müßten angezielt werden? Ich meine, daß auf folgende Akzente nicht verzichtet werden kann:

Einheit als Kommunikation

So wie die Einheit mit Gott zutiefst im Gebet vollzogen und realisiert wird – also im Hören, Klagen, Bitten, Bewundern, Anbeten, Danken –, so ist das vordringlichste Ethos der Einheit immer und wesentlich Gespräch. Dieses Gespräch meint nicht einfach small talk über Belanglosigkeiten und auch nicht Überredung oder bloß Polemik. Das Ethos des Gesprächs ist ein Ethos der Achtung. Es ist Verzicht auf jegliche Beherrschung. Es läßt sich vom Anderen an der Hand nehmen, um die Dinge so zu sehen, wie er sie sieht und ihn so zu verstehen, wie er sich selbst versteht. Dieses Ethos des Gespräches setzt voraus, daß es schlechthin Gemeinsamkeiten bereits gibt, die undiskutiert bleiben können und die in gemeinsamen oder ähnlichen Lebenserfahrungen und -einsichten gründen.

Einheit als Solidarität

Dieses Gesprächs-Ethos gründet in einer Vorweg-Solidarität mit dem anderen, und es realisiert diese Solidarität, indem es die Intentionen, Hoffnungen und Leiden des Anderen in den Haushalt und die Obsorge des eigenen Lebensprojekts übernimmt und dort behütet.

Solidarität will eigentlich den eigenen Weg nur gehen unter der Voraussetzung, daß dies auch der Weg des Anderen ist. Bekanntlich hat *Martin Heidegger* diesen Gedanken der wesentlichen Sorgestruktur des menschlichen Daseins besonders deutlich gemacht.

Einheit als Verantwortung

Und schließlich wird dieses Ethos den Akzent der Verantwortung für den Anderen haben müssen. Verantwortung ist mehr als Verzicht auf Beherrschung und mehr als Solidarität. Verantwortung für den Anderen bedeutet ja nichts weniger als: Sich in Dienst nehmen lassen für das Gelingen eines anderen Lebens; sich selbst diesem Leben unterwerfen in einem Maße, daß selbst noch die freien Defizite und Mängel des Anderen der eigenen Abbüßung, Korrektur und Heilungsbemühung aufgelastet werden. Also selbst dort noch verantwortlich zu sein, wo man eigentlich gar nicht verantwortlich ist.

Einheits-Ethos als Zeugnis

Für den Christen, dessen Nachfolge die »martyria« von Gottes Handeln ist, sind Kommunikation, Solidarität und Verantwortung jene

Zeichen-Handlungen, die auf die Liebeseinheit des dreifaltigen Gottes ebenso hinweisen wie auf sein treues Festhalten an der Menschheitsgeschichte: Dieses Ethos Gottes bezeugt das Ethos des Christen. So wie der sterbliche Mensch in Einheit und Frieden mit dem ewigen Gott dadurch leben darf, daß sich dieser ewige Gott unter den sterblichen Menschen »erniedrigt« und die menschliche Sünde selbst verantwortet –, so bezeugt der sterbliche Mensch die umfassende Versöhnung und den endzeitlich verheißenen Frieden durch sein Ethos der Erniedrigung unter den Anderen und durch die Stellvertretung und Verantwortung für ihn.

Wenn der »verlassene Jesus die größte Entdeckung des 20. Jahrhunderts« ist (*Klaus Hemmerle*), dann ist das Ethos von Kommunikation, Solidarität und Verantwortung das einzig adäquate christliche Zeugnis eben dieses Jahrhunderts für diesen Jesus.

A. Zottl

Pfingsten

Am Vorabend

Joh 7,37–39

I. Bibeltheologische Vorüberlegungen

s. Lesejahr B, 311 ff

II. Liturgisch-homiletische Vorüberlegungen

1. Liturgische Hinweise

Um den besonderen Charakter des Pfingstfestes zu erfassen, kann es hilfreich sein, von »außen nach innen« einzusteigen, mit einer dem Thema des Festes gegenläufigen Bewegung. Pfingsten ist eigentlich »eine Bewegung von innen nach außen«, ein Fest der »Äußerungen«, des Aufblühens und Wachsens, der neuen Lebendigkeit, der Sprengung selbstgesetzter Grenzen. Aber äußere Erfahrungen können helfen, die Innenseite des Festgeheimnisses zu erschließen.

Viele Menschen nehmen um diese frühsommerliche Zeit ihren ersten Urlaub. Sie möchten in die Weite hinaus – am besten in den wärmeren Süden – und nicht mehr »hinterm Ofen sitzen«. Die Zahl der Gottesdienstbesucher wird daher niedriger sein als an anderen Fest- und Feiertagen. Die jüngere und mittlere Generation fehlt –, sie ist auf Reisen.

Vom historischen Ursprung her ist Pfingsten ein Erntedankfest. Die eingebrachte Ernte ist Anlaß, dankbar zu feiern und großzügig mit den geschenkten Gaben der Natur umzugehen, d. h. auch den Mitmenschen teilhaben zu lassen an der unverdienten Fülle der Gaben. Das »Austeilen« ist eine Grundbewegung »von innen nach außen«. – Der Gottesdienst am Vorabend deutet allerdings das zentrale Thema der Geist-Austeilung nur an. Den klassischen Bericht aus der Apostelgeschichte hören wir erst in der Liturgie des Festtages selbst (Apg 2,1–11).

Am Vorabend muß man unter vier möglichen *Ersten Lesungen* auswählen. Alle nehmen sie zwar Bezug auf den Inhalt des Festes, aber in recht unterschiedlicher Weise. Die Erzählung von der babylonischen Sprachenverwirrung (Gen 11,1–9), die erst in der christlichen Verkündigung mit dem pfingstlichen Sprachenwunder in Verbindung gebracht wurde, die Erinnerung an den Bundesschluß (Ex 19,3–8a.16–20a), Thema des Festes im Judentum zur Zeit Jesu, die eindrucksvolle Vision von der Erweckung des Totengebeins (Ez 37,1–14) und die endzeitliche Ankündigung des Propheten Joël, daß der Geist Gottes über alle Menschen ausgegossen wird (Joël 3,1–5): Diese vier Texte stehen als *Erste Lesung* zur Auswahl. Man könnte also über die Bedeutung der Sprache predigen: Sprachspiele und Lebensstile bedingen einander (Gen). Man könnte über die Bundestreue Gottes sprechen (Ex) oder über seine den Tod überwindende Lebensmacht (Ez). – Für diese Hilfestellung wurde der Text aus dem Buch Joël gewählt.

2. *Homiletische Hinweise*

Das Wasser, der Vorgang des Ausgießens und Strömens und die damit verbundenen Assoziationen: Quelle, Strom, Durst, die Sehnsucht nach Leben und Fülle, solche und ähnliche Bilder bieten sich für eine Predigt an, um Wirklichkeit und Wirkungen des Heiligen Geistes auszudrücken. Erfahrungsgemäß läßt sich Flüssigkeit, wenn sie einmal in Bewegung geraten ist, schwer eingrenzen. Eine Wasserflut entwickelt ähnliche Kraft wie ein Sturm –, nichts bleibt mehr fest, alles wird bewegt und verändert.

Joël sieht in der Endzeit gewaltige Veränderungsvorgänge, wunderbare Zeichen am Himmel und auf der Erde, Ereignisse, die den Menschen ängstigen und zugleich zum Staunen bringen: Gottes Geist kommt über alles und über alle. Dies grenzt an unsere Vorstellungskraft (*Erste Lesung*).

Paulus sieht die Heilsgeschichte voranschreiten wie unter Geburtswehen, die immer eine seltsame Mischung von Schmerz und Freude sind. Es wird den großen Tag der Veränderung und Erneuerung geben. Sünde und Schwachheit, die Kennmale der gefallenen Schöpfung, werden einmal ganz aufgehoben. Die alles durchdringende, lebendigmachende Kraft Gottes überwältigt den auf Rettung harrenden Menschen. Geduld zahlt sich aus. Auch der, dem die

Sprache fehlt, um sein Elend in Worte zu fassen, wird mündig: Der Geist Gottes ist sein Vormund, er tritt für ihn ein (*Zweite Lesung*).

Im Zentrum dieser Ereignisse steht eine Gestalt: Jesus, der Christus. Der *Evangelist* läßt ihn bewußt »am letzten Tage des Festes« (Laubhüttenfest) auftreten. Jetzt, da sich alles zum Ende neigt, d. h. zur Vollendung kommt, tritt das Eigentliche hervor, wird Vollendung und Erfüllung für alle Menschen offenbar. Die Quellen des Lebens sind nicht mehr verschlossen, sondern für alle, die an Christus glauben, offen.

Freilich bleibt ein Vorbehalt: Nicht einfach machbar ist dieses große Ereignis, sondern ersehnt und erwartet muß es werden, »bis Jesus verherrlicht ist«. In unsere Zeit hineingesprochen: Bis sein in Galiläa begonnenes und durch die Kirche zu vollendendes Werk abgeschlossen sein wird. Die Verherrlichung durch Kreuz und Auferstehung muß zuerst auch an den Jüngern Jesu, an seiner Kirche, vollzogen sein. Endzeit ist noch im Werden. Der Geist Gottes ist nicht »im Schnellverfahren« zu haben (*Evangelium*). Begeisterung sollte zwar durch die Predigt geweckt und gefördert werden, aber als eine »trunkene Nüchternheit«, nicht als voreiliger, mit Mitteln der Suggestion entfachter Enthusiasmus.

III. Zur Predigt: Geist und Leben

Sehnsucht nach Leben

Schon vor einigen Wochen erzählten mir Freunde mit Begeisterung von ihren Urlaubsplänen zu Pfingsten: Endlich mal wieder raus aus dem grauen Alltag, wegfahren können in den warmen Süden. Da ist der Sommer schon weiter als bei uns, da ist mehr Leben als im kalten Norden. – Ich habe sie beneidet und mich gleichzeitig mit ihnen gefreut: Denn ich kenne auch die Aufbruchsstimmung und die Sehnsucht nach Veränderung und neuer Lebendigkeit.

Außen und innen

Viel reisen und ein bewegtes Leben führen, das gehört heute zum Lebensstandard des Bundesbürgers. Wir Deutsche liegen in der Touristikbranche mit an vorderster Stelle. Aber nicht selten treffen wir auf Menschen, die zwar äußerlich ein bewegtes Leben führen, innerlich aber wie auf der Stelle treten. Da ist etwas eingefroren und nicht mehr flüssig, da stimmt das Außen mit dem Innen nicht mehr überein: Es ist eine Art Seelenlähmung eingetreten. Auch in unseren Kirchengemeinden können wir solchen Menschen begegnen. Sie bewegen sich und bewegen viel, aber der Schein trügt: Äußere Betriebsamkeit ist nicht selten gepaart mit innerer Leere.

Ein neues Pfingsten

Pfingsten ist ein Fest des Aufbruchs und der Bewegungen. Nicht nur außen, sondern auch innen soll etwas in Bewegung kommen, die Seelenlähmung soll aufgehoben, die innere Leere aufgefüllt werden. Das sagt mir die Heilige Schrift auf allen Seiten. Sie ist kein Buch zum Einschlafen, sondern zum Aufwachen. Heute werden wir daran erinnert. Heute erbitten wir von Gott, daß er uns von innen her erneuert und uns den lebendigmachenden Geist schenkt. Ein neues Pfingsten erhoffen wir!

Veränderung und Wendezeit

Der Prophet Joël sieht in einer Vision gewaltige Veränderungen voraus. Der Geist Gottes wird ausgegossen über alles Fleisch. Es gibt keine Vorrechte mehr: Söhne und Töchter, Junge und Alte, Knechte und Mägde, Menschen aller Völker und Rassen werden vom Strömen des Geistes erfaßt und zu neuer Lebendigkeit erweckt. Der ganze Kosmos gerät dabei in Bewegung. Feste Punkte – wie Himmel und Erde – werden auf einmal lose. Angst und Furcht breiten sich unter den Menschen aus. Ihr bisheriges Weltbild gerät ins Wanken. Wo findet da der Mensch noch einen Halt? – Wenn er den Namen Gottes anruft, ist er gerettet. Wo sich alles verändert, bleibt der einzig sichere Halt: der allmächtige Gott. Auf ihn werden wir unsere Augen richten müssen.

In Israel feierte man fünfzig Tage nach dem Paschafest, nach Ostern, ein Erntedankfest. Jesus nahm an den mehrtägigen Feierlichkeiten teil. Das Ritual, zu dem auch feierliches Wasserschöpfen und Ausgießen am Brandopferaltar gehörten, hat ihn wie jeden Juden beeindruckt. In den Festen und Feiern rührte Israel an seine wunderbare Geschichte: Daß es mit Gottes Hilfe immer wieder dem Tod entkam und trotz bitterer Niederlagen zu neuem Leben aufblühte. Daß das Leben ein unverdientes Geschenk ist, wurde gerade durch das Einbringen der Ernte erfahren.

So wuchs die Überzeugung, daß alles Leben seinen Ursprung und seine Vollendung in Gott findet. Jesus ergreift die Gelegenheit, in dieser religiösen Stimmung, auf dem Höhepunkt des Festes, am letzten großen Tag, die Absicht Gottes mit den Menschen erneut zu verkünden: Gott bietet den Menschen seine unverbrauchte und ewige Lebensfülle an. Wie das Wasser den Verdurstenden rettet, so kann jeder, der zu Jesus, dem Sohn Gottes, kommt, seinen Lebensdurst stillen. Es ist der Geist, den alle empfangen, die an ihn glauben, so erläutert der Evangelist Johannes die Rede Jesu.

Was beim Propheten Joël vorausgesehen wurde, ereignet sich jetzt. Die Wendezeit ist da, die Veränderung ist im Gang. Wir sind gerettet. Denn der Geist Gottes hat sich unserer Schwachheit angenommen und die tödliche innere Trockenheit beendet. Ströme lebendigen Wassers, das eine nie versiegende Quelle in Gott hat, werden ausgegossen und schenken allen Menschen neue Lebensmöglichkeit.

Mein neues Pfingsten

Wir haben uns hier zum Gottesdienst versammelt und können uns jetzt fragen: Wie soll denn nun all das, was da so großartig angesagt ist, in unserem Leben wirksam werden? Wie werden wir wieder von innen heraus lebendig und bewegt, und wie verirren wir uns nicht mehr nur in äußere Betriebsamkeit?

Eigentlich sind es zwei Entscheidungen, die wir treffen müssen, damit auch bei uns ein neues Pfingsten anbricht.

Erstens: Wir müssen Gott Gott sein lassen und ihm zutrauen, daß er wirklich der Herr des Lebens ist. In seiner Macht steht es, die Kräfte des Lebens in uns zu erneuern.

Und zweitens: Wir müssen den Menschen Mensch sein lassen und dürfen nicht seiner Verführbarkeit folgen, als könne er seinen Lebensdurst eigenmächtig stillen. – Der Mensch kann sich offenhalten für das göttliche Leben wie ein Gefäß für das Wasser.

Aber er kann nicht selbst das rettende Element erzeugen. Wer sich nicht verschließt, sondern wer sich an Jesus anschließt wie an eine Quelle, der bekommt Gottes Lebensfülle zu spüren. Nicht im Schnellverfahren erlangen wir die Gabe des Heiligen Geistes, sondern im geduldigen, täglichen Hoffen und Bitten.

Das Da-sein vor Gott und das Tätig-sein für die Menschen werden dabei in einer guten Balance bleiben müssen. Dann können wir uns freuen über alles, was lebt und einstimmen in ein Danklied für Gott, den Heiligen Geist, den Herrn und Lebensspender.

K. Stock

Pfingsten

Am Tag

Joh 20,19–23

s. Lesejahr B, 319 ff
Alternative: Joh 14,15–16.23 b–26 (Zweites Evangelium)

I. Bibeltheologische Vorüberlegungen

1. Stellung, Struktur und Gattung der Perikope

(1) Die Perikope ist der ersten Abschiedsrede Jesu an die Jünger Joh K. 14 entnommen und wurde für die Verkündigung innerlich gekürzt, wobei leider V. 17 wegfiel, der die Verheißung eines Beistands inhaltlich näher bestimmt. Das ist bedauerlich in Hinsicht auf V. 26, weil zwar dort gesagt wird, welche Funktion dieser Beistand ausüben wird, aber der Bezug zur ›Wahrheit‹ wird nicht herausgestellt. Es scheint, daß den für die Kürzung Verantwortlichen die Feststellung V. 17, die ›Welt‹ könne den Geist der Wahrheit nicht empfangen, in Hinsicht auf den Sinngehalt des Pfingstfestes, nämlich die Sendung des Geistes Gottes in die Welt, mißverständlich und befremdlich erschien.

Durch die Streichung der V. 18–20 fällt zudem der Hinweis auf das erneute Kommen Jesu zu den Jüngern weg, so daß die Verheißung V. 23 bc vom Kommen des Vaters und des Sohnes zu den Jüngern unvermittelt auftaucht und zudem in Beziehung zu der Verheißung vom Kommen des Parakleten, V. 26, die Frage aufwirft, in welchem Verhältnis das Kommen des Vaters und des Sohnes zu jenem des Beistands steht und wie die Funktion beider Sendungen gegeneinander abzugrenzen ist.

(2) Durch die innere Kürzung ist eine neue Einheit mit folgender Gedankenführung entstanden :

V. 15 f: Aufforderung zum Gebotehalten mit Verheißung der Sendung eines dauernden Beistandes;

V. 23 b: Erweiterung der Verheißung an die, die Jesu Wort festhalten: Der Vater und Jesus Christus werden zu ihnen kommen und in ihnen wohnen;

V. 24: Hinweis auf die Herkunft der Worte Jesu;

V. 25f: Der verheißene Beistand wird die Jünger an Jesu Worte erinnern und sie auslegen.

Vom neuen Rahmen der V. 15f und 25f her erschließt das Kommen des Beistands die Verkündigung Jesu und schafft die Voraussetzung für das Begreifen der neuen Gottesgemeinschaft durch das Wohnen des Vaters und des Sohnes im Jünger.

(3) Der Gattung nach handelt es sich bei der liturgischen Perikope um eine Abschiedsrede mit Verheißungscharakter. Jedem Jünger, der an Jesu Wort festhält, wird die Sendung des Geistes zum Verstehen der Botschaft Jesu als Voraussetzung für das Verstehen des Einwohnens Gottes in ihm selbst zugesagt.

2. Einzelauslegung

V. 15 stellt, ebenso wie 23b und 24a, einleitend fest, woran der wahre Jünger Jesu in der Zeit nach dessen Hingang zum Vater, vgl. 14,1–3, erkannt werden kann: am Festhalten und Halten seiner Worte und Weisungen. Wer Jesu Worte festhält und danach handelt, der erweist sich als wahrer Jünger. Diese in den Abschiedsreden Jesu nach Johannes zentrale Feststellung wendet sich gegen Christen, welche die Worte Jesu umdeuten, verkürzen oder einseitig spekulativ weiterentwickeln und dabei übersehen, daß sie nicht allein theologisch verstanden, sondern vor allem gelebt werden sollen, vgl. 15,7; auch 6,63f; 1 Joh 2,3–6; 3,19–24; 5,1–3.

V. 16 Um dies zu ermöglichen, wird den Jüngern das Kommen eines Beistands, Parákletos, verheißen, der immer bei ihnen sein wird. Parákletos ist als ›Beistand‹, ›Anwalt‹, ›Helfer‹ für das Sich-Bewähren der Jünger in der Welt, nicht als ›Tröster‹ zu übersetzen. Jesus läßt seine Jünger also nicht als Waisen, d.h. als hilflose, unmündige Schar in der feindlichen Welt, Kosmos, V. 17, zurück. Er wird für sie auch in Zukunft sorgen.

V. 26 Dieser Beistand wird dafür sorgen, daß die gesamte Wortverkündigung Jesu nach seinem Tod unverkürzt festgehalten wird und daß vor allem das, was er als der endgültige Offenbarer Gottes an Lebens- und Heilswahrheit, vgl. V. 17, mitteilte, V. 24, auch richtig verstanden wird. Diese Aussage ist deutlich gegen Irrlehrer und Verfälscher der Jesusüberlieferung gerichtet. Der Auferstandene wird selbst dafür sorgen, daß seine Botschaft festgehalten, verstanden und unverfälscht weitergegeben werden kann. Auf diese Weise bleibt der Heilsweg offen, den Jesus zum Vatergott erschlossen hat.

V. 23 b c Über die Sendung eines Beistands hinaus verheißt Jesus eine neue Form der Gemeinschaft mit sich selbst und durch ihn mit seinem Vater. Er wird nicht nur für die transzendente Zukunft einen ewigen Platz für all seine Jünger bei Gott vorbereiten, 14,2 f, er wird vielmehr zusammen mit seinem Vater auf neue Weise zu den Jüngern kommen und in ihnen wohnen. Damit ist nicht die Gegenwart des Beistandes, des Geistes Gottes, bei den Jüngern gemeint, sondern eine neue, bisher nicht gegebene Form der Lebensgemeinschaft mit Gott durch Jesus bezeichnet. Sie ist verknüpft mit dem Kommen des Geistes, aber bei Johannes nicht durch den Geist bewirkt. Zum besseren Verständnis ist hier hinzuweisen auf die andere Vorstellung des Paulus von der Einwohnung des Geistes Gottes im getauften Christen 1 Kor 3,16 f; 6,19; 2 Kor 6,16 und von der sakramental-pneumatischen Verbindung jedes Gliedes am Leib Christi mit dem Auferstandenen und durch ihn mit dem Vater 1 Kor 12,12–14.27; Röm 12,4 f, vgl. Kol 1,15–20; Eph 1,22 f; 4,4–6. Nach Johannes versteht der Christ durch das Wirken des Beistandes die verheißene neue, mystisch zu nennende Lebensgemeinschaft mit dem Auferstandenen und seinem Vater und kann so in dieser Gnadengemeinschaft bewußt und sinnvoll leben. Diese Botschaft gründet in Gottes offenbarendem Wort, V. 24 b, und ist deshalb verläßliche, lebensbegründende Wahrheit.

3. Theologische Würdigung

(1) Die Perikope weist auf Jesu Abschiedsverheißung der Sendung eines Parakleten hin und versichert die heutigen Hörer dieser Zusage. Sie dürfen auf das Wirken dieses Beistands in ihrem Leben bauen.

(2) Er wird jedem, der Jesu Botschaft ernst nimmt, das rechte, gläubige Verstehen öffnen für das, was Gott uns Menschen durch seinen Sohn als Heilswahrheit offenbart hat, und wird es so ermöglichen, das eigene Leben nach dieser Wahrheit zu gestalten.

(3) Vorbedingung dafür ist der Glaube an Jesu Botschaft und das Handeln nach seinen Weisungen.

(4) Die Wahrheit, die Gott durch Jesus erschloß, ist nicht eine intellektuelle, sondern eine existentielle. Sie hat ihre Mitte und ihr Ziel in der durch den Auferstandenen ermöglichten neuen Lebensgemeinschaft mit Gott selbst, die sich bereits in diesem Leben in der alten Welt verwirklicht. Sie wird ihre ewige Vollendung finden in der eschatologischen Verwandlung des Kosmos.

(5) Die Perikope weist also hin auf die durch den Geist Gottes erkannte und erschlossene, in der Taufe geschenkte neue, beseligende Lebensgemeinschaft mit Gott-Vater und seinem auferstandenen Sohn und ruft dazu auf, diese zu ergreifen und vertieft zu leben.

O. Knoch

II. Liturgisch-homiletische Vorüberlegungen

1. Liturgische Hinweise

Am Pfingstfest wird die Ausgießung des für die Endzeit verheißenen Geistes Gottes an alle Glieder der Kirche in Jerusalem, das Volk Gottes der Endzeit, gottesdienstlich gefeiert. Die Verheißungen des Alten Bundes verbinden mit der Gabe des Geistes Gottes folgende Erwartungen: Gott wird durch ihn im Herzen aller Glieder seines Volkes gegenwärtig und wird sie öffnen für das, was er will (Jer 31, 33 f: »Ich lege mein Gesetz in sie hinein und schreibe es auf ihr Herz. Ich werde ihr Gott sein, und sie werden mein Volk sein . . . Sie alle, klein und groß, werden mich erkennen! – Spruch des Herrn«); sie werden einfühlsam werden und fähig, Gott und ihre Mitmenschen zu lieben (Ez 36,25 ff: »Ich reinige euch von aller Unreinheit . . . Ich schenke euch ein neues Herz und lege einen neuen Geist in euch. Ich nehme das Herz von Stein aus eurer Brust und gebe euch ein Herz von Fleisch. Ich lege meinen Geist in euch und bewirke, daß ihr meinen Gesetzen folgt und auf meine Gebote achtet und sie erfüllt«); sie werden in lebendiger Gottesgemeinschaft stehen, ihren Weg mit Gott erkennen und bereitwillig gehen (Joël 3,1 f: »Ich werde meinen Geist ausgießen über alles Fleisch. Eure Söhne und Töchter werden Propheten sein!«).

Die *Erste Lesung* aus Apg 2,1–11 weist auf die Erfüllung dieser Erwartungen hin. Der alternative *Eröffnungsvers,* der Röm 5,5 entnommen ist, stellt einleitend fest: »Die Liebe Gottes ist ausgegossen in unsere Herzen durch den Heiligen Geist«. Der Christ weiß durch die Gabe des Geistes (an Pfingsten unmittelbar, später durch die Taufe geschenkt) auf innerliche gnadenhafte Weise um Gottes Erwählung und Liebe. Das *Tagesgebet* führt diesen Gedanken fort, indem es bittet: »Erfülle die ganze Welt mit den Gaben des Heiligen Geistes, und was deine Liebe am Anfang der Kirche gewirkt hat, das wirke sie auch heute in den Herzen aller, die an dich glauben«. Der *Antwortpsalm* bittet in der Antiphon: »Sende aus deinen Geist!« und die *Pfingstsequenz* ruft zum personal vorgestellten Geist Gottes: »O du Licht der Seligkeit, mach dir unser Herz bereit, dring in unsere Seelen ein!« Damit wird hingeführt zur Verheißung des *Zweiten Tagesevangeliums*, das der Abschiedsrede des Johannesevangeliums entnommen ist: »Ich werde den Vater bitten, und er wird euch einen anderen Beistand geben, der für immer bei euch bleiben soll . . .«, und: »Wenn jemand mich liebt . . ., wird mein Vater ihn lieben, und wir werden zu ihm kommen und Wohnung bei ihm nehmen«, Joh 14,16.23 b.

2. Homiletische Hinweise

(1) Im Menschen lebt eine in seiner Gottesebenbildlichkeit begründete Sehnsucht, Gott unmittelbar zu begegnen und in einer innigen Gemeinschaft mit ihm zu leben. Diese Sehnsucht nährt sich aus der Hinordnung auf Gott und aus der Erfahrung der Gottesferne, der Entfremdung, der in der Sünde begründeten Verlorenheit und Eingegrenztheit in die Enge, Sterblichkeit und Not dieser Welt. Der gefallene Mensch hat Angst vor Gott und erfährt ihn zuweilen als Bedrohung und als Feind. Dennoch weiß der Mensch, daß er ohne Gott nicht leben kann und bemüht sich daher um sein Wohlwollen, seine Zuwendung und Liebe.

(2) Für Israels Existenz und Glauben ist grundlegend die Erfahrung, durch den wahren Gott auserwählt zu sein. Darin gründet seine Zuversicht und sein Glück, zu wissen, daß Gott selbst unter seinem Volk wohnen und mit ihm in echter Gemeinschaft leben will. Darum baut Israel in seinem Zeltheiligtum und später im Tempel zu Jerusalem einen Raum, das Allerheiligste, in dem Gott unsichtbar unter seinem Volk wohnen kann, und wohin man gehen kann, um ›Gottes Angesicht zu suchen‹, vgl. Ex 25,8; 29,45; Lev 26,11; Num 5,3; 1 Kön 6,13–23; 2 Makk 14,35; Ez 37,27; 43,7.9; Ps 27,4.8 f. Israels Stolz besteht in der engen Lebensgemeinschaft mit

Gott: »Welche große Nation hätte Götter, die ihr so nah sind, wie Jahwe, unser Gott, uns nahe ist, wo immer wir ihn anrufen«, Dtn 4,7. Darum ist es Israels große Hoffnung, daß Gott in der Endzeit selbst unverhüllt unter seinem Volk auf der erneuerten Erde leben und die Frommen der Endzeit mit seiner Lebensfülle beseligen wird vgl. Jes 25,7f; 66,18. Für die messianische Zeit aber wurde verheißen, daß Gott durch seinen Geist die Herzen der Frommen läutern und verwandeln und dadurch eine neue, friedvolle und gerechte Welt hervorbringen wird vgl. Jes 11,1–10; Jer 31, 31–34; Ez 36,24–28; Joël 3,1–4.

Verbunden mit der Hoffnung auf lebendige Gottesgemeinschaft ist die Erwartung, an der Weisheit Gottes Anteil zu gewinnen, um so in der Fülle echten Menschseins zu leben, vgl. Spr 8; Weish 7, 7–8.18; 1 Kön 3,2–15. Auf ergreifende Weise spricht sich die Erfahrung gewährter Gottesgemeinschaft mitten in der Bedrängnis des Lebens in einer vom Bösen geprägten Welt im Bekenntnis eines Frommen in Ps 73,23–26 aus: »Ich bleibe immer bei dir; . . . du leitest mich nach deinem Ratschluß . . . Neben dir erfreut mich nichts auf der Erde . . .: Gott ist der Fels meines Herzens . . . auf ewig!«

(3) Jesus lebte in der innigsten Gemeinschaft mit Gott, seinem Vater, und führte seine Jünger in diese Lebensgemeinschaft ein: »Wer den Willen meines Vaters tut, der ist für mich Bruder, Schwester und Mutter«, Mk 3,34. »Wenn ihr betet, sprecht: Abba, lieber Vater!«, Lk 11,2. »Niemand kommt zum Vater außer durch mich«, Joh 14,6. Wer Jesus begegnet, begegnet dem Vater: »Wer mich sieht, sieht den Vater«, Joh 14,9. Für die Zeit seines Weggangs verheißt er seinen Jüngern eine vertiefte Gemeinschaft mit seinem Vater durch die Gabe des Heiligen Geistes und durch die Einwohnung seiner selbst und Gottes in ihren Herzen, Joh 14,23f.

Die Mystiker haben aus dieser pneumatischen Gottesgemeinschaft gelebt und sie auszuloten versucht. Für den Christen ist das Heil nicht erst zukünftig, sondern bereits gegenwärtig und besteht in einer neuen Form personaler Gemeinschaft mit dem lebendigen Gott vermittels des Heiligen Geistes. Heute wird diese Wirklichkeit neu entdeckt durch die zahlreichen charismatisch geprägten Gruppen in der Kirche und allen christlichen Gemeinschaften. In dieser Hinsicht kommt der Verkündigung der Botschaft des Evangeliums hohe Aktualität zu.

III. Zur Predigt: Gott erfahren im Heiligen Geist

Das fremde Fest

»Pfingsten, das liebliche Fest« ist für viele Christen deshalb ein schönes Fest, weil man erneut ins Freie, in die neu erwachte Natur hinaus fahren kann. Zu dieser Flucht in die neu auflebende Natur, die unsere Pfingstgottesdienste ausgedünnt und zu einer Feiergemeinde alter und ortsgebundener Leute gemacht hat, haben nicht nur der Pfingsturlaub und die neue Beweglichkeit beigetragen, sondern auch die innere Fremdheit des Festgeheimnisses selbst. Was kann ein ›normaler Christ‹ denn mit dem Heiligen Geist anfangen? Das ist höchstens etwas für Theologen, Ordensleute und Fromme, die ein bewußtes geistliches Leben führen wollen. Beseligung, Freude, Lebensfülle, das wird leider nicht mehr im Gemeindegottesdienst, sondern in der Freiheit eigener Lebensgestaltung erfahren. Vor allem aber ist Gott selbst für viele nicht mehr eine lebendige Macht, von deren Wirklichkeit man sich etwas für das eigene Leben erhofft.

Gott allein kann den Lebenshunger des Menschen stillen

Es ist auffällig, wie heute bei allem ungehemmten Lebensdrang und der bewußten Absage an alles, was als lebenshemmend erfahren oder angesehen wird, kaum ein Wort so nachhaltig die innere Situation des modernen Menschen kennzeichnet wie das Wort Frustration. Dieses vieldeutige Fremdwort steht für Enttäuschung, Sinn- und Lebensleere, Unerfülltheit, Unzufriedenheit, Lebensverdruß bis hin zur Flucht in Scheinwerte oder in den Rausch. Weil wir Menschen auf den Mitmenschen und auf Gott hin angelegt sind, können aber allein personale Begegnungen in Ehrfurcht und Liebe uns Sinn erschließen und schenken. Alle Begegnungen aber mit der Schöpfung, mit dem Mitmenschen und auch mit uns selbst zielen letztlich auf die Begegnung mit Gottes Wirklichkeit selbst. Darum bildet die Sehnsucht nach Gottesbegegnung und Gotteserfahrung die Wurzel jeder echten Religion. Das gilt gerade auch für das Judentum und das Christentum. Ohne die Erfahrung einer grundlegenden Begegnung mit Gott und die daraus erwachsende Sehnsucht nach immer tieferer Gotteserfahrung ist das jüdische Volk und sein Schicksal nicht zu verstehen. Das Wesen des Christentums besteht in der Begegnung mit Gott selbst in der Person des Jesus von Nazaret. Seine Jünger, die sich auf eine offene Begegnung mit ihm einließen, erfuhren ihn als Gottes Sohn. Das erklärt die unvergleichliche Faszination, die Jesus seither in der Geschichte auf die Herzen der Menschen ausübt, aber auch die energische Ablehnung, die er ebenso hervorruft. Wer Gott nach Jesus von Nazaret wirklich begegnen will, muß sich auf Jesus einlassen. Jesus gegenüber verblassen alle großen Weisen, Lehrer und Heiligen dieser Welt. Denn er ist Gottes wesensgleicher Sohn, durch den uns Gott selbst begegnen will. Darauf weist uns das heutige Evangelium, das der Abschiedsrede Jesu im Evangelium des Johannes entnommen ist, ausdrücklich hin.

Gottes Gegenwart in den Glaubenden

Jesus verheißt vor seinem Tod einen neuen göttlichen Beistand, der seine Sendung fortführen und den Glaubenden helfen soll, seine Offenbarung festzuhalten und zu verstehen. Der Heilige Geist hält die Christen an Jesus, dem Sohn Gottes, fest und führt sie immer tiefer in die von Jesus mitgeteilte Wahrheit und Wirklichkeit des Heils ein. Wer sich seinem Wirken öffnet, gewinnt die Einsicht und Überzeugung, die für ein Leben im Vertrauen auf Gottes Liebe nötig ist. Vor allem aber erschließt dieser Geist die in dieser Welt tiefste Form von Gottesbegegnung, die innere Erfahrung der Gegenwart Gottes im Herzen der Glaubenden. Jesus hat seinen Jüngern nämlich zugleich mit der Sendung des göttlichen Geistes verheißen, er selbst werde mit seinem Vater in den Herzen der Glaubenden auf geheimnisvolle Weise gegenwärtig sein und ihnen so Anteil am göttlichen Leben schenken. »Wenn jemand mich liebt, wird er an meinem Wort festhalten; mein Vater wird ihn lieben, und wir werden kommen und bei ihm wohnen«. Dieses Einwohnen Gottes und Jesu Christi ist die dichteste Form echter Gemeinschaft mit Gott, die uns Menschen in der Zeit zwischen dem ersten Pfingstfest in Jerusalem und der Wiederkunft Christi möglich ist. Das ist nicht nur eine Theorie, eine leere Aussage. Die ersten Christen haben Gottes beseligende Wirklichkeit in sich lebendig erfahren. Neben dem Evangelium des Johannes spricht vor allem der Apostel Paulus von dieser Erfahrung. »Wißt ihr nicht, daß ihr ein Tempel Gottes seid und daß Gottes Geist in euch wohnt?«, 1 Kor 3,16; 6,19.

Der Geist, der Gottes Wirklichkeit erschließt

Um die Erschließung dieser neuen, beseligenden, das eigene Leben heiligende und unendlich vertiefende Wirklichkeit haben sich alle ernsthaften Christen bemüht. Die Heiligen und die Mystiker haben diese Wirklichkeit nachhaltig erfahren. Die Begegnung mit dem lebendigen Gott im eigenen Herzen und im Vollzug des eigenen Lebens hat deren Schicksal maßgeblich geprägt. Wer Gott sucht, zu ihm betet, ihn anruft, kann ihn in sich selbst dann erfahren, wenn er sich gnadenhaft spüren läßt und zeigt. Gottes Geist hilft uns dazu, Gott in uns zu erfahren und seiner Gegenwart und Liebe mehr und mehr inne zu werden. Die Wirkung solcher Offenheit und Begegnung beschreibt vor allem der Apostel Paulus an zahlreichen Stellen, besonders im Ersten Brief an die Korinther und im Brief an die galatischen Christen. Zu den Wirkungen, welche Gottes Gegenwart in uns hervorruft, zählt Paulus vor allem eine Umstimmung der menschlichen Grundgefühle und Grundeinstellungen zum Leben. Er sagt: »Die Frucht des Geistes Gottes ist Liebe, Freude, Friede, Freundlichkeit, Güte, Langmut, Treue«, kurz die Erfahrung zur Freiheit eines vertrauenden und liebenden Menschseins.

Wenn wir still sind vor Gott, wenn wir beten, Gottesdienst feiern, die Sakramente empfangen, aber auch in besonderen Augenblicken unseres Lebens erfahren wir nicht selten Gottes Gegenwart in uns und zwar als Friede, Freude, Vertrauen, Liebe. In diesen Grunderfahrungen gewinnen wir Vertrauen, Hoffnung und liebende Zuversicht. In diesen Grunderfahrungen, die von Gottes Geist bewirkt sind, dringen wir durch zum liebenden Grund, der uns trägt, zum lebendigen Gott. Darin werden wir dessen gewiß, was Paulus mit der großartigen Feststellung umschreibt: »Gott führt bei denen, die ihn lieben, alles zum Guten!«

Gottes Wirklichkeit heute innewerden

Laßt uns daher offen sein für Gottes Gegenwart und Wirken in uns! Freuen wir uns darüber, daß Gott uns schon in diesem vergänglichen Leben seine beseligende Gegenwart schenkt und seinen Geist, ihm zu begegnen und seiner Liebe inne zu werden! Bitten wir ehrlichen Herzens im Anschluß an die Worte des Gabengebets: »Allmächtiger Gott, erfülle die Verheißung deines Sohnes. Sende uns deinen Geist, damit er uns in die volle Wahrheit einführt und uns das Geheimnis deiner Gegenwart immer mehr erschließt!«

O. Knoch

Pfingstmontag

Joh 3,16–21

I. Bibeltheologische Vorüberlegungen

1. Stellung, Struktur, Gattung der Perikope

(1) Im Anschluß an das Nikodemusgespräch über die neue Geburt von oben, 3,1–13, findet sich eine Redeeinheit, 3,14–21, die nicht im Ich Jesu spricht, sondern allgemein vom Sinn und der Bedeutung der Sendung des einzigen Sohnes Gottes in der Welt handelt (vgl. das verwandte Stück 3,31–36). Diese Sendung bewirkt Scheidung der Geister und entscheidet in der Gegenwart über Heil oder Unheil des Menschen. Der Vierte Evangelist bietet hier eine Art theologisches Summarium über die Heilsbedeutung der Menschwerdung Jesu, welches die Nikodemusbegegnung mit Jesus auf den Leser und Hörer hin positiv weiterführt, um bei diesen zu vermeiden, wie Nikodemus die Entscheidung gegenüber Jesus, dem Sohn Gottes, skeptisch offenzulassen. Demnach will dieses Stück das Nikodemusgespräch kerygmatisch weiterführen und beschließen.

Der Abschnitt selbst ist folgendermaßen gegliedert: V. 14 ist typologische Überleitung, die auf Tod und Erhöhung Jesu als grundlegende Heilsereignisse hinweist (deshalb in der Liturgie weggelassen); V. 16f spricht in Form eines Bekenntnissatzes Sinn und Ziel der Sendung Jesu in die Welt aus; V. 18 weist auf die Heilsbedeutung der Begegnung mit dem Sohn Gottes hin, die zu gläubiger Annahme oder zu richtender Ablehnung herausfordert; V. 19 weist auf den bereits in der Begegnung mit Jesus sich vollziehenden Charakter des Gerichts hin; V. 20f wendet sich an die Hörer und zeigt auf, was die Begegnung mit dem Licht, d.h. dem Sohn Gottes bewirkt.

Der Gattung nach handelt es sich um eine kerygmatische Rede (*R. Schnackenburg*), eine christologische Heilsverkündigung in Form einer Bekenntnisrede über die Bedeutung der Sendung des Sohnes Gottes in die Welt, die aus der heilsgeschichtlichen Meditation des Evangelisten erwachsen ist.

V. 16 Der einprägsame soteriologische Bekenntnissatz zeigt auf, daß das Ziel der Sendung des »einziggezeugten Sohnes«, 3,18; 1,14, durch Gott die Rettung aller Menschen ist. Denn Gott ist ein liebender Gott, der will, daß alle Menschen Anteil an seinem ewigen Leben erhalten. Daß Gott es ist, der den Abgrund zum Menschen überbrückt, weist auf seine Sorge und Liebe hin. Er ist es, der zur Rettung des gefallenen Menschen das Liebste »gibt«, d. h. opfert, was er hat, seinen Sohn. Diese elementare Grundaussage des urchristlichen Glaubens findet sich in ähnlicher Form auch an anderen Stellen des Neuen Testaments, vgl. 1 Joh 4,9; 3,16; Röm 5,8–10. Die Haltung, die dieser Heilstat Gottes entspricht, ist der Glaube, d. h. die vertrauende Annahme des Sohnes und das Sich-Einlassen auf seine Botschaft und auf die Verkündigung dieser Heilstat durch die Kirche.

V. 17 Dieser Satz unterstreicht die Aussage V. 16 durch die Feststellung, daß Gottes Heilswille auf die Rettung der gesamten gefallenen Welt (kosmos) zielt. Die Rettung der Welt ist der Grund und das Ziel des göttlichen Handelns in Jesus, vgl. 4,42; Joh 12,47; 1 Joh 4,14.

V. 18 weist auf die tatsächliche Wirkung der Sendung des Sohnes Gottes in der gefallenen, gottverschlossenen, sündigen Welt hin: Wer Jesus als den Sohn Gottes anerkennt, gläubig annimmt und bekennt (beachte den Hinweis auf den »Namen«, vgl. 1,12; 5,13.43; auch 14,13; 15,16; 16,23 f; 20,31; Apg 4,12.17.18), der erlangt durch diese Grundentscheidung bereits in diesem Leben das ewige Leben Gottes und ist bereits jenseits des Gerichtes Gottes. Wer aber den Sohn Gottes als Heilbringerr ablehnt, erwirkt sich selbst die Verurteilung Gottes. Die offene Formulierung setzt die christologisch geprägte Glaubensverkündigung der Kirche voraus und versteht deren Vollzug als eschatologisches Geschehen. Die Endereignisse sind damit ganz in die Gegenwart der Glaubensverkündigung und Glaubensentscheidung gelegt, ohne daß die letzten Dinge (Totenauferstehung, Endgericht, ewiges Leben) damit ganz vergleichgültigt würden, vgl. 5,27 ff; 12,48.

V. 19 Der Vorgang des Gerichts wird mit dem Hinweis auf Licht und Finsternis näher begründet und zugleich veranschaulicht. Christus ist dabei als das Licht der Welt vorgestellt, vgl. 1,4 f.9; 8,12; 9,5; 12,35 f, die ungläubigen Menschen nicht als Finsternis, sondern als solche, die nicht aus der Finsternis ans Licht kommen wollen. Sie verbergen sich in der Finsternis der Sünde und des Unglaubens und sprechen sich so das Urteil (Vergleich mit ›lichtscheuen‹ Menschen wie Diebe und Räuber). Wer zum Sohn Gottes kommt, wird seiner Situation überführt, zugleich wird sein Dunkel erhellt, sein Wesen verwandelt. Er wird zu einem Kind des Lichts (vgl. zur Sache 5,10–47; zur Bildwelt 1 Joh 1,5–7; 2,7–11; Eph 5,8–14; 6,12).

V. 20f Im Handeln und Verhalten trifft der Mensch seine Entscheidung vor dem Angesicht Gottes. Das »Tun der Wahrheit« bezieht sich in diesem Zusammenhang auf den Glauben an den Sohn Gottes und auf die Taten des Glaubens und der Liebe. Das Tun der Lüge und des Bösen besteht im Unglauben und in Lieblosigkeit, Haß und Ablehnung des Nächsten, vgl. 1 Joh 1,8; Joh 18,37; – Joh 8,43ff; 1 Joh 2,21; 3,19. Die »in Gott vollbrachten Taten« weisen darauf hin, daß diese von Gottes Gnade und Liebe getragen und bestimmt sind und daß sie deshalb bei Gott bleibenden Wert besitzen.

3. Theologische Würdigung

(1) Erleuchtet vom Geist Gottes weiß der glaubende Mensch um die Tatsache und Bedeutung der Sendung des wesensgleichen Sohnes Gottes in Jesus von Nazaret und erkennt darin die Liebe Gottes, die alle Menschen endgültig retten will.

(2) Diese Botschaft wird durch die Glaubensverkündigung der Kirche bekannt gemacht. Dadurch begegnet jeder, der sie hört, Gottes rettender Liebe und wird aufgerufen, ihr zu glauben und sich von ihr verwandeln zu lassen.

(3) Wer sich zum Sohn Gottes glaubend bekennt und sich von seinem Wort wandeln läßt, tritt aus dem Bereich des Todes, der Lüge und des Verderbens in den Lebensbereich Gottes ein. Damit fällt bereits die Entscheidung zum Leben, die Gott durch seinen Sohn jedem Menschen eröffnet. Wer sich Gottes Angebot verschließt und im alten Leben verharrt, verfällt Gottes Gericht und damit dem Verderben. So ist die grundlegende Entscheidung über Tod und Leben in die Hand eines jeden gelegt, der dem Sohn Gottes in der Form des Glaubenszeugnisses der Kirche begegnet.

(4) Da die Menschheit in ihrer Mehrheit sich dem Anspruch dieses Heilsangebots verweigert, bleibt sie im Dunkel des Unglaubens, der Lüge, des Hasses. Der Glaubende hat daher seine Entscheidung

immer neu zu bewähren. Aber er weiß sich herausgefordert und getragen von der Liebe Gottes und der Kraft des Glaubens. Die Botschaft des Pfingstmontags weist nachhaltig auf das Angebot der Rettung hin, das der liebende Gott durch seinen Sohn macht, und fordert so die Christen heraus, ganz aus der Finsternis des alten Lebens in das Licht der Liebe Gottes zu treten und ein vor Gott wahrhaftiges Leben in Glaube und Liebe zu führen.

O. Knoch

II. Liturgisch-homiletische Vorüberlegungen

1. Liturgische Hinweise

Der Grundgedanke des Evangeliums, daß Gott seinen Sohn in die Welt gesandt hat, um alle Menschen zu retten und daß es nun bei den Menschen liegt, ob sie das angebotene Heil ergreifen, wird auf vielfältige Weise in der Tagesliturgie aufgegriffen und weitergeführt. Die *Erste Lesung* (Apg 19,1 b–6 a) stellt heraus, daß allen Menschen durch die Taufe die Gabe des Heiligen Geistes angeboten wird; das *Tagesgebet* weist darauf hin, daß »der Gott und Vater unseres Herrn Jesus Christus im Neuen Bund aus allen Völkern (sein) Volk beruft und im Heiligen Geist zusammenführt«; die *Zweite Lesung* weist auf die Wirkung des Geistes Gottes im Getauften hin, die Annahme als Kind Gottes, das Geschenk freudigen Gottvertrauens anstelle sklavischer Furcht vor Gott und die Hoffnung auf endgültige Lebensgemeinschaft mit Gott nach dem Vorbild Christi. Das *Schlußgebet* bittet: »Herr, mache das Werk deiner Kirche fruchtbar und enthülle durch sie den Armen das Geheimnis deiner Erlösung!« Die Liturgie betont also nicht so sehr das Heilsangebot Gottes an alle Menschen und die darin enthaltene Aufforderung zur Entscheidung für oder gegen dieses Heil, sondern weist darauf hin, daß in der Kirche sich die Menschen zusammengefunden haben, die Gottes Angebot ergriffen und durch den Geist Gottes Freiheit, Vertrauen und Zuversicht gewonnen haben. Die Kirche macht dies ihren Gliedern in der Form der Gottesdienstfeier erneut bewußt und fordert sie auf, sich um die Einheit untereinander und um ein lebendiges Zeugnis der neuen Wirklichkeit in der Welt für Gottes Heilsangebot zu mühen.

Von der Liturgie her wäre also mehr auf die Bedeutung des Heilsangebots Gottes für die Kirche und ihre Glieder hinzuweisen, will man ihre Aktualisierung des Evangeliums in der Verkündigung aufgreifen.

2. Homiletische Hinweise

Vom *Evangelium* her legt sich eine Verkündigung nahe, die mehr auf das universale Heilsangebot Gottes abhebt und darauf hinweist, daß Gottes Geist es ermöglicht, dafür glaubwürdig Zeugnis abzulegen, daß dieser Geist in den Herzen der Hörer dieser Botschaft die Bereitschaft bewirkt, daraufhin die rechte Entscheidung zu treffen. Vermieden werden sollte jedoch, die – im Rückblick auf das Schicksal der Boten der Liebe Gottes bei seinem Volk – bittere Feststellung des Evangeliums: »Die Menschen liebten die Finsternis mehr als das Licht« (3,19) zum Anlaß einer pauschalen Aburteilung der damaligen Juden oder der heutigen, vielfach müde gewordenen, der Kirche entfremdeten, getauften Christen zu nehmen und diese einseitige Feststellung dann zum Anlaß einer Mahnrede an die Anwesenden zu wählen. Das Evangelium spricht nicht von »den Juden«, sondern von den Menschen allgemein und will frohe Botschaft sein, wenn auch im Gewand einer kritischen Erinnerung. Daher sollte die Verkündigung frohmachender Hinweis auf Gottes universales Heilsangebot sein, das auch heute gültig ist. Allerdings erfordert dieses Angebot eine ganzheitliche Entscheidung des Menschen, weil es darin um das Schicksal eines jeden geht, den dieses Angebot erreicht.

Möglich ist auch eine Verkündigung, die sich an die Christen richtet, die mit der Kirche leben wollen, aber entweder den Mut nicht haben, sich ganz Gottes Liebe zu überantworten oder aber es vorziehen, aus Bequemlichkeit im Hell-Dunkel einer ›durchschnittlichen‹ christlichen Lebenspraxis zu verbleiben. Hier wäre auf die im Fortgang des Lebens wachsende Bedeutung einer ganzheitlichen christlichen Entscheidung hinzuweisen und auf die befreiende Wirkung einer solchen, befreiend in Bezug auf ein volles Leben aus der Kraft von Glauben, Hoffnung und Liebe.

Zuletzt sei noch hingewiesen auf die Möglichkeit, mit Gottes Heilsangebot die Lebens- und Glücksangebote der heutigen Gesellschaft und ihrer Lebensentwürfe zu vergleichen und sie sowohl auf ihre immanenten wie auch ihre transzendenten Lebenswerte zu untersuchen. Dabei kann an Persönlichkeiten beider Bereiche, des christlichen wie des ›weltlichen‹, die heute etwas bedeuten, konkret aufgezeigt werden, was die Lebens- und Heilsangebote beider Bereiche tatsächlich für den Menschen ›bringen‹.

III. Zur Predigt: Der Geist befähigt zum neuen Menschsein

Wir haben uns heute versammelt, um Gott für seine Liebe zu danken, die alle Menschen retten will. Das Kommen, Wirken und Leiden seines Sohnes hat uns Menschen diesen universalen Heilswillen glaubwürdig erschlossen. Durch seinen Geist hat Gott dazu beigetragen, daß durch die frohe Botschaft von seiner rettenden Liebe Menschen verschiedener Herkunft, Bildung, Eigenart und Neigung sich zum neuen Volk Gottes in der Kirche zusammengefunden haben. Durch die Kirche will Gott auch heute allen Menschen sein Heil anbieten. Die Botschaft des heutigen *Evangeliums* zeigt auf, worauf es ankommt, um wirklich zu leben und sinnvoll zu leben. Darum stellt sie jeden Menschen, der diese Botschaft hört, in die Entscheidung, aus dem Bereich der Finsternis in den des Lichts, aus dem Bereich der Lüge und Halbwahrheit in den der Wahrheit, aus dem der Selbstgenügsamkeit und der Selbstliebe in den Bereich der Nächsten- und Gottesliebe zu gehen.

Wer als gläubiger Christ diesen Überschritt gewagt hat, hat erfahren, daß die Aussage des Evangeliums keine Theorie, sondern Wahrheit ist. Diese Wahrheit erfährt jeder Christ in seinem täglichen Ringen, nach Gottes und Christi Weisungen zu leben. Und er leidet darunter, immer wieder von seinem gefallenen Ich bestimmt zu werden, und sich deswegen gegenüber Gottes liebender Zuwendung und dem Ruf des Wortes Gottes zu verschließen. Wo immer wir aber uns Gottes Angebot öffnen, erfahren wir als Christen die Wahrheit dessen, worauf die *Zweite Lesung* aus dem Römerbrief hinweist: die von Gott geschenkte freudige Gewißheit, von ihm in Liebe als seine Söhne und Töchter angenommen zu sein und durch seinen Geist in der Taufe das hoffende Vertrauen gewonnen zu haben, daß seine Liebe unser Leben zur Reife führen und nach dem Vorbild seines Sohnes vollenden wird.

Die Kirche als Raum der Erfahrung neuen Menschseins

Das *Tagesgebet* hat uns darauf hingewiesen, daß Gott Menschen aller Art durch die Kirche zu einer neuen Menschengemeinschaft zusammengeführt hat. In der Kirche soll sich zeigen, daß alle Menschen als Gottes Kinder Brüder und Schwestern sind. In der Gemeinschaft der Kirche sollen sie lernen, wie die Glieder einer Familie miteinander umzugehen, einander zu dienen und füreinander zu sorgen. Durch die Kirche will Gott die bitteren Grenzen des Mißtrauens, der Feindschaft, der Ungerechtigkeit, der Ausbeutung und der Unterdrükkung überwinden und eine neue, friedvolle, gerechte Menschengemeinschaft schaffen. Daß das Evangelium Christi und der Geist Gottes dazu die Kraft vermitteln können, hat sich bis in unsere Gegenwart auf überraschende und vielfältige Weise immer neu erwiesen.

Da das Kirchengebet Gott bittet, er möge helfen, »daß die Kirche ihrer Sendung treu bleibt, damit sie ein Sauerteig ist für die Menschen, die du in Christus erneuern und zu deiner Familie umgestalten willst«, stellt sich die Frage: Wie können wir Christen dazu heute beitragen? Der Plan der UNO, die Völker friedlich zu einigen und zu aufbauender Zusammenarbeit zu führen, kann nur gelingen, wenn in den Herzen der Verantwortlichen Lauterkeit, redlicher Wille und zuversichtliche Hoffnung lebendig sind. Dazu bedarf es des Geistes Gottes. Der Dienst der Kirche gewinnt in dieser Sicht heute Profil und Dringlichkeit.

Sich-Wandeln lassen durch den Geist Gottes
Wer andere ändern will, muß sich selbst zunächst ändern; wer die Welt im Geist Gottes verändern will, muß sich selbst vom Geist Gottes zunächst verändern lassen. Das setzt voraus, daß wir uns wirklich am Evangelium Jesu ausrichten und uns danach umgestalten lassen. Das geht nicht ohne Gebet um Gottes verwandelnden Geist und ohne Mitleben mit der Kirche. Dazu ist notwendig, zum Leben der Kirche aufbauend beizutragen, Spannungen auszuhalten, aufeinander zu hören und sich für die Einheit der Kirche wie auch für das Zusammenwirken mit anderen Christen einzusetzen. An die Stelle religiöser Sicherung des eigenen Heils muß die Mitgestaltung des öffentlichen Lebens aus dem Geist Jesu treten. Gottes Reich will zu allen Menschen kommen, will die ganze Welt verwandeln. Es gilt, einen Beitrag zur Überwindung von Unrecht, Not, Gewissens- und Religionsunterdrückung zu leisten. Die eigene Lebenswelt gilt es, vom Evangelium her innerlich zu prägen. Wer sich vom Geist Christi bestimmen läßt, wird fähig und willig, der Einigung der Menschen im Geist Gottes zu dienen.

Glaubwürdiger Zeuge des Heilswillens Gottes werden
Heute zählen nicht Programme zur Veränderung der Welt, sondern die Menschen, die sie vertreten. Der Mensch Jesus von Nazaret, der Bote und Anwalt Gottes, hat durch sein Zeugnis, durch die Weise

seines Lebens und Sterbens die Welt verändert, Licht in die Welt gebracht, neue Hoffnung geschenkt, Zukunft eröffnet. Diesen Geist hat er zusammen mit seinem Wort und seinem Beispiel der Kirche, jedem Christen anvertraut. Wer sich seinem Geist öffnet, wer sich wandeln läßt von seinem Geist, der wird ein glaubwürdiger Zeuge der rettenden Liebe Gottes, der unserer Welt zum Heil verhelfen will. Jedes lebendige Glied der Kirche Christi trägt dazu bei, daß die Kirche ein glaubwürdiges Zeichen der Hoffnung und ein überzeugender Anwalt des Lebens und der Wahrheit in unserer Zeit wird.

So wollen wir in unserem Gottesdienst heute Gott in besonderer Weise um die Hilfe seines Geistes für die Sendung der Kirche und unseren Dienst als Glieder seines Volkes bitten.

O. Knoch

Sonntag nach Pfingsten Dreifaltigkeitssonntag
Joh 16,12–15

I. Bibeltheologische Vorüberlegungen

1. Stellung, Struktur, Gattung der Perikope

Die Perikope ist der letzte der sogenannten Parakletsprüche, die die K. 14–16 des Johannes-Evangeliums, die Abschiedsreden Jesu, durchziehen. Vielleicht gab es eine Sammlung solcher Parakletworte Jesu, aus der unser Evangelist schöpfte. Freilich, die Versuche, sie zu rekonstruieren und die Bemühungen, den Einzelspruch in seiner vorjohanneischen Gestalt wieder herzustellen, um dadurch die johanneische Aussage deutlicher werden zu lassen, scheitern daran, daß die Parakletworte völlig mit dem Kontext des Evangeliums verwoben sind. Immerhin könnte ihre Reihenfolge im Johannes-Evangelium die ursprüngliche der Sammlung gewesen sein, da sie einen sinnvollen Gedankengang ausweist. Joh 14,16f setzt damit ein, daß der »Andere Paraklet« (neben dem irdischen Jesus) in Ewigkeit bei den Jüngern bleiben wird. 14,25f wird hervorgehoben, daß der Paraklet das, was Jesus den Jüngern gesagt hat, »lehren« und »erinnern« wird. Das wird im dritten Parakletspruch, 15,26f, dahin zusammengefaßt und vertieft, daß der Paraklet (durch die Jünger Jesu) für Jesus »Zeugnis ablegen« wird. Der vierte und fünfte Spruch, 16,7b–11 und 16,12–15, stehen zusammen und charakterisieren die Tätigkeit des Parakleten abschließend in doppelter Hinsicht: Einmal im Blick auf die Welt, die er im richterlichen Prozeß überführen wird, und zweitens im Blick auf die Jünger, die er in alle Wahrheit führt. Man wird also den Spruch Joh 16,12–15 im weiteren Zusammenhang mit den übrigen Parakletworten und im engeren Zusammenhang mit Joh 16,7b–11 auslegen, dabei aber bedenken, daß alle diese Worte den johanneischen Abschiedsreden einverleibt sind.

V. 12 Hier setzt die Rede Jesu neu ein und zwar mit einem zunächst höchst rätselhaften Satz. Was meint das, daß Jesus seinen Jüngern »noch vieles zu sagen hat«? Was heißt es besonders im Blick auf Joh 15,15 b, wo Jesus erklärt: »Alles, was ich von meinem Vater gehört habe, habe ich euch kundgetan«? Das »Viele«, das Jesus seinen Jüngern noch zu sagen hat, kann jedenfalls nicht etwas sein, was die Offenbarung, die in ihm und durch ihn geschehen ist, ergänzt. Und was heißt: »Aber ihr könnt es nicht jetzt schon ertragen«? Werden sie später, nach seinem Hingang, dafür gerüsteter sein? Inwiefern aber werden sie es sein?

V. 13 Was wird in der Zukunft, nach Jesu Tod, denn geschehen? V. 13 antwortet auf diese Frage: »Jener« wird »kommen«. Und »jener«, das ist der im vierten Parakletspruch erwähnte Parakletos, der erst kommen wird, wenn Jesus »fortgegangen« sein und ihn »senden« wird, Joh 16,7 b. Der Begriff »Der Paraklet« hat seine ursprüngliche griechische Bedeutung von »Fürsprecher« nur in 1 Joh 2,1 ungefähr bewahrt. Dort wird »Jesus Christus der Gerechte«, der für den Sünder beim Vater eintritt, so genannt. Im Johannes-Evangelium ist als Übersetzung im Blick auf die Wirksamkeit dieses Parakleten nur der allgemeine Begriff »Helfer« angemessen. Die spätere Wiedergabe mit deprecator und consolator wird man dem tieferen Sinn nach nicht abweisen können.

Wen das Johannes-Evangelium mit »der Paraklet« meint, wird durch die Apposition »der Geist der Wahrheit« sofort deutlich. Auch im ersten und dritten Parakletspruch heißt er so, was dann im zweiten durch die mehr traditionelle Formulierung »der heilige Geist« variiert wird. Es ist der Heilige Geist oder »der Geist« schlechthin, 3,5.6.8.34; 4,23.24; 6,63; 7,39, der als »der Helfer« kommen wird. Es ist damit der Geist, der von Gott gegeben wird, 3,34; vgl. 14,16 f, den der Vater sendet und der vom Vater ausgeht, 14,26; 15,26; und in dem Gott selbst begegnet, 4,24. Er ist schon mit dem irdischen Jesus bleibend verbunden, 1,32 f, und wirkt schon in seinen Worten, 6,63 b; aber erst vom Verherrlichten wird er mitgeteilt, 7,37 ff; 16,7, von Jesus erbeten und vom Vater her durch Jesus gesendet, 14,16; 16,7 f; 15,26. Als solcher wird er »alles lehren« und die Jünger »an alles erinnern«, was Jesus ihnen gesagt hatte, 14,26, und »von Jesus Zeugnis ablegen«, 15,26. Er wird an die Stelle Jesu treten als »der andere Helfer«, 14,16. Er ist für das Johannesevangelium der wiederkommende Jesus, wie die vielfach parallelen Aussagen über den wiederkommenden Jesus und den kommenden Geist zeigen: 14,15–17 (Geist); V. 18–20. 21–24 (Jesus); 14,25–26 (Geist); 16,7–11.12–15 (Geist); V. 16–19. 20–24 (Jesus).

Das also wird in der Zukunft geschehen, daß den Jüngern, »geholfen« wird durch den Geist der Wahrheit. Aber was wird er tun? Er wird Jesus noch »vieles« sagen lassen, und durch ihn werden sie es »ertragen« können. Er wird sie ja »in die ganze Wahrheit führen«. Damit ist einmal gesagt: Das Wort der Wahrheit, das Wort Jesu, Joh 8,40.46, geht weiter. Die geschehene Wahrheit, geschehen in der Person und dem Weg, den Worten und Zeichen Jesu, geht weiter. Das Wort ist vollständig gesagt, aber das heißt nicht, daß es mit dem Hingang Jesu verstummt. Als Gesagtes bleibt es laut durch den Geist. Ein Zweites kommt hinzu: Indem das Wort weitergeht, wird der Geist »die ganze Wahrheit« auftun. Sie wird mehr und mehr sich öffnen für die und durch die, welche sie dann »ertragen« können. Das Wesen der Wahrheit in Jesus wird sich immer neu und immer mehr enthüllen. Damit ist noch ein Drittes gesagt: Der Geist wird diese Wahrheit, den sich gänzlich offenbarenden Jesus, so eröffnen, daß die Jünger jeweils in der Wahrheit sein und die Zukunft, wie sie 16,1–4a angedeutet ist, bestehen können.

V. 14 Daß diese Auslegung von 16,13a richtig ist, bestätigen die folgenden Sätze. Der Geist, den Jesus als den zukünftigen »Helfer« den Jüngern verheißt, wird nur sagen, »was er hört«. Er wird nichts Eigenes über Jesus als Wort Gottes hinaus sagen, 16,13b. Ob gemeint ist, daß er es von Gott hört oder im Sinn von 14,26, daß er es von Jesus hört, was auch V. 14b und V. 15 nahelegen, ist im Zusammenhang nicht von Bedeutung, da ja für den Evangelisten ausdrücklich V. 15a gilt, vgl. 17,10; 10,30. Der Geist der Wahrheit, der die Wahrheit weiterhin offenhält, wird immer aus der Wahrheit schöpfen. »Er wird von dem Meinen nehmen«, 14b, und den Jüngern »verkünden«. Damit wird er Jesus »verherrlichen«, 14a, und d.h. hier, in seiner Doxa, im »Machtglanz« seiner Wahrheit unter den Seinen, vgl. 17,10, wirksam werden lassen, vgl. 13,31f; 17,1. Er wird ihnen endlich die Zukunft in seinem Licht und seiner Macht erfahren und so bestehen lassen. – Zu »verkünden« vgl. Joh 4,25; 1 Joh 1,5, letzteres von der christlichen Predigt wie Apg 20,20; 1 Petr 1,12. Damit ist nicht gemeint, daß der Geist das, was die Zukunft bringt, im voraus enthüllen wird, sondern daß er das Zukommende in seiner

Die von Gott gezeugte personifizierte Weisheit wird in späteren Schriften des Alten Testaments mit Gottes Wort gleichgesetzt. Neben anderen Personifikationen göttlichen Wirkens an der Welt präludieren derartige Aussageweisen geradezu neutestamentliche Aussagen der Trinitätslehre formal und inhaltlich. So nennt der heilige Paulus Christus, den Gekreuzigten, »Gottes Kraft und Gottes Weisheit« (1 Kor 1,24). Hymnisch preist der Evangelist Johannes in seinem Prolog den von Ewigkeit her aus Gott gezeugten fleischgewordenen Logos.

Die *Zweite Lesung* (Röm 5,1–5) stellt uns die Hoffnung der Glaubenden vor Augen: Wir haben Frieden mit Gott durch Jesus Christus in der Liebe, die ausgegossen ist durch den Heiligen Geist. Der Apostel eröffnet uns das Heilsgeheimnis des Dreifaltigen Gottes, in das wir persönlich durch die Taufe hineingenommen sind.

Wir haben Zugang zu Gottes Herrlichkeit. Christus hat uns durch seinen Tod und seine Auferstehung den Zugang zu Gott eröffnet. Durch seine Erlösungstat haben wir »Frieden mit Gott« (V. 1 b). Nicht menschliche Leistung, sondern Gottes Gnade ist es. Sie wird uns zuteil im Glauben, jener ganzmenschlichen Hinwendung zu Gott in jeder Lage, besonders auch im Leid. Ja, gerade im Leid und in der Bewährung wird die Hoffnung auf die Teilhabe am Sein Jesu Christi in der Herrlichkeit Gottes gestärkt. Gottes Liebe, die in unsere Herzen ausgegossen ist durch den uns geschenkten Heiligen Geist (V. 5), gibt uns die Gewißheit einer begründeten Hoffnung. Hinter allem wirkt der Geist Gottes, der uns nach dem Vorbild Jesu zu leben lehrt. Er nimmt uns in die Liebe Gottes hinein, in die Liebe des dreifaltigen Gottes. Auf dieser Basis rühmt sich der aus Glauben Gerechtfertigte nicht nur in der Hoffnung auf die Herrlichkeit, sondern auch in der Bedrängnis.

Die Glaubenden sind dem Leid nicht enthoben, aber sie stehen über dem Leid durch den Geist, durch den sie jetzt schon Heil empfangen. Aus diesem Geist dürfen wir mit Paulus rufen: »Was kann uns scheiden von der Liebe Christi?« (Röm 8,35), »von der Liebe Gottes, die in Christus Jesus ist, unserem Herrn« (8,39).

2. Homiletische Hinweise

Eine nähere Betrachtung der Texte aller Lesejahre – der drei alttestamentlichen Texte wie auch der neutestamentlichen Trinitätsoffenbarung – zeigt uns, daß sie nicht Lehre *über* Gott sein wollen, sondern

Botschaft *von* Gott, der sich der Welt und den Menschen zuwendet. Die Verkündigung soll daher nicht um jeden Preis eine direkte inhaltliche Übereinstimmung zwischen alttestamentlicher Lesung und Evangelium suchen, wohl aber nach Interpretationshilfen auf der heilsökonomischen Ebene. Denn »ein Gott, der über sich selbst hinausgeht und sich den Menschen öffnet, wie die Texte des Alten Bundes bezeugen, kann auch im Fortschreiten der Offenbarung als dreifaltiger Gott verstanden und geglaubt werden« (*E. Nübold*, Perikopenordnung, S. 318).

Für die Verkündigung im Lesejahr C empfiehlt sich vom *Evangelium* her eine *textauslegende Homilie*. Eine Ansprache streng zum Thema des Festes würde dem Text Gewalt antun. Der Paraklet soll nicht im Sinne der dritten göttlichen Hypostase interpretiert werden, sondern in ihm die neue Art und Weise der Anwesenheit und Wirkweise des auferstandenen und erhöhten Herrn. Für die Verkündigung *zum Thema des Festes* dagegen eignet sich das Evangelium, das im Lesejahr B (Mt 28,16–20) trifft.

Als umfassenderes Thema könnte über die Parakletsprüche der Abschiedsreden (Joh 14–16) – freilich auch in zusammenschauender Weise – gesprochen werden (wie dies im exegetischen Teil kurz ausgeführt ist).

In erster Linie aber möchte ich den Hörern und mir die Trost- und Zuversichtsbotschaft, die in der Perikope enthalten ist, verheutigen.

- Das Versprechen des Herrn, die Seinen nicht verwaist zurückzulassen (Joh 14,18), gilt auch uns. Jesu Wort bleibt lebendig durch das Lehren und Erinnern durch den Heiligen Geist, in dem der Herr bei ihnen ist und ihnen beisteht.
- Gegenüber den ambivalenten Erfahrungen in der Welt darf der Christ sicher sein, daß der Geist Sünde und Gerechtigkeit aufdekken und die Welt des Gerichtes überführen wird (16,1–8).
- Unter dem Wirken des Heiligen Geistes wächst die Kirche hinein in diese »volle Wahrheit« (16,13): Gemeint ist damit das allmähliche Hineinwachsen in die umfassende Heilswirklichkeit, durch die wir teilhaben an der Gemeinschaft mit dem Dreifaltigen Gott durch Jesu Wort und Werk.
- Der Geist der Wahrheit, der die Kirche in die volle Wahrheit einführt (16,13), der Zeugnis für Christus ablegt (15,26) und die Jünger befähigt, »die in Jesus offenbarte Wirklichkeit Gottes« (*N. Heinrichs*) zu bezeugen (15,27), dieser Geist ist nicht »eine neue, von Jesus unabhängige Offenbarungsquelle« (*H. Strath-*

mann). Daher sind auch das Zeugnis des Geistes und unser Zeugnis von Christus nicht voneinander zu trennen.

- Der Heilige Geist wird Christus verherrlichen (16,14), indem er in der Kirche Christus lebendig erhält, so wie Christus durch Wort und Werk der Verherrlichung des Vaters diente (17,4).
- Für die Kirche ist das Bewußtsein um die Einheit von Vater, Sohn und Heiligem Geist von existentieller Bedeutung, denn in dieser Einheit führt Gott sein Volk heute und alle Zeit. Sie gibt dort im Heiligen Geist Zeugnis von der Einheit zwischen Vater und Sohn, wo es ihr gelingt, im Geist der Liebe von der Wahrheit Zeugnis zu geben.

III. Zur Predigt: Die volle Wahrheit

Folgenschwere Krankheitserscheinungen

Heute können wir Menschen viel mehr sehen und hören als früher. Wir haben viele ›Sinnes-Prothesen‹ erfunden, die unsere Wahrnehmung ins Innerste wie ins Fernste verlängern: Linsen, Mikroskope, Radar, Funk, Computer, geradezu revolutionäre Neuheiten auf dem Gebiet der Tele-Kommunikation – insgesamt unglaubliche Möglichkeiten.

Aber »etwas hat ausgehakt im Scheitel der Seele«, sagt *Ida Friderike Görres*. Denn viele Menschen sehen nur mehr »Millionen Einzelheiten, aber nicht mehr in ihnen: die Spiegelung des anwesenden Schöpfers« (Der karierte Christ, Frankfurt/Main 1964,140).

Damit umschreibt die Schriftstellerin, was heute in breiten Schichten der europäischen Christenheit zu beobachten ist: Unsicherheit und Desorientierung im Glauben.

Auch in der Medizin beobachtet man eine ähnliche Krankheitserscheinung: Ein kleiner Zellpunkt im menschlichen Gehirn, im Sprachzentrum, wird ungenügend durchblutet. Der davon Betroffene hört zwar alles, sein Ohr ist ja in Ordnung. Nur: Er versteht kein Wort mehr. Alles wird ihm zum unverständlichen Kauderwelsch. Der ›Transformator‹, der die Klänge in sinnvolle Worte umwandelt, ist für die Dauer des Krankheitszustandes ausgeschaltet. Der Betroffene hört alles, aber er versteht es nicht.

Eine ähnliche Krankheitserscheinung gibt es im Sehbereich. Bei einer bestimmten Störung in der Gehirnrinde kommt es dazu, daß der Erkrankte zwar alles sehen kann, aber das Geschaute ergibt weder Sinn noch Zusammenhang. Es bedeutet dem Kranken auch nichts, solange es vom Erinnerungsschatz abgekoppelt ist. So kann der Erkrankte zwar Licht und Schatten, Farben und Formen, Bewegung und alles sehen, aber er weiß nicht mehr, was das ist und soll. – Ähnliche Zustände kann jemand vorübergehend haben, der aus der Narkose erwacht.

Wir sehen: Unser Menschenleben ist vielfach in Gefahr, wir haben mit Risiken und Unsicherheiten zu kämpfen.

Die Situation der Gemeinde damals und heute

Nicht anders ist es mit unserem Christsein. Es gehört geradezu zum Erscheinungsbild der Kirche, daß sie äußerlich und innerlich angefochten ist. Zu allen Zeiten haben diejenigen, die in der Nachfolge des Herrn stehen, erfahren müssen, daß sie das Los des Herrn teilen, daß sie angefeindet, verleumdet und verfolgt sind. Nicht wenige wissen auch heute um das Gewicht der Worte Jesu: »Seht, ich sende euch wie Schafe mitten unter die Wölfe« (Mt 10,16; Lk 10,3).

Berechtigte Furcht und unberechtigte Angst liegen oft nah beieinander. Der Weggang Jesu bereitet den Jüngern Probleme. Sie reagieren mit der Trauer und Angst von Alleingelassenen. Die Probleme der jungen Kirche sind nicht grundlegend unterschieden von denen in der Kirche heute.

Wie muß sich wohl die eine oder andere Ausdrucksform in mancher unserer Gemeinden für einen unvoreingenommenen Beobachter ausnehmen: ängstlich-pessimistische Diskussionen, hektischer Aktivismus, Lieblosigkeit, Freudlosigkeit . . .? Einem Außenstehenden wird wohl kaum zu vermitteln sein, daß der Geist Christi in einer solchen Gemeinde gegenwärtig sein soll!

Wie steht es mit den sogenannten ›Insidern‹, mit den Christen in der Kirche? Sind sie selbst davon überzeugt, daß der auferstandene und erhöhte Christus gegenwärtig ist in seinem Geist? Sind wir Christen ›attraktiv‹ in unserer Überzeugungskraft für andere? Leben wir aus der heiteren Gelassenheit des Glaubens an Christus, der durch seinen Geist wirkt? Oder hat etwas ›ausgehakt im Scheitel der Seele‹, daß uns der heilsgeschichtliche Zentralblick verlorengegangen ist und wir abgekoppelt sind vom Erinnerungsschatz der Überlieferung?

Das Wirken des Geist-Beistandes

Die Frohbotschaft aus den Abschiedsreden Jesu gibt uns darauf Antworten von bleibender Gültigkeit. Der Herr verheißt den Geist-Beistand, der nach zwei Richtungen wirkt: Nach außen als »Gericht über die Welt«, und nach innen als »Einführen in die ganze Wahrheit«. Der ›Ort‹ für das Wirken des Geist-Beistandes ist in jedem Fall die Gemeinde. In ihr und durch sie wirkt der Geist-Beistand: in ihrem Glauben und durch ihr Zeugnis.

Der Geist wird die »gesamte Christus-Offenbarung in Verbindung mit dem ›Heilswerk Jesu‹ in Kreuz und Auferstehung durch die Gemeinde gegenwärtig halten« (*J. Blank*). Der Geist bedeutet aber auch Krisis, »Gericht über die Welt« (16,8–11). In ihm wird die Heilsbedeutung Jesu offenbar, durch ihn sind für die Gläubigen Wahrheit und Leben jetzt schon Wirklichkeit. Durch ihn wird aber auch das Unheil der Welt offenbar. Im Kreuz Christi ist das Gericht über die Welt bereits erfolgt. Der Geist überführt die Welt (V. 8). In Verbindung mit dem Geist hat die Gemeinde die Aufgabe, dies der Welt mitzuteilen und sie zu »überführen« und aufzudecken, »was Sünde ist, Gerechtigkeit und Gericht« (V. 8b).

Der Geist lehrt die Gemeinde (16,12–15)

Vor allem wirkt der Geist-Beistand innerhalb der Gemeinde, indem er ihr immer neu und immer tiefer die Christus-Offenbarung erschließt. Der Abschnitt, den wir heute als Frohbotschaft gehört haben (16,12–15), möchte uns bewußt machen, daß es immer der Geist ist, der uns Gottes Offenbarung verstehen läßt. Er führt uns vor allem in die »ganze Wahrheit« der Jesus-Botschaft ein. Es geht hier nicht um ein quantitatives Mehr gegenüber dem, was Jesus gesagt und getan hat, sondern um ein »Verheutigen« der Botschaft Jesu in der konkreten Situation durch das Wirken des Geistes. Der Geist erst macht Verstehen möglich und verbindet es zum Sinn. Ohne den Geist käme es zu analogen Erscheinungen wie bei den eingangs beschriebenen Krankheitsbildern. Erst der Geist macht aus dem »Vielen« eine Sinn-Ganzheit, indem er Offenbarung letztlich auf die Person Jesu hin zuspitzt. Der Geist der Wahrheit läßt uns Jesus gegenwärtig sein; er »schöpft das Wesen des irdischen Jesus mehr und mehr aus und deckt so seine Glorie auf« (*H. Schlier*). So nimmt der Geist den einzelnen und die Gemeinschaft der Glaubenden in die alles belebende Sphäre Gottes hinein, vergegenwärtigt Christus in der Kirche und hält sie in prophetischer Spannung offen für das je Neue des Christus-Geheimnisses. Gottes Geist hält die Kirche in der Schwebe des Lebendigen. Sein Wirken beschränkt sich auch nicht auf die sogenannten Amtsträger. Er erfaßt jeden, der offen ist für sein Wirken. Er wirkt in den Vielen und in bunter Pluralität, er ist aber die Kraft, die in der Vielfalt der Gaben und Dienste eint und verbindet.

Geheimnis des dreifaltigen Gottes

Wir feiern heute das Hochfest der Heiligsten Dreifaltigkeit. Ausdrücklich haben wir bis jetzt nicht das Festgeheimnis betrachtet. Oder doch? Ich meine schon. Denn der Heilige Geist ist das innerste Geheimnis Gottes, sozusagen sein Herz, und er ist die letzte, äußerste Gabe Gottes für die Welt. Zum Geheimnis Gottes haben wir Zutritt durch Jesus Christus in der Liebe, die durch den Heiligen Geist in unsere Herzen ausgegossen ist.

In der Feier der Eucharistie, in der wir den Tod des Herrn verkünden und seine Auferstehung preisen, sind wir hineingenommen in das Heilsgeheimnis Gottes.

Wir haben Anteil an der Liebe zwischen Christus und dem Vater, die der Heilige Geist ist. Solcher Glaube befreit uns als einzelne und noch mehr als Gemeinschaft von Glaubenden von der Angst. Denn wir haben »Frieden mit Gott durch Jesus Christus« durch die »Liebe, die ausgegossen ist durch den Heiligen Geist, der uns gegeben ist« (Röm 5,1.5).

Im Kommunionvers wird uns die Bedeutung und Tragweite dieses Geheimnisses in Erinnerung gerufen:

> »Weil ihr Söhne seid,
> sandte Gott den Geist seines Sohnes in euere Herzen,
> den Geist, der ruft: Abba, Vater« (Gal 4,6).

Unsere Antwort kann eigentlich nur eine sein, nämlich betend zu sprechen: Lob, Preis und Dank sei dir, Vater, durch deinen Sohn im Heiligen Geist.

M. Spitz

Herrenfeste

Hochfest des Leibes und Blutes Christi (Fronleichnam)

Lk 9,11 b–17

Alternative: Lk 22,7–38; vgl. Gründonnerstag

I. Bibeltheologische Vorüberlegungen

1. Stellung, Struktur und Gattung der Perikope

Die Erzählung von der wunderbaren Brotvermehrung ist nicht nur am häufigsten in den Evangelien wiedergegeben (vgl. Mk 6,30–44; 8,1–10; Mt 14,13–21; 15,32–39; Joh 6,1–13); auch ihre den Evangelien vorausliegende Überlieferungsgeschichte kann einigermaßen zuverlässig dargestellt werden, so daß sich ein überaus reiches Bild ihrer Deutung ergibt.

Vorlage des Lukas ist Mk 6,30–44. Aber es finden sich auch Übereinstimmungen mit Eigentümlichkeiten der Fassung in Mt 14 (vgl. Lk 9,11.13.17 par.), die erwägen lassen, ob Lukas eine breitere Überlieferung gekannt hat. Jedenfalls behandelt er seinen Stoff selbständig. So fehlen z.B. das Hirtenwort, das Markus seinem Bericht vorangestellt hat, Mk 6,34, und alle damit zusammenhängenden Anspielungen auf Ps 23. Andere Änderungen sind von der auch sonst bei Lukas üblichen Art: Was nach seinem Urteil fehlt, ist ergänzt (vgl. V. 12); die Frage Jesu an die Jünger ist aus dogmatischer Vorsicht gestrichen. Von den beiden einleitenden Versen abgesehen, erzählt er knapp, aber gerade deshalb eindrucksvoll. Weil Lukas schon in 3,19f vom Tod Johannes des Täufers berichtet hat, läßt er Mk 6,17–29 aus; nach unserer Perikope übergeht er Mk 6,45–8,26 ganz. Dadurch kommt die Speisungsgeschichte bei ihm in neue Zusammenhänge: Zuvor fragt Herodes, wer dieser Jesus sei, 9,7; hernach folgt das Bekenntnis des Petrus: »Du bist der Gesalbte Gottes«, 9,20. Der Kontext ist aber nicht nur christologisch, sondern auch ekklesiologisch bestimmt: Am Eingang von K. 9 ist von der Aussendung der Zwölf und von den Anforderungen dieser Sendung berichtet, 9,1–6; hernach folgt auf das Petrusbekenntnis ein Abschnitt über die Nachfolge Jesu.

2. *Einzelauslegung*

V. 11 b Alle Evangelisten stellen vor die Speisungsgeschichte eine Szene, die Jesus inmitten der Volksmenge zeigt. Obgleich er sich mit den Jüngern zurückziehen will, V. 10 b, nimmt er die nachfolgende Menge an, V. 11 a, spricht zu ihr von der Gottesherrschaft und heilt Kranke. Nur Lukas gestaltet die Szene so reich; Markus spricht nur vom Lehren, Matthäus nur vom Heilen Jesu. Mag er das als Sammler verschiedener Überlieferung tun, so doch vor allem, um das Bild Christi als Verkünder und Heiland vollständig zu zeigen. Die Brotvermehrung wird dadurch nicht in erster Linie als Wunder, sondern als Höhepunkt eines umfassenden Wirkens an den Menschen eingeführt.

V. 12 Daß die einleitende Szene keineswegs nur Füllsel ist, bestätigt V. 12. In dem Bemühen, die Speisungsgeschichte möglichst nahe an sich heranzurücken, stört Lukas sogar die Anschaulichkeit des Berichts. Der Erzählfolge nach wären Jesus und die Menge noch in Betsaida (vgl. V. 10); tatsächlich aber befinden sie sich bereits »in einer verlassenen Gegend«, wo die Speisungsgeschichte traditionell lokalisiert wird. Darauf muß – nachträglich und ungeschickt – Jesus eigens hingewiesen werden!

Aus den Jüngern sind bei Lukas »die Zwölf« geworden. Offenbar sieht er in ihrer Initiative und in ihrem Dienst die Struktur der Kirche vorgebildet. Zugleich klingt die Emmausgeschichte an (Lk 24,29: »Der Tag hat sich schon geneigt«) und damit das eucharistische Mahl. Ja, man darf vermuten, daß die Formulierung beider Texte von der abendlichen Eucharistiefeier der christlichen Gemeinden her geprägt ist. Wie die zwei auf dem Weg nach Emmaus sind auch die Zwölf im Grunde ratlos: Ihrem Rat folgen, hieße ja, die um den Herrn versammelte Gemeinde auflösen.

V. 13.14 a Bei keinem anderen Evangelisten sind der Auftrag Jesu, die Menge zu speisen, und die Antwort der Jünger, daß ihre Mittel dazu ganz unzureichend seien, so knapp und dicht gefaßt. Hierin folgt die Erzählung dem Stil der Wundergeschichten, wie 4 Kön 4,42 f überzeugend zeigt.

V. 14 b.15 Wie wir aus den Schriften von Qumran wissen, spiegelt die Lagerordnung bei Mk 6,40 zeitgenössische jüdische Vorstellungen von einer Lagerordnung des eschatologischen Gottesvolkes (IQSa 1–2; vgl. Ex 18,25). Lk hat das nicht mehr verstanden. Er meint entweder einfach überschaubare Gruppen oder hat an die durchschnittliche Zahl der Teilnehmer beim Brotbrechen in den Häusern der christlichen Gemeinden gedacht (H. Schürmann).

V. 16 Dieser Vers ist der Höhepunkt der Erzählung. Jetzt tritt die Analogie alttestamentlicher Wunderberichte zurück. Während Elischa das Wunder mit einem Wort Jahwes ankündigt, 4 Kön 4,43, wirkt Jesus im Einvernehmen mit dem Vater aus eigener Initiative und Vollmacht. Vor allem aber ist die eucharistische Terminologie unverkennbar: »Er blickte auf, segnete, brach und gab« (vgl. Mk 14,22; Lk 24,30). Schon Markus hat die Brotvermehrung als Vorzeichen der Eucharistie gedeutet (Mk 6,41). Nirgends wird sein Text von Lukas so streng bewahrt wie hier; die Übernahme geschieht also bewußt. Ja, es tritt die vordergründige Anschaulichkeit des Geschehens (– Brach Jesus auch die Fische? –) um der Anschauung der Eucharistiefeier willen zurück. Daß Jesus nicht mehr das (jüdische) Lobgebet spricht, sondern die Gaben segnet (zu eulogēsen fügt Lukas autoũs), zeigt wohl ein verändertes Eucharistie-Verständnis der hellenistischen Gemeinden. Weil das Wunder für Lukas Vorzeichen der Eucharistie ist, sind in den austeilenden Jüngern die Dienste der christlichen Gemeinden vorweg dargestellt (vgl. zu den V. 12 und 17).

V. 17 Der Schlußvers erwähnt kurz Mahl und Sättigung und berichtet, daß zwölf Körbe mit übriggebliebenen Brotstücken gesammelt wurden. Trotz dieser Kargheit zeigt er besonders deutlich die Eigenart der Geschichte. Es fehlt der Wundergeschichten eigentümliche Chorschluß, das Echo auf das Wunder (ebenso allerdings 4 Kön 4,44; Mk 6,43 f; anders Joh 6,14). Es fehlt auch die Überleitung zum Wunder des Seewandels, das sonst in der Tradition so eng mit der Brotvermehrung verbunden ist, Mk 6,45 ff par. Statt dessen folgt das Christusbekenntnis des Petrus. So ist, im Christusbild des Eingangs, V. 11 b, war es schon angedeutet, die Fülle der Nahrung ganz in der Person des Christus begründet. Zugleich weist sie voraus auf jene Fülle, welche die Kirche austeilen darf: Den Zwölfen in V. 12 korrespondiert als letztes Wort der Perikope die Zwölfzahl der Körbe und macht den Dienst der Kirche noch einmal bewußt.

3. *Theologische Würdigung*

(1) Lk 9,11 b–17 ist formal keine typische Wundergeschichte, zerbricht aber auch inhaltlich die Maße der Gattung. Diese Sonderstellung gewinnt die Perikope nicht erst bei Lukas. Die Speisungsgeschichte kommt dem Evangelisten vielmehr schon mit reicher Deutung verbunden aus der Überlieferung zu. Lukas gibt die eschatologische Deutung auf, nach der Jesus als Messias oder gar an Stelle Jahwes als Hirte das endzeitliche Gottesvolk speist. Sie ist in Mk 6 klar erkennbar und klingt in Joh 6 noch nach. Aber er schreibt deshalb doch nicht »als Historiker« (A. Heising). Der alttestamentliche Hintergrund, vor dem die Verkündigung die Erzählung schon immer sah, ist auch bei ihm gewahrt (gewiß 2 Kön 4,42 ff; vielleicht auch Num 11). Dazu zeigt die Stilisierung von V. 16 nach den Einsetzungsberichten, daß Lukas die wunderbare Speisung im »Brotbrechen« der Gemeinde fortgesetzt und vollendet findet. Gerade deshalb offenbart das Brotwunder nach seinem Verständnis Christus, nicht nur in seinem historischen Wirken, sondern als den, der die in seinem Namen Versammelten speist.

(2) Bei einer Erzählung mit so langer Überlieferungsgeschichte, die in allen Einzelheiten kerygmatisch geprägt ist (das geschah im wesentlichen lange vor der Lukas-Fassung und ist deshalb hier nicht im einzelnen dargestellt), läßt sich die Frage nach dem historischen Ursprung kaum erhellen. Zuletzt wurde die Ansammlung einer revolutionären Volksmenge mit eschatologischer Hoffnung um Jesus in der Wüste vermutet (H. W. Montefiore). Man muß aber die Entstehung aus der Meditation alttestamentlicher Heilserwartung und neutestamentlicher Glaubenserfahrung ernstlich in Erwägung ziehen.

(3) Die Verkündigung an Fronleichnam wird natürlich den eucharistischen Sinn der Erzählung aufzeigen. Damit allein wäre den Hörern aber kaum etwas gesagt, was sie betrifft. Die Perikope will Freude wecken über den schenkenden Herrn. Die Frage ist, wie sein Schenken anschaulich werden kann. Einem naiv-messianischen Verständnis seiner Gaben ist durch die Auslegung der Erzählung im Vierten Evangelium, K. 6, entschieden gewehrt. Dennoch wird der Blick auch auf die Gaben »in der Welt« gehen dürfen. Augustinus jedenfalls sah in der Brotvermehrung eine »Verdichtung« des Wunders, das Gott uns in Saat und Ernte schenkt. Bei Lukas gehören die Anforderungen Jesu an die Jünger zum Kontext der Perikope. Man

darf vielleicht sagen: Diese Anforderungen werden durch das Brotwunder gleichsam in der Balance gehalten, vor asketischem Mißverstehen bewahrt. Denn der Vater, den Jesus verkündet, begegnet den Menschen nicht nur und nicht zuerst als Fordernder, sondern als Gebender, Lk 11,9–13. Dies vor allem muß der christlichen Gemeinde wieder deutlich werden, wenn sie leben soll.

Durch Christus werden auch die Jünger Gebende, V. 16. In der Krise des Selbstbewußtseins vieler, die den »Tischdienst« in unseren Gemeinden haben, darf man betonen: Sie sind durchaus solche, die Gaben auszuteilen haben »in verlassenem Land«. Die Gabe ist zuletzt der Herr selbst. Aber er ist nicht die Mysterienspeise für eine sakrale Gemeinde. Dieses Mißverständnis hat die Bewußtseinskrise der Jünger ebenso verursacht wie das Desinteresse der nichts mehr erwartenden Menge. Es gibt so vielerlei Hunger unter uns und in der Welt! Es müßte im »weltlichen« Einsatz der Christen zu erweisen sein, daß Christus wirklich Gabe ist, uns solchen Hunger zu stillen. Das wäre keinesfalls Rückfall in den vom Vierten Evangelium verworfenen innerweltlichen Messianismus. Denn es wäre ein Austeilen, das im Brotbrechen des Herrn gründet, das heißt: im Mysterium seines Todes.

A. Smitmans

II. Liturgisch-homiletische Vorüberlegungen

1. Liturgische Hinweise

Gründonnerstag und Fronleichnam sind ohne Zweifel zwei Seiten des einen Mysteriums. Akzentuiert der Gründonnerstag das Pascha des Neuen Bundes, d. h. die universale Befreiung der gesamten Menschheit aus der Verfallenheit an die Mächte der Sünde und des Todes durch das Lebensopfer Jesu und die Einsetzung des immerwährenden Gedächtnisses dieses neutestamentlichen Pascha, so nimmt das Fronleichnamsfest die Verehrung dieses Geheimnisses in den Blick. Dabei ist zu bedenken, daß nicht so sehr die Verehrung des Altarsakramentes angesprochen wird, sondern die Einladung zum Mahl und die universale Sicht der Feier dieses Sakramentes.

Dies liegt ganz auf der Linie, die bereits Papst *Urban IV*. in seiner Einführungsbulle des Fronleichnamsfestes »Transiturus« von 1264 festgeschrieben hat; auch durch die Liturgiewissenschaft wurde dies in neuerer Zeit wieder klar ins Bewußtsein gehoben. So erinnert das *Tagesgebet* an die Einsetzung des Altarsakraments und spricht die sich daraus ergebende Konsequenz, die Verehrung, an.

2. *Homiletische Hinweise*

Diese Verehrung aber kann sich nicht auf ein für Gott aus dem profanen Raum ausgegrenztes Heiligtum beschränken, wie einstens der Tempeldienst, sondern verlangt Öffentlichkeit. Dies legt jedenfalls die sich anschließende *Erste Lesung* nahe aus dem Buche Genesis (Gen 14,18–20). Früh schon sahen die Christen in Melchisedek Christus vorabgebildet. Wie Melchisedek als Priester des höchsten Gottes die Grenzen seiner Religion sprengte und Abraham segnete, so beseitigt Christus die religiöse Eingrenzung des Heils auf ein bestimmtes Volk und seinen Tempel.

Jesu Menschheit ist die Mitte der Menschheit; seine Existenz, sein Menschsein ist der neue, universale, für alle Völker und Nationen allein gültige Ort der Gottesverehrung. In dieser Hinsicht darf man wohl das Zerreißen des Tempelvorhanges vor dem Allerheiligsten in der Stunde seines Todes auf Golgota deuten. Gott wohnt nicht in dem von Menschenhänden gebauten Haus, sondern in diesem geschundenen Menschen, Jesus von Nazaret.

Melchisedek ging dem Abraham entgegen aus der Stadt des Höchsten Gottes, so wie Christus uns entgegenkommt. Wie einst Melchisedek Brot und Wein angeboten hat als Zeichen für die Gastlichkeit Gottes, so geht Gott uns in Jesus Christus entgegen, will uns Segen und Kraft sein. Ebenso sollte die Gemeinde aus der Gemeinschaft mit Gott in Christus Jesus herausgehen und zum Segen werden für die in ihrem Umkreis lebenden Mitmenschen. Hier böte sich ein interessantes Thema für die Verkündigung an.

An der *Zweiten Lesung* (1 Kor 11,23–26) fasziniert mich der gleiche Gedanke! Paulus erkennt die eucharistische Feier der Korinther als Widersinn, was der Kontext der zu lesenden Verse eindeutig belegt. Die Verkündigung des Herrn durch Essen und Trinken in der heiligen Feier bedingt Verhaltensnormen, die zusammengefaßt sind in dem Imperativ: Die Feiernden sollen den Tod des Herrn verkünden. Dieser Tod aber wurde zum Segen für die gesamte Menschheit, und die Feier dieses Lebens und Sterbens gibt Kraft zum Leben gemäß der Ordnung der künftigen Welt, deren Kennzeichen Einheit und Friede sein wird, kurzum: ein Miteinander und Füreinander.

Die eucharistiefeiernde Gemeinde soll diese Momente sozusagen im voraus der Welt vorleben und die Botschaft werbend unter die Menschen tragen oder, um im Sprachgebrauch der Lesung zu bleiben: Verkündigen, bis der Herr kommt und mit ihm dann diese neue endgültige Welt anbrechen wird.

Nach Auskunft der Exegeten hat der Text des *Evangeliums* dieses Tages (Lk 9,11 b–17) seinen »Sitz im Leben« bei der Eucharistie feiernden Gemeinde, und mit dieser Geschichte soll der gläubigen Gemeinde der Zusammenhang von Brotbrechen und Gegenwart des Herrn erklärt werden. Der Herr ist es, der das Brot segnet, bricht und zum Austeilen gibt, und darum werden eben nicht nur wenige, sondern alle satt. Was er gibt, ist so reichlich, daß Menschen dies nie aufbrauchen oder ausloten können.

Bei diesen Überlegungen fiel mir der Gedanke auf, daß die Jünger die Menschen wegschicken wollen, ja direkt hinweisen auf Hilfe von außen. Die Leute mögen sich bei den Umliegenden ihre Nahrung holen! Jesus aber verweist seine Jünger und fordert: »Gebt ihr ihnen zu essen!« Auf ihre Antwort, daß sie ja nur Geringes zu bieten hätten, folgt die lapidare Anweisung von Jesus, man möge die Leute zum Essen sich setzen lassen. Jesus nimmt das Wenige, das die Seinen zu bieten haben, und kraft seines Segens wird es zum überwältigenden Nahrungsangebot. So sehe ich wieder den roten Faden dieser Liturgie. Kraft des Segens, kraft der Gemeinschaft mit Christus in Essen und Trinken, hat die feiernde Gemeinde genug Substanz, um der »hungernden« Welt Nahrung und Brot zu geben. Ein lohnendes Thema, eine dringliche Botschaft und notwendige Ermutigung der Gemeinde zur geistigen Rückenstärkung in ihrer Verantwortung für die Welt.

Das *Gabengebet* greift diesen Gedanken wieder auf in der Bitte, daß die Kirche erfahren möge, was sie im Symbol antizipiert, nämlich Einheit und Frieden der kommenden Welt.

Sehr schön greift auch das Schlußgebet dieser Messe meine Überlegungen gerade zum *Tagesevangelium* auf, daß wir durch Essen und Trinken Einheit und Frieden erfahren in Christus Jesus und aus diesem Vorgeschmack des Kommenden dann Kraft beziehen zur öffentlichen Wirksamkeit oder Verkündigung. Daran aber sollte Fronleichnam erinnern, und das will die Prozession in Wort und Symbol öffentlich machen.

III. Zur Predigt: Gut wie das Brot

Der Augenblick, der staunen läßt ...

Es gibt wohl in jedem Menschenleben Augenblicke, die mit einem Schlag alles bisher Dagewesene, alle bisherigen Erfahrungen mit sich selbst und anderen in einem völlig neuen Licht erscheinen lassen. (Die Psychologie nennt solche Situationen »Erschließungssituationen«, oder, wie dies der englische Exeget und Erzbischof *Michael Ramsey* einmal nannte, ein »Disclosure«. Haben wir nicht solche Disclosure-Erfahrungen schon gemacht?) Ich denke z. B. an Situationen, wenn unsere Pläne urplötzlich durchkreuzt wurden oder einem Menschen Unrecht geschah – aus einer völlig unvermuteten »Ecke« heraus. – Da gab es Menschen, denen man blindlings vertraute, doch das völlig Unvermutete wurde Wirklichkeit: Man wurde von ihnen hintergangen, betrogen und enttäuscht. Da starb ein lieber Mensch, der einem Hilfe und Halt gewesen ist, und dort bedroht eine schwere Erkrankung unser Leben. Das sind »Erschließungssituationen«; denn solche Momente offenbaren oder legen offen, was wir in Wirklichkeit sind, worauf unser Leben im Grunde fußt!

... war kirchenbegründend ...

Ich glaube, die Erfahrung der Jünger mit Jesus im Abendmahlsaal mag eine solche Situation gewesen sein. Es war die Stunde, in der in Jesus wohl alles zerbrochen ist: Freundschaften und Hoffnung auf Umkehr, auf ein Umdenken seines Volkes. Am Ende sind auch seine Vorstellungen vom Messias Israels und seine Erwartungen auf die Reaktionen seines Volkes aufgrund seiner Botschaft endgültig in ihm zerbrochen. In dieser Stunde mag in ihm die Erkenntnis vollständig zum Durchbruch gekommen sein, daß Gottes Pläne mit seinem Volk, mit dem Menschen, nur durch die Hingabe seines Lebens zu verwirklichen waren.

So war es wohl für die Jünger die entscheidende Erkenntnis, wie Jesus entgegen aller menschlichen Verhaltensmuster sich verhalten hat. Dies war ein Erlebnis von solch tiefgreifender Wirkung, daß die Seinen fortan in der Feier dieses Mahles die Zusammenfassung der Botschaft Jesu, seines Lebens und Sterbens, gesehen haben. Diese Erfahrung war so grundlegend, daß diese Feier zum Herzstück des Christentums werden sollte. In der Tat, war dieses Verhalten Jesu nicht quer allen gewohnten, menschlich-begreiflichen Reaktionen?

Es heißt einfach, schlicht und ergreifend: »Der Herr nahm in der Nacht, in der er ausgeliefert wurde, das Brot, sprach das Dankgebet, brach das Brot und sagte: Das ist mein Leib für euch.« Ohne Enttäuschung gibt er sich in diesem Augenblick völlig und vorbehaltlos in die Hände der Seinen, als sich diejenigen, für die er leben wollte, anschickten, ihn zur Strecke zu bringen.

Er gibt sich in einer Weise, daß keine Macht der Welt ihn fortan daran hindern kann, bei den Menschen zu bleiben. Er selbst macht sich zum Brot für die Menschen. Dies ließ mich auf ein italienisches Sprichwort aufmerksam werden, das einen wahrhaft guten Menschen als »gut wie das Brot« bezeichnet (buono come il pane).

... und wird zum Heil ...
Er, der gut wie das Brot war, wollte über seinen Tod hinaus bei den Menschen sein, um den Hunger der Menschheit zu stillen, also auch meinen und deinen Hunger nach allumfassendem, nie zerstörbarem Leben. Haben wir seitdem nicht die Gewißheit: Hier ist einer, der mit uns fühlt und uns versteht, der uns alles gibt, was er ist und hat? So wird dieses Brot langsam, aber stetig auch den verwandeln, der dieses Brot gläubig empfängt und der dadurch nun selbst befähigt ist, den leiblichen und seelischen Hunger seiner Mitmenschen zu stillen. Ich glaube, hier berühren wir das tiefste Geheimnis unserer Evangelienerzählung.

Was wir Menschen haben, reicht nie und nimmer aus, um den Hunger all der so verschiedenartigen Menschen in ihrem Denken und Fühlen zu stillen. Das gesamte Sinnangebot, das menschliches Denken und Philosophieren über die Jahrtausende bereitgestellt hat, ist ungenügend, beantwortet nicht das letzte Suchen und Sehnen. Nie haben wir aus uns heraus genug Liebeskraft, um jeden umfassend und ausnahmslos erschöpfend lieben zu können. Immer bleibt selbst der geliebteste Mensch eine unerfüllbare Verheißung. Die Sehnsucht aller Menschen verlangt nach Ewigkeit, und darum hat allein das Brot, das aus Christi Hand kommt, die Kraft, den Lebenshunger aller Menschen zu stillen. Nehmen wir darum das Brot aus Jesu Hand, teilen wir es aus und essen.

... wenn man aus dieser Quelle des Heils schöpft
Damit haben wir, – oder hätten wir –, die Quelle, die uns geben läßt, ohne Angst, daß man sich dabei selbst verliert und aufgibt. Man mag in den Augen dieser Welt sein Leben vielleicht verlieren, in Wirk-

lichkeit wird man es gewinnen. Denn Jesus gibt soviel, daß wir Menschen niemals das aufbrauchen oder ausloten können, was er uns schenkt. Diese Erfahrung hat der große englische Kardinal *Henry Newman* treffend benannt, wenn er schreibt: »Gott fühlt mit deinen Hoffnungen und Prüfungen. Er nimmt Anteil an all deinen Ängsten und Erinnerungen, an allem Aufstieg und Abfall deines Geistes, er hat wahrhaft die Haare deines Hauptes gezählt und die Maße deiner Gestalt. Er umfängt dich ringsum und trägt dich auf seinen Armen, er liest in deinen Zügen, ob sie lächeln oder Tränen tragen, ob sie blühen in Gesundheit oder welken in Krankheit. Er schaut zärtlich auf deine Hände und Füße, er horcht auf deine Stimme, das Klopfen deines Herzens, selbst deinen Atem . . .«

Dafür laßt uns also Zeugnis geben!
Ich glaube, unsere Prozession heute sollte dafür ein Bekenntnis sein und zugleich die öffentliche Proklamation: Jesus ist das Brot des Lebens; Brot für einen jeden in all seinem Hunger, in all seinen Sorgen, seiner Not und seinen Ängsten. All das wollen wir in unser Beten und unser Bitten hineinnehmen und vor den Herrn tragen, der mit uns ist!

U. Leiser

Sonntage im Jahreskreis

Erster Sonntag
Taufe des Herrn

Lk 3,15–16.21–22 s. S. 92–101

Zweiter Sonntag

Joh 2,1–11

I. Bibeltheologische Vorüberlegungen

1. Stellung, Struktur, Gattung der Perikope

Die Erzählung vom Weinwunder zu Kana, 2,1–11, eröffnet die von da an im Vierten Evangelium immer wieder dargestellte Selbstoffenbarung Jesu im »Zeichen«. Dadurch gewinnt die Perikope im Blick auf die vorausgehende messianische Charakterisierung Jesu, 1,35–51, die Position eines ersten Zieles: Die Selbstoffenbarung Jesu, die den Glauben der Jünger nachzieht, manifestiert seine doxa. Zugleich aber wird in der akzentuierten Kennzeichnung des Geschehens als des »Anfangs der Zeichen«, 2,11, das gesamte Wirken Jesu im Werk der Zeichen und im offenbarenden Wort präludiert. Man hat deshalb diesen Text zusammen mit der Perikope von der Tempelreinigung, 2,13–22, nicht zu Unrecht als »Vorspiel« zum ganzen Evangelium bezeichnet (Bultmann).

Der Evangelist scheint vorgeformte Tradition aufzugreifen und im Sinne seiner Theologie zu gestalten. Eine an synoptische Wundererzählungen erinnernde Gerafftheit der Darstellung und die nicht eben häufigen johanneischen Stileigentümlichkeiten lassen eine vorjohanneische, möglicherweise schon schriftlich fixierte Textform (Semeiaquelle) vermuten, die aber auf einen Traditionskreis verweist, der sich von den Kreisen unterscheidet, aus denen die synoptische Überlieferung stammt. Das wird nicht zuletzt daran deutlich, daß hier der Beginn der Zeichen für Kana beansprucht wird, während nach der Darstellung der Synoptiker die ersten Wunder Jesu in Kafarnaum geschehen.

Formgeschichtliche Analyse erkennt eine novellistische Wundererzählung als Grundstruktur der Geschichte, die sich in drei Szenen darstellt. Auf die einleitende Situationsschilderung 2,1f folgt als Anlaß für das nachher zu erzählende Eingreifen Jesu die Feststellung, daß der Wein zu Ende geht. Das kommt in einer kurzen Szene, einem Gespräch Jesu mit seiner Mutter, zur Sprache, V. 3–5. Das Wunder der Wasserverwandlung steht lediglich am äußeren Rand des Geschehens; es ist nicht als beobachtbares Ereignis beschrieben, V. 6–8, und wird nur im Effekt durch den Architríklinos in einem Wort an den Bräutigam konstatiert, V. 9f. Die Gestalt des Wundertäters bleibt scheinbar im Hintergrund; die Stelle der von der novellistischen Form her zu erwartenden Hervorhebung Jesu – etwa durch Akklamation der Gäste, vgl. 6,14 – ist durch das Wort an den Bräutigam, V. 10, besetzt. Dem Abschluß fügt sich mit V. 11 ein Satz an, den der Evangelist möglicherweise im Grundbestand schon vorfand, aber nun zum Schlüssel für das tiefere, christologische Verständnis der Geschichte macht.

2. *Einzelauslegung*

V.1f Die Zeitangabe »am dritten Tage« beschließt die Reihe ähnlicher Angaben, durch welche die Ereignisse des voranstehenden Abschnittes aneinandergereiht sind, vgl. 1,29.35.43. Nicht zuletzt dadurch wird ein neuer Anfang markiert. Es bleibt zu fragen, ob die Zeitangabe nicht doch auch einen kerygmatischen Sinn enthält: »Der dritte Tag« ist in der urchristlichen Tradition der Tag der Auferwekkung Jesu und wird in dieser Bedeutung in der anschließenden Geschichte von der Tempelreinigung genannt, vgl. 2,19f.21f. Der Beginn der Zeichen ist dann als Offenbarung der Herrlichkeit Jesu von Ostern her gesehen.

Die Ortsangabe »Kana in Galiläa« begegnet noch zweimal im Vierten Evangelium. Joh 4,46 dürfte sie wie 2,1 durch die Tradition bereits festgelegt gewesen sein: 4,46–54 spricht von der Heilung des Sohnes des »Königlichen«, die nach Johannes eine von Kana aus erfolgende Fernheilung des in Kafarnaum darniederliegenden Kranken ist. V. 54 bezeichnet dieses Ereignis als »Zweites Zeichen, das Jesus wirkte«, während das Weinwunder »Anfang der Zeichen«, V. 11, genannt wird. Möglicherweise wies die dem Evangelisten vorliegende Sammlung von »Zeichen« bereits diese Reihenfolge auf.

Man wird nicht fehlgehen, eine besondere »Kana-Tradition« anzunehmen. Inwieweit man Natanaël, der nach 21,2 aus Kana stammte, dieser Tradition zuordnen kann, ist schwer zu sagen. – Der hier genannte Ort ist wohl mit dem 13 km nördlich von Nazaret gelegenen Khirbet Kana identisch, von dem heute nur noch Ruinen zu sehen sind; die Identifikation mit Kafr Kenna, 6 km nordöstlich von Nazaret, ist irrig (Schnackenburg).

Die Mutter Jesu wird als erste genannt, die bei der Hochzeit zugegen ist, darauf Jesus und seine Jünger. Offensichtlich sind die Personen in der Reihenfolge aufgeführt, in der sie gleich in Aktion treten. Was zur Einladung Mariens oder Jesu und seiner Jünger führte, läßt der Text offen. Wort und Bild der Hochzeit begegnen bei Johannes nur im vorliegenden Text. Indessen scheint damit die Offenbarung der Herrlichkeit Gottes als hochzeitliches Fest der Begegnung Gottes mit den Menschen gekennzeichnet zu sein. Solche Begegnung geschieht in der Freude, von der Jesus in den johanneischen Abschiedsreden spricht, vgl. 15,11; 16,20–22; 17,13. Das Alte Testament weiß, daß der Wein das Herz des Menschen erfreut, vgl. Ps 104,15; Ri 9,13; so ist der Wein auch Hinweis auf die endzeitliche Freude, vgl. Sach 10,7; er nimmt unter den Gaben der messianischen Zeit einen besonderen Platz ein, vgl. Gen 49,10–12; 27,28; Am 9,13; Joël 2,21–24; 4,18. Das Fest der Hochzeit und die Gabe des Weines sind Zeichen des beginnenden Offenbarungswirkens Jesu.

V. 3–5 Die erste der kleinen Szenen spielt zwischen Jesus und seiner Mutter. Hervorgerufen ist sie durch den Mangel an Wein, dem bei der Hochzeitsfeier, die eine Woche dauern konnte, sehr zugesprochen wurde. Damit ist zugleich der Grund für das nachher folgende Zeichen genannt. Es fällt an dieser Szene auf, die mit einem Wort der Mutter an Jesus einsetzt, V. 3, und mit einem an die Diener schließt, V. 5, daß die Personen zum Teil in vorgeformten Redewendungen sprechen. Ti emoi kai soi – »Was willst du von mir?« – ist in alttestamentlich-jüdischen wie auch in hellenistisch-griechischen Texten belegt, vgl. etwa Ri 11,12; 2 Sam 16,10; 19,23 u. a., und bedeutet in dieser Form nicht schroffe Ablehnung oder Aufkündigung der Gemeinschaft; es handelt sich vielmehr um eine Einleitungsformel, deren konkreter Sinn gewöhnlich in einem weiteren Satz expliziert wird. Das kann durch eine Frage, vgl. Ri 11,12; 2 Sam 16,10; 19,23; Jer 2,18 f, oder in einer Feststellung, vgl. Jos 22,24; Hos 14,9, geschehen. Die Anrede »Frau«, die man wohl noch zu der Einleitungsformel zu ziehen hat, ist trotz ihrer für jüdische Ohren ungewöhnlichen Anwendung auf die Mutter nicht respektlos; das zeigt ein Blick auf 19,26, wo solche Interpretation völlig sinnlos wäre. Andererseits kann man auch keine Ehrenbezeugung darin erblicken.

Den zweiten Teil der Antwort Jesu kann man als Feststellung, aber auch als Frage lesen: »Ist meine Stunde noch nicht gekommen?« In welcher Weise man den Satz verstehen will, hängt indes mit davon ab, ob man »Stunde« als die Stunde des Todes und der Verherrlichung, vgl. 12,23.27,31f; 13,31 f; 17,1 f, oder als Stunde des messianischen Wirkens versteht. Nimmt man den Zusammenhang der Perikope mit den 1,35–51 aufgeführten messianischen Titeln und Bezeichnungen ernst, so wird die Stunde des messianischen Wirkens als die typisch johanneische »Stunde« Jesu aufgefaßt werden dürfen, die sich in seinem ersten Zeichen ankündigt. Dem entspricht die Auffassung von V. 4b als Frage.

Das Wort der Mutter an die Diener, V. 5, ist wörtliches Zitat von Gen 41,55: Pharao schickt mit diesen Worten die hungernden Ägypter zu Josef. Man wird also unterstellen dürfen, daß Maria ihren Sohn für den hält, der dem Weinmangel abhelfen kann, wie Pharao von Josef wußte, daß er dem hungernden Volk Getreide geben könne. Woher Maria solches weiß, fragt die Geschichte nicht. Die Erzählung stammt offenbar aus Kreisen, »in denen eine besondere Geltung der Herrenmutter schon selbstverständlich war« (Bultmann).

V. 6–8 Die zweite Szene zeigt Jesus bei den Dienern; hier ereignet sich die wunderbare Verwandlung des Wassers, die aber selbst nicht geschildert wird. Das Fassungsvermögen der sechs steinernen Krüge, die Wasser für Reinigungszwecke enthalten, vgl. Mk 7,3f, wird mit zwei bis drei Metreten pro Krug angegeben (1 Metrete = 39,39 l). Zusammen fassen sie also 480–720 l, eine beachtliche Menge. Diese Menge ist wichtig; nicht so sehr, daß es sechs Krüge sind. Der Evangelist sagt ja eigens, die Diener hätten auf Jesu Geheiß die Krüge »bis oben« mit Wasser gefüllt.

Die V. 7 und 8 sind in auffallendem Parallelismus gehalten. Einem Imperativ folgt jeweils die Feststellung der Ausführung, V. 7: »Füllet die Krüge mit Wasser! Sie füllten sie bis oben«; V. 8: »Schöpft jetzt und bringt es dem Architríklinos! Da brachten sie ihm.« Diese beiden parallelen Sätze kennzeichnen den Rand des wunderbaren Geschehens. Der Architríklinos – das ist nicht der Vorsitzende der Festtafel, sondern der Aufseher über die Diener – soll feststellen, daß er Wein bekommt aus Krügen, die die Diener mit Wasser gefüllt hatten. Von seiten der Diener erfolgt kein Einspruch gegen den sonderbaren Befehl Jesu. Das Wort der Mutter, V. 5, hat diese Reaktion ermöglicht: Jesus erweist sich nach dem Bild des alttestamentlichen Josef als der, welcher dem Mangel abhilft.

V. 9f Die dritte Szene, die zwischen Architríklinos und Bräutigam spielt, zieht das Moment der wunderbaren Herkunft des Weines in einer Parenthese, V. 9, mit in die Schlußaussage: »– Und er wußte nicht, woher er ist, die Diener aber, die das Wasser geschöpft hatten, wußten es –.« Im Grunde wissen die Diener nur, daß sie auf Geheiß Jesu Wasser eingefüllt und nachher Wein ausgeschenkt haben. Der Wein ist Jesus zugeordnet, das wissen die Diener. Dennoch bleibt die Herkunft des Weines verborgen, wie die Herkunft der Gabe Jesu, vgl. 4,11, und Jesus selbst, vgl. 1,46; 6,41f; 7,25–27.41f; 8,14.41; 19,9, verborgen ist. Die Menschen, mit denen Jesus umgeht, wissen nicht, wer er ist; denn es ist ihnen verborgen, woher er stammt.

Das Wort des Architríklinos an den Bräutigam greift als zweites Kennzeichen des »neuen« Weines seine Köstlichkeit auf: Es ist der »gute Wein«, V. 10. Von ihm scheint in einer Redensart gesprochen, in der ein humorvoll-ironischer Unterton mitschwingt. Indes kann es sich nicht um eine in der Antike gültige Regel handeln. Solches Verhalten war auch damals verpönt. Das Wort ist wohl dem Evangelisten bereits vorgegeben, um die Köstlichkeit des Weines hervorzuheben und den rechten Zeitpunkt, zu dem er geschenkt wurde. Dieses letzte reiht sich als drittes Merkmal an die Überfülle und Köstlichkeit: »Bis jetzt« war der Wein aufgehoben; von jetzt an also ist er geschenkt. Die Zeit des »guten Weines« ist gekommen.

Das Wort ist an den Bräutigam gerichtet, obwohl es mit seinem Sinn auf Jesus zielt, wie es auch die Struktur der Erzählung nahelegt (vgl. 1.). Jesus ist verhüllt durch die Gestalt des Bräutigams. Johannes der Täufer bezeichnet 3,29 in einem Vergleich Jesus als Bräutigam, nymphios, und sich selbst als Freund des Bräutigams, der sich über die Stimme des Bräutigams sehr freut. Die Freude kommt hier in direktem Zusammenhang mit Jesus als Bräutigam in den Blick. Hervorgerufen ist sie durch seine »Stimme«, sein Offenbarungswort. Das Fest der Hochzeit, das am Ende der Erzählung nochmals in den Blick gerückt wird, bezeichnet die endzeitliche Freude über die Offenbarung Gottes in Jesus.

V. 11 Die Schlußbemerkung gibt den Schlüssel für das tiefere Verständnis der Erzählung. Das Wunder der Wasserverwandlung ist »Anfang der Zeichen« Jesu. Damit ist über den möglicherweise in der Vorlage zunächst gemeinten numerischen Sinn hinaus das

2. Homiletische Hinweise

Die Perikope des *Evangeliums* erfährt vielfach eine allegorische Auslegung. So sieht man in der Verwandlung des Wassers in Wein ein Vorbild der Wandlung von (Brot und) Wein in der Eucharistie. Auch das Verhältnis von Natur und Gnade wird gern anhand dieses Wunders erläutert: Was der Mensch mit all seinen Kräften (bloßes Wasser) nicht vermag, vollbringt Gottes Wirken. Umgekehrt: Gott mißachtet den Beitrag des Menschen nicht, er läßt ihn die Krüge füllen (gratia supponit naturam). Dieser Gedanke findet sich häufig auch in Trauungsansprachen.

Die Rolle der Mutter Jesu bei der Hochzeit zu Kana bietet auch Ansätze für Marienpredigten. Maria erweist sich als die Frau, die aufmerksam und mitfühlend die Not bemerkt, die bei ihrem Sohn entscheidende Fürsprache leistet, die sich durch sein abwehrendes Wort nicht beirren läßt (Beharrlichkeit im Gebet) und uns allen das richtungweisende Wort mitgibt: »Was er euch sagt, das tut.«

Man kann im Handeln Marias auch das Vorbild der fürsorgenden und bittenden Gemeinde sehen und die Predigt auf diese zentrale Aufgabe jeder christlichen Gemeinschaft beziehen.

Die *Zweite Lesung* eignet sich besonders für die Themenbereiche Kirche, Gemeinde, Ökumene. An letzteren wäre vor allem zu denken, wenn der Sonntag in die Weltgebetsoktav (18. bis 25. Januar) fällt.

Wählt man die *Erste Lesung* als Predigttext, so kann man, ähnlich wie die frühe Kirche es tat, die Aussagen über Zion und Jerusalem auf das Volk des Neuen Bundes übertragen: Wie ein Bräutigam seine Braut, so liebt Gott sein Volk auch heute.

Der nachfolgende Predigtentwurf versucht das Zeichen zu deuten, das Jesus mit seinem ersten Wunder setzt. Der Grundtenor seiner Botschaft soll wieder herausgestellt werden, nämlich die Freude. Eine frohe Botschaft will er den Menschen bringen, vor allem jenen, die jetzt auf des Lebens Schattenseite stehen.

III. Zur Predigt: Die Hochzeit zu Kana – ein Signal

Nicht nur eine Denkwürdigkeit

Es ist schon ein paar Jahre her. Die Braut hatte gerade noch ihr »Ja« sagen können, da brachte man sie vom Altar weg schnell ins nächste

Haus. Und als der Bräutigam nach beendeter Messe die Kirche verließ, da war er schon Vater geworden. Man erzählt sich das an dem Ort immer wieder einmal. Vielleicht wäre zu Kana in Galiläa ähnlich über die Panne mit dem Wein geredet worden, wäre das Wunder nicht geschehen. Das Mißgeschick der Brautleute hätte wohl einige Zeit zum Erzählstoff des Dorfes gehört, nach einigen Jahren aber hätte jeder das Interesse daran verloren.

Mit der Wendung der Dinge, die Jesus ihnen gab, ist die Hochzeit zu Kana aber wert, daß man über die Jahrhunderte von ihr spricht. Denn was dort geschah, war ein staunenswertes Wunder. Mehr noch: Jesus setzte darin ein »Zeichen«, ein Signal, er verkündete sein Programm.

Nicht nur ein Wunder

Wer schon einmal an einer richtigen Bauernhochzeit teilgenommen hat, der weiß, da rührt sich was. Da wird nicht nur gegessen und getrunken, da wird auch gespielt und getanzt, gesungen und gelacht. Brautpaar und Gäste werden mit witzigen und oft auch spottreichen Versen ausgesungen, und Bier und Wein sorgen dafür, daß die Stimmung anhält.

Ob es in Kana viel anders war? Ich glaube nicht. Jesus war gewiß bei allem kein stummer Zuhörer, und er hat das Wichtigste getan: Für den Wein gesorgt. – Und das ganze soll nun ein Zeichen für sein Programm gewesen sein? Ja! Denn sein Programm heißt »Feier«, heißt »Freude«.

Darum setzt er nicht nur sein erstes Zeichen bei einer Hochzeit, darum vergleicht er auch die Herrschaft Gottes so gern mit einem Hochzeitsmahl, darum gibt er so reich und mehr als nötig: den Wein in Kana und die Überfülle der Brote bei der Speisung der Fünftausend. Darum kämpft er gegen alles, was der Freude entgegensteht: gegen die Mächte des Bösen, die den Menschen gefangenhalten, gegen Krankheit und Tod, gegen Engstirnigkeit und Unmenschlichkeit in der Auslegung der Gesetze.

Welche Rolle spielt dieses Programm bei uns?

Haben wir Jesu Programm bewahrt? Gewiß, wir verkünden und hören sein Evangelium und übersetzen es bewußt mit »Froh«botschaft. Wir »feiern« Eucharistie. Wir singen auch (in einem neueren Lied): »Unser Leben sei ein Fest« und »Die Freude wird nicht enden« (Lied »Wir sind dein Leib«). Aber mir scheint: In den Wein der Freude wurde viel zu viel Wasser gemischt oder Wermut hineingeträufelt. Manche von uns erinnern sich noch an die Zeit, in der das Kapitel »Sünde« in Katechese und Predigt einen übergroßen Raum einnahm und die Todsünde mit der Drohung der Höllenstrafe an allen Ecken und Enden lauerte.

Davon sind wir ja heute weit, vielleicht zu weit entfernt. Aber hindern uns nicht heute unsere Nüchternheit und Fantasielosigkeit, auch in religiösen Dingen, an echter Freude und an richtigem Feiern? Nicht nur viele unserer Kirchen sind kahler, auch unsere Gottesdienste sind zwar verständlicher und wortreicher, aber auch nüchterner und vielfach unfestlicher geworden. Und wenn wir von Gott und seiner Herrschaft und deren Vollendung, also vom Himmel, sprechen, wagen wir nicht mehr unsere Sinne richtig einzusetzen. Vielleicht fürchten wir, wir könnten zu sehr vermenschlichen und unangemessen wiedergeben, was doch kein Mensch begreifen kann. Sollten wir denn nicht von Jesus lernen, der zu Kana sinnenfällig gezeigt hat, was er uns mitteilen wollte? Können denn nicht lebendige Bilder und Zeichen mehr das Herz bewegen als dürre theologische Begriffe, wenn es darum geht zu erahnen, was kein Auge geschaut hat und was Gott denen bereitet hat, die ihn lieben? Wir brauchen nun einmal die Sinne zum Ausdruck unserer Freude. Sprechen wir sie ruhig an, und freuen wir uns über das, was Gott für uns bereit hält, so wie man sich auf einer Hochzeit freut.

In Jesu Programm hat der Arme den ersten Platz

Also feiern wir, freuen wir uns! – Eines aber müssen wir noch überlegen: Können wir allein feiern? Das Fest zu Kana hätte beispielsweise auch so enden können: Jesus (oder auch Maria) hätte zu den Verwandten und Freunden gesagt: »Die haben keinen Wein mehr. Gehen wir heim, feiern wir zuhause weiter!« So war es aber nicht. Jesus wollte nicht nur seinen Freunden, sondern allen, besonders dem in Not geratenen Brautpaar, Freude schenken.

Wer nur egoistisch Freude schöpfen will, findet seine Erfüllung nicht. Der reiche Kornbauer (Lk 12,16–21) und der reiche Prasser (Lk 16,19–31) gehen in die Irre, weil sie das versuchen. Der Arme, Notleidende, Kranke, Behinderte, der Obdachlose, der Einsame, der Trauernde und der Gefangene gehören dazu. Gerade wer Leid trägt, hat den ersten Anspruch auf einen Anteil an unserer Freude, auf unser Helfen, Mittragen und Trösten. Denn auch ihn hat Gott für die Freude geschaffen und auch für ihn gilt Jesu Programm von der Hochzeit zu Kana. *R. Haderstorfer*

Dritter Sonntag

Lk 1,1–4; 4,14–21

Vorbemerkung. Die Perikopenordnung sieht vor, daß am Dritten Sonntag im Jahreskreis Lk 1,1–4 und 4,14–21 gelesen und am Vierten Sonntag mit Lk 4,21–30 fortgefahren wird. Die nachstehende exegetische und homiletische Anleitung geht davon aus, daß die Nazaret-Perikope nicht auseinandergerissen werden darf, also am Vierten Sonntag mit dem vollen Text von Lk 4,14–30 zu Wort kommen muß. Da andererseits das lukanische Vorwort zwar hinreichenden Stoff zu einer Predigt abgibt, aber für sich allein nicht als Evangelientext des Wortgottesdienstes geeignet scheint, empfiehlt es sich, am Dritten Sonntag zwar auch Lk 4,14–21 zu lesen, die Homilie jedoch auf Lk 1,1–4 zu konzentrieren.

I. Bibeltheologische Vorüberlegungen

1. Stellung, Struktur, Gattung der Perikope

Der Text ist eine kunstvolle griechische Periode, ein Satz, wie ihn nur ein gebildeter Hellenist und Schriftsteller fertigbringen konnte. Dadurch wird das lukanische Werk näher an die Literatur der Zeitgenossen gerückt als alle anderen ntl. Schriften. Dieses Proömium des Dritten Evangeliums enthält zudem im Kern die ganze lukanische Theologie. Lukas schreibt für die Öffentlichkeit, zunächst die der Kirche, und zwar aller Gemeinden, sodann auch der Welt. Einerseits kann man von dem kirchlichen Gesamtanspruch dieses Evangelisten sprechen (der uns so deutlich bei den anderen Synoptikern nicht begegnet); andererseits wird man auch der Wahrheit nahekommen, wenn man Lukas den ersten Apologeten nennt. Er will die christliche Botschaft fundamentieren und ihren Anspruch auf Öffentlichkeit im römischen Weltreich rechtfertigen.

Dieses Ziel wird V. 4 ausdrücklich formuliert, wobei die Anrede, V. 3, keine Beschränkung bedeutet, denn Theophilus gilt nach antikem Muster als Herausgeber oder auch Verleger der Lukas-Schriften. Über die Arbeitsweise äußert sich der Verfasser in V. 3, indem er auf die Vorarbeit des Sammelns und Sichtens und dann auf die eigentliche Abfassung verweist. So will er die apostolische Tradition sichern und für die Predigt und die Existenzweise aller christlichen Gemeinden fruchtbar machen. Dabei spielt sein Apostelbegriff eine wichtige Rolle, denn dieser enthält nicht nur das Element der Erfahrung des Auferstandenen wie bei Paulus, sondern wesentlich außerdem das der Augen- und Ohrenzeugenschaft. Es bleibt eine Streitfrage unter den Exegeten, ob Lk 1,1–4 für dieses Dritte Evangelium oder für das lukanische Gesamtwerk gedacht ist. Man wird beides vertreten können. Im ersten Fall muß man auf Apg 1,1 als Parallele hinweisen. Im zweiten Fall, der mir wahrscheinlicher ist, beginnt das eigentliche Evangelium erst mit 3,1, worauf Apg 1,1 und 1,21 f ausdrücklich bezogen sind. Unser Text wäre dann eine Einleitung zu der Darstellung der Zeit Jesu und der Zeit der Kirche, gefolgt von einem Zyklus von »Vorgeschichten« in Lk 1,5–2,52, die dem Gesamtwerk vorausgestellt wurden. Der Evangelist hat mit dem Stück 1,1–4 den Zusammenhang der Heilsgeschichte zeichnen wollen, von den ersten Nachrichten über Jesus Christus, über die Ereignisse des Lebens Jesu, seinen Tod und seine Auferstehung, über die Apostel und deren Nachfolger in den christlichen Kirchen bis in seine eigene Gegenwart und darüber hinaus bis zur Wiederkunft Jesu und zur Vollendung. Wie immer man sich entscheidet, die Bedeutung dieses Textes ist groß; seine Dimensionen reichen bis in die ekklesiologischen und hermeneutischen Diskussionen heutiger Theologie.

2. *Einzelauslegung*

Die Worterklärung folgt nicht der genauen Verszählung, denn der Text ist ein einziger und sehr kunstvoll gebauter Satz, dessen Erklärung durch Umstellung deutlicher wird.

V. 1 b Inhalt der christlichen Tradition sind die »Ereignisse, die unter uns zur Vollendung gekommen sind«. Gemeint sind die Taten und Lehren Jesu von der Taufe des Johannes bis zur Himmelfahrt, Apg 1,1 f, die sich in den Taten und Lehren der Apostelkirche fortsetzen. Lukas ist der erste Theologe, der ausdrücklich über das irdische Leben Jesu in seiner Bedeutung für die Christusbotschaft der Kirche reflektiert. Er betont nachdrücklich (mit Hilfe der Passivformen) das Offenbarungshandeln Gottes in Jesus von Nazaret. Durch die Betonung des Erfüllungscharakters und die Hineinnahme von Schreiber und Leser (»unter uns«) wird der eschatologische und aktuelle Bezug dieser Jesusereignisse deutlich.

V. 2 Am Beginn der christlichen Tradition stehen jene Männer, »die von Anfang an Augenzeugen und Diener des Wortes waren und diese Ereignisse überliefert haben«. Lukas denkt »apostolisch«: Seine letzten Gewährsleute sind die zwölf Apostel, auf die er (und erst er) alles zurückführt. Sie sind Augenzeugen durch Erlebnis und Diener des Wortes durch Beauftragung. Lukas denkt hier sicherlich auch an Apg 6,4 und an die dem Sukzessionsgedanken nahekommende Vorstellung von einer von der Zentrale ausgehenden Mission der Kirche; so reicht dieser Text immer wieder in die Geschichte der Kirche hinein, er ist ekklesiologisch.

V. 1 a Die christliche Tradition wurde aufgeschrieben. So steht es in dem Satzteil »Nachdem viele es unternommen haben, einen Bericht zu verfassen«. Viele Versuche christlicher Schriftstellerei liegen dem Lukas vor; er leitet daraus eine Berechtigung ab, dasselbe zu versuchen, und sieht darin einen Ansporn, es besser zu machen. Das gilt auch in bezug auf das Markus-Evangelium, das zu diesen hier zitierten Versuchen gehört, ebenso für die Redequelle, für mehrere Einzelsammlungen und für die Passionsgeschichte. Lukas schreibt diesen ersten Versuchen eine besondere Aufgabe in der Traditionsweitergabe zu: Sie sind die notwendigen Zwischenstufen zu seinem eigenen Werk.

V. 3 Zwei Gesichtspunkte werden von Lukas für seine eigene Tätigkeit hervorgehoben. Erstens hat er das ihm zugängliche gesamte Quellenmaterial gesammelt und gesichtet. Zweitens hat er in wohlgeordneter Reihenfolge niedergeschrieben, d.h. er hat redigiert. Ihm ging es also um ein kerygmatisches Tradieren, um eine theologische Geschichtsschreibung. Der Weg Jesu von den Geschehnissen am Jordan über Tod und Auferstehung bis zur Himmelfahrt ist sein Thema.

V. 4 Endlich nennt Lukas noch das Ziel seiner Darstellung. Hier wird klar, daß er in seinem Proömium auch schon an die »Apostelgeschichte«, d.h. an die Zeit der Kirche, an seine eigene Zeit denkt. Der »hochverehrte Theophilus«, dem das Buch gewidmet wird, ist ja der Vertreter aller Christen, die unterrichtet worden sind. Lukas will die zeitgenössische Verkündigung als zuverlässig und vertrauenswürdig erweisen. Die apostolischen Traditionen von Jesus Christus werden zum Unterpfand der Glaubenslehre, und zwar nicht nur einer allgemeinen, sondern einer ganz bestimmten Glaubenslehre, welche Taufvorbereitung, Taufansprache und Katechese für Getaufte umfaßte (vgl. Apg 10,37–43).

3. Theologische Würdigung

(1) *Die Apostel*

Der Text macht dem Leser und Hörer von Anfang an klar, daß jede Verkündigung der Kirche auf Jesus zurückgeht. Jesus ist der Geistträger und Geistspender. Seine Lebensgeschichte enthält die Legitimation jedes kirchlichen Tuns. Nach Lukas hat Jesus eine Gruppe von zwölf Männern berufen, die er Apostel nannte und denen er die Aufgabe, sein Werk fortzusetzen, übertrug. Diese Zwölf nehmen nach der Auferstehung Jesu eine Sonderstellung in Jerusalem ein. Von Jerusalem aus entfalten sie ihre Aktivität bis an die Grenzen der Erde. Alle christlichen Gemeinden führen ihre Existenz, alle christlichen Verkündigungen und Zeugnisse führen ihre Berechtigung auf diese zurück. Die apostolische Jesustradition ist der Ausgangspunkt und die Norm alles Christlichen. Der Evangelist weiß, daß Jesus in dem Sinne bei den von ihm Ausgesandten ist, daß er in ihren Diensten weiterlebt: »Wer auf euch hört, hört auf mich. Und wer euch ablehnt, der lehnt mich ab. Wer aber mich ablehnt, lehnt den ab, der mich gesandt hat«, Lk 10,16. Die »Augenzeugen und Diener des Wortes« haben die Macht Jesu geerbt; nur sie können die Gabe des Geistes weitergeben, die Wahrheit des Evangeliums sicherstellen und die Vollmacht zur Lehrentscheidung beanspruchen. Lukas bindet sein Werk an das Prinzip der »Apostolizität«.

(2) *Die Evangelisten*

Für Lukas kommen die Apostel in der gegenwärtigen Situation der Kirche nur zum Zuge, wenn die Evangelisten ihre Verkündigung fortführen und sichern. Evangelisten, das sind jene Vielen, die Berichte von Augenzeugen aufgeschrieben haben. Dazu gehört auch Lukas selbst, der allem nachging und es der Ordnung nach niederschrieb.

Zur Arbeit der Evangelisten gehören nüchterne Überlegung, ruhiger Entschluß und theologische Erwägung. Sie sammeln, wählen aus, setzen Akzente, ergänzen und systematisieren. Nach Lukas ist es die Aufgabe des apostolischen *Amtsträgers,* zu predigen und für das Wort einzutreten, zu gelegener und ungelegener Zeit, die Gewissen zu überführen, zurechtzuweisen, zu ermahnen, den Kampf gegen die Irrlehre zu führen, kurz, ein Hirte für die anvertrauten Menschen zu sein. Die Aufgabe der Evangelisten hingegen ist die der Glaubensbegründung und Reflexion, der Theologie im Dienste der Seelsorge.

Lukas ist also nicht Schriftsteller im eigentlichen Sinne der literarischen Produktion; er ist nicht Historiker im Sinne des Slogans »Und die Bibel hat doch recht«. Er ist auch als Maler, Arzt und Psychologe nur unzulänglich charakterisiert. Vielmehr ist er Evangelist, und das heißt ein Kirchenmann, der aus Verantwortung zur Feder greift und geistliche Grundlagenforschung und Fundamentierung betreibt. Als solcher hat er eine unverzichtbare Aufgabe für die Gläubigen: Sie sollen die Zuverlässigkeit der Jesusbotschaft erfahren.

(3) *Evangelienschreibung ist Dienst am Glauben.*
Ihre unmittelbare Aufgabe ist es, für die Christen die Verbindung zur christlichen Überlieferung gegenwärtig zu halten. Sie sollen erkennen, daß die Verkündigung der Kirche echt ist, daß die alten Glaubensformeln zuverlässig sind. Lukas bringt also das Beweismaterial, das den Glaubenswilligen helfen und die Irrgläubigen überzeugen soll. Dabei handelt es sich nicht nur um eine »fundamental-theologische«, sondern vielmehr um eine spirituelle Funktion des Evangeliums. Das Wort der Apostel wird in den Lukas-Schriften gegenwärtig, wirkt geistmächtig und zeugt Glauben.

W. Pesch

II. Liturgisch-homiletische Vorüberlegungen

1. Liturgische Hinweise

Im Rahmen der Perikopenordnung C eröffnet das *Evangelium des Dritten Sonntags* im Jahreskreis die Beschreibung des Beginns der öffentlichen Tätigkeit Jesu. Die Evangelien der beiden vorhergehenden Sonntage über die Taufe Jesu und das Wunder in Kana bereiten dieses Thema vor. An diesem Sonntag markieren aber sowohl das Proömium, Lk 1,1–4, als auch die »Antrittsrede« in der Synagoge von Nazaret, 4,14–21, deutlich den programmatischen Anfang des öffentlichen Wirkens. Dieser Beginn wird in den Perikopen der folgenden Sonntage in seiner Bedeutung präzisiert und inhaltlich differenziert.

Der inhaltliche Kern dieses Anfangs ist der messianische Geltungsanspruch Jesu: Das Verheißungswort des Propheten Jesaja kommt in ihm zur Erfüllung. Dieser Inhalt der Perikope wird durch den Prolog aus der Perspektive des Verfassers besonders qualifiziert:

Lukas beschreibt und begründet in ihm die Abfassung des Evangeliums. Durch die Autoreneinlassung erhält auch der Inhalt über den Anfang in Nazaret einen zusätzlichen Akzent.

Damit liegen zwei Bedeutungsebenen vor, die liturgisch beide von Belang sind: Das Proömium handelt vom Autor, von seiner Intention und den Zielen der Abfassung des Evangeliums; der Sachtext beschreibt den messianischen Anspruch Jesu als Inhalt seiner ersten öffentlichen Predigt und charakterisiert so den Anfang und Anspruch seines Wirkens.

Beide Perspektiven lassen sich inhaltlich zu einer der *Lesungen* in Beziehung setzen.

Das Wort Gottes als Heilsinstanz

Die *alttestamentliche Erste Lesung* (Neh 8,2–4a.5–6.8–10) beschreibt, wie der Priester Esra nach der Rückkehr aus dem Exil den Gottesbund zusammen mit der Gemeinde erneuert, indem er die Thora, die Weisung Gottes, feierlich verkündet. Das Wort Gottes, sein »Gesetz«, ist Fundament des Lebens der nachexilischen Gemeinde und sichert ihm Bestand.

Auch Lukas verkündet in einem bestimmten Sinn das Wort Gottes: Er redigiert die ihm zugänglichen Überlieferungen unter dem Blickpunkt, daß sich in Leben, Tod und Auferweckung Jesu das Wort der Verheißung erfüllt. Er will aufzeigen, daß diese Heilsbotschaft glaubwürdig und verläßlich ist.

Das Wort Gottes und die Einheit der Gemeinde

Die *Zweite Lesung* (1 Kor 12,12–30) enthält das berühmte Bild vom Leib Christi und beschreibt damit die Einheit der Gemeinde und diese in Beziehung zu Christus. Dieser ekklesiologische Akzent findet seine Entsprechung im Evangelium in einem Hinweis des Proömium. Lukas nennt als Bezugspunkt seiner Schrift »die Überlieferung der ersten Augenzeugen und Diener des Wortes« und stellt damit explizit eine Beziehung von Kirche und Wort Gottes her. Die apostolische Überlieferung ist eine normative Größe und besitzt darin einigende Kraft (vgl. I).

Trotz dieser verschiedenen Beziehungsmöglichkeiten ist das Hauptmotiv in den Texten aber das Wort, das Gott an den Menschen richtet. Dieser Glaube, daß Gott zu den Menschen in Kommunikation tritt, beherrscht in verschiedenen Facetten sowohl motivisch wie inhaltlich die *liturgischen Texte:* Esra liest dem Volk aus der

Thora als dem Bundeswort Gottes vor (*Erste Lesung*); der *Antwortgesang* (Ps 19) preist die Worte Gottes als wahre Lebensorientierung. Lukas erläutert dann im *Proömium* die Abfassung des Evangeliums als Dienst am Wort Gottes. Auf der inhaltlichen Ebene des *Evangeliums* taucht dieses Motiv abermals auf. Denn Jesus trägt in der Synagoge die Messiasverheißung vor und erhebt den Anspruch: Das Verheißungswort hat sich heute erfüllt. Zwar sind jeweils unterschiedliche Akzente gesetzt und verschiedene Aussagen damit verbunden, doch in den verschiedenen Situationen ist jeweils neu die Glaubenswahrheit erkennbar: Gott spricht zum Menschen; dieser kann sein Wort hören.

2. Homiletische Hinweise

Die *Texte der Liturgie* legen nahe, in der Homilie deren Hauptaussage aufzugreifen: In Christus richtet Gott sein Wort an uns Menschen. Weil diese Aussage den Glauben grundsätzlich anspricht, ist auch die Gefahr zum formelhaften Reden groß. Um zu einer sprachlich klaren und gedanklich stimmigen homiletischen Umsetzung zu gelangen, sind einige Momente der aktuellen Kommunikationssituation einer Predigt zu bedenken.

Erschwerte Glaubwürdigkeit der Worte

Daß Gott zu den Menschen redet, wird in eine Lebenskultur hineingesprochen, in der das Wort gegenüber dem (elektronischen) Zeichen auf dem Rückzug ist. Weil sich in der gegenwärtigen Lebenswelt verstärkt bildbestimmte Entwicklungen abzeichnen, verliert auch die Berufung auf das »Wort« als Indikator des Menschlichen und Vernünftigen zunehmend an Plausibilität. Bei den Hörern der Predigt schlägt sich dieser Verlust an unmittelbarer Glaubwürdigkeit in einer geringeren Hörfähigkeit nieder.

Die Aussage, das Wort der Bibel sei als Wort Gottes erkennbar, ruft bei vielen Hörern Fragen nach der Wahrheit ihrer Aussagen wach. Eine abstrakte und falsche, aber sehr verbreitete Entgegensetzung von biblischer Aussage und naturwissenschaftlich geprägtem Alltagswissen bringt die Bibel gleich in Verdacht, das, was sie sagt, sei »nur symbolisch« gemeint – also nicht wirklich ernst zu nehmen. Dieses vulgäre Überlegenheitsgefühl schränkt die Offenheit des Hörens ein und nährt das Vorurteil: In diesem alten Text steckt kein Leben.

Die Wortbestimmtheit unserer Gottesdienste kann selber zur Anfrage an die Aussage werden, das Wort sei glaubwürdig – sogar als Medium der Kommunikation zwischen Mensch und Gott. Die Menge an aufzunehmenden Worten und die Routinisierung des Hörens reduzieren Wachsamkeit und Aufnahmefähigkeit der Gottesdienstteilnehmer. Dies läßt erlebnismäßig vermissen, was die Homilie gerade behaupten will: Im vorgetragenen Evangelium sei die Stimme Gottes wahrzunehmen.

Mit dem Autor im Gespräch

Homiletisch empfiehlt sich die Möglichkeit, die Aussage der Predigt über das Wort Gottes an den Menschen anhand der Beschreibung einiger Komponenten dieser Kommunikationssituation zu verdeutlichen: vom Proömium her kommt der Autor (Verfasserabsicht) in den Blick; sein Text (Mitteilung, Bericht, Botschaft) trifft Aussagen im Blick auf die Leser (Hörer, Rezipienten). Dabei soll der Hörer über die Vermittlung des Predigers in diesem Text die Stimme Gottes erkennen, die in seine Gegenwart spricht.

Diese Differenzierungen sollen nicht als zusätzliche Information eingebracht werden, sondern als grobes Raster zur Aufhellung der Situation, die entsteht, wenn ein Evangelientext mit dem Anspruch vorgetragen wird, Gottes Botschaft zu sein.

III. Zur Predigt: Bücher und ihre Botschaften

Im Dezember 1987 ist in hohem Alter der bekannte katholische Publizist Eugen Kogon gestorben. In der Nazizeit war er in einem KZ interniert. Nach dem Krieg hat er dann ein Buch über die grausamen und erniedrigenden Lebensverhältnisse in einem Konzentrationslager veröffentlicht. Durch dieses Buch ist er mit einem Schlag bekannt geworden.

Im Vorwort erklärt Kogon, er wolle dazu beitragen, daß sich das grauenhafte System nicht wiederhole. Aus diesem Grund müsse er »die nackte Wahrheit darstellen, nicht anders, nichts verniedlicht, nichts zurecht gemacht . . .« (*E. Kogon,* Der SS-Staat, o. J., S. 6). Seiner Sprache ist es anzumerken: hier redet einer aus tiefster Erregung, beseelt von dem einzigen Wunsch: nie wieder!

30 Jahre später ist ein ähnlicher Bericht über die Schreckensherrschaft des Stalinismus in Rußland erschienen: *A. Solschenizyn,* Der Archipel Gulag (Bern 1974). Auch dieser Schriftsteller will der Wahrheit Geltung verschaffen und schreibt darum von Verfolgung, Unterdrückung, Folter und Mord – um einer besseren Zukunft willen. Er widmet sein Buch all jenen, »die nicht genug Leben hatten, um dies zu erzählen« (S. 10).

Es sind zwei Bücher über die Grausamkeit der Menschen. Soweit sind es auch Geschichtsbücher: Die Verfasser stellen dar, was geschehen ist, was sie selber gesehen und gehört haben. Aber beide Schriftsteller wollen mehr als das. Sie wollen aufrütteln, wollen verhindern, daß sich über das Leiden der Unschuldigen ein Mantel des Schweigens breitet. Darum richten sie sich beide in einem eigenen Vorwort zuerst an die Leser und erklären, warum sie ihr Buch geschrieben haben, welche Ziele sie damit verfolgen: Beide sagen, daß sie die Menschen anhalten wollen, das Böse nicht zu vergessen, damit es sich nie wiederholen kann. Das ist ihre Botschaft.

Absichten des Autors Lukas

Es ist interessant und aufschlußreich, die Bücher aus unserem Jahrhundert mit dem Evangelium des Lukas zu vergleichen. Er stellt seinem Buch nämlich auch ein Vorwort, eine kurze Vorbemerkung voran. Darin beschreibt er, wie und in welcher Absicht er sein Buch verfaßt hat: »Ich habe mich entschlossen«, so sagt er, »allem von Grund auf sorgfältig nachzugehen . . ., um es der Reihe nach aufzuschreiben«. Mit diesen Worten richtet er sich an einen Herrn Theophilus, dem er helfen möchte, sich von der Wahrheit des Glaubens zu überzeugen. Wir können diese Aussagen mit denen der Schriftsteller unserer Zeit vergleichen. Vielleicht werden wir Lukas dann besser verstehen und offener werden für das, was sein Evangelium uns sagen will.

Ein Geschichtsbuch

Geschichtsbücher beschreiben und erklären die Vergangenheit. Lukas weist in seinem Vorwort zuerst darauf hin, daß er schon viele Berichte kennt »über all das, was sich unter uns ereignet hat«. Er erwähnt dann die Überlieferungen der »Augenzeugen und Diener des Wortes«. Damit meint er die Quellen, die ihm zur Verfügung standen. Wir wissen, daß er das Evangelium von Markus kannte und daraus vieles mit leichten Veränderungen übernommen hat. Andererseits berichtet er auch manches, was wir nur in seinem Evangelium finden. Einige der schönsten Gleichnisse gehören dazu, z. B. das Gleichnis vom verlorenen Sohn oder das vom barmherzigen Samariter.

Darum ist sein Evangelium auch ein Geschichtsbuch. Es berichtet, was die Gemeinden von Jesus und den Aposteln wußten. Lukas bezieht sich auch auf andere historische Gegebenheiten. Die Herrscher in Rom und Jerusalem werden erwähnt, die Besetzung des Landes durch römische Truppen und andere Ereignisse jener Zeit. Es steckt also Geschichte in seinem Evangelium.

Ein Glaubensbuch

Dennoch ist Lukas kein bloßer Historiker; er will mehr, als Geschichtsbücher schreiben. Die eingangs erwähnten Schriftsteller wollten die Menschen mit ihren Büchern aufrütteln und wachsam machen. Wie sie hat auch Lukas ein Anliegen: er will, wie er im Vorwort sagt, die »Zuverlässigkeit des Glaubens« aufzeigen. Das leuchtet ein, wenn wir bedenken, daß seit dem Tod Jesu schon fast fünfzig Jahre vergangen sind. Es gab schon Fragen und Unsicherheiten; außerdem schreibt Lukas für eine griechische Leserschaft, denen der jüdische Lebensraum Jesu nicht vertraut war. Diesen Menschen will er die Ereignisse des Lebens Jesu nahebringen; er will ihnen zeigen, daß sie dem Glauben an Jesus Christus trauen können. Darum bekennt er sich selber dazu, um durch dieses Bekenntnis den Glauben der anderen zu stärken.

Obgleich das Evangelium vieles enthält, was wir historisch untersuchen können, ist es deswegen doch etwas anderes und im Kern wesentlich mehr als ein Geschichtsbuch: Lukas will für die Wahrheit des Glaubens einstehen. Er bezeugt seinen Glauben, um den Leser und Hörer zu überzeugen. Darin ist sein Buch mehr als Geschichte: es ist auch ein Buch des Glaubens, ein Bekenntnis, das anderen Mut und Vertrauen zusprechen möchte.

Manche Bibelwissenschaftler sagen, daß der Theophilus, der »Gottlieb«, den Lukas im Vorwort anspricht, wahrscheinlich nur die damals übliche Form einer allgemeinen Widmung sei. Ein Autor unserer Zeit würde vielleicht sagen: »Lieber Leser.« Lukas richtet sich also nicht (nur) an einen uns unbekannten »Gottlieb«, sondern an alle Hörer und Leser –, auch an uns. Auch uns will er ansprechen. Daher dürfen wir den Satz aus dem Vorwort auch auf uns beziehen: Lukas hat, so sagt er uns, alles sorgfältig aufgeschrieben, »damit ihr euch von der Zuverlässigkeit der Lehre überzeugen könnt, in der ihr unterwiesen worden seid«.

Bevor der Priester das Evangelium vorträgt, kündigt er an: »Aus dem Evangelium nach Lukas.« Das geschieht nicht nur der Ordnung halber. Damit bringt er immer wieder auch die Absicht des Lukas zur Sprache: Sie besteht darin, uns von der Zuverlässigkeit des Evangeliums zu überzeugen.

Ein Buch als Wort Gottes

Das Lukasevangelium besitzt noch ein drittes Merkmal; bei den Schriftstellern hat dieses aber keine Parallele: Lukas erklärt, er wolle alles so aufschreiben, wie es von den Augenzeugen und den »Dienern des Wortes« überliefert sei. Damit macht er deutlich, daß er sich in den Verkündigungsdienst, in den »Dienst an Gottes Wort« einreiht. Er will das Leben Jesu so wiedergeben, wie es in den Gemeinden als Wort Gottes verkündet wird. Was er schreibt, ist einerseits Geschichte und Ermutigung zum Glauben, aber für den Glaubenden ist es unendlich viel mehr: es ist das Wort Gottes an uns.

Wie wir es als Wort Gottes erkennen, wird deutlich am inhaltlichen Teil des heutigen Evangeliums: Jesus spricht zum ersten Mal in der Öffentlichkeit. Er hält eine Art Antrittsrede in der Synagoge von Nazaret. Er liest die Messiasverheißung des Propheten Jesaja und erklärt zu aller Erstaunen: »Dieses Wort hat sich heute erfüllt.« – »Heute« – damit ist nicht nur jener Tag in Nazaret gemeint. Wenn wir glauben, daß Gott uns Heil verheißt und Erlösung zusagt, dann meint dieses »Heute« unsere eigene Gegenwart. Dann ist das Evangelium das Wort Gottes an mich. Und es bedeutet: Jesus ist zu mir gesandt, die Heilsbotschaft zu bringen, die Befreiung und die Gnade des Herrn.

Hören

Wir hören das Evangelium oft. Wir hören es oft oberflächlich, wenig berührt, ohne ein tieferes Interesse. Wir hören es vielleicht als Geschichte über eine weit zurückliegende Zeit. Wir hören es vielleicht auch als Aufruf Jesu zu einem guten, menschenwürdigen Leben – aber hören wir es als Wort, das Gott zu uns sagt? Und doch will es genau das sein, wenn wir Lukas beim Wort nehmen. Wenn wir es so zu hören verstehen, ist schon nicht mehr wichtig, wer es geschrieben hat, weil die Beziehung zwischen dem Hörer und Gott, weil der

Glaube zu leben beginnt. Und wer so glaubt, darf dann von sich selber sagen: Die Verheißung des Heils hat sich heute erfüllt.

Wie man das Wort Gottes hören kann, wird beeindruckend in der alttestamentlichen Lesung beschrieben: Der Priester Esra ist mit einer Gruppe von Juden aus der Verbannung nach Jerusalem heimgekehrt. Die große Frage ist: Was soll nun werden? Esra ruft sie zusammen und trägt aus dem »Gesetz« des Herrn vor. Die Weisung Gottes soll das Fundament ihres Lebens sein. Sie hören es ehrfürchtig und betroffen an, sie lassen es sich erklären, beten und fassen Hoffnung und Zuversicht für ihr Leben. Wenn wir das Evangelium so zu hören verstehen, dann wird es auch uns aufrichten, und wir dürfen mit dem Psalmisten aus eigener Erfahrung beten: »Deine Worte, Herr, sind Geist und Leben!«

J. Meyer zu Schlochtern

Vierter Sonntag

Lk [4,14–21] 4,21–30

I. Bibeltheologische Vorüberlegungen

1. Stellung, Struktur, Gattung der Perikope

(1) Nach der Konzeption des Lukas beginnt die eigentliche Geschichte Jesu, der als der Offenbarer kommt, in dem Augenblick, da er anfängt, zu verkündigen. Hier steht das große »Heute« der Erfüllung, 4,21. Vorausgeschickt ist der Prolog, sodann die sog. Kindheitsgeschichten, die ein christologisches und ekklesiologisches Präludium sind; endlich der eigentliche Anfang der Evangeliumsschrift mit der Verkündigung des Täufers Johannes und der Charakterisierung des Sohnes Gottes durch Darstellung seines Ursprungs in Gott (Geistsalbung, Stammbaum) und seiner Bewährung. Jetzt aber beginnt das Lehren und Heilen, auf das Lukas später immer wieder zurückverweist, Apg 10,37 u. ö.

Der Dritte Evangelist sieht diese »Lehren« nicht wie vor ihm Markus als Heroldsruf und »Ansage«, sondern als Unterweisung und »Überführung« durch die Predigt. Jesus ist ihm Vorbild der urchristlichen Missionare, gemäß deren Praxis – über die er in der Apostelgeschichte berichtet – beginnt auch Jesus seine Tätigkeit in den Synagogen, zuerst in Galiläa, 4,15, dann in Judäa, 4,44, zuletzt im Tempel von Jerusalem. Der große Zusammenhang ist also in 4,14–44 zu suchen.

(2) Die ersten beiden Verse der Perikope bilden den Übergang von den christologischen Charakterisierungen des Menschen Jesus, Lk 1,5–4,13, zu seiner Tätigkeit – und die Überschrift über die beiden ausführlich berichteten Anfangsereignisse in seinem Heimatort Nazaret und in Kafarnaum.

(3) Die Unterschiede des lukanischen Berichts zu Mk 6,1–6 a sind so groß, daß die Abhängigkeit von Markus oft bezweifelt wird. Doch es ist wahrscheinlicher, daß Lukas hier eine einschneidende Umstellung vornahm: Er holte den Bericht aus dem Kontext des

Markus, in dem er sehr viel später steht, heraus und stellte ihn an den Platz des von ihm gestrichenen Themasatzes Mk 1,15. Er veränderte ihn auf Grund späterer Theologie und eigener Erkenntnisse und Absichten und gab ihm eine neuen Abschluß, der den »Propheten« unbehelligt mitten durch die Reihen seiner Angreifer hindurchschreiten läßt, vgl. Apg 12,7–11. Einige nehmen an, Lukas habe diesen Abschnitt in einer von Markus verschiedenen Variante vorgefunden; dazu muß gesagt werden, daß eine solche Sonderüberlieferung gegenüber Markus jedenfalls sekundär wäre, und man annehmen müßte, daß Lukas sie nachhaltig bearbeitet und theologisiert hat. Die folgende Erklärung geht von der Annahme aus, Lukas habe den Markus-Bericht nicht nur gekannt, sondern auch als einzige schriftliche Vorlage für seine Darstellung benutzt.

2. *Einzelauslegung*

V. 14–15 Der Text beginnt mit einem zusammenfassenden Überblick über das Wirken Jesu in Galiläa, der den ersten Abschnitt seines Lebens »in der Kraft des Geistes« markiert. Dabei betont Lukas das große Aufsehen, das Jesu Tätigkeit erregte, und erinnert daran, daß Synagogen Ausgangspunkte und Schwerpunkte seiner Predigt- und Wundertätigkeit waren, sehr im Unterschied zu der des Täufers. – Die »Taten Jesu« werden seiner Predigt untergeordnet: Sie sind nur eine andere Form des Lehrens. Der Versuch, die beiden Verse 14 und 15 als Überbleibsel einer von Markus verschiedenen und von Lukas benutzten Tradition über den »Anfang Jesu« als altes Eingangstor zu verstehen, ist eine Sondermeinung, die bei der Erklärung im Gottesdienst nicht unbedingt eine Rolle spielen muß.

V. 16 Jesu Auftreten in der Synagoge von Nazaret wurde von H. Schürmann nicht ganz zu unrecht als »nachgeholte Primizfeier« bezeichnet; denn dieser Auftritt vor seinen Landsleuten leitet zwar das Wirken Jesu nach seiner Geistsalbung ein, doch setzt der Text eine frühere Tätigkeit in anderen Synagogen voraus. Für Lukas bedeutet das Stück so etwas wie eine christologische Überschrift. Hier soll gesagt werden, wer Jesus ist; mit einer »Titelgeschichte« soll der Bericht von der Wirksamkeit eingeleitet werden. Dabei ist der Ablauf des Synagogengottesdienstes – wie auch später in der Apostelgeschichte – durchaus realistisch geschildert.

V. 17–19 Dem Prediger wird die Prophetenrolle gereicht, und »durch Zufall« trifft er auf die entscheidende Stelle, um die es dem

Theologen Lukas geht: Jes 61,1 f. Daß er hier am Werk ist, erkennt man aus dem Zitat, das ein Mischtext mit Jes 58,6 ist. In diesem wird von einer Salbung und einer Sendung des Gottesboten gesprochen, von einer Proklamation an die Armen dieser Welt und von einer wirksamen Hilfe.

V. 20 f Der Höhepunkt der Proklamation wird sorgsam vorbereitet: Die Hörer merken auf und sind gespannt; so sollen es auch die Jünger in den Gemeinden sein! – Jesuszeit ist Heilszeit. Die Verlesung des Bibelwortes erscheint als wirksame Gottestat. Die Offenbarung Jesu deutet die Gegenwart als eschatologisches Heute. In Apg 10,37 wird Lukas rückschauend vom »Geschehen um Jesus von Nazaret« sprechen und damit auch wieder klarmachen, wie er die Nazaret-Perikope messianisch-christologisch versteht. Die gegenwärtige Zeit, von der Jesuszeit bis zur Gegenwart der Kirche und von dieser bis zur zukünftigen Vollendung reichend, steht jetzt im Lichte der Erfüllung des Alten Testaments und des neuen Handelns Gottes.

V. 22 Dieser Vers ist eine Überleitung, die das zunächst freundliche Echo der Hörer auf die Worte Jesu wiedergibt, sodann das Erstaunen über den Landsmann, den man zu kennen glaubte, endlich drittens die Ironie und Verbissenheit, die sich später zum Lynchversuch steigern wird. Daher ist es exegetisch nicht vertretbar, die Nazaretgeschichte so auf zwei Sonntagsperikopen zu verteilen, wie dies die neue Leseordnung vorsieht; denn mit V. 22 beginnt die theologische Herausforderung der Hörer durch Jesus, jetzt wird »die Frohbotschaft zur Passionsgeschichte«. Der Akzent der Perikope liegt auf dem, was jetzt folgt: Auf der bis zum Kreuz sich steigernden Auseinandersetzung, auf der Offenbarung des abgewiesenen und verfolgten Herrn, der alle Feinde beschämt.

V. 23–27 Diese Verse bilden den theologischen Höhepunkt. Für Jesus zählt nicht die Heimat, sondern die Fremde; für ihn ist nicht die Seßhaftigkeit, sondern das Unterwegssein typisch; er hält sich nicht an Familie, Heimat und Volk, sondern an den Menschen! Die Darstellung ist universalistisch. In drei Einzelworten, die hier zusammengestellt wurden, 23.24.25–27, hat der Evangelist diese Tendenz herausgearbeitet.

V. 28–29 Im heiligen Zorn erheben sich die Hörer in der Synagoge gegen ihren Landsmann Jesus, der mit seiner Verkündigung die geltenden Grundsätze außer Kraft setzt. Lästert er nicht Gott? Hinter dieser Aussage steht natürlich die Erfahrung der Missionskirche, der es bei den missionarischen Versuchen in den Synagogen immer wieder so erging und der man gerade diese Vorwürfe machte. Lukas deutet an, daß die Apostel und Missionare unter dem Gesetz des Lebens Jesu stehen, indem er Jesus das Schicksal eines Missionars erdulden läßt. Dazu erweitert er wesentlich die Vorlage.

V. 30 Die Absicht, Jesus wegen seiner Gotteslästerung zu steinigen, mißlingt. Die Feinde können ihm nichts antun, sie können sich nicht einmal seiner bemächtigen und ihn festhalten; denn wie Petrus später mitten durch Gefängniswachen und soldatische Doppelposten geführt wird, so jetzt auch Jesus: Er schreitet unbehelligt mitten durch die Menge. Und das ist der Abschied von Nazaret. Das Heil Gottes verläßt die Stadt, und Jesus begibt sich auf den Weg, den die Kirche Gottes jetzt fortsetzt.

3. Theologische Würdigung

(1) Lukas ist in diesem Text Schriftsteller, und man sollte noch genauer sagen: Schriftsteller im Stil seiner Zeit und gemäß der Erwartung seiner Leser. Er will die Hörer und Leser »erbauen«, indem er ihnen dramatische Szenen anschaulich vermittelt und sie darin auffordert zur Stellungnahme. Die Personen werden typisch, die Synagoge von Nazaret ist plötzlich überall, wo Christen das Evangelium hören. Daher benutzt Lukas auch spätere Entfaltungen, Theologisierungen und Auslegungen. Er formuliert Musterpredigten und benutzt dabei, auch für die Jesuspredigt in Nazaret, ein Predigtschema. Dabei kennt er auch, wie in den ersten Versen dieses Textes, Sammelberichte und Summarien. In kurzen Bemerkungen fängt er lange Perioden ein; er kennt das Stilmittel der Verdichtung. Es wäre ein grober Fehler heutiger Erklärung, wenn sie unter Mißachtung der schriftstellerischen Leistung des Evangelisten einen Text wie den vorliegenden als protokollarische Momentaufnahme erklären wollte.

(2) Lukas ist Historiker in einem sehr ausgesprochenen, allerdings mehr antik-theologischen als modernen Verständnis; ein Historiker, der heilsgeschichtlich denkt, vielleicht nicht so sehr »periodenhaft«, wie H. Conzelmann meinte, aber doch jedenfalls so, daß er eine Jesuszeit zeichnen wollte, die in der Taufe begründet und in der Nazaretpredigt eröffnet wurde und hinüberreicht bis in die Zeit der Kirche und Mission, bis zur »Wiederkunft« Jesu und zur Vollendung. Wer die Nazaretperikope erklärt, muß von Heilsgeschichte sprechen.

(3) Lukas arbeitet immer »christozentrisch«. Gott ist für ihn der Vater Jesu, der Geist ist jener, in dessen Kraft Jesus wirkt, die Kirche aber ist Jesu Gründung, die mit Hilfe des Instituts der zwölf Apostel (das Lukas und nur er so stark betont) fest an ihren Herrn gebunden ist. So schafft der Theologe Lukas hier grundsätzlich und von Anfang an Klarheit darüber, daß und wie Jesus seine Sendung begriffen hat. Der Theologe spricht zugleich über den Glauben. Er ist mehr als die Übernahme einer Wahrheit, er bedeutet die Stellungnahme zur Person Jesu, des Geistgesalbten. Endlich macht der Theologe klar, daß das Schicksal Jesu die Passion einschließt, die Verfolgung, das Kreuz. So erfüllt sich die Voraussage des greisen Simeon, die zum Leitwort wird, 2,34, vgl. 24,26.

W. Pesch

II. Liturgisch-homiletische Vorüberlegungen

1. Liturgische Hinweise

Die Ordnung der Sonntagsevangelien folgt in der Zeit »per annum« dem Grundsatz der »fortlaufenden Lesung in Auswahl«, die jeweils den Bogen spannt vom ersten öffentlichen Auftreten Jesu in Galiläa (3. Sonntag) bis zur Endzeitrede in Jerusalem (33. Sonntag). Im »Lukasjahr« C sind dabei zehn Sonntage (3. bis 12.) dem Wirken in Galiläa (Lk 4,14–9,50), neunzehn (13. bis 31. Sonntag) der Wanderung nach Jerusalem (»Reisebericht«, 9,51–19,27) und zwei (32. und 33. Sonntag) dem Wirken in Jerusalem (19,28–21,38) zugeordnet. Allerdings fallen am Übergang vom Osterfestkreis in die Zeit per annum infolge des sich verschiebenden Ostertermins zwei bis drei Sonntage im Jahreskreis aus bzw. werden durch den Pfingst- und Dreifaltigkeitssonntag verdrängt (1989: 6. u. 7. Sonntag; 1992: 9. bis 11. Sonntag; 1995: 9. u. 10. Sonntag).

Die Nazaretperikope (Lk 4,16–30) bleibt auch nach dem erneuerten Ordo lectionum Missae von 1981 auf den 3. und 4. Sonntag verteilt, wodurch ihr übergreifender Stellenwert verdunkelt und ihr dramatisches Profil beschädigt wird. Der »Einstand« Jesu in seiner Heimat wird nämlich von Lukas nicht nur als wirksamer Auftakt plaziert, auf den die weiteren Ereignisse, vgl. 1,1, gemäß der Darstellung des Lukas-Evangeliums und der Apostelgeschichte folgen, sondern zugleich als eine Art Anspiel, in welchem das Gesamtgeschehen bereits in nuce mitenthalten ist und aufklingt. Diese Transparenz behält die Szene wohl nur, wenn sie als »Hörspiel in einem Akt« zu Ohren kommt.

Unsere Perikope derart als dramatisches Spiel aufzufassen, erscheint nicht nur der Intention und literarischen Technik des Lukas angemessen, seinem »dramatischen Episodenstil«; es läßt sich auch homiletisch umsetzen und entspricht insbesondere dem Charakter der liturgischen Feier, in welche der Text ja eingebettet wird. In unserem Fall ist die Verbindung der Perikope mit der Liturgie noch enger als sonst, weil das, was erzählt wird, ebenfalls in einer liturgischen Situation spielt, also in derselben, in der sich die hörende Gemeinde befindet. Auch die Rolle Jesu, des »Hauptakteurs«, erscheint zunächst deckungsgleich mit derjenigen der Versammelten: er tritt zu Beginn als Gottesdienstbesucher, als »praktizierender Sabbatjude« an unsere Seite, und sein Gang in die Synagoge wird noch dazu als »gewohnheitsmäßig« deklariert, V. 16a. Der Text enthält also innerhalb der liturgischen Feier ein hohes Identifikationsangebot: Jesus tritt auf als einer von uns. Das gilt in eingeschränktem Maß auch noch für die Rolle des Lektors und für die des Predigers, die er im weiteren Verlauf ergreift, V. 16b–19 und V. 21. Schließlich formuliert V. 21 mit dem eschatologischen »heute« und dem Stichwort »erfüllt« geradezu programmatisch das Selbstverständnis der kirchlichen Liturgie und ihren höchsten Anspruch. Demgegenüber bleiben die quasi rubrizistischen Informationen in den V. 16.17 und 20a vergleichsweise äußerlich (obwohl auch sie sorgfältig »ritualisiert« sind, nach dem Schema a–b–c/c′–b′–a′: aufstehen – hinreichen – aufrollen/zusammenrollen – weggeben – sich setzen). In V. 20b wird jedoch die besprochene Identifikation bereits ansatzweise aufgelöst und die Szenerie für die Konfrontation vorbereitet.

2. *Homiletische Hinweise*

Als Kurzfassung des Auftretens und Geschicks Jesu präsentiert sich der Text als geballte Ladung. Sein Gehalt ist vielschichtig und rätselhaft. Wenn diese Titelgeschichte als »christologische Überschrift« sagen soll, wer Jesus ist (s. o. I/2), so steht damit das Grundthema der Verkündigung fest. Es kann freilich verschieden akzentuiert und von unterschiedlichen Seiten her angegangen werden.

Die große Mission des Christus

Ausgangspunkt ist die feierliche Selbstvorstellung Jesu (V. 18) mit dem Zitat aus Jes 61. Die Buchrolle wird zum »Drehbuch« und zur »Rollenbeschreibung« des gesamten Auftretens Jesu, seines umfassenden missionarischen Amtes. Kennzeichnend ist eine massive Rollen- und »Ämterhäufung«. Allein in dem Zitat V. 18f tritt der Sprecher im Wortlaut mit dem Anspruch auf viele Ämter vor die Versammlung: als »Geistlicher«, als Christus (= Gesalbter), als Apostel (= Missionar), als Evangelist, als Prediger und Herold der Wende. In V. 22 bescheinigen ihm die Hörer kontrapunktisch die Rolle eines begnadeten Redners und des Sohnes Josefs. Im weiteren erscheint Jesus noch im Amt des Arztes, des »Großtäters«, V. 23 und des Propheten, V. 24, vgl. V. 25–27. Im V. 29 gerät er in die passive Rolle des Opfers, nämlich des aus der Heimat Vertriebenen, (beinahe) Gestürzten und Todeskandidaten. Doch tritt er schließlich (V. 30) als souveräner »Emigrant« auf eigenen Füßen von der Bühne ab – »ein unheimlich starker Abgang« nach einem ebensolchen Auftritt.

Die vielfältige »Transmission« der Christen

Die Sendung Jesu steht nicht isoliert für sich. Sie ist Mission zu den Menschen und für sie; aber nicht nur so, daß sie Objekte seiner Ämterausübung wären, sondern ebenso deren Teilhaber und Multiplikatoren. Die Berufung Jesu Christi ist zugleich die Berufung der Christen, wie sie auch schon die Berufung der Propheten Israels war (*Erste Lesung*). Zwar läßt sich das »christologische Amt« Jesu nicht einfachhin und restlos christlich identifizieren und »demokratisieren«; die christliche Mission bleibt insofern als »Transmission« hinter der jesuanischen zurück und auf deren Antrieb angewiesen. Aber im übrigen ist jeder Christ gesalbt, gesandt, zum Lehren und Heilen beauftragt. Gewiß übt nicht jeder jedes Amt aus, aber im Zusammenwirken der vielfältigen Rollen entsteht die »Transmissionsanlage Kirche«, die das Wirken Jesu vorantreibt. Daher braucht es keine unwürdige Statistenrolle zu sein, wenn sich ein Christ als Rädchen in diesem Getriebe betätigt.

Der rätselhafte Widerstand

Doch bleibt die bange Frage, wieweit der kirchliche »Betrieb« so »läuft«, wie es dem Evangelium als Dreh- und Rollenbuch entspricht. Der heftige Stimmungsumschwung und der Eklat in der

Synagoge sind, wie die ganze Szene, weniger einmalig als typisch. Wie kommt es zu diesem jähen, fast unbegreiflichen und alle erfassenden (vgl. V. 22 und 28) Wettersturz aus dem Beifall in die tödliche Wut? Der Keim des rätselhaften Widerstandes regt sich offenbar mit der Frage V. 22 »Ist das nicht der Sohn Josefs?«, also einer aus unseren Reihen, einer, der »von Haus aus« die gleiche Rolle spielt wie wir. Und der kommt uns jetzt so!? Sie haben nicht unrecht, wenn sie »von der Rolle« sind, »durchdrehen« und »sich aufführen«, als sei ihnen nicht Frohes, sondern Drohendes verkündet worden. Der Auftritt Jesu bringt die Hörer aus ihrem Gleis und Takt. Seine Rolle hat eine andere »Drehzahl« als die ihre, und es ist kein Wunder, sondern ganz natürlich, daß sie nicht mitziehen.

Der rätselhafte Widerstand entsteht durch das Naturgesetz der Trägheit. Wenn Jesus in diesem Tumult nicht konfus wird, sondern fest und sicher bleibt und auch weiterhin nicht von seinem Programm abrückt, so waltet darin nicht nur die Wucht des Geistes, sondern auch im Sinn der *Zweiten Lesung* die Kraft der Liebe, die alles erträgt, allem standhält und daher auch am Widerstand nicht endet vgl. 1 Kor 13,7 f.

III. Zur Predigt: Ein bestürzender Auftritt

Theaterbühne – Lebensbühne
Wenn wir einen Auftritt erleben, befinden wir uns in einem Bühnenraum. Das muß aber nicht unbedingt ein Schauspielhaus im strengen Sinne sein, auch nicht unbedingt ein Fernsehstudio. Eine Bühne entsteht überall, wo jemand vor ein Publikum tritt, und das geschieht tausendfach. Etwa wenn der Fußballer aufs Spielfeld läuft, wenn der Lektor oder Priester an den Ambo tritt, wenn der Lehrer das Klassenzimmer betritt oder der Schüler aufgerufen wird; desgleichen wenn der Kellner vor dem Gast steht oder der Postbeamte vor dem Schalter oder die Mutter vor den Kindern.

Das ganze Leben ist so gesehen eine Bühne oder ein Schauspiel, und der Einzelauftritt im Theater »verdichtet« und vertritt nur das, was auf der eigentlichen Lebensbühne geschieht, auf der ein jeder mitspielt. So steht auch jeder vor der Aufgabe, seine Rolle zu finden und zu lernen, und sie dann auch so zu spielen, daß der Auftritt erfolgreich ist. Denn wer hätte nicht den Wunsch, eine gute, schneidige, vielleicht sogar glänzende, berauschende, begeisternde, bezaubernde Vorstellung zu geben! Und wer hätte nicht Angst, daß der Auftritt mißlingt, daß er langweilig, kläglich oder gar peinlich ausfällt!

Premiere in Nazaret

Im Schauspiel- oder Hörspielhaus des Evangeliums können wir heute eine Erstaufführung miterleben, den ersten Auftritt, die Premiere Jesu in seinem Heimatort. Es ist eine denkwürdige Vorstellung, die ganz unscheinbar beginnt, sich aber dann dramatisch zuspitzt.

Die Rolle(n) Jesu

Wenn wir genau hinschauen, sehen wir, daß Jesus, der Hauptdarsteller, in diesem Stück nicht nur eine, sondern mehrere, ja eine ganze Reihe von Rollen spielt. Die erste ist so unauffällig, daß wir sie leicht übersehen: er tritt zunächst als Gottesdienstbesucher auf wie jeder andere. Auch daß er als Lektor und Prediger auftritt, ist nicht ungewöhnlich. Aber als er die Buchrolle aufschlägt und die Stelle auswählt, in der die besondere Berufung eines Propheten beschrieben wird, da wird die Sache spannend, und die Leute schauen ihn gespannt an. Da wird ein Gesalbter und Gesandter vorgestellt, der im Auftrag Gottes eine Wende ansagt und sie zugleich einleitet. Und als Jesus dann das, was dort beschrieben ist, direkt auf die Anwesenden umlegt oder auslegt; als er die Buchrolle als Drehbuch für das Stück verwendet, das gerade gespielt wird; als er dabei die Sonderrolle des Propheten auf sich selbst überträgt: da springt der Funke über, und die Ereignisse überstürzen sich.

Die Rolle des Publikums (oder: »Totales Theater«)

Jetzt wird die ganze Synagoge zur Bühne, und schließlich sogar ganz Nazaret. Vorher war Jesus der Darsteller gewesen und die anderen Leute waren nur Zuschauer und Zuhörer. Jetzt aber werden alle in das Stück einbezogen und spielen es zusammen mit Jesus weiter. Der Auftritt in Nazaret ist also kein »klassisches« Stück, bei dem Bühne und Parkett getrennt bleiben, sondern ein modernes, bei dem der Zuschauer mitverwickelt wird und sich nicht heraushalten kann. Man hat diese Art von Stücken »totales Theater« genannt. Die Reaktion des Publikums wird also in das Stück mit aufgenommen. Der weitere Verlauf der Aufführung hängt davon ab, wie die Anwesenden »sich aufführen«.

Vom Beifall zur Wut

In Nazaret sieht es so aus, als ob die Premiere ein voller Erfolg würde. »Seine Rede fand bei allen Beifall, und sie staunten, wie begnadet er redete.« Sie bewundern seine »gute Aussprach'« und klatschen. Aber der Eindruck täuscht. Aus irgendeinem Grund schlägt die Stimmung um. In das Klatschen mischen sich Pfiffe, das Stück steht auf der Kippe und droht aus den Fugen zu geraten. In dieser Lage gießt der Hauptdarsteller auch noch Öl ins Feuer, indem er dem heimischen Publikum auswärtige Gäste als Vorbild hinstellt. Das kommt einer Publikumsbeschimpfung gleich. So ist der Volkszorn nicht mehr aufzuhalten, und die Premiere führt zu einem Desaster. Es kommt zu Tumulten im Zuschauerraum und im ganzen Ort, und nur der Kaltblütigkeit oder sonst einer besonderen Eigenschaft des Hauptdarstellers ist es zu verdanken, daß er mit dem Leben davonkommt; denn sie wollen ihn (hinab)stürzen oder seinen Kopf rollen sehen. Der begnadete Auftritt endet mit einem gnadenlosen Abgang.

Ursachenforschung

Wie auch sonst in derartigen Fällen, muß nun nach den Ursachen gefragt werden. Nur wenn man sich auf sie besinnt und daraus lernt, kann der tragische Fall doch einen Sinn haben; dann erst hat auch das Stück sein Ziel erreicht. Wie konnte es also soweit kommen? Der Umschwung hat etwas Unheimliches; ganz wird er sich nicht aufklären lassen. Der Keim des Skandals scheint in der Frage zu stecken: »Ist das nicht der Sohn Josefs?«, also einer, den wir kennen, und das heißt nicht nur: einer von uns, sondern auch: einer wie wir, einer wie du und ich. Und der, akkurat der, sagt jetzt: »Der Geist des Herrn ruht auf mir«, und spielt sich zur Rolle des Gesalbten und Gottgesandten auf. Nichts gegen Propheten und herausragende Persönlichkeiten, aber das sind eben andere Leute als wir, das ist eine andere Bühne und eine andere Rolle! Die gibt es auch, aber das ist nicht die unsere, die des Arbeiters und des Handwerkers.

Jesus aber macht diese Trennung nicht mit. Er hält sich nicht an die Grenzen der gewohnten Bühne und Rolle und überhaupt des ganzen Stücks. Er spielt auf zwei Bühnen und in zwei Stücken zugleich, oder besser: Er vereinigt die Bühnen und Rollen und

Stücke zu einem. Damit aber sprengt er die Maße des gewohnten Theaters, er »fällt aus der Rolle«. Er fügt sich nicht ins Gewohnte und wird damit gefährlich und bedrohlich. Denn wenn er das Bühnenhaus umbaut und das Drehbuch umschreibt, bringt er auch die anderen draus; und wer läßt sich schon gern drausbringen? Wo kommen wir hin, wenn jeder Handwerker sich als Werkzeug Gottes ansehen und als Vertreter der großen Wende auftreten kann! Wenn er es vielleicht sogar muß.

Die Rolle des Christen

Das liefe ja am Ende darauf hinaus, daß ich selber das gewohnte Gleis verlassen, meine Rolle neu einstudieren, meinen Auftritt neu antreten soll! Das wird bedrohlich. Soweit darf es erst gar nicht kommen.

Aber wenn der Auftritt Jesu »totales Theater« ist, spiele ich als Hörer auch selbst unweigerlich mit. Wie werde ich mich aufführen, welche Rolle spielen? Ich bin getaufter Christ, also auch gesalbt und gesandt, also auch nicht nur »Sohn Josefs«, des Landwirts, des Arbeiters, Angestellten. Ich spiele selber auf einer erweiterten, vereinigten Bühne, nicht nur »im Rahmen« des Dorfes und der Stadt, der Familie und des Staates, sondern auch nach dem Drehbuch des Evangeliums. Wie trete ich auf, und wie soll mein Auftritt weiter verlaufen?

O. Schwankl

Fünfter Sonntag

Lk 5,1–11

I. Bibeltheologische Vorüberlegungen

1. Stellung, Struktur, Gattung der Perikope

Die Perikope ersetzt im Dritten Evangelium die markinischen Berufungserzählungen, Mk 1,16–20 = Mt 4,18–22; Lukas hat sie nach der Exposition eines neuen Abschnittes seines ersten Buches, Lk 4,42–44, mit einer ihm überlieferten Fischfangwundergeschichte zusammengearbeitet. Die alte Erzählung vom reichen Fischfang, die mittels einer Analyse der lukanischen Redaktion und im formgeschichtlichen Vergleich mit der in Joh 21,1–14 überlieferten Variante rekonstruiert werden kann, steckt in den V. 4–9, mit Spuren in V. 1 und 11. Sie ist ein innerhalb der neutestamentlichen Wundertradition relativ spät entstandenes Stück, in dem Petrus in eigentümlicher Weise im Vordergrund steht. Diese besondere Stellung des Petrus machte die Wundergeschichte geeignet für die von Lukas intendierte Verbindung mit den Berufungserzählungen. Aus Elementen der Fischfangerzählung und verschiedenen Markus-Vorlagen, Mk 1,16–20; 2,13; 3,7.9; 4,1 f.35, hat Lukas einen Rahmen gebildet, der die alte Wundergeschichte umklammert, V. 1–3.10 f, und sie zu einer Berufungserzählung umfunktioniert.

Lk 5,1–11 – der Homilet kann sich ja nicht im einzelnen mit der Traditionsgeschichte des Textes befassen – will in der Homilie als *Berufungserzählung* ausgelegt sein, und zwar als eine Erzählung im Rahmen des Lukas-Evangeliums, als ein Teilstück des lukanischen Doppelwerkes. Das verlangt Übersicht und Umsicht, überfordert den Prediger aber angesichts der reichen Fülle von Motiven, die sich entfalten und aktualisieren lassen, keineswegs.

2. Einzelauslegung

V. 1 Aus der Exposition Lk 4,42–44 gewinnt der Leser des Evangeliums den Eindruck, daß der Andrang des Volkes um Jesus ein gewohntes Bild ist. Diesmal aber wird mit der biblizistischen Wendung »Es geschah aber, als ...« ein besonderes Ereignis der »Christuszeit« eingeführt. Jesus lehrt am See Gennesaret, das Volk umdrängt ihn, um das »Wort Gottes« zu hören: Die Verkündigung vom Reich Gottes, die mit Jesus begonnen und den Andrang zum Reich ausgelöst hat, Lk 16,16. Der missionarische Ausdruck »Wort Gottes« wird von Lukas mit Bedacht in diesem die spätere Mission der Jünger begründenden Text gewählt. Jesus ist der Ur-Missionar, der Sämann, der das Wort Gottes, vgl. Lk 8,11, ausstreut in die Herzen der Hörer. So sollen auch sie, die nun zu Menschenfischern berufen werden, V. 10, Gottes Wort verkündigen und lehren, jenes Wort, das in der Ausbreitung der Kirche dann »wächst« (vgl. Lk 8,11 mit Apg 6,7; 12,24).

V. 2 Jesus lehrt diesmal am See Gennesaret. Der Erzähler blickt mit der Bemerkung, daß Jesus zwei Boote am Ufer stehen sieht, weit über den Stand seiner Erzählung hinaus nach vorne; der Leser muß aufmerksam werden. Die Fischer werden nun schon eingeführt; sie waschen ihre Netze nach einem vergeblichen, V. 5, Fang.

V. 3 Jesus steigt in eines der Boote, nämlich dasjenige, das dem Simon gehört; der Leser weiß, daß Jesus den Simon schon kennen muß, Lk 4,38f. Jesus bittet ihn, etwas vom Lande abzustoßen; er setzt sich dann und lehrt das Volk vom Boot aus. Damit kommt die erste Szene unserer Erzählung zum Abschluß, deren anschauliche Züge freilich nicht nur der Anschaulichkeit des Bildes wegen erzählt sind, sondern ebenso sehr ihres symbolischen Gehaltes wegen.

Dies verrät schon das auf den ersten Blick beziehungslose Nebeneinander von Volk und Fischern in der Uferszene; die Beziehungslosigkeit der beiden Gruppen ermöglicht den Fortgang der Erzählung als Berufungserzählung. Berufen werden ja die Einzelnen, die drei Jünger; die Scharen aber werden deren Gegenüber auch in der Arbeit ihres neuen Berufes sein.

V. 4 Nach der Belehrung des Volkes – der »lehrende Jesu« ist eine öfter aus Markus übernommene, von Lukas aber auch selbständig, vgl. Lk 6,6; 13,10.22.26ff; 20,1.21; 23,5, ausgebaute Vorstellung, die Apg 1,1 besonders akzentuiert wird – spricht Jesus erneut den Simon an. Er soll mit seinen Gefährten ins Tiefe fahren und dort fischen.

V. 5 Simon macht die Einrede, daß sie die vergangene Nacht hindurch sich bereits vergeblich gemüht haben; auf das Wort des Meisters hin will er aber die Netze auswerfen. Die Anrede »Meister«, epistata, ist von Lukas sorgfältig gewählt; Simon hat, Lk 4,38, in seinem Hause Jesus schon als machtvoll handelnden Meister kennengelernt; er läßt ihn auch an anderen Stellen, wo seine Macht besonders betont werden soll, so je einmal im Munde der zehn Aussätzigen, der Jünger und des Johannes, und dreimal im Munde Simons, statt »Lehrer« bzw. »Rabbi«: »Meister« nennen. Die Anrede hat für Lukas größeres christologisches Gewicht als »Lehrer«. Sie unterstreicht Jesu vollmächtiges Wort, Lk 5,5; 8,24, sein übernatürliches Wissen, Lk 8,45, und Wesen, Lk 9,33, seinen vollmächtigen Namen, Lk 9,49, und sein Erbarmen, Lk 17,13.

Betont schon die Anrede, die Lukas redaktionell setzt, Jesu vollmächtiges Wort, so erhält auch der in der älteren Fischfanggeschichte verankerte Zug des »Auf dein Wort hin« im lukanischen Kontext neues Gewicht. Der Evangelist hat auch die Austreibungsgeschichte Lk 4,31–37 = Mk 1,21–28 und die Erzählung von der Heilung der Schwiegermutter Simons, Lk 4,38–39 = Mk 1,29–31, unter Hervorhebung des machtvollen Wortes Jesu bearbeitet, vgl. 4,36: »Was ist dies für ein Wort, daß er in Macht und Kraft den unreinen Geistern gebietet«; 4,32: »Sein Wort war machtvoll«.

V. 6f Demjenigen, der auf das Wort Jesu hin handelt (vgl. Lk 5,28; 6,46–49; 8,19ff), geschieht das Wunder. Petrus und seine Leute müssen angesichts des überreichen Fangs die Gefährten in dem zweiten Boot, das am Ufer lag, herbeiwinken. Lukas identifiziert diese Gefährten im zweiten Boot nachträglich mit den beiden Zebedaiden, wodurch auch das Schlußbild – die beiden Boote bleiben verlassen am Strand zurück – gesteigert wird. Die Gefährten helfen den reichen Fang zu bergen, der beide Boote randvoll füllt.

V. 8 Simon fällt nun – in der lukanischen Fassung offenbar im Boot selbst, in der vorlukanischen Tradition nach der Landung am Ufer; denn Jesus war dort nicht im Boot gedacht – Jesus zu Füßen und bekennt sich vor ihm, dem Herrn, als Sünder. Ursprünglich ist das der stilgemäße Zug der menschlichen Reaktion auf die im Wunder erfolgende Epiphanie des göttlichen Kyrios; in der lukanischen Fassung jedoch erhält das Sünderbekenntnis des Simon eine eigene Note. Der »Sünder Simon« steht an der Spitze der Reihe der Sünder, die zu berufen Jesus gekommen ist, Lk 5,32; 15,7.10, mit denen er zu Tisch sitzt, Lk 5,30; 7,37.39; 15,1f, deren Freund er ist, Lk 7,34, bei denen er einkehrt, Lk 19,7, von deren Rechtfertigung er spricht, Lk 18,13. Man sollte besonders beachten, daß die Berufung Simons bei Lukas in die Nähe der Berufung des Zöllner-Sünders Levi gerückt ist, Lk 5,27–32.

V. 9.10a Auch die Gefährten des Simon Petrus – die Namensdoppelung ist ein »johanneisches« Element in der Erzählung – hat über den reichen Fischfang Staunen ergriffen; sie teilen die Reaktion Simons auf das überwältigende Wunder und die darin aufleuchtende Epiphanie des Herrn.

V. 10b Jesus löst ihren Schrecken und verheißt dem Simon eine neue Tätigkeit: Er soll von nun an Menschen fangen – und, wie der Leser zwischen den Zeilen lesen darf, die Zebedaiden mit ihm. Lukas hat das markinische Menschenfischerwort, Mk 1,17, neu formuliert. Die Trostformel »Fürchte dich nicht«, die Lukas besonders häufig benutzt, auch in epiphanieartigen Zusammenhängen, etwa Lk 1,13.30; 2,10; Apg 18,9; 27,24, verdrängt den markinischen Nachfolgeruf »Auf, mir nach«, weil sie besser in den Zusammenhang des Fischfangwunders und der Reaktion Simons und seiner Gefährten paßt. »Von nun an« ist eine typisch lukanische Redaktionswendung, welche besagt: von nun an gilt etwas für die Zukunft. Lukas bezieht die Wendung keineswegs chronologisch auf den in der Erzählung erreichten Zeitpunkt, sondern verwendet sie proleptisch. Sie soll eine grundlegend entschiedene Situation kennzeichnen, deren Auswirkungen erst später zum Tragen kommen, vgl. Lk 1,48; 12,52; 22,18.69; Apg 18,6. Die Berufung Simons zum Menschenfischer durch Jesus qualifiziert sein späteres Auftreten als Missionar, Apg 2ff, auf das hier vorgewiesen werden soll. Lukas geht es bei der Berufung des Simon um dessen späteren Apostolat. Die Grundlegung der Vorrangstellung Simons wie die der Apostelmission im irdischen Wirken Jesu selbst liegt dem Evangelisten am Herzen: »Die vorösterliche Begründung des Amtes dünkt Lukas aus theologischen und apologetischen Gründen erwähnenswerter als die durch den Auferstandenen«, wie er ja auch die Auswahl der Zwölf, 6,13f, für die Sendung, 9,1–6, für die Zeit nach Ostern nicht eigens durch den Auferstandenen erneuern läßt; vielmehr braucht die nachösterliche apostolische Tätigkeit nach ihm nur noch aus der Schrift erwiesen, 24,46f, bzw. vorausgesagt, Apg 1,8, zu werden. Was für die nachösterliche Aufgabe noch fehlte, war vor allem »die Verheißung des Vaters«, 24,48, vgl. Apg 1,4.8 (H. Schürmann).

Lukas hebt in seiner Fassung des Menschenfischerwortes den bei Markus nur vorausgesetzten Gegensatz Menschen–Fische hervor und verankert so das Wort im neuen Kontext der Fischfangwundergeschichte. Das Verbum zogrein betont das *»lebendig* fangen, zum

Leben fangen«; das paßt vorzüglich auf den »Menschenfang« der christlichen Mission.

V. 11 Die Erzählung schließt mit einer anschaulichen Szene: Die drei Jünger bringen die Boote ans Land: Sie verlassen alles und folgen Jesus nach. Daß die Jünger *alles* verlassen, macht sie für Lukas zu Vorbildern der kirchlichen Führer (und der Gläubigen) seiner Zeit. Ihm kommt es weniger auf die Nachfolgetheologie an als auf die Theologie der Armut. Denn nur für die Apostel ist es wesentlich, daß sie zur Begleitung Jesu gehört hatten, Apg 4,13; 1,21.

3. Theologische Würdigung

(1) Die Erzählung vom reichen Fischfang ist seit langer Zeit als Allegorie verstanden worden. Sicherlich symbolisiert der reiche Fang für Lukas den Erfolg des späteren missionarischen Wirkens der Berufenen, sicher hat er für Lukas symbolisch-prophetischen Sinn; aber eine Allegorisierung der Einzelheiten ist gewiß nicht beabsichtigt. Lukas hat zwar mit seinem Text das geschichtsmächtige Bild vom »Schifflein Petri« als Symbol der Kirche geschaffen, aber noch nicht diese Deutung inauguriert. Die theologische Symbolik des Lukas ist anderer Art; sie muß, wie wir es versuchten, aus der Zusammenstellung und Zusammenordnung verschiedener kerygmatischer Motive zusammen-gelesen werden.

(2) Nennen wir noch einmal die Motive, die sich dem Prediger zur Entfaltung und Aktualisierung anbieten: Der Andrang des Volkes, das Gottes Wort hören möchte, ist eine typisch ekklesiologische Situation, die vielfältig übersetzt werden kann; das Vertrauen auf Jesu Wort (»Auf dein Wort hin«) ist ein theologisch und kerygmatisch besonders reiches Motiv; die Erfahrung des Sünders vor dem Heiligen (»Geh weg von mir«) ist eine religiöse Grunderfahrung, die immer neu gedeutet werden kann; der Zuspruch von Mut und Trost (»Fürchte dich nicht«) ist ein theologisches Motiv, das eine lange alttestamentliche Geschichte und vielfältige neutestamentliche Auswertung kennt; Berufung und Sendung, Nachfolge und Mission sind aneinandergebunden; Nachfolge und Verzicht als Voraussetzungen christlichen Dienstes sind bleibende christliche Themen und wichtige Teile unseres reichen Textes. Im Ensemble dieser Themen und Motive behält auch das »Wunder« seinen bedeutenden Platz, es kann sogar als Schlüssel zur Deutung aller anderen dienen. Denn: »Es geht in den Wundergeschichten immer um das einmalige und einzig-

artige Phänomen des Glaubens, jener Kraft, die das, was dem Menschen unmöglich ist, durch Gottes Handeln in Jesus möglich macht« (F. J. Schierse).

(3) Der Text Lk 5,1–11, der die Verkündigung, die Mission in Jesu Wirken verankert, ist gerade ein Text für den Verkündiger, den Prediger selbst. Ihm, der sich rastlos müht, geschieht der »wunderbare Erfolg«, wenn der Herr das Wunder geschehen läßt. Es gibt keine Garantie außer Jesu Wort; auf sein Wort hin können wir täglich neu anfangen. Jesu Wort schafft täglich die »Zeit« des Wunders – in der »Unzeit« unserer Welt.

R. Pesch

II. Liturgisch-homiletische Vorüberlegungen

1. Liturgische Hinweise

Mit dem Dritten Sonntag im Jahreskreis hat die kursorische Schriftlesung nach Lukas begonnen. Am Dritten und Vierten Sonntag verkündet Jesus sein Programm in Nazaret –, und wird abgelehnt. Mit dem Evangelium vom Fünften Sonntag wird ein neuer Anfang aufgezeigt: Jesus ruft die Jünger am See Gennesaret, und sie folgen ihm.

In Nazaret hatte Jesus erklärt: Das Wort des Propheten gehe in seiner Botschaft und Person in Erfüllung –, und die Zuhörer waren zunächst begeistert, wie schön er reden konnte, lehnten ihn dann aber doch ab. Am See Gennesaret hören wir wieder, wie die Menschen sich drängen, um sein Wort zu hören –, und einer, Simon Petrus, macht die Probe darauf, ob Jesu Wort gilt: Auf dein Wort hin werde ich die Netze noch einmal auswerfen.

Als Petrus den »Beweis« erhält, da schämt er sich für seinen Zweifel: In Jesus ahnt er – so jedenfalls die Komposition des Lukas – den von Gott gesandten Messias. Da wird ihm bewußt, was für ein kleiner Mensch er ist; dennoch kann Jesus ihn brauchen und ruft ihn. Darin besteht der Zusammenhang mit den beiden *Lesungen* des Sonntags: angesichts der Herrlichkeit Gottes wird *Jesaja* bewußt, daß er ein Sünder ist –, und gerade weil ihm das bewußt ist, wird er gesandt, Gottes Botschaft zu verkünden. Und ebenso bekennt *Paulus,* daß er eine »Mißgeburt« ist – und dennoch die Botschaft des Glaubens verkünden darf.

2. Homiletische Hinweise

Das *Evangelium* dieses Sonntags ist so reich an Inhalt, daß eine Auswahl getroffen werden muß. Denkbar wäre das Thema: Wer ist berufen, die Botschaft Gottes zu verkünden? Nicht der, der ohne Fehl ist, sondern der, der um seine Fehlerhaftigkeit und sein Ungenügen weiß.

Möglich wäre es, den Gedanken der Jüngerberufung zum Thema zu machen, ähnlich wie bei Markus und Johannes, oder auf die Erfahrung der Gemeinde vom unerwartet reichen Fischfang beim missionarischen Wirken hinzuweisen.

In der folgenden Vorlage soll der Akzent darauf liegen: Wir können Jesus glauben und wie Simon Petrus auf sein Wort hin handeln. Das Evangelium macht demjenigen Mut, der sich abmüht: Wer es immer wieder im Vertrauen auf Gott versucht, Jesu Wort zu folgen, wird am Ende reich beschenkt.

III. Zur Predigt: »Auf dein Wort hin will ich es noch einmal versuchen«

Nichts als schöne Worte!

Wie oft erleben wir es: Da macht jemand schöne Worte, verspricht uns das Blaue vom Himmel, aber am Ende können wir uns nicht darauf verlassen, am Ende geschieht wenig. Denken Sie nur an die Versprechungen vor Wahlen, oder vielleicht hat Ihnen Ihr Chef einmal etwas in Aussicht gestellt, und Sie haben sich besonders bemüht, oder Sie haben mit einem Schüler oder mit Ihrem eigenen Kind erlebt, daß Ihnen alles Mögliche zugesagt wurde, Sie haben selbst das Ihre getan und wurden am Ende enttäuscht. Da ist es kein Wunder, wenn wir mißtrauisch werden: Schöne Worte reichen nicht, wir wollen etwas in der Hand haben, wir wollen Beweise. Sonst mühen wir uns ab – und haben am Ende leere Hände.

Anders bei Jesus

Ich vermute, daß das schon früher so war, und kann daher Simon Petrus gut verstehen: Er hört Jesus predigen, es sind eindrucksvolle Worte, die Leute drängen sich, ihm zuzuhören. Kein Zweifel, dieser Wanderprediger kann gut reden. Das war schon in Nazaret seinen

Zuhörern aufgefallen. Er verspricht eine Menge: Gottes Liebe, ein erfülltes Leben, Freiheit von so vielem, was bedrückt. Aber er fordert auch viel, nämlich ganz auf ihn zu setzen, zu teilen, auf Gewalt zu verzichten. Ein schönes Ideal, eindrucksvolle Worte! Aber schon andere Wanderprediger hatten eindrucksvoll geredet –, und ihre Anhänger betrogen. Kann man sich auf Jesu Wort verlassen?

Ich verstehe dich, Simon Petrus. Was Jesus sagt, was er verspricht und was er fordert, das klingt gut. Nur wer garantiert mir, daß ich nicht ausgenutzt werde, wenn ich mich nicht mit Gewalt durchsetze, mit andern teile, mich bemühe? Bin ich da nicht am Ende der Dumme? Wir brauchen handfeste Beweise: Du, Petrus und ich.

Da spricht Jesus dich an: »Fahr hinaus auf den See; werft eure Netze aus!« – Das ist Unsinn, das bringt nichts, nur Arbeit und am Ende die Blamage vor den andern. Welcher Fischer wüßte nicht, daß die Nacht die beste Zeit zum Fischen ist? Und wenn es da nichts brachte, kann man sich die Arbeit am Tag von vornherein sparen. – Aber, du könntest es doch noch einmal versuchen und sehen, was von den Worten des Predigers zu halten ist. Ob es nur Worte sind – oder ob es etwas bringt, sich darauf zu verlassen? – Also gut, auf dein Wort hin will ich es noch einmal versuchen!

Wir haben gehört, wie es Petrus erging. Wie er erfuhr: Auf Jesu Wort hin lohnt sich ein aussichtsloser Versuch. Wie er sich schämt und dann ganz auf Jesus setzt. Und er nicht allein.

Unsere positiven Erfahrungen

Aber das ist lange her. Das Evangelium, das wir gehört haben, ist heute nur Wort, nicht unsere Erfahrung. Oder – haben wir es doch schon selber erlebt? Daß wir uns abgemüht haben, vergeblich. Daß wir es trotzdem von neuem versuchten, ja – auch aus dem Glauben. Und daß schließlich gelang, was uns unvernünftig oder unmöglich erschien?

Ich erinnere mich an einen jungen Mann in der Ausbildung zum Fotografen: Für Drogen hatte er seine Kamera und seine ganze Ausrüstung verkauft. Und er kam zu mir und sagte: Ich will aufhören damit, aber ich kann mit meiner Ausbildung nur wieder anfangen, wenn ich einen Fotoapparat und entsprechende Geräte habe. Keiner glaubt mir, daß ich es ernst meine, aber ich dachte: Sie als Priester würden vielleicht doch noch einmal einen Versuch machen. Ich habe ihm das Geld gegeben –, und er hat es geschafft – mit Note eins. Und er hat mich eingeladen zu seiner ersten Ausstellung.

von denen also, die seine Lehre weiterzutragen haben, vgl. Apg 2,42, spricht zu seiner Jüngergemeinde und über sie hinaus zu allen, die zu hören bereit sind.

V. 20b.21 Jesus redet in dieser psalmartigen Spruchfolge, die mit großer Verdichtung ein Thema seiner früheren Verkündigung von der Gottesherrschaft wiederzugeben scheint, eine Gruppe im Volke an, die als arm, hungernd und weinend charakterisiert ist. Für den Evangelisten und die ihm unmittelbar vorausliegende Tradition mag sich in solcher Zuwendung die prophetische Beschreibung des Messias Jes 61,1ff als erfüllt erweisen: »... Gute Botschaft den Armen zu bringen, hat er mich gesandt; zu verbinden, die gebrochenen Herzens sind ..., zur Freude den Trauernden Sions ...« Aber wahrscheinlich muß man die Preisung viel originaler hören.

Sie spricht ohne Spiritualisierung von physischer Armut und Ohnmacht, von leiblichem Hunger und von den Tränen der Bedrückten. Die Rede hat also die Schöpfung im Blick, sie sieht auf den Zustand der Welt, auf die Rechtlosigkeit derer, die ohne Macht und Einfluß sind, auf den Kummer der Zukurzgekommenen.

Die Nachsätze der Preisungen bleiben auf dieser Ebene. Sie stellen der gegenwärtigen Not das künftige Heilsgut gegenüber: Die Teilhabe an der Gottesherrschaft. Diese beschreiben sie ebenfalls als Schöpfungsgabe: Die jetzt hungern, sollen dann gesättigt werden, die weinen, sollen lachen.

Der gegenwärtige Zustand wird also nicht angegangen und verändert, seine Last wird vielmehr aufgewogen durch das Glück des Kommenden, das Gott verspricht und der Mensch in seinem Trauen auf ihn für wahr nimmt. Das Übergewicht aber des Künftigen über das Gegenwärtige ist so groß, daß die Armen, obwohl sie in der Welt arm bleiben, selig genannt werden können, vgl. Röm 8,18f.

V. 24f Die den Preisungen entsprechenden drei Weherufe sind keine mahnende Zurede, sondern Gerichtsansage. Die Betroffenen sind nicht als anwesend vorgestellt, die Rufe haben vielmehr kontrastierende Funktion: Sie geben den Preisungen Kontur und betonen die Entscheidung zwischen Heil und Unheil.

Inhaltlich bietet die synoptische Überlieferung in den Worten über arm und reich unterschiedlichen Stoff. Man kann zwei Ebenen unterscheiden. Es gibt aus der Mitte des Evangeliums kommende, eine subtile Kenntnis des Menschen offenbarende Warnungen vor der Haltung, in die der Wohlhabende leicht geraten kann: Identifizierung mit dem Besitz, Abriegelung gegen jede Forderung – auch die

Forderung Gottes –, die den Besitz gefährden könnte, Verhärtung des Herzens und eine dreiste, forcierte Sicherheit, die gemessen an Gottes Wahrheit als abgründige Torheit erscheint (Ps 14,1). Dahin gehört die Warnung vor einem Gott vergessenden Schätzehorten, Mt 6,19 ff Q, samt dem Gleichnisspruch vom heilen Auge, V. 22 f, und dem von den zwei Herren, V. 24.

Aber es gibt auch sehr einfach angelegte, die Tradition der Weisheit aufnehmende Worte; dahin gehört das Gleichnis vom törichten Bauern, Lk 12,15 ff, das vom Reichen und vom Armen, Lk 16,19 ff, der Spruch vom Nadelöhr, Lk 18,24 f, und so auch hier die summarische Verwerfung der Reichen. Das klingt dann so, als bewirke das eschatologische Gericht eine einfache Umkehrung der Verhältnisse – mit dem Stück vom Reichen und vom Armen gesprochen: »Bedenke, Kind, daß du dein Gutes empfangen hast in deinem Leben und Lazarus gleichermaßen das Schlimme; nun aber wird er hier getröstet, du aber leidest Qual«, Lk 16,25.

So gewinnt man den Eindruck, daß die Preisungen und Weherufe der anfänglichen Gerichtsprophetie Jesu zugehören. Es ist ja verständlich, daß diese sich noch in der Nähe der Täuferpredigt hält. Sie teilt mit ihr die große Perspektive, aber auch das summarische Urteil (Man vergleiche etwa die Bedrohung der führenden Leute Israels in der Spruchfolge Lk 3,7–9 Q). Wenn Jesus aus dem Kreis des Täufers zu seiner eigenen Wirksamkeit hervorgetreten ist, wird dieser Zusammenhang begreiflich.

V. 22 An die Stelle der knappen Formen von Vor- und Nachsatz tritt nun ein wortreiches, ausgearbeitetes, über den bei Matthäus zu findenden Text noch hinausgehendes Gebilde. Der ganze V. 22 übernimmt nun die Funktion des Vordersatzes. – ». . . Wenn sie euch hassen« heißt konkret: Wenn sie euch exkommunizieren und (dabei) schmähen und euren Namen für böse erklären und ausstoßen.

Die Rede gehört in die Nähe solcher Worte wie Lk 21,12 f: »Sie werden euch verfolgen und euch an die Synagogen und die Gefängnisse ausliefern«, – und Mt 10,17: »Man wird euch den Synedrien übergeben und in den Synagogen auspeitschen.« Diese Art von Worten scheint konzipiert in der Leidenserfahrung der frühen judenchristlichen Gemeinden. Den um ihres Glaubens an den Messias Jesus willen Verfolgten wird die Tröstung in Form der Voraussage durch den Herrn selbst zugesprochen; sie dürfen wissen, daß alles, was ihnen widerfährt, gesehen und zugelassen und im Gedächtnis Gottes aufgehoben ist.

V. 23 Das »Selig« von V. 22 wird nun variiert und gesteigert durch die Aufforderung zu einer Freude, die sich im Jubel (Matthäus) und im Freudentanz (Lukas) ausdrückt. Auch hier steht die Erfahrung der Jünger im Blick, vgl. Apg 5,41 (nach dem Verhör und der Auspeitschung der Apostel): »Sie gingen fort vom Synedrium, voll Freude, daß sie gewürdigt wurden, für den Namen Schmach zu leiden.« Auch die Wendung »an jenem Tage«, die wohl der Evangelist eingefügt hat, weist hin auf die Zeit der Kirche, vgl. Mk 2,20.

Nach der variierenden Wiederaufnahme der Preisung beginnt mit »Denn sehet . . .« der Nachsatz. Er stellt die verfolgten Jünger in die Reihe der Propheten, die für ihre Botschaft einstehen mußten, und erinnert sie an den Lohn, den Gott für seine Knechte bereit hält.

V. 26 Der nachträglich in Analogie zu V. 22 gebildete vierte Weheruf stellt den Propheten Gottes und damit den wahren Jüngern Jesu die Falschpropheten gegenüber – nach Mt 7,15 sind das zweifelhafte Lehrer in den Gemeinden, die das Evangelium Jesu zu verderben drohen. Sie erfahren nicht Schmähung und Verstoßung, sondern eine schmeichelhafte Anerkennung, wie sie ihrer bequemen Lehre entspricht. Aber das Gericht Gottes wird ans Licht bringen, was sie waren; daher der Weheruf.

*

Sieht man die vierte Preisung in der Einheit mit den drei voraufgehenden, welche bereits die Überlieferung vor Lukas und Matthäus hergestellt hat, dann zeigt sich, daß nun auch in den Armen, den Hungernden und den Weinenden die Jünger erkannt werden sollen (H. Schürmann). Dieselben, die »um des Menschensohnes willen verfolgt« sind – Matthäus sagt deutlicher, 5,10, daß sie »wegen Gerechtigkeit«, d.h. wegen des Gutseins, das sie von Jesus gelernt haben, mit der Synagoge in Konflikt stehen –, können in einer Welt nicht gedeihen, in der die Reichen, Satten, Selbstsicheren den Ton angeben. Das ist zweifellos auch die Überzeugung des Evangelisten Lukas.

3. Theologische Würdigung

(1) Die Heraushebung des älteren, selbständigen Stoffes der drei ersten Preisungen ist keine nur exegetische Angelegenheit; sie bringt eine wichtige Klarstellung für die Verkündigung. An dieser Stelle

nämlich wird die Aussage des eschatologischen Geschehens von Gericht, Läuterung und Weltbefreiung in der Rede Jesu konkret wie sonst nur in den das Evangelium begleitenden prophetischen Zeichen der Heilung und Wiederherstellung. Wenn die Armen, die Not und Enge des Daseins tragen, weil sie in der Kraft der Hoffnung auf das eschatologische Werk Gottes ausschauen, dann ist bereits das Evangelium bei ihnen am Werk.

Damit ist aber die in der Rede Jesu eröffnete Erkenntnis noch nicht abgeschlossen. Wenn Gott es nämlich so vorhat, wenn das sein Wille mit den Armen ist, dann wird um so belastender der Auftrag spürbar, der dem innergeschichtlich handelnden Menschen erteilt ist. Seine Bindung an diese Welt verlangt einerseits Geduld und Hoffnung –, andererseits ein fortschreitendes, eindringliches Wirken für eine Ordnung der menschlichen Gesellschaft, in der Gerechtigkeit und Freiheit realisiert werden kann. Nur unter dieser Voraussetzung wird dem Evangelium der Platz eingeräumt, der ihm zukommt, ohne daß eine falsche Unweltlichkeit entsteht.

(2) »Wegen des Menschensohns« sind die Jünger in der Welt, wie sie in ihrer Antwort auf den Anspruch Gottes sich darstellt, ohne jene Chance des Gedeihens, welche die Unbedenklichen, die Sicheren, die von Kraft Strotzenden zu nutzen wissen. Es gibt eine Begrenzung des »Erfolgs« für die Redlichen. Das heißt nicht, daß sie notwendig besitzlos sind, wohl aber, daß sie an bestimmten Stellen nicht »mit den Wölfen heulen« können.

(3) »Verfolgung wegen des Menschensohns« – das ist nicht irgendeine weltanschauliche Auseinandersetzung, sondern die Erfahrung einer tiefsitzenden Ablehnung des Daseinsbildes, das aus dem Evangelium hervorgeht.

Matthäus hat das herausgestellt mit der Wendung »verfolgt wegen Gerechtigkeit«, 5,10. Im jüdischen Bereich wird der Jünger angefeindet, weil er der überlieferten Gerechtigkeitslehre zuwider sich dem freiheitschaffenden Evangelium anvertraut hat und nach dessen Anleitung zu leben wagt. Diese Konfliktsmöglichkeit gibt es heute noch. Sie ist auch innerhalb der Kirche nicht abgetan; es gehört vielmehr zu deren viatorischer Verfassung, daß die Stumpfheit neben der Hellhörigkeit, das Vertrauen auf formale Gesetze neben der Frage nach dem lebendigen Willen Gottes, der Buchstaben-Gehorsam neben der hellsichtigen Liebe steht. Gegen solche Unklarheit der Erscheinung hilft nur eine intensive Darlegung des Evangeliums. Wer sich darum müht, muß aber wissen, daß er in einer Kirche der Sünder redet, so wie er selber einer ist, und daß der Auftrag durchgetragen werden muß bis zu dem Tag, um dessen willen die Geduldigen selig genannt werden.

H. Kahlefeld

II. Liturgisch-homiletische Vorüberlegungen

1. Liturgische Hinweise

Das durchgängige Thema der Liturgie dieses Sonntags drückt der Vers aus der *Ersten Lesung* aus: »Gesegnet der Mann, der auf den Herrn sich verläßt«, Jer 17,7. Dieses Wort ist auch der Leitvers im *Antwortpsalm*. Im *Evangelium* wird dieser Gedanke in den Seligpreisungen aufgenommen: Selig ist, wer sich allein auf den Herrn verläßt. Der Beter im *Eröffnungsvers* mit seinen Bitten um den »schützenden Fels« und die »feste Burg, die mich rettet«, verrät, von wem er allein Hilfe erwartet. Voraussetzung für den verheißenen Lohn ist das »neue Herz« (*Tagesgebet*) und der »neue Mensch« (*Gabengebet*).

Zwischen der Ersten Lesung und dem Evangelium besteht eine auffallende Parallele, allerdings in umgekehrter Reihenfolge: Während die erste Lesung zunächst diejenigen verflucht, die »auf Menschen vertrauen«, und danach über die »Gesegneten« spricht, nennt Jesus in seiner Feldrede zuerst die »Seligen« und spricht im zweiten Teil das »Weh euch«. In Lesung und Evangelium werden diejenigen angeklagt, die auf Menschen oder Irdisches ihre Hoffnung setzen. Jeremia nimmt Vergleiche aus Steppe und Wüste, um deutlich zu machen, wie es diesen Menschen ergehen wird. Die vier Weherufe zeigen mehr geistige und seelische Schmerzen an, die über die Menschen kommen, die in der Welt ihr umfassendes Glück finden wollen. Wer auf Gott seine Hoffnung setzt, dem wird es gehen wie einem Baum am Wasser: er kann ohne Sorge sein und wird viele Früchte bringen. Jesus wendet sich in den vier Seligpreisungen den Armen, Hungernden, Weinenden und Verfolgten zu und verspricht ihnen seinen Lohn.

Die *Zweite Lesung* handelt von der Grundlage der Liturgie und auch unseres Lebens: von der Auferstehung Jesu Christi. Von ihr hängt alles ab: »Wenn Christus nicht auferweckt worden ist, dann ist euer Glaube nutzlos«, 1 Kor 15,17. Im Glauben an den Auferstandenen hat sich die Gemeinde zum Gottesdienst versammelt.

2. Homiletische Hinweise

Es fällt auf, daß Jesus tröstende Worte an seine Jünger richtet, die gehaßt, beschimpft, in Verruf gebracht und aus der Gemeinschaft ausgeschlossen werden. Aus diesem Text kann eine Verfolgungssituation der jungen Gemeinde herausgehört werden, vor der auch die Jünger sich fürchten. Jesus deutet mit der Formulierung »um des Menschensohnes willen« an, daß er der Herr ist, auf den sie sich verlassen können. Das vierfache »Weh euch« kann gesellschaftskritischen Charakter haben, wenn Reiche in der Gemeinde gemeint waren, die von ihrem Besitz nichts abgeben wollten. Wem es auf dieser Erde gut geht, muß darauf achten, daß er den Gefahren seines Reichtums nicht erliegt. Jesus warnt auch vor einem zu angepaßten Leben: »Gleicht euch nicht dieser Welt an« (Röm 12,2)! Ständig und von allen gelobt zu werden, ist eine große Versuchung, die vom geraden Weg wegführen kann.

Da es nicht Absicht Jesu gewesen sein kann, Armut, Hunger, Trauer und Verfolgung als erstrebenswerte Güter hinzustellen, dürfen sie nicht absolut gesetzt werden. Jesus will sagen: Der Arme ist offen für einen anderen Reichtum, der Hungrige für die Gabe Gottes, der Trauernde für eine Hoffnung, die Gott gibt, und der Verfolgte weiß sich von Gott gehalten.

Die Auferstehung Jesu ist die Grundlage für unsere eigene Auferstehung. Die Zahl derer, die meint, mit dem Tode sei alles vorbei, ist heute groß. Das Glaubenszeugnis der einzelnen Christen ist ausschlaggebend, wenn dem reinen Diesseitsdenken Einhalt geboten werden soll. »Herr, erhalte in mir die Sehnsucht nach dem Ewigen« (*Paul Claudel*).

III. Zur Predigt: Selig, die Haß nicht nur ertragen, sondern überwinden

Wegweiser zum Glück
»Ideale sind wie Sterne. Wir können sie mit unseren Händen nicht greifen; aber in der Dunkelheit weisen sie uns den Weg, um unser

Ziel zu erreichen.« Dieses Wort ist eine Brücke zu dem Evangelium, das sich mit einer Kernaussage der Feldrede Jesu befaßt. Wer möchte nicht zurückweichen vor dem »Weh euch«? Wer fühlt sich nicht angesprochen und getroffen? Wer könnte sich ehrlichen Herzens einreihen in die Schar derer, die von Jesus »selig« gepriesen werden? Wer zählt sich zu den Armen, Hungernden und Weinenden? Wer wäre glücklich unter dem Haß und den Beschimpfungen der Menschen? Wer könnte sagen: Alles nehme ich auf mich »um des Menschensohnes willen«? Die Seligpreisungen Jesu sind wie Sterne; wir können sie nicht greifen.

Viele Christen meinen, in der Kirche dürfe man nicht von Glück sprechen; passender sei das Gespräch über Kreuz und Sünde, über Gebote und Verbote. Aber Jesus hat seine große Antrittsrede, seine Regierungserklärung nicht mit Geboten und Verboten begonnen, sondern mit der Verheißung auf Seligkeit: Selig seid ihr! Heil euch! Glücklich seid ihr!

Alle Autofahrer wissen, wie wichtig die Schilder an den Autobahnen sind. Sie helfen uns auf unserem Weg zum Ziel. Wenn ein Schild überfahren wird, müssen vielleicht schwierige Wendemanöver unternommen werden. Die Bibel nennt einen solchen Vorgang »umkehren«.

Schilder allein aber genügen nicht; man muß auch die Karte im Kopf haben, wenn man sein Ziel erreichen will.

Es gibt viele Wegweiser zum Glück. Die meisten erweisen sich allerdings als Irrwege. Auch die Seligpreisungen sind solche Wegweiser. Aber viele Menschen trauen ihnen nicht, weil die genannten Zielgruppen so seltsam klingen: Arme, Hungernde, Weinende, Gehaßte.

Vielleicht machen wir den Fehler, die Seligpreisungen in letzter Radikalität leben zu wollen. Sicher sind sie Sterne, Hochforderungen; aber man kann sie nicht leicht verwirklichen. Dennoch geben sie für unser Leben eine Richtung an, sie weisen uns den Weg, damit wir unser Ziel erreichen.

Und die Karte im Kopf haben, das bedeutet die Bereitschaft, sich auf den einzulassen, der die Schilder für den Lebensweg gesetzt hat. Sie alle sind Wegweiser zum Glück.

Selig ist nicht der, der gehaßt wird, sondern wer den Haß überwindet

Jesus spricht in seiner Rede diejenigen selig, die von den Menschen gehaßt und aus ihrer Gemeinschaft ausgeschlossen werden. Der

Zusatz »um des Menschensohnes willen« weist darauf hin, daß hier die Verfolgung der jungen Christengemeinde und der Ausschluß aus der Synagoge gemeint ist. Es läge nahe, in diesem Zusammenhang über Christenverfolgungen heute nachzudenken.

Im Evangelium werden die Jünger deshalb »selig« genannt, weil sie wegen ihres Bekenntnisses zu Jesus Christus gehaßt werden. Aber nicht im Gehaßt-Werden liegt der Wert, sondern in ihrem Mut, sich auf die Seite des Menschensohnes zu stellen. Durch diese Entscheidung wird es möglich, der Welt ein anderes und besseres Gesicht zu geben.

»Um des Menschensohnes willen« ist das Motiv der Jünger, alles zu ertragen und auf sich zu nehmen. »Um des Menschensohnes willen« ist aber auch der Beweggrund, von nun an ein anderes Leben zu beginnen und in die Fußstapfen ihres Herrn zu treten. Dieser neue Weg führt in die Freude und verspricht einen Lohn im Himmel. Zur Zeit Jesu gab es in gleicher Weise wie heute Haß zwischen den Menschen und Völkern, zwischen Rassen und Religionen. Jesus wußte, daß das System des »Auge um Auge, Zahn um Zahn», das die Rache unter Kontrolle halten sollte, auf Dauer nicht funktionieren würde. Darum suchte er nach einem neuen Ansatz, weil Haß niemals durch Haß und Rache niemals durch Rache überwunden werden kann. Immer wird das eine das andere gebären. Haß kann nur überwunden werden, indem der Gehaßte sich dem Feind ausliefert, indem er nicht zurückschlägt, nicht dieselben Mittel verwendet, sondern ein neues Prinzip einsetzt: das der Liebe. Mit diesem neuen Prinzip wird der Gegner entwaffnet, der Haß überwunden und auf Dauer der Feind für die Freundschaft gewonnen. Jesus selbst hat dieses Prinzip bis zum Ende am Kreuz vorgelebt. Darum kann »um des Menschensohnes willen« nur heißen, seinem Herrn auf diesem Weg zu folgen versuchen. Wer dazu bereit ist, der wird »selig« genannt.

Die schwierige Frage der Gewaltlosigkeit

Es legt sich nahe, im Anschluß an die Magna Charta des christlichen Lebens – parallel zu den Seligpreisungen der Bergpredigt, Mt 5,1–11 – eine aktuelle, äußerst schwierige Frage anzuschließen. Viele Christen der sogenannten Friedensbewegung berufen sich auf das Prinzip der Gewaltlosigkeit Jesu. Weil er Gewaltlosigkeit gelebt, gepredigt und verlangt habe, müßten alle Christen gewaltlos leben. Aus diesem Grunde brauche ein Volk keine Waffen zu besitzen und dürfe sich auch nicht verteidigen. Wenn ein Feind angreift, dann bleibe nur der gewaltlose Widerstand.

Andere Christen, die dieser Meinung glauben nicht folgen zu können, stellen Gegenfragen:

- Die Forderung Jesu ist eine so hohe sittliche Forderung, daß jeder Mensch sie nur für sich allein entscheiden kann. Niemals kann einer sagen: Weil ich gewaltlos leben will, mußt du auch so leben. Jeder muß selbst seine Entscheidung fällen mit allen Konsequenzen. Ist es erlaubt, eine solche geforderte Einzelentscheidung auf ein ganzes Volk auszudehnen?
- Muß das Prinzip der Gewaltlosigkeit von denen, die es fordern, nicht auch im Alltag ständig geübt und gelebt werden? Ist die Forderung nach staatlicher und militärischer Gewaltlosigkeit gerechtfertigt, wenn sie nicht Tag für Tag von denen praktiziert wird, die sie erheben? Wenden wir nicht ständig im Alltag, im Beruf, in Freizeit und im Straßenverkehr Gewalt an? Wie ist es mit dem Verzicht auf Aggression als Friedensangebot an den Ehepartner, den Nachbarn, den Andersdenkenden? Wie sehr wird die Abrüstung im Machtstreben, das auf Kosten anderer geschieht, ernst genommen? Alles das sind feine Formen von Gewalt.
- Sind die wirklich gewaltlos Lebenden nicht wie heilige Zeichen oder Leuchttürme, die uns anstrahlen, aufrütteln und an die Botschaft Jesu erinnern? Da genügt das Wort nicht; dazu gehört die überzeugende Tat. Es gibt durchaus Beispiele in der Geschichte: Martin Luther King, Maximilian Kolbe, Therese von Lisieux, Dom Helder Camara.

»Es ist besser, ein Licht anzuzünden, als über die Finsternis zu klagen.« Überall, wo einer versucht, nach den Seligpreisungen zu leben, da ist er ein Licht und ein Wegweiser für die Welt.

P. Jakobi

Siebter Sonntag

Lk 6,27–38

I. Bibeltheologische Vorüberlegungen

1. Stellung, Struktur, Gattung der Perikope

Die Perikope läßt erfreulicherweise den Mittelteil der lukanischen Bergpredigt beieinander, sie folgt also nicht der Trennung zwischen V.36 einerseits und 37–38 andererseits, die Matthäus vorgenommen hat, um den Stoff einzuschieben, der sein sechstes Kapitel ausmacht.

Der formalen Betrachtung bietet sich eine dreiteilige Komposition von Herrenworten, die in einer ersten Gruppe mit V. 27f einen Doppelspruch im gleichsinnigen Parallelismus bringt, darauf einen ähnlich gebauten, V. 29, der die Forderung des ersten an zwei Beispielen anschaulich macht und mit V. 30 einen Regelsatz anfügt, der überleitet zu der »Goldenen Regel«, V. 31.

Es folgt mit V. 32–35 eine zweite Spruchgruppe, die den Forderungen der ersten dadurch Plastik verleiht, daß sie, was von den Jüngern erwartet wird, abhebt von dem, was alle freundlichen Menschen tun. Abschließend wird auf den Anfang zurückgegriffen und die Mahnung von V. 27 wiederholt. Mit ihr ist, wie schon in den Preisungen, im Nachsatz der Hinweis auf die eschatologische Vergeltung verbunden.

Ein dritter Abschnitt wird durch V. 36 eröffnet. Neben die positive Forderung von V. 27ff tritt nun eine negative, ein Verbot, das sogleich wieder durch einen positiven Regelspruch und eine zu Herzen redende Verheißung abgelöst wird, derart, daß die ganze Perikope vom Ende her eine tiefere Motivation empfängt.

2. Einzelauslegung

V. 27f Die bekannte Formel »Ich sage euch« ist hier leicht umgeformt, so daß nach den Weherufen gegen die abwesenden Reichen die Zuwendung zu den Jüngern wieder deutlich wird.

Der Bau des Doppelspruchs von V. 27f ist zu beachten:

Liebt	eure *Feinde;*
tut Gutes	denen, die euch *hassen.*
Segnet,	die euch *verfluchen;*
betet für sie,	die euch *schmähen.*

Parallel zu »lieben« steht also »Gutes tun«. So wird sofort klar, daß es sich bei der Liebe zum Feind nicht um ein Gefühl handelt, sondern um ein praktisches Verhalten, um die Tat der Liebe. Diese Liebe ist unabhängig von erfahrener Feindseligkeit; ihr Beweggrund liegt so tief, daß äußere Einwirkung sie nicht verändern kann.

Nun ist aber zu fragen, ob hier vom Verhalten des Einzelnen gegen seinen eigenen Feind die Rede ist oder nicht eher von dem Verhalten der Jüngergemeinde gegenüber ihren Verfolgern. Ein gewisser Zusammenhang mit der vierten Preisung, vor allem aber die Sprechweise im zweiten Satz des Parallelismus: »segnen«, »beten« und »fluchen«, »schmähen«, könnte darauf deuten. Sicherlich ist ein solches Verständnis nicht auszuschließen; aber die Forderung reicht doch bis ans Verhalten des Einzelnen, und sie sieht auch den, der ihm als Feind begegnet, als Einzelgestalt. Das wird durch die folgenden Sprüche bis hin zur Wiederholung der Liebesforderung in V. 35 völlig klar.

V. 29 Schon die Anrede in der Einzahl, statt wie in V. 27f in der Mehrzahl, zeigt, daß der Jünger in seinem individuellen Erfahrungsbereich angesprochen ist. Und es geht keineswegs um »Verfolgung um des Menschensohnes willen«, sondern um profane Rechtsbrüche.

Da wird einer von einem Rohling ins Gesicht geschlagen oder von einem Räuber angefallen. Nun wird er angewiesen, er solle der Gewalt, die ihm da begegnet, keine eigene Gewalt entgegensetzen, sondern das Hin und Her des Bösen bei sich zu Ende kommen lassen.

Das wird, um jede reflektierende, die moralische oder gesetzliche Verpflichtung abzirkelnde Erörterung zu unterbinden, radikal und ohne Bedingung formuliert, so daß man meint, etwas Naturwidriges zu hören. Dem Schläger auch noch die andere Wange zu bieten, dem Räuber zu dem Mantel auch noch das Untergewand zu überlassen, das wirkt wie eine völlige Preisgabe von Recht und Ehre, abgesehen davon, daß der Angreifer bedenkenlos seiner Bosheit überlassen wird. Alles hängt nun von der Motivation ab. Die von den

»glühenden Kohlen«, Röm 12,20 z. B., wäre viel zu flach. Tatsächlich liegt sie auch sehr viel tiefer. Sie tritt am Ende der Perikope deutlich hervor.

V. 30 Ein drittes Beispiel, das vom erzwungenen Vorspann, Mt 5,41, bleibt hier beiseite, und ein viertes, von der Gewährung des Darlehens, Mt 5,42, ist umgestaltet zu einem Regelsatz, der das Verhalten des Jüngers in jedem Falle beschreibt: Er gibt her, was er hat, sowohl wo ein Bittsteller ihn angeht, als auch dort, wo ein Gewalttäter seine Habe nimmt. Das Hergeben aber ist so eindeutig, daß er nicht einmal hinterher das Seinige zurückverlangt.

V. 31 Die Goldene Regel besiegelt, weil sie anerkannt ist, das zuvor Gesagte. Sie erreicht keineswegs dessen Höhe; ihr Wert liegt aber darin, daß sie eine praktische Urteilshilfe gibt. Zu beachten ist, daß sie offenbar bewußt nicht negativ formuliert ist: »Was du nicht willst . . .«, sondern positiv: »Was ihr wollt, daß euch die Menschen tun . . .«. Dadurch wird sie zu einer umfassenden Maßgabe. Man kann sie wie eine Auslegung zum Gebot der Nächstenliebe begreifen. »Lieben wie dich selbst«, das heißt: Was du für dich von anderen erwarten möchtest, das dir helfen könnte, das gib du ihnen!

V. 32–34 Die drei Sprüche dieser Gruppe dienen ebenso wie die vorangegangenen der Verdeutlichung des in V. 27f Verlangten. Sie zeigen, daß die Freundlichkeit, die zwei sich gegenseitig erweisen, dem Anspruch des Evangeliums noch nicht genügen kann.

Das ist zunächst, V. 32f, ein doppelter, in beiden Teilen gleichgebauter Spruch:

Wenn ihr liebt, die euch lieben,
welchen Dank . . .
denn auch die Sünder . . .
Wenn ihr Gutes tut denen, die euch Gutes tun,
welchen Dank . . .
auch die Sünder . . .

Ihm ist, V. 34, ein dritter beigegeben, der vielleicht aus einer Vorlage wie Mt 5,42 übernommen und der ausdrucksvollen Form des Doppelspruches angeglichen wurde:

Wenn ihr denen leiht, von denen ihr's wieder
zu erhalten hofft,
welchen Dank . . .
auch die Sünder leihen Sündern,
um das Gleiche zurückzuerhalten.

Dort also, wo es nicht mehr um solchen Tausch geht, vielmehr das Gute völlig einseitig geschieht, zeigt sich, was den Jünger ausmacht.

Mit der Adversativpartikel plén, vielmehr, kehrt die Rede zum Hauptsatz der Forderung zurück. Geliebt werden sollen die Feinde. Am Verhalten zum Feind kommt es heraus, ob einer wirklich in der Schule des Evangeliums steht.

Nun werden die voraufgehenden Sätze aufgenommen. Neben der Liebe, V. 32, steht das Guttun, V. 33, und daneben das Leihen ohne Rückerwartung, V. 34. So ist in leicht abgewandelter Form der Anfang der Spruchkette, V. 27f, aufs neue zu hören.

V. 35b ». . . Und euer Lohn wird reich sein.« Der Nachsatz, der so wie in der vierten Preisung, V. 22f, allen Leiden und Bewährungen das Gewicht der eschatologischen Verheißung entgegensetzt, kommt zu seiner vollen Wirkung, wenn nun der Lohn genannt wird, der auf den Getreuen wartet. Gott wird ihn als »Sohn« anerkennen; vgl. Mt 5,9: »Man wird sie Söhne Gottes heißen.«

Von großer Bedeutung ist der begründende Satz: »Weil auch er – Gott – gütig ist gegen die Undankbaren und Bösen.« Denn hier wird das in der jüdischen Lebenslehre ausgebildete Prinzip der »Nachahmung Gottes« genutzt, um die Vorstellung der Sohnschaft zu erhellen. Der Sohn zeigt ja Ähnlichkeit mit seinem Vater. Das in der Nachahmung aufgewiesene Verhalten läßt die künftige Sohnschaft bereits erkennen.

Der Gedanke führt noch weiter. Weil der Jünger der radikalen Überwindung des Bösen für sein Teil zustimmt und ihr im eigenen Bereich Raum schafft und damit dem Liebeswillen Gottes folgt, wird die eschatologische Sohnschaft in seiner innerweltlichen Existenz bereits greifbar. Es gibt eine Veränderung der Welt, die nicht auf umfassenden Reformplänen beruht, sondern im Einzeldasein ohne jede Ideologie wahr zu werden beginnt.

V. 36 Der Satz rundet die Rede von Gottes Güte ab, eröffnet aber zugleich eine weitere Spruchgruppe, die unter dem Motiv der Barmherzigkeit steht. Wenn Gott dem ins Böse Verbannten mit unbeirrbarer Güte begegnet, dann schließt das ein, daß er sich über den Schuldigen erbarmt. Von diesem Vorbild her gewinnt der Jünger Hilfe gegen eine im Menschenwesen tief angelegte Schwäche, die Neigung nämlich, durch das Gericht über andere sich selbst zu erheben, vielleicht auch, sich zu entschädigen für die eigene Anstrengung.

V. 37, 38a Untersagt wird das Gericht über andere. Das geschieht in einem Doppelspruch, der im ersten Teil negativ gefaßt ist: Nicht richten, nicht verurteilen, und im zweiten positiv: Freilassen, und überhaupt: Geben.

Dahinter steht motivierend der Gedanke an das Gericht: Einer, der barmherzig war und darum auf das Richten verzichtet hat, darf auch für sich Barmherzigkeit erwarten. Ebenso wird einer, der bereit war, den auf welche Weise auch immer »Verhafteten« freizulassen, und die Großmut besaß, zu geben in jeglicher Form, vgl. V. 30.34.35, die Großmut Gottes erfahren.

V. 38b.c In dem Gefüge, das Matthäus mit 7,1–2 hergestellt hat, besitzt der Spruch vom Maß des Gerichtes formal das Gewicht des Nachsatzes und inhaltlich das der drohenden Motivation. Anders in der Lukas-Fassung. Hier bleibt er die weisheitliche Sentenz, die er von Anfang war, vergleichbar solchen Abschlußworten wie dem von den Ersten und Letzten oder von denen, die sich selbst erhöhen. Aber der Nachsatz zu dem Wort vom Geben, der verheißt: »Es wird euch gegeben werden«, V. 38a, wird nun sehr erweitert und durch die Herzlichkeit seines Tones mit großem Gewicht versehen. Er bringt die ganze Spruchkette von V. 27 zu einem nachklingenden Schluß.

Das Bild, das hier verwendet wird, gehört zu dem Vorgang der Entlohnung eines Knechtes. Das Getreide, das seinen Unterhalt ausmacht, vgl. Lk 12,42, wird ihm in den Gewandbausch gegeben, und die Verheißung sagt, es werde ein überschwengliches Maß sein.

3. Theologische Würdigung

(1) Es handelt sich bei der Spruchfolge um eine in der lehrenden Gemeinde hergestellte Komposition von unterschiedlichen Texten. Während V. 29 als Stück einer ursprünglichen Jüngerbelehrung erscheint, könnte der eröffnende Doppelspruch, V. 27f, die Erweiterung eines Kernsatzes der Lehre Jesu darstellen. Ähnlich wie V. 29 kann wohl der Doppelspruch V. 32f beurteilt werden, während die Goldene Regel in anderem Zusammenhang, wahrscheinlich mit bewußter Positivwendung eines gebräuchlichen Sprichwortes, von Jesus verwendet sein kann. In dem Teilschluß V. 35 ist die Motivierung aus dem Verhalten Gottes und der Gedanke einer Sohnschaft auf Grund von Verähnlichung von größtem Gewicht. Wie er auch sprachlich in der Überlieferung oder durch die Redaktion geformt

worden sei – vgl. Mt 5,45 –, er gibt das für Jesus maßgebliche Motiv an und eröffnet damit den Sinn der radikalen Forderungen. Er entschlüsselt also die ganze Spruchfolge.

Die tradierende Gemeinde hat offenbar die Intention ihres Meisters verstanden. Das gibt der Auslegung das Zutrauen, daß sie es mit dem Kern des Evangeliums zu tun hat.

(2) Die wiederholte eschatologische Motivierung kann klar machen, daß die Forderungen, die an den Jünger gestellt werden, nicht aus ethischen Prinzipien hervorgehen, sondern das Einverständnis mit dem erwirken wollen, was Gott tut und getan haben will. Das bedeutet eine Entscheidung. Es geht keineswegs um die Entwicklung einer »Ethik Jesu«, sondern um die Realisierung des Gottesverhältnisses, das nun vollkommen personal und darum schicksalhaft geworden ist. Hier liegt der Unterschied auch zwischen der rabbinischen Weglehre und der Weisung Jesu. Was also bei ethischer Betrachtung als eine idealistische Denkweise und eine übersteigerte, ja widernatürliche sittliche Anstrengung erscheinen muß, was geradezu einlädt zum wertenden Vergleich mit anderen und anders begründeten sittlichen Idealen, ist in Wirklichkeit in einem personalen Gottesverhältnis von intensiver Lebendigkeit begründet. Die Bereitschaft zu einer Liebe, die zwar von der eigenen Schwachheit weiß, aber keine Grenze des Zumutbaren setzt, ist selber Frucht einer tiefen und glücklichen Liebe. Was in der Spruchfolge verlangt wird, ist nichts anderes als die Realisierung dessen, was für Jesus Glauben heißt.

(3) Die Anrede des Einzelnen in V. 29 ist elementar. Es geht zunächst um ihn, und zwar dort, wo er strikt als Einzelner, nicht als für andere einstehend, zu entscheiden und zu handeln hat. Dort allein gibt es die Preisgabe des Rechts und den völligen Verzicht auf Gewalt. Dort gibt es aber auch das Einverständnis mit Gott und die geheime Tröstung durch ihn. Der Einblick in die Existenz Jesu, der sich an dieser Stelle eröffnet, setzt den Vollzug des Evangeliums voraus. Es gibt also ein Wachstum der Erkenntnis. Es gibt eine Erkenntnis, welche die Wissenschaft hinter sich läßt.

Von daher wird der Plural der Anrede in V. 27f verständlich. Angeredet sind die Jünger, und zwar nicht nur die einzelnen in ihrem Bereich, sondern auch die Jünger in der Gemeinde. Auch die Bruderschaft ist gehalten, denen, die sie befeinden, mit der Bereitschaft zum Leiden und der Geduld der Liebe zu begegnen. Dieses

Verständnis wird durch den Spruch von den verfolgten Jüngern, V. 23f, bestätigt.

So wird Kirche als eine durch das Evangelium bestimmte, in der Welt stehende, aber nicht weltlich handelnde Gruppe erkennbar.

(4) Die verfolgte Gemeinde – das Thema läßt für die Spruchfolge bereits den Sitz im Leben erkennen. Aber von daher gilt es auch die Einzelmahnungen zu sehen. Der Verzicht auf Rechtshändel, wie er in der Mt-Fassung angedeutet wird, Mt 5,40, und die Enthaltung vom angemaßten Gericht über den Bruder, die Neigung, eher »freizulassen« als zu »behalten«, vgl. Mt 6,14f, die Bereitschaft, ohne Risiko-Kalkulation dem Bedürftigen zu leihen, und immer wieder das bereitwillige »Geben«, das sind Dinge, die den Aufbau der Gemeinde in Lauterkeit und Frieden und die Bezeugung des Evangeliums vor den Heiden ermöglichen, vgl. Mt 5,13–16.

H. Kahlefeld

II. Liturgisch-homiletische Vorüberlegungen

1. Liturgische Hinweise

Die Schrifttexte (*Erste Lesung, Evangelium*) sprechen von der Einladung, »im Reich Gottes zu Tisch zu sitzen« und die Herrlichkeit des Herrn zu sehen. Allen gilt diese Einladung. Die wichtige Frage für uns wird sein, ob wir auch dabei sind oder vor verschlossenen Türen stehen. Dazu brauchen wir den, der den rechten Weg weist. Auf ihn werden wir verwiesen im *Ruf vor dem Evangelium:* »So spricht der Herr: Ich bin der Weg, die Wahrheit und das Leben. Niemand kommt zum Vater außer durch mich.« Für diesen Weg muß sich der einzelne bereit machen und sich mit allen Kräften bemühen, zur Tischgemeinschaft mit dem Herrn kommen zu dürfen. Die *Zweite Lesung* erinnert an die Schule des Gehorsams, um zu dem Ziel zu gelangen, das Heilung, Friede und Gerechtigkeit ist.

Den Herrn, der uns einlädt, müssen wir kennenlernen und mit ihm im Alltag vertraut sein. Darum beten wir an diesem Sonntag schon im *Eröffnungsvers:* »Wende dein Ohr mir zu, erhöre mich, Herr, hilf deinem Knecht, der dir vertraut, sei mir gnädig, o Herr. Den ganzen Tag rufe ich zu dir.« Und im *Tagesgebet* bitten wir Gott: »Gib, daß wir lieben, was du befiehlst, und ersehnen, was du uns verheißen hast, damit in der Unbeständigkeit dieses Lebens unsere Herzen dort verankert seien, wo die wahren Freuden sind.« Für das himmlische Festmahl ist jede Feier der Eucharistie ein Vorzeichen, gleichsam eine Vorahnung des Mahles mit dem Herrn. Nicht jedes Tun und jede persönliche Form der Lebensgestaltung rechtfertigen die Teilnahme am eucharistischen Mahl. Deshalb müssen wir immer wieder, wie es im *Schlußgebet* heißt, bitten: »Gewähre uns deine Hilfe, damit wir so vor dir leben können, wie es dir gefällt.«

2. Homiletische Hinweise

Die Schrifttexte dieses Sonntags müssen also vom Evangelium her gelesen werden. Das Programm Gottes wird in Jesus Christus gelebt. Er ist der vom Vater Gesandte, der zeigt, wie die Barmherzigkeit gelebt werden soll: in der Feindesliebe, im Segnen, im Gutes Tun, im Verzeihen der Schuld . . . An Jesus wird sichtbar, was die *Zweite Lesung* (1 Kor 15,45–49) das »Bild des himmlischen Menschen« nennt. Was die neutestamentlichen Texte aussagen, wird in einer Geschichte aus dem Alten Testament in der *Ersten Lesung* (1 Sam 26,2.7–9.12–13.22–23) veranschaulicht. Ohne es zu ahnen, handelte David nach dem Wort und Beispiel Jesu und tötete den König Saul nicht, der ihm wehrlos ausgeliefert war. Freilich sah David Saul nicht als einen Feind, sondern als seinen König an.

Das Hören der Schrifttexte, in der von der Liturgie vorgesehenen Weise, sollte durch kurze Hinführungen erleichtert werden. Die Davidsgeschichte am Beginn erstaunt sicher so manche Zuhörer. Deshalb wäre eine Überleitung zur *Zweiten Lesung,* wo vom Bild des himmlischen Menschen die Rede ist, sicher hilfreich. Eine Hinführung zum *Evangelium* könnte mit folgenden Worten geschehen: Jesus spricht zu Menschen, die ihm zuhören. Weil sie seinen Worten aufmerksam folgen, macht sie Jesus mit sehr eindringlichen Herausforderungen bekannt. So mutet er den Hörern zu, daß sie es wagen, seinem Vater ähnlich zu werden.

III. Zur Predigt: Was Gott als guter Vater tut, fordert Jesus von uns

Eine unterschiedliche Aufmerksamkeit

Ich weiß nicht, ob Sie, liebe Zuhörer, beim Evangelium dieses Sonntags bis zum Schluß konzentriert zugehört haben. Manches kannten Sie ja schon. Vielleicht ist dieses Evangelium auch deshalb zum Zuhören besonders schwierig, weil so viel gefordert wird: die Feindesliebe, segnen, beten, das Gewand teilen, die Wange hinhalten, Gutes tun, leihen, nicht richten, nicht verurteilen, einander die Schuld erlassen. Bedeutet dies nicht eine Überforderung für uns?

Eine Spruchfolge zur Gewissenserforschung?

Keiner von uns erfüllt das heutige Evangelium schon zur Gänze. So könnte es geschehen, daß der eine oder andere von uns beim aufmerksamen Verfolgen der Evangelienverse plötzlich Schuldgefühle hat. Er merkt, daß er das eine oder andere in seiner konkreten Lebenssituation noch nicht geschafft hat. Ist das die Frohbotschaft? Ist das heute nicht eher ein Forderungskatalog? Bedeutet das Zuhören heute nicht eine Aufforderung zu mehr Anstrengung und zu einer intensiveren Arbeit an sich selber?

Was Jesus vom Vater weiß, traut er uns allen zu

Moralische Appelle und Forderungen sind nicht das Ziel der heutigen Schrifttexte. Jesus erzählt vielmehr seinen Zuhörern vom Vater und traut ihnen zu, daß sie auch so werden können wie er. Dieses Zuhören, das Jesus bei seinen Jüngern feststellt, ist die erste Vorbedingung zum Verständnis der heutigen Schrifttexte. Darum haben wir auch im Tagesgebet gebetet: »Laß uns immer wieder über dein Wort nachsinnen, damit wir reden und tun, was dir gefällt.« Die Bitte um die Kraft zum rechten Zuhören und die Bereitschaft, dem Wort Gottes zu folgen, ist die erste Voraussetzung, um dieses Evangelium zu verstehen. Wichtig ist in dieser Spruchfolge, daß es nicht bloß um Forderungen geht. Denn diese wären für sich gesehen übertrieben, zu streng, zu ausgefallen. Es geht in diesen Schrifttexten um das Verhältnis Gottes zu uns Menschen. Das machen auch die Verse vom Antwortpsalm und der Ruf vor dem Evangelium deutlich: Gott ist barmherzig und gütig mit dem einzelnen. Er ist gut zu den Menschen. All das, was im Evangelium gefordert wird, tut Jesus im Sinne des Vaters. Er ist grenzenlos in seiner Liebe. Er hält die andere Wange hin, wenn er geschlagen wird; er geht mit den Menschen, er gibt, er verurteilt nicht, er ist barmherzig. Und deshalb, so will uns Jesus sagen: Lebt auch so! Im Sinne des Vaters und nach meinem Beispiel!

Jesus zeigt, was Gott vom Menschen will

Ein so um den Menschen sich sorgender Gott erwartet, daß auch wir so leben wie er. Er traut uns zu, unser Recht preiszugeben, wie Jesus den anderen anzunehmen und auf Gewalt zu verzichten. Der Blick auf Jesus bestärkt uns und zeigt uns, daß dieses Programm Gottes lebbar ist. An Jesus können wir sehen, wovon er spricht. Er lebt, was er sagt und fordert. Jesus ist so das Bild des himmlischen Menschen, der dem Menschen zeigt, was Gott ihm zutraut.

Es geht also keineswegs nur um die Forderungen Jesu zu einer neuen Lebensweise, sondern es geht um die Darstellung eines neuen Gottesverhältnisses, das nun vollkommen personal und auf ihn hin ausgerichtet ist. Es geht um »die Bereitschaft zu einer Liebe, die zwar von der eigenen Schwachheit weiß, aber keine Grenze des Zumutbaren setzt; sie ist selber Frucht einer tiefen und glücklichen Liebe. Was in der Spruchfolge verlangt wird, ist nichts anderes, als die Realisierung dessen, was für Jesus glauben heißt« (Kahlefeld).

A. Schwarz

Achter Sonntag

Lk 6,39–45

I. Bibeltheologische Vorüberlegungen

1. Stellung, Struktur, Gattung der Perikope

Am Sechsten Sonntag im Jahreskreis wurde das Eröffnungsstück der lukanischen »Rede am Berg«, 6,20–26; gelesen; am Siebten Sonntag das Hauptstück, V. 27–38, das einen Inbegriff des Evangeliums und seiner Weglehre bot. Nun folgt eine Kette von Gleichnisworten und bildhaft gefaßten Sprüchen, die eingeleitet wird mit der Wendung: »Er sagte ihnen auch ein Gleichnis«, V. 39.

Dem eng zum Verbot des angemaßten Gerichts gehörigen Gleichniswort vom Splitter und Balken, V. 41 f, ist in der Spruchkette, wie Lukas sie wiedergibt, der Spruch vom Blindenführer vorgeordnet. Damit erhält das Stück vom Splitter und Balken eine scharf polemische Note; denn nun erscheinen allein die jüdischen Lehrer als durch die Mahnung betroffen. Auch die weitere Folge der Gleichnisworte geht auf der Ebene des kanonischen Evangeliums möglicherweise in die gleiche Richtung. Bei Matthäus ist das offenkundig, vgl. Mt 7,15; aber es bleibt doch zu fragen, ob dasselbe auch für die Lukas-Fassung gelte. Könnte nicht die Polemik von V. 39–42 so eng an das Verbot des Richtens in V. 37 angeschlossen sein, daß sie mit V. 42 auch als beendet gelten kann? Matthäus hat ja seine eigenen Interessen; er hat die Sprüche von Lk 6,43–45 nicht nur in der direkten Parallele 7,15–20, sondern auch für die Darstellung des Kampfes Jesu mit den Pharisäern, 12,22–35 verwendet, und zwar jedesmal mit anderer Auswahl. So empfiehlt es sich, den Abschnitt 6,43–45 zunächst für sich zu betrachten.

Ein pastoraltheologisches Motiv tritt hinzu. Für das Verständnis der Lukas-Schrift ist es sicher aufschlußreich, wenn nach den Sorgen der judenchristlichen Mischgemeinden gefragt wird; aber was heute unmittelbar die Hörer des Evangeliums angeht, ist die Rede Jesu in ihrer ursprünglichen Intention. Da geht es ja nicht um gefährliche

Einflüsse in den Gemeinden, sondern um das wesentliche Verhältnis zwischen Gott und Mensch. Eben deshalb sind die Worte über den gegebenen Anlaß hinaus gültig.

2. Einzelauslegung

V. 39–42

V. 39.40a Das Gleichniswort steht in der Überlieferung in keinem festen Rahmen. Matthäus hat es künstlich zwischen den Spruch 15,11 = Mk 7,15 und dessen Auslegung für die Jünger eingeschoben, und es erscheint nochmals in der Rede gegen die Schriftlehrer, 23,24. Offenbar war es einprägsam wie ein Sprichwort; so wirkt es vielleicht noch in der Paulusrede von Röm 2,19–21 nach.

Leute, die sich aufgrund der überlieferten Auslegung des gottgegebenen Gesetzes als Lehrer Israels sehen, werden durch Jesus frontal angegriffen. Er sagt ihnen, daß sie die Menschen ins Verderben führen, weil sie den wirklichen Willen Gottes nicht kennen, der hinter und über allem formulierten Gesetz steht und dem die Freiheit zukommt, sich immer neu zu offenbaren. Solche Offenbarung kann geschehen aufgrund einer völlig veränderten Situation, in der Gottes lebendiger Wille erkennbar wird.

V. 40b Dieser lehrhafte Zusatz zum Gleichniswort besagt negativ, daß gerade nach der Theorie und Praxis der Gesetzesleute kein Schüler über seinen Lehrer hinausgelangt; denn er kann nicht mehr tun als die »Überlieferung der Väter« zu bewahren und anzuwenden. Positiv sagt er, daß man die Schule wechseln und den einen Meister finden muß, der weiß, was er sagt, weil er Gott, zu dem ja die Weglehre führen soll, erkannt hat, vgl. 10,22.

V. 41f Die Diskrepanz zwischen der Forderung Jesu und dem Verhalten der Schriftlehrer wird gerade an dem Verbot des Richtens offenbar; denn eine Urteilsbildung ist im Bereich der gesetzlichen Gerechtigkeit nicht nur möglich, sondern auch verlangt. Man *kann* das Gerechtsein ermessen; denn die Vorschriften sind buchstäblich gegeben. Man *muß* sie ermessen; denn der Eifer für die Ehre Gottes verlangt, daß man auf die Beobachtung des Gesetzes dringe, vgl. Gal 1,13f.

Gegen dieses Ermessen der Gerechtigkeit und die zudringliche Sorge um die Vollkommenheit des Bruders – man will den Splitter aus seinem Auge nehmen – richtet sich der Angriff Jesu. Er stellt fest, daß der Urteilende in schlimmerer Lage ist als der Beurteilte.

Daß sein Irrtum mit dem unförmigen Bild vom Balken beschrieben wird, ist Ausdruck für den Ernst dieser Mahnung, die ja an mehr als einer Stelle deutlich wird; man denke nur an das Lehrstück vom betenden Pharisäer, Lk 18,9–14. Der Gesetzeslehrer wird »Heuchler« genannt. Der nicht heucheln, sondern redlich sein wollte, wird im Hinblick auf die Situation des Menschen vor Gott objektiv zum Heuchler.

Daß ihm geraten wird, »zuerst« den eigenen Schaden zu beheben und dann den des Bruders, gilt nur innerhalb der Bildrede; denn würde er wirklich sehfähig, hätte er ja an dem andern nichts mehr zu richten. Er wäre still geworden, ein »armseliger Knecht«, der selber nur tun kann, was er zu tun schuldig ist, vgl. Lk 17,10.

V. 43–45

V. 43.45 Der Spruch vom Baum ist an den Anfang gestellt; er führt geradewegs zu dem Bildwort vom guten Menschen. Die Anknüpfung mit »denn« zeigt sowohl in V. 43 wie in V. 44 nicht eine eigentliche Begründung, sondern nur eine Fortführung der Rede an.

Ein fauler, d. h. ein morscher Baum trägt, wenn überhaupt, nur minderwertige Frucht. Ein Baum muß von Grund auf gesund sein, und so auch ein Mensch. Er ist gut, wenn in seiner Tiefe das Gute wohnt. Dann bringt er aus der Schatzkammer, die das Herz ist, das Gute hervor. Im Kern des Wesens entscheidet sich's also. Man kann hier an das Herrnwort erinnern, das gegen die Gesetzesfrömmigkeit gerichtet ist, Mk 7,15; dort wird in negativer Wendung ganz ähnlich gesagt: Nicht, was in den Menschen eingehe, sondern was aus ihm herauskomme, mache ihn unfähig des Umgangs mit Gott.

Der Spruch ist zweiteilig. Auch ein böser Mensch offenbart sich in dem, was er aus seinem Wesen ans Licht bringt. Daraus entsteht nun auf einer Nebenlinie eine Warnung für die Gemeinde:

V. 44 Man muß sich der sprichwörtlichen Wahrheit erinnern, daß man von harten Dornbüschen und stechenden Disteln nicht Feigen oder Trauben pflücken kann. Das bedeutet in der Umkehrung, daß man sich an der Frucht ein Urteil über die Art des Gewächses bilde. So soll man also urteilen und sich hüten – das ist die Nebenlinie, die bei Matthäus verdeutlicht wird –, damit nicht ein harmlos erscheinender Wolf in die Herde eindringt, Mt 7,15. Der Jünger soll zwar Gottes Urteil nicht an sich ziehen, V. 37, aber er soll auch nicht kritiklos sein, vgl. Mt 10,16. Hier also, auf der Nebenlinie, kommt wohl die Situation der lukanischen Gemeinden zur Sprache.

3. Theologische Würdigung

(1) Durch den kompositorischen Anschluß des Spruches vom Splitter, V. 41 f, an das Verbot des Richtens, V. 37 f, kommt eine kraftvoll konzentrierte Aussage des Evangeliums zustande. Ihr Stoß wird zwar durch den Blick auf die pharisäischen Lehrer in dem eingeschobenen Spruch vom Blindenführer, V. 39 f, etwas abgelenkt; er wird aber zugleich auch wirksamer durch die Konkretion auf eine bekannte, im Typus des Pharisäers verkörperte Denkart. Dennoch: Wenn man hier die Matthäus-Fassung, die ohne Zwischenstück den Spruch vom Splitter mit dem vom Richten verbindet, für das Ursprüngliche ansehen darf, zeigt sich deutlicher, wie die frühe Unterweisung ohne Umschweif den Hörer des Evangeliums als den Betroffenen verstanden hat.

(2) Der zweite Teil der Perikope bietet ein eigenes Themas. Es kommt klar heraus, sobald man das in V. 44 angedeutete Nebenthema zurücktreten läßt: Der gute Baum, der seine gesunde Frucht trägt – der gute Mensch, der aus seiner Wesensmitte das Gute hervorbringt.

So kommt sehr klar der Gegensatz zwischen Evangelium und Gesetzeslehre zur Darstellung. Gutsein vor Gott entsteht nicht durch einen Vorgang, der von außen nach innen geht, d. h.: Nicht die Befolgung des Gesetzes macht den Menschen zum Gerechten, sondern umgekehrt: das Herz muß gut sein, dann geht das Gute wie eine Frucht aus ihm hervor. Hier ist die Nachbarschaft des Spruchs von der wahren Kultfähigkeit, Mk 7,15, deutlich zu erkennen.

Die weitergreifende Frage, wie denn ein Herz gut werde, wird an dieser Stelle nicht bedacht. Man könnte aber ergänzen und klarstellen: Es ist nicht »von Natur aus gut«, sondern es *wird* gut in der Begegnung mit dem Anspruch Gottes; durch Umkehr wird aus einem »steinernen« Herzen ein »Herz von Fleisch«.

(3) Die Bezeichnung »Parabel« in der »Überschrift«, V. 39, hat hier den weiten Sinn des hebräischen »maschal«, das jede Art von Bildrede bezeichnet. Der Spruch vom Splitter beruht zwar auf einem Vergleich, aber er ist kein Gleichnis; denn es läßt sich keine Erzählung entwickeln. Man kann nicht sagen: Einem Mann war beim Sägen ein Splitter ins Auge gefahren. Da kam einer und sagte: »Bruder, laß mich . . .«. Der Mann erwiderte: »Du hast ja einen Balken in deinem Auge . . .«. – Dasselbe gilt für die Sprüche vom guten Baum und vom guten Menschen.

Wo es sich nicht um Gleichnisse handelt, sondern um Gleichnisworte, kann sich die polemische Rede der Hypertrophie bedienen: ein Balken im Auge, ein Kamel, das durch ein Nadelöhr geht, ein Kamel, das verschluckt wird, während man im Eifer um die levitische Reinheit die Mücken ausseiht, usf. Diese Redeform kann deshalb in der Predigt aufgegriffen und mit Hilfe von heutigen Schlagworten nachgeahmt werden. Solche »Übersetzungen« helfen, die damalige Aussage neu zu einem treffenden Wort zu machen.

H. Kahlefeld

II. Liturgisch-homiletische Hinweise

1. Liturgische Hinweise

Die Eucharistie ist Gedächtnis und Vergegenwärtigung von Jesu Tod und Auferstehung. Gleichzeitig aber will sie eine Erneuerung unseres Lebens bewirken. Jesu Person und Wort geben dazu immer neue Anstöße. Heute ist es die Richtung nach innen, durch die Jesus eine neue Ausrichtung unseres Lebens anregt. Ein Mensch, der nach Jesu Wort zu leben versucht, muß dieses Wort gleichsam in seinem Inneren einpflanzen und dort ansiedeln, damit es von dort her wirke und seine Frucht bringe. Sonst bleibt schließlich all unser Tun, mag es auch noch so fromm sein, Tünche und Theater, Rolle und Routine.

Verglichen mit dem *Evangelium* erscheint die *Erste Lesung* aus Jesus Sirach wie ein unfertiger Vorentwurf. Schöne zeitlose Bilder werden dagegen im *Evangelium* verwendet, um Jesu eigene und eigentliche Botschaft, die die Bilder des Sirach weit übersteigt, einzukleiden.

Ein Zusammenhang mit der *Zweiten Lesung* ist nicht sogleich ersichtlich, denn Paulus benützt ganz andere Bilder. Doch in dieser Lesung soll deutlich werden, was einmal mit der ›Frucht unseres Lebens‹ geschehen soll. Das Menschenleben ist ja kein ewiger Kreislauf, wo jeder Herbst neue Früchte hervorbringt, die verzehrt werden oder verfaulen, bis eben ein neuer Herbst neue Früchte schenkt. Mit der ›Frucht unseres Lebens‹ soll es sich anders verhalten als mit den Früchten der Bäume, sagt Paulus. Sie sollen nicht vergehen und verschwinden, sondern als Ernte des Lebens einmal ›eingefahren werden in die ewigen Scheuern‹. Und was vergänglich an ihnen ist, soll umkleidet werden mit Unvergänglichkeit. Das Menschenleben ist kein bloßes Sandkastenspiel, bei dem ein guter Gott von ferne zusieht, wie sich die Menschen mühen, die Sandburgen einer vorausgegangenen Generation wieder abzuräumen und glatt zu streichen, damit sie wieder von vorne beginnen können. Gott erwartet als Frucht unseres Lebens nicht nur unseren guten Willen, während ihm das Werk selber nur als eine Art Beschäftigungstherapie dient. Nein, etwas von uns selber soll eingehen in die Herrlichkeit, auch etwas von unserem Werk. Unnachahmlich hat dies gerade die bekannte Totenpräfation ausgedrückt: »Opera sequuntur illos« – Ihre Werke, ihre Früchte, folgen ihnen nach.

2. Homiletische Hinweise

Die heutige Evangelienperikope erscheint wie eine Sammlung verschiedener Sprichwörter. Einige davon sind sogar in unseren Sprachschatz eingegangen. Es fällt schwer, einen inneren Zusammenhang festzustellen, zumal die einzelnen Worte vermutlich an verschiedenes Publikum gerichtet waren. Was jedoch all diese Worte zusammenhält, ist der Vorwurf gegen die Selbstgerechtigkeit.

Blinde führen Blinde
Wer sich dessen bewußt ist, daß wir mit unseren Augen und auch mit unserem Verstand gar nicht weit sehen können, der wird sich eher der Führung dessen anvertrauen, der in die Herzen hineinschaut und vor dem die Zukunft wie ein offenes Buch ist. Wer meint, er hätte für immer Anteil erhalten an der Weitsicht Gottes, ja vielleicht sogar an einem Teil seiner Vorsehung, der kann nur verblendet sein. Und eben das macht ihn blind, auch wenn er zu den religiösen Führern eines Volkes oder einer Kirche zählt. Und so ist manchmal bei denen, die mühsam ihren Weg suchen und selber nicht so genau wissen, wo es lang geht, mehr Sicherheit, gewiß aber mehr Menschlichkeit zu finden als bei jenen, die auf alle Fragen ihre Antworten schon bereit haben.

Der Jünger ist nicht mehr als der Meister
In einer Welt, in der das technische Wissen so rasch überholt ist wie in der unseren, scheint Jesu Wort keine Allgemeingültigkeit mehr beanspruchen zu können. Unsere Zeit ist ja geradezu darauf ausge-

richtet, daß einer den anderen übertrumpft. Auch der Lehrling seinen Meister. Deshalb bleiben die sogenannten Weltmeister nicht allzulange oben auf dem Siegerpodest.

Jesus freilich geht es gar nicht um die Weltmeisterschaft in einer Sportart oder um Meisterschaft in einem handwerklichen Beruf. Er hat niemals seinen Gesellenbrief herumgezeigt, obwohl jedermann ihn kannte als den ›Sohn des Zimmermanns‹. Die Disziplin, von der Jesus in diesem Worte spricht, ist die Meisterschaft des Dienens. »Wer bei euch der erste sein will, nämlich der Meister, der sei der Diener aller.« Im Absteigen zu uns Menschen und im Dienst ist Jesus jener unübertreffliche und nie zu übertreffende Meister. Denn »obwohl er Gott gleich war, entäußerte er sich und wurde ein Sklave und den Menschen gleich«. Von größerer Höhe ist keiner je herabgestiegen. Und deshalb gilt auch das Wort: »Nur einer ist euer Meister, ihr alle aber seid Brüder.« Gerichtet ist dieses Wort an jene, die – wie auch schon einige der ersten Jünger – Ausschau halten nach den besseren Plätzen im Himmelreich, zumal wenn es hier unten auf der Erde nicht so recht gelingen will.

Der Splitter im Auge des Nächsten
Das ist eine Erfahrung, die wir immer wieder machen, und wenn wir genau zusehen, vor allem auch an uns selber. Es ist die sprichwörtlich pharisäerhafte Einstellung. Und ein kleiner Pharisäer steckt in jedem von uns. Hier wird eine Gesinnung aufs Korn genommen, die sich anmaßt, von Gottes Seite her Dinge und Menchen zu richten und zu verurteilen, und darüber vergißt, daß auch der Urteilende selber dem Gericht unterworfen ist.

Für die folgende Predigt habe ich das *Bild vom Baum und seinen Früchten* herangezogen.

III. Zur Predigt: Die Religion der guten Früchte

Wie Glas
Mit der Religion ist es wie mit dem Glas. Es gibt verschiedene Sorten. Normales Glas läßt die Sonne durchscheinen. So sind auch manche Menschen, welche Gottes Liebe und Güte in ihrem Leben durchscheinen lassen. Es ist gleichsam ein Leuchten, das von innen kommt.

Dann gibt es noch andere Arten von Glas. Zum Beispiel der Spiegel. Der läßt keine Strahlen durch. Aber in diesem Glas kann man sich selber betrachten. – Aus demselben Stoff Glas läßt sich auch eine Lupe machen. Damit kann man alles etwas genauer betrachten, sogar den Splitter im Auge des Nächsten. Dabei übersehen die frommen Lupengucker gern den Balken im eigenen Auge, weil sie sosehr damit beschäftigt sind, noch mehr Splitter beim anderen zu finden. Das kann zu einer richtigen Sucht werden. – Außerdem läßt sich die Lupe auch noch als Brennglas verwenden. Es eignet sich vortrefflich, um den Nächsten gleich eins auf den Pelz zu brennen oder wenigstens ein kleines Feuerchen zu entzünden und ihm die Hölle heiß zu machen.

Gott durchscheinen lassen

Jesus hat uns eine Religion des reinen Glases gebracht. Er selber war so durchscheinend für Gott und seine Liebe, daß er von sich sagen konnte: »Wer mich sieht, der sieht auch den Vater.« Wer in Jesu Antlitz sehen durfte wie die Jünger auf dem Berge, der hat wirklich jenes ›Licht vom Lichte‹ geschaut. Jesus war ganz transparent für Gott. *Teilhard de Chardin* hat dasselbe auf griechisch ausgedrückt. Er spricht von der »Diaphanie«, dem Durchscheinen und Durchschimmern Gottes aus allen Dingen. So wie sein Ordensvater *Ignatius* gelehrt hat, daß man Gott in allen Dingen finden soll, sagt uns Teilhard, daß Gottes Glanz uns nicht nur in der Person Jesu aufscheint, sondern uns aus allen Menschen und Dingen entgegenleuchtet, solange das Glas nicht verschmutzt ist und seine Transparenz verloren hat.

Die Religion der Lupe

Schon im eigenen Volk ist Jesus neben vielen gottdurchlässigen Menschen auch immer wieder auf eine ›Religion der Lupe‹ getroffen. Man darf hier gewiß die Pharisäer mit Namen nennen. Ihnen kam es vor allem darauf an, daß die vielen Gebote und Verbote schön nachkontrollierbar – gleichsam mit der Lupe – eingehalten wurden. So konnte man die Dinge auch aufzählen, etwa so: »Ich faste zweimal in der Woche und gebe den Zehnten den Armen.« Wenn die Dinge äußerlich so deutlich sind, dann weiß man, wo man steht und auch, wo der andere steht.

Die Richtung Jesu

Die Gleichnisrede des heutigen Evangeliums vom Baum und seinen Früchten zielt in eine andere Richtung. Vielleicht darf man diese knappen Worte von Jesus etwas erweitern. Bei einem Baum kommt es nicht darauf an, wo er steht, wie seine Rinde beschaffen ist, ob seine Zweige beschnitten sind oder nicht, sondern einzig darauf, welche Art von Früchten er hervorbringt. (Während es dem sprichwörtlichen Pharisäer eher darauf ankommt, daß der Baum möglichst schön herausgeputzt ist wie ein Christbaum.)

Und dasselbe gilt auch vom Menschen. Was in einem Menschen drinsteckt, ist von außen gar nicht abzulesen. Sicher nicht allein an seiner frommen Haltung. Aber man merkt es sehr rasch, wes Geistes Kind einer ist, wenn er sein Inneres offenbart. Beim Baum ist die Frucht die Offenbarung. Beim Menschen jedoch sind es seine Handlungen und seine ganze Verhaltensweise. Wenn es im Innern eines Menschen stimmt, wenn er auf Gott eingestimmt ist, wenn er auf seine Mitmenschen abgestimmt ist und mit sich selber im Reinen, dann merkt man dies auch nach außen. Dann merkt man dies auch an seinen Früchten.

Früchte des Geistes

Von welcher Art von »Früchten« reden wir eigentlich, wenn wir das Gleichnis auf den Menschen übertragen? Man könnte zunächst an jene Handlungen denken, wie sie im Katechismus oder im Beichtspiegel stehen. Wie oft einer betet, beichtet, kommuniziert. Wieviele Vaterunser oder Rosenkränze einer betet. Und gewiß sind dies wahrhaftig ›geistliche Früchte‹, die man nicht hoch genug einschätzen kann. Ich möchte mich jedoch bei meiner Auslegung an den heiligen Paulus halten, der im Galaterbrief eine ganze Reihe von Früchten des Geistes, der ja der Geist Jesu ist, aufzählt. »Die Frucht des Geistes aber ist: Liebe, Freude, Friede, Langmut, Freundlichkeit, Güte, Treue, Sanftmut und Selbstbeherrschung.« An diesen Früchten soll man den Christen erkennen als einen Menschen, der aus Jesu Geist lebt und dessen Früchte aus diesem Geiste stammen.

Von Innen nach Außen

Dies scheint die große Generallinie Jesu zu sein, seine eigentliche, große Richtung. Das wird vor allem in der Bergpredigt deutlich, daß es auf die innere Gesinnung eines Menschen ankommt. Je nachdem, was in einem Menschen steckt, das kommt auch aus ihm heraus. Wer

Haß im Herzen trägt, dessen Früchte werden leicht zu Mord und Totschlag. Wer Gier im Herzen trägt, dessen Früchte werden leicht zu Raub und Diebstahl. Wer aber die Gesinnung Jesu in seinem Herzen trägt, wird auch Früchte des Geistes Jesu aus sich hervorbringen, wie Paulus sie aufgezählt hat.

Wovon das Herz voll ist

Mit dieser Ansicht ist Jesus bei seinem Volk auf Widerstand gestoßen. Und sein Wort stößt noch heute auf denselben Widerstand bei uns. Den Pharisäern ging es vor allem darum, welche Art von Früchten der Mensch wann und wie und wo in seinen Mund hineinstecken darf. Dies wurde im Einzelnen geregelt durch die unzähligen Speisevorschriften. Das war alles so schön kontrollierbar und überschaubar. Dagegen hält Jesus uns vor: »Nicht was in den Mund eingeht, macht den Menschen unrein, sondern was aus seinem Munde hervorkommt.« Oder wie wir im heutigen Evangelium lesen: »Wovon das Herz voll ist, davon läuft der Mund über.«

Zwei Formen von Religion

Fast könnte man in diesem Zusammenhang von zwei verschiedenen Religionen sprechen, zumindest von zwei verschiedenen Formen der Religionsausübung. Freilich wissen wir, daß beide selten in Reinkultur vorkommen, auch wenn sich die Pharisäer nach Kräften bemüht haben, ihre Überwacher-Religion bis zum Exzeß zu treiben. Bei uns selber und bei unseren Mitmenschen erleben wir meistens eine Mischform: eine Mischung von echten religiösen Übungen und von Übungen, die an Selbstgerechtigkeit grenzen. Eine Mischung von ›an die Brust klopfen‹ und mit erhobenem Zeigefinger auf andere deuten. Beide Formen der Religion sind uns bis heute erhalten geblieben. Und wir geraten immer wieder sehr leicht in die Gefahr der Selbstgerechtigkeit, die sich in diesem Falle in der Hauptsache auf eine Art von religiöser Qualitätskontrolle bei anderen beschränkt.

Gewiß gehört es zu den wichtigsten religiösen Übungen überhaupt, das Glas unseres Lebens immer wieder vom Schmutz und Staub der Sünde zu reinigen, damit wir wieder mehr durchlässig werden für Gott. Aber wir können ganz bequem auf jene verzichten, – so meine ich, – die dies als Oberkontrolleure Gottes an aller Welt vollziehen wollen. Sie machen jede Religion ungemütlich für jedermann.

Franz und Teresa

Viel lieber denke ich bei der ›Religion der guten Früchte‹ an heiligmäßige Gestalten wie Franz von Assisi und Mutter Teresa von Calcutta. Ich kann mir gut vorstellen, daß sie sich auch eine bessere Welt mit edelmütigeren Menschen gewünscht hätten. Aber sie sind nicht mit der Lupe in der Hand durch ihre Zeit gewandert, um nach den Schuldigen zu suchen, und mit erhobenem Zeigefinger, um sie zurechtzuweisen. Sie haben die Fehler immer zuerst bei sich selber gesucht. Es war schon immer ein Kennzeichen der großen Heiligen, daß sie sich selber für die größeren Sünder hielten und gegen ihre Mitmenschen zumeist sehr milde gestimmt und gesonnen waren. Gerade dadurch ließen sie Gottes Licht und seine Menschenfreundlichkeit durch ihr Leben durchscheinen. Und ihre Attraktivität ist zugleich das schönste Zeugnis für die Kraft und für die Freude des Evangeliums. An ihren Früchten kann man es ablesen, daß ihr Lebensbaum fest und tief in Gott verwurzelt war und ist.

J. Übelmesser

Neunter Sonntag

Lk 7,1–10

I. Bibeltheologische Vorüberlegungen

1. Stellung, Struktur, Gattung der Perikope

Die Perikope hat einen klaren und einfachen Aufbau. V. 1 ist eine verbindende Überleitung. Die V. 2–6a sind eine erweiterte Exposition, die den Leser mit dem Fall und mit den handelnden Personen bekannt machen. Die V. 6b–9 bringen das Entscheidende der Erzählung: Die Darstellung des Glaubens des Hauptmanns und das Urteil Jesu über solchen Glauben. V. 10 ist die offenkundige Bestätigung für die Echtheit der dargestellten Glaubenshaltung des Mannes.

Der Aufbau der Perikope zeigt klar, daß das Hauptgewicht der Erzählung nicht so sehr auf der Heilung als solcher liegt, sondern in den glaubensvollen Worten des Hauptmanns, die Jesus zu einem Urteil über den Glauben des Mannes bewegen. Wichtig sind die Worte, die gesprochen werden; das Wunder dient lediglich dazu, den Erfolg des glaubensvollen Wortes anzuzeigen. Daß der Akzent der Erzählung mehr auf den Worten, die in ihr gesprochen werden, als auf dem erzählenden Teil liegt, ist mit ein Grund zur Annahme, daß Lukas die Geschichte in der Redequelle (Q) vorgefunden hat. Diese Annahme wird gefestigt durch die wörtliche Übereinstimmung der Lukas-Fassung mit jener des Matthäus in den entscheidenden Versen, die das Glaubenswort des Zenturio bringen. Die weiteren Gemeinsamkeiten und die gleiche Einordnung ins Evangelium weisen ebenfalls darauf hin, daß Matthäus und Lukas die Erzählung in der Redequelle vorgefunden haben.

Diese Vorlage haben die beiden Evangelisten auf verschiedene Weise redaktionell bearbeitet. Lukas fügte vor allem das Motiv von der zweifachen Gesandtschaft ein, während Matthäus durch die Anfügung des Logions von den Vielen, die aus Osten und Westen kommen und mit den Erzvätern im Himmelreich zu Tische liegen werden, Mt 8,2f, den Akzent setzte.

Für die Fassung der Erzählung, wie sie uns die Redequelle noch darbietet, war das Verhältnis Heide-Jude für das Verständnis der Geschichte noch konstitutiv. Sie läßt eine Kirche erkennen, für die dieses Verständnis noch ein Problem war. Für sie ist der Glaube des Heiden das eigentliche Wunder der Geschichte. Der Glaube des heidnischen Hauptmanns ist so wunderbar, daß sogar Jesus über solchen Glauben staunt. Der Glaube des Mannes erfaßt die absolute Hoheitsstellung Jesu: Jesus ist der, der befiehlt und dessen Befehlswort die Macht der Krankheit gehorchen muß. Dieser Glaube stützt sich allein auf das Wort Jesu und vertraut auf seine Gegenwart im Herrsein, auch wenn er körperlich abwesend ist. Solcher Glaube ist der Glaube eines Heiden und »bei keinem in Israel« hat Jesus solchen Glauben gefunden. Nicht die Zugehörigkeit zu Israel ist also entscheidend, sondern der Glaube an das Herrsein Jesu. Wer diesen Glauben hat, gehört zum Herrschaftsbereich Jesu, auch wenn er als Heide geboren ist und als Heide lebt.

Matthäus zieht diese Linien aus durch die Hinzufügung des Logions: »Viele werden von Osten und Westen kommen und sich mit Abraham, Isaak und Jakob im Reiche der Himmel zu Tische setzen, die Söhne des Reiches dagegen werden in die Finsternis draußen hinausgestoßen werden. Dort wird Heulen und Zähneknirschen sein«, Mt 8,11 f. Hatte in der Q-Fassung die Geschichte noch die Aufgabe, den judenchristlichen Leser durch den »wunderbaren« Glauben des Heiden zur »Eifersucht« anzuspornen, um ihn aufzufordern, selbst in den großen Glauben einzutreten, so wird bei Matthäus der glaubende Heide zu einem der Vielen von Ost und West Kommenden, die durch ihren Glauben, im Unterschied zum ungläubigen Israel, Anteil erhalten an der eschatologischen Tischgemeinschaft. Der Glaube an Jesus den Herrn vollzieht die eschatologische Scheidung, er allein und nicht ein ererbtes Recht (»die Söhne des Reiches«) gewährt den Platz bei den Erzvätern.

Die von Lukas gesetzten Akzente sollen nun bei der fortlaufenden Versexegese herausgearbeitet werden.

2. Einzelauslegung

V. 1 leitet von der Predigt am Berg über zum Schauplatz der neuen Perikope, Kafarnaum. Der Vers stammt wohl aus der Vorlage, vgl. Mt 7,28; 8,1.

V. 2 In diesem Vers wird der Fall vorgelegt. Der Sklave eines Zenturio – Befehlshaber einer Hundertschaft – ist todkrank. Lukas übersetzt das doppeldeutige pais, Knecht, Kind, der Vorlage, vgl. Mt 8,5, in das eindeutige doulos, Sklave, und fügt hinzu, daß dieser seinem Herrn wert war. Er ist also bestrebt, den Hauptmann als guten Herrn zu kennzeichnen. Denn daß sich jemand um die Heilung seines eigenen Kindes bemüht, ist nicht mehr als selbstverständlich, daß sich aber einer um seinen Knecht sorgt, übersteigt das allgemein Übliche und läßt ein gutes Licht auf seinen Charakter fallen.

V. 3 Lukas läßt den Hauptmann wegen der Heilung seines Knechtes nicht selbst zu Jesus gehen, vgl. Mt 8,5, sondern eine zweifache Gesandtschaft absenden. Zuerst schickt der Hauptmann jüdische Älteste, womit wohl nicht die Synagogenvorsteher gemeint sind, sondern einfach die zivilen Ortsvorsteher.

V. 4f Die Vorsteher legen für den Hauptmann Fürbitte bei Jesus ein, indem sie auf seine Zugeneigtheit und seine Verdienste für das jüdische Volk hinweisen. Der Hauptmann wird also klar als Heide charakterisiert, vgl. auch V. 9. Daß der Hauptmann Heide und nicht Jude ist, ist aber für Lukas nicht der Hauptgrund für seine Einfügung des »Gesandtenmotivs«. Der Hauptmann geht nicht selber zu Jesus, weil er sich zu unwürdig dazu fühlt. In den Augen der jüdischen Ältesten ist er der Bitte würdig, V. 4. Dieses Urteil der Gesandten entspricht aber nicht der Selbsteinschätzung des Mannes, vgl. V. 7. Würdig, axios, ist das Stichwort, das die Bedeutung der zweifachen Gesandtschaft erschließt. Indem der Mann einerseits im Urteil der andern als axios dasteht, andererseits sich selber nicht so einschätzt, wird der Kontrast zwischen Fremdurteil und Selbsteinschätzung betont. Nicht nur durch die Worte der Gesandten, sondern schon durch die Tatsache, daß sie überhaupt vom Hauptmann abgesandt wurden, wird er als demütig und bescheiden charakterisiert. Er wagt es nicht, selbst zu Jesus zu gehen, sondern schickt zweimal Gesandte aus, um sich an Jesus zu wenden.

V. 6f Wie es der lukanische Einschub von V. 7a selbst sagt, wagt der Hauptmann nicht einmal, Jesus in seinem Haus zu empfangen und ihn um die Heilung seines Knechtes anzugehen, sondern sendet jetzt seine Freunde aus, die noch einmal ausdrücklich betonen, daß der Hauptmann sich nicht wert genug fühle, daß Jesus in sein Haus trete. Diese demutsvolle Zurückhaltung des Hauptmanns ist Ausdruck seiner Wertschätzung Jesu. Er traut Jesus solche Macht über die Krankheit zu, daß er gar nicht zum Kranken gehen muß, sondern ein Wort genügt, damit der Knecht gesund wird. Woher hat Jesus in den Augen des Hauptmanns solche Macht?

V. 8 Die Macht ist Jesus eigen aus seiner Stellung als Herr. Schon in V. 6 wurde Jesus von den Gesandten als Herr angeredet. In V. 8 wird Jesu machtvolles Herrsein in einem Vergleich des Hauptmanns ausgeführt. Wie seiner eigenen Befehlsgewalt Knechte und Soldaten unterstellt sind, so weiß der Hauptmann die Krankheit seines Sohnes der Mächtigkeit des Wortes Jesu in absolutem Gehorsam unterstellt. Krankheit und Unheil unterstehen für den Glauben des Hauptmanns ebenso fraglos der Befehlsgewalt Jesu, wie es für ihn selbstverständlich ist, daß in seinem alltäglichen Ordnungsgefüge von Befehl und Gehorsam der Knecht dem Befehl seines Herrn gehorcht. In seiner absoluten Hoheitsstellung als Herr besitzt Jesus absolute Macht. Auf sie darf der Glaubende vertrauen, auch wenn Jesus selbst abwesend ist. Jesu Herrsein verlangt aber ebenso eine demutsvolle Zurückhaltung. Daß Jesus ins Haus kommt, ist nicht nötig, aber man weiß ebenso sehr, daß man dessen gar nicht würdig ist.

V. 9 Sind es sonst die Menschen, die über Jesu Taten in Staunen geraten, so ist es hier Jesus, der über den Hauptmann staunt. Das Staunenswerte an dem Mann ist sein »so großer Glaube«, den Jesus nicht einmal in Israel gefunden hat. Der Glaube des Hauptmanns an das absolute Herrentum Jesu wird zum Vorbild für alle, für die Heidenvölker und für Israel.

V. 10 Als die Gesandten ins Haus des Hauptmanns zurückkehren, finden sie den Sklaven gesund. Was der Glaube vorweggenommen hat, wird gewährt. Der Glaube an das Herrsein Jesu empfängt auch Hilfe vom Herrn.

3. Theologische Würdigung

(1) Der Grundbestand des theologischen Gehaltes eignet der Perikope schon aus ihrer Fassung in der Redequelle. Es ist dies der große Glaube an die unumschränkte Macht des Kyrios und das tiefe Vertrauen auf seine Hilfe in den Nöten des Lebens. Auch in Abwesenheit und aus der Ferne ist er der mächtige und hilfsbereite Herr der Gemeinde. Der heidnische Hauptmann ist Ansporn für jeden, einen solchen Glauben aufzubringen und bei allem Vertrauen doch den rechten Abstand zum Herrn zu wahren.

(2) Diesen letzten Zug hat Lukas durch das Motiv der zweifachen Gesandtschaft stärker ausgebaut. Der Hauptmann bewahrt auch bei seinem festen Vertrauen auf Jesus Abstand zum Herrn. Er weiß sich als unwürdig vor ihm. So ist der Mann dem Lukas ein großes Vorbild für seine Gemeinde: In seiner Sorge um den ihm untergebenen Sklaven, in seiner Gebefreudigkeit für die Synagoge (sprich: Gemeinde), vor allem aber in seinem festen Glauben an Jesu Macht und in seiner tiefen Demut vor der Hoheit des Kyrios.

(3) Indem Lukas die Perikope an den Anfang des Abschnittes Lk 7,1–50 stellt, erweist sich die machtvolle Hilfsbereitschaft Jesu gegenüber dem heidnischen Hauptmann als Tat der barmherzigen Heimsuchung Gottes. Wie die »Kleinen«, Lk 7,12.28, die Zöllner, Lk 7,29, und die Sünder, 7,36–50, so erfährt auch der heidnische Hauptmann der verachteten Besatzungsmacht die Hilfe des Kyrios Jesus.

F. Schnider

II. Liturgisch-homiletische Vorüberlegungen

1. Liturgische Hinweise

Die Evangelien der drei voraufgehenden Sonntage enthielten jeweils Teile der lukanischen Feldrede. Der Schlußteil dieser Feldrede, Lk 6,46–49, entfällt leider in der Perikopenordnung, obwohl er wichtig wäre zum Verständnis der Begebenheit mit dem Hauptmann von Kafarnaum. In diesem Schlußteil ist nämlich von jenen die Rede, deren Glaube oberflächlich, nicht tragfähig ist, weil er im Bereich des Redens verbleibt und nicht in die Personmitte eindringt. Das *Evangelium* dieses Sonntags veranschaulicht nun in äußerstem Kontrast in der Person des heidnischen Hauptmanns, wie tragfähiger Glaube aussehen kann und welche Konsequenzen er nach sich zieht. Durch den Kontrast wird seine Vorbildfunktion noch pointierter und die Wertschätzung durch Jesus um so gewichtiger.

Die Liturgie hat die Haltung dieses Heiden, der als erster seinen Glauben zu Jesus bekennt, ganz offensichtlich als äußerst angemessen für die Begegnung mit dem Herrn eingeschätzt; denn sie verwendet dessen Worte bis heute mit geringen Abwandlungen als unmittelbares Vorbereitungsgebet auf den Empfang der Eucharistie.

Dadurch ist der Hauptmann von Kafarnaum gleichsam in jeder Eucharistiefeier präsent.

Versucht man eine Zuordnung der Lesungen zu dieser Perikope, so ist in dem Abschnitt aus dem Tempelweihegebet des Salomo (*Erste Lesung:* 1 Kön 8,41–43) der Zusammenhang mühelos herzustellen: zu Jesus, dem wahren Tempel des Neuen Bundes, kommt ein »Fremder«, der erhält, um was er bittet. Das Gebet des Salomo ist in der Person Jesu »erhört« worden.

Die *Zweite Lesung* spiegelt sehr deutlich wider (Gal 1,1–2.6–10), daß das Ideal des Glaubens in den Niederungen alltäglicher Wirklichkeit stark verdunkelt sein kann. Streit, Rechthaberei, falscher Ehrgeiz und manches mehr mischen sich ein. Insofern könnte diese Lesung ein ganz gutes Korrektiv zum idealisierten Glauben des Evangeliums sein.

2. *Homiletische Hinweise*

Schwerpunkt der Verkündigung dieser Perikope wird der vorbildhafte Glaube des heidnischen Hauptmanns sein müssen. Das Heilungswunder selbst ist eigentlich nur die Konsequenz dieses Glaubens.

Ein weiterer Ansatzpunkt für die Verkündigung dürfte die ausgewogene Haltung zwischen Nähe und Distanz in dieser Person sein: einerseits beinhaltet sein Glaube ein sehr starkes Vertrauen, das große Nähe signalisiert, geradezu eine Vertrautheit; andererseits aber wird er als überaus demütig und zurückhaltend charakterisiert, was in der Erzählung fast etwas umständlich wirkt.

Schließlich fällt noch die vorbildhafte Fürsorge diese Vorgesetzten auf, die man unter homiletischer Rücksicht als Konsequenz aus dem Glauben bedenken könnte. Zu vernachlässigen ist wohl die Spendefreudigkeit dieses Menschen.

Nun ist dieser rundum »gute Mensch von Kafarnaum« derart ideal gezeichnet, daß er homiletisch fast schon wieder negativ wirken kann. Wenn jemand derart gut ist, dann wird er leicht zum unsympathischen Tugendbold, der alle Vorbildfunktion verliert, weil er nur noch ein schlechtes Gewissen macht. Wenn das Ideal zu weit weg ist, lohnt es sich gar nicht erst, ihm nachzueifern. Die Predigt wird sich also vor einer weiteren Idealisierung hüten müssen; zumindest wird sie deutlich benennen müssen, daß es sich beim Hauptmann um eine idealisierte Figur handelt. Die Berechtigung dazu kann man der Perikope selbst entnehmen. Die Deutlichkeit, mit der beschrieben wird, wie Jesus staunt, zeigt an, daß es sich beim Glauben des Hauptmanns um etwas sehr Ungewöhnliches handelt.

Jesus staunt über das Unübliche. Das läßt Rückschlüsse auf das Übliche unseres Glaubens zu, der in der Regel niemanden zum Staunen bringt. Darum passen wohl auch die Worte des Hauptmanns besser in unseren Mund als in seinen: »Herr, ich bin nicht würdig . . .«

III. Zur Predigt: Vertrauend glauben

Eine deutende Geschichte

In der folgenden Geschichte ist etwas sehr Wesentliches aus dem Evangelium gedeutet:

Eines Nachts brach in einem Haus ein Brand aus. Während die Flammen hervorschießen, stürzen Eltern und Kinder aus dem Haus. Entsetzt sehen sie dem Schauspiel dieses Brandes zu. Plötzlich bemerken sie, daß der Jüngste fehlt, ein fünfjähriger Junge, der sich im Augenblick der Flucht vor Rauch und Flammen fürchtete und in den oberen Stock kletterte. Einer schaut den anderen an. Keine Möglichkeit, sich in etwas hineinzuwagen, das immer mehr zu einem Glutofen wird. Da öffnet sich oben ein Fenster. Das Kind ruft um Hilfe. Sein Vater sieht es und schreit ihm zu: »Spring!« Das Kind sieht nur Rauch und Flammen. Es hört aber die Stimme des Vaters und antwortet: »Vater, ich sehe dich nicht.« Und der Vater ruft ihm zu: »Aber ich sehe dich, und das genügt, spring!« Das Kind sprang und fand sich heil und gesund in den Armen seines Vaters, der es aufgefangen hatte. (*L.-J. Suenens,* Täglich christlich leben, Salzburg 1963, S. 45.)

Das Ideal

Da ist ein Vertrauen bei diesem Jungen, darüber kann man schon staunen. Alle Angst wird überwunden. Sein Vertrauen rettet sein Leben. Durchaus vergleichbar ist das Vertrauen des Hauptmanns von Kafarnaum in Jesus. Dieser Mann – ausgerechnet noch ein Heide, einer, von dem man so etwas gar nicht erwartete – wird beschrieben als Ideal: er ist ein freundlicher und um seine Untergebenen besorgter Vorgesetzter; er spielt sich nicht in den Vordergrund, sondern hat die erforderliche Portion Demut; zudem spendet er für die Gemeinde; und schließlich legt er auch noch ein derart gläubiges Vertrauen an den Tag, so daß man am Ende das Staunen Jesu nur allzugut verstehen kann. Ein solcher Mensch ist absolut unüblich. Im weiteren Verlauf des Evangeliums erfahren wir nichts mehr über ihn. Was später aus ihm wurde, weiß niemand. Ganz offensichtlich kam es Lukas auf diese zugespitzte Idealisierung an. Er wollte an einer beispielhaften Gestalt deutlich machen, wie man an Jesus als den Herrn des Lebens glauben kann, auch wenn er nicht leiblich anwesend ist, und wie ein solcher Glaube am Ende heilend und rettend wirkt.

Probleme
Aber genau da fangen dann einige Etagen unterhalb dieses großen Vorbildes die Schwierigkeiten erst an. Vorbilder sind gut und richtig. Aber manchmal können sie auch gefährlich sein. Wenn die Vorbilder zu groß sind, dann schicken sie mich erst gar nicht auf den Weg. Sie deprimieren eher als daß sie aufrichten. Es wäre ja schön, wenn man einen solchen vertrauenden Glauben hätte. Aber wer hat denn den schon? Und wie bekommt man ihn?

Ängste
Ich kann verstehen, daß der Junge, der aus dem Fenster in die Arme seines Vaters gesprungen ist, sehr viel Angst hatte. Ihm wird das Herz »bis zum Hals« geschlagen haben. Und vielleicht hat auch nur die größere Angst vor den Flammen die Angst vor dem Sprung geringer gemacht. Daß der Sprung gut ausgehen würde, hätte ihm vorher niemand garantieren können. Man kann Vertrauen nicht einfach empfehlen wie eine Urlaubsreise. Da ist ganz viel Wagnis, sehr viel Vorschuß an Vertrauen –, nicht im vorhinein überprüfbar. »Vertrauen fällt mir nicht in den Schoß, auch wenn es im Mutterschoß grundgelegt ist, im seligen Urschlaf der ersten und letzten sorglosen neun Monate meines Lebens« (*M. Graff*). Ja, ich weiß: Urvertrauen wird grundgelegt vor der Geburt. Und danach mache ich meine Erfahrungen, durchaus nicht immer vertrauenswürdige. Ich möchte ja oft gern vertrauen, aber ich kenne mich und meine Erfahrungen. Und da gab es eben auch Vertrauensbrüche. Solche Schläge sitzen tief.

Ich verstehe die Angst des Jungen, wenn er springt. Er hat seine Angst übersprungen. Vertrauen trug ihn trotzdem, wie Luft den Drachenflieger. Da ist wohl beides vermischt im Normalfall: zweifelnde Angst und Vertrauen. Beim heidnischen Hauptmann wird nur die Sonnenseite des Ideals gezeigt: die Rückseite des Schattens bleibt verdeckt.

Aber auch wenn ich mit beidem bei mir rechne, mit Unsicherheit und Vertrauen zugleich: Wie könnte ich mich dennoch etwas mehr dem Ideal des vorbehaltlosen Vertrauens nähern?

Vermutlich gibt es da ohnehin von vornherein Begabte und weniger Begabte, Draufgänger und Vorsichtige, Spontane und Nachdenkliche, Entschlossene und Zögerer, Petrus und Thomas . . . Aber auch die mit dem starken Urvertrauen zittern. Selbst Jesus blieb diese Erfahrung nicht erspart. Die Angst trieb ihm den Schweiß auf die Stirn im Garten Getsemani. Am Kreuz schließlich kann er sagen: »Vater, in deine Hände lege ich meinen Geist« Lk 23,46.

Das ist sozusagen eine »vertrauensbildende Maßnahme« für mich. Da kommt mir jemand entgegen mit völlig unverdientem Vertrauen. Von ihm weiß ich, welchen Vorschuß an Vertrauen Gott immer wieder in mich setzt, um so um mein Vertrauen zu werben; denn Vertrauen ruft Vertrauen hervor. Und weil ich es öfter enttäusche, werde ich immer wieder sagen müssen: »Herr, ich bin nicht würdig, daß du eingehst unter mein Dach . . .«

H. Kombrink

Zehnter Sonntag

Lk 7,11–17

I. Bibeltheologische Vorüberlegungen

1. Stellung, Struktur, Gattung der Perikope

(1) Mit der Überleitungsformel »Und es begab sich bald darauf« ist die Perikope an die vorausgehende Wundergeschichte von der Heilung des Knechtes des Hauptmanns angeschlossen, Lk 7,1–10. Nach unserer Perikope folgt im Lukas-Evangelium die Anfrage des Täufers: »Bist du der Kommende, oder sollen wir auf einen andern warten?«, Lk 7,19. Die Frage des Johannes nach der Bedeutung der Person Jesu beantwortet dieser mit einem messianischen Selbstzeugnis, welches die Jesaja-Prophetie in seinen Taten erfüllt sieht, Lk 7,22f.

(2) Lukas hat die Geschichte von der Auferweckung des jungen Mannes aus Naïn aus seinem Sondergut. Indem er diesen Traditionsstoff gerade an dieser Stelle in den Rahmen seines Evangeliums einfügt, erreicht er ein Doppeltes: (a) Die Auferweckung des Toten, welcher der einzige Sohn einer Witwe war, ist eine Steigerung gegenüber der Heilung des todkranken Knechtes, der diesem wert war, Lk 7,2. (b) Die Totenerweckung gehört zur Vorbereitung jener Antwort, die Jesus auf die Anfrage des Johannes hin gibt: »Geht hin und meldet dem Johannes, was ihr gesehen und gehört habt: Blinde sehen, Lahme gehen, Aussätzige werden rein, Taube hören, Tote werden auferweckt, Arme empfangen frohe Botschaft«, Lk 7.22.

(3) Der Form nach zeigen die V. 12–16 typische Merkmale einer *Wundergeschichte*. Den Ausgangspunkt bildet die Begegnung des Wundertäters mit der vom Unglück betroffenen Person. Dabei wird das Unheil als besonders groß geschildert: Der einzige Sohn einer Frau, die Witwe war, wird tot zur Stadt hinausgetragen, V. 12. Der Wundertäter sieht das Leid und erbarmt sich, V. 13. Es folgt der Befehl des Wundertäters: »Junger Mann, ich sage dir, steht auf!«, V. 14. Daraufhin wird das eingetretene Wunder ausdrücklich festgestellt: Der Tote setzt sich auf, redet, und Jesus gibt ihn der Mutter

zurück, V. 15. Die Geschichte endet mit dem für eine Wundergeschichte typischen Chorschluß. Alle werden von Staunen ergriffen und erkennen den Wundertäter als Prophet, in dem Gott am Werk ist, V. 16.

Da mit dem Chorschluß die Wundergeschichte stilgemäß abgeschlossen ist, dürfte V. 17 redaktionell sein. Die Kunde vom großen Wundertäter bleibt nicht auf den kleinen Kreis der anwesenden Zuschauer beschränkt, sondern gelangt in eine breitere Öffentlichkeit.

2. *Einzelauslegung*

V. 11 lokalisiert die Geschichte in Naïn, das acht bis neun Stunden von Kafarnaum entfernt, südöstlich des Tabors am gegenüberliegenden Hügelzug, liegt. Durch diese Ortsangabe und die folgende Zeitangabe »Es begab sich bald darauf« wird die Perikope mit dem »biographischen« Aufriß des Evangeliums verknüpft.

Jesus wird bei seiner Wanderung von seinen Jüngern und von einer großen Menge begleitet. Jesu Wundertaten erfüllen ihren Zweck nur, wenn sie vor Zeugen geschehen. Vor allem die Anwesenheit der Jünger ist wichtig. Bei der Wahl des Nachfolgers für den Verräter Judas wird eine entscheidende Forderung gestellt: »So muß nun von den Männern, die mit uns gegangen sind die ganze Zeit hindurch, in der der Herr Jesus bei uns ein- und ausging, von der Taufe des Johannes an bis zu dem Tage, an dem er von uns hinweg emporgehoben wurde – einer von diesen muß mit uns Zeuge seiner Auferstehung werden«, Apg 1,21 f. Nur wer den irdischen Jesus gekannt hat, kann später auch Zeuge seiner Auferstehung sein. Er muß ja bezeugen, daß der auferweckte und erhöhte Herr identisch ist mit dem historischen Jesus von Nazaret.

V. 12 gibt die Exposition der Erzählung. Der Wundertäter wird mit dem »Fall« in Verbindung gebracht. Auffallend sind dabei die vielen Übereinstimmungen mit den Prophetenerzählungen von 1 Kön 17 (z. T. in wörtlicher Übereinstimmung mit dem Text der Septuaginta). Der Prophet Elija erhält vom Herrn den Befehl: »Mach dich auf und geh nach Sarepta, das zu Sidon gehört, und bleibe daselbst; siehe, ich habe dort einer Witwe geboten, daß sie dich speise. Und er machte sich auf und ging nach Sarepta. Als er an das Stadttor kam, siehe, da war dort gerade eine Witwe am Holzlesen«,

1 Kön 17,9f. Die Begegnung geschieht also in beiden Erzählungen beim Stadttor, und die Person, der geholfen wird, ist eine Witwe.

V. 13 »Viel Volk aus der Stadt war mit ihr«, V. 12, zeigte die Anteilnahme der Bevölkerung am Leid der Witwe; nun betont V. 13 die Anteilnahme Jesu. Er sieht sie, und sie jammert ihn, vgl. Mk 1,41; 8,2. Er wendet sich ihr zu und fordert sie durch das »Weine nicht« auf, mit der Totenklage aufzuhören, vgl. 8,52.

Der so offen anteilnehmende Jesus wird aber auffallenderweise nicht mit seinem Namen genannt, sondern betont mit dem Hoheitstitel »der Herr« bezeichnet. Jesus ist also nicht irgendein Prophet oder »Gottesmann«, der auf Befehl Jahwes ein Wunder wirkt, sondern er ist selbst der Kyrios.

Der Herr also erbarmt sich der Witwe. Die Witwe erfährt nicht allein eine mitmenschliche Anteilnahme am Leid, sondern wird von der Erbarmung Gottes getroffen, der »die Tränen abwischen wird von jedem Antlitz«, Jes 25,8; vgl. Offb 7,17; 21,4.

V. 14 In der Elija-Erzählung hilft der Prophet der Witwe von Sarepta, die ihren Sohn verloren hat. Er ruft im Gebet: »Herr, mein Gott, laß doch die Seele dieses Knaben wieder in ihn zurückkehren«, 1 Kön 17,21. Anders Jesus. Er spricht den Knaben direkt an: »Junger Mann, ich sage dir, stehe auf!« Der Befehl drückt die Macht Jesu aus. Als der Kyrios hat er Gewalt über Leben und Tod.

V. 15 Auf seinen Befehl hin setzt sich der Tote auf und beginnt zu reden. Das Wunder ist geschehen; der junge Mann lebt. Mit derselben Wendung »Und er gab ihn seiner Mutter« bringt auch Elija das zum Leben zurückgekehrte Kind der Witwe zurück, 1 Kön 17,23.

V. 16 Als stilgemäßes Element folgt auf die Konstatierung des Wunders ein Erschaudern der Zuschauer. Ihre Furcht ist religiöser Art. Sie sehen im Wunder Gott am Werk. Das Lob, in das sie ausbrechen, gilt also Gott und nicht Jesus. In Jesus sehen sie aber einen großen Propheten, den Gott erweckt hat, um sein Volk heimzusuchen. In 1 Kön 17,24 erkennt die Frau in Elija einen »Gottesmann«; hier erkennt das Volk Jesus als Propheten.

V. 17 Die Schlußbemerkung sagt, daß die Kunde über Jesus sich in ganz Judäa verbreitet. Ganz Israel muß wissen, daß die messianisch-eschatologische Heimsuchung Gottes in Jesus Wirklichkeit geworden ist. Für Lukas ist nicht so sehr Galiläa als Judäa mit der Hauptstadt Jerusalem wichtig. Denn dort fällt die Entscheidung, und von dort nimmt das Evangelium seinen Ausgang, vgl. Lk 4,44; Apg 1,4.

3. Theologische Würdigung

(1) Die theologische Würdigung der Perikope hat von ihrem formalen Charakter als Wundergeschichte und von ihrer Stellung im Evangelium auszugehen. Aus beiden ergibt sich, daß der Sinn der Geschichte von der Totenerweckung des jungen Mannes von Naïn nicht einfach darin liegt, ein möglichst gewaltiges Mirakel zu erzählen, das alles bisherige übertrifft. Eine Geschichte will nicht bloß Wundersames berichten, sie ist durchaus tendenziös in ihrer Erzählungsabsicht. Sie will nicht einfach unterhalten, sondern zu einem Urteil, zu einer Stellungnahme herausfordern. Sie will vom Wunder weg auf den Wundertäter verweisen und ihn deuten.

Diese schon in der Form der Wundergeschichte grundgelegte Tendenz hat Lukas ausgebaut. Er fügt sie in den Abschnitt Lk 7,1–50 ein, der Gottes barmherzige Heimsuchung des Volkes Israel und der Heiden im Wirken Jesu zeigt. Wie die Heilung des Knechtes des heidnischen Zenturio in Kafarnaum, Lk 7,1–10, wie die vielen Wunder, welche die Johannesjünger sehen, Lk 7,21, und wie Jesu Verhalten beim Gastmahl der Sünderin gegenüber, Lk 7,36–50, erweist auch die Totenerweckung die große Erbarmung Gottes. Jesu Taten sind Taten Gottes. Jesus ist der von Gott erweckte große Prophet, er ist der »Heiland« der Menschen.

Lukas stellt Jesu Erbarmungstaten im Kontext auch Jesu Selbstoffenbarung gegenüber. Die Taten zeigen den Anbruch der messianischen Zeit. Die Weissagungen des Jesaja über die eschatologische Heilszeit finden in den Wundertaten Jesu ihre Erfüllung, Lk 7,22, vgl. Jes 26,19; 29,18f; 35,5f; 61,1. Israel wird begnadet durch die eschatologische Heimsuchung Gottes. Sie geschieht aber in Gegenwart und im Wirken Jesu. Jesu Machttaten und Verkündigung erweisen ihn deshalb als den eschatologischen Heilbringer. Er ist die endzeitliche Heilsgestalt, welche der Täufer erwartet hat, Lk 7,19f.

Dieser, der durch seine Wunderzeichen und durch seine Predigt das Reich Gottes heranführt, ist für Lukas der »Herr« selbst, Lk 7,13. Der Herr über Leben und Tod erbarmt sich in der eschatologischen Heilszeit über den Menschen. Seine hoheitsvolle Macht gibt einem Toten das Leben zurück, er schenkt Kranken Heilung und Toten Leben.

(2) Gott gewährt seine Heimsuchung vor allem den sozial Schwachen und Kleinen des Volkes. Die V. 12f betont nicht nur das Eingehen Jesu auf die fordernde Situation, sondern auch die Größe

der Not. Mit dem Tod des einzigen Sohnes ist der Frau, da sie Witwe war, auch der Ernährer genommen. Damit ist sie zur Armut verurteilt und auf die Unterstützung der Mitmenschen angewiesen. Die erbarmende Tat Jesu für die Witwe ist ein Beispiel für die Heimsuchung der Armen. Daß Jesus ein Messias der Armen ist, betont Lukas besonders gern, vgl. Lk 1,46–55; 4,18; 6,20; 14,21. Neben der armen Witwe gelten Jesu erbarmende Taten weiteren sozial Geschwächten und Verachteten: dem heidnischen Zenturio, einem Offizier der Besatzungsmacht, Lk 7,1–10, den von Krankheiten und Dämonen Geplagten, Lk 7,21 f, den Kleinen im Gottesreich, Lk 7,28, den Zöllnern, Lk 7,29, und den Sündern, Lk 7,36–50.

F. Schnider

II. Liturgisch-homiletische Vorüberlegungen

1. Liturgische Hinweise

Der Zehnte Sonntag im Jahreskreis taucht nicht allzu oft im liturgischen Zyklus auf, da er durch den beweglichen Osterfestkreis häufig entfällt. Das Grundthema des Sonntags klingt in den Worten des *Eröffnungsverses* an: »Der Herr ist die Kraft meines Lebens; vor wem sollte mir bangen?« Die Totenerweckungsgeschichten in der *Ersten Lesung* und im *Evangelium* machen deutlich: der Herr des Lebens ist stärker als der Tod. Gleichzeitig schwingt auch das nahe Pfingstfest noch in den Texten nach. Die Bitte um den Geist, die im *Tagesgebet* vor allem auf die rechte Erkenntnis und das rechte Handeln zielt, ist ein Anknüpfungspunkt dafür. Unschwer läßt sich diese Linie ausziehen zum Geist des Lebens. Der *Ruf vor dem Evangelium* tut dies in ausdrücklichem Bezug auf die folgende Frohbotschaft, die ja in doppeltem Sinn »Wort des Lebens« ist: Wort, das Leben schenkt, und Wort vom Leben, vom lebendig machenden Herrn: »Deine Worte, Herr, sind Geist und Leben . . .«.

Als Grundgefühl der Liturgie dieses Sonntags überwiegt deshalb der Dank: »Ich will dich rühmen, Herr, denn du hast mich aus der Tiefe gezogen . . . Herr, du hast mich herausgeholt aus dem Reich des Todes, aus der Schar der Todgeweihten mich zum Leben gerufen« (*Antwortpsalm*). Diese Erfahrung liegt jedem Sonntag zugrunde, der als »kleines Osterfest« den Sieg des Lebens über den Tod feiert, und ebenso jeder Eucharistiefeier, in der das Brot des Lebens gebrochen wird, um den Tod des Herrn zu verkünden und seine Auferstehung zu preisen. Von der Auferweckung des Sohnes der Witwe in Sarepta geht die Linie über die Auferweckung des Jünglings von Naïn zur Auferweckung Jesu selbst und darüber hinaus zur Sendung des Geistes, der auch uns lebendig machen will.

2. Homiletische Hinweise

Über eine neutestamentliche Wundergeschichte zu predigen, ist für einen Prediger immer eine heikle Sache. Er muß die Balance finden zwischen exegetischer Redlichkeit und Rücksicht auf die Hörer, denen mit einem aufklärerischen Kahlschlag mehr geschadet als genützt wird. Kann man sich bei Wunderheilungen oder Dämonenaustreibungen noch auf zeitbedingte Vorstellungsweisen oder psychosomatische Phänomene berufen, so heißt es bei dieser Totenerweckungsgeschichte »Farbe zu bekennen«.

Zwei Hindernisse stehen der Verkündigung vor allem im Wege: Das erste ist ein bei uns weit verbreitetes positivistisch-historisches Mißverständnis der Bibel, das vor allem auf die Frage fixiert ist: »Ist das wirklich so geschehen?« Bei den üblichen bibeltheologischen Defiziten der Hörer kann man, was unsere Perikope betrifft, vorwiegend mit zwei möglichen Reaktionen auf diese Frage rechnen: das Überspringen dieser Frage im Glauben: »Wenn das so in der Bibel steht und von der Kirche gelehrt wird, dann muß es auch (historisch) wahr sein; schließlich ist Jesus ja der Sohn Gottes!«; oder die Kapitulation vor dieser Frage in der Vernunft: »Wie soll ich mir dieses Wunder rational erklären? Warum hat Jesus nicht alle toten Söhne auferweckt? Warum hat das Volk nach diesem Wunder nicht zum uneingeschränkten Glauben an ihn gefunden?«

Dieses positivistisch-historische Verstehenshindernis macht es erforderlich, daß die Predigt einige hermeneutische Hinweise zum Verständnis von Wundergeschichten in der Bibel gibt. Eine gesund dosierte exegetische »Aufklärung« ist dabei unumgänglich, wenngleich der eigentliche Ort zur Aufarbeitung biblisch-exegetischer Fragen normalerweise nicht die Predigt sein kann, sondern eher ein Bibelkreis. Die Predigt im vorliegenden Vorschlag beschränkt sich auf zwei hermeneutische Hinweise: sie will die historische Fixierung lockern durch die Problematisierung (und damit Erweiterung) des zugrundeliegenden Wahrheitsbegriffs und sie will als Deutungshintergrund der Wunder Jesu die Botschaft von der Gottesherrschaft hervorheben. Bei dieser homiletischen Schwerpunktsetzung muß aus didaktischen Gründen der in der Exegese zu dieser Perikope auch betonte Akzent der »Erbarmung Gottes« (vgl. I) etwas in den Hintergrund gestellt werden. Dies läßt sich aber vertreten, da dieser Gedanke bei Lukas immer wieder auftaucht und deshalb auch an den anderen Sonntagen leicht aufgegriffen werden kann.

Das zweite Hindernis ist ein mehr emotionales: die Unfähigkeit vieler Menschen heute, von etwas ergriffen zu sein, die Unfähigkeit, sich zu wundern. Eine Wundergeschichte lebt ja davon, daß Menschen sich wundern. Wer aber wundert sich heute noch? Wenn die Zeitungen davon berichten, daß ein Kind mit zwei Köpfen geboren wurde, daß ein »Siamesischer Zwilling« durch Operation getrennt wurde, daß eine Frau seit Monaten mit dem Herzen eines Affen lebt, daß ein Patient nach jahrelangem Koma wieder das Bewußtsein erlangte, daß Männer fast ein Jahr lang im Weltall die Erde umkreisen, – wer kann sich da noch wirklich darüber wundern, daß die Bibel erzählt, Jesus habe einen Toten zum Leben erweckt? Sich wundern – von den alten Griechen noch als Anfang der Philosophie gerühmt – ist heute eine Fähigkeit, die nicht mehr als selbstverständlich gelten kann. Wo »cool bleiben« als Leitbild dient, hat ein Prediger es schwer, von Wundern zu erzählen.

Die Konsequenz, die die vorliegende Predigt daraus zieht, besteht darin, nicht auf dem Wunderbaren »herumzureiten«, das Wunder nicht »auszuschlachten«, um Jesu Gottheit zu beweisen oder die Hörer(innen) vor Ehrfurcht erstarren zu lassen (denn gerade das muß ja angesichts der beschriebenen Unfähigkeit, sich zu wundern, mißlingen). Nicht ein Ereignis, und sei es noch so wunderbar, soll also im Vordergrund stehen, sondern das Staunen über Gott selbst, der auch uns zum Leben erwecken kann.

III. Zur Predigt: Manchmal, da kann ein Wunder geschehen

Was ist Wahrheit?

»Ist diese Geschichte wahr?« – so haben Sie sich vielleicht eben gefragt. »Ist das wirklich passiert, was das Evangelium da von Jesus erzählt?« Wenn Sie so gefragt haben, dann haben Sie eine wichtige

Weichenstellung vorgenommen: sie haben die Frage »Ist das wahr?« auf eine Ebene gestellt mit der Frage: »Ist das wirklich passiert?«. Das ist kennzeichnend für unser westliches Denken: Als »wahr« gilt, was auch wirklich passiert ist. Und umgekehrt gilt: Was nicht wirklich passiert ist, kann auch nicht wahr sein.

»Ist diese Geschichte wahr?« – so fragte mich ein kleines Mädchen, als ich ihm das Märchen von den Sterntalern erzählte. Was sollte ich antworten? Wenn sie damit fragen wollte, ob das wirklich so passiert ist, daß da auf einmal die Sterne vom Himmel fallen und sich in lauter harte blanke Taler verwandeln, dann mußte die Antwort heißen: »Nein, das ist natürlich nicht passiert.« Aber ist damit schon über die Wahrheit dieses Märchens entschieden? Wenn es davon erzählt, wie ein kleines Mädchen alles hergibt, was es besitzt: das letzte Stückchen Brot, die Mütze, das Leibchen, das Röcklein und schließlich das letzte Hemd, und wenn es erzählt, wie dieses Mädchen, das alles hergeschenkt hat, am Ende selbst die Beschenkte ist, dann liegt doch gerade darin eine tiefe Wahrheit: wenn ich andere glücklich mache, werde ich selbst glücklich. Wenn ich anderen helfe, werde ich selbst reich dabei, werde bereichert hervorgehen aus der Begegnung mit den Menschen, denen ich geholfen habe. So gesehen muß ich dem Mädchen sagen: »Ja, die Geschichte ist wahr.« Es ist wahr, daß »Geben« seliger ist als »Nehmen«, daß Hilfsbereitschaft ihren Lohn in sich trägt, daß ich mir selbst etwas Gutes tue, wenn ich anderen Gutes tue, daß ich selbst glücklich werde, wenn ich andere glücklich mache, daß ich im Schenken mich selbst als beschenkt erfahren kann.

Wunder – Spuren der Gottesherrschaft

Natürlich sind die Geschichten der Bibel keine Märchen. Vieles, was die Bibel erzählt, ist auch »wirklich passiert«. Und Lukas verstand die Überlieferung als historisch glaubwürdig. Aber die Wahrheit der Bibel erschöpft sich nicht darin, was historisch geschehen ist. Niemand weiß genau, was sich am Stadttor von Naïn im einzelnen ereignet hat. Die Erzählung sagt uns: Jesus ist der Herr über den Tod; sein Erbarmen reicht über das Grab hinaus. Er war ja gekommen, auch in die Stadt Naïn, um zu verkünden: Die Herrschaft Gottes ist nahe. Und da, wo Gottes Herrschaft beginnt, hat die Macht aller anderen Herren ein Ende. Da werden die Armen selig gepriesen, da dürfen die Trauernden lachen, da können die Kranken nicht mehr krank und die Toten nicht mehr tot bleiben. Die Wunder

Jesu werden zu Zeichen dieser Gottesherrschaft, zu ersten Hoffnungslichtern, daß Gottes Liebe und Gottes Kraft sich bereits durchzusetzen beginnen, wo Jesus auftritt. Und selbst der Herr aller Herren, der Tod, muß weichen, wo Jesus die Herrschaft Gottes ausruft.

Auferstehung mitten im Tag

Wenn wir die Wundergeschichte von Naïn mit diesen Augen lesen und uns innerlich der Kraft und Liebe Gottes öffnen, da kann sie auf eine noch andere, neue Weise wahr werden. Da können auf einmal auch in unsererm Leben wunderbare Dinge geschehen. Da geschieht das Wunder, daß jemand den ersten Schritt zur Versöhnung nach einem Streit tut. Da geschieht das Wunder, daß ein Arbeitskollege freiwillig eine unangenehme Aufgabe übernimmt, daß eine Mutter ihr Kind um Verzeihung bittet, daß ein Chef auf seinen Untergebenen hört. Da geschieht das Wunder, daß Mauern zerbrechen: im Wohnblock öffnen Nachbarn einander die Tür, in Häusern wird für Fremde der Tisch gedeckt, Ausländer werden zu Freunden.

Da kann an uns das geschehen, was wir in einem Lied besingen: »Manchmal feiern wir mitten im Tag ein Fest der Auferstehung.« Und es ist dann, als seien zu uns die Worte gesprochen: »Ich befehle dir, junger Mann, ich befehle dir, junge Frau: Steh auf!« Und wir stehen auf aus den gewohnten Mustern, denken neue Gedanken, gehen neue Wege. Wir brechen aus aus unserem Tagesablauf, spielen mit unseren Kindern neue Spiele, wechseln mit unserem Nachbarn neue Worte. Manchmal, mitten im Tag, stehen wir auf und werden wir selbst – und es ist, wie wenn Totes zum Leben erwacht.

Das Leben ist unterwegs zu uns

Ist die Geschichte wahr? Die letzte Antwort auf diese Frage finden wir vielleicht erst, wenn wir dem Wunder eine Chance geben, wenn wir uns einlassen auf den Lebendigmacher, damit er auch zu uns sagen kann: »Steh auf!« »Wie das Leben durch die Welt wanderte« – so lautet ein afrikanisches Märchen. Am Stadttor von Naïn ist es Wirklichkeit geworden. Der Herr des Lebens, ja das Leben selbst ist einem Menschen begegnet. Vielleicht trifft es auch uns, in diesem Gottesdienst, mitten im Tag. Dann kann ein Wunder geschehen. Das ist wahr.

K. Roos

Elfter Sonntag

Lk 7,36–8,3; Kurzfassung: 7,36–50

I. Bibeltheologische Vorüberlegungen

1. Stellung, Struktur, Gattung der Perikope

(1) Die Perikope Lk 7,36–50 gehört, ähnlich wie die in der Nähe stehende vom Jüngling von Naïn, 7,11–17, zum Sondergut des Lukas. Gewisse Anklänge an die bei Mk 14,3–9; Mt 26,6–13; Joh 12,1–8 überlieferte Geschichte von der Salbung in Betanien sind unverkennbar. Es fällt auf, daß Lukas die Betaniengeschichte wegläßt. Man könnte sich darum vorstellen, daß er die Ähnlichkeit bemerkt hat, der Perikope seines Sonderguts jedoch den Vorzug geben wollte, weil sie die Sünderliebe Jesu herausstellt.

(2) Der Form nach wird die Perikope unter die »Streit- und Schulgespräche« (Bultmann) einzuordnen sein. Man darf sie als »Paradigma« (Dibelius) oder als »Problemerzählung« (Schürmann) bezeichnen. Gerade im Sondergut des Lukas begegnen wir häufiger solchen »szenischen Berichten, welche der gleichen Verkündigung dienen« wie die Gleichnisse (Kahlefeld).

(3) Die Überlieferung der Perikope hält die Erinnerung wach, daß Jesus sich gerade zu den Gebeugten und Verlorenen gesandt wußte. Zugleich weist sie darauf hin, daß die von der Perikope angesprochene Problematik auch die der Gemeinden gewesen ist, aus denen Lukas die Geschichte kannte. Gerade den Kirchen einer beginnenden »christlichen Bürgerlichkeit« mußte immer wieder in Erinnerung gerufen werden, daß einer, der meint, ihm sei nur wenig zu vergeben, in Gefahr ist, auch wenig zu lieben und auf die herabzuschauen, denen viel vergeben wurde. So wie Jesu Hinwendung zu den Sündern ständiger Anlaß zum Anstoß war, mußte auch die Aufnahme von Sündern in die Gemeinde vielen »Frommen« zu einem Dorn im Auge werden. Die Verkündigung der Kirche rechtfertigte durch diese Perikope ihr eigenes Tun mit dem Hinweis auf Jesu Verhalten und ließ dieses zugleich zur eindringlichen Forde-

rung an die »Frommen« werden, die Situation der eigenen Verschuldung und der geringen Liebe zu überdenken.

(4) Das Gleichnis V. 41 f ist möglicherweise durch Lukas in den Zusammenhang der Geschichte eingefügt worden. Durch diese Rahmung sicherte er die weitere Verstehbarkeit des Gleichnisses, die in der »Verkündigungssituation Jesu und des vorösterlichen Jüngerkreises« von selbst gegeben war (Schürmann). Dort war es ohne Situationsangabe anwendbar, und konnte verstanden werden, weil Jesus damit immer wieder Vorwürfen gegenüber seinem Verhalten zu Sündern in den Weg treten konnte. Durch die Einfügung in den Rahmen der Perikope ergibt sich die eigentümliche Denkbewegung des Textes.

(5) Innerhalb des lukanischen Kontextes bildet die Perikope das in 7,29 und 7,35 Gesagte in einem szenischen Bericht ab. Die Sünderin gehört im Gegensatz zu dem Pharisäer zu den »Kindern der Weisheit«, 7,35, und steht für das Volk und die Zöllner, die »Gott recht geben«, 7,29, indem sie sich für die von Gott Gesandten bereithalten und darin den eschatologischen »Heilsbeschluß Gottes« für sich übernehmen, 7,30.

(6) Die längere Fassung der Sonntagsperikope sieht vor, daß auch noch die anschließenden V. 8,1–3 gelesen werden. Schürmann vermutet in den V. 2 und 3 eine »generalisierende Abschlußnotiz« der beiden schon vor Lukas zusammengehörenden »Frauenerzählungen«, 7,11–17.36–50. Der »Sitz im Leben« dieser vorlukanischen Komposition wäre die »Frauenfrage« in den palästinensischen Christengemeinden gewesen. In den »Frauenerzählungen« mag ein Echo davon zu vernehmen sein, daß Jesus auch die Frauen, die, wie die Kinder, vor Gott in die hinteren Bänke verdrängt waren, angenommen und als vor Gott den Männern gleichwertig behandelt hat.

2. *Einzelauslegung*

V. 36 Die Situation des Mahles ist für Jesus bezeichnend. Sie ist ein Bild für das in ihm ergehende eschatologische Angebot der Herrschaft Gottes. Mahl heißt Erfüllung. Das Angebot gilt allen. So hält Jesus Mahl nicht nur mit Zöllnern und Sündern, sondern auch mit den »Gerechten«. Daß es gerade ein Pharisäer ist, der ihn einlädt, mag noch gut die Situation des vorösterlichen Jesus treffen. Die Pharisäer dürfen nämlich nicht von Anfang an als Gegner Jesu gesehen werden. Jesus stand ihnen auch geistig wesentlich näher, als es durch die in den Evangelien zu beobachtende Tendenz, die Pharisäer abzuwerten und als Feinde Jesu zu zeichnen, erscheinen mag, Jesu Verhalten macht keinen Unterschied in der Person.

Die konkrete Situation hat man sich so vorzustellen, daß die Tischgäste, wie es bei einem festlichen Gastmahl üblich ist, auf Polstern um die Tafel liegen, dieser zugewandt, die Füße nach hinten.

V. 37 Daß eine Frau eintreten kann, entspricht der Sitte. Es herrscht ein reges Kommen und Gehen. Doch ist es ungewöhnlich, daß eine stadtbekannte Sünderin das Haus eines Frommen betritt. Die Frau hat erfahren: Jesus speist bei dem Pharisäer. Ohne daß ein Motiv dafür genannt wird, kommt sie mit einem Fläschchen Myrrhenöl, das man zum Öffnen am Halse abbrach.

V. 38 Sie bleibt hinter dem zum Mahle Gelagerten stehen, weint, netzt seine Füße mit ihren Tränen und trocknet sie mit ihrem gelösten Haupthaar. Es galt als anstößig, in Gegenwart von Männern das Haar zu lösen. Sie küßt Jesu Füße und salbt sie mit Myrrhe.

V. 39 Daß Jesus das anstößige Verhalten der Frau an sich geschehen läßt und sie nicht entrüstet zurückweist, ist für den Gastgeber Erweis genug: Jesus ist nicht der Mann Gottes, für den er sich ausgibt, oder für den man ihn hält. Wäre er es, müßte er wissen, daß sie eine öffentliche Sünderin ist, deren Berührung unrein macht. Ein Prophet hätte die Gabe der Herzenskenntnis, vgl. Joh 4,19; Apg 5,9; 1 Kor 14,24 f. Damit steht sein Urteil über Jesus fest, doch er äußert es nicht.

V. 40 Jesus aber kennt die Herzen, das des Pharisäers und das der Frau. Seine Antwort beweist es. Werbend redet er den Pharisäer mit seinem Namen an. Was zu sagen ist, soll ganz dem Angeredeten gelten. Er soll selber in der Antwort vorkommen.

V. 41–42 Die Antwort besteht in einem Gleichnis und mündet in eine Frage. Der Angeredete wird gestellt und muß Stellung beziehen. Das Gleichnis ist leicht zu verstehen. Doch es enthält etwas, das vom Gewohnten her nicht verstanden werden kann. Ein Geldverleiher, der seinem Schuldner die Schuld erläßt, gibt es das? Noch nicht einmal von einer besonderen Notlage der Schuldner, die ihn dazu drängen könnte, ist die Rede. Sie können nicht zahlen; das ist alles. Was der Geldverleiher tut, untergräbt die Ordnung, weicht die Zahlungsmoral auf, stellt die Gesetze kaufmännischer Vernunft auf den Kopf. Ein Geldverleiher lebt von den Zinsen und braucht die Rückerstattung. Es gibt keinen Schulderlaß. Hier bricht die gemeinte Wirklichkeit durch in die vordergründige der Erzählung: Vor Gott gibt es nur Schuldner, die nicht zahlen können. Der einzige Ausgleich der Bilanz ist der Schuldenerlaß. Daß von verschieden großer Verschuldung gesprochen wird, ist zunächst ohne Belang. Die Höhe der Schuldsumme spielt nur für das Folgende eine Rolle. Welcher von beiden wird ihn mehr lieben?

V. 43 Simon antwortet, und seine Antwort zeigt, daß er in den Kategorien jener denkt, die das Maß der Liebe von der Höhe der erlassenen Schuld abhängig machen. Wer so denkt, vergleicht die Höhe der Schuld, die fremde mit der eigenen. Dann kann es geschehen, daß man die eigene Schuld, weil sie geringer zu sein scheint, als die fremde, als Verdienst einschätzt. So verfängt er sich in dem Gleichnis und muß mit seiner Antwort die Liebe der Sünderin anerkennen, zugleich aber auch über sich selbst das Urteil sprechen. Denn nach der Logik Gottes ist nur dem vergeben, der liebt.

V. 44–47 Das Gleichnis wird auf die Situation angewendet. Die Schuldner sind der Pharisäer und die Sünderin. Der eine hat keine Liebe erwiesen, die andere hat, seit sie eintrat, nicht aufgehört, Jesu Füße zu küssen.

Die Anwendung dreht das Gleichnis gewissermaßen um: Dort ist der Schuldenerlaß der Grund für die Liebe, hier wird die Liebestat zum Grund der Sündenvergebung. Weil sie geliebt hat, sind ihr die vielen Sünden erlassen. V. 47 b schließlich kehrt zur Perspektive des Gleichnisses zurück: »Wem aber wenig vergeben wird, der liebt auch wenig.« Diese Bewegung scheint die Frage unmöglich zu machen, was denn am Anfang stehe: das schuldenerlassende Erbarmen oder die reuevolle Liebe. In der Tat der Liebe steht der Mensch im Zirkel der sündenvergebenden Erbarmungstat Gottes. Der Anfang des Zirkels ist nicht auszumachen; der Liebende findet sich in ihm vor, der Nichtliebende steht außerhalb dieser Bewegung.

V. 48 Jesus spricht das Wort der Vergebung. Er bringt zu Wort, was sich in der Liebestat der Frau ereignete. Die Liebe galt Jesus und war nur möglich, weil in ihm das Erbarmen Gottes, der Schuldenerlaß, anwesend war, der den Menschen in die Freiheit der Liebe entläßt.

V. 49 Die Frage der Tischgäste unterstreicht es chorschlußartig noch einmal. Sie bringt das Erstaunen der Menschen über die in Jesus geschehene Konkretion des »Dogmas« von der Sünderliebe Gottes zur Sprache. Die Frau, im Ahnungsvermögen ihrer Liebe, hat es enthüllt.

V. 50 Darum kann Jesus die Liebestat der Frau Glauben nennen. Indem sie ihn liebte, legte sie ihn als den aus, in dem sich Gottes Erbarmen den Menschen schenkt.

3. Theologische Würdigung

(1) »Die Zöllner und Sünder alle kamen in seine Nähe, um ihn zu hören«, Lk 15,1. Dieser Satz, der die drei Gleichnisse vom »Verlorenen« einleitet, kennzeichnet einen der Programmpunkte des Lukas. In Jesus, der bei einem Sünder einkehrt, widerfährt dem Menschen Heil, begegnet ihm das Erbarmen Gottes, Lk 10,1–9. So wird das Verlorene gesucht und gerettet, Lk 19,10, auch wenn der Fromme sich dem widersetzt, daß in der Begegnung mit Jesus der sich selbst entfremdete Mensch aufgenommen wird und Teil erhält an dem in der Mahlgemeinschaft mit Jesus sich abschattenden eschatologischen Freudenmahl, Lk 15,2. Um sein Verhalten auszulegen, weist Jesus auf die Denkart Gottes hin, d. h. in Jesus konkretisiert sich das Erbarmen und die nicht irrezumachende Liebe Gottes und begegnet leibhaft. In Jesus hält Gott Ausschau nach dem verlorenen Schaf, das in die Irre ging, Lk 15,4 und die Drachme, die verloren wurde, Lk 15,8. Die eschatologische Freude über Jesus, Lk 2,10, ist eine Freude über das Wiederfinden, Lk 15,7.23.

(2) Das Besondere an der Perikope von der Sünderin ist, daß die Liebestat der Frau das in Jesus begegnende Erbarmen Gottes aufschließt. Die Liebe wird zur Exegese Gottes. Der liebende Mensch steht in der Begegnung mit Jesus in der Bewegung des göttlichen Erbarmens, in die der Nicht-Liebende nicht einzutreten vermag. Man muß sich noch einmal die eigentümliche Bewegung der Perikope vor Augen halten: Das Gleichnis geht aus vom Erbarmen des Gläubigers und sieht die Liebe dessen, dem die Schuld erlassen wurde, als Folge und Konsequenz des Erbarmens. Die nachfolgende Auslegung des Gleichnisses versteht jedoch die Vergebung als Folge der Liebestat. Beide Aussagen heben einander nicht auf, sondern bringen das nicht aufzulösende Miteinander von erbarmender Vergebung des Gläubigers und der Liebe des Schuldners zur Anschauung; es gibt kein Vorher und Nachher, kein: Zuerst-Ich – dann-Du! Wer liebt, dem ist vergeben, und wem vergeben ist, der liebt. Hier spricht nicht pastorale Vorsicht, sondern das Anstößige an Gott in Jesus. Dieses Ineinander sollte bedacht werden von einer sakramen-

talen Praxis, die notwendigerweise das Ineinander in einem zeitlichen Nacheinander darstellt.

(3) Die Liebe, von der die Perikope spricht, ist kein Abstraktum. Sie geschieht dem konkreten Menschen Jesus in konkreten Taten: Sie erschließt in ihm das Erbarmen Gottes. Jesus aber begegnet jedem von uns im »Geringsten seiner Brüder«. So schließt auch die Tat die Liebe, die dem Bruder erwiesen wird, das Erbarmen Gottes auf für den Liebenden. Nächstenliebe ist Sündenvergebung. Die sakramentale Vergebung darf das nicht verdecken. Die Verkündigung muß darauf aufmerksam machen, daß in jedem der »Geringsten seiner Brüder« die Vergebung Gottes bereitliegt und darauf wartet, daß die Tat der Liebe sie erschließt. Denn: »Wer seinen Bruder liebt, der bleibt im Licht«, 1 Joh 2,10, »Wer nicht liebt, bleibt im Tode«, 1 Joh 3,14.

W. Stenger

II. Liturgisch-homiletische Vorüberlegungen

1. Liturgische Hinweise

Der Elfte Sonntag – im Kirchenjahr in der Zeit nach Pfingsten gefeiert – rückt einen wesentlichen Zug der Frohbotschaft in den Mittelpunkt: die Vergebungsbereitschaft Gottes. Gott nagelt den Menschen nicht in seinen Sünden fest. Er läßt ihn seine Schulden nicht bezahlen, sondern schenkt sie ihm. Ja, noch mehr: Gott ist keiner, der nur re-agiert und auf unser Verhalten antwortet, er ist vielmehr einer, der ein befreites, heiles Leben – allem menschlichen Handeln voraus – bereits möglich macht und dem darauf falsch reagierenden Menchen immer wieder neu Lebens- und Glücksmöglichkeiten zuspricht. Gottes Güte heißt so: er läßt Menschen leben. Er gibt ihnen den Freiraum, in dem sie sich entfalten können. Die Menschen aber engen sich ein, sie kapieren nicht. Ihre Chance liegt darin, daß Gott sie erneut aus ihren Sackgassen befreit.

Um diesen theologischen Schwerpunkt der drei Sonntags-Lesungen zu verstehen, geht man am besten von der *neutestamentlichen Zweiten Lesung* aus. In ihr spricht Paulus von der alles entscheidenden Bedeutung des Glaubens. Nicht die Werke des Gesetzes, die eigene Frömmigkeit oder die eigene Leistung und Wohlanständigkeit retten den Menschen. Nur der Glaube vermag ihn heil zu machen.

Der Kontext der beiden anderen Lesungstexte erläutert, was »Glaube« hier und wohl auch grundsätzlich in seiner tiefsten Bedeutung meint: Der Mensch soll Gott nicht nur »etwas« glauben (z. B. das, was im Katechismus über ihn zu lesen ist), er soll sich vielmehr auf ihn einlassen und ihm vertrauen, ihm trauen, daß er wirklich ein guter Gott für ihn sein möchte. In der *alttestamentlichen Ersten Lesung* aus dem Zweiten Buch Samuel fällt dabei das Stichwort »Vergebung« auf: Gott ist bereit, dem Menschen zu vergeben. Noch befreiender aber und aller Vergebungsbereitschaft voraus ist Gott einer, der den Menschen alles geschenkt hat, »und wenn ihm das zu wenig ist, noch manches andere dazu gibt«, vgl. 2 Sam 12,8. Gott, der grenzenlos menschenfreundliche, ist mit seinen reichen Gaben jeglichem menschlichen Tun immer schon voraus und er ist darüber hinaus auch zu vergeben bereit, wenn wir unsere Chancen verspielt haben und dies einsehen, vgl. 2 Sam 12,13.

Diese grenzenlose Güte stellt das menschliche Selbstverständnis auf eine ganz neue Grundlage. Davon spricht das *Evangelium*. Wer so viel geschenkt bekommt, vgl. V. 41 f, der kann ein neuer Mensch sein und nun auch anders mit seinen Mitmenschen umgehen. Zugleich zeigt das Evangelium aber ganz plastisch, daß der Mensch sich schwer tut, tatsächlich dieser neue Mensch zu sein. Ich meine, es liegt wesentlich daran, daß er den Beginn seiner eigenen Heilsgeschichte übersieht und meint, sein eigenes Verhalten, sein Umgang mit den anderen sei Ursache und Maßstab gelingenden Lebens. Dabei übersieht er das »Vor-Zeichen«, das diese Gleichung erst in Ordnung bringt. Dieses Vor-Zeichen ist Gottes allen menschlichen Antworten bereits vorausgesprochenes Wort. Leben glückt da, wo der Mensch sich auf diesen Gott einläßt und ihm traut. Unser Gott ist kein Buchhalter, der am Schluß des Lebens Bilanz zieht; er ist der Schöpfer, dessen grundsätzliches Ja zum Menschen ihn erst ins Leben, ins Gutsein rief, vgl. Gen 1,31.

2. Homiletische Hinweise

Die Verkündigung kann dem *Evangelium* mehrere Anstöße entnehmen.

Die Vor-Gabe Gottes
Aller menschlichen Gechichte, allem menschlichen Gut- oder Schlechtsein geht jener begründend voraus, der diese Geschichte in die Wirklichkeit gerufen hat. Das Schöpferwort Gottes läßt Menchen leben und es läßt sie über-leben, wo immer sie sich durch ihr Versagen den Tod in seinen vielfältigen Formen einhandeln (vgl. Gen 3 oder 2 Sam 12,10.13 aus der alttestamentlichen *Sonntags-Lesung*).

Die Liebe als Exegese Gottes
Wie im Teil 3 der Exegese dieses Textes (siehe oben!) ausgeführt, schließt die Liebestat der Frau Gottes Erbarmen auf. Wer liebt, der liebt deshalb, weil er sich von der göttlichen Zuwendung dazu ermutigt weiß. Konkret wird Gottes Liebe erfahren in der zwischenmenschlichen Zuwendung. Sie ist gleichsam ihr »sakramentales« Zeichen; Menschen werden für einander zum »Ort« der Gottesbegegnung.

Nächstenliebe ist Sündenvergebung
Auch darauf macht Teil 3 der Exegese des Textes (siehe oben!) aufmerksam. Wie ich dem anderen Menschen (und auch mir selbst!) begegne, ob ich ihn und mich anzunehmen vermag, zur Vergebung bereit bin, ihm etwas zutraue usw., das alles sagt auch etwas darüber, wie weit ich selber mich in der gütigen Zuwendung anderer gehalten und darin von Gott selber geliebt weiß. Mein Verhalten bezeugt anderen, wer mein Gott ist, und es zeugt in anderen Glaube und Mißtrauen, Hoffnung oder Angst.

III. Zur Predigt: Zuerst spricht Gott – dann antwortet der Mensch

Der Mensch: ein unbarmherziger Schuldner

Das Evangelium aus dem Sondergut des Lukas ähnelt inhaltlich dem Gleichnis vom unbarmherzigen Knecht, Mt 18,23–35. Hier wie da hören wir von Menschen, denen viel geschenkt wurde, die aber trotzdem die alten blieben und erbarmungslos sind, so wie dies eben im Alltag üblich ist. Schulden müssen bezahlt werden, Pardon, Gnade, Vergebung ist ein höchst seltener Sonderfall. Dies lehrt uns die Erfahrung. Jesus will uns darauf aufmerksam machen, wie schief diese Sicht ist, denn sie übersieht, daß jeder – all seinem Tun und Lassen voraus – bereits ein Beschenkter ist. Was im zweiten Teil des Gleichnisses vom unbarmherzigen Knecht höchst normal erscheint und im Umgang der Menschen miteinander selbstverständlich ist, das wird unter der Vorgeschichte dieses Gleichnisses zu einer brutalen und darum in letzter Konsequenz tatsächlich tötenden Härte, vgl. Mt 18,34f.

Die Begegnung zwischen Jesus, dem Pharisäer und der Sünderin illustriert gleichsam das mätthäische Gleichnis und bringt zudem ein anschauliches Beispiel von Jesu pastoraler Klugheit, mit der er seine Sendung erfüllt, Menschen mit Gott und untereinander zu versöhnen.

Der Konflikt

Zunächst aber läuft alles auf einen Konflikt zu. Schuld daran ist die Frau, die sich gegen alle Anstandsregeln und ohne Rücksicht auf die Umstände an Jesus heranmacht. Dabei setzt sie alles aufs Spiel: sie gibt sich dem Spott und der Lächerlichkeit preis und beweist damit zugleich ihr Vertrauen auf Jesus. Allerdings hat sie dadurch die vielleicht ganz angenehme Atmosphäre gestört. Es herrscht »dicke Luft«, vgl. V. 39. Üblicherweise bleiben Konflikte zwischen Menschen oft unausgesprochen. Jeder denkt sich seinen Teil, vgl. V. 39a, unternimmt dabei aber gleichzeitig alles, das Problem »unter den Teppich zu kehren«. Lösungen, Er-Lösungen gibt es so jedoch nicht.

Jesu Konflikt-Strategie

Jesus hat den Mut, das heiße Eisen anzufassen, vgl. V. 40. Man ist gespannt, auf welche Seite er sich schlägt. Wird er sich mit Simon verbünden und die Frau der Lächerlichkeit preisgeben? Er könnte natürlich auch seine Sympathien für die Frau aussprechen und damit Simon in seiner Härte allein lassen. Jesus aber möchte beiden gerecht werden und jedem seine Chance geben. Darum erzählt er das Gleichnis von dem Gläubiger und seinen beiden Schuldnern. Uns, den an sich unbeteiligten Lesern ist klar: hier kommen sowohl Simon wie auch die namenlose Frau vor. Sie beide sind Schuldner und haben nun die Möglichkeit, diese Wahrheit, die Wahrheit ihres Lebens zu erkennen und anzuerkennen. Die Brücke ist gebaut und so könnte es passieren, daß sich der Mann und die Frau die Hand reichen und nicht mehr gegeneinander stehen, sondern miteinander gehen.

Der Mensch im Licht der Vor-Gabe Gottes

Im Grunde sind sie ja trotz ihrer unterschiedlichen Lebensweisen geeint in jener vergebenden Liebe, die Gott ihnen beiden in gleicher Weise schenkt und zwar in dem Maß, in dem sie diese Liebe brauchen, nicht in dem sie sie verdienen. Lukas erzählt uns nicht, wie diese Begegnung ausgegangen ist, ob Jesus mit seiner Pastoral Erfolg hatte. Aber dies ist auch gar nicht so wichtig. Entscheidend ist, daß *ich* mich in dieser Begebenheit wiederfinde und dadurch meinen Platz, meine Stellung vor Gott erkenne. Wenn ich zu Gott richtig stehe, dann erst kann ich auch zu meinen Mitmenschen und zu mir selber richtig sein. Ich brauche und ich kann ihn nicht mehr verachten. Denn dann würde ich jene Achtung vergessen, die Gott ihm immer schon geschenkt hat, so wie mir selber. Ich brauche und ich kann ihn nicht mehr in seinen Schulden festnageln, denn Gott hat ihm und mir schon längst alle Schulden nachgelassen. Ich brauche und ich kann nicht mehr mit meinem Maßstab beurteilen, weil ich ihn und mich unter den gleichen Maßstab Gottes gestellt weiß.

Gott ist nicht nach der Menschen Art

Menschen sind oft hart und unmenschlich zueinander, weil ihre Erfahrungen sie mißtrauisch und finster gemacht haben. Wer ausgenützt wird und sich ungeliebt in die Ecke gestellt fühlt, wer sich unnütz vorkommt und sich erst durch eigene Leistung allmählich einen Platz in der Hierarchie der Welt zu erobern beginnt, der wird mehr oder weniger automatisch diese Erlebnisse und Einstellungen übernehmen und auf seine Umwelt übertragen. Vielleicht wird er sogar Gott unter diesem Blickwinkel anschauen und ihn so in sein Verständnis der Wirklichkeit einordnen. So ähnlich stelle ich mir den Pharisäer Simon vor. Er war bestimmt kein schlechter Mensch, sondern einer wie jeder von uns. Jesus möchte ihn und uns jedoch befreien. Er möchte jeden Menschen herausholen aus seinem vorösterlichen Dasein und ihm den Blick weiten für die ganze Wahrheit. Diese ganze Wahrheit wird sichtbar, ein nach-österliches, pfingstliches Leben wird möglich, wo der Mensch Gott nicht mehr nach seinen Erfahrungen, nach menschlichen Normen einengt und ihn einordnet in den weltlichen Schuld-Bestrafungs-Mechanismus. Gott ist keiner, der belohnt oder bestraft; keiner, der auf unser Tun und Lassen re-agiert, sondern einer, der allem voraus handelt, der uns alles zu geben und auch zu ver-geben bereit ist, wenn nur wir sein Geschenk annehmen wollen.

Die Sünderin lebt neu

Wem dies aufgegangen ist, der kann neu leben; er kann seinem Mitmenschen und sich selbst neu begegnen – wie jene unbekannte Sünderin im Evangelium! Sie weiß, daß sie eine Sünderin ist und sie vertraut trotzdem darauf, vor Gott Ansehen zu haben. Deswegen kann sie ihr Ansehen vor den Menschen aufs Spiel setzen und in ihrem Glauben alles gewinnen: »Dein Glaube hat dich gerettet, geh hin in Frieden!«, Lk 7,50.

D. Katte

Zwölfter Sonntag

Lk 9,18–24

I. Bibeltheologische Vorüberlegungen

1. Stellung, Struktur, Gattung der Perikope

(1) Die Perikope fußt auf der Vorlage Mk 8,27–35. Ihre Bearbeitung stellte Lukas vor Schwierigkeiten, die in ähnlicher Weise dem heutigen Ausleger ntl. Texte häufig zu schaffen machen: Der Text ist zwar zu verstehen, hat aber seine unmittelbare Bedeutung für das Leben der Gemeinde verloren, weil die Verhältnisse sich geändert haben. Lukas muß einen Text behandeln, der zur Leidensnachfolge bis zum Martyrium auffordert, dies aber für eine Gemeinde, die augenblicklich nicht unter Verfolgung steht und solche auch nicht unmittelbar befürchten muß, geschweige denn wünschen kann.

(2) Die traditionsgeschichtliche Komplexität der Markus-Vorlage braucht hier nicht erörtert zu werden, weil der ursprünglich disparate Stoff dem Lukas bereits als geschlossene Komposition vorgegeben war. Diese besteht in der Verbindung von drei Komplexen: Dem christologischen Schulgespräch mit dem Christusbekenntnis des Petrus, Mk 8,27–30, der Leidensankündigung, Mk 8,31–33, und den verschiedenen Sprüchen über die Leidensnachfolge, Mk 8,34–9,1.

Aus diesem dreigliedrigen Aufriß der Vorlage macht Lukas ein zweigliedriges Gebilde, indem er den mittleren Abschnitt stark kürzt und fest mit dem voraufgehenden Schulgespräch verknüpft. (Die markinische Überleitung »Und er begann, sie zu lehren . . .« entfällt.) Sinn dieser neuen Strukturierung des Stoffes ist es, die Entsprechung von Christologie und Ethik in klarer Gegenüberstellung der Aussagen zu betonen.

(3) Gegenüber der Markus-Vorlage bedeutet dies eine Nivellierung der polaren Struktur im christologischen Teil der Perikope. Bei Markus kommt es darauf an, daß das Bekenntnis der Gemeinde zu Jesus als dem Christus, Mk 8,29, im Sinne der Dialektik der folgen-

den Niedrigkeits- und Hoheitsaussagen, V. 31, präzisiert wird. Der Hörer soll erkennen, daß es illegitim ist, in undialektischer Weise die Niedrigkeit als Qualität der Geschichte des irdischen Jesus (und damit als etwas Vergangenes, Überwundenes) anzusehen und entsprechend die gegenwärtige Hoheitsstellung des erhöhten Christus ohne Bezug zum Kreuz zu verstehen, sich also zu einem »ungekreuzigten« Christus zu bekennen. Dieser Erkenntnis dient das Motiv des sog. Messiasgeheimnisses, das als Leitmotiv das Markus-Evangelium durchzieht und das in dieser Perikope thematisiert wird: Die Verborgenheit der messianischen Hoheit Jesu vor den Menschen, die seine irdische Wirksamkeit charakterisiert, ist durch das Ostergeschehen nicht aufgehoben, sondern gerade für die Eingeweihten, die glaubenden Jünger, als eine bleibende Struktur des Glaubens in ihrer ganzen Schärfe erst spürbar geworden. Bei Markus geht es also, vereinfachend gesagt, um die Kritik an einem undialektischen Christusglauben der Gemeinde.

2. *Einzelauslegung*

Der entsprechende Abschnitt der lukanischen Parallele ist zwar ebenfalls auf eine gemeindliche Glaubenssituation hin transparent, aber doch in deutlich anderer Intention. Für Lukas signalisiert der Christus-Titel in erster Linie die heilsgeschichtliche Korrespondenz des Bekenntnisses zu Jesus mit der atl.-jüdischen Verheißungs- und Erwartungsgeschichte.

V. 18f Die Scharen repräsentieren eine – freilich unzureichende – Form jüdischer Verheißungshoffnung, wenn sie versuchen, Jesus mit den Figuren ihrer Erwartungsgeschichte in Beziehung zu bringen. Auffällig ist vor allem die lukanische Wendung »daß einer der alten Propheten wiedererstanden ist«, V. 19. Sie besagt, daß die Leute Jesus für einen Verheißungsbringer halten. Demgegenüber sagt das folgende Bekenntnis des Petrus, daß Jesus selbst der verheißene Christus ist.

V. 20 Die Formulierung »der Christus Gottes« ist spezifisch lukanisch. Sie verweist darauf, daß Verheißung und Erfüllung im Heilsplan Gottes verankert sind. In der Leidensgeschichte begegnet sie wieder in der Variation »der erwählte Christus Gottes«, Lk 24,35, und zwar in einem Zusammenhang, der deutlich zeigt, daß Leiden und Tod Jesu mit dem Messiasbild des Judentums unvereinbar sind. Dieselbe gedankliche Beziehung wird auch in unserer Perikope durch die lukanische Fassung des Messiasbekenntnisses angebahnt: Petrus formuliert ein Bekenntnis, welches besagt, daß Jesus die Erfüllung der Verheißung bringt; sein Bekenntnis ist damit inhaltlich gebunden an den spätjüdischen Erwartungshorizont und den entsprechenden Messiasbegriff, ist also nicht schon das endgültige gemeindliche Christusbekenntnis (wie bei Markus). Dieses ist nach Lukas erst nach Ostern möglich aufgrund der Erkenntnis, daß der Messias durch den Leidenstod hindurch in die erwartete Hoheitsstellung »eingehen« mußte, vgl. Lk 24,26.

V. 21 f Entsprechend gestaltet Lukas den folgenden Passus. Das Geheimnismotiv wird reduziert: »Dieses« ist eine Abschwächung der Vorlage. Es kommt nicht auf die Wahrung der »Arkandisziplin« an, sondern der ungeklärte Messiasbegriff soll nicht verbreitet werden. Diese Interpretation ergibt sich aus der Form des Anschlusses von V. 22 und an V. 21: Jesus verbietet das Weitersagen, »indem« er an die Stelle des vorläufigen Christusbekenntnisses eine Aussage setzt, die dem Inhalt des vollen nachösterlichen Christusbekenntnisses der Kirche entspricht. Die Titel »Christus« und »Menschensohn« werden also bei Lukas inhaltlich weniger deutlich unterschieden, als dies bei Markus der Fall ist.

Die durch das Prädikat »Menschensohn« gekennzeichneten Aussagen sind Bestandteil des voll entfalteten »Christusbekenntnisses«, bilden also keine Kontrastaussage zum Petrusbekenntnis, sondern ergänzen daran, was zum vorausgesetzten Zeitpunkt noch niemand wissen und bekennen kann: Daß der Christus entgegen allen jüdischen Erwartungsvorstellungen einen Leidensweg gehen »muß«, V. 22. Mit diesem Wort wird erneut das Motiv der Verankerung der heilsgeschichtlichen Ereignisse – hier: des Weges Jesu durch sein Leiden in die Herrlichkeit – im Heilsplan Gottes ausgesprochen. Es wird von Lukas in Abänderung der Markus-Vorlage noch dadurch unterstrichen, daß er die Wendung »Nach drei Tagen auferstehen«, Mk 8,31, durch »Am dritten Tage auferweckt werden« wiedergibt. Das Passiv weist auf Gott als eigentliches Subjekt der Heilsgeschichte hin, in dessen Hand alle Fäden der Verheißung und der Erfüllung zusammenlaufen.

*

Die auffälligste Veränderung der Markus-Vorlage bei Lukas ist die Streichung des Einspruchs Petri gegen die Leidensankündigung und des scharfen Tadels Jesu, Mk 8,32 f. Um dies zu erklären, kann man

pflichten, deren Selbstlosigkeit ihr Maß und Vorbild in der Leidenshingabe Jesu hat.

K. Löning

II. Liturgisch-Homiletische Vorüberlegungen

1. Liturgische Hinweise

Die vielfältigen Gedanken, die in den liturgischen Texten dieses Sonntags ausgesprochen werden, ranken sich um die Aussage vom gekreuzigten Messias. Schon der *Eröffnungsvers* spricht davon, daß Gott selbst seinen Gesalbten schützt. Und wenn dort auch ursprünglich vom Volk und seinem Repräsentanten die Rede sein mag, so ist für die Liturgie doch der Anklang an Christus gegeben. Noch deutlicher wir dies in der *Ersten Lesung* bewußt (Zach 12,10–11), in der man die Ereignisse um das Leiden des messianischen Gottesknechtes vorausinterpretiert sieht, wenn es darin heißt: »Sie werden auf den schauen, den sie durchbohrt haben« – und sie werden es in der Haltung des Mitleides und des Gebetes tun. So wird es ihnen leid sein, daß sie den Gerechten verfolgt haben. Doch wie Jesus es im *Evangelium* sagt, war dies der »notwendige« Lauf der Dinge. Und solches Los wird auch die Jünger Jesu treffen. Freilich verheißt diesen die *Zweite Lesung* (Gal 3,26–29), daß sie durch den Glauben an Jesus zu Söhnen Gottes werden, die mit Christus und seinem Glanz umgeben sind. Dann spielen die äußeren Unterschiede menschlicher oder sozialer Art überhaupt keine Rolle mehr. Entscheidend ist einzig und allein, eins in Christus zu sein. Denn er hat das Opfer der Versöhnung vollendet, und sein Jünger darf daran Anteil haben. So wird er frei von allen Verstrickungen (*Gabengebet*) und bleibt verwurzelt in der Liebe zu Gott, dem er in Ehrfurcht begegnet und dessen väterliche Hand er spüren darf (*Tagesgebet*). Er wird niemals verlieren, was ihm die Eucharistie als Verheißung gezeigt hat (*Schlußgebet*) und was in ihm die Sehnsucht nach dem ganz anderen (*Antwortpsalm* und *Kommunionvers*) entfacht. Der gekreuzigte Messias ist das Zeichen der Hoffnung für den glaubenden Christen.

2. *Homiletische Hinweise*

Die Leidensankündigung und das Wort vom Kreuz als einem notwendigen Ereignis im Leben eines Jüngers Christi bilden für viele Zeitgenossen eine unverständliche Härte. Der Tod und seine Begleiter, das Leid und der Schmerz, werden im heutigen Denken für gewöhnlich beiseite geschoben, man schaut lieber auf das Leben. Und wenn Sterben schon unausweichlich sein mag, soll es wenigstens so unauffällig und so schnell wie möglich geschehen. Sinn können ihm viele nicht abgewinnen. Von diesem Gefühl sollte der Prediger ausgehen, wenn er versucht, die Texte zu vermitteln.

Schon die Jünger Jesu wollten nicht begreifen, daß Jesus sterben müsse. Sie brachten es nicht zusammen mit ihrer Vorstellung vom Messias und vor allem mit den Erwartungen, die sie an ihn stellten. Sie meinten, er müsse vor einem möglichen Tod noch so einiges im Volk bewirken und die Zustände verändern. Das Davidreich müsse erst hergestellt sein und die Garantie bleiben, daß es für lange Zeit halten wird. In ein solches Denken paßt nicht die Rede vom kreuztragenden Jünger. So sind also die beiden Aussagen Jesu über sein Leiden und Sterben bzw. das Leiden und Sterben seiner Anhänger schon von Anfang an auf Widerspruch oder Unverständnis gestoßen. Sie mußten zu allen Zeiten erschlossen werden aus Anklängen in der Schrift und vor allem durch Erfahrungen des täglichen Lebens, aus denen erspürt werden kann, daß ein Absterben unter anderen Gesichtspunkten Energien für einen größeren Aufbruch freisetzen kann.

III. Zur Predigt: Todes-Hingabe zum Leben

Das heutige Evangelium scheint nicht in unser Lebensgefühl zu passen; denn es spricht von Leiden und Verlust des Lebens. Dies aber wird von vielen Zeitgenossen verdrängt. Über den Tod zu sprechen, erscheint manchen geradezu unanständig, und das Leid gilt als ein Übel, das man so weit wie möglich aus seinem Bewußtsein verdrängen sollte.

Und doch, so meine ich, sollten wir dem Text nicht ausweichen. Denn er zeigt eine Wirklichkeit auf, die zu meistern gerade unser

Glaube Hilfestellung gibt. Und das ist das Besondere des Christentums: es will dem Menschen helfen, Illusionen zu entlarven, und will ihm gleichzeitig Hoffnung und Zukunft verkünden.

Zwei wichtige Aussagen des Christseins, so meine ich, kann der heutige Evangelientext vermitteln.

Im Tod Leben

Wohl jeder von uns wünscht, daß es glücklich weitergeht. Privat sollen keine Aufregungen schrecken, im Kreis der Freunde soll Harmonie uns tragen, öffentlich soll Ordnung für Aufschwung und Erfolg sorgen, möglichst in allen Bereichen. Das ist unser Wunsch.

So wollten es auch die Jünger Jesu, damals als alles so verheißungsvoll aussah. Sie hatten erkannt und darauf vertraut: Jesus ist mehr als nur ein Prophet. Er wird das Reich des Messias errichten. Er müßte jetzt nur endlich anfangen. Doch statt Truppen zu sammeln, predigt er. Statt Parolen auszugeben, redet er von Drangsal. Statt das bisher Erreichte zu verteidigen, kündigt er die Auflösung an. Wo soll da der Erfolg stecken? Die Jünger sind enttäuscht – und zwar enttäuscht von Jesus. Welch ein Wahnsinn! Was soll ein Messias am Kreuz? Was soll eine Schar von Anhängern, die Angst haben und davonlaufen?

Jesus bleibt unerbittlich: Es geht nicht ohne Sterben, so sagt er ihnen. Und das gilt grundsätzlich! Dem Glaubenden wird nicht deshalb, weil er glaubt, das Kreuz abgenommen. Er muß täglich daran tragen. Und worin liegt der Erfolg? Was soll das?

Die Antwort kann nicht allein aus der Erfahrung gegeben werden, die jeder kennt, der geistig arbeitet: Das Problem, der Widerspruch, das Dilemma bringt neue Ideen hervor, erweitert die Erkenntnis, weckt ungeahnte Kräfte. Diese Erklärung trägt nur zum Teil. Jesus erweitert sie mit seiner Person.

Jesus will das Reich Gottes in diese Welt einpflanzen. Die Jünger meinten, er sollte es gründen auf das, worauf alle irdischen Reiche gründen: auf Politik, Wirtschaft und Kultur. Doch Jesus lehnt dies ab; denn all das ist der dauernden Veränderung unterworfen, all das bleibt nicht von selbst hilfreich. Das Reich Gottes kann nicht durch Strukturen in der Welt bleiben, sondern nur durch Menschen, und zwar durch jene, die sich ihm anschließen, die mit ihm leben und die wie er zu leben versuchen. Und für ihn ist entscheidend: Jeder Akt sei verbunden mit dem Vater. Das Leben ist als ganzes von Gott geleitet und auf Gott hingeordnet.

Für den Jünger Jesu bedeutet das: Er ist Mitträger des Reiches Gottes in dem Maß, in dem er Gott verbunden ist.

»Für euch«

Und ein zweites Merkmal dieses beginnenden Reiches Gottes auf Erden zeigt sich für den Jünger Jesu: Er muß Abstand nehmen von jener Illusion, die meint, es könnte auf der Welt ein Schlaraffenland geschaffen werden. Die Bedingungen bleiben allemal so, daß Leid und Tod die Bereiche des Lebens durchziehen. Und für jemand, der bei Jesus mitzieht, kann sich das durchaus noch verstärken, vor allem, wenn um des Glaubens willen Verfolgungen ausbrechen. Aber Jesus hat das Reich Gottes angesagt inmitten dieser Gegebenheiten. Trotz all dem ist es im Kommen, ja trotz all dem ist es schon da: es ist durch die Menschen da, die daran glauben und die ohne Illusion über den Zustand der Welt und über alle Zerbrechlichkeit des Irdischen wie Strahlungszentren der Hoffnung sind, weil sie an Christus glauben.

In der Person Jesu ist dieses Reich Gottes auf der Welt »vollamtlich« da gewesen. Und für ihn hat dieses Reich nicht die Bedingungen des menschlichen Lebens verändert. Er hat gelitten und ist auch gestorben. Aber er hat unter diesen Bedingungen von Leid und Tod das Menschsein verändert. Er hat ohne Illusionen klar seinen harten Weg vorausgesehen und die Jünger auf die Illusionslosigkeit verpflichtet. Und er hat auch klar angekündigt, daß jeder seiner Anhänger über ganze Strecken seines Lebens Hartes zu erwarten hat. Und das gerade deswegen, weil er in hoffnungsloser Situation ein Hoffender ist. Und als solcher wagt er etwas, was ein anderer nicht in dem Maß wagen kann, weil er von den Bedingungen das Leben und Handeln abhängig macht. Der glaubende Jünger wagt, auf Gott zu vertrauen und schon jetzt Elemente des Reiches Gottes in sein Leben einzupflanzen. Und diese zeigen sich am deutlichsten in der Liebe, die er anderen schenkt – in ähnlicher Weise wie Jesus. Und so wird sein Leben ein »Leben für« andere.

In der Eucharistie feiern wir diese Wirklichkeit

Jesus hat »für uns« gelebt und er ist »für uns« gestorben, so hat er deutend seinen Jüngern das Geheimnis seiner Person eröffnet. Und wenn wir diese seine Worte wiederholen, dann sagen wir uns damit: Weil er, der eins ist mit Gottes Wirklichkeit selbst, für uns da ist und uns damit an diesen göttlichen Bereich anschließt, deshalb sollten wir uns gleichsam als seine Verstärker in der Welt verstehen. Und indem wir »für die anderen« zu leben beginnen, fangen wir an, uns nach dem Maß des neuen Menschseins zu richten, das Jesus begonnen hat und durch das etwas sichtbar wird vom Reich Gottes in unserer Welt.

L. Mödl

Dreizehnter Sonntag

Lk 9,51–62

I. Bibeltheologische Vorüberlegungen

1. Stellung, Struktur, Gattung der Perikope

In der Perikope sind zwei nach Form, Inhalt und Herkunft verschiedene Stücke verbunden: 9,51–56 und 9,57–62. Die Situation des ersten ist ortsgebunden; denn der Vorgang hat zur Voraussetzung das schlechte Verhältnis zwischen Samaritern und Juden. Die Haltung, die den Bericht bestimmt, ist anders als die des Evangelisten, der im Sinne seines Missionsgedankens die Samariter freundlich betrachtet. Das spricht dafür, daß Lukas eine in seinem Sondergut vorhandene Tradition aufgenommen hat. Um so wichtiger ist zu sehen, wie er auf seine Weise den Vorgang überhöht. – Das zweite Stück stammt offenbar aus der Redequelle, vgl. Mt 8,19–22. Schon dort waren zwei Szenen miteinander verbunden: eine Bitte um Aufnahme in die Jüngerschaft Jesu, V. 57f, und eine Aufforderung zur Nachfolge, V. 59f. Die zweite Szene ist bei Lukas durch eine weitere, analog gestaltete ergänzt, V. 61f.

An den Komplex V. 51–62 ist die Rede zur Aussendung der Jünger, 10,1–16, der Bericht von deren Rückkehr, 10,17–20, und der messianische Jubelruf, 10,21f.23f, angeschlossen. Aber der Zusammenhang reicht weiter. Immer wieder erweckt der Evangelist den Eindruck, daß man sich auf dem Weg befindet, vgl. 13,22.33; 17,11; 18,31.35; 19,1.11.28 und zwar nach Jerusalem, s. 19,27.

2. Einzelauslegung

V. 51–56

V. 51f Dem Abschnitt V. 51–56 liegt wohl ein älteres Traditionsstück zugrunde, das von einem Begebnis während eines Durchzugs durch Samaria sprach und deshalb für die gemeindliche Lehre nützlich sein konnte, weil Jesus darin eine feindselige Reaktion auf feindseliges Verhalten scharf ablehnt, so daß die Forderung des Evangeliums, dem Bösen nicht mit Bösem zu begegnen, vgl. Lk 6,27–38, mit einem großen Beispiel belegt wird.

Der Evangelist hat dieses Stück mit einer Einleitung versehen, V. 51–52a, und es zugleich in den weiten Zusammenhang des Weges nach Jerusalem und unter einen höheren christologischen Gesichtspunkt gestellt. Die sprachliche Fassung zeigt an dieser Stelle besonders deutlich die Neigung des Evangelisten, in Ausdrücken der griechischen Bibel, der Septuaginta, durch die noch der hebräische Untergrund leuchtet, zu reden. »Die Tage werden voll«, vgl. Gen 25,24, welche Gott bestimmt hat, und so setzt sich das Geschehen in Gang, in dem Gottes Wille sich verwirklicht. Jesus geht seiner análempsis, seiner Empornahme entgegen; so wie Elija »emporgenommen« wird, 2 Kön 2,9–11, vgl. auch Apg 1,2.11.22. Er »richtet sein Angesicht darauf«, vgl. Jer 21,10; Ez 6,2 u. ö., nach Jerusalem zu ziehen.

Aber es geht, wie schon der Anklang an das Ende des Elija zeigt, nicht nur um die biblische Sprache, sondern auch um das prophetische Vorbild, das nun zu einer höchsten Erfüllung kommt. So wird durch den sprachlichen Anklang auch der Gottesspruch von Mal 3,1 in Erinnerung gebracht: »Ich sende meinen Boten ... – vor mir her –.« Ebenso sagt Lukas von Jesus: »Er sandte Boten – vor sich her.« Lukas sieht also diesmal die Jünger in der Rolle, die in 7,27, vgl. Mk 1,2, dem Täufer zugesprochen ist.

V. 52b–54 Wenn dem Traditionsstück ein ursprüngliches Begebnis zugrunde liegt, in dem es um eine zornige Reaktion auf die Abweisung der Jerusalempilger ging, so mag schon die gesteigerte Rede vom Feuergericht, vgl. 2 Kön 1,10 ff, die Frucht einer christologischen Überhöhung sein: Die Jünger verlangen, der Messias, der ja nicht nur über Israel, sondern über die Völker herrschen soll, müsse von allen auch erkannt und aufgenommen werden. Deshalb erwarten sie ein Eingreifen *der Macht* Gottes – vgl. Mk 8,31 –, weil sie vom eigentlichen »Messiasgeheimnis« nichts ahnen.

V. 55 Unter der Voraussetzung einer solchen christologisch bestimmten Darstellung wird aber auch die tadelnde Zurechtweisung der Jünger in höherem Grade bedeutsam. Jesus lehnt nicht nur die Reaktion auf die samaritische Feindseligkeit ab, er tritt vielmehr positiv für das Gesetz ein, das sein Dasein bestimmt. Darin, daß die Samariter ihm die Gastfreundschaft verweigern, wird bereits spürbar, was das Wort vom Menschensohn, V. 58, offen ausspricht. Das anfängliche Begebnis charakterisiert also den Weg, der vom Geheimnis des Kreuzes regiert ist, den Jesus nun zu gehen beginnt.

Man versteht, daß den Überlieferern des Textes die knappe Wendung: »Er wies sie zurecht« zu dürftig erscheinen mußte. So haben sie beim Schreiben ergänzt und verdeutlicht: »Ihr wißt nicht, was für ein Geist in euch wirkt«, und dann noch einmal erweitert durch die Sentenz, die mit der Perikope vom Oberzöllner verbunden war: »Denn der Menschensohn ist gekommen, zu suchen und zu retten, was verloren war«.

V. 56 Der Satz gehört als Abschluß zum Traditionsstück. Man zieht weiter, in der Hoffnung, ein anderes, freundlicheres Dorf zu finden.

*

V. 57–62

V. 57f Lukas setzt sinnvoll an dieser Stelle ein Stück aus der Redequelle ein, vgl. Mt 8,18, das von der Teilnahme am prophetischen Werk Jesu handelt. Er bildet redaktionell den Anschluß an das Vorausgehende, indem er sagt: »Und da sie auf dem Weg dahinzogen . . .«

Ein Mann – er wird nicht wie bei Matthäus näher bestimmt – tritt an Jesus heran. Er will ein Jünger werden, und er zeigt, daß er verstanden hat, was das heißt: »Ich will dir folgen, wohin du auch gehen magst.« Jesus antwortet mit dem Spruch von den Füchsen und den Vögeln, die Höhlen und Horste haben, und dem Menschensohn, der keine Ruhestätte hat.

Das Wort hat seine Parallelen in der volkstümlichen Lebensphilosophie: Die Menschen, anders als selbst die wilden Tiere, sind »unbehaust und unstet« (Plutarch). Das könnte auch ein jüdisches Sprichwort von den »Menschensöhnen« gesagt haben. In der Perikope nun ist daraus ein Ausspruch Jesu geworden, der im Sinn des messianischen Würdenamens »der Menschensohn» ist. Darum sagt das Wort nun Wesentliches über Jesu Dasein in der Welt und das Schicksal, das einen erwartet, der es wagt, mit ihm zu ziehen. Es besteht also eine enge Sinnbeziehung zu der vorausgehenden Abweisung des Strafgerichtes, 9.54f. Der auf seine »Empornahme« hinwandert, ist, solange die Wanderung währt, ein Armer. Das wird diesem und jedem nach Jüngerschaft Verlangenden redlich zu bedenken gegeben.

V. 59 Ohne Situationsangabe wird sofort ein zweiter Dialog angeschlossen. Diesmal fordert Jesus selbst einen Mann zur Nachfolge auf. In dem knappen Befehlswort: »Folge mir!« ist ein mehrstufiger Vorgang zusammengefaßt, der an anderen Stellen deutlicher erkennbar wird. Wo das Wort Jesu ein offenes Ohr findet, entsteht eine neue Lenkung des Lebens: Im Gehorsam gegen das Evangelium, vgl. Lk 11,28, und damit ein neues Verhältnis zu Jesus, Lk 8,15.21. Darüber hinaus aber wird die Gestalt einer Schülerschaft sichtbar, die seinen Weg und sein Schicksal völlig teilt: Solche Schüler ziehen mit ihm; andere dagegen, ebenso dem Evangelium erschlossene Leute, bleiben im Haus und Handwerk. Es ist nicht verlangt, daß alle mitziehen sollen, aber die tatsächlich mitziehen, sind leicht als Jünger zu erkennen. Denn »Jünger« sind zunächst solche, die »hinter ihm hergehen«, Mk 1,17.20; Lk 9,22; 14,27, solche, die »ihm nachfolgen«, Mk 1,18; Lk 5,11 u. ö. Diese ausdrückliche Form von Jüngerschaft bringt eigene Entscheidungen mit sich. Da gibt es den Abschied von Haus und Familie, Lk 18,29 f, da verhindert der prophetische Dienst Ehe und Vaterschaft, Mt 19,11 f, er verlangt unter Umständen die Preisgabe des Vermögens, Lk 18,18 ff, die Beugung unter das Gesetz der prophetischen Armut, Mk 6,8 f, und die Annahme der Gefahr, welche die Sendung mit sich bringt, Mt 10,16. Diese immer wieder unmittelbar auf den Auftrag bezogene Entscheidungen geben der Jüngerberufung das Gewicht einer Willenskundgabe Gottes.

Von daher ist die Unerbittlichkeit Jesu zu begreifen, wenn er dem Verlangen des Sohnes, zuerst noch die fromme Pflicht des Begräbnisses zu erfüllen, das paradox und deshalb um so härter klingende Wort, daß man die Toten den Toten überlassen solle, entgegensetzt. Der Nachsatz, den Lukas über Matthäus hinaus formuliert, gehört vielleicht nicht mehr zum Text der Redequelle, aber er gibt genau den Sinn der Antwort Jesu wieder. Wer für die Botschaft Gottes in Dienst genommen wird, wer aus dem Munde Jesu den Auftrag erhält, kann nicht seine Bereitschaft mit einem »Wenn« und »Zuerst noch« beschränken. Daß dieses deutlich werde, ist der Sinn der harten Antwort.

V. 61 f Lukas hatte offenbar ein Herrenwort in seinem Sondergut, das besagte: Keiner, der seine Hand an den Pflug gelegt hat und nach hinten schaut, taugt für die Gottesherrschaft.

Der Gleichnisspruch erweckt die Vorstellung von einem Pflüger, der gerade Furchen ziehen will, sich aber ablenken läßt und herumschaut. Ein solcher taugt nicht für die Arbeit. So ist auch ein Jünger nicht brauchbar zu dem Dienst, den er für das Kommende zu tun hat, vgl. 60 b, wenn er noch anderes als diesen Dienst für wichtig hält.

Lukas hat den Spruch in eine Szene gesetzt, die der voraufgehenden von V. 59 f nachgebildet scheint. Vielleicht hat dazu auch die Erinnerung an die Berufung des Propheten Elija geholfen, 1 Kön 19,19–21: »Elija ging vorüber und warf seinen Mantel auf ihn; da lief er hinter Elija her und sagte: ›Laß mich doch noch meinen Vater küssen und dann dir folgen ...‹« So wird das Herrenwort wiederum zum Ausdruck für den Ernst der Berufung wie in V. 60.

3. Theologische Würdigung

(1) Auch wenn es richtig verstanden ist, daß der Gedanke der Jünger an ein Feuergericht bereits auf der Ebene der Messiaserkenntnis formuliert wurde, so ist doch der viel einfachere Gehalt des vermuteten ursprünglichen Berichtes eigens zu bedenken. Da ist von einer feindseligen Reaktion der Jünger – wie immer sie auch verbal ausgedrückt sein mag – gesprochen, und es wird gezeigt, daß Jesus sie mit Entschiedenheit ablehnt. So zeigt sich ein die Forderung der Bergpredigt, 6,27 ff, belegendes Begebnis. Wer von der Forderung sprechen will, findet also hier eine Anknüpfung.

(2) Lukas hat durch die redaktionelle Einführung, V. 51–52 a, das Traditionsstück in den weiten Zusammenhang des Weges Jesu über Jerusalem in die Erhöhung gestellt. Dadurch wird die Abweisung durch die Samariter als eine zwar unbewußte, aber tatsächliche Beleidigung der messianischen Hoheit charakterisiert. Dadurch wieder gelangt die Strafforderung der Jünger zu einer unmittelbar eschatologischen Bedeutung. Man wird erinnert an das Herrenwort, das Lukas in 9,26 und 12,8, einmal nach Markus, das andere Mal nach der Redequelle, zitiert: »Ein jeder, der sich zu mir bekennt vor den Menschen, auch der Menschensohn wird sich zu ihm bekennen vor den Engeln Gottes. Wer aber mich verleugnet vor den Menschen, der wird verleugnet werden vor den Engeln Gottes.«

(3) Das Eröffnungsstück zur Darstellung des Weges nach Jerusalem hat eine Entsprechung in der Perikope vom messianischen Einzug, Lk 19,28–44. Beide sind bezogen auf ein erstes Stück solcher Art, nämlich die Szene in der Synagoge von Nazaret, 4,14–31, die der Evangelist als eine meassianische Proklamation gestaltet und zum Beginn der Wirksamkeit Jesu gemacht hat. So wird etwas von

der Struktur der Lukas-Schrift erkennbar, das zur Würdigung der drei herausgehobenen Szenen beiträgt.

(4) Die drei Berufungsszenen haben gemeinsam, daß der Ernst des von Gott auferlegten Dienstes für das Evangelium zur Wahrnehmung gebracht wird. Das Wort vom heimatlosen Menschensohn weist auf das Schicksal auch des Sendboten hin, als ewiger Wanderer unterwegs zu sein – man denke an die Gestalt des Paulus. Die Ablehnung der Familienbindungen läßt darüber hinaus die zum messianischen Dasein gehörige Loslösung erkennen. Die Haltung Jesu liegt hier als Modell zugrunde, vgl. Lk 8,19 ff; 11,28, auch 2,49. Positiv ist die gesammelte Hingabe an den Dienst gefordert. Wer so an sein Werk geht wie ein aufmerksamer Pflüger, »taugt für die Gottesherrschaft«, V. 62.

Von der Qualität des Auftrags her ist auch die Redeform zu verstehen. Jesus lehnt nicht die heilige Sohnesverpflichtung ab, er verlangt aber die Vorordnung des lebendigen Gotteswillens, der die eschatologische Situation regiert. Das sollte man ausdrücklich klarstellen, damit die wesentliche Erkenntnis nicht durch Bedenken blockiert wird.

H. Kahlefeld

II. Liturgisch-homiletische Vorüberlegungen

1. Liturgische Hinweise

Die Evangelien vom Zwölften bis zum Vierzehnten Sonntag bilden eine Trilogie zum Thema: Vorbehaltlose Nachfolge.

Die Nachfolge-Worte Jesu haben ihren Grund in seiner Botschaft: »Das Reich Gottes ist nahe.« Diese Kunde birgt als innere Konsequenz die Aufforderung zur Nachfolge bereits in sich. Das *Evangelium* dieses Sonntags sagt: Nur wer noch nicht begriffen hat, wie nahe das Reich Gottes ist, kann hier zögern oder den Aufbruch durch Ausreden auf die lange Bank schieben. Da das Reich Gottes Zielpunkt und Erfüllung aller Geschichte ist, verliert in seinem Wirkungskreis das Vorläufige und Vergängliche endgültig seinen bis dahin hohen Stellenwert und ganz und gar seine Berechtigung, den Menschen an sich zu binden. Begräbnisse und Abschiedsfeiern sind ebenso Zeitvergeudung wie lange Diskussionen oder Reaktionen auf Feindseligkeiten von Unverständigen. War Elischa in der

Stunde seiner Berufung noch ein kurzes aufschiebendes Zögern gestattet (*Erste Lesung*), so wird es jetzt in sich sinnwidrig.

Im Licht dieser Botschaft, im »Licht der Wahrheit« (*Tagesgebet*), wird offenkundig, wie unrealistisch so manches ist, was oft für die Wirklichkeit gehalten wird. Bedeutete die Loslösung in der voreschatologischen Ära noch Verzicht und Heimatlosigkeit, so wird sie nun zur kostbaren Freiheit (*Zweite Lesung*), die es zu wahren gilt.

Der Aufruf zur vorbehaltlosen und sofortigen Nachfolge empfinden wir zumeist als welt-fremd, zumindest aber als Überforderung. Dies macht deutlich, wie sehr wir uns »dieser Welt« verpflichtet fühlen. Dieses Eingeständnis kann in das *Schuldbekenntnis* aufgenommen werden. An der Souveränität Christi, die mit seinem Anspruch in unseren Alltag hereinreicht, kommen wir nicht vorbei. Das kann in den *Kyrierufen* anklingen.

Beim *Entlaßgruß* ist eine Anknüpfung an das Evangelium denkbar: Als sich Jesus entschloß, nach Jerusalem zu gehen, schickte er Boten vor sich her. Heute schickt er uns, um dafür zu sorgen, daß er von den Menschen aufgenommen wird.

2. *Homiletische Hinweise*

Allein schon die Komposition dieses *Evangeliums* aus zwei verschiedenen Stücken, Lk 9,51–56 und 9,57–62, macht die Möglichkeit verschiedener Ansätze für die Homilie offenkundig.

»Auf dem Weg nach Jerusalem«

Der Abschnitt Lk 9,51–56 beschreibt eine Szene auf dem Weg nach Jerusalem. Je nachdem, welche Personen in den Blick genommen werden, verändern sich die Fragestellungen.

– Die *Samariter* nahmen Jesus nicht auf, weil er auf dem Weg nach Jerusalem war. Wer nach Jerusalem geht, gehört nicht zu ihnen.

In der Sprache des Evangelisten bedeutet »Weg nach Jerusalem« zugleich: Weg des Leidens, Kreuzweg. Damit wollen sie nichts zu tun haben.

– Die *Jünger* wollen die Vernichtung der Widersacher.

In einigen Textzeugnissen findet sich an V. 55 eine wörtliche Rede Jesu angefügt: »Ihr wißt nicht, was für ein Geist aus euch spricht. Der Menschensohn ist nicht gekommen, um Menschen zu vernichten, sondern um sie zu retten«, vgl. auch Lk 19,10. Auch wenn diese Textvariante in unserer Vorlage nicht enthalten ist, kann sie doch eine Deutungshilfe sein. Verachtung und kalte Schulter, Abweisung und Desinteresse brachte zu allen Zeiten die Jünger immer wieder in Rage. Aber wie reagieren »heilige Eiferer«? Spricht der Geist, der Jesus beseelte, auch aus ihnen? Konkret: Wie sprechen Eltern mit ihren Kindern, wenn es um Prinzipien des Glaubens oder der Sitte geht? Wie werden die Auseinandersetzungen geführt? Welcher Stil wird in der Gemeinde bei Glaubensdiskussionen gepflegt?

Ratgeber der Christen sollte gerade in kritischen Augenblicken der Geist Jesu sein. Wer anders handelt, muß es sich gefallen lassen, von Jesus zurechtgewiesen zu werden. Aber dann darf er auch mit ihm weitergehen.

– Der *Weg Jesu* zum Himmel führt über Jerusalem.

Er läßt sich auf diesen Weg nicht einfach treiben, sondern er sagt bewußt ja dazu in Gehorsam gegenüber dem Vater. »Er entschloß sich«, das heißt er gestaltete diesen Weg als Verkündigung des Reiches Gottes.

Wie gestalten wir unseren Lebensweg?

»Ja, aber . . .«

Die Nachfolge wird im Abschnitt Lk 9,57–62 von allen – zum Teil ganz begeistert – bejaht. Der Enthusiasmus des Augenblicks läßt aber oft vergessen, daß tiefersitzende Vorbehalte in uns weiterwirken (vgl. III. Zur Predigt).

Thematische Predigt

Diese Perikope kann auch Anlaß zu einer thematischen Predigt sein:

– *Wer ist Jesus?*

Die Perikope sagt uns: Jesus ist anders als die Jünger; er ist auf dem Weg zu einem großen Ziel; er ist dem Weg zum Kreuz nicht ausgewichen.

– *Was ist Nachfolge?*

Wenn Nachfolge »hinter-ihm-hergehen« heißt, dann müssen wir zuerst den Weg in den Blick nehmen, den Jesus gegangen ist. Dafür sollte aber sein ganzes Leben zur Betrachtung herangezogen werden, d.h. sein Wirken als Heiler, als Anwalt der Sünder, als Offenbarung der Liebe Gottes.

– *Weg der Nachfolge* entsprechend den »Räten des Evangeliums«: Armut, V. 58, Gehorsam, V. 60, Ehelosigkeit, V. 61 f.

III. Zur Predigt: Unsere geheimen Vorbehalte

Christ-Werden

Alfred Döblin, der Schriftsteller und parteilose Sozialist jüdischer Herkunft, emigrierte 1933 nach Frankreich und dann in die USA. Dort trat er 1941 in die katholische Kirche ein. Etliche Jahre später schreibt er: »Es gibt Dinge, mit denen ich mich unendlich schwer tue. So damit, Christ zu werden. Manchmal bilde ich mir ein, man brauche nur ein Buch unter den Arm zu nehmen und dann sei man ein Christ. Aber so einfach geht das nicht.«

Das sagt ein Mann, der sich als Erwachsener entschlossen hat, sein Leben an Christus zu orientieren. Wir wurden – fast ohne Ausnahme – von unseren Eltern als Säuglinge zur Taufe gebracht und haben dann im Laufe des Lebens zu dieser Weichenstellung mehr oder weniger ja gesagt. Aber sind wir deswegen im Vollsinn schon Christen, Menschen in der Nachfolge Christi? Bilden wir uns nicht auch zuweilen ein, wenn wir am Sonntag das »Gotteslob« in die Hand nehmen, dann seien wir schon Christen? Wohl jeder hat schon gemerkt: So einfach geht das nicht.

Gewiß, wir sind keine Heiden, denn sonst wären wir jetzt nicht hier in der Kirche beim Gottesdienst. Aber irgendetwas hält uns davon ab, ganz Christ zu sein. Wenn wir auf überzeugende Gestalten des Glaubens blicken, dann spüren wir in uns durchaus den Wunsch, auch so konsequent leben zu können. Aber wir sagen dann sehr schnell, oft nicht ohne Trauer: Das bringe ich nicht fertig. Aber warum eigentlich? Was hält uns davon ab?

Es gibt Widerstände in uns, die uns oft gar nicht bewußt sind. Die Psychologie sagt uns: Je unbewußter ein innerer Widerstand ist, um so nachhaltiger kann er wirken, um so ungestörter und erfolgreicher unsere Vorsätze auf die lange Bank schieben, um so sicherer das angestrebte Ziel vernebeln und verschwinden lassen. Um diese Tragik der menschlichen Seele hat Jesus sehr genau gewußt. Darum hat er die unbewußten Widerstände in den Menschen aufgedeckt.

Verlust des Nestschutzes

Vom Leben Jesu geht eine ungeheure Faszination aus. Wer es genauer betrachtet, der kann nicht umhin zu sagen: So konsequent, so wahrhaftig möchte ich auch leben! Vielleicht ist es manchem von uns schon ähnlich ergangen wie jenem Mann, der in einer ersten Begeisterung zu Jesus sagte: »Ich will dir folgen, wohin du auch gehst!«

Eigentlich sollte man erwarten, daß Jesus sich über diesen Entschluß freut und den Mann sofort in seinen Jüngerkreis aufnimmt. Aber Jesus empfiehlt jedem, der in seine Nachfolge eintreten will, sich das genau zu überlegen. Er sagt: »Denk daran, was du tust. Die Füchse haben ihre Höhlen und die Vögel ihre Nester; der Menschensohn aber hat keinen Ort, wo er sein Haupt hinlegen kann.« Jesus macht darauf aufmerksam, daß jeder, der in seine Fußstapfen tritt, damit rechnen muß, seinen bisherigen Nestschutz zu verlieren: den Nestschutz der eigenen Familie, des Freundeskreises, der Berufs- und Alterskollegen, der Gesellschaft mit ihren festgefügten Spielregeln und manchmal auch der religiösen Gemeinschaft mit ihren festgefügten Traditionen. Jesus hatte diese Trennung von seiner Familie selbst zu durchleiden und wurde am Schluß sogar als Irrlehrer aus der Volks- und Heilsgemeinschaft Israels ausgestoßen.

Daß dies auch heute geschehen kann, zeigt uns das Beispiel vieler engagierter Christen. Viele geraten in Konflikt mit ihren nächsten Angehörigen, werden von ihren Zeitgenossen nicht verstanden, gelten als Spinner oder Rebellen, als Störenfriede oder Volksverhetzer. Wer in eine solche Situation hineingerät, der braucht sehr viel Kraft, um den Weg der Nachfolge nicht abzubrechen.

Aber an anderen Stellen sagt Jesus, was einer gewinnt, der um der Gottesherrschaft willen den bisherigen Nestschutz verliert: die Geborgenheit in den Händen eines guten Vaters, und nicht zuletzt die Geborgenheit in einer neuen Familie von Brüdern und Schwestern, die in der gleichen Weise hinter Jesus hergehen.

Laß die Toten in Ruhe!

Es gibt auch Menschen, die Jesus ausdrücklich auffordert: »Folge mir nach!« Aber als einer von denen sagte, er wolle zuvor noch seinen Vater begraben, da spürte Jesus einen geheimen Vorbehalt. Mit unglaublicher Härte entgegnete er: »Laß die Toten ihre Toten begraben!« Im Klartext heißt dies: Du mußt wissen, was du wirklich willst. Begreife, daß es jetzt nichts Wichtigers zu tun gibt, als das Reich Gottes zu verkünden.

So erging es auch *Edith Stein*. Nachdem sie zum Glauben an Christus gefunden hatte, stand sie vor der Frage, ob sie nicht mit dem Eintritt in die Kirche warten solle, bis ihre Mutter gestorben ist, da sie wußte, welchen Schmerz sie dieser überzeugten Jüdin zufügen würde. Realität ist dies bis zum heutigen Tag auch in vielen Missionsländern. Mancher wäre bereit, sich taufen zu lassen, aber er möchte zuerst den Tod der Eltern abwarten, weil er befürchtet, aus der Familie ausgestoßen zu werden und sein Erbe zu verlieren. So ergeht es auch manchem, der den Priester- oder Ordensstand erwählen will. Aber Jesus fragt: Was ist dir wichtiger, das Reich Gottes oder der Friede mit deiner Familie und dein Erbe?

Dieses Wort ließe sich auch noch anders deuten: Laß doch das, was bereits tot ist, tot sein. So vieles taugt doch wirklich nicht für das Leben. Vergeude deine Zeit nicht damit, sondern setz dich für das ein, was wirklich dem Leben dient. Dahinter steckt das unmittelbare Wissen Jesu, daß jeder, der diesen Schritt wagt, das Leben in Fülle hat.

Schau nicht zurück!

Das Evangelium schildert noch eine andere Begegnung. Wieder will jemand Jesus nachfolgen, doch dieser Mann fügt hinzu: »Laß mich zuvor von meiner Familie Abschied nehmen.« Jeder von uns hätte dafür sicherlich Verständnis, aber Jesus spürt einen versteckten Widerstand. Er will sicherlich nicht zum Bruch oder gar zur Feindseligkeit mit der Familie aufrufen. Aber er will, daß wir genau in uns hineinhorchen und uns fragen: Wenn es in unserem Leben wirklich Spitz auf Knopf steht und wir uns entscheiden müssen zwischen der Familie und dem Reich Gottes, wem geben wir dann den Vorzug? Ist uns klar, daß der Gottesherrschaft der absolute Vorrang zukommt? Man kann nicht Christus nachfolgen und dann, wenn es zur Nagelprobe kommt, einen Rückzieher machen wollen.

Das Bild aus der Landwirtschaft ist eindeutig: Wer pflügen will, muß nach vorne schauen, sonst zieht er krumme Furchen. Wer Jesus nachfolgen will, darf nicht auf das zurückblicken, was er zurückläßt. Nur wer weiß, woran er letztlich sein Leben orientiert, kommt wirklich vorwärts.

Es geht um das Reich Gottes!

Diese Reden Jesu erschrecken uns, aber sie zeigen, daß er uns nichts vormachen will. Er will mit seinen radikalen Nachfolgeworten keineswegs unsere Bindungen an die Familie abwerten oder gar unsere Verantwortung außer Kraft setzen, auch nicht unsere Anhänglichkeit an Traditionen für sinnlos erklären oder unsere heimatlichen Gefühle verletzen. In all dem stecken ja auch gottgewollte Werte. Aber alles soll seinen richtigen, wahrhaftigen Stellenwert haben. In seinen Augen gibt es nichts Wichtigeres als das Reich Gottes. Alles andere hat von ihm her seine Ausrichtung zu erhalten. Wer das nicht beachtet, wird – trotz guten Willens – in der Nachfolge Jesu seinen eigenen Vorstellungen vom Glück nachjagen und dabei enttäuscht werden.

Es ist wahr: Um Christ zu sein, ist mehr nötig, als nur am Sonntag das »Gotteslob« in die Hand zu nehmen. So einfach geht das nicht. Der große dänische Religionsphilosoph *Sören Kierkegaard* hat einmal gesagt: »Christus braucht keine Bewunderer. Davon gibt es genug. Christus braucht Nachfolger.« Wer diese Nachfolge wagt, der wird staunen, welche unendliche Quelle der Freude ihm dadurch eröffnet wird.

P. Hinsen

Vierzehnter Sonntag

Lk 10,1–12.17–20; Kurzfassung: 10,1–9

I. Bibeltheologische Vorüberlegungen

1. Stellung, Struktur, Gattung der Perikope

Die Perikope ist Teil einer größeren lukanischen Komposition, die mit dem Satz 9,51 einsetzt und bis 10,24 reicht.

Der Form nach ist die Perikope eine Aussendungsrede oder »Missionsinstruktion« (Bultmann). In der heutigen Gestalt beruht sie auf lukanischer Komposition, die vor allem Material aus der Redequelle verwendet. Die Markus-Tradition kennt eine ähnliche Rede, Mk 6,6–11, die Lukas bei der Aussendung der Zwölf, Lk 9,1–6, benutzt. Beide Traditionen sind nach ähnlichem Prinzip gestaltet: »Zur Grundform gehört als erstes die Aussendung, sodann die Regelung der Ausrüstung, weiter die Anweisung über das Verhalten in Häusern und endlich die Anweisung über das Verhalten in Ortschaften« (F. Hahn). Im Unterschied zur Markus-Fassung gibt die der Redequelle den Inhalt der Verkündigung an, V. 9, und unterstreicht damit die eschatologische Bedeutung. Dasselbe wird erreicht durch den Anschluß des Gerichtsspruches über Kafarnaum, V. 13–15, der ebenfalls bei Markus fehlt. – Auch die Forderungen an die Jünger waren in der Redequelle radikaler gefaßt als bei Markus; vgl. Lk 10,4 mit Mk 6,8. Auch das Wort von der Ernte, Lk 10,2 Q, kennt die Markus-Fassung nicht. Dieses biblische Bildwort für das endzeitliche Gericht läßt erkennen, daß die Mission der Jünger als eschatologisches Geschehen verstanden ist; daher erklärt sich die Radikalität der Forderung, die an sie gestellt wird.

2. Einzelauslegung

V. 1 Der Satz ist als lukanische Bildung zu erkennen; der Evangelist liebt es ja, von Jesus als dem Kyrios zu sprechen. In einer idealen Szene kommt die Kyrioswürde zum Ausdruck: Siebzig werden wie

Herolde eines Königs vor ihm hergesandt. Zu dieser Aufgabe werden sie eigens bestellt. Anadeiknymi ist ein Wort von juridischem Charakter: Es betont, daß rechtlich gültig ist, was der Beauftragte zu tun hat. Die Jünger sind also legitimierte Gesandte, so wie im jüdischen Recht der vom Synedrium abgeordnete schaliach. Daß sie jeweils zu Zweien gesandt werden, hat ebenfalls seinen rechtlichen Grund. Die Sache, die sie vorbringen, soll »in dem Mund zweier Zeugen bestehen« können, Dtn 19,15.

Ihre Sendung ist nicht eingeschränkt; sie gilt »jeder Stadt und jedem Ort« (aber sie ist nur Vorbereitung für das Kommen dessen, der sie gesendet hat). Was bedeutet das für Lukas? – Der Evangelist hat nach der Aussendung der Zwölf, deren Zahl schon die Zuordnung zum Zwölfstämmevolk Israel ausdrückt, eine zweite dargestellt, die durch die Zahl siebzig auf die Mission an die Völker hinweist; denn nach biblischer Auffassung (Gen 10, vgl. Dtn 38,8) gab es siebzig nichtjüdische Völker (der Text schwankt dort wie hier zwischen 70 und 72). Nach jüdischer Legende war die griechische Bibelübersetzung von 72 Gelehrten in 72 Tagen geschaffen worden, und sie sollte den Völkern zukommen. Das sagt Lukas nun von der Botschaft Jesu. Sie erreicht durch die Sendung der Siebzig (Zweiundsiebzig) alle Völker der Erde.

V. 2 Hier beginnt die eigentliche Rede. Unter der Perspektive, daß die Botschaft »in jeder Stadt und an jedem Ort« ausgerichtet werden soll, ist die Ernte wahrlich groß, und die Arbeiter sind wenige. So gilt es zu bitten, daß Gott weitere rufe, die zu Jüngern und zu Abgesandten werden. So läßt sich aus der Perspektive der Gemeinde, die vor der Aufgabe der Mission steht, die ganze Spruchkette begreifen.

V. 3 Wenn die Ernte reif ist, darf nicht gezögert werden. So ergibt sich aus der Situation der Imperativ: »Geht hin!« Es ist menschlich gesehen eine aussichtslose Situation. Die Abgesandten geraten wie Lämmer unter die Wölfe, wenn sie so wie der, der sie sendet, die Botschaft von der Herrschaft Gottes sagen.

V. 4 In der Ungesichertheit ihres Lebens und Wirkens, das sich nicht einmal auf Beutel, Sack und Sandalen stützen kann und dessen Armut somit vollständig ist (A. Schlatter), soll sich ihre Sendung bewähren. Die Arbeit ist eilig und dringend. Darum sollen sie sich unterwegs mit Begrüßungen nicht aufhalten.

V. 5f Andererseits ist ihr Gruß mit neuer Bedeutung erfüllt. Wenn sie beim Betreten eines Hauses »Frieden« sagen, wird ihr

Wunsch bewirken, was er anzeigt. Gottes eschatologischer Friede, sein Heil, wird sich dem Hause mitteilen, wird auf ihm »ruhen«, so wie der Geist auf den Propheten aufruhte. Doch schon im Gruß vollzieht sich die Scheidung, weil sich in ihm die Botschaft von der Herrschaft Gottes darstellt und die Menschen zur Entscheidung fordert. Der »Friedensmensch«, der für das Heil offen ist, wird auf den Gruß positiv ansprechen.

V. 7 Die Abgesandten werden ermutigt, in dem gastlichen Haus zu wohnen und zu essen, mit der Begründung, daß der Arbeiter seinen Lohn wert ist, Mt 10,10b. Darin steckt aber der Ansatz zu einer neuen Mahnung: »Zieht nicht von Haus zu Haus!« – in dem Sinn wohl, daß die Bescheidung ein wählerisches Erproben des besten Quartiers verbietet.

V. 8 Lukas erweitert hier: Neben das »Haus« tritt nun die »Stadt«, und damit die Verkündigung im hellenistischen Bereich. Hier dringen die Probleme der Missionsgemeinden durch. Der Missionar soll sein Werk unbehindert durch jüdische Speisegesetze verrichten können; denn er ist frei vom Gesetz, vgl. Mk 7,15. So kann das Evangelium von der befreienden Gottesherrschaft seinen Weg zu den Heiden nehmen.

V. 9 Denn das ist die Aufgabe des Abgesandten: In Tat und Wort die gekommene Herrschaft Gottes zu verkünden. Darum hat er zu tun und zu sagen, was Jesus getan und gesagt hat: Zu heilen und zu rufen: »Gekommen ist zu euch die Herrschaft Gottes!« – Nach 10,1 hat Jesus sie ausgesandt, um *seine* Ankunft vorzubereiten. Darum ist es für Lukas ein und dasselbe, von der Herrschaft Gottes zu reden und die Ankunft Jesu vorzubereiten.

Der Zusammenhang des Textes verlangt die Weiterführung bis V. 12.

V. 10f Gegenüber dieser Botschaft gibt es aber auch die Ablehnung. Sie geschieht, wo die Boten nicht aufgenommen werden; denn »der Gesandte ist gleich dem, der ihn sendet«. In diesem Falle sollen die Boten jegliche Gemeinschaft aufkündigen in einer Zeichenhandlung von prophetischer Art. Lukas fügt mit Betonung hinzu: »Aber wissen sollt ihr wenigstens: Die Gottesherrschaft ist gekommen.«

V. 12 So kommt bei Lukas auch die abschließende Gerichtsdrohung zu voller Wirkung: Die Entscheidung fällt in der Annahme oder Verweigerung der Botschaft.

3. Theologische Würdigung

(1) Die lukanische Perikope spricht von der Heidenmission. Wahrscheinlich hatte schon die Redequelle bei der Zusammenstellung der Einzelsprüche christliche Missionserfahrungen verarbeitet, vgl. Mk 6,7–13. Lukas hat die Perikope konsequent auf die Heidenmission ausgerichtet. So verträgt sie sich allerdings schlecht mit der Stellung in seinem Aufriß. Denn Jesus befindet sich seit 9,51 auf dem Weg nach Jerusalem; die Jünger können also höchstens die nächsten Stationen auf diesem Weg vorbereiten. Doch liegt gerade in 9,51 der Schlüssel zum Verständnis. Jerusalem nämlich ist für Lukas die Stadt des Todes und der Auferweckung und Erhöhung Jesu, aber auch die Stadt, von der das Evangelium seinen Ausgang nimmt und »bis an die Grenzen der Erde« dringt. Dort werden die Jünger durch den Geist ausgerüstet und mit der Christus-Botschaft in die Welt gesandt.

(2) Durch die Einordnung der Sendung zur Heidenmission in den Aufriß des vorösterlichen Weges Jesu kann Lukas zweierlei sagen: (a) Jesus muß in Verwerfung und Tod gehen. Nur so kann das in seinem Wort und Werk Israel angebotene Heil Gottes, Lk 2,30, auch die Heiden erreichen. Denn in Jesu Tod fallen die Grenzen seiner Sendung an Israel. Sein Reich-Gottes-Angebot ergeht von jetzt an als Kerygma von seinem Tod und seiner Auferstehung an die Völkerwelt. Die Aussendung zur Mission der Völker auf den Weg nach Jerusalem will auf den Zusammenhang zwischen Jesu Tod und der universalistischen Weitung seiner Sendung verweisen. Als leidender Gottesknecht wird er zur Gerechtigkeit für die vielen, d. h. für alle, Jes 52,13–53,12. – (b) Aber man muß auch darauf achten, *was* die zur Heidenmission Gesandten sagen und tun sollen: »Heilt die Kranken und sagt ihnen: Gekommen ist zu euch die Königsherrschaft Gottes«, Lk 10,9. Diese Botschaft soll auch in der Verkündigung an alle Welt durchgehalten werden. Das an die Völker ergehende Kerygma von Tod und Auferstehung Jesu setzt sich nicht an die Stelle des Reich-Gottes-Angebotes, sondern soll es vielmehr in aller Welt zur Geltung bringen. Die Christologie ist nicht das Ende von Jesu Reich-Gottes-Botschaft, sondern ihre Entgrenzung. Sie versichert zugleich, daß das Wort Jesu von der angekommenen Herrschaft Gottes nicht dahingegangen ist und sich als leer erwiesen hat, sondern daß es sich in Jesus ereignet hat. Die Christologie sagt, daß die Aufrichtung der Herrschaft Gottes in Jesus begonnen hat und in

der gläubigen Übernahme seines Geschickes und seines Wortes inmitten dieser Welt heranwächst. So richten die zu den Völkern entsandten Boten, gerade indem sie Jesu »Zeugen« sind, »bis an die Grenzen der Erde«, Apg 1,8, seine Botschaft von der angekommenen Königsherrschaft Gottes weiterhin aus. »Der Verkündiger wird zwar zum Verkündigten« (R. Bultmann), doch so, daß gerade dadurch seine Verkündigung ihren Anspruch und ihr Angebot nun für alle anmeldet.

(3) Das ist auch Weisung für den, der heute das Wort auszurichten hat. Er wird so von Jesus sprechen müssen, daß die Inhalte von Jesu Reich-Gottes-Predigt weitergesagt werden und sich als Angebot erheben. Sonst wird jegliches Reden in Formelhaftigkeit ersticken.

W. Stenger

II. Liturgisch-homiletische Vorüberlegungen

1. Liturgische Hinweise

Es lassen sich verschiedene Linien in den Gebeten und Lesungen dieses Sonntags erkennen.

Ein erstes gemeinsames Stichwort der *Lesungen* ist das Wort »Friede«. Das Kommen des Reiches Gottes will den Frieden bringen. Und dieser Friede kann nur zu den Menschen kommen, wenn die Künder der Botschaft des Friedens selber den Frieden in sich tragen. Aber dieser Friede ist zugleich die Gabe Gottes selber (*Erste Lesung*). Diesen Frieden erbittet Paulus für alle Mitglieder seiner Gemeinde (*Zweite Lesung*). Der in der Eucharistiefeier immer wiederkehrende Wunsch des Friedens könnte an diesem Sonntag besonders herausgehoben werden.

Ein anderer Gedanke: Das *Evangelium* berichtet von der Frohen Botschaft, die allen Völkern zuteil werden soll: in Jesus Christus ist das Reich Gottes gekommen. Die Verkünder, die Jesus aussendet, bringen dieses Reich Gottes, in dem die Menschen heil und gesund werden. Das Evangelium berichtet von der Größe der Aufgabe, die den Jüngern übertragen wird, es berichtet von den Schwierigkeiten und Hindernissen, denen sie begegnen werden, und es gibt ihnen Anweisungen, wie sie sich zu verhalten haben. In diesem Zusammenhang macht die *Erste Lesung* bewußt, daß der Herr selber die

und Beruf fest an einen Ort gebunden. Wir hören im Neuen Testament von Menschen, die an einem Ort wohnten, als christliche Gemeinde zu leben versuchten und die Aufgaben wahrnahmen, die mit einer Ortsgemeinde verbunden waren. Von einigen, z. B. von Marta und Maria, wird berichtet, daß sie die vorbeikommenden Prediger für ein paar Tage in ihr Haus aufnahmen und ihnen Gastfreundschaft gewährten. Es ist wichtig, daß wir um den sozialen und historischen Hintergrund dieser Anweisungen für die Missionare wissen, damit wir sie recht verstehen und nicht unbesehen als moralische Forderungen an uns, die wir in einer festen Gemeinde leben und uns nicht ohne weiteres auf den Weg machen können, um zu predigen, erheben.

Wer könnte denn, ohne verantwortungslos zu handeln, einfach Vater und Mutter, Frau oder Mann oder Kinder, Haus und Hof und Arbeitsplatz verlassen? Wer könnte denn so radikal jedem Besitz entsagen und in dem totalen Vertrauen leben, daß der Herrgott schon für den nächsten Tag sorgen wird? Und es ist wichtig zu wissen, daß es schon damals Spannungen zwischen den Ortsgemeinden und den Missionaren gab, weil diese beiden Formen der legitimen Nachfolge Christi sich nicht ohne weiteres miteinander verbinden lassen.

Das bleibend Faszinierende der Wanderexistenz

So wenig wir also die Anweisungen für die Missionare auf unser Leben in unseren Gemeinden übertragen können, so geht doch zugleich etwas Faszinierendes von dieser Lebensweise aus, auch heute noch. Es steckt darin eine bei allem Unterschied auch für uns gültige Wahrheit.

Es ist immer wieder bemerkenswert, wenn sich ein Mensch aufmacht, mit nichts anderem in der Hand als eben sich selbst, z. B. jetzt im Urlaub, wenn einer auf Wanderschaft geht, mit einem Freund, die Mühen des Weges bergauf und bergab spürt und immer mit der Ungewißheit lebt, ob er denn abends wohl Quartier finden wird. Es ist faszinierend, wenn einer von Erfahrungen unerwarteter Gastfreundschaft zu erzählen weiß, aber auch von Fällen unfreundlicher Abweisung.

Das gilt auch für die Erfahrungen, die einer mit Gott macht und dann weitergibt. Wer etwas von Gott zu anderen Menschen bringen will, der kann nicht auf Hilfsmittel irgendwelcher Art zurückgreifen, nicht auf Geld, auf Vorratstasche, auf Schuhe, der kann sich letztlich mit nichts anderem als mit seiner Person hinstellen und von dem reden, was er erfahren hat. Er kann letztlich nicht anders diesen Gott zu anderen bringen, als daß er sich bringt und an die Ansprechbarkeit des anderen glaubt.

Wenn Sie als Vater oder Mutter Ihrem Kind etwas von Gott weitergeben wollen, dann können Sie sicherlich auf die biblischen Geschichten zurückgreifen, auf Glaubensbücher und Bilderbücher und vielleicht auch auf Filme, aber letztlich stehen Sie doch allein und sind persönlich gefragt, wie Sie denn selber an diesen Gott glauben. Wir können Vertrauen in Gott vielleicht nur, oder jedenfalls besser, weitergeben, wenn wir selber Gottvertrauen haben. Wir können anderen Menschen nur Frieden bringen, wenn wir ihn selber in uns tragen. Das ist das Herausfordernde und auch Faszinierende des heutigen Evangeliums. Es konfrontiert uns mit uns selbst. Und es ist dabei so einfach und wahr. Für die anderen sind wir letztlich nur, was wir vor Gott sind.

F. Richardt

Fünfzehnter Sonntag

Lk 10,25–37

I. Bibeltheologische Vorüberlegungen

1. Stellung, Struktur, Gattung der Perikope

(1) Die Perikope besteht aus zwei ursprünglich selbständig überlieferten Traditionen, dem Streitgespräch über »das Große Gebot«, V. 25–28, und der Beispielerzählung vom Barmherzigen Samariter. Die Verknüpfung beider durch Lukas bewirkt eine einschneidende Sinnverschiebung gegenüber den Intentionen der Einzelüberlieferungen. Für die Predigt können sowohl die lukanischen als auch die vorlukanischen Konzeptionen von Bedeutung sein. Das wird im folgenden insbesondere in bezug auf das Samariter-Beispiel entwikkelt.

(2) Ein Blick in die Synopse zeigt, daß Lukas bei der Formulierung der V. 25–28 wahrscheinlich nicht nur Mk 12,28–34 interpretiert, sondern daneben eine Q-Tradition als Vorlage benutzt, welche auch Mt 22,34–40 zugrunde liegt. Nach dieser Überlieferung ist der Fragesteller ein »Gesetzeskundiger« (nomikós), während Mk 12,28 ihn als »Schriftlehrer« (grammateús) bezeichnet. Weitere Unterschiede sind, daß nach der Q-Version die Frage von einem Gegner gestellt wird, der Jesus auf die Probe stellen will, Lk 10,25; Mt 22,35, während Jesus und der Schriftlehrer in Mk 12,28ff (vgl. bes. V. 32–34) einander gegenseitig zustimmen. Entsprechend wird in Q der Gegensatz zwischen den Gesprächspartnern betont. Ferner unterscheidet sich die »das Große Gebot« enthaltende Zitatverbindung in Q von der in Mk 12,29ff: Q zitiert Dtn 6,5 und Lev 19,18, Mk 12,29b setzt bereits mit Dtn 6,4 ein.

Im übrigen ist beiden Varianten das Anliegen gemeinsam, das Hauptgebot der Gottes- und der Nächstenliebe als Grundforderung Jesu zu bezeichnen, wobei Q den Akzent darauf legt, daß damit das ganze mosaische Gesetz seiner Intention nach umschrieben ist, vgl. Mt 22,40, während Markus durch die zustimmende Antwort des Schriftlehrers, 12,32f, den Vorrang der Liebe vor kultischen Opferriten betont, ein Gedanke, von dem die Anregung für die lukanische Verknüpfung der Frage nach dem Großen Gebot mit dem Samariterbeispiel ausgegangen sein kann.

2. *Einzelauslegung*

V. 25–28 Vergleicht man den lukanischen Text mit seinen Vorlagen, fallen zwei einschneidende Veränderungen ins Auge: Erstens ist es nach Lukas nicht Jesus, der »das Große Gebot« ausspricht, sondern der Gesetzeskundige, also ein Gegner Jesu. Daran wird sichtbar, daß es Lukas nicht um die Bestimmung der Sinnmitte des mosaischen Gesetzes geht. Das wird zweitens auch durch die geänderte Ausgangsfrage angedeutet. Diese bezieht sich bei Lukas nicht auf das Gesetz, vielmehr fragt der Gegner, was er zur Erlangung des ewigen Lebens tun müsse. Beide Änderungen zeigen, daß Lukas die Frage nach dem Sinn des Gesetzes relativiert, indem er sie in die umfassendere Frage nach der Erlangung des Heils einordnet. Ihm geht es mit der alten Frage nach »dem Großen Gebot« nicht darum, den von mancherlei kasuistischen Auslegungsgestrüpp überwucherten maßgeblichen Kernsatz der Thora ins Licht zu rücken, sondern um eine Antwort auf das vom Standpunkt einer heidenchristlichen Kirche gestellte Problem, welche heilsgeschichtliche Bedeutung dem mosaischen Gesetz überhaupt zukomme. Die Art der Frage läßt von vornherein Platz für eine Alternative zum Gesetz: Für einen gesetzesfreien Weg zum Leben. Die Möglichkeit dieses anderen Weges zeigt Lukas am Beispiel des vorbildlichen Verhaltens eines Samariters.

*

V. 29 Daß die Perikope vom Barmherzigen Samariter ursprünglich nicht für diesen Zusammenhang konzipiert ist, zeigt sich schon daran, daß die Verknüpfung mit dem voraufgehenden Streitgespräch nicht ganz glatt ist. Abgesehen davon, daß es gerade der Gegner Jesu ist, der mit seiner weiterführenden Frage V. 29 die lukanische Relativierungsabsichten begünstigt, ist vor allem darauf zu achten, daß diese Frage inhaltlich nicht ganz zu dem folgenden Beispiel paßt: Der Gegner fragt nach dem Geltungsbereich des Gebotes der »Nächstenliebe«; die Geschichte hingegen zeigt, wie ein Nichtjude das Gebot vorbildlich erfüllt.

V. 36 Die Abschlußfrage V. 36 muß dann beides ausgleichen: Sie bezieht das Wort »Nächster« nicht auf den, der in den Genuß der Nächstenliebe kommen soll bzw. gekommen ist – dies wäre nach V. 29 zu erwarten –, sondern auf den, der zur Nächstenliebe verpflichtet ist. Man hat oft in dieser Verschiebung den eigentlichen Sinn der Samaritergeschichte gesehen und verstehen wollen: Jeder soll da »der Nächste« sein, wo es die Liebe fordert. Die Frage: »Wer ist mein Nächster?« wäre dann schon eine Verengung. Aber darf man in eine erzähltechnische Unebenheit den eigentlichen Sinn einer Erzählung legen?

V. 30–35 Man muß sich klarmachen, daß das Samariterbeispiel ursprünglich gar keine Stellungnahme zu der Frage nach »dem Großen Gebot« enthalten hat. Die Gegenüberstellung des Samariters mit einem Priester und einem Leviten, die beide in ihrer abstoßenden Unbarmherzigkeit gebrandmarkt werden, verfolgt vielmehr die Absicht, die klaffende Diskrepanz zwischen folgenloser kultischer Frömmigkeit und praktischer Liebe aufzudecken. Das Samariterbeispiel als selbständiger Text gehört also zu den kultkritischen Traditionen. Der Samariter ist hier nicht als gesetzlos gesehen, sondern als ausgeschlossen vom Tempelkult, vgl. Joh 4,19–29.

*

Von diesem Ansatzpunkt her fällt im Rückblick neues Licht auf das lukanische Verständnis der Gesetzesfrage.

V. 25 Das Beispiel des Samariters liegt in dem Handeln aus Barmherzigkeit. Daß seine Haltung *praktische* Folgen hat, macht ihn zum Vorbild im Gegensatz zu den Repräsentanten einer folgenlosen Kultfrömmigkeit. Diese Akzentuierung geht durch die Verknüpfung der Samariter-Perikope mit dem Streitgespräch auch auf dieses über und spitzt die Frage nach dem Sinn des Gesetzes zu: Der Gesetzeskundige fragt, was er tun müsse, um das ewige Leben zu erlangen.

V. 26 Die Antwort Jesu setzt voraus, daß das mosaische Gesetz die Bedingungen zur Erlangung des Lebens formuliert.

V. 27 Der folgende Satz zeigt, daß der Gesetzeskundige diese Auskunft nicht braucht, da er seine Frage bis dahin selbst beantworten kann, sogar in einer Form, die das wesentliche Prinzip aller Einzelgebote richtig hervorhebt.

V. 28 Der Mann kennt und versteht seine Thora sehr gut, wie ihm Jesus bescheinigt, Warum fragt er also? Weil er nicht weiß, was er *tun* soll!

V. 29 Das ist der Sinn der überleitenden Frage. Mit dieser Art der Gesprächsführung unterscheidet Lukas zwischen dem richtigen Verstehen des Gesetzes und der Erkenntnis dessen, was das Gesetz praktisch fordert. Damit wird als möglich vorausgesetzt, daß auch eine völlig zutreffende Interpretation der Thora noch nicht die entsprechende richtige Handlungsweise zur Folge hat. Es fehlt eine vermittelnde Größe zwischen Orthodoxie und Orthopraxie, etwa ein Anwendungsprinzip.

V. 30–36 Nun folgt die Samaritererzählung; sie zeigt ein Muster von Orthopraxie. Es steht im Kontrast zum Verhalten von Kultdienern, deren Frömmigkeit ebenso folgenlos bleibt wie das Gesetzeswissen des Fragestellers am Anfang der Perikope. Diese Analogie ist der Schlüssel zum Verständnis der lukanischen Komposition: Was der Fragesteller voraussetzt nämlich: Das richtigte Tun sei gewährleistet, wenn das Gestz richtig angewandt wird, wird durch das Beispiel des Samariters nicht bestätigt. Der Samariter handelt, ohne sein Tun aus einem Gesetzeskodex herzuleiten. Er tut, was das Gesetz fordert, ohne nach dem Gesetz zu fragen.

V. 37 So rundet sich der Dialog, den die Gesamtkomposition darstellt, sehr bezeichnend ab mit der Aufforderung: »Geh hin und tu ebenso!«

3. Theologische Würdigung

(1) Grundlegend für das Verständnis des Sameriterbeispiels sowohl als Einzeltradition als auch im redaktionellen Zusammenhang von Lk 10 ist die Einsicht, daß es kritisch gemeint ist. Versteht man nämlich die barmherzige Tat des Samariters lediglich positiv als nachzuahmendes Tugendbeispiel, so wird die anfängliche Ratlosigkeit der Frage nach dem, was man »tun muß, um ewiges Leben zu erlangen«, V. 25b, nicht wirklich behoben; denn wer kommt schon in die Lage, nach dem Beispiel des Samariters handeln zu können? Sieht man dagegen die Tat des Samariters als prinzipielle Alternative zu einer folgenlosen oder nur am eigenen Heil orientierten Frömmigkeit, so ergibt sich aus dem Samariterbeispiel die Forderung einer unverstellten, unmittelbaren, spontanen, d. h. nicht an verfestigten Normvorstellungen haftenden Menschenliebe.

(2) Im Hinblick auf die Gesetzesgerechtigkeit ist zunächst eine positive Erkenntnis zu gewinnen: Das zum Heil Notwendige kann gerade auch der erfüllen, der nicht von der Frage nach den Bedingungen Gottes für den Eintritt in das Leben ausgeht, vielmehr sein Handeln auf das richtet, was die Menschenliebe ihm zuweist, wenn er nicht blind ist. (Die Reisenden »sehen« alle drei den Hilflosen liegen!).

(3) Eine negative Einsicht ergibt sich aus der Betrachtung des Fragestellers. Das Gesetz als Kundgabe des Willens Gottes verliert seine Kraft, wenn man sich in Interpretationen erschöpft, statt mit offenen Augen und wachem Herzen in die jeweils angetroffene Situation einzugehen.

K. Löning

II. Liturgisch-homiletische Vorüberlegungen

1. Liturgische Hinweise

Auf die Frage nach dem »Weg zum ewigen Leben«, vgl. Lk 10,25, reagiert Jesus selbst mit dem Verweis auf das »Gesetz«, auf die Weisung des Alten Bundes. Hier liegt der Bezugspunkt zur *alttestamentlichen Lesung,* dem »Lob des Gesetzes« aus der Mose-Rede des Deuteronomium. Betont wird dort vor allem, daß das Gesetz dem Menschen nicht »fern«, also nicht fremd und unbekannt sei, und daß es ihn nicht überfordere. Jesu Gesetzeskritik berührt sich so mit dem ganz ursprünglichen Gesetzesverständnis des Alten Testamentes: das Gesetz ist »Wegweisung«, Lebenshilfe, nicht Last und Fessel. Seine wahre Erfüllung besteht nicht im komplizierten Regelwerk der tausend Gebote und Verbote, auch nicht in übermenschlich-heroïscher Ideal-Ethik, sondern im schlichten, ehrlichen Bestreben, dem Willen Gottes zu folgen und das Gute zu tun. Man sollte diesen Hintergrund bei der Auslegung des Liebesgebotes Jesu stets beachten: nicht eine Hochleistungsethik, die kaum jemand zu verwirklichen vermag, wird hier gelehrt, sondern der »Weg zum Leben« für alle!

Ganz andere Akzente setzt die *neutestamentliche Lesung* (Kol 1,15–20), mit der eine »lectio continua« aus dem Kolosserbrief über mehrere Sonntage hinweg eröffnet wird. Hier steht Christus als der erhöhte Herr, der Friedensstifter und Vollender des Kosmos vor Augen.

Beachten sollte man an diesem Sonntag das *Tagesgebet* der Messe, das (diesmal) gut zum *Evangelium* paßt: ». . . Gib allen, die sich Christen nennen, die Kraft, zu meiden, was diesem Namen widerspricht, und zu tun, was unserem Glauben entspricht. . .«

2. *Homiletische Hinweise*

Infolge der komplexen Redaktionsgeschichte der Perikope dürfte es nicht leicht sein, deren Hauptaussage klar herauszuarbeiten. Dem Prediger bieten sich unterschiedliche Ansatzpunkte, und es ist auch legitim, einmal einen Nebengedanken zum Thema zu machen.

Offenbar zielt die Perikope nicht vorrangig auf die Entgrenzung des Begriffs »Nächster«. Daß nicht nur der Volksgenosse, sondern jeder Nächste, der Hilfe braucht bzw. Hilfe gibt, dem andern – im eigentlichsten Sinne des Wortes – zum »Nächsten« wird, stellt mehr einen redaktionellen Zusatzgedanken dar.

Der primäre Sinn des Samaritergleichnisses liegt in der Kritik an einer Religiosität, der die praktischen Konsequenzen in Taten der Liebe fehlen. Dies trifft zum einen die nur kultische Frömmigkeit: damals einen Tempeldienst, dem Opfer und kultische Reinheit wichtiger waren als Barmherzigkeit; heute den (vermeintlich) frommen Gottesdienstbesucher, der im Alltag nichts von Nächstenliebe spüren läßt. Zum anderen trifft es eine bestimmte Ausprägung von Gesetzesreligion: damals die Gesetzesfrömmigkeit der Schriftgelehrten, die sich um die richtige Auslegung mühten und dies für die Hauptsache erachteten, darüber aber das Gespür für die in der konkreten Situation nötige Tat zugunsten des Mitmenschen verloren; heute eine (oft sogar demonstrativ zur Schau gestellte) Kirchentreue, die sich auf dogmatische und moralische Rechtgläubigkeit beschränkt, zu Lasten der ursprünglichen Mitmenschlichkeit. Demgegenüber betont Jesus: Die Not des Mitmenschen, die mich berührt, ist das eigentliche ›Gesetz‹. In der von der Situation selbst geforderten Tat der Liebe besteht die echte Frömmigkeit – »der Weg zum ewigen Leben« –, jenseits gesetzlicher oder dogmatischer Fixierungen.

Damit werden nun alle traditionell-religiösen Grenzziehungen gesprengt: der vom Jerusalemer Tempelkult ausgeschlossene Samariter wird dem Juden zum »Nächsten« in dem Augenblick, da die helfende Tat eine neue, tief menschliche Beziehung zwischen ihnen stiftet.

Die Kritik Jesu trifft allerdings auch eine bestimmte Form oberflächlicher Humanität! Predigt er doch keineswegs eine »allgemeine Menschenliebe«. Diese kann nämlich, ebenso wie Kult oder Gesetz, rein schöngeistig und damit unverbindlich bleiben. Ein »Seid umschlungen, Millionen« erhebt das Gemüt, und »alle Menschen werden Brüder« – in Gedanken! Der konkrete Mitmensch, der am Straßenrand liegt, wird gerade dann übersehen. Was jedoch zählt, ist die wirkliche Tat.

Entsprechend muß man die Tendenz vermeiden, aus der »Nächstenliebe« eine »Fernstenliebe« zu machen. Es kostet (zumal in der Predigt!) vergleichsweise wenig, Solidarität mit den Unterdrückten und Hungernden in der Welt zu proklamieren. So wichtig diese auch ist –, ernsthaft gefordert bin ich stets von dem Menschen, mit dem ich tatsächlich zu tun habe, und den finde ich vor meiner eigenen Haustür! Die Spende für MISEREOR oder die Unterschrift gegen die Apartheid entbinden mich nicht davon, für den im wörtlichsten Sinn »Nächsten« Zeit und Kraft zu opfern.

Eine Gefahr liegt auch darin, über Nächstenliebe nur vordergründig zu moralisieren, den Hörer mit Forderungen zu konfrontieren oder ihm provokativ den Spiegel vorzuhalten. Beliebt sind ja ›Aktualisierungen‹ des Samaritergleichnisses, in denen z. B. der Pfarrer und der Pfarrgemeinderatsvorsitzende den Verletzten am Straßenrand liegenlassen, weil sie eilig zur Messe bzw. zu einer Sitzung müssen, ein Asylant dagegen dem spontanen Mitleid gehorcht und hilft. Solche Umdichtungen mögen recht originell klingen. Manchmal sind sie jedoch eher geeignet, Abwehrreaktionen zu provozieren!

So richtig es ist, daß Jesus die konkrete Tat der Liebe verlangt, so wenig hilfreich wirken bloße Appelle. Der Prediger sollte eine gewisse »Solidarität mit dem Hörer« üben und Verständnis äußern für das Versagen vieler Menschen in solchen und ähnlichen Situationen. Versetzt man sich nämlich in die Rolle des Priesters oder Leviten (wozu der Prediger z. B. mittels einer Identifikationsübung anleiten kann), spürt man, wie leicht jeder doch geneigt ist, der Verantwortung für den konkreten Mitmenschen, der gerade jetzt (und natürlich immer in einem ungünstigen Moment!) mich braucht, auszuweichen oder sie auf andere abzuwälzen, oft aus schlichter Hilflosigkeit. Dies zu erkennen, löst tiefere Betroffenheit aus und drängt mehr zur

Umkehr als ein bloßer Appell zur Nächstenliebe oder ein scharfes Urteil über die Gleichgültigkeit der Menschen untereinander.

Zugleich läßt sich so die menschliche Unfähigkeit zur Liebe aufdecken, der mit Geboten und Appellen schlecht beizukommen ist. Die Chance des christlichen Glaubens liegt eben darin, daß Menschen sich von Gottes Liebe so ergreifen lassen, daß Wille und Bereitschaft zur Nächstenliebe spontan in ihnen erwachen. Hierin besteht der tiefste Zusammenhang von Gottes- und Nächstenliebe! Die Beziehung zu Gott ist die Quelle der Liebe. So werden Religiosität und praktische Tat ins rechte Verhältnis gerückt. Mit seiner Kult- und Gesetzeskritik will Jesus ja nicht jegliche Frömmigkeit ablehnen und stattdessen ausschließlich Mitmenschlichkeit predigen. Er selbst lebte ganz aus der Beziehung zum »Vater«. Ohne solche Gottesliebe kann auch niemand seinen Nächsten wirklich lieben.

Wichtig für die *Predigt* erscheint mir weiterhin, gangbare Wege zur Nächstenliebe aufzuzeigen. Das Liebesgebot, auf alle Menschen bezogen, droht zu überfordern. Man erschrickt vor der Größe des Anspruchs, und das entmutigt. Nächstenliebe darf nicht wieder zum »Gesetz« werden! Jesus verlangt eigentlich etwas anderes: nicht mehr, aber auch nicht weniger, als der jeweiligen konkreten Situation gerecht zu werden, sich dem einen Mitmenschen ganz zu widmen, dem ich jetzt gerade begegne, bzw. der mich braucht – eine überschaubare Aufgabe. So gesehen, gilt auch für dieses Gebot, daß es »nicht über deine Kraft geht und nicht fern von dir ist«, vgl. Dtn 30,11!

III. Zur Predigt: Der wichtigste Mensch: mein »Nächster«

Wer ist mein Nächster?

»Wer ist mein Nächster?« Die Frage des Gesetzeslehrers, obwohl sie wie eine Ausrede anmutet, ergibt durchaus einen Sinn. Das Gebot spricht klar: »Deinen Nächsten sollst du lieben wie dich selbst.« Meine »Nächsten« – sind das denn nicht zuerst die Menschen, die mir buchstäblich »am nächsten stehen«, also meine Familie, meine Verwandten, meine Freunde? Ich kann doch nicht alle lieben; wie soll ein Mensch das denn bewältigen!

Die Juden zur Zeit Jesu betrachteten jeden Volksgenossen als ihren Nächsten; Nichtjuden zählten sie nicht dazu. Es gab allerdings auch das Gebot, die Fremden zu lieben, vgl. z.B. Dtn 10,19.

Jesus gibt nun dem Wort »Nächster« eine neue Bedeutung. Er antwortet dem Gesetzeslehrer nicht mit einer theoretischen Erklärung, sondern mit einer Geschichte. Ein Geschehen mitten aus dem Leben soll für sich sprechen: Da ist einer überfallen worden und braucht Hilfe. Wer wird sich als sein »Nächster« erweisen? Doch wohl derjenige, der ihm tatsächlich hilft!

Konkrete Tat der Liebe gefordert

Der »Nächste« – das ist also der Mensch, der mir jetzt, in diesem Augenblick, begegnet und mich braucht! Ihn zu »lieben« heißt, ihm zu geben, wessen er jetzt gerade bedarf.

Es wäre nicht ganz zutreffend zu sagen: Alle Menschen sind meine Nächsten. Jesus predigt hier keine allgemeine Menschheitsverbrüderung, die möglicherweise nur auf Gefühlen beruht, aber ohne Folgen in der Tat bliebe! Er überfordert uns auch nicht –, niemand kann alle lieben. Mein Nächster jedoch, das ist immer nur ein einziger, ein ganz bestimmter Mensch: der, der mich gerade jetzt braucht. Die konkrete Situation zeigt ihn mir jeweils mit aller nur wünschenswerten Klarheit. Zugleich sagt sie mir auch, was zu tun ist, worin also hier und jetzt die Nächstenliebe besteht. Eigentlich ist das nicht weiter kompliziert. Ich brauche nur der Stimme meines Herzens zu folgen und Gutes zu tun.

Hier darf es nun allerdings keinerlei Schranken der Rasse, des Standes, der Volkszugehörigkeit usw. geben! Jesus verleiht seiner Erzählung ihre besondere Spitze dadurch, daß es ausgerechnet der Ausländer, einer jener von den Juden verachteten Samariter ist, der hier den Juden als Nächsten behandelt, während dessen Volksgenossen vorübergehen, ohne zu helfen. Heute würde Jesus anstelle des Samariters vielleicht einen Araber auftreten lassen . . .

Der Mensch in Not hat Vorrang!

Es bleibt im Dunkeln, warum der Priester und der Levit weitergingen. Waren sie einfach in Eile? Hatten sie Angst, die Räuber seien noch in der Nähe, und ihnen würde das gleiche Schicksal blühen, wenn sie sich aufhalten und helfen? Vielleicht befürchteten sie auch, der Überfallene könnte ihnen unter den Händen sterben oder sei gar schon tot; dann wären sie, nach dem jüdischen Reinheitsgesetz, durch die Berührung mit einem Leichnam »unrein« geworden und für eine gewisse Zeit vom Tempeldienst ausgeschlossen. – Offensichtlich entschuldigt das alles aber ihr Verhalten keineswegs!

Bevor wir sie allerdings verurteilen, seien wir ehrlich: Wie oft haben wir selbst ähnlich gehandelt? Weise ich nicht auch manchen zurück, weil ich meine, jetzt Wichtigeres zu tun zu haben? Bin ich nicht auch schon an einem, der eine Autopanne hatte oder gar einen Unfall, vorbeigefahren, weil ich in Eile war, und dachte, es werde schon jemand anderer anhalten? Ich bin nicht besser als der Priester, der Levit. Das beschämt mich. Ich selber komme in diesem Gleichnis vor – und in einer wenig rühmlichen Rolle . . .

Die Situation, die Jesus beschreibt, spricht jedoch für sich: Wenn einer meine Hilfe braucht, darf mir nichts anderes vordringlicher sein! Er ist hier und jetzt für mich der wichtigste Mensch auf der Welt. Nichts darf mir wichtiger sein, auch nicht andere Aufgaben, die mir selber dringlich erscheinen. Stets haben die Menschen in ihrer Not Vorrang! Ich darf meine Verantwortung auch nicht abschieben, weil ich mich nicht zuständig oder nicht sachkundig genug fühle. Der Samariter war kein Arzt und konnte nur notdürftig helfen, aber er tat, was in seiner Macht stand.

Der wichtigste Mensch für mich

Der russische Dichter *Leo Tolstoj* erzählt die Geschichte eines Königs, dem die Frage nach der rechten Zeit für Entscheidungen, nach dem wichtigsten Menschen und nach der wichtigsten Tat schlaflose Nächte bereiteten. Schließlich fragt er einen Einsiedler um Rat. Doch der schweigt. Der König sieht ihn hart arbeiten und hilft ihm dabei. Später taumelt ein Verletzter aus dem Wald, und wieder nimmt sich der König seiner an. Am folgenden Tag gibt sich der Verwundete als der schlimmste Feind des Königs zu erkennen und versöhnt sich mit ihm. Da erkennt dieser, daß das Leben selbst ihm seine Fragen beantwortet hatte: »Die wichtigste Zeit ist nur eine: der Augenblick. Nur über ihn haben wir Gewalt. Der wichtigste Mensch ist der, mit dem uns der Augenblick zusammenführt. Das wichtigste Werk ist, ihm Gutes zu erweisen, denn nur dazu ward der Mensch ins Leben gesandt.«

Versuchen wir also, ganz in der Gegenwart zu leben und einfach dem Menschen, mit dem wir jetzt zu tun haben, unsere Liebe zu erweisen! Das geht nicht über unsere Kraft. Mehr braucht es nicht, um das Gebot der Nächstenliebe zu erfüllen. Doch gerade darin liegt die höchste Lebenskunst. In aller Einfachheit von Stunde zu Stunde allein für die Liebe zu leben, verleiht sogar eine große Freiheit und Freude! *W. Schäffer*

Die Schwierigkeit der Interpretation der Perikope liegt an dieser Stelle, wo es darum gehen muß, den Gesichtspunkt zu präzisieren, unter welchem das Tun der ungleichen Schwestern beurteilt werden soll. Der Text setzt zunächst voraus, daß der Hörer Fleiß und Gastfreundlichkeit als anerkennenswerte Eigenschaften zu schätzen weiß, daß er folglich auch ein gewisses Verständnis dafür aufbringt, wenn sich die eifrig bemühte Marta über die unbekümmerte Untätigkeit ihrer Schwester Maria beschwert. Aufgrund dieser Verständnisbereitschaft trifft die Entgegnung Jesu auf den Einspruch Martas auch den Hörer: Was vom Standpunkt der geschäftigen Marta als Untätigkeit und pflichtvergessene Unhöflichkeit dem Gast gegenüber erscheint, erhält durch das Urteil Jesu nicht nur den Vorrang, sondern wird als das Entscheidende hingestellt, das nur so und nicht anders getan werden kann. Marta fordert sorgende Geschäftigkeit statt Nichtstun und versteht dabei Handeln und Zuhören als Alternativen; die Antwort Jesu dagegen stellt das Verhalten Marias als das Tun des einen Notwendigen hin, das Marta bei all ihrer gastfreundlichen Mühe zu tun unterläßt. Sie tut »vieles«, aber nicht das Entscheidende, das »eine« Notwendige. Sie nimmt Jesus auf wie irgendeinen beliebigen Gast, während Maria ihn aufnimmt als den, von dessen Kommen ihre Existenz bestimmt wird. Beide Schwestern wollen der Bedeutung der Stunde, in der Jesus »kommt«, entsprechen; aber es gelingt nur der einen, die sich dem Wort Jesu öffnet.

3. Theologische Würdigung

(1) Damit ist der Gesichtspunkt der Gegenüberstellung geklärt, aber noch nicht gesagt, welche *konkrete Forderung* die Perikope an einen Leser oder Hörer stellt, der gar nicht in die gleiche Situation wie Marta und Maria kommen kann. Der aktuelle Bezug zur Situation des Glaubenden, der mit dieser Geschichte angesprochen werden soll, ergibt sich aus dem Gegensatz von »sich sorgen und kümmern«, V. 41 b, und »das Wort des Herrn hören«, V. 39 b, beides verstanden als Weisen, dem Anspruch Jesu zu genügen, also als Formen des Glaubens. Das »Sorgen« ist also nicht wie in der Q-Tradition als »heidnisches« Verhalten zu denken, vgl. Lk 12,22–31, und entsprechend das Hören nicht als das »Suchen des Reiches Gottes«, wie Lk 12,31, sondern beides, das geschäftige Sorgen und das Hören, geschieht *der Intention nach* aus der Bereitschaft, dem Anspruch Jesu zu entsprechen.

Das in der Figur der Marta vorgestelle Handlungsmuster meint folglich eine Betriebsamkeit, die das »eine Notwendige« übersieht. Das Hören der Maria wird demgegenüber als das »eine Notwendige« offensichtlich deshalb herausgestellt, weil das »Wort« allein geeignet ist, fest und kritisch in Erinnerung zu halten, was wirklich geschehen muß, damit dem Anspruch Jesu Genüge getan wird.

(2) Wenn es auch in der Erzählung von den ungleichen Jüngerinnen Marta und Maria nicht darum geht, das Hören des Wortes als Alternative zum Tun, Kontemplation statt Aktion zu fordern (s. o.), so ist andererseits doch deutlich, daß die Perikope dem sozialen Engagement des Evangelisten Lukas nicht gerade entgegenkommt. Bezieht man den lukanischen Kontext in die Interpretation ein, so ergeben sich neue wesentliche Gesichtspunkte zum Verständnis:

(a) Zunächst ist zu beachten, daß es sich um eine Kontrastperikope zum voraufgehenden Samariterbeispiel handelt. (Das kann bereits in der Anordnung des lukanischen Sonderguts so gewesen sein.) Das Stück vom Barmherzigen Samariter zeigt in polemischer Schärfe den Widersinn einer praktisch folgenlosen kultischen Frömmigkeit, indem sie Priester und Levit als abschreckende Figuren, den Barmherzigen Samariter dagegen als Vorbild wahrer Frömmigkeit hinstellt. Da erscheint die praktisch geübte Barmherzigkeit als Prüfstein der Frömmigkeit. Demgegenüber betont die Erzählung von Marta und Maria, daß die vom Jünger Jesu geforderte Praxis ohne die Motivation durch das Wort Jesu in der Gefahr ist, zur Betriebsamkeit abzusinken, die am Entscheidenden vorbeigeht.

(b) Sodann muß auch die für die Perikope bestimmende Ausgangsfrage nach den Bedingungen zum Gewinn des ewigen Lebens, 10,25, berücksichtigt werden. Die Leitfrage wird zunächst durch den Hinweis auf das Gesetz, 10,26–28, beantwortet: Wer das Gesetz in seiner Grundintention erfüllt, erlangt das Leben. Diese Auskunft wird als unbefriedigend gekennzeichnet, V. 29, weil unklar bleibt, was mit dem »Hauptgebot« praktisch gefordert ist. Dies veranschaulicht das Samariterbeispiel. Es zeigt aber gleichzeitig, wie wenig das mosaische Gesetz von sich aus die Kraft hat, seinen entscheidenden Inhalt effektiv einzufordern. Priester und Levit, von Lukas als Repräsentanten jüdischer Gesetzesfrömmigkeit gesehen, versagen in ihrem praktischen Verhalten; der Samariter dagegen erfüllt das Gesetz, ohne dies zu beabsichtigen. Er scheint also die Möglichkeit einer weisungsfreien, traditionslosen Erfüllung des Willens Gottes zu demonstrieren. Demgegenüber betont die Kontrastperikope von den ungleichen Jüngerinnen für die heidenchristlichen Hörer des Lukas, daß das bereits vom mosaischen Gesetz geforderte »eine Notwendige«, die Gottes- und Nächstenliebe, durch das Hören auf das »Wort des Herrn« erst ermöglicht wird.

K. Löning

II. Liturgisch-homiletische Vorüberlegungen

1. Liturgische Hinweise

Dieser Sonntag steht in Beziehung zu den vorhergehenden und zum folgenden Sonntag.

Mit dem 13. Sonntag kommt in den Evangelien ein Thema zur Sprache, in dem es um »wahre Jüngerschaft« geht.

Jesus ist auf dem Weg nach Jerusalem und hat seinen Jüngern Entscheidendes zu verkünden: den Anspruch der bedingungslosen Nachfolge (13. Sonntag), die Sendung ohne materielle Sicherung (14. Sonntag), das konkrete Tun der Nächstenliebe (15. Sonntag). Der 16. Sonntag wendet nun den Blick nach innen. Das, was nach außen hin geschieht, muß von innen her, vom Wort Jesu, von der Gemeinschaft mit ihm, getragen werden. Nur dadurch wird Jüngerschaft glaubwürdig und überzeugend.

Das *Evangelium* des 17. Sonntags will dies noch einmal verdeutlichen, indem es von der Bedeutung des Gebetes spricht.

Der 16. Sonntag steht somit im Zeichen einer Spannung, die wesentlich zum christlichen Lebensvollzug gehört: Aktion und Kontemplation.

Im *Evangelium* ist der Akzent auf Kontemplation gesetzt: Empfangen geht vor Handeln. »Marta, Marta, du machst dir viele Sorgen und Mühen. Aber nur eines ist notwendig. Maria hat das Bessere gewählt«, Lk 10,41.42. Maria saß Jesus zu Füßen und hörte seinen Worten zu, während Marta in orientalischer Gastfreundschaft ihn bediente.

In den *zwei Lesungen* des 16. Sonntags im Jahreskreis geht es ebenfalls um die Thematik: Aktion – Kontemplation.

Erste Lesung (Gen 18,1–10a)
Als Abraham Gott vor seinem Zelt in den drei Männern begegnet, wird er aktiv. Auch er sorgt sich in vorbildlicher Gastfreundschaft um seine Gäste. Ein opulentes Mahl wird bereitet.

Was ihm dann am Schluß verheißen wird, ist nur vom Glauben her möglich. »In einem Jahr komme ich wieder zu dir, dann wird deine Frau Sara einen Sohn haben«, Gen 18,10 a.

Zweite Lesung (Kol 1,24–28)
Was der Apostel Paulus an die Gemeinde in Kolossae schreibt, ist ganz geprägt vom Geheimnis Jesu Christi, das man nicht denkerisch-aktiv begreifen kann, das nur dann das Leben der Christen zu erhellen vermag, wenn es verkündet und glaubend angenommen wird. »Wir ermahnen jeden Menschen und belehren jeden mit aller Weisheit, um dadurch alle in der Gemeinschaft mit Christus vollkommen zu machen«, Kol 1,28.

Somit ist dieser 16. Sonntag im Jahreskreis nicht ein Aufruf zur Aktion, sondern eine Einladung Gottes, sich von ihm beschenken zu lassen –, wohltuend in einer Zeit wie heute, in der Menschen oft nur soviel wert sind, als sie leisten und Erfolge haben.

2. *Homiletische Hinweise*

Da die beiden Pole christlichen Lebens Aktion und Kontemplation heißen, ist in der Predigt darauf zu achten, daß man den besseren Teil Marias nicht so groß herausstellt und überbetont, daß dadurch der Eindruck entsteht, daß das dienende Tun Martas nur noch am Rand, nebenbei, wichtig sei.

Das »eine Notwendige« muß selbstverständlich dargelegt werden als das, was durch nichts zu ersetzen ist.

Vor allem für Menschen, die den Sinn ihres Lebens mehr im Aktiven sehen, ist es heilsam, zu erkennen, daß das, was sie hörend, glaubend, betend empfangen, immer mehr und bedeutsamer ist als das, was sie selbst tun.

Im Mittelpunkt der Perikope steht Jesus, nicht die beiden Schwestern Maria und Marta. Er ist es letztlich, der gibt.

Wenn Jesus im Hause derer ist, mit denen er sich in besonderer Weise verbunden fühlt, dann kommt alles darauf an, sich für ihn zu öffnen und zu hören, was er zu sagen hat.

Empfangen können gehört ebenso zum vollen Menschsein wie Tätigsein.

Wer ist Marta? Sie darf nicht dargestellt werden als der Typ, dem es nur um das Irdisch-Weltliche geht. Sie ist eher ein Mensch, der sich rastlos für die Sache des Herrn einsetzt.

Wer ist Maria? Im Vergleich zu ihrer Schwester Marta findet sie vor allem ihr Glück im Hören der Worte des Herrn.

Marta und Maria sind in ihrer Verschiedenheit beide wichtig in der Verwirklichung des Christlichen.

Bei der Konzeption der Predigt könnte man sich leiten lassen von folgenden Worten Jesu: »Ist das Leben nicht wichtiger als die Nahrung?«, Mt 6,25. – »Euch aber muß es zuerst um sein Reich und seine Gerechtigkeit gehen, dann wird euch alles andere dazugegeben«, Mt 6,33.

Das Eine und Ganze des Christlichen müßte in der Predigt zur Verkündigung kommen. Es besteht nicht darin, worauf die meisten Religionen abheben: auf menschliche Leistung.

Das Eine und Ganze des Christlichen hat sein Fundament in dem, was Jesus für die Welt, für die Kirche, für die Menschen getan hat. Was das ist, bringt Jesus unmißverständlich zum Ausdruck: »Denn auch der Menschensohn ist nicht gekommen, um sich bedienen zu lassen, sondern um zu dienen und sein Leben hinzugeben als Lösegeld für viele«, Mk 10,45. – »Welcher von beiden ist größer: wer bei Tisch sitzt oder wer bedient? Natürlich der, der bei Tisch sitzt. Ich aber bin unter euch wie der, der bedient«, Lk 22,27.

Maria hat also Jesus verstanden, daß er der Dienende ist und alles darauf ankommt, sich von ihm bedienen zu lassen, indem man sich ihm zu Füßen setzt und seinen Worten zuhört.

In einer Zeit, in der die Diskussion hohen Wert hat, ist es angezeigt, darauf hinzuweisen, daß das einfache, schlichte Hören unabdingbar für unser Mensch- und Christsein ist.

Befreiung, Erlösung, Erneuerung – das ist nicht das Werk welttüchtiger Christen, sondern zuerst das Werk Jesu.

Wie Jesus es gemacht hat und wie es weitergeschehen soll, das muß in der Verkündigung immer wieder neu ausgesagt werden. Darum ist es wichtig, daß sich die Christen in der Gemeinde zum Gottesdienst versammeln, um das Wort Gottes zu hören, das Wort, das ihnen sonst niemand sagen kann.

Dieses Wort wird zu einem wohltuenden, erfrischenden Wort für müde, erschöpfte »Samariter«, die in der Kirche, im Haus Gottes, zur Ruhe kommen und dadurch wieder zu sich selbst finden.

Gottesdienst ist so gesehen Dienst Gottes an uns.

III. Zur Predigt: Das eine Notwendige

Oft lesen wir in Todesanzeigen: »Sein ganzes Leben war Mühe und Arbeit.«

Es hat sich also einer unermüdlich für die Seinen eingesetzt und aufgeopfert. Ein solcher Mensch steht bei vielen in hohem Ansehen. In unserer Gesellschaft zählen Leistungen und Erfolge.

Wohlstand, soziale Sicherheit und eine freiheitliche Gesellschaft sind bei uns das Ergebnis einer Generation, die nach dem Zweiten Weltkrieg, als Deutschland in Trümmern lag, die Ärmel aufkrempelte und arbeitete.

Eine erfolgreiche Generation, eine Generation, die sich wie Marta um vieles Sorge gemacht hat.

Aber die Summe aller Leistungen führte nicht zu dem einen Notwendigen, wovon Jesus im Evangelium spricht.

Es scheint, daß sich in unseren Tagen ein neues Bewußtsein entwickelt. Man erkennt, daß man wirtschaftlich weit gekommen und doch stehen geblieben ist. Es gibt volle Mägen und leere Herzen.

Wie hat sich die Kirche in dieser Zeit entfaltet? Wir stellen einen großen Einsatz fest für Benachteiligte, Arme und Hungernde. Sicherlich ein unaufgebbarer Dienst, der sich aus dem Evangelium ergibt. Aber es ist nicht »das eine Notwendige«.

Marta – ein Mensch wie wir alle

Wir spüren unsere Kräfte und möchten uns engagieren: zu Hause, im Beruf, im Verein, in der Gemeinde . . . Wir erleben, daß das, was wir für andere tun, uns innerlich froh macht.

Oft aber fühlen wir uns auch überfordert und ausgepumpt im Einsatz zum Wohl anderer. Deshalb ziehen sich nicht wenige aus dem öffentlichen Leben in das private zurück.

Es wird für uns höchste Zeit, zur Ruhe, zum Schweigen, zur Stille zu kommen, um wieder zu uns selbst und zu neuer Kraft zu finden. Damit sind wir noch nicht Maria. Sie sitzt zu Füßen des Herrn und hört seinen Worten zu, nicht um sich innerlich neu aufbauen zu lassen, sondern weil sie spürt: Hier in Jesus ist Gott selbst gegenwärtig.

Gott in unserer Welt erfahren – ist das nicht die tiefste Sehnsucht unseres Herzens? Wir möchten hören, was wir uns nicht selbst und auch kein anderer sagen kann: das Wort Gottes, das befreit und Sinn gibt.

Maria hat das Bessere gewählt

Das Bessere ist das eine Notwendige. Maria hat sich aus dem Vielerlei des Lebens gelöst. Jetzt, da Jesus Gast im Hause ist, gibt es für sie nichts Wichtigeres, als ganz gesammelt auf das zu hören, was er sagt. Nur er hat Worte des ewigen Lebens.

Maria hat das Bessere gewählt, weil sie weiß, daß Empfangen vor Handeln geht.

Der Mensch ist ja nicht soviel wert, wie er leistet, sondern gilt etwas in dem Maß, als er durch das Wort Gottes zu einem neuen Menschsein kommt. Nur der, der sich täglich hineinhört, hineinglaubt, hineinbetet in das unendliche Geheimnis Gottes, das Jesus offenbar macht, weiß auch um das Geheimnis seines eigenen Menschseins.

Wissenschaftlich-technisch sind wir sehr weit gekommen, aber menschlich-ethisch haben wir nicht gleichgezogen. Im personalen Lebensbereich geht es abwärts, immer mehr Menschen werden immer weniger mit sich und ihrem Leben fertig. Sie leben über ihre Verhältnisse. Was sie nach außen hin leisten, ist nach innen nicht abgedeckt. Man tut alles Mögliche, nur das eine Notwendige kommt zu kurz oder fällt aus. Denn das, was uns wirklich frei, froh, glücklich, heiter, gelöst und gelassen macht, ist das, was wir im Glauben empfangen, was von uns her nicht machbar ist: das Heil Gottes.

Maria hat das Bessere gewählt, weil das, was Jesus zu geben hat, niemand sonst geben kann.

Das Bessere ist mit Jesus in die Welt gekommen

Mit ihm ist der neue Weg gekommen, der in die Wahrheit und zum Leben führt. Jesus kommt wie kein anderer vom Vater. Und niemand kommt zum Vater, außer durch ihn.

Jesus ist ein ganz neuer Anfang, der den Anfang der Schöpfung der Welt überbietet, weil die Menschwerdung Gottes in Jesus Christus die ganze Wahrheit, die ganze Liebe Gottes offenbar gemacht hat. Der Apostel Paulus hat es richtig erkannt, wenn er schreibt: »Ich sehe alles als Verlust an, weil die Erkenntnis Christi Jesu, meines Herrn, alles übertrifft. Seinetwegen habe ich alles aufgegeben und halte es für Unrat, um Christus zu gewinnen und in ihm zu sein« (Phil 3,8.9 a).

Jesus Christus ist das Maß, der Maßstab, der durch niemand übertroffen wird. Darum ist auch für uns nichts notwendiger als

Jesus selbst, für den wiederum der Wille seines Vaters die Wahrheit und Norm seines Lebens und Wirkens war.

Wenn wir Jesus wählen, wie er den Vater im Himmel gewählt hat, sind auch wir wie er in der Lage, mit der Wahrheit Menschen zu helfen, die weder Philosophen noch Politiker haben; sind auch wir wie er befähigt, Menschen einen neuen Lebensentwurf zu geben, in dem sie zur Freude, zum Frieden und zur Freiheit finden.

Was Jesus zu sagen und zu geben hat – wir dürfen es nicht vergessen –, kommt nicht aus der Welt, es kommt von Gott. Er allein ist das Heil, durch das die Not der Menschen überwunden werden kann, durch das Menschen zum wahren Menschsein gelangen.

Und darum ist Jesus der eine Notwendige, auf den es ankommt, der durch nichts zu ersetzen ist.

Es ist höchste Zeit, daß wir Maria werden, weil sie das Bessere gewählt hat.

W. Schmidt

Siebzehnter Sonntag

Lk 11,1–13

I. Bibeltheologische Vorüberlegungen

1. Stellung, Struktur, Gattung der Perikope

Der Evangelist hat mit diesem »Hauptstück vom Gebet« eine Einheit aus drei kleineren Abschnitten aufgebaut, die er seiner Tradition und der mit Matthäus gemeinsamen Quelle entnahm. Die Einfügung des Hauptstücks in den Reisebericht betont die Bedeutung der in ihm verkündigten Theologie für das Leben und Schicksal Jesu und für das Tun seiner Jünger, d.h. der Christen. Die Abgrenzung des Kapitels ist gut und deutlich. V. 1 bildet eine Überschrift, einen für alle drei Stücke geltenden Themensatz; V. 14 eröffnet mit der Dämonenaustreibung einen neuen Abschnitt.

Das erste Stück der Perikope ist das Vaterunser in der lukanischen Fassung. Vergleicht man sie mit der der matthäischen Bergpredigt, dann wird man feststellen, daß Lukas der Vorlage in Gedankengang und Inhalt der Einzelbitten näher bleibt. Die *sprachliche* Form jedoch ist von Lukas vielfach verbessert und im Dienste seiner Theologie verändert worden, wie die Einzelerklärung zeigen kann. Zudem ist auf den Rahmen zu achten. Im lukanischen Kontext wird das Gebet zum Mustergebet der Christen, ohne daß es schon als liturgisches Gebetsformular zu bezeichnen wäre, und es wird zum Nachahmungsmodell für die Jünger: Das Beispiel des betenden Herrn provoziert die Jüngerfrage und dann die Antwort mit dem Gebetstext.

Das zweite Stück der Perikope ist das Gleichnis vom Bittenden Freund und seine Anwendung. Das Gleichnis können wir uns im Munde Jesu zusammen mit dem vom Richter, 18,1–8, als Doppelgleichnis vorstellen. Vielleicht hat es noch in der Tradition des Lukas mit diesem zusammengestanden. Im gegenwärtigen Kontext ist es im Rückbezug auf V. 1 und in Bindung an die V. 9–10 zu verstehen. Diese sind bei Lukas (im Unterschied zur Parallele bei Matthäus) nicht mehr Verheißung, sondern praktische Predigtfolgerung aus dem vorhergehenden Gleichnis. Der Akzent liegt also auf der ersten Hälfte, und der Texteinschnitt liegt nicht vor V. 9, sondern hinter V. 10.

Das dritte Stück der Perikope folgt in den drei Schlußversen, 11–13. Im Unterschied zu dem Paralleltext des Matthäus begründet Lukas nicht eine voraufgehende These von der Allmacht des Gebetes, Mt 7,7–11, sondern er spricht von der Gabe Gottes, die der im vorigen geschilderte christliche Beter erhält. Stilistische und theologische Änderungen des Lukas zeigen, daß er hier intensiv gearbeitet, umgestellt und neu gedeutet hat. Am stärksten zeigt sich dies bei der Einfügung der »Gabe des Heiligen Geistes« im letzten Vers und bei der Änderung der Bilder in den Gegensatzpaaren: Statt Brot – Stein, und Fisch – Schlange hat Lukas: Fisch – Schlange und Ei – Skorpion. Er nennt also nicht mehr nur unnütze, sondern lebensgefährliche Dinge. Er betont nicht so sehr die Erhörung, sondern die Größe und Lebensbedeutung jener göttlichen Geschenke, indem er sie mit lebensgefährdenden Gegensätzen konfrontiert.

Die ganze Perikope sollte als lukanische Einheit erklärt und nicht in Einzelstücke zerrissen werden. Hier ist nicht der Ort, über das Vaterunser zu predigen oder das Beten Jesu herauszustellen. Zwar wirkt der Lukas-Text aufgrund der sehr energischen theologischen Arbeit des Evangelisten, der sich vielfach vom Traditionsmaterial und von der Vorlage eingeengt sah, etwas konstruiert; das gilt aber nur für den Stil. In der theologischen Aussage ist die Perikope einheitlich, ja sie kann als ein Höhepunkt der lukanischen Reflexion und Botschaft bezeichnet werden.

2. Einzelauslegung

V. 1 Lukas gibt mit diesem Vers dem Abschnitt über das Beten eine allgemeine Einleitung; diese bezieht sich nicht nur auf das sogleich folgende Vaterunser. Lukas hat sie nach seiner Art in die Form einer Episode eingekleidet. Zuerst wird die Vorbildlichkeit des Betens Jesu, dann die Bitte der Jünger um Unterweisung, endlich der Vergleich mit der Täufergemeinde betont. Die Nachahmung des betenden Jesus gilt bei Lukas als Jüngerkriterium. Man vergleiche z.B. das letzte Gebet Jesu, 23,46, mit dem des Stephanus, Apg 7,59. Der Hinweis auf die Täufergemeinde stammt aus der Tradition, wie die ähnlichen, auf das Fasten bezogenen Problemstellungen in Mk 2,18ff beweisen. Man sollte zugeben, daß Jesus in seinen Gebetsanweisungen vielfach an jüdisches Beten angeknüpft hat. Alle Gemeinschaften hatten damals ihre festen Gebete; unser Text gibt Veranlassung, auf die Verwurzelung der christlichen religiösen Formen in jüdischer Religionspraxis hinzuweisen. In drei Stufen führt der Evangelist nun im folgenden die Leser zur Erkenntnis des typisch Christlichen.

V. 2–4 Die von Lukas mitgeteilte Form des Herrngebetes wirkt ursprünglicher und weniger theologisiert als die in unseren Kirchen gebräuchliche Fassung des Matthäus, wie das auch von den Seligpreisungen der Bergpredigt gilt. Die Anrede ist einfacher, die Brotbitte ist durch die Einfügung des Wortes »täglich« auf die wirklichen Bedürfnisse bezogen, die Vergebungsbitte wird durch die andauernde Praxis der Vergebung (»Wie wir vergeben« statt: »Wie wir vergeben haben«) aus der damals im Judentum nicht seltenen »Lohnlehre« herausgenommen; denn wir müssen weiterhin und immerfort Vergebung üben, können nie aus vergangener Leistung einen Anspruch stellen. Lukas hat nur fünf Bitten, weil die dritte und die siebente Bitte des uns vertrauten Textes von Matthäus stammen. – Welcher der beiden Texte der Form im Munde Jesu nähersteht, ist schwer zu sagen. Jedenfalls scheint das Verhalten beider Evangelisten zu beweisen, daß es sich hier nicht um das christliche Gebetsformular für liturgische Feiern handelt, sondern um ein christliches Mustergebet, das auf Jesus zurückgeführt wurde und dessen man sich bediente, indem man es gleichzeitig adaptierte, d. h. der konkreten Situation und dem jeweiligen theologischen Hauptgedanken anglich. An dem Ziel des Betens ändert diese Aktualisierung durch die Evangelisten nichts. Die Jünger sollen beten um die Heiligung des Namens Gottes in der Kirche, um das Kommen seiner Herrschaft und seines Reiches in der Welt, um die Anerkennung der Abhängigkeit des Menschen nach Leib und Seele von der Barmherzigkeit Gottes; sie sollen um Hilfe rufen angesichts der Bedrohung des Glaubens in der Versuchung. Es geht um die gemeinschaftlich vorgetragene Bitte an den Vater um seine Heilsgabe. Die manchmal bezeugte Bitte um den Heiligen Geist (anstelle der Reichsbitte) paßt zwar gut zur Lukas-Theologie, ist aber doch wohl spätere Glosse (s.u.).

V. 5–10 Das Gleichnis von dem um Mitternacht anklopfenden Freund hat eine sehr komplizierte Überlieferungsgeschichte, die man wenigstens in ihren Hauptstufen kennen sollte. Erste Stufe: Jesu Parabel wurde ursprünglich ohne V. 8 berichtet. In ihr war die

Freundestreue der Anlaß zum Helfen und also die Frage, in der die ganze Geschichte einherkommt, eine durch und durch rhetorische Frage, die eine (ungesagte) emphatische Antwort provozieren soll: »Unmöglich! Niemals! Der Freund wird ihm auch dann helfen, weil er ein Freund ist.« Zweite Stufe: Anfügung des letzten Verses und dadurch Umdeutung des Motivs der Hilfe. Die Freundschaft wird abgewertet, dafür die Hartnäckigkeit des Bittenden betont und so die Geschichte zu einem Parallelgleichnis mit 18,2–7. In dieser Form fand der Dritte Evangelist sie vor. Dritte Stufe: Lukas trennt die beiden Parabeln wieder, indem er die von der Bittenden Witwe auf das Geschehen beim Weltende (»Betet um Glauben für die entscheidenden Tage!«), unseren Text aber auf das Leben in der Kirche bezieht (»Betet um die Gabe des Geistes!«), wobei er die früher eingetragene Deutung durch V. 8 stehenließ. Das Hauptargument des Lukas liegt bei dieser Begründung und sollte nicht bei der parabelartigen Einleitung zu dieser Hauptaussage gesucht werden. Sonst kommt man in Gefahr, zwar eine sehr überzeugende und schöne Gleichniserzählung Jesu zu kommentieren, aber dann eben doch nicht mit dem Bruch zwischen den V. 7 und 8 fertig zu werden und so die Absicht des Lukas zu verfehlen. Denn diese Absicht wird erst in den fälschlich meist abgetrennten Schlußversen 9 und 10 deutlich; die Forderung des unermüdlichen Betens steht im Zentrum dieser Predigt. In der synoptischen Parallele, Mt 7,7–8, sind diese Verse eine Verheißung, hier aber liegt der Ton ganz auf der ersten paränetischen Hälfte.

V. 11–13 Bei Matthäus bilden die diesem Text parallelen Aussagen die Begründung der voraufgehenden Verheißung, daß jeder Bittende empfangen wird; bei Lukas aber sind diese Verse vom Vorhergehenden deutlicher und als dritter Abschnitt unserer Perikope abgehoben. Hier hat Lukas statt der nur in seiner Vorlage stehenden »unnützen« Kontrastgaben (Stein und Schlange) sehr gefährliche Gaben bezeichnen wollen (Schlange und Skorpion), weil er das Bild bereits interpretiert von dem V. 13 und der dort genannten Gabe des Heiligen Geistes her. Alles, was dieser Gabe nicht entspricht, ist lebensgefährlich! Wie im vorigen Abschnitt, so verweilt Lukas auch hier nicht bei dem Gleichnis, sondern bringt seine Gebetsparänese ohne Rücksicht auf stilistische und erzählerische Schwierigkeiten. Es ist daher auch für den Ausleger nicht angebracht, in diesem Lukas-Text ausführlich bei den Bildern zu verweilen. Der Ton muß vielmehr auf dem letzten Satz und seiner lukanischen Eigenart liegen. Lukas, der Evangelist des Pfingstfestes, bei dem das vorhergehende Beten eine große Rolle spielt, Apg 1,14, macht in diesem Evangelientext Jesus zum Lehrmeister des Betens um den Heiligen Geist.

3. Theologische Würdigung

Lukas hat das Beten der Christen zu einem Hauptthema seiner Theologie gemacht, und zwar das unablässige und intensive Gebet. »Beten« ist geradezu ein anderer Name für »christliches Leben«, für die »tägliche Kreuzaufnahme«.

(1) Das Beten in den Versuchungen der Welt. Für Lukas steht nicht mehr ein apokalyptisches Drama im Mittelpunkt der Erwartung. Er spricht nicht mehr von der Endversuchung am Weltende, sondern er denkt an die seit der Passion Jesu sich auswirkenden Verfolgungen und Anfechtungen der Christen in dieser Welt. Drangsale und Nöte drohen der Kirche von außen und innen. Die Apostelgeschichte gibt manches lehrreiche Beispiel zu dieser Grundlehre – und auch dazu, daß in diesen typischen Situationen den »Jüngern« nur das Beten helfen kann. Die Zeit der Kirche ist eine Zeit des Martyriums und des Gebetes zugleich.

(2) Gebet als Heilmittel für die erschlaffende zweite christliche Generation. Das tägliche Leben und die Freude des Wohlstandes könnten die Christen mürbe machen. Wir finden in diesen Texten dieselben Grundgedanken wie in den Ermahnungen der sieben Briefe in Offb 2–3 und im Hebräerbrief. Man wird Lukas konsequent in das achte Jahrzehnt des Ersten Jahrhunderts datieren und von der kirchengeschichtlichen Situation seiner Gemeinde her interpretieren müssen, in der die erste Liebe nicht mehr so recht glühend, der Eifer der ersten Jahre erschlafft war. Lukas ermahnt zum Beten, weil er in ihm eine Möglichkeit sieht, die alte Begeisterung neu zu wecken. Die große Gefahr ist die Müdigkeit der Guten, vgl. Lk 18,8.

(3) Der Evangelist zweifelt keinen Augenblick daran, daß es für den Beter den Gott gibt, der ihn hört und erhört. Das Beten ist Ausdruck der Abhängigkeit von diesem Gott und zugleich des Vertrauens zu diesem Vater. Aber nicht nur das: Lukas will vielmehr betonen, daß das Beten unablässig sein muß, daß es lebensnotwendig ist. Der Mensch soll und darf und kann nicht nur beten, sondern er

muß beten (vgl. 18,1). Beten ist die menschliche Grundhaltung vor dem Gott Jesu, dessen Gabe man naturnotwendig braucht.

(4) Die Frucht des Betens ist das göttliche Geschenk des Geistes. Einige Textzeugen kennen eine Bitte um den Heiligen Geist auch in der lukanischen Form des Vaterunsers, und eine Reihe von Exegeten haben sich für die Ursprünglichkeit dieser Lesart ausgesprochen. W. Ott (Gebet und Heil, München 1965) hat eine Rekonstruktion des Lukas-Textes vorgelegt, die in Übersetzung folgendermaßen lautet: »Vater, geheiligt werde dein Name; es komme dein Heiliger Geist auf uns und reinige uns. Unser Brot usw.« Man kann für die Ersetzung der Reichsbitte durch die Geistbitte vor allem die Bedeutung des Geistes in der lukanischen Theologie anführen; gegen die Ursprünglichkeit der Geistbitte spricht aber ihre schwache Textbezeugung und die Möglichkeit, daß sie als Taufbitte in das bei der Taufe gebetete »Formular« eingedrungen sein kann. Sicheres läßt sich abschließend noch nicht sagen. Doch ist auf jeden Fall festzuhalten, daß die lukanische Schlußwendung der Perikope nachdrücklich den vom Vater ausgehenden Heiligen Geist als Gegenstand allen Betens nennt. Die Erhaltung des Glaubens, die Bewahrung in der Versuchung, das Durchhalten in den Trübsalen der Welt und damit das gesamte Leben der Getauften ist von dieser Gabe des Geistes, die eine Gabe für Betende ist, abhängig.

W. Pesch

II. Liturgisch-homiletische Vorüberlegungen

1. Liturgische Hinweise

»Beharrliches Beten« ist der Leitgedanke dieses Sonntags. Die alttestamentliche *Erste Lesung* (Gen 18,20–32) illustriert sehr plastisch die Aufforderung des *Evangeliums,* unablässig und vertrauensvoll zu bitten. Höchst menschlich läßt dort Gott gleichsam »mit sich handeln«, und dabei den ›Preis‹ für die Verschonung der sündigen Städte bis auf »Zehn Gerechte« herunterdrücken –, eine echt orientalische Szene, doch mit bitterernstem Hintergrund. Eine Handvoll »Gerechte« könnte den Zorn Gottes zurückhalten, aber nicht einmal diese wenigen finden sich in Sodom und Gomorra . . .

Entging unsere Welt von heute vielleicht nur deswegen bislang der (Selbst-)Vernichtung, weil es diese »Zehn Gerechten« noch mitten unter uns gibt? Aber – wie lange noch?

Ganz andere Themen hat die *Zweite Lesung,* eine weitere Folge aus dem Kolosserbrief, im Blick. Hier geht es um das »neue Leben« der Christen, grundgelegt in Glaube und Taufe, im Sterben und Auferstehen mit Christus, in der Vergebung der Sünden. Auch wenn dies hier nicht ausdrücklich gesagt wird, ist solche Neuschöpfung des Menschen eine »Erneuerung durch den Heiligen Geist«! Von da her kann man einen Bezug zur Verheißung der Geistesgabe im *Evangelium* (s. Lk 11,13) herstellen.

2. Homiletische Hinweise

Eine Predigt über diese Perikope wird nicht umhin können, sich mit der Problematik des Bittgebets auseinanderzusetzen. Da ist zunächst die Frage: Kann man sich denn vorstellen, daß Menschen durch ihr Gebet Gott beeinflussen? Das Evangelium scheint dies ja vorauszusetzen, zumal es zu hartnäckigem Bitten auffordert und Gott mit einem Freunde vergleicht, der sich dadurch irgendwann gewiß erweichen lassen wird! Kritisch denkende Menschen unserer Zeit mögen sich auch fragen, inwieweit unmittelbare Gebetserhörungen, die ja ein Eingreifen Gottes in den Lauf der Dinge implizieren, mit unserem naturwissenschaftlich geprägten Weltbild in Einklang zu bringen sind. Ist das nicht eine allzu ›mythologische‹ Vorstellung vom Wirken Gottes?

Weitaus gravierender muß man Enttäuschungen mit dem Gebet einschätzen, wie Menschen sie immer wieder erleben. Tatsächlich werden ja längst nicht alle Bitten erhört. Derartige Erfahrungen geraten in eklatanten Widerspruch zum Wortlaut biblischer Verheißungen. Sie können in tiefe Glaubenskrisen stürzen. Man wird dies sehr ernst nehmen müssen und nicht leichthin darüber wegpredigen dürfen!

Gründe für nicht erhörtes Gebet lassen sich mancherlei denken. Verständlich ist es, wenn jemand allzu selbstbezogen betet, oder wenn das Gebet lediglich die ›Notbremse‹ eines Menschen darstellt, der sich ansonsten wenig um Gott schert, aber zu ihm um Hilfe schreit, sobald es ihm schlecht geht. Demgegenüber fordert das Evangelium zu beständigem, das heißt doch wohl auch zu regelmäßigem und zunächst zweckfreiem, allein die Beziehung zu Gott aufbauendem Gebet auf! Auch leitet gerade die Struktur des ›Mustergebetes‹, des »Vaterunser«, dazu an, sich zuerst auf Gott einzustellen (»dein Reich komme«), bevor man die mehr menschlichen Wünsche anmeldet.

Offenbar ist es wichtig, zuerst Gottes Wirken im eigenen Leben Raum zu geben, bevor man ernsthaft Gebetserhörung erwarten darf! Manches Bittgebet mag auch an der Verschlossenheit der Welt, der Menschen gegen Gott scheitern: Gott kann gar nicht handeln, weil er der Schöpfung ihre Freiheit läßt, dort aber so wenig sein Wille verwirklicht wird (eben darum muß man ja beten: »Dein Wille geschehe« –, denn er geschieht nicht hinreichend in der Welt!).

Die entscheidende Gabe Gottes ist darum der Heilige Geist, wie das Lukasevangelium betont, und diese Bitte wird stets erhört. Der Geist befähigt den Beter, Gott Raum zu gewähren, die Welt neu zu sehen, anders zu handeln, sinnvoller zu bitten usw. Hierin ist wohl der Weg zu erkennen, wie Gott gewöhnlich in die Welt ›eingreift‹. Beten verändert zuerst uns selbst. Es beeinflußt weniger die Pläne Gottes: eher macht es den Menschen offener dafür, Gottes Willen und Wirken überhaupt an sich heranzulassen! Wo dem Wehen des Geistes Raum gegeben wird, dort heilt er dann die Welt.

Man wird indes auch zugeben müssen, daß sich oft gar kein einsichtiger Grund angeben läßt, warum ein Gebet nicht erhört wurde. Gott bleibt Geheimnis, sein Handeln ist nicht berechenbar. Der Mensch darf nie meinen, er brauche nur ›richtig‹ zu beten, dann habe er die Garantie, erhört zu werden. Nicht wir verfügen über Gott –, Gott verfügt über uns! So sehr diese Wahrheit provoziert, darf man ihr doch nicht ausweichen. Auch der Glaubende muß mit ungelösten Fragen zu leben lernen!

Ein weiteres Problem stellt sich, wenn man ausführlicher auf das »Vaterunser« eingehen will: dieses Gebet ist allzu geläufig. Sein Aussagegehalt wird kaum noch richtig wahrgenommen. Unter Umständen muß man es erst »verfremden«, um es neu zu Gehör zu bringen (Ein solcher Verfremdungsversuch folgt unten).

Zumindest sollte man auf die eigentümliche Struktur dieses christlichen Urgebetes hinweisen: es ist ein Bittgebet, aber ein recht seltsames! Zuerst macht sich der Beter gleichsam die Pläne Gottes zu eigen – »Dein Name werde geheiligt, Dein Reich komme« –, erst danach nennt er die auf ihn selbst orientierten Bitten um Brot, Vergebung, Schutz vor Versuchung. Diese »Gebetsschule« zeigt die Mentalität auf, mit der alles christliche Beten und Bitten erfolgen sollte: zuerst Hingabe an Gott, Weggabe allen Eigenwillens und Eigeninteres-

»Dialog«. Der »Gesprächspartner« ist Gott selbst. Er sagt zu dem Bauern nur zwei Sätze: »Du Tor, in dieser Nacht wird man deine Seele von dir fordern. Und was du aufgehäuft hast, wer wird das bekommen?« Jesus nimmt damit eine alttestamentliche Spruchweisheit, Sir 11,18 f, auf: »Da ist einer, der reich wird, weil er sich abquält; doch ein anderer ist da, der sich seinen Gewinn teilen wird: Zur gegebenen Zeit sagt er nämlich: ›Ich habe Ruhe gefunden, und jetzt will ich mein Vermögen genießen.‹ Aber er weiß nicht, welches seine Frist sein wird, und er hinterläßt es einem andern und muß sterben«; vgl. auch Ps 49(48),11 f: »Ob sie auch Länder ihr eigen nennen, anderen hinterlassen sie ihren Besitz.« Mit diesem »Faktor«, dem Tod, hatte der Bauer in seinem Selbstgespräch nicht gerechnet, dadurch erweist er sich als »Tor« vor Gott, d. h. als einer, dessen Denken »kurzsichtig« ist.

V. 21 Der Vers ist möglicherweise vom Evangelisten aus einem ursprünglich anderen Zusammenhang genommen und hierher gestellt worden, gewissermaßen als Resümee aus dem Gleichnis. Er paßt aber in seiner Pointe nicht recht zur Lehre des Gleichnisses, in dem es ja nicht um das »Reichwerden bei Gott« ging, sondern um die »Kurzsichtigkeit« und falsche Selbstsicherheit in der Beurteilung des irdischen Lebens. Einige Textzeugen haben deshalb das schlußfolgernde »So« bereits weggelassen und damit V. 21 als Eigenspruch charakterisiert. In dem Spruch zeigt Jesus den Gegensatz: »Für sich Schätze sammeln« – »Reich sein bei Gott«. Die Tendenz des Spruches geht also deutlich bereits in die Richtung, die dann innerhalb unseres Großabschnittes in 12,33 f deutlich ausgesprochen ist: Derjenige sammelt sich Schätze im Himmel, d. h. bei Gott, der mit seiner Habe den Armen hilft. An diese Möglichkeit ist allerdings im Monolog des Bauern gar nicht gedacht, und insofern paßt der Spruch V. 21 doch gut als Abschluß zum Gleichnis.

3. Theologische Würdigung

Es geht in der Perikope zunächst um »Christologie«, insofern in der einleitenden Szene, V. 13–15, von Jesus selbst der Sinn seiner Sendung nicht etwa in der Lösung von irdischen Rechtsfällen gesehen wird. Das zu betonen, scheint wichtig, weil Jesus und seine Botschaft heute auch in den Dienst dessen gestellt werden, was man materialistische Bibelauslegung nennt. Seine wahre Aufgabe sieht Jesus, wie sowohl aus V. 15 wie aus dem Gleichnis mit dem angehängten Spruch hervorgeht, in der entschiedenen Anmeldung des »Eschatologischen Vorbehalts«, hier konkret bezogen auf die grundsätzliche Unverfügbarkeit über das »Leben« und die Bedrohtheit der irdischen Existenz durch den unerwarteten Tod. Dennoch drängt die Anmeldung des »Eschatologischen Vorbehalts« gerade zum sozialen Engagement: nämlich nicht dem leidigen »Mehr-Haben-Wollen« zu verfallen und nur an persönliche wirtschaftliche Vorteile zu denken, vielmehr «reich zu werden bei Gott«, indem man keine »Monologe« im Dienst der eigenen Selbsterhaltung führt, sondern in den »Dialog« der konkreten Hilfe für die Armen der Welt eintritt.

F. Mußner

II. Liturgisch-homiletische Vorüberlegungen

1. *Liturgische Hinweise*

Wie ein roter Faden zieht sich durch die Texte der Liturgie die Aussage, daß nur Gott unser Leben garantieren kann. Wir sind ganz und gar auf Gott angewiesen. So wird Gott gleich im *Eröffnungsvers,* Psalm 70 (69), als Helfer und Retter angesprochen. Das *Tagesgebet* nennt ihn »Schöpfer und Lenker unseres Lebens«. Damit wird deutlich, daß wir nur in seiner Hand sicher sein können. Ohne seine Lenkung wird unser Leben zur Irrfahrt.

Die *Erste Lesung* aus Kohelet (Koh 1,2; 2,21–23) unterstreicht die ganze Fragwürdigkeit menschlichen Sicherheitsstrebens durch Besitzanhäufung.

Der *Antwortpsalm* 90 (89) will uns davor bewahren, den Faktor Tod zu übersehen (»Du läßt die Menschen zurückkehren zum Staub«). Denn genau diese Kurzsichtigkeit ist es, die die tödliche Illusion einer Selbsterhaltung ohne Gott fördert.

Die *Zweite Lesung* aus dem Kolosserbrief (Kol 3,1–5.9–11) lädt dazu ein, den Blick auf das Himmlische zu richten. Von dem trügerischen Verhaftetsein an das Irdische ist der befreit, der an den Auferstandenen glaubt. Genau diese Blickrichtung ist es, die das Leben der Menschen auch hier auf Erden erneuert und sinnvoll macht. Habsucht wird durch den Glauben an Christus überwunden, Brüderlichkeit gefördert. So preist der *Ruf vor dem Evangelium* (Mt 5,3) die »Armut« als Weg zum Leben.

Das *Evangelium* legt dann vollends dar, daß nur Gott Garant unseres Lebens ist und niemals irdischer Besitz.

Das *Gabengebet* läßt uns selbst zu einer Gabe werden: Unser Leben ist und bleibt Geschenk aus Gottes Hand. Der *Kommunionvers* (Joh 6,35) macht deutlich, welches Brot unseren Lebenshunger stillen kann: Christus selbst und nicht irdischer Besitz.

Das *Schlußgebet* fördert noch einmal diesen Weitblick: Gott ist es, der uns neue Lebenskraft gibt. Ohne ihn bleibt unser Leben saft- und kraftlos und dem Tod verfallen.

2. Homiletische Hinweise

Es ist wichtig, sich die eigentliche Aussage dieses Evangelienabschnittes vor Augen zu halten: Garant menschlichen Lebens ist nicht irdischer Besitz, sondern Gott allein. Die Perikope will den Menschen dazu bringen, daß er den Versuch aufgibt, aus sich selbst heraus zu leben und nicht aus Gott. Wer sein Leben ausschließlich in seine eigene Hand nimmt und nicht als täglich neues Geschenk aus Gottes Hand begreift, ist ein kurzsichtiger Narr, dessen Rechnung nicht aufgeht.

Wer auf eigene Tüchtigkeit und nicht auf Gottes Güte baut, wird früher oder später vor dem Zusammenbruch seines selbstgebastelten Kartenhauses stehen.

Es kann allerdings nicht darum gehen, gegen eine vernünftige Zukunftssicherung zu wettern und menschlichen Besitz als bloßen Materialismus abzutun. Es geht um die Grundeinstellung des Menschen, die korrigiert werden muß, wenn der Mensch vergißt, wer die eigentliche Quelle seines Lebens ist. Nicht das Streben nach Besitz ist schlecht, sondern die Versuchung, Besitz an die Stelle Gottes zu setzen. Ein solches Besitzstreben ist Habsucht und schließlich Götzendienst (vgl. Zweite Lesung). Es geht darum, Gott als Quelle und Ziel unseres Lebens anzuerkennen und in gläubiger Gelassenheit für Gott und die Mitmenschen zu leben. Dieses Leben kann dann durchaus von Arbeit und Sorge gekennzeichnet sein, aber es ist um Verteilung und nicht um egoistische Anhäufung von Gütern bemüht. Es bewirkt eine Sozialreform von innen und nicht von außen.

Mir drängen sich einige *Predigtthemen* auf:

»Was sichert unser Leben?«
»Lebensfülle, aber wie?«

»Wovon hängt das Leben ab?«
»Gott – Garant des Lebens«
»Eine Rechnung, die nicht aufgeht«
»Habsucht als Irrweg«
»Vom rechten Umgang mit Hab und Gut«

Ich entscheide mich für das Thema: »Gott – Garant des Lebens«, weil mir das die zentralste Aussage der Perikope zu sein scheint.

Der Grund des selbstsüchtigen Fehlverhaltens unseres reichen Kornbauern liegt in der praktisch vorhandenen Ungläubigkeit und erst dann in seinem Egoismus. Das ist bei vielen Menschen auch heute noch so. Davon sind unsere gewöhnlichen Gottesdienstbesucher nicht unbedingt ausgenommen.

Ich möchte in der Predigt aufzeigen, daß nur eine klare Hinwendung zu Gott als der Quelle des Lebens vor Habsucht und anderen Fehlentwicklungen bewahrt.

III. Zur Predigt: Gott – Garant des Lebens

Tolstois Erzählung »Wieviel Erde«

Tolstoi erzählt die Geschichte: »Wieviel Erde braucht der Mensch?« Der Teufel verspricht dem Bauern Pachom so viel Land, wie er an einem Tag umschreiten kann. Voller Habsucht überschätzt er seine Kräfte. Als er auf abgekürztem Weg zum Ausgangspunkt zurückhetzt, sagt er zu sich: »Nun habe ich viel Land; ob es mir aber von Gott beschieden ist, darauf zu leben? Wehe! Ich habe mich zugrunde gerichtet, ich erreiche den Hügel nicht mehr . . .» Mit diesen letzten Worten bricht er, soeben noch ans Ziel gekommen, tot zusammen. Schließlich braucht er nicht mehr Erde als ein Stück von sechs Ellen, groß genug für sein Grab.

Was brauche ich?

Ich frage mich und Sie heute: Wieviel Erde, wieviel Lebensraum, wieviel Besitz brauche ich, brauchen Sie? Kalender, Schlüsselbund und Geldbeutel in unserer Tasche zeigen, über wieviel Zeit, Raum und Lebensunterhalt wir zu verfügen meinen. Es ist ja wichtig, Zeit zu haben, ein Haus oder doch eine Wohnung, und Geld dazu. Wenn Geld auch nicht glücklich macht, so beruhigt es doch angeblich.

Liegt der Bauer Pachom eigentlich so verkehrt? Was ist falsch an der Haltung des reichen Kornbauern im Evangelium? Werden die Erben ihnen nicht ein »ehrendes Gedenken« widmen?

»Sein ganzes Leben war nur Arbeit« ist in Todesanzeigen gar nicht selten nachzulesen. Sie werden sagen: Muß der Mensch nicht sorgen? Wohin kämen wir, wenn wir alle Versicherungen aufkündigen würden? Kann es das Ziel des Lebens sein, sich nicht um die materielle Grundlage des Lebens zu kümmern? Wir müssen auf dem Teppich bleiben: Es kann nicht unser Interesse sein, wie Bettler zu leben. Wir brauchen die Dinge.

Konsum ist gut

Es geht nicht darum, irdischen Besitz zu verteufeln. Das kann auch nicht das Anliegen von Jesus sein. Er war selbst kein Kostverächter. Die Dinge sind gut. Sie zu haben und zu genießen, kann nicht verwerflich sein. Es geht auch nicht um eine Attacke gegen den Reichtum, wenn Jesus auch häufig davor warnt. Es geht darum, daß der Mensch die Dinge nicht an die Stelle Gottes setzt.

Besitz als Götze

Genau das aber tut der reiche Kornbauer. Nicht Gott ist für ihn Garant des Lebens, sondern sein Besitz. Darum zielt sein ganzes Leben darauf ab, ihn zu mehren und zu sichern. Habsucht aber ist Götzendienst, weil der Mensch mit all seinen Kräften dem Besitz dient, und diesen Besitz statt Gott für den Garanten seines Lebens hält. Darin aber besteht der tödliche Irrtum.

Gott – Quelle des Lebens

Es ist für uns Menschen einfach wichtig, daß wir immer wieder neu erkennen, wer der eigentliche Garant unseres Lebens ist. Die gelegentliche Konfrontation mit Krankheit und Tod soll uns nicht erschrecken, sondern wachrütteln. Jeder von uns steht in der Gefahr, blind zu werden, wie Pachom oder der reiche Kornbauer.

Vielleicht müssen wir uns wirklich einmal fragen: Worauf ist unser Sinnen und Trachten gerichtet? Wem gilt meine tägliche Sorge? Wieweit kann ich mich in dem reichen Kornbauern wiedererkennen? Bin ich eigentlich so viel anders, wenn bei mir Geld oder Geltung das Wichtigste ist? Und wenn ich Dinge absolut haben muß, hat sich dann nicht längst eine Sucht eingeschlichen, die nicht besser ist als Habsucht?

Solange ich nicht in erster Linie Gott und den Nächsten als Ziel meines Trachtens ansehe, stehe ich in der Gefahr, mein Glück vom Besitz abhängig zu machen. Dieses Streben aber endet früher oder später in der Sackgasse. Ich richte mich zugrunde und lebe am Lebensglück vorbei.

Lebensfülle

Es geht nicht darum, die Lebensfreude zu verneinen. Im Gegenteil: Gott will, daß wir das Leben in Fülle haben. Deshalb will er uns durch Jesus Christus aus dem todbringenden Kreislauf von Konsum, Besitz und ängstlichem Selbsterhaltungsstreben befreien. Er will uns an die wahre Quelle des Lebens heranführen, die er selber ist. Wer Gott sucht und findet, kann es sich leisten, weniger zu haben. Er kann mit großer Gelassenheit der Zukunft entgegensehen. Er fürchtet weder die Armut noch Krankheit und Tod. Er weiß, daß er nicht tiefer fallen kann als in Gottes Hand.

Hätte Pachom sich mit weniger begnügt, er hätte Zeit gehabt, Gottes große Gabe zu genießen. Und der reiche Kornbauer des Evangeliums hätte gut daran getan, die reiche Ernte mit den Armen zu teilen. Ihm wäre Zeit geblieben, sich des Lebens tiefer zu erfreuen und reich zu werden vor Gott und den Menschen.

So aber bleibt er dem Ziel gelungenen Lebens fern. Nicht Gott, sondern er selbst bringt sich um sein Leben, um das Leben hier und das Leben danach.

Harvey Cox zitiert in seinem Buch »Stirb nicht im Warteraum der Zukunft« Papst Johannes XXIII: »Der Herr wird denen entgegenkommen, die verstehen, in den Tag hineinzuleben, immer ihre Pflicht tun mit Ruhe, Würde und Geduld, ohne sich den Kopf heiß zu machen wegen der Dinge, die morgen oder in Zukunft geschehen könnten.«

H. Bücker

Neunzehnter Sonntag

Lk 12,32–48; Kurzfassung: 12,35–40

I. Bibeltheologische Vorüberlegungen

1. Stellung, Struktur, Gattung der Perikope

Der Text Lk 12,32–48 ist uneinheitlich. Das Material stammt im wesentlichen aus der Redequelle; auch die kompositorische Anordnung dürfte vorlukanisch sein. Der Abschnitt gibt einen Eindruck vom vermutlichen Zustand der Quelle Q vor ihrer Rezeption durch die Großevangelien: Der Text ist vielschichtig und in seiner literarischen Form heterogen. Es sind allerdings Ansätze kompositorischer Ordnung und Anzeichen redaktioneller Reflexion zu beobachten. So bilden in diesem Fall V. 35–40 eine Einheit gegenüber den V. 42–46, nicht etwa, weil sie in sich von harmonischer Geschlossenheit wären, sondern weil die jüngere Schicht, V. 42–46, den Aufbau der älteren V. 35–40, kopiert nach folgendem Schema:

Wachsamkeitsforderung:	V. 35–38; V. 42–44
Aufgabe:	V. 35 f; V. 42
Seligpreisung:	V. 37 a; V. 43
Verheißung:	V. 37 b.38; V. 44
Einschärfung:	V. 39 f; V. 45 f
Ungewißheit des Zeitpunkts (des Gerichts bzw. der Parusie)	V. 39; V. 45
Warnung:	V. 40; V. 46

Wenn diese Aufstellung die kompositorische Idee des Abschnitts trifft, so darf der erste Teil als Zeugnis ältester Tradition angesehen werden, während der zweite Teil schon eine weiterführende Interpretation eben dieser Tradition darstellt. – Die folgende Auslegung berücksichtigt vornehmlich V. 35–40 und bezieht V. 41–48 mit ein.

Die älteste Schicht ist eine apokalyptische Mahnrede. Ihre Leitvorstellung ist die Erwartung der nahen Ankunft des Herrn.

V. 35 beginnt mit einem Imperativ; er enthält als Themasatz den folgenden Passus in nuce. Das Gürten der Lenden erinnert an Ex 12,11. Die Lampen werden ohne nähere Zweckangabe erwähnt. Es handelt sich um ein Bild für erwartungsvolle Bereitschaft, ohne daß schon erkennbar wird, was damit konkret gefordert ist.

V. 36 bringt bereits ein neues Anschauungsfeld. Das Prädikat des Hauptsatzes ist zu ergänzen: »Ihr sollt sein wie Leute . . .« Der folgende Vergleich ist im Prinzip wie ein Gleichnis aufzufassen. Ein allegorischer Sinn ist nicht zu erkennen. Der »Herr« der »Leute« wird nicht als Bräutigam bezeichnet, sondern ist auf irgendeiner Hochzeit eingeladen. Seine Leute sollen ihn zu Hause erwarten und ihm auf ein Zeichen hin sofort öffnen. Der Herr kann kommen, wann er will (potentialer Temporalsatz); seine Leute müssen bis dahin ununterbrochen aufpassen, damit sie das Zeichen nicht überhören.

V. 37 enthält die Seligpreisung, 37 a, und die Verheißung, 37 b.38. Beide sind in Anlehnung an das Bildmaterial des Vergleichs gestaltet. Daß jetzt von »wachenden« »Knechten« die Rede ist, ist eine Verdeutlichung von Elementen, die bereits im Vergleich enthalten waren. Darüber hinaus werden aber jetzt allegorische Züge sichtbar: Die Seligpreisung ist motiviert durch die Verheißung, daß der Herr den wachsamen Knechten bei einem Mahl den Tischdienst verrichten wird. Dieser Rollentausch sprengt den Rahmen der in V. 36 angesprochenen Alltagsanschauung. Die Knechte werden durch den Kenchtsdienst des Herrn in unvorstellbarer Weise bevorzugt und geehrt. – Zu beachten ist, daß hier der »Herr« identisch ist mit dem in der Parusie erwarteten Jesus; ob dagegen die seliggepriesenen Knechte (3. Person Plural) identisch sind mit den in V. 36 angesprochenen hymeis (2. Person Plural), hängt von deren wachsamer Bereitschaft ab.

V. 38 stellt eine Verbindung zum folgenden her. Die Nacht ist nach jüdischer Sitte in drei Wachen gegliedert. Die Unberechenbarkeit des Zeitpunkts der Ankunft des Herrn wird betont. Die Wiederholung des Makarismus schließt drohende Untertöne aus.

V. 39 ist ein altes Gleichnis, von dem viele Ausleger mit guten Gründen annehmen, daß es aus der Verkündigung Jesu stammt. Für das Verständnis ist entscheidend, daß es im Irrealis formuliert wird: Wenn ein Einbruch geschehen ist, kann man hinterher sagen, daß der Hausherr, wenn er den Zeitpunkt gekannt hätte, den Dieb am Einbrechen gehindert hätte. Der Zweck dieses Gleichnisses war usprünglich, die Zuhörer auf die Entscheidungsträchtigkeit der Botschaft Jesu hinzuweisen, damit sie nicht, in ähnlicher Weise vom unvermuteten »Einbrechen« des Endes überrascht, dem Gericht verfielen.

V. 40 Im jetzigen Zusammenhang soll das Gleichnis die Wachsamkeitsforderung angesichts der bevorstehenden Parusie durch die Betonung der Unberechenbarkeit des Termins einschärfen. Dazu dient der erneute Imperativ. Hatte das Gleichnis ursprünglich sagen wollen, »jetzt« sei die Zeit der Entscheidung, wird es nun als Mahnung verstanden, wegen der Ungewißheit der entscheidenden Stunde des Kommens des Menschensohnes sich in ständiger Bereitschaft zu halten.

Die jüngere Schicht bringt zwei neue Gesichtspunkte in den Text hinein:

Sie spitzt die Forderung, um die es hier geht, auf eine Gruppe besonders verantwortlicher Knechte zu, und sie verlagert den Akzent von der Erwartung der Parusie (»wachen«) auf die treue Erfüllung (»tun«, V. 43) bestimmter Aufgaben. Diese charakteristische Sinnverschiebung von der Erwartung zur Bewährung, von der Wachsamkeit zum treuen Dienst ist Ausdruck einer gewandelten Zeiterfahrung. Das Motiv der Parusieverzögerung, V. 45, ist bereits vorlukanisch.

Lukas identifiziert die Gruppe der besonders Verantwortlichen durch die Petrus-Frage V. 41 mit Amtsträgern. Von ihm dürfte auch der Begriff »Hausverwalter«, V. 42, in den Text eingebracht worden sein. Ferner ergänzt Lukas den Abschnitt aus der Redequelle um zwei Sondergut-Logien, V. 47–48a.48b, die im jetzigen Zusammenhang ebenfalls die besondere Verantwortung der Amtsträger hervorheben.

3. Theologische Würdigung

(1) Bemerkenswert ist, daß sich in der Perikope die jüngeren Aussagen nicht einfach über die älteren geschoben haben, sondern daß die aus der angespannten Naherwartung motivierte Wachsamkeitsforderung hinübergenommen wird in die Paränese für eine Gemeinde,

die die Zeit bis zur Ankunft des Menschensohnes bereits als das Feld ihrer Bewährung zu begreifen beginnt. Man schämt sich nicht des fiebernden Enthusiasmus der ersten Jahre, sondern hält dessen Energien wach, um sie gegen drohende Lethargie und verantwortungslosen Schlendrian in neuer Form zu mobilisieren. Die Euphorie der Naherwartung soll in die Freudigkeit des Dienstes transformiert werden; die Erwartung soll treibende Kraft bleiben.

(2) Die Perikope besteht aus Forderungen. Ein blinder, untätiger Dennoch-Optimismus findet hier ebensowenig eine Bestätigung wie ein wichtigtuerisches Sich-Brüsten mit seiner »ungeheuren Verantwortung«. Der Text will eine kritisch-verhaltene Freude wecken, die Aufbruchs- und Dienstbereitschaft gleichermaßen einschließt. Ob die Intention der Perikope wirksam wird, hängt davon ab, ob die brennenden Lampen der Erwartung nur Requisiten eines Stimmungsbiblizismus bleiben oder ob der fordernde Sinn der Verheißung dieses Textes so konkretisiert wird, daß er verantwortliches Handeln inspirieren kann.

K. Löning

II. Liturgisch-homiletische Vorüberlegungen

1. Liturgische Hinweise

Hoffen und Handeln

Die uneinheitliche Herkunft der Textteile von Lk 12,32–48 kommt auch inhaltlich wieder zum Tragen: Der Text handelt von der Absage an irdischen Reichtum, von der Sorge für die Armen, von Wachsamkeit und Erwartung. Die disparaten Bilder und Aussagekomplexe lassen sich dennoch thematisch auf einen Nenner bringen: Mit je eigenem Bildinhalt fordern die Mahnung gegen den Reichtum, die brennenden Lampen, die wartenden Menschen, sowie die wachenden Knechte zur Wachsamkeit auf.

Diese Wachsamkeit steht textgeschichtlich in den verschiedenen Bedeutungskontexten der unmittelbaren Naherwartung und meint hier die Mahnung zur Ausrichtung auf den in nächster Zukunft wiederkehrenden Herrn. Die Gewißheit der Nähe seiner Wiederkunft führt zur Forderung nach Entschiedenheit für Christus; hier gerät die Welt mit ihren Lebensforderungen kaum in den Blick. Die zweite Ebene: Im Zusammenhang mit einer in unbestimmter Zukunft zu erwartenden Wiederkunft bedeutet die Forderung zur Wachsamkeit stärker eine Aussage über das Verhalten des Christen in der verbleibenden Welt- und Geschichtszeit: Das Leben ist von dieser Erwartung her zu verantworten und zu gestalten.

Beide Akzente lassen sich in der Beschreibung einer wachen, bewußten und von der Hoffnung auf Gott erfüllten einheitlichen Lebenseinstellung verbinden: Die Erwartung der Wiederkunft des Herrn ist nicht aufgegeben, sondern wird zum Konstruktionsmuster des christlichen Umgangs mit der Welt. Diese deutlichere Hinwendung zur Welt bedeutet nicht, von der Hoffnung auf den Herrn abzulassen, sondern fordert, das Leben nach dessen Maßgabe zu gestalten. »Wachsamkeit und Erwartung« sind so zugleich Kategorien der eschatologischen Hoffnung und des verantwortlichen Dienens und Handelns.

Erfahrungen mit Wachen und Hoffen

Die *Lesungen* lassen sich als Zusicherung interpretieren, daß Gott dieses Warten nicht enttäuscht; sie sind Ermutigungen zur Hoffnung auf Gott. Die *Erste, alttestamentliche Lesung* (Weis 18,6–9) erinnert rückblickend an das von Gott geschützte Wachen und Warten der Israeliten während der Nacht der Vernichtung der Erstgeburt der Ägypter.

Die *Zweite Lesung* (Hebr 11,1–2,8–19) führt Abraham, Sara und ihre Nachkommen als Beispiele und Gestalten eines auf die Zukunft, die Verheißungen Gottes ausgerichteten Glaubens an. Ihr Glaube war, was in V. 1 als Glaube bestimmt wird: Ein »Feststehen in dem, was man erhofft«. Diese Hoffnung auf Gott wird in den metaphorischen Oppositionen von Zelt und Stadt, von Fremdlingen und Einheimischen, von Fremde und Heimat veranschaulicht. Sie alle belegen die Aussagen, die in den *Antwortgesängen* zur Sprache kommen: Gott ist treu; es lohnt sich, ihn zu erwarten und auf ihn zu hoffen.

Die vorgeschlagenen *Kurzfassungen* tragen dieser Deutung nicht ganz Rechnung; die *Zweite Lesung* sollte wegen des Bildreichtums auch die V. 13–16 umfassen. Wenn die Predigt stärker den Aspekt der Hoffnung und Erwartung aufnimmt, ist die Beschränkung auf die Kurzfassung des Evangeliums möglich, V. 35–40. Das Motiv von Verantwortung und Bewährung im Leben wird dagegen in V. 41–48 besonders deutlich greifbar und sollte bei einer solchen thematischen Ausrichtung nicht entfallen.

2. Homiletische Hinweise

Die Einheit von Hoffnung und Lebensverantwortung
Christliche Spiritualität vereint beide Haltungen, die in ihrer Entstehung Ausdruck der Naherwartung und Reaktion auf ihre Enttäuschung waren: Eine wache Ausrichtung auf die Wiederkunft des Herrn und eine von dieser Hoffnung getragene Lebenseinstellung, die die Lebenszeit als Bewährung und Verantwortung sieht. Aber ihre Integration muß erarbeitet und gelebt werden; zwischen Hoffnung auf Gott und Nähe zur Welt bestand oft auch ein prekäres Verhältnis, dessen Spannungen dadurch erzeugt wurden, daß eines auf Kosten des anderen betont wurde.

Verschiedene Akzente
Die Predigt könnte sich zur Aufgabe machen, diese Einheit zur Sprache zu bringen. Sie würde davon handeln, daß der vermeintliche Gegensatz von eschatologischer Hoffnung und Lebensverantwortung lediglich zwei Seiten der einen christlichen Lebenseinstellung sind: Der Glaube an Gott reißt Hoffnung auf Erfüllung und Weltbejahung nicht auseinander, sondern läßt sie sich gegenseitig durchdringen (*Th. Merton:* »Die Hoffnung macht unsere Hände leer, damit wir mit ihnen wirken können.«).

Weil aber die *Zweite Lesung* den Aspekt der Hoffnung so nachdrücklich hervorhebt, kann der thematische Akzent auch auf Wachsamkeit und Hoffnung gesetzt werden. Das Weltverhältnis wird dann von ihnen her interpretiert; sie erscheinen als eine besondere Kraft des Glaubens, die das Leben des Christen auszeichnet und es bewältigen hilft.

Dieser Zugang kann vor allem das Bildgut der *Lesung aus dem Hebräerbrief* aufnehmen. Die Metaphern von Heimat, Fremde, Unterwegssein usw. bringen alle die Hoffnung des Glaubens zum Ausdruck.

Die Kraft von gefühls- und erfahrungsträchtigen Bildern
Diese metaphorische Sprache erlaubt es außerdem, daß die Hörer ihre eigenen Erfahrungen assoziieren können, denn ihre Bilder sind für die meisten Hörer mit eigenen Erfahrungen verbunden. Sie eignen sich daher besonders, die häufig abstrakte Rede von der »Hoffnungsstruktur« des Glaubens emotional zu verstärken. Die Wirklichkeitsnähe des Heimatmotivs zu gesellschaftlich aktuellen

Problemen wie Asylsuche und Flüchtlingsströmen verhindert schon von selbst, im Bildfeld von Heimat, Heimweh und Zuhause in eine oberflächliche Stimmungsmalerei abzugleiten.

Weil es zudem um die Lebensweise geht, die mit dieser Hoffnung verbunden ist, sollte nicht vorschnell die Überlebenshoffnung als eigentliches Kennzeichen des Glaubens gegenüber jenen eingebracht werden, die »keine Hoffnung haben«. Es müßte versucht werden, am konkret erfahrbaren Leben den Unterschied eines Lebens aus der Hoffnung aufzuzeigen. Eben das wird durch das Bildgut der Lesung besonders erleichtert.

III. Zur Predigt: Hoffnung auf Heimat

Heimweh

Heimweh ist ein Gefühl, das jeder kennt. Wenn die Menschen in der Fremde leben müssen, sehnen sie sich nach ihrer altvertrauten Umgebung zurück. Die Kinder kennen es von den ersten Reisen, die sie ohne ihre Eltern unternehmen. Auch die Erwachsenen sind davor nicht gefeit. Sicherlich erinnern sich die Älteren, wie sehr sie sich als Soldaten die Heimkehr herbeigewünscht haben, als sie fern der Heimat in Schützengräben lagen; wie sehr die Frauen und Mütter die Heimkehr der Männer und Söhne erhofft haben. Im Gespräch mit Vertriebenen oder Ausländern ist manchmal deutlich zu hören: Sie haben sich ganz gut eingefunden und an die neue Umgebung gewöhnt, aber zur Heimat ist ihnen das neue Leben nicht geworden, und manchmal wünschten sie sich zurück.

Heimweh – das ist ein starkes Gefühl: es überfällt uns Menschen gegen den eigenen Willen; man kann sich kaum dagegen wehren. Durst sei schlimmer als Heimweh, sagt der Volksmund, und vielleicht hat er recht. Aber Heimweh ist oft schlimm genug. Wenn in Ferienfreizeiten oder Zeltlagern Kinder zu trösten waren, habe ich es häufig erfahren: Gutes Zureden, Aufmuntern, Appelle an Einsicht und Vernunft (»Du bist doch schon groß«) – all das fruchtet nicht viel. Das Kind empfindet die Sehnsucht nach der vertrauten Umgebung als echten Kummer. Daher bringt es trotz Trost und Zureden nicht viel mehr hervor als ein weinerliches »Ich will nach Haus!«. Und wer wäre nicht selber Kind gewesen!

Leben in der Fremde

Das Leben in der Fremde erträgt der Mensch nur schwer; er sehnt sich nach Haus. Viele Dichter und Denker haben behauptet, daß dies die Wahrheit über unser Leben sei: Wir empfinden uns in unserem Leben letztlich als fremd und heimatlos.

So hat *Rainer Maria Rilke* in einem berühmten Gedicht formuliert, »daß wir nicht sehr zu Haus sind in der gedeuteten Welt« (1. Duineser Elegie). Die Dichter sprechen damit bekannte Erfahrungen an: z. B. das Empfinden, daß wir ohne den anderen Menschen nicht leben können und doch an den anderen leiden, weil das Zusammenleben ständig mißlingt. Oder sie meinen die Furcht, daß sich trotz allen Mühens und Sorgens die großen Lebenshoffnungen nicht erfüllen und wir am Ende des Lebens vielleicht auf eine Kette verlorener Möglichkeiten zurückblicken müssen. Sie sprechen damit die Sehnsucht nach einem Leben an, in dem alles gelingt, alles glückt; ein Leben, in dem nichts fremd und bedrohlich bleibt, in dem man wirklich zu Haus ist.

Wir müssen wohl einräumen: Daran ist viel Wahres. Es stimmt, daß wir uns im Leben oft fremd fühlen, daß wir Erfahrungen der Entfremdung machen. Aber wie kann man ein Leben ohne Entfremdung finden? Es gibt mehrere Antworten auf diese Frage:

Heimat und die Grenze der Politik

Die erste Antwort lautet: Das ist Aufgabe der Politik. Sie muß Lebensverhältnisse schaffen, in denen alle Entfremdung aufgelöst ist. Der Philosoph *Bloch* hat ein großes Werk über die Hoffnung geschrieben. Er schließt es mit diesem Auftrag an demokratische Politik: Wenn der Mensch sein Leben – so schreibt er – »ohne Entfremdung in realer Demokratie begründet, so entsteht in der Welt etwas, das allen in die Kindheit scheint und worin noch niemand war: Heimat« (Das Prinzip Hoffnung, Bd. 3, Frankfurt 1970, 1628).

Kann Politik uns das Leben zur Heimat machen? Darauf müssen wir wohl antworten: Das ist eine zu hohe Erwartung an politische Macht. Ein realistisches Urteil muß auch bedenken, wie gründlich die Menschen diese Macht mißbrauchen, wie leicht sie verführbar sind, wie oft sie ihr Leben auf Kosten anderer haben verbessern wollen. Daher müssen wir dieser Meinung widersprechen: Politik ist nicht in der Lage, das zu schaffen, was die Wünsche aller erfüllt, was ihr Wünschen und Sehnen zur Ruhe kommen läßt. Sie kann die Heimat nicht herstellen.

Das flüchtige Glück

Die zweite Antwort auf die Frage nach der Heimat in der Welt lautet: Politik kann die Entfremdung nicht aufheben, aber es gibt kurze Augenblicke des Glücks. Solche Momente größter Erfüllung versöhnen uns mit der Wirklichkeit. Ein Schriftsteller unserer Tage hat das so beschrieben: »Wenn du den gesamten Horizont abgehofft hast, (bleibt) ein Ort auf der Welt aller Sehnsucht wert, kein Haus in der Heide, kein noch so guter Garten und nicht die Freiheit, sondern allein das Ganz Andere Gesicht. Einmal so angesehen werden, daß sich alle Schmutzreste von der Seele lösen. Einmal den guten Blick ... Die Liebe wartet aufs Augenlicht. Wenn Liebe scheint, bist du glücklich« (*B. Strauß,* Rumor, Frankfurt 1982, 95f) – Echte, unverbrauchte Worte über das Gefühl in der Erfahrung der Liebe. Gewiß, wir kennen solche Augenblicke inneren Glücks, sie gehören zu den Höhepunkten unseres Lebens. Aber muß das alles sein? Müssen wir uns damit bescheiden?

Der Ort »aller Sehnsucht wert«

Die dritte Antwort auf unsere Frage gibt das Christentum. Wir kennen sie alle. Sie lautet: Das letzte Ziel, das alle Entfremdung aufhebt, ist die Gemeinschaft mit Gott. Der Ort »aller Sehnsucht wert« ist seine Gegenwart. Aber wir wissen auch: diese Gemeinschaft ist noch nicht voll erreicht. Wann wird sie sich einstellen?

Evangelium und Lesung wollen darauf eine Antwort geben. Beide sind in einer Situation geschrieben, die mit Enttäuschung und Hoffnungslosigkeit zu kämpfen hatte. Die Wiederkunft Christi zögerte sich hinaus, und die Gemeinden waren bewegt von der Frage: Wie lange müssen wir noch warten? Wird Christus vielleicht nicht wiederkommen? Darauf antworten Evangelium und Lesung. Das Warten auf ihn ist der Glaube. Glaube ist ein Feststehen in dem, was man nicht sieht. Glauben heißt: Von dem her leben, was man erhofft. Der Evangelist und der Verfasser des Hebräerbriefs fordern uns auf, unser Hoffen und Sehnen nach Gemeinschaft mit Gott nicht aufzugeben, sondern es stark werden zu lassen und zum Prinzip unseres Lebens zu machen. Diese Sehnsucht nach Heimat, diese Hoffnung auf Gott soll Motor unseres Lebens sein.

Der Hebräerbrief gibt Beispiele: Abraham erhielt den Auftrag, sein Land zu verlassen und sich auf den Weg in eine neue Heimat zu machen. Obwohl er unterwegs zweifelte, ob er sie je finden würde, gab er sein Ziel nicht auf. Er erlag auch nicht der vermessenen

Versuchung, die Sache selber politisch in die Hand zu nehmen und das Land »von Milch und Honig« selber herstellen zu wollen. Er sagte auch nicht »Es war eine schöne Idee, eine große Vision, aber leider nur die Erfahrung eines glücklichen Augenblicks«. – Nein, er blieb auf dem Weg und ließ sich von seiner Sehnsucht leiten. Er lebte aus der Kraft, die ihm seine Hoffnung auf das Land der Verheißung gab.

Eine große Kraft

Daß eine solche Hoffnung Kraft geben und ein Leben prägen kann, hat *Dostojewski* einmal eindringlich beschrieben. In einer packenden, aber feinfühligen Weise erzählt er vom Leben der Gefangenen in einem sibirischen Arbeitslager, von der Eintönigkeit ihrer Tage, der Härte der Arbeit und den unmenschlichen Zuständen in diesem Gefängnis. Die größte Gefahr für diese Menschen, so behauptet er, bestehe darin, sich mit den schlimmen Verhältnissen abzufinden, denn dann verlösche ihre Hoffnung »wie ein Licht«. Unter den vielen zwielichtigen Gestalten in diesem Lager gibt es eine Ausnahme, jemanden, der ausgeglichen, unbestechlich und zu jedermann freundlich ist. Dieser Mann, so heißt es, »war überzeugt, daß man ihn nach Beendigung der Strafzeit wieder nach Hause werde zurückkehren lassen und er lebte nur von dieser Hoffnung. Ich glaube, er wäre gestorben, wenn man ihn dieser Hoffnung beraubt hätte«.

Inmitten unmenschlicher Verhältnisse hat dieser Mann sich menschliche Würde bewahrt, weil er von der Hoffnung auf Befreiung, auf die Rückkehr in die Heimat erfüllt war. Der Bericht heißt »Aufzeichnungen aus einem Totenhaus«. Weil die Hoffnung seine Lebenskraft war, konnte dieser Mann im »Haus der Toten« überleben.

Leben aus der Hoffnung

Der Hebräerbrief sagt: Genau das ist Glaube, Leben aus der Hoffnung auf Erfüllung in Gott. Wie Fremdlinge, die auf dem Weg in die Heimat sind. Daher müßten wir Christen uns allen Vertriebenen, Verbannten und Asylsuchenden innerlich verwandt fühlen. Denn sie erleben oft leidvoll, was für unseren Glauben ein Bild ist: Aus der Hoffnung auf die Heimat zu leben. So zu leben heißt zugleich, mit allem nicht zufrieden zu sein, was uns als Ersatz dieser Erfüllung in Gott angepriesen wird. Es kann auch verlangen, sich manchem zu verweigern, was man an Glücksversprechen für uns bereithält. Aus dieser Sehnsucht leben bedeutet: Außer Gott ist uns nichts groß genug.

Politik kann diese Erfüllung nicht herstellen. Sie ist viel mehr als Augenblicke eines flüchtigen Glücks. Sie ist wirklich der Ort »aller Sehnsucht wert«: Sie ist Erfüllung in Gott.

J. Meyer zu Schlochtern

Zwanzigster Sonntag

Lk 12,49–53

I. Bibeltheologische Vorüberlegungen

1. Stellung, Struktur, Gattung der Perikope

Es handelt sich bei Lk 12,49–53 um eine kurze Spruchkomposition innerhalb des Großabschnittes 12,1–53 (s. dazu auch den 18. Sonntag A I.) Die V. 49f gehören zum lukanischen Sondergut, während die V. 51–53 ihre Parallele in Mt 10,34–36 haben. Der ganze Stoff stammt sehr wahrscheinlich aus der Redequelle, und alles spricht dafür, daß es sich nicht um nachösterliche Gemeindebildungen handelt, sondern weithin um echtes Jesusgut: Beachte die formale Art der rhythmischen Gestaltung und die »Zweideutigkeit« der Begriffe »Feuer«, V. 49, und »Taufe«, V. 50. Vermutlich haben schon die Redaktoren der Quelle die Sprüche wegen ihrer intentionalen Zugehörigkeit so zusammengestellt. Voraus geht bei Lukas eine Mahnung Jesu zur Wachsamkeit und Treue angesichts der ungewissen Stunde der Parusie, 12,35–48; es folgt die Perikope über die »Zeichen der Zeit«, 12,54–59: diese Einrahmung der Perikope ist für ihr Verständnis nicht ohne Belang.

2. Einzelauslegung

V. 49 Jesus redet hier von seinem Gekommensein, wobei im Aramäischen der Sinn auch sein kann: »Ich bin da« (J. Jeremias). Jesus ist also da, »um Feuer auf die Erde zu werfen«, und wenn er hinzufügt: »Wie wünschte ich, es wäre schon entzündet«, so geht daraus hervor, daß das »Feuer«, das er auf die Erde wirft, jetzt noch nicht entzündet ist. Dadurch entsteht die schwierige Frage: Was ist eigentlich mit dem Feuer gemeint? Die Ausleger geben verschiedene Antworten: Damit sei der Heilige Geist als Gabe des Auferstandenen gemeint, oder der Feuerbrand des kommenden Gerichtes, oder das Wort Jesu, das es überall in der Welt zu »entzünden« gilt. Lukas selber scheint

Der Hebräerbrief, dem die *Zweite Lesung* entnommen ist, weiß sehr genau darum, daß Glaube stets auch Kampf bedeutet. Hebr 12,1–4 denkt hauptsächlich an den »Kampf gegen die Sünde«. Das Vorbild Jesu, der das Kreuz auf sich nahm, soll die Gläubigen hierzu ermutigen.

Dem Alten Testament sind derartige Erfahrungen ebensowenig fremd. Gerade die Propheten geraten, indem sie ihren Auftrag wahrnehmen und Jahwes meist höchst unbequemes Wort verkünden, in lebensgefährliche Konflikte. Musterbeispiel dafür ist Jeremia. Die *Erste Lesung* (Jer 38,4–6.8–10) berichtet von der wohl finstersten Stunde seines Prophetenschicksals: im belagerten Jerusalem spricht er vom bevorstehenden Untergang, mit dem sich Gottes Gericht vollzieht, und wird deshalb als ›Defaitist‹ verklagt. Als man ihn einem jämmerlichen Tod ausliefern will, findet er allerdings überraschend Hilfe, ausgerechnet durch einen Ausländer (»Kuschiter« = Äthiopier bzw. Nubier, »Neger«). So scheiden sich die Geister! Die wahren Gedanken der Menschen werden offenbar, und die wirklichen Fronten zwischen Gut und Böse, Glauben und Unglauben, jenseits aller Grenzen von Volk, Rasse oder Sippe treten ins Licht.

2. *Homiletische Hinweise*

Ein ungewohnter und provozierender Jesus tritt uns in dieser Perikope entgegen: Ungewohnt in seiner Leidenschaftlichkeit; provozierend, indem er Konflikt, Entscheidung, Spaltung ankündigt. Und doch gehört dies ebenso zum Bild des ganzen Jesus, das die Evangelien überliefern, wie seine Gerichtsworte oder seine Streitreden.

Entscheidung, Zwietracht, Gericht – das sind keine ›zeitgemäßen‹ Themen der Verkündigung! Man würde sie vielleicht lieber verschweigen oder glätten, lieber ›verbindlicher‹ predigen, friedlichere und ausgleichendere Töne anschlagen . . . Der ›harte‹ Jesus kann dem Prediger zum Problem werden.

Man muß mit ähnlichen Spontanreaktionen auch von seiten der Hörer rechnen. Worte wie diese schlagen der Friedenssehnsucht unserer Zeit ins Gesicht. Stellung beziehen, sich für oder gegen Jesus entscheiden, durch klares Bekenntnis sich in Konflikt und Widerspruch begeben –, niemand hört das gern. Der Prediger wird auf solche Reaktionen eingehen müssen. Er kann dabei nicht erwarten, sich selbst aus jeglichem Konflikt herauszuhalten! Vielleicht muß er Anstoß erregen, indem er sich zu dem leidenschaftlichen, Nachfolge fordernden Jesus bekennt.

Die Bilder vom »Feuer« und von der »Taufe« sind gerade in ihrer Vieldeutigkeit, die einer präzisen Interpretation widersteht, wichtig. Sie enthalten sehr viel emotionale Qualität, wirken über Assoziationen. »Feuer« läßt denken an Licht, Wärme, Begeisterung ebenso wie an Schmerz, Zerstörung, Schrecken; an Leidenschaft ebenso wie an Leiden, und daran, wie sehr dies beides zusammenhängt. Jesus war ein leidenschaftlicher Mensch. Nur wer zur Leidenschaft fähig ist, kann sich einer großen Sache ganz verschreiben. Er wird dabei, wie Jesus selbst, Konflikt und Verfolgung, am Ende vielleicht Leiden und gewaltsamen Tod auf sich nehmen müssen.

»Taufe« läßt denken an Untergetaucht- oder auch (mit Wasser) Überschüttetwerden, an etwas, das »über mich hereinbricht«. Sie ist ein Bild der Reinigung ebenso wie ein Bild des Todes. Entsprechend stellt die christliche Taufsymbolik das »Begrabenwerden und Auferstehen mit Christus« dar!

Die Predigt kann daran ansetzen, daß um die Person Jesu Entscheidungen fallen. An ihm »scheiden sich die Geister«: »Wer nicht für mich ist, der ist gegen mich«, Lk 11,23. Er fordert persönliche Nachfolge, ein klares Ja oder Nein, ohne Kompromisse: »Wer sich zu mir bekennt, zu dem werde auch ich mich bekennen . . .«, Mt 10,32. Jesus verlangt verbindliches Engagement; allerdings engagiert er sich seinerseits ebenso verbindlich für uns! Dafür scheut er nicht die ›Taufe‹ von Leiden und Tod.

Wer Jesus ernsthaft nachfolgt, gerät unweigerlich in Konflikte. Er darf sich darüber nicht wundern, daran nicht irrewerden, sondern muß dies als normale, logische Folge seiner Entscheidung betrachten! Widerspruch erhebt sich immer –, unabhängig davon, worin sich für einen Menschen die Nachfolge jeweils konkretisiert: Ob jemand an einer Friedensdemonstration oder an einer Kampagne gegen Abtreibung mitwirkt, ob er ins Kloster eintritt oder sich einer charismatischen Erneuerungsgruppe verschreibt, ob er öffentlich tätig wird oder mehr im privaten Bereich einen konsequenten Lebensstil realisiert. Die Entschiedenheit des Engagements selbst weckt den Widerspruch! Begreifen wir, daß solch ›unvernünftige‹ Leidenschaftlichkeit dem wirklichen Jesus des Evangeliums weit besser entspricht als das übliche Christentum bürgerlicher Wohlanständigkeit, das nichts riskiert, ungern Stellung bezieht und keinem wehtun möchte?

Entscheidungen fallen um die Person Jesu auch heute. Tatsächlich um seine Person, nicht nur um seine Lehre, oder um konkrete Wege der Nachfolge! Mitte des Christentums ist der lebendige Christus. Glaube bedeutet persönliche Beziehung zu Jesus.

In einer Zeit, da verschiedenste religiöse Strömungen sich in der Gesellschaft ausbreiten und teilweise auch in die Kirche Eingang finden, ist Unterscheidung und manchmal Entscheidung notwendig: »New-Age«-Pantheismus – oder Glaube an Christus; Wiedergeburts- und Karma-Lehre – oder Erwartung von Auferstehung und Gericht; Heil aus meditativer Innenschau – oder Heil durch Hingabe in Glaube und Liebe; humanistisch-psychologische Selbstverwirklichung – oder Nachfolge Jesu; horizontalistische ›Mitmenschlichkeit‹ – oder Anbetung des Gottessohnes . . . Die Beispiele lassen sich vermehren. Deswegen muß man keineswegs gleich alles verdammen, was aus anderen religiösen oder humanistischen Quellen stammt: »Prüft alles, und behaltet das Gute«, 1 Thess 5,21! –, aber der Prüfstein heißt »Jesus«!

Weiterhin könnte eine Predigt sich mit Fragen um »echten und falschen Frieden« befassen. Trotz des – zunächst provozierenden – Wortes: »Nicht Frieden, sondern Spaltung«, war Jesus kein ›Chaot‹, der Zwietracht um der Zwietracht willen säen wollte! Er preist die Friedensstifter selig, vgl. Mt 5,9. Ihm geht es um den echten Frieden, und um den Weg dorthin. Faule Kompromisse verhindern ihn. Nur über klare Entscheidungen und Mut zum Konflikt kann wirklicher Friede erlangt werden; ja, er ist zu erkämpfen.

III. Zur Predigt: Kein fauler Friede!

Der konfliktfreudige Jesus

Selten ist die Friedenssehnsucht der Menschen so groß gewesen wie heute. Da wirkt es wie ein Schlag ins Gesicht, wenn wir Jesus sagen hören: »Ich bin nicht gekommen, Frieden zu bringen, sondern Spaltung!« Leidet die Welt nicht gerade darunter, daß es soviel Spaltung gibt? Will Jesus die Spaltungen noch vermehren, statt sie zu überwinden?

Kein Zweifel: Jesus war ein leidenschaftlicher und konfliktfreudiger Mensch! Er sagte offen seine Meinung und scheute keine Auseinandersetzung. Das Bild vom »sanften Jesus« ist jedenfalls falsch. Seine Botschaft und sein Ruf zur Umkehr forderten die Menschen heraus und stellten sie vor Entscheidungen. Er selber wußte, daß ihm in Jerusalem eine Auseinandersetzung auf Leben und Tod mit den religiösen und politischen Führern Israels bevorstand. Darauf spielt das Wort von der »Taufe, mit der er getauft werden muß«, an: Eine Feuer- und Todestaufe wartete auf ihn. Entsprechend verlangte er von seinen Jüngern, klar Stellung zu beziehen. Da galt: »Wer nicht für mich ist, der ist gegen mich«, Lk 11,23! Die Fronten liefen dann oft mitten durch die Familien hindurch.

Wahrer und falscher Friede
Jesu Konfliktbereitschaft lehrt uns auch: Echter Friede ist niemals billig zu haben! Er muß erkämpft werden, oft gerade durch Konflikte hindurch. Es gibt nämlich auch einen »faulen Frieden«. In manchen Situationen wäre es geradezu Verrat am wahren Frieden, faule Kompromisse einzugehen. Wirklichen Frieden kann es niemals geben ohne Wahrheit, ohne Freiheit, ohne Gerechtigkeit, ohne Wahrung der Menschenrechte. Gegen den falschen »Friedhofs-Frieden«, der »um des lieben Friedens willen« solche Werte opfert, setzt Jesus seinen Willen zu Entscheidung und Auseinandersetzung.

»Fauler Friede» kann etwa die Folge von Konfliktscheu sein. Man »kehrt alles unter den Teppich«, vermeidet offene Auseinandersetzungen. Stattdessen schwelt der Konflikt untergründig weiter, erzeugt dauernd gespannte Stimmung und bricht irgendwann doch wieder aus. Das geschieht leider in vielen Familien, die nicht gelernt haben, Meinungsverschiedenheiten redlich auszutragen und partnerschaftlich zu lösen.

Auch das Schweigen angesichts von Unrecht führt zu einem faulen, unechten Frieden. Hier machen sich die Regierungen schuldig, wenn sie mit Diktaturen paktieren und mit ihnen Geschäfte machen, wenn sie mit Waffen handeln – angeblich um dadurch Arbeitsplätze zu sichern –, oder wenn sie zu Verletzungen der Menschenrechte schweigen unter dem Vorwand, man wolle sich nicht in die inneren Angelegenheiten anderer Staaten einmischen. Auch die Kirche hat sich schuldig gemacht, indem sie zu Unrecht schwieg, um ihre eigene Stellung nicht zu gefährden. Glücklicherweise bahnt sich hier ein Wandel der Denkweise an.

Falscher Friede entsteht schließlich aus »faulen Kompromissen«. Da verständigen sich die Stärkeren auf Kosten der Schwächeren,

z. B. diktieren auf Welthandelskonferenzen die Industrieländer den Entwicklungsländern ihre Bedingungen, zum Nutzen der eigenen Wirtschaft. Die Welt findet keinen echten Frieden, weil jeder nur an seine eigenen Interessen denkt. Und das »Gleichgewicht des Schrekkens« durch die Atomwaffen –, verdient es wirklich die Bezeichnung »Frieden«?

»Leidenschaftliche Geduld« christlicher Friedensstifter
Wer Frieden schaffen will, muß fähig sein, dafür zu kämpfen und zu leiden! Wie in Jesus, muß auch in ihm ein »Feuer« brennen, eine Leidenschaft für Wahrheit und Gerechtigkeit. Bei vielen jungen Leuten, die sich in der Friedensbewegung engagieren, habe ich solche Leidenschaft gefunden. Ich vermisse sie bei den meisten unserer Politiker!

Friedenswille schließt die Fähigkeit ein, klar Stellung zu beziehen und dort den Konflikt nicht zu scheuen, wo menschliche Werte mißachtet werden. Jedoch wird ein Christ nie versuchen, seine Gegenspieler zu »besiegen«! Er setzt sich ein für etwas, kämpft aber nicht gegen andere, und er verzichtet auf Gewalt. So kann er dann auch wieder Versöhnung bewirken. Im äußersten Fall fordert dies die Bereitschaft zum Leiden. *Martin Luther King* sagte: »Unsere Fähigkeit, zu lieben und zu leiden, muß größer sein als der Haß derer, die uns bekämpfen und unterdrücken!« Von Jesus können wir solche »leidenschaftliche Geduld« (*Roger Schutz*) lernen.

W. Schäffer

Einundzwanzigster Sonntag

Lk 13,22–30

I. Bibeltheologische Vorüberlegungen

1. Stellung, Struktur, Gattung der Perikope

Die Perikope steht bei Lukas im sog. Reisebericht. Sie fußt auf Überlieferungsgut der Redequelle. Die einzelnen Logien bilden von sich aus nur einen lockeren Zusammenhang; ob dieser bereits in Q vorgegeben war oder ob Lukas ihn erst hergestellt hat, ist nicht mehr zu erkennen. Die folgende Auslegung berücksichtigt vor allem die lukanische Sicht.

Der engere Kontext ist eine geschlossene Perikopenfolge, Lk 13,10–35, mit lukanischen Kompositionsmerkmalen, die gerade für den Reisebericht charakteristisch sind:

1. Krankenheilung, V. 10–17.

Kennzeichnend ist das Anknüpfen bei der Synagoge. Mit dem Kommen Jesu soll die Hoffnung Israels ihre Erfüllung finden. Das wird in der Krankenheilung sichtbar. Aber im Anstoßnehmen des Synagogenvorstehers wird die Ablehnung Jesu durch das offizielle Judentum sichtbar.

2. Gleichnisse, V. 18–21.

Die folgenden Gleichnisse künden die zukünftige Einbeziehung der Heiden in den Radius der Herrschaft Gottes an. Der Leser des lukanischen Doppelwerks wird mit zunehmender Deutlichkeit erfahren, daß mit dieser Ausweitung des Heils auf alle Menschen zugleich der Bruch mit dem bisherigen Volk der Verheißung erfolgen wird. Dieser Zusammenhang wird hier darin sichtbar, daß die verhüllte Ankündigung des Übergangs des Evangeliums zu den Heiden die Antwort auf das ablehnende Verhalten des Synagogenvorstehers gibt.

3. Paränese, V. 22–30.

Daran schließt sich eine ermahnende Rede an, die im Vergleich zu der verhüllenden Redeweise der V. 18–21 deutlicher von der Verwerfung des jetzigen Judentums und vom Herzukommen der Heiden zur Tischgemeinschaft mit den Patriarchen im Reich Gottes spricht. Man muß sich aber hüten, darin nur eine eschatologische Ankündigung zu sehen. Vielmehr wird hier das Verwerfungsurteil als ein »Beispiel vollzogenen Gerichts« (Flender) zum Anschauungsmittel einer Ermahung für die heidenchristliche Gemeinde des Lukas, sich um den Eintritt durch die »enge Tür« zu bemühen.

4. Weggang aus Galiläa, V. 31–33.

Das Weitergehen Jesu bedeutet im Reisebericht in solchen Zusammenhängen die Abkehr von denen, die sich widersetzt haben.

Das entscheidende Ereignis ist, daß unsere Perikope nicht als Weissagung, sondern als Ermahnung auf der Folie einer Weissagung zu verstehen ist, auf deren Erfüllung die lukanische Gemeinde schon zurückblicken kann.

2. *Einzelauslegung*

V. 22 Die Reisenotiz ist lukanisch. Ankommen und Weitergehen Jesu sind die äußere Seite des oben skizzierten spannungsvollen Geschehens. In Jerusalem kommt die Auseinandersetzung zwischen dem Christus Gottes und dem bisherigen Volk Gottes zum Austrag.

V. 23 Ein Ungenannter stellt die Leitfrage für das folgende. Es geht nicht darum, wie viele Menschen eine Heilschance haben, sondern was man tun muß, um gerettet zu werden. Das ergibt sich aus dem folgenden Imperativ.

V. 24 Agonizesthe, d.h. ringt, kämpft! ist die Aufforderung zu ethischem Kampf; das Bild der »engen Tür« soll die Notwendigkeit der Anstrengung anzeigen. Es bleibt zunächst offen, was den Eintritt so schwierig macht und wer »die Vielen« sind, die nicht einzutreten vermögen, obwohl sie es versuchen. Auch zetein, suchen, versuchen, bezeichnet hier eine Anstrengung, aber eine vergebliche.

V. 25 Das Bild wechselt. – »Die verschlossene Tür« war bis zu einem bestimmten Zeitpunkt geöffnet. Damit wird die Vergeblichkeit des »Suchens« der »Vielen« in V. 24 erklärt: Sie kommen zu spät. Sie haben sich nicht rechtzeitig bemüht. Jetzt stehen sie draußen und klopfen vergeblich. Der Hausherr will sie nicht kennen. Der Vers ist gleichnishaft; er wird mit V. 26 allegorisiert werden. Auffällig ist der Wechsel zur 2. Person Plural (V. 24 anders); er bringt einen drohenden Ton hinein.

V. 26f gehören schon in Q zusammen, vgl. Mt 7,22f. Mit dem verbindenden »Dann« wird der zeitliche Aspekt (Zuspätkommen) betont.

Die Zuspätgekommenen werden gegen ihren Ausschluß protestieren, indem sie sich darauf berufen, daß sie mit dem irdischen Jesus – der »Hausherr« von V. 25 wird damit allegorisch gedeutet – zusammen gegessen und getrunken und seine Lehre gehört haben. Tischgemeinschaft und Lehre Jesu spielen im Reisebericht eine besondere Rolle, vgl. 14,1ff; 15,1f als nächste Belege. Sie sind das konkrete Heilsangebot Gottes in der Stunde des Kommes Jesu.

V. 27 Der folgende Vers zeigt, daß der Einspruch nicht gilt. Die Tatsache, daß ihnen das Angebot gemacht worden ist, besagt nichts, wenn sie es nicht zur rechten Zeit angenommen haben. Die Zurückgewiesenen werden »Täter der Ungerechtigkeit« genannt. Das »Tun der Ungerechtigkeit« besteht aber nicht in ihrem Zuspätkommen, sondern ihre Bosheit hat sie zu spät kommen lassen, wie im Fall des Synagogenvorstehers in 13,10–17, dessen unmenschlicher Rigorismus, vgl. V. 14, ihn hindert, Jesus als den Christus zu erkennen.

V. 28f gehören ebenfalls schon in Q zusammen, vgl. Mt 8,11f. Das aus Q übernommene »dort« (ekei) wird durch das folgende lukanische »dann, da« (hotan) dem Gedankengang der Perikope angepaßt.

V. 28 Lukas hat eine Umstellung vorgenommen, vgl. Mt 8,12b. Der »Ort« des Heulens und Zähneknirschens wird bei ihm zu einem »Verhalten«, mit dem die Zuspätgekommenen auf ihren Ausschluß reagieren werden. Wichtig ist der Hinweis auf die Patriarchen und »alle Propheten«, d.h. auf die Repräsentanten der heilsgeschichtlichen Vergangenheit Israels, auf die Empfänger seiner Erwählung und seiner Verheißung. Damit erhält die Verwerfung in V. 27 heilsgeschichtliche Dimensionen. Die Anwartschaft der jüdischen Zeitgenossen Jesu auf einen Platz im Reich Gottes geht verloren.

V. 29 An ihre Stelle treten die Heiden. Daß sie noch eintreten können, nachdem es für die Juden schon zu spät ist, hat seinen Grund im lukanischen Geschichtsbild, vgl. Apg 28,25–28.

V. 30 ist ein Wanderlogion. Lukas gibt ihm hier durch das »und siehe« (»Dann«) besonderes Gewicht. Die Umkehrung von Ersten und Letzten meint im Kontext der erzählten Zeit (Reise Jesu) sicher die Verwerfung der Juden und das Hinzukommen der Heiden zur Basileia. Im Kontext der Erzählzeit (des Lukas und seines Publikums) aber hat dieses Logion den Sinn, den abgeschlossenen Fall der

Verwerfung der Juden paränetisch offenzuhalten: Das »Beispiel vollzogenen Gerichts« dient zur Einschärfung der Forderung, um den Eintritt in die »enge Tür« zu »kämpfen«, V. 24.

3. Theologische Würdigung

Wem gilt dieser Text? Inhaltlich enthält er eine Strafankündigung Jesu gegen seine ihn abweisenden jüdischen Zeitgenossen. Das »berichtet« Lukas seinen Lesern. Es ist ihm wichtig zu zeigen, daß es so geschehen ist und daß sich der Gang der weiteren Entwicklung bis hin zum Bruch zwischen Judentum und Evangelium schon früh abzeichnet.

Aber wozu die Imperative? Die Zeitgenossen Jesu hören sie nicht. Sie gelten dem Leser des lukanischen Doppelwerks. In der Verfremdung, die durch Zuordnung zu einer vergangenen Situation entsteht, sollen sie um so eindringlicher wirken, weil sie mit der Forderung zugleich die Konsequenzen der Erfüllung und Verweigerung sichtbar machen. Der Blick in die Geschichte, die auch ganz anders hätte verlaufen können (und sollen!), schärft den Sinn für die eigene Verantwortlichkeit für das, was jetzt geschieht.

Die Zeitgenossen des Lukas sind Christen, die sich bereits daran zu gewöhnen beginnen, daß Gott das Heil aller Menschen ohne Ansehen ihrer Herkunft, vgl. V. 25.27, will, und die sich bereits sicher zu fühlen beginnen in der neuen heilsgeschichtlichen Größe »Kirche«. Lukas will dieses im bloßen Zugehörigkeitsgefühl gründende Sicherheitsbewußtsein aufbrechen, indem er am Beispiel des Judentums zeigt: Nur das Tun der Gerechtigkeit sichert vor dem Zuspätkommen.

K. Löning

II. Liturgisch-homiletische Vorüberlegungen

1. Liturgische Hinweise

Die Schrifttexte (*Erste Lesung, Evangelium*) sprechen von der Einladung, »im Reich Gottes zu Tisch zu sitzen« und die Herrlichkeit des Herrn zu sehen. Allen gilt diese Einladung. Die wichtige Frage für uns wird sein, ob wir auch dabei sind oder vor verschlossenen Türen stehen. Für dieses himmlische Festmahl ist die Feier der Eucharistie ein Vorzeichen, gleichsam eine Vorahnung des Mahles mit dem Herrn. Dazu ist auch jeder geladen. Der einzelne muß sich aber dafür bereitmachen und sich mit allen Kräften bemühen, zur Tischgemeinschaft mit dem Herrn kommen zu dürfen. Den Herrn, der uns einlädt, müssen wir kennenlernen und mit ihm im Alltag vertraut sein. Sonst kann es sein, daß uns das Wort gilt: »Ich weiß nicht, woher ihr seid.« Nicht jedes Tun und jede persönliche Form der Lebensgestaltung rechtfertigen die Teilnahme am eucharistischen Mahl.

2. *Homiletische Hinweise*

Das *Evangelium* spricht von einer endgültigen Ausschließung des Menschen vom Reich Gottes. Damit wird die Möglichkeit der Hölle als Warnung für den Menschen angekündigt. Diese ernsten Worte dürfen aber vom Prediger nicht so ausgesprochen werden, daß sie die Verheißung der Gnade zerstören. Immerhin enthält das aus dem Mittelalter stammende so düstere »Dies irae« (»Tag des Zornes, Tag der Sünden«), früher in der Totenmesse nach der Lesung gesungen, auch die Verse: »Milder Jesus, wollst erwägen, daß du kamest meinetwegen, schleudere mir nicht Fluch entgegen. Bist mich suchend müd' gegangen, mir zum Heil am Kreuz gehangen, mög dies Mühn' zum Ziel gelangen.«

Die Wirklichkeit der Hölle darf nicht als Bedrohung des Menschen gepredigt werden. Sie führt sonst zu Scheu vor Gott und gibt Anlaß, das Christentum als eine Religion der Angst abzulehnen. Weder Übertreibung noch Verharmlosung, weder eine »Höllenpredigt« noch die andere Reaktion, überhaupt nicht von der Hölle zu sprechen, sind angemessene Interpretationen der Schrifttexte dieses Sonntags.

Das endgültige Kommen des Herrn ist immer schon mit der Hoffnung verbunden, daß es ein »Einander-Nahekommen« von Gott und dem Menschen ist. Es ist mit Hoffnung verbunden, daß es für die Seinen ein Tag der Freude sein wird, 1 Petr 4,13, sonst hätte die Urkirche nicht so sehnsuchtsvoll gerufen: »Marànatha – Unser Herr, komm!«, 1 Kor 16,22. Der Christ darf sogar hoffen und darum beten, daß alle gerettet werden, vgl. 1 Tim 2,1–3, auch die Verfolger Jesu und der Kirche. Wenn der Prediger aus dieser Hoffnung lebt und davon zutiefst überzeugt ist, wird der Hörer seinen mahnenden Worten über die Möglichkeit einer Verfehlung des Lebens die Zuversicht entnehmen, daß es nicht nur wenige gibt, die Zutritt erhalten, ja daß auch er es »schafft«, durch die »enge Tür« zu gelangen.

III. Zur Predigt: Jesus warnt vor dem Verlust des Himmels

Mehr als eine harmlose Geschichte

Das heutige Evangelium ist keine harmlose Geschichte, keine langweilige religiöse Erzählung. Es ist ein Wort, das aufhorchen läßt. Denn es heißt: Viele werden versuchen, durch die enge Tür zu gelangen, um am Tisch des Reiches Gottes feiern zu können. Es wird ihnen aber nicht gelingen. »Da werdet ihr heulen und mit den Zähnen knirschen.« Ist das eine Frohbotschaft oder droht Jesus damit, um den Menschen zur Umkehr zu bewegen?

Jesus droht mit der Hölle

In der Verkündigung Jesu kommt oft die Mahnung, ja sogar die Drohung ewiger Verdammnis vor. Er warnt in Bildern vor dem Verlust der Liebe Gottes. »Jeder Baum, der keine guten Früchte hervorbringt, wird umgehauen und ins Feuer geworfen«, Mt 7,19. Eine solche Drohung zeigt den Ernst der Rede Jesu. So fordert Jesus auch im heutigen Evangelium einen klaren Einsatz für ihn. Eine klare Scheidung in Gute und Böse, in Gerechte und Sünder, in jene, die für das ewige Leben mit Gott bestimmt sind, und in jene, die ausgeschlossen bleiben vom Reich Gottes, wird hier angesprochen.

Ein höheres Maß an Verantwortung

Jesus macht deutlich, daß der Mensch in eine Verantwortung gerufen ist, sich mit allen Kräften um das ewige Leben zu mühen. Wer Jesus begegnet, wird erwählt zu einem höheren Maß an Verantwortung. Bloße Berufung auf die Bekanntschaft mit dem Herrn (Zugehörigkeit zum Jüngerkreis bzw. zur Kirche) genügt nicht, um durch die enge Tür zum Gastmahl des ewigen Lebens eingelassen zu werden, vgl. V. 25–28. Wer erwählt ist, ist in besonderer Weise auch bedroht. Sein Leben ist dadurch nicht sicherer, aber größer und weiter. Er muß sich zu Jesus bekennen, sonst ist er verloren. Und er muß dies tatkräftig zeigen. Aber so wird der Christ dem ähnlich, dessen Gegner der Satan war und dessen Leben im Kampf mit dem Bösen auf dem Spiel stand und über-lebte.

Das Wissen um die Grenzen befreit

Diese Worte wollen uns nicht Angst machen; sie möchten uns die Grenzen zeigen, die für den Christen gefährlich werden können. Wo Grenzen verdrängt werden, ist Angst; wo sie angenommen werden, ist Freiheit. An einem Beispiel läßt sich dies veranschaulichen: »Ein Kind bestaunt ein brennendes Zündholz, es möchte selber ein solches Feuer anzünden. Die Wärme, das Licht und die schönen Farben des Feuers faszinieren das Kind. Es ist sicher gut, das Kind eine solche Freude erleben zu lassen. Gefährlich aber wird diese Freude, wenn nicht die ganze Wirklichkeit des Feuers beachtet wird. Das Feuer kann ein Haus anzünden, das Kind selbst kann sich verbrennen. Das Feuer kann Wunden und bleibende Narben hinterlassen. Selbstverständlich warnt jeder Erzieher das Kind vor den Gefahren, die von einem Zündholz ausgehen können. Nur wenn das Kind lernt, diese Grenze bei aller Schönheit und Wohltätigkeit des Feuers zu beachten, ist es ihm möglich, mit dem Zündholz Erfreuliches zu erleben« (*Georg Sporschill*).

Alles Schöne wird den Menschen nur glücklich machen, wenn er um die Gefahren weiß. Darum redet Jesus von der »engen Tür« und warnt uns vor dem Bösen. Er tut dies in einer bildhaften Sprache in jüdischer Tradition. Er weiß um die Gefahren, die dem Menschen drohen, er spricht in der Sprache seiner Zeit und ist selber die Tür zum Leben geworden. Manche Zeitgenossen haben die Chance verpaßt, die Repräsentanten der Heilsgeschichte – Abraham, Isaak, Jakob und die Propheten – sind dabei. Ja, überhaupt werden »viele« aus der ganzen Welt Zutritt haben, V. 30, und solche, die als »Letzte« (Verlorene) galten, werden »Erste« (Gerettete) sein. Es wird dann die große Einladung Gottes, die in der *Ersten Lesung* (Jes 66,18–21) ausgesprochen ist, Wirklichkeit: »Ich komme, um sie zusammenzurufen, und sie werden kommen und meine Herrlichkeit sehen«.

Ermutigung zum Ernst des Lebens

Die Verkündigung der Hölle und die Mahnung, sich um den Zutritt zum Reich Gottes zu mühen, wollen uns nicht Angst machen, sondern ermutigen, entschieden zu handeln. Gott ist in seiner barmherzigen Liebe »größer als unser Herz«, vgl. 1 Joh 3,20. Deshalb brauchen wir »am Heil keines Menschen in diesem Leben zu verzweifeln, wenn wir die Allmacht der Barmherzigkeit Gottes betrachten« (*Thomas von Aquin*).

A. Schwarz

Zweiundzwanzigster Sonntag

Lk 14,1.7–14

I. Bibeltheologische Vorüberlegungen

1. Stellung, Struktur, Gattung der Perikope

Die Perikope steht im lukanischen Reisebericht. Der nähere Kontext, V. 14, ist eine Art »Symposion« (Grundmann), das Lukas aus Stoffen der Redequelle und des Sonderguts zusammengestellt hat. Leitmotiv ist das Mahl. Der gedankliche Aufbau der »Tischgespräche« hat Ähnlichkeit mit der Perikopenfolge Lk 13,10–33, vgl. Lk 13,22–30:

1. Auf seinem Weg (nach Jerusalem) macht Jesus Halt bei einem führenden Pharisäer: Heilsgeschichtliches Anknüpfungsmotiv, V. 1.
2. Heilung – Anstoß bei den Pharisäern: Die Bedeutung der Stunde wird nicht erkannt, das Heilsangebot Gottes zurückgewiesen, V. 2–6.
3. Paränese an die Adresse der Pharisäer, V. 7–14.
4. Gleichnis, V. 15–24. Die uninteressierten Gäste (offizielles Judentum) werden vom Reiche Gottes ausgeschlossen, an ihrer Stelle neue Gäste geladen: Die verlorenen Schafe des Hauses Israel, V. 21 b, und die Heiden, V. 23.
5. Paränese an die mitwandernden Scharen (Nach dem Weggang vom Gastmahl), V. 25–35.

Für das lukanische Verständnis der V. 7–14 ist der Ort im Gedankengang des »Symposions« zu beachten: Es ist die Antwort Jesu auf das im V. 4 erwähnte störrische Schweigen der Pharisäer angesichts der Heilung am Sabbat. Mit diesem Schweigen beginnt das Verstockungsgeschehen, von dem das Gleichnis in verfremdender Weise spricht. Die paränetischen V. 7–14 stellen in lukanischer Sicht den letzten Versuch dar, den Verstockungsprozeß aufzuhalten.

2. Einzelauslegung

V. 1 Der Text beginnt mit der Reisenotiz. Das Folgende geschieht »beim Kommen« Jesu. Wenn Jesus sich in das Haus des führenden Pharisäers begibt, so respektiert er damit den heilsgeschichtlich begründeten Anspruch des Judentums, Träger der Verheißung zu sein. Das Mahl am Sabbat steht in beziehungsvollem Verhältnis zum Essen im Reich Gottes, vgl. die Wortwahl in V. 15. Das argwöhnische Aufpassen der Tischgenossen Jesu – dem Zusammenhang nach lauter Pharisäer – läßt sie von vornherein in schlechtem Licht erscheinen.

V. 7 ist wie V. 1 redaktionell. Entscheidend für das Verständnis ist das Wort parabolé. Es bezeichnet bei Lukas eine zwar verständliche, aber doch irgendwie verschlüsselte Redegattung. Das folgende hat einen Hintersinn. Schon das Auswählen der »ersten Plätze« ist transparent. Es gehört zur vordergründigen Situation, verweist aber darüber hinaus auf einen mit falscher Sicherheit behaupteten Anspruch der Pharisäer auf »die Ersten Plätze« am Tisch der Herrschaft Gottes. Dieser Anspruch gibt den inhaltlichen Anlaß zu den Mahnworten V. 8ff.

V. 8–10 Die V. wirken wie eine profane Klugheitsregel für Gäste: Wenn man von einem guten auf einen weniger guten Platz gesetzt wird, so ist das blamabel; wenn man von einem schlechten auf einen weniger schlechten gesetzt wird, so ist das eine Ehre: Anscheinend wird damit eine recht subtile Form heuchlerischer Ehrsucht empfohlen, die mit dem Funktionieren gegebener Ehrenordnungen rechnet (vgl. Komparative und Superlative). Daß Lukas die Sätze anders versteht, ergibt sich aus der geheimen Stilisierung des Gastgebers, der zwar als anonymer Jemand eingeführt wird und dessen Handeln meist im Passiv verborgen bleibt (»gerufen werden«), dem aber doch Züge hoheitsvoller Souveränität eignen. Vor jedem der machtvollen Befehlsworte wird »das Kommen« dessen, »der dich (und ihn) gerufen hat« mit einer gewissen Feierlichkeit ausgestattet. Die Gäste nehmen sein Wort wie einen Urteilsspruch an.

Damit ist die durch das Wort parabolé angekündigte Transparenz der Mahnung gewährleistet. Die Mahnung an die Gäste wird von Lukas im Blick auf das Verhalten gegenüber dem einladenden Ruf Gottes gesehen. Es setzt voraus, daß das ehrsüchtige Benehmen am Tisch des irdischen Gastgebers eine Haltung signalisiert, die den Platz am Tisch im Reich Gottes gefährdet.

V. 11 Ein geläufiges theologisches Axiom, das hier zur Zusammenfassung dient. Die Regel für das rechte Verhalen als Gast wird in einem allgemeinen Prinzip verankert, dessen Geltung vorausgesetzt ist (hoti). Das Passiv ist hier offensichtlich Umschreibung des Gottesnamens. Erhöhung und Erniedrigung sind souveräne Akte göttlichen Gerichts. »Sich selbst erniedrigen« heißt in diesem Zusammenhang: Keine selbstgerechten Ansprüche erheben; »Sich selbst erhöhen« bezeichnet das sinngemäße Gegenteil.

V. 12–14 sind eine Verhaltensregel für den Gastgeber. Die eigentliche Mahnung gliedert sich in Verbot, V. 12b, Gebot V. 13, und Seligpreisung, V. 14. Kern der Forderung ist, Gastmähler nicht zur Tauschware zu degradieren.

V. 12b zählt verschiedene Personengruppen auf, die in der Lage sind, eine Gegeneinladung auszusprechen. Darauf weist das Stichwort »reich« hin und die daran anschließende negative Begründung. Die Mahnung richtet sich also nicht gegen Sippenegoismus, sondern gegen berechnendes Handeln (Gegeneinladung, Gegengabe).

V. 13 zählt demgegenüber Gäste auf, von denen kein vergeltendes Handeln gleicher Art zu erwarten ist. Zu beachten ist, daß die Formulierung wörtlich auf V. 21 hin abgestimmt ist. Dieselben Ausdrücke bezeichnen dort die Gäste, die Gott als der Herr des eschatologischen Mahles anstelle der uninteressierten Erstgeladenen ruft: die verlorenen Schafe des Hauses Israel (vgl. oben). Diese auf den Leser des Evangeliums gemünzte Anspielung besagt, daß das von Jesus in V. 12f geforderte Verhalten sein Maß und seinen Grund im heilsgeschichtlichen Handeln Gottes hat.

V. 14 Die Seligpreisung wird negativ und positiv begründet. Vordergründig ergibt sich der Sinn: Weil eine Vergeltung durch Menschen ausbleibt, wird Gott die gute Tat vergelten (umschreibendes Passiv). Das klingt nach purer Werkgerechtigkeit: Wenn man Gott durch unabgegoltene Verdienste in der Kreide hält, wird man in der »Auferstehung der Gerechten« dabeisein. Lukas denkt darüber anders: Die Seligpreisung gilt dem, der sein eigenes Handeln am Maßstab der schenkenden Gnade Gottes ausrichtet, vgl. zu V. 13.

3. Theologische Würdigung

(1) Es fällt auf, daß vordergründiger und hintergründiger Sinn der Mahnungen in gespanntem Verhältnis zueinander stehen. Eine derartige Verschlüsselung der Sprache bedeutet für die Tischgenossen

Jesu in der vorausgesetzten Situation eine klare Überforderung ihrer Verstehenskräfte. Tatsächlich spricht Lukas mit diesen Versen nicht Pharisäer, sondern Heidenchristen an. Die Fremdartigkeit von Milieu und Sprache (Semitismen, Elemente pharisäischen Denkens) bedeutet für sie das leicht zu durchschauende Inkognito einer christlichen Paränese. Nur so hat der Text einen Sinn.

(2) Die Fehlhaltung selbstgerechter, ehrsüchtiger Selbstbehauptung gegenüber Gott und den Menschen – vgl. die Transparenz der Ebenen! – dient als Folie für eine Forderung, die das rechte Verhalten einschärft. Grund und Maß findet die geforderte Praxis in der frei schenkenden Gnade Gottes, welche die Gemeinde an sich selbst erfahren hat als das »Gerufenwerden« durch das Evangelium, vgl. V. 23, der sich auf die Heiden bezieht und der an der Parallelität der V. 13 und 22 teilhat.

Gefordert ist demnach nicht irgendeine nicht näher zu begründende Unterwürfigkeitshaltung; die Christen sollen vielmehr in dem Bewußtsein, daß sie ihren Platz am Tisch im Reiche Gottes geschenkt bekommen haben, befreit werden vom Druck der Selbstbehauptung gegenüber anderen Menschen und auf deren Kosten. Diese Freiheit soll Ausdruck finden in einer von Ehrgeiz, V. 8–11 und Berechnung, V. 12–14, gereinigten Selbstlosigkeit.

K. Löning

II. Liturgisch-homiletische Vorüberlegungen

1. Liturgische Hinweise

Der Leitgedanke für *Erste Lesung, Evangelium und Schlußgebet* der heutigen Liturgie heißt: Bereitschaft zum Dienen. Bescheidenheit und Demut, so zeigt Jesus Sirach, sind ein Weg, um »geliebt zu werden«. Mit diesen Tugenden erreicht einer mehr, als wenn er Geschenke verteilt. Sie gelten auch in einer Zeit, in der die Medien immer wieder neu von Spenden- oder Bestechungsaffären berichten. Das Gastmahl der Pharisäer mit Gleichgesinnten und Gleichgestellten, von denen das *Evangelium* erzählt, ist für Jesus Anlaß, seine Jünger zum Einsatz für die »Unterprivilegierten«, für die Armen aufzufordern. Wer sich ihnen zuwendet, wird im Reich Gottes einen guten Platz am Tisch des Herrn finden. Das *Schlußgebet* unterstreicht abschließend den Dienst am Nächsten als Konsequenz der Abendmahlsgemeinschaft.

Die Zweite Lesung zeigt, daß sich die Gottesoffenbarung des Alten Testamentes in Jesus Christus vollendet. So sehen wir Jesus im Kreis der Pharisäer. Er respektiert den heilsgeschichtlich begründeten Anspruch des offiziellen Judentums, Träger der Verheißung zu sein. Zugleich wird deutlich, daß die Pharisäer ihre Haltung ändern müssen, wenn sie, die sich als Vertreter des AT betrachten, im Reich Gottes einen Platz finden wollen. In Vers 2–6 (die in der heutigen Perikope ausfallen) wird aber schon angedeutet, daß sie das Heilsangebot nicht ergreifen werden.

2. *Homiletische Hinweise*

Die Ablehnung der Botschaft Jesu durch die Pharisäer wird im Lukasevangelium immer wieder aufgezeigt und durch Geschehnisse oder durch Streitgespräche belegt. Für den Hörer von heute ist dies aber kein Thema. Der Gegensatz Jesu zu den Pharisäern ist ihm vertraut und selbstverständlich. Die Predigt sollte dazu nur soviel ausführen, als zum Verständnis der Perikope nötig ist. Sie sollte auch dem Mißverständnis entgegentreten, daß die Verse 8–10 eine profane Klugheitsregel für gutes Benehmen seien. Es geht nicht um den Platz an einem Festtisch, es geht vielmehr um den Platz, den der Hörer im Reich Gottes finden wird. Gewissermaßen als Eintrittskarte zum himmlischen Hochzeitsmahl wird das selbstlose Dienen in den Vordergrund gerückt. Selbstloses Dienen ist auch die Maxime für das Streben des Christen nach einer Position in unserer Gesellschaft.

Für die Ansprache sind folgende *Themen* denkbar:
Wie finde ich meinen Platz im Reich Gottes? Welchen Weg muß ich als Christ gehen?
Auf dem Hintergrund der Ereignisse im politischen und öffentlichen Leben, könnte man auch das Thema der Ersten Lesung aufgreifen: Wie finde ich Anerkennung? Durch Geschenke oder durch Bescheidenheit?
Eher thematisch könnte die Frage behandelt werden: Welche Position soll der Christ in einer demokratischen Gesellschaft anstreben? Hier könnte das Spannungsfeld zwischen der empfohlenen Bescheidenheit und der Verantwortung eines jeden für das öffentliche Leben aufgezeigt werden.

III. Zur Predigt: Mein Weg zum rechten Platz im Reiche Gottes

Gutes Benehmen?
»Was soll ich heute abend nur anziehen?«

Die meisten von Ihnen kennen diesen Ausruf, der auf Männer und Frauen so verschieden wirkt. Da ist ein Fest oder eine Einladung. »Was soll ich dabei anziehen?« ist eine wichtige Frage für alle Frauen. Die Männer werden vielleicht unwillig den Kopf schütteln und auf den großen, gefüllten Kleiderschrank zeigen. Doch genau so beharrlich werden die Frauen auf den Wechsel der Mode hinweisen, auf veränderte Farben, Modelle und Rocklängen. So gibt es immer wieder Diskussionsstoff in den Familien, wenn eine Festlichkeit ansteht.

Die Kleidung ist ein Teil der Etikette, ein Teil des guten Benehmens. »Gutes Benehmen ist Glücksache«, sagen einige und auch so mancher Dichter hat über dieses Thema eine Geschichte geschrieben. (Ich denke dabei an »La Parure« von *Guy de Maupassant*.)

Will Jesus im Evangelium von heute sich in die Reihe der Schriftsteller begeben und über gutes Benehmen belehren? Ist es denn ein Thema für das Reich Gottes, auf welchem Stuhl einer in einer Tischrunde sitzt? Kann die jüdische Etikette des 1. Jahrhunderts für alle Welt und für alle Zeiten von Bedeutung sein? Sicher nicht! Es geht hier um viel wichtigere Dinge.

Zunächst wollen wir fragen: Was will Jesus seinen Hörern klar machen? Und dann: Was sagt der Text den Christen unserer Tage?

Eine heuchlerische Tischregel?
Jesus ist zu Gast bei einem Pharisäer. Auch die anderen Gäste gehören zur gleichen Religionsgruppe. Das Evangelium erwähnt, daß sie Jesus genau beobachten. Wird er gegen Anstand und gute Sitten verstoßen? Kann er sich benehmen? Für den Herrn wird die Situation Anlaß, um gleichnishaft über das Reich Gottes zu sprechen. Als er sieht, daß die Gäste nach den ersten Plätzen trachten, stellt er die Regel auf: »Wenn du eingeladen bist, setz dich nicht auf den besten Platz. Es könnte ein Vornehmerer eingeladen sein und du müßtest weichen. Setz dich lieber auf den letzten Platz. Dann wird der Gastgeber kommen und sagen: Freund, rücke weiter hinauf. Das wird dir Ehre einbringen.«

Eine seltsame Regel! Versuchen Sie einmal, in der Praxis so zu handeln. Wenn sich, etwa bei einem Hochzeitsessen, alle Leute auf den letzten Platz setzen wollen, – wo immer er auch ist –, wird es dort ein großes Gedränge geben. Und wer unsere Schriftstelle kennt, dem ist schnell klar: Die Leute, die sich da drängen, die wollen gar nicht auf den letzten Platz. Sie wollen vielmehr nach oben. Aber der letzte Platz ist die geeignete Startrampe, um nach vorn zu kommen. Wer auf den letzten Platz drängt, verstellt sich und heuchelt. Kann Jesus solche Empfehlungen geben?

Es geht um den Platz im Reiche Gottes

Jesus nimmt das Ereignis als Gleichnis. Er erzählt von einem gewöhnlichen Gastmahl, meint aber das Reich Gottes. Ohne Gleichnis, im Klartext, wird den Pharisäern gesagt: Wenn ihr immer und überall die Ersten sein wollt, ist euer Platz im Reich Gottes gefährdet. Nicht wer sich in dieser Welt nach vorne schafft, hat auch schon im Himmelreich eine Position. Dort gilt vielmehr die Regel: »Wer sich selbst erhöht, wird erniedrigt, wer sich selbst erniedrigt, wird erhöht werden.« Der Ton liegt auf dem Wort »selbst«. Daraus die Konsequenz: Lade zum Gastmahl nicht Gleichgestellte ein. Sie werden es dir vergelten. Wende dich vielmehr den Armen zu. Dann wird es dir Gott selber vergelten, wenn sein Reich sichtbar wird.

Der Herr sagt den Pharisäern immer wieder: Ihr seid auf dem Holzweg, wenn ihr meint: Wir sind vor Gott gerecht, weil wir die Gesetze des Mose einhalten. Nichts gegen Mose, doch nicht nur seine Volksgenossen sind zum himmlischen Hochzeitszahl geladen, sondern viele andere auch. Viele werden aus anderen Ländern und von den Hecken und Zäunen kommen. Sie werden Einlaß finden, weil nicht das Gesetz des Mose entscheidet, sondern der Anschluß an Jesus Christus.

Der Platz des Christen in unserer Sozialordnung

Wir finden es immer wieder durchaus in Ordnung, wenn der Herr die Pharisäer kritisiert. Doch unser heutiger Evangelientext wird ja für uns und nicht für die Pharisäer verlesen. Welche Weisung wird dem Christen von heute gegeben?

Da stellt sich zunächst die Frage: Wie halten wir es mit dem Streben nach den ersten Plätzen? Nicht bei einem Festmahl, sondern in unserer Gesellschaft, in unserer Sozialordnung? Welche Position streben wir an?

Die Antwort wird wohl heißen: Jeder nach seiner Fähigkeit. Aber diese Antwort ist einfach, zu einfach. Die Schwierigkeiten ergeben sich auch nicht bei der Festlegung des Zieles, sondern bei der Wahl des Weges. Auf welchem Weg und mit welchen Mitteln erstrebe ich oder verteidige ich eine gesellschaftliche Position?

Wir Christen wissen, daß Gott uns einen Platz im Reiche Gottes schenkt. Wir können ihn nicht verdienen. Als Beschenkte können wir in dem Bewußtsein leben: Ich stehe bei Gott in gutem Ansehen. Ich muß mich deshalb auch nicht noch vor den Menschen beweisen. Ich gehe meinen Weg vertrauensvoll und sicher. Ich muß mich nicht auf Kosten anderer weiterbringen, um etwas zu gelten. Fällt mir eine Position zu, fülle ich sie aus. Doch Berechnung und Ehrgeiz sollten kleingeschrieben werden, Hinterhältigkeit und Falschheit ganz ausscheiden. Das Ideal bleibt die Selbstlosigkeit.

Nur die Liebe zählt

Keine heuchlerische Demut empfiehlt uns der Text des heutigen Evangeliums. Eher Bescheidenheit, die aus Selbstsicherheit wächst. Zugleich fordert es eine Grundposition des Christen ein: nämlich für den Nächsten da zu sein, besonders für den, der Hilfe braucht, oder der ins Abseits gedrängt ist. Mit dieser Bitte endet die heutige Sonntagsliturgie auch im Schlußgebet und sagt: Deine Liebe, o Herr, die wir im Sakrament empfangen haben, mache uns bereit, dir in unseren Brüdern zu dienen.

F. Boo

Dreiundzwanzigster Sonntag

Lk 14,25–33

I. Bibeltheologische Vorüberlegungen

1. Stellung, Struktur, Gattung der Perikope

Die Bedingungen der Jüngerschaft Jesu werden vom Evangelisten 14,25–35 systematisch zusammengestellt und in die ausführliche Schilderung des Weges Jesu nach Jerusalem eingeordnet (Reisebericht). Es handelt sich bei dieser Perikope sowohl um Logien aus verschiedenen Traditionsschichten wie um redaktionelle Bemerkungen des Lukas. Folgender Aufbau ist festzustellen:

1. Redaktionelle Einleitung, V. 25.
2. Wort von der Befreiung von allen menschlichen Bindungen, V. 26, das wohl aus Q stammt.
3. Logion vom Kreuztragen, V. 27, das Lukas selbst 9,23 in anderem Zusammenhang ausführlicher bringt. Es gehört sicher zur ältesten Überlieferungsschicht, wenn sich der ursprüngliche Wortlaut auch nicht mehr genau rekonstruieren läßt.
4. Doppelgleichnis vom Turmbau und vom Kriegführen, V. 28–32, Lukas-Sondergut.
5. Redaktionelle Anwendung auf Besitzverzicht des Jüngers, V. 33.
6. Spruch vom Salz, V. 34.35, der ebenfalls altes Traditionsgut repräsentiert und Mk 9,50 sowie Mt 5,13 in je anderem Zusammenhang verarbeitet wird. Die Perikope läßt diese beiden Verse weg.

An dem Aufbau wird deutlich, daß die Hand des Evangelisten bei der Verarbeitung der Tradition kräftig zu spüren ist. Obwohl hier authentische Überlieferungen für einen bestimmten Leserkreis in einer bestimmten Situation angewendet werden, sollte man doch den ursprünglichen Wortsinn im Munde Jesu – soweit er sich nachweisen läßt – überdenken. Dann läßt sich auch der theologische Akzent, den Lukas setzt, genauer abwägen.

Die Bedingungen der Jüngerschaft sind auf dem Hintergrund zu sehen, daß der jüdische Thora-Lehrer seine Schüler in seine Lebensgemeinschaft vollständig aufnahm. Im Unterschied zu den zeitgenössischen Gesetzeslehrern *beruft* Jesus seine Jünger; sie sollen die Predigt von der Gottesherrschaft weitertragen, vgl. Mk 6,7 par. Forderungen, die zunächst an diesen engsten Kreis gerichtet sind, verallgemeinert Lukas und versteht sie als Anweisungen für das Leben des Christen in einer heidnischen Umwelt voller Unverständnis und Anfeindungen. Die »Nachfolge Jesu«, ursprünglich ein Erfordernis des Lehrer-Schüler-Verhältnisses, wird dabei zur Lebensform eines kompromißlosen Christentums. Dieser Akzent verdient besondere Beachtung, zumal die Gläubigen heute zunehmend unter der Verständnislosigkeit ihrer Umwelt leiden.

2. Einzelauslegung

V. 25 Der einleitende Satz der Perikope ist eine redaktionelle Bemerkung und als solche dem Evangelisten zuzuschreiben. Die Jüngerbelehrung ist an die »zahlreiche Menge«, also an alle Christen gerichtet.

V. 26 Das Wort vom Freimachen von allen menschlichen Bindungen erscheint auch bei Mt 10,37, dort allerdings im Aufbau des parallelismus membrorum, der der Form nach in die Nähe semitischer Spruchweisheit und damit ursprünglicherer Gestalt weist. Lukas erweitert die Reihe der Bindungen, die bei der Nachfolge hintangestellt werden müssen, und fügt den bei Matthäus erwähnten Vater, Mutter, Sohn und Tochter »Frau, Brüder, Schwestern» und »das eigene Leben« hinzu. Die scheinbar schärfere Formulierung der Absage als »hassen« (gegenüber Matthäus »mehr lieben als mich«) und die Schlußwendung »kann nicht mein Jünger sein« (gegenüber »ist meiner nicht wert«) können jedoch den Anspruch erheben, die wortgetreuere Überlieferung des ursprünglich aramäischen Wortlauts zu sein. Zu »hassen« als Ausdruck willentlicher Absage, die sich an Gottes Ordnung orientiert, vgl. Ps 95,10; Spr 8,36; 13,24; 15,10. Der Sinn des Logions ist offenbar: Wer in die Jüngerschaft Jesu eintritt, muß sich um dieser neuen Bindung willen, die ihn ganz anfordert, von allen bisherigen menschlichen Bindungen freimachen.

V. 27 Die lukanische Erweiterung des Logions V. 26, die Forderung, sogar »sein eigenes Leben zu hassen», veranlaßt den Evangelisten, das Wort von der Kreuzesnachfolge, das er 9,23 – wie die anderen Synoptiker – dem Petrusbekenntnis und der ersten Leidensansage angefügt hat, nochmals in verkürzter Form zu bringen. Möglicherweise liegt uns aber hier – mit Ausnahme der Forderung zur Nachfolge – die ursprünglichere Form des zugrundeliegenden Jesuswortes vor, vgl. auch Mt 10,38!. Als feststehende Redensart ist die Wendung »das« bzw. »sein Kreuz tragen« in der zeitgenössischen Literatur noch nicht belegt. Da die barbarische Hinrichtungsart der Römer, bei der der zum Tode Verurteilte den Querbalken, das patibulum, selbst zur Richtstätte tragen mußte, allgemein bekannt und gefürchtet war, muß der ursprüngliche Sinn »mit seinem Tod rechnen«, »sein Leben bereitwillig einsetzen« gewesen ist. Für die Leser des Lukas-Evangeliums war diese Formulierung voll schauerlicher Aktualität. Die Aufforderung zur Nachfolge, die ursprünglich an die von Jesus berufenen Jünger gerichtet war, betont die Solidarität und Schicksalsgemeinschaft des Jüngers mit seinem Meister, vgl. Lk 6,40.

V. 28–30 Das *Gleichnis vom Turmbau* beginnt mit der Frage: »Wer von euch . . .«. Die Angesprochenen werden unmittelbar mit dem Problem konfrontiert, das für sie einmal leicht aktuell sein kann. Der »Turm« ist wohl ein mehrgeschossiges Wirtschaftsgebäude beim Wohnhaus oder im Weinberg, das bei den Fundamentierungsarbeiten bereits erhebliche Kosten verursacht. Die Kalkulation der Gesamtkosten ist bereits vor Inangriffnahme der ersten Arbeiten wichtig. Die Blamage, den Bau mangels ausreichender Mittel einstellen zu müssen, wäre für die gesellschaftliche Stellung des Bauherrn tödlich.

V. 31 Das *Gleichnis vom kriegführenden König* hat mehr metaphorische Züge. Wenn ein König zum Kampf gestellt wird, muß er klugerweise zuerst überlegen, ob die Anzahl seiner Mannschaft ausreicht, um dem anrückenden Feind erfolgreich entgegentreten zu können. Wenn er ihn augenscheinlich nicht schlagen kann, ist es besser, die Kräfte erst gar nicht im Kampf zu messen, sondern die Friedensbedingungen zu erbitten und zu akzeptieren.

Beide Gleichnisse haben denselben Sinn: Beim Turmbau und beim Kriegführen geht es wohl um ein Risiko; aber es muß ein kalkuliertes Risiko sein. Die Kräfte müssen für das gesteckte Ziel ausreichen. Der Jünger Jesu muß sich den Ernst des Einsatzes in der Nachfolge von vorneherein klarmachen. In der Verallgemeinerung der Gleichnisse bei Lukas für die Lebenssituation aller Christen geht es jedoch nicht um ein Entweder-Oder, also Glaubensnachfolge nur dann, wenn ich mir absolut sicher bin, sie auch leisten zu können, sondern allein um den Ernst des geforderten Einsatzes, vgl. Lk 9,62.

V. 33 Die unmittelbar angeschlossene Forderung des totalen Besitzverzichts für den Jünger Jesu ist eine typisch lukanische Bildung im Sinne von Markus 10,23–27 par., die der Form von V. 26 und V. 27 entspricht. Wer sich der Jüngerschaft widmet, muß alle irdischen Bindungen, von denen materieller Besitz nicht die geringste ist, hintanstellen.

3. Theologische Würdigung

(1) Die Forderung an den Jünger, alle menschlichen Bindungen, die uns heilig sind, zu zerreißen und der Nachfolge Jesu hintanzustellen, ist von kaum überbietbarer Schärfe. Wir sollten jedoch beachten, daß diese Aussage nicht negativ gemeint ist. Nicht auf dem Verzicht liegt der Ton, wie eine veschrobene Askese manchmal geurteilt hat. Es soll vielmehr das Ziel herausgestellt werden: Der Anschluß des Jüngers an Jesus, die Aufnahme in seine Lebensgemeinschaft ist von solcher Unbedingtheit, daß demgegenüber alle bisher geltenden menschlichen Bindungen in ihrer Relativität offenbar werden und zurücktreten müssen. Die Sendung, zu der Jesus beruft, beansprucht den Berufenen so vollständig, daß der Herr selbst die Stelle sogar der engsten Angehörigen einnimmt. Wer heute ein kirchliches Amt verwaltet, sollte sich angesichts dieser theologischen Erkenntnis fragen, ob die äußere Loslösung von allen menschlichen und materiellen Bindungen für ihn Zeichen echten Engagements oder egoistischer Isolierung sind.

(2) Lukas verbindet damit die Forderung der Leidens- und Todesbereitschaft. Das dem Menschen eingeborene Bedürfnis nach Selbstbestimmung soll aufgegeben werden zugunsten einer radikalen Solidarität mit dem leidenden und sterbenden Herren. Wohl wird das Schicksal des einzelnen immer individuell sein; aber dieses individuelle Schicksal soll im Vollzug zur Nachfolge Jesu werden. Der Modellfall der Bewältigung des Lebens steht in der Passion Jesu vor uns. Es bleibt die Aufgabe, das eigene Leben an ihm zu messen und es im Nachvollzug zu meistern, vgl. Lk 9,23.

(3) Das Doppelgleichnis von Turmbau und Kriegführen forderte wohl im Munde Jesu die Zuhörer auf, sich den Entschluß, in seine Jüngerschar einzutreten, reiflich zu überlegen. Bei Lukas, der die Jüngerschaft als Christsein überhaupt begreift, gewinnt es einen neuen Akzent: Die Folgen aus der Annahme des Christusglaubens müssen ernst genommen werden!

Das Wagnis des Glaubens fordert eine ständige Selbstprüfung, ob der notwendige totale Einsatz auch geleistet wird. Das Doppelgleichnis zerstört alle Illusionen, als ob Gott die Erlösung schon schaffen werde und seine Verheißungen so oder so erfülle (vgl. Mt 3,9). Wohl ist theologisch betrachtet die Glaubensnachfolge – ähnlich der Berufung der Jünger – eine Folge von Gottes souveränem Ruf, Berufung im eigentlichen Sinn, was insbesondere Paulus aus dem erschütternden Erlebnis der Verwerfung seines Volkes begreift und darstellt. Sie kann also mitnichten aus eigenem Entschluß angetreten werden; aber sie bedarf der Zustimmung, des Engagements, das in voller Erkenntnis ihres Ernstes und ihrer Konsequenzen ständig erneuert sein will. Für den Christen ist die Frage nicht mehr, ob er den Glaubensgehorsam leisten soll, sondern daß er ihn ganz und kompromißlos lebt.

(4) Für die Gemeindeleiter und alle Christen, die in einer ressentimentgeladenen heidnischen Atmosphäre mit dem Glauben Ernst machen müssen, hat Lukas die entscheidenden Bedingungen der Jüngernachfolge neu formuliert. Wir sind hellhörig geworden für die apostolische Verpflichtung, die jeder Christ mit der Annahme des Glaubens übernimmt. Sie ist vornehmlich eine Sache des Lebens. Die persönliche Lebensführung wirbt für den christlichen Glauben oder macht ihn unglaubwürdig. Ein Leben der »Nachfolge« macht am ehesten dem skeptischen Zeitgenossen klar, was Jesus wollte und warum er starb.

K. Maly

II. Liturgisch-homiletische Vorüberlegungen

1. Liturgische Hinweise

Die Evangelienperikopen der letzten Sonntage im Jahreskreis wählen die markantesten Stellen aus der zweiten Hälfte des sogenannten lukanischen Reiseberichts. Sie verleugnen weithin nicht ihre Herkunft aus einer Textsammlung. Im Reisebericht ist immer wieder die ordnende Hand des Evangelisten zu erkennen, der das ihm überkommene Traditionsgut in einen literarischen Zusammenhang bringen möchte, indem er es unter thematischen Gesichtspunkten zusammenstellt.

Hinweise zur praktischen Lebensführung des Christen
In der *Evangelienperikope* des 23. Sonntags im Jahreskreis wird dieses Arbeitsprinzip auch dem nur oberflächlichen Leser oder Zuhörer deutlich. Darunter leidet auf den ersten Blick die thematische Geschlossenheit der liturgischen Texte insgesamt. So bewegen sich die einzelnen Teile der Sonntagsliturgie in eher allgemeinen Gedanken zur praktischen Lebensführung des Glaubenden.

Der *Eingangsvers* aus Psalm 119 beschwört Gottes Gerechtigkeit und Gnade. Das *Tagesgebet* nimmt diesen allgemeinen religiösen Gedanken auf und führt ihn im Bekenntnis zur Erlösungstat Jesu weiter. Die Bitte um das Geschenk der Freiheit und, in Konsequenz dessen, um das ewige Erbe zieht daraus den Schluß.

Der Weg zum Heil
Die *Erste Lesung* aus dem Buch der Weisheit (9,13–19) nimmt die Gedanken altorientalischer Weisheitslehre auf und führt den Hörer zu einer distanzierteren Betrachtung seines Geschicks. Die Kennzeichnung des irdischen Lebens als einer Behinderung des Geistes durch die vielen und unvermeidlichen Beschwernisse verweist den Menschen auf Gottes Weisheit als zuverlässiger Kraft der Orientierung auf dem Weg zum Heil.

Nachfolge Jesu bedeutet Handeln wie er
Die *Zweite, neutestamentliche Lesung* aus dem Philemonbrief enthält jene rührende Bitte des alternden Apostels an den Feudalherrn Philemon, dem zu Paulus entlaufenen Sklaven Onesimus großzügig zu vergeben. Es ist insofern eine aus dem Glauben motivierte Bitte, als Paulus darauf hinweist, daß der entlaufene Sklave vom christlichen Hausherrn eigentlich die Wiederaufnahme als Bruder verdient, zumal er in der Zwischenzeit gläubig geworden ist.

Der *Antwortpsalm* (aus Psalm 90) verbindet die Erste und die Zweite Lesung, indem er Gedanken der führenden Weisheit Gottes aufnimmt und den Menschen der Fürsorge Gottes anempfiehlt.

Der Ruf zur Nachfolge gilt jedem Christen
Den *Ruf vor dem Evangelium* bildet jenes bekannte Ich-Bin-Wort, Joh 8,12, in dem sich Jesus als Licht der Welt bezeichnet, damit zu seiner Nachfolge aufruft und Teilhabe an ihm als dem Licht des Lebens verheißt. Dadurch wird der gedankliche Anschluß zwischen der praktischen Bitte an Philemon, die Nachfolge Christi in einer

konkreten Situation bedeutet, und den im Evangelium formulierten Bedingungen der Jüngernachfolge hergestellt.

Das *Evangelium* kennzeichnet unmißverständlich den Ernst der Nachfolge Jesu und ruft die feiernde Gemeinde zur Besinnung auf eine christliche, am Leben und Sterben Jesu orientierte Lebensgestaltung. Hier erfahren die Zeugnisse einer tastenden Sinnsuche in der alttestamentlichen und die apostolische Mahnung der neutestamentlichen Lesung ihre Zuspitzung auf das, was christlichem Leben zu gestalten aufgetragen ist. Die liturgische Feier erhebt sich hier zu einem aufrüttelnden Appell, welcher der Gemeinde auch entsprechend vermittelt werden muß.

2. Homiletische Hinweise

Die Diktion des Evangeliums mit ihrer orientalischen Bildhaftigkeit und Eindringlichkeit erreicht heute kaum adäquat unser Ohr. Hier erwächst dem Prediger die schwierige Aufgabe, nicht nur der Botschaft Jesu in einem befremdlichen Kleid heute Gehör zu verschaffen, sondern darüber hinaus auch die Zuhörer für sie zu gewinnen.

Bindung an Jesus dominiert alles
Von der Thematik her ist eine Gewichtung der Verkündigung innerhalb der Liturgie in dreifacher Richtung möglich. Der Prediger kann sich einmal der Bedingung der Jüngerschaft, der Absage, der Hintanstellung, dem Geringachten, dem – wie es wörtlich heißt – »Hassen« selbst der einem am nächsten stehenden Mitglieder der eigenen Familie zuwenden. Neben einer erklärenden Erläuterung des Wortlauts muß er eindringlich auf die Sache eingehen, daß Jesus und sein Erlösungshandeln das ganze Denken und Tun des Christen bestimmen müssen. Eine negative Betonung ist im Interesse einer richtig verstandenen Verkündigung zu vermeiden.

Sein Kreuz tragen
Die andere Bedingung der Jüngerschaft, die Todesbereitschaft, der Wille zum »Kreuztragen«, wäre die zweite Möglichkeit der Wahl eines thematischen Schwerpunktes. Auch dabei geht es wohl nicht ohne eine einfühlsame und genaue Erklärung der Wortbedeutung. So erschreckend der darin zutage tretende Sachverhalt auch ist, er gehört zum Grundbestand christlicher Überzeugung. Die Gefahr, sich in allgemeinen Gedanken zu verlieren und die Forderung zu

verharmlosen, sollte sich der Prediger bewußt machen. Beispiele der Todesbereitschaft auch aus unserer Zeit zu finden, dürfte nicht allzu schwer fallen.

Ist das Risiko, als Christ zu leben, kalkulierbar?
Eine dritte Schwerpunktbildung böte sich bei der Auslegung des Doppelgleichnisses vom Turmbau und vom Kriegführen an. Oberflächlich betrachtet ist die Anknüpfung an heutige Denk- und Lebensgewohnheiten hier am einfachsten. Wer muß heute nicht rechnen und das Risiko kalkulieren! Man täusche sich aber nicht. Die eigentlichen Schwierigkeiten für den Prediger erwachsen aus dem tertium comparationis, aus dem eigentlichen Vergleichspunkt der Bilder und seinem Bezug zum heutigen Leben.

Worin besteht das Risiko, als Christ zu leben? Was ist es, das diesen tödlichen Ernst in das Leben bringt? Abgesehen davon, daß dieses Problem für jeden Zuhörer anders aussieht, muß der Prediger sich unter allen Umständen vor Platitüden und christlich verbrämten Allgemeinplätzen hüten. Überzeugend wird er nur wirken, wenn er persönlich Glaubensernst mit differenziertem Darstellungsvermögen verbindet. Den Weg weist die durch Lukas geschaffene Zusammenstellung des Doppelgleichnisses mit den Bedingungen der Jüngerschaft Jesu.

III. Zur Predigt: Jeder Christ ein Jünger Jesu

Ein besonderer »Typ« Mensch
Es ist eine bekannte Tatsache, daß ein durch wiederholte Übung geprägtes Verhalten, wie es etwa durch eine berufliche Tätigkeit bedingt ist, den Charakter eines Menschen formt. So spricht man nicht zu Unrecht vom »Typ« eines Arbeiters, eines Bauern, eines Beamten, eines Soldaten, eines Pfarrers. Man findet die Merkmale, die diesen oder jenen Beruf besonders kennzeichnen, bei Menschen, die sich mit ihrem Beruf voll identifizieren, in hohem Maße verkörpert.

Der »Typ» Christ
An einen Christen werden bestimmte Ansprüche gestellt. Von ihm werden besondere Verhaltensweisen erwartet, die sein ganzes Wesen

prägen. Schon Jesus schwebte ein Mensch mit besonders markanten Zügen vor, wenn er auf das Ziel und die Vollendung der Welt unter Gottes Herrschaft blickte. Welches sind aber die wesentlichen Verhaltensweisen, die Jesus fordert? Wir können sie am deutlichsten von seinen Äußerungen ablesen, mit denen er Menschen konfrontierte, die sich ihm anschließen wollten, um seine Sache ganz zu der ihrigen zu machen.

Im Unterschied zu den Gepflogenheiten der Schriftgelehrten, zu denen lernbegierige Schüler kamen, sucht Jesus seine Jünger selbst aus und ruft sie zu sich. Die enge Lebensgemeinschaft, die solche Jüngerschaft begründete, verlangte vom Schüler, daß er die Überzeugungen mit seinem Meister teilte und in gewissem Maße auch die Verhaltensmuster Jesu übernahm. Der Gedanke der Nachfolge, der sich hierin zeigt, hat von Beginn an das Denken und Fühlen der Christen bestimmt.

So verallgemeinert schon der Evangelist Lukas Worte, die Jesus konkret an von ihm gerufene Jünger gerichtet hatte, und spricht damit alle an, die auf Jesu Wort hören: Alle sollten gegenüber dem Herrn selbst die engsten Angehörigen »geringachten«, alle sollen todbereit der Sache Jesu dienen.

Radikale Entschlossenheit

»Wenn jemand nicht Vater und Mutter, Frau und Kinder, Brüder und Schwestern, ja sogar sein Leben gering achtet, dann kann er nicht mein Jünger sein.« Ein starkes Wort, dessen Sinn doch eigentlich auf der Hand liegt. Familiäre Bande können lästig sein, ja sie können lähmen, sie können vollständig den Schwung für neue, den Menschen ganz anfordernde Aktivitäten im Ansatz zerstören. Gilt das schon für menschlich große Projekte, dann gilt es noch viel mehr für die Anforderung, welche die Jüngerschaft Jesu stellt. Wer in diese Bindung gerufen wird und in sie eintritt, der muß alle anderen Bindungen hintanstellen. (Beispiele: Nikolaus von Flüe, Franz von Assisi.)

»Wer nicht sein Kreuz trägt und mir nachfolgt, der kann nicht mein Jünger sein.» Uns ist der Sinn für den schreckenerregenden Ernst dieses Wortes verlorengegangen, wo doch das Kreuz oder zumindest ein Kreuzchen wieder ein moderner und oft koketter Schmuck geworden ist. Wer damals sein Kreuz trug, war zum Tod verurteilt und schleppte es selbst zum Richtplatz. Für den Zeitgenossen Jesu konnte also über die Bedeutung des Wortes kein Zweifel bestehen.

Auch wir wissen natürlich irgendwo im tiefsten Innern, daß der Glaube an Christus das Blutzeugnis, das Martyrium, bedeuten kann. Es ist für viele Christen auch heute in vielen Teilen der Welt notvoll erlebte Wirklichkeit. Moderne Martyrer bezeugen heute wie damals, daß sie Jesus und seine Nachfolge selbst über ihr eigenes Leben setzten. (Beispiele etwa: Maximilian Kolbe, Edith Stein, Jerzy Popiełuszko.)

Mut zum Risiko

Angesichts solcher Forderungen und Beispiele mag mancher versagen. Dazu besteht aber kein Grund, wenn wir uns klarmachen, daß wir Jesus und seiner Erlösungstat schlichtweg alles verdanken. Natürlich soll man – wie auch die Gleichnisse im Evangelium lehren – nicht übermäßig selbstsicher sein. Das gehört einfach zur nüchternen Einschätzung der Realitäten. Umgekehrt sollen wir wissen, daß uns Gottes Gnade trägt. Durch sie werden wir nicht nur in die Nachfolge Jesu gerufen, sondern auch in den Stand versetzt, in ihr zu leben.

K. Maly

Vierundzwanzigster Sonntag

Lk 15,1–32; Kurzfassung, 15,1–10

I. Bibeltheologische Vorüberlegungen

1. Stellung, Struktur, Gattung der Perikope

Unsere Perikope steht innerhalb des Zusammenhangs von K. 15, das von der Freude Gottes über den Verlorenen, den er wiedergewonnen hat, handelt. Die Gliederung ist einfach: Nach einer kurzen Einleitung, die die Situation angibt, in der »dieses Gleichnis« erzählt wird, V. 1–2, folgt ein Doppelgleichnis, Vom verlorenen Schaf, V. 3–7, und von der Verlorenen Drachme, V. 8–10. Die Situation gleicht der von Lk 5,29–30 par., nur ist sie prinzipieller gefaßt. Die beiden Perikopen in K. 15 sind gleich gebaut. Sie beginnen beide als rhetorische Frage, die das Selbstverständliche des im Gleichnis Erzählten betont und so das Einverständnis mit dem Dargelegten hervorlockt, V. 4.8. Und sie enden beide mit der durch ein »Ich sage euch«, vgl. 14,24, eingeleiteten Anwendung des jeweiligen Gleichnisses, V. 7.10.

Ein besonderes Problem formaler Art, auf das hier nur verwiesen wird, ergibt sich dadurch, daß das Gleichnis vom Verlorenen Schaf eine Parallele in Mt 18,12–14 hat. Hinter ihm steht wahrscheinlich die gemeinsame Quelle Q, während Lk 15,8–10 lukanisches Sondergut ist. Die Fragen, die sich an diesen Tatbestand knüpfen, sind die: 1) Welche der beiden Fassungen des ersten Gleichnisses ist die ältere? Man plädiert meist für die des Matthäus. 2) Ist das lukanische Sondergut eine jüngere Fortbildung des Lukas oder ist es bei Matthäus übergangen oder verloren gegangen? Die Beobachtung, daß V. 4–10 ein Gleichnispaar ist, das bewußt durch das Gegensatzschema: Mann/Frau und reich/arm zusammengefügt wurde (Jeremias), trägt kaum etwas zur Beantwortung der beiden Fragen bei. Der Exegese ist durch die Parallele, die Matthäus darbietet, Gelegenheit gegeben, die lukanische Intention deutlicher zu erkennen.

V. 1 Bei Lukas sind die Gleichnisse nicht mehr wie die Ausführungen Jesu über die Jüngerschaft, 14,25 ff, an das Volk gerichtet, sie haben die »Zöllner und Sünder von überall her« im Auge, die sich Jesus nähern, um ihn zu hören.

V. 2 Daß das prinzipiell gemeint ist, zeigt sich daran, daß die unmittelbaren Empfänger seiner Gleichnisse die bekannten Gegner Jesu, »die Pharisäer und Schriftgelehrten« sind, die sofort auftauchen. »Sünder« sind in solchen Zusammenhängen nicht nur »Leute, die einen unmoralischen Lebenswandel führen, z. B. Ehebrecher und Betrüger, Lk 18,11«, sondern auch solche, die einen unehrenhaften Beruf ausüben (der zu Unredlichkeit und Unsittlichkeit verleitet) und denen daher die bürgerlichen Rechte entzogen waren (Jeremias). Dazu gehören übrigens neben den »Zöllnern« u. a. die Hirten. »Pharisäer und Schriftgelehrte« sind bekanntlich die strengen und angesehenen Verfechter und Ausleger der jüdischen Gesetzestradition. Wie Lukas einen Pharisäer sieht, zeigt z. B. 13,31; 16,14; 18,9 ff. Zu 15,2 (laut) murren, murrend seinen Unwillen zeigen u. ä. vgl. Lk 5,30 murren. V. 2b ist Frage und als solche eine Anklage. Auch sie bestätigt das Prinzipielle dieser Auseinanderstzung. In der hier gezeichneten Situation ist ja das Aufnehmen der Zöllner und Sünder in das Haus und die Tischgemeinschaft nicht berichtet.

V. 3 Dieser Anklage der Gesetzeshüter gegenüber bringt Jesus »diese Parabel« vor. Der Singular ist kollektiv zu verstehen. Er faßt aber alle drei Gleichnisse von Lk 15 zusammen. Die Pharisäer und Schriftgelehrten vertreten die rabbinische Vorschrift: »Ein Mensch geselle sich nicht zu einem Gottlosen, selbst nicht, um ihn der Thora zu nähern«, dem Thorastudium zuzuführen, Mekh Ex 18,1 (65 a).

V. 4–6 Die Bildrede selbst ist von großer Einfachheit. Matthäus und Lukas variieren hier mannigfach. Von Gewicht ist 1) der Gegensatz: Von den hundert Schafen läßt der Hirt neunundneunzig »in der Wüste« zurück und geht dem einen verirrten nach; 2) Auch der kleine Zug der Fürsorge des Hirten für das erschöpfte Tier. Aber das Gleichnis zielt auf die Freude über das wiedergefundene Schaf, wie schon das dreimalige »sich freuen, freuen«, u. ä. zeigt.

V. 7 »Freude im Himmel« meint: Gott wird sich freuen im Endgericht. Seine Freude gilt ohne Zweifel auch den Gerechten, die »nicht gefährdet sind, die vor Gott wandeln, ihn ehren, auf sein Gebot achten und es tun« (Schlatter). »Mehr als« über solche neunundneunzig »Gerechte« freut sich Gott über einen einzigen »Sünder, der umkehrt«, also dem Ruf Jesu zur Umkehr gefolgt ist, vgl. Lk 5,32; Mk 2,17; Mt 9,13.

V. 8 Das zweite Gleichnis unterstreicht das erste. »Lukas weiß, daß die Verdoppelung der Analogie ihre (d.h. der Erhellung des Willens Gottes) Kraft verstärkt« (Schlatter). Die zehn Drachmen (= Silberdenare) stellen wohl das Vermögen der Frau dar. Der Ton liegt hier darauf, daß sie alles tut, um das Verlorene wiederzufinden: Sie durchleuchtet den ganzen Raum bis in die Winkel und fegt ihn aus, bis sie ein Klirren hört und ihn findet.

V. 9 Diesmal wird die Freude über das Wiedergefundene nur durch die Aufforderung an die Nachbarn und Freunde, sich mitzufreuen, zum Ausdruck gebracht.

V. 10 Die Freude Gottes »über einen Sünder, der umkehrt« wird hier als »Freude vor den Engeln Gottes« bezeichnet. Die Engel (Gottes!) freuen sich, weil Gott sich freut. Gott freut sich, weil ein Sünder umkehrt. Gott hat ihn ja voll Eifer gesucht.

3. Theologische Würdigung

(1) In diesem Doppelgleichnis wendet sich Jesus gegen eine weitverbreitete Anschauung, die hier von den Pharisäern und Schriftgelehrten vertreten wird und die sich auf diese beiden rabbinischen Sätze fixieren läßt: 1) »Der im Araboth (im höchsten Himmel) einherfährt, frohlockt und freut sich, wenn die Seele eines Reinen und Gerechten (im Tod) zu ihm kommt«, MQ 25b; und 2) »Es ist Freude vor Gott, wenn die ihn Erzürnenden aus der Welt verschwinden«, SNu 18,8 § 117 (37a). Gott hat mit den Sündern nichts zu tun. Gott kümmert sich nur um die Gerechten, er hat nur an ihnen Freude. Was sagt Jesus dazu? Er tritt auf die Seite der Sünder, er läßt sie zu sich kommen und lädt sie zu Tisch, wie die Einleitung, V. 1–2, besagt. Er ist auch ihnen gegenüber offen und hilft ihnen durch seine Nähe. Er begründet sein Verhalten ausdrücklich durch unser Doppelgleichnis.

(2) Dabei läßt er keineswegs die Sünde als etwas Geringes und die Rede von der Sünde als falsch und »überholt« erscheinen. Sie ist hier nicht Thema, aber Jesu Urteil über den Sünder und die Sünde ist eindeutig. Der Sünder ist einer, der »verloren« ging. Und er ist einer, der zugrunde geht, wenn er nicht wieder aufgefunden wird. Er ist einer, den man suchen muß und einer, der »umkehren« muß. Er

kann seinen Weg nicht weitergehen, er muß ihn abbrechen und zurückkehren. Mit Selbstverständlichkeit wird von all dem im Gleichnis gesprochen. Es wird nicht verharmlost oder gar bestritten, daß der Sünder ein Sünder und daß die Sünde Sünde ist.

(3) Aber gerade deshalb sagt Jesus etwas ganz anderes über ihn und zu ihm als die Pharisäer und Schriftgelehrten, nämlich, daß auch er, der Sünder, Gott gehört, weil auch er, dürfen wir wohl sagen, Gottes Geschöpf ist, ein Schaf aus seiner Herde, ein Silberdenar aus seinem Vermögen. Es ist selbstverständlich, daß er, auch er, nein gerade er, gesucht werden muß, und es ist selbstverständlich, daß man den Erschöpften – denn erschöpft ist der Sünder – nach Hause trägt. Der gute Hirt hat es mit dem verlaufenen Schaf zu tun. Es ist ihm mehr ans Herz gewachsen als alles andere. Die Sünde ist etwas Furchtbares. Sie zerrüttet den Menschen und schließt ihn von Gott ab und vom Leben aus. Um so mehr sucht der Hirte nach dem Sünder und hat Erbarmen mit ihm. Um so größer ist seine Freude, wenn er ihn gefunden hat.

(4) Und diese Freude ist Gottes Freude. Es ist seine Freude, wenn er sich erbarmen kann und sein Erbarmen angenommen wird. Es ist seine Freude, wenn er vergeben kann und seine Vergebung den Menschen zu sich bringt, weil sie ihn wieder zu ihm führt. Was kann es Größeres geben, als daß »der Himmel« sich freut und »die Engel Gottes« sich freuen? In diese Freude aber geht ein, sie bricht aus über den, der »umkehrt« und d.h. der sich finden läßt. Gott freut sich nicht an der Sünde, er richtet sie. Er freut sich auch nicht über den Sünder. Aber er hat unendliche Sorge um ihn und schaut, wie es im folgenden Gleichnis heißt, unentwegt nach ihm aus. Und weil er auch, gerade ihn liebt, hat er Freude über Freude an dem, der diese Liebe beantwortet mit Umkehr.

(5) Von hier aus könnte man noch einen Blick auf die Matthäus-Fassung des ersten Gleichnisses werfen. Sie steht innerhalb einer Jüngerrede, die die gegenwärtige Gemeinde im Auge hat. Sie hat das Ziel, nun jedes Glied der Gemeinde, das ja grundlegend ein geretteter Sünder ist und über das sich Gott freut, zu mahnen, den irrenden Bruder nicht allein und fallen zu lassen, sondern nun auch wie der gute Hirte ihm nachzugehen und ihn auf den rechten Weg zu bringen. So wird es »den Willen des Vaters« erfüllen, daß »keines von diesen Kleinen verloren gehe«, 18,14. Haben wir Lukas verstanden, werden wir auch Matthäus befolgen.

H. Schlier

II. Liturgisch-homiletische Vorüberlegungen

1. Liturgische Hinweise

»Dem Verlorenen nachgehen, bis man es findet« – diese Maxime ist orientiert an der Verkündigung Jesu. Gottes tiefster Wille ist die Rettung des Menschen und der Menschheit. Dieser Heilswille Gottes wird vom Glaubenden erfahren als Macht seiner Liebe (vgl. *Tagesgebet*). Zuversichtlich darf jeder um diese Zuwendung Gottes für sein Leben und das seiner Mitmenschen bitten. Der heutige Sonntag lädt die Gemeinde ein, sich neu auf diese Liebe Gottes einzulassen.

Die Texte der beiden *Lesungen* und des *Evangeliums* lassen eine deutliche Sinnspitze erfahren: Gott kann nicht nur zürnen und auch wieder verzeihen, sondern er verändert durch sein helfendes Erbarmen das Leben eines Menschen, wie Paulus überdeutlich verkündet. Jesus zeigt schließlich in seiner Lehre und durch sein Leben, daß Gott das Verlorene »um jeden Preis« sucht und wiederhaben will. Der höchste Preis ist die Hingabe des Sohnes Gottes am Kreuz.

Angesichts dieses unumstößlichen Heilswillens Gottes wird sich der Glaubende seiner Schuld bewußt –, aber nicht in Kleinmut und Verzagtheit, sondern mit Zuversicht im Blick auf den gütigen Vater. Diese Sprache spricht der *Antwortpsalm:* »Ich will zu meinem Vater gehen und meine Schuld bekennen.« Das ist die Antwort eines reumütigen Sünders auf die ihn heimholende Liebe Gottes. In solcher Bewegung des Herzens (Abkehr von der Schuld – Hinwendung zu Gott) liegen Heil und Heilung. Die Schuld wird so zum Movens der Gottesbegegnung. Das Thema der »felix culpa« der Osternacht leuchtet auf. Das dreifache Gleichnis vom Verlorenen ist als »Evangelium in den Evangelien« in allen Texten und Gebeten des heutigen Sonntags bestimmend.

2. Homiletische Hinweise

Vom »Hören« dürfte unsere Perikope den Kirchenbesuchern nicht unbekannt sein. Problematischer ist freilich die Umsetzung des Gleichnisses in die je eigene Lebenswelt. Denn ob Kirchenbesucher mehr Verständnis für »verlorene Schafe« aufbringen als andere Leute, läßt sich wohl bezweifeln. Gerade Selbstgefälligkeit und Blindheit hindern oft, sensibel und beweglich zu bleiben für alles

Verlorene und Abgeschriebene. Der Satz: »Die (andern) sind ja selber schuld ...« ist nur zu geläufig. Diese Haltung aber muß korrigiert werden, damit die Gemeinde nicht in eine pharisäische Haltung abgleitet. Dementsprechend wird auch das Gottesbild, das mancher mit sich und in sich trägt, durch die Verkündigung der Reich-Gottes-Botschaft Jesu korrigiert werden müssen.

Reich Gottes ist in seiner Wesenhaftigkeit im ständigen Werden. So sind gerade nicht Starrheit und Unbeweglichkeit Zeichen für das Reich Gottes. Es ist vielmehr Bewegung, »Heimholung« in die Gemeinschaft mit Gott. Diesem Prozeß der ständigen Heimholung dient der Umkehr-Ruf des Herrn, aber auch seine Botschaft vom barmherzigen Vater. Unser Gleichnis wird eingeleitet mit einer Feststellung: Zöllner und Sünder kamen zu Jesus, um ihn zu hören. Pharisäer und Schriftgelehrte aber empörten sich und sagten: »Er gibt sich mit Sündern ab und ißt sogar mit ihnen.« Diese Tischgemeinschaft Jesu mit den Sündern zeigt die Richtung an, in der unser Evangelium gedacht und geschrieben ist. Es wendet sich gegen die Pharisäer aller Zeiten! Auch im Neuen Bund der Kirche sind jene Selbstgerechten am Werk, die Gott von vornherein auf ihrer Seite wähnen und lieber unter sich bleiben wollen. Obwohl sie nicht auf das Gesetz getauft sind, sondern auf Jesus Christus. Er aber wußte sich zwar zuerst zu Israel gesandt, hat aber gleichwohl unmißverständlich den universalen Heilswillen Gottes, vgl. 1 Tim 2,4, kund getan. So ist eine kirchliche Praxis verlangt, die niemanden ausschließt, der gleichsam aus der Ferne kommt (vgl. *Drittes Hochgebet*). Gemeinde ist auch für jene da, die den rechten Weg für ihr Leben suchen und ebenso für solche, die in ihrer Sehnsucht nach Leben und Glück Umwege der Sünde gegangen sind. Entscheidend ist nicht so sehr, daß ein Mensch immer »in Ordnung« gewesen ist und alle Normen, Gebote, Leistungen erbracht hat, sondern daß er darüber hinaus gelernt hat, heimzukehren zu Gott, seinem Vater, und die Möglichkeit des Neu-Anfangs als Geschenk und Chance begriffen hat.

III. Zur Predigt: Verloren und wieder gefunden – oder: die Freude der Heimkehr

»Evangelium im Evangelium«

Nirgends sonst kommt so deutlich und eindrucksvoll zum Ausdruck, daß Jesus der Welt ein »Evangelium« zu verkünden hat, wie in unserem heutigen Gleichnis-Kapitel vom Verlorenen. Denn es geht sowohl im Doppelgleichnis vom verlorenen Schaf und der verlorenen Drachme wie in dem vom verlorenen Sohn jeweils um die Freude Gottes über einen einzigen Sünder, der umkehrt. Deswegen nennt die Bibelwissenschaft zu Recht diesen Text »das Evangelium in den Evangelien«. Das ganze Evangelium ist ja allen Menschen geschenkt, auch den ärmsten und verlorensten, ja gerade diesen.

Auf dem Weg Jesu nach Jerusalem begegnen ihm immer wieder Kranke, Verlassene, Arme, Sünder. Zu ihnen weiß er sich gesandt, um »allen zu leuchten, die in Finsternis sitzen und im Schatten des Todes«, Lk 1,79. Und noch deutlicher sagt es der Herr selber am Beginn seines Wirkens in der Synagoge seiner Heimatstadt Nazaret: »Der Geist des Herrn ruht auf mir . . . Er hat mich gesandt, damit ich den Armen eine gute Nachricht bringe; damit ich den Gefangenen die Entlassung verkünde und den Blinden das Augenlicht: damit ich die Zerschlagenen in Freiheit setze . . .«, vgl. Lk 4,18 ff.

Pharisäer und Schriftgelehrte werden dies nicht begreifen. Sie jagten ihn schon damals zur Stadt hinaus. Seine Liebe zu den Sündern und seine Tischgemeinschaft mit ihnen war vielen unbegreiflich. Die Frommen wollten viel lieber unter sich bleiben. Und meinten dabei, Gott auf ihrer Seite zu haben. Um so mehr zeigten sie dann auf die Sünden und Übertretungen der anderen. Und das wieder »im Namen des Gesetzes«. Die Bösen – das sind »die Anderen«. Jesus durchbricht diesen eigenartigen Mechanismus menschlicher Verdrängung. Er trennt nicht die Welt in »gut« und »bös«, weil er weiß, daß beides im Herzen des Menschen sitzt. Er ist für alle da. Seine Botschaft kommt bei jenen an, die unter der Last ihres Lebens, ihrer vertanen Stunden und Tage, ihrer Sünden leiden. Er räumt allen eine neue Chance ein. Und so scheiden sich an ihm, damals wie heute, die Geister. Die Menschen denken anders als Gott. Sie haben ihre Erlösung nicht begriffen. Weil wir aber Gemeinde der Erlösten sind, wollen wir uns neu dem erlösenden Wort Gottes stellen und uns

Fünfundzwanzigster Sonntag

Lk 16,1–13

I. Bibeltheologische Vorüberlegungen

1. Stellung, Struktur, Gattung der Perikope

Einer kurzen Einleitung, in der die Jünger als Hörer genannt sind, 16,1a, folgt die Parabel, 16,1b–7, die einen verbrecherischen Menschen schildert, »dem das Messer an der Kehle sitzt und der sich in dieser Lage skrupellos, aber entschlossen die Zukunft sichert« (Jeremias). V. 8a bringt die Anwendung durch Jesus, die in V. 8b erweitert ist. Die V. 9–13 bilden einen Anhang, der auf das Stichwort »Mammon«, V. 9.11.13, zusammengestellt ist und zwei weitere Anwendungen einbringt, die auf die Situation der Jüngergemeinde ausgerichtet sind: V. 9a: »Euch sage ich«, vgl. V. 1a. Anlaß für diese kommentierenden Auslegungen wird wohl die Tatsache sein, daß die Parabel ursprünglich an Unbekehrte – etwa Zöllner – gerichtet war, wie die Wendung »Mammon der Ungerechtigkeit« = »unrechtmäßig erworbenes Geld« vermuten läßt, und nun innerhalb der Gemeindeverkündigung einer weiteren Interpretation bedurfte.

2. Einzelauslegung

V. 1f Die Parabel ist den Jüngern erzählt. Diese Einleitung hat Lukas wohl schon vorgefunden. Es dürfte – wie noch zu sehen ist – kaum eine Frage sein, daß der ursprüngliche Hörerkreis nicht nur aus Jüngern Jesu bestand, vgl. das zu V. 9 Gesagte. – Die handelnden Personen werden vorgestellt: Ein reicher Mann und sein Verwalter. Die Situation ist kurz gekennzeichnet: Dem Besitzer wird hinterbracht, der Verwalter veruntreue seinen Besitz. Da im Orient damals weder Buchführung noch geregelte Kontrolle üblich waren, ist der hier genannte Informationsweg nicht außergewöhnlich. Die Reaktion des Besitzers besteht in der Aufforderung an den Verwalter, seine Tätigkeit zu rechtfertigen, wobei auch an das Vorlegen schriftlicher Unterlagen gedacht ist, wie das Fälschen der Schuldscheine, V. 6, zeigt. Doch verdient festgehalten zu werden, daß die Schuld des Verwalters dem Besitzer evident ist. Er nimmt ja das Ergebnis der Untersuchung vorweg, so daß sie den Charakter einer Überführung bekommt: »Du kannst nicht länger Verwalter sein!« In diesem Sinn wird sie von dem zur Verantwortung Gezogenen auch verstanden.

V. 3f In einem Selbstgespräch werden die Überlegungen des Verwalters zur Sprache gebracht. Zwei Möglichkeiten, nach dem Verlust seiner Stellung seine Existenz zu sichern, scheiden für ihn aus: Graben, d. h. schwere körperliche Arbeit, und das Leben von Almosen. »Ich weiß, was ich tun will« wirkt in dieser Ausweglosigkeit wie das Licht, das ihm aufgeht: Denn nun folgt sofort die Ausführung seines Planes. Er ist als einer vorgestellt, dem etwas – und zwar das Richtige im rechten Augenblick – einfällt. Das Ziel seiner Unternehmungen liegt ja darin, daß »sie ihn in ihre Häuser aufnehmen«. Dann ist er gerettet.

V. 5–7 Die Schuldner werden einer nach dem anderen gerufen. Dieser Zug, der als Zeichen der Umsicht erscheint, entspricht im übrigen dem Gesetz der szenischen Zweiheit volkstümlicher Erzählweise. Es wird nicht weiter deutlich, ob es sich bei den Schuldnern um Pächter handelt, die mit der Bezahlung im Rückstand sind, oder um Händler, die ihre Ware gegen Schuldschein erhalten haben. Zwei Einzelfälle sind aufgeführt, denen jeweils die sehr hohe Schuldenlast gemein ist (100 Bat Öl = 36,5 hl entsprechen einer Schuldsumme von etwa 1000 Denaren; 100 Kor = 364,4 hl Weizen, also ca. 550 Zentner, etwa 2500 Denaren). Der Erlaß (18 hl Öl, 73 hl Weizen) ist dem Wert nach in beiden Fällen ungefähr gleich, etwa 500 Denare, da Öl erheblich teurer gehandelt wurde als Weizen. Der Verwalter hat offenbar die Schuldscheine in Verwahrung, die die Schuldner eigenhändig ausgestellt haben. Er läßt sie deshalb selbst die Änderung vornehmen in der Hoffnung, daß der Betrug bei gleicher Handschrift unbemerkt bleiben werde.

V. 8a Der »Herr«, der den ungerechten Verwalter wegen seiner Klugheit lobt, ist fraglos Jesus. Der Besitzer, der in der Parabel ebenfalls als »Herr« bezeichnet ist, V. 3, kann ja schwerlich solches Lob aussprechen. Das würde voraussetzen, daß er das Spiel seines Verwalters durchschaut, aber darum gerade nicht ans Ziel kommen läßt. – Die Klugheit des Verwalters, und nur sie, ist aber lobenswert, weil er sich in höchster Not zu helfen weiß. Solche Klugheit ist jetzt, da Jesus die Parabel erzählt, den Hörern vonnöten. Sie sind angesichts des kommenden Gerichtes in noch viel größerer Not. Es kommt darauf an, die rechte Entscheidung zu treffen. Das aber setzt voraus, daß die Situation richtig erkannt und beurteilt wird. Darin ist der Verwalter vorbildlich.

V. 8b Die folgende Erklärung will das schon den frühen Hörern befremdlich erscheinende Lob Jesu erläutern, indem sie nochmals den Akzent auf die Klugheit setzt. »Unter sich« – also nicht in der von der Parabel angezielten Rücksicht: Angesichts des göttlichen Gerichtes! – sind die Weltkinder den Kindern des Lichtes an Klugheit überlegen.

V. 9 Die Rede wird neu eingeleitet. Was nun folgt, ist nicht mehr Bestandteil der Parabel, sondern zum Stichwort »Mammon« angefügte Kommentierung. Die Parabel spricht ja in die Situation der ursprünglichen Hörer Jesu, die mit ihrer Entscheidung ihr eigenes eschatologisches Urteil herbeiführen. Lukas aber findet sie bereits als Verkündigung vor der glaubenden Gemeinde vor; sie wird »den Jüngern« (V. 1) erzählt. Darum wird V. 8b schon zugewachsen sein: Wo die Entscheidungssituation nicht mehr in derselben Weise gegeben ist, klingt auch Jesu Parabel merkwürdig. Das Interesse verlagert sich darum auf andere Möglichkeiten der Anwendung, die der Gemeinde im Stichwort »Mammon« angesprochen scheinen.

Sie wird also angewiesen, den »Mammon«, der »ungerecht« genannt wird, so zu benutzen, daß man am Ende »in die ewigen Hütten« aufgenommen werden kann. Das Wohnen in Hütten ist Attribut endzeitlicher Vollendung, vgl. Mk 9,5, und greift einen Typus der Wüstenzeit auf. Der Hausverwalter ist in dieser Anwendung nicht mehr Vorbild für den klugen Entschluß, sich zur rechten Zeit Rettung zu verschaffen, sondern für die kluge Verwendung des Geldes.

V. 10–12 Eine weitere Anwendung greift ein antithetisch gegliedertes Sprichwort auf, V. 10, das von Treue und Untreue im Geringsten handelt, und wendet es auf den Mammon und die ewigen Güter an, V. 11 f. So ist nun die Parabel vom Gegenteil her interpretiert. Der Verwalter ist nicht Vorbild, sondern abschreckendes Beispiel.

V. 13 Ein ursprünglich isoliert tradiertes Logion schließt die Perikope. Mt 6,24 überliefert es – allgemeiner gehalten – im Zusammenhang der Bergpredigt. Hier stellt es am Ende den scharfen Kontrast:

Gottesdienst – Mammonsdienst heraus und faßt so die angefügten Anwendungen, die um den rechten Gebrauch des Mammon gruppiert sind, in der Maxime zusammen: Mammonsdienst verträgt sich nicht mit Gottesdienst. Vielmehr erfordert der rechte Gebrauch des Mammon Klugheit, wie sie diesen Anwendungen zufolge in der Parabel sichtbar wird.

3. Theologische Würdigung

In der Predigt sollten die sekundären Anwendungen nicht direkt mit der Parabel verknüpft werden. Es ist denkbar, die Parabel mit ihrer ursprünglichen Anwendung, V. 1b–8a, zur Sprache zu bringen, oder aber in Form einer Spruchhomilie die eine oder andere der angefügten Deutungen zum Gegenstand der Auslegung zu machen.

(1) Die Parabel zeigt, wie ein Mensch sich angesichts der drohenden Katastrophe durch kluge Erfassung der Situation rettet. Es kommt darauf an, den Ernst der Stunde zu erfassen und die entscheidende Antwort in der rechten Gestaltung des Lebens zu finden: In der Hinwendung zur Botschaft Jesu.

(2) Der Umgang mit den irdischen Gütern kann zu einer Versklavung des Menschen führen, so daß er das Heil Gottes aus den Augen verliert. Doch ist dem Christen ein rechter Gebrauch möglich, wenn er es versteht, seine Berufung über alles andere zu stellen.

(3) Der Umgang mit den Gütern wird mit dem Gebrauch von Fremden verglichen, V. 12. Das Eigene bezeichnet die dem Jünger zuteil gewordene Heilsgabe Gottes. Er kann sie aber nur dann ergreifen, wenn er rechten Gebrauch von dem macht, was ihm eigentlich nur überlassen ist.

(4) Das Entscheidungswort von der Unmöglichkeit, zwei Herren zu dienen, greift auf die Entscheidungssituation zurück, die in der Parabel angesprochen ist. Die Klugheit befähigt dazu, die einmal gefällte Entscheidung, die zur Jüngerschaft führte, im Wandel zu aktualisieren.

H. Leroy

II. Liturgisch-homiletische Überlegungen

1. Liturgische Hinweise

Ein Blick in die Gebete und Lesungen läßt die Leitwörter erkennen: »Gott« und »der Mensch«. Wie in zwei Brennpunkten sammeln sich hier die verschiedenen Aussagen der sonntäglichen Texte. Bei genauerem Hinsehen kristallisiert sich ein Kernsatz heraus, der gerade heute wieder an Aktualität gewinnt: »Heiliger Gott, du hast uns das Gebot der Liebe zu dir und zu unserem Nächsten aufgetragen . . .« (*Tagesgebet*). Dieser Prüfstein für »das ewige Leben« wird in seiner grundsätzlichen Bedeutung durch die *Erste Lesung* (Am 8,4–7) unterstrichen. Ihr Thema wird zwar von der konkreten Situation der damaligen Zeit bestimmt; dennoch täuschten sich die Christen, wollten sie darüber wegsehen, daß auch in der Gegenwart »Schwache verfolgt und die Armen im Land unterdrückt«, Am 4,4, werden.

Als Brücke zu einem weiteren merk-würdigen Gedanken, der sich in der *Zweiten Lesung* (1 Tim 2,1–8) findet, dient der *Antwortpsalm:* »Lobet den Herrn, der den Armen erhöht.« Die Tiefe dieses Kehrverses wie auch die unergründliche Einheit zwischen der Gottes- und der Nächstenliebe werden durch den »Mittler zwischen Gott und den Menschen: . . . Christus Jesus«, 1 Tim 2,5, bezeugt. »Bitten, Gebete, Fürbitte und Danksagung«, 1 Tim 2,1, sind Schlüsselwörter. Ihre verwandelnde Kraft erfährt der Christ, wenn er dem Nächsten – aus selbstloser Haltung heraus – Raum zu dessen Entfaltung gibt. Wer diese nicht immer leichte Forderung mit Gottes Hilfe zu erfüllen sucht, wird auch die Entscheidungsfrage des heutigen *Evangeliums* unmißverständlich beantworten: »Ihr könnt nicht beiden dienen, Gott und dem Mammon«, Lk 16,13.

2. Homiletische Hinweise

Die Texte des Sonntags sprühen geradezu von Dramatik. Beinahe jedes Wort wartet darauf, verkündigt und (vor)gelebt zu werden.

Ich stelle mir die Erregung vor, die die Worte der *Ersten Lesung* bei den Zuhörern des Propheten damals hervorgerufen haben. Mit bewundernswerter Prägnanz und unerschrockener Dichte geißelt Amos Mißstände seiner Zeit. Israel verwirft »das Maß«, Am 8,5, und verlagert »die Gewichte«; kalte Berechnung und purer Egoismus werden zur maßgebenden Meßlatte: Geld regiert ihre Welt!

Eine gewisse Nähe zu unserer Zeit ist unverkennbar. Die verwirrende Vielfalt von Angeboten, auf der Lebensbühne mitzuspielen, ihre grenzenlosen Spielregeln zu übernehmen, läßt das Augenmerk vom Richtmaß *Gott* abwenden. Aber der Hinweis des Herrn: »Keine ihrer Taten werde ich jemals vergessen!«, Am 8,7, darf nicht dazu führen, auf Fehler und Schwächen von Mitmenschen unnachgiebig aufmerksam zu machen. Eine solche Kritik stieße ins Leere, sofern das immerwährende Erbarmen Gottes nicht ausdrücklich mitgenannt würde. Dieses ist selbst dann erfahrbar, wenn seine Hand straft.

So sind die Aussagen des prophetischen Textes im letzten Wegmarken für das tägliche Leben. Jene stützen sich auf die Grundeinsicht: Sich nicht von Menschen oder anderen egoistischen Interessen bestimmen zu lassen, sondern von ehrlichem Rechtsdenken und aufrichtiger Wahrheitsliebe. Wo solches geschieht, werden Gesetz und Propheten erfüllt, öffnet sich der ›Neue Bund‹, da der Mensch sich an die Treue Gottes bindet, der die Erneuerung durch seine Sakramente zusagt (*Schlußgebet*).

Die theologische Aussage der *Zweiten Lesung* beinhaltet die Notwendigkeit, das Gespräch mit Gott ohne Unterbrechung zu pflegen. Für die Welt hängt alles davon ab, ob Menschen die Dringlichkeit des Betens erkennen, dessen Weite Paulus durch vier Bezeichnungen: »Bitten, Gebete, Fürbitte, Danksagung«, 1 Tim 2,1, verdeutlicht. Freilich muß sich auch der Prediger erst langsam zum Gehalt vortasten, ehe er den gemäßen Schlüssel für sich selbst und für den einzelnen in den Wirrnissen dieser Zeit findet und aufzeigen kann. Nur wer mit Geduld den – zuweilen über längere Zeit – schweigenden Gott aushält, vermag überhaupt zu beten.

Die Lehre, die Jesus im heutigen *Evangelium* gibt, sieht zunächst wie eine Reihung blanker Klugheitsregeln, vgl. Lk 16,9–13, aus; sie erscheint wie eine Seite aus einem Merkbuch für junge ›Aufsteiger‹, verfaßt von einem lebenserfahrenen, erfolgreichen Karriere-Menschen. In der Tat enthalten die Worte Jesu Lebensweisheiten, die zuverlässige Orientierung für die alltägliche Praxis geben. Dies ist jedoch nur die eine und leicht verständliche Seite der Parabel.

Beim ersten Hören des Verses: »Und der Herr lobte die Klugheit des unehrlichen Verwalters«, Lk 16,8, läuft es einem kalt über den Rücken, muß doch das Wort als etwas Ungeheuerliches, ja Absurdes anmuten. Sollte Gott für das Kalkül purer Selbstsucht Verständnis zeigen, es sogar als vorbildlich hinstellen? Das trifft zweifellos nicht zu, vor allem deshalb nicht, weil der Text des Evangeliums keine Theorie bieten will, die für rationales Verhalten in der Welt Maßstäbe setzt. Darum soll man sich davor hüten, diesen V. 8 und seinen Kontext zu überdehnen. Indes, was wollen die Zeilen sagen? Die tägliche Erfahrung widerspricht doch der Aussage. Die weltlichen Gerichte ahnden nach wie vor betrügerisches Handeln, und auch die Kirche wird ein solches Verhalten nicht gutheißen können. Wenn der Herr »seinen Jüngern«, Lk 16,1, das Tun des Verwalters dennoch als Maßstab setzt, so will er damit die zielstrebige Konsequenz loben, mit der der Mann seine Katastrophe abzuwenden sucht. Eine ethische Bewertung der Tat ist von Jesus nicht beabsichtigt. Es gilt für ihn, dem Hörer aufzuzeigen, daß die Seinen erfinderisch sein müssen, um vor dem kommenden, endzeitlichen Gericht bestehen zu können.

III. Zur Predigt: Lebensentscheidung

Für wen gehst du?
Als ich den Satz »Ihr könnt nicht beiden dienen, Gott und dem Mammon«, Lk 16,13, las, kam mir eine chassidische Geschichte in den Sinn. Sie lautet so: »In Ropschitz, Rabbi Naftalis Stadt, pflegten die Reichen, deren Häuser einsam oder am Ende des Ortes lagen, Leute zu dingen, die nachts über ihren Besitz wachen sollten. Als Rabbi Naftali sich eines Abends spät am Rande des Waldes erging, der die Stadt säumte, begegnete er solch einem auf und nieder wandelnden Wächter. ›Für wen gehst du?‹ fragte er ihn. Der gab Bescheid, fügte aber die Gegenfrage daran: ›Und für wen geht Ihr, Rabbi?‹ Das Wort traf den Zaddik (ein chassidischer Wunderrabbi) wie ein Pfeil. ›Noch gehe ich für niemand‹, brachte er mühsam hervor . . .« (*Martin Buber:* Die Erzählungen der Chassidim. Zürich 1949, S. 671).

»Für wen gehst du?« Diese Frage traf den Zaddik wie ein Pfeil. Und wir, für wen gehen wir? Gehen wir nicht oft für uns selbst, für eine Sache? Oder gehen wir für einen anderen, für den anderen?

Das Wort von Jesus: »Ihr könnt nicht beiden dienen, Gott und dem Mammon« gilt zunächst für die Jünger Jesu, später für die Kirche, d. h., für mich ebenso wie für jeden anderen, der den Satz hört oder liest. Kann es Größeres, Wichtigeres oder überhaupt irgend etwas neben Gott als Alternative geben? Und doch scheint das Wort Jesu heute sehr fern zu sein. Liegt das am unergründlichen Geheimnis: Gott, das der Mensch nicht einmal anzurühren vermag? Diese grundlegende Erfahrung sagt in ihrem Kern doch einfach dies: Das Stabile, das, was eigentlich die Zeiten überdauert, ist ganz anders beschaffen, als wir es uns für gewöhnlich vorstellen können. Nicht das anfaßbar Feste ist das Tragende, sondern jene Bewegungen des Herzens und des Geistes, die dazu befähigen, sich selber loszulassen und sich selbst-los auf den Weg zu Gott und zum Bruder, zur Schwester zu begeben.

Die chassidische Geschichte berichtet, daß die Frage »Und für wen gehst du?« den Rabbi tief ins Herz getroffen hat. Das Eingeständnis »Noch gehe ich für niemand!« ist für den heutigen Menschen tröstlich und zugleich Ansporn, sich zu fragen: Wer ist Gott, wer ist Gott für mich?

Gott – wer bist Du?

Es gibt eine Erfahrung, die Christen Sorge macht: Gott verschwindet im täglichen Leben, die Erinnerung an ihn zerfließt, verdunstet. »Nur 17 Prozent der Bevölkerung in der Bundesrepublik Deutschland halten Religiosität für eines der wichtigsten Ziele bei der Erziehung von Kindern; von den 25–44jährigen, die die kommende Generation betreuen und prägen, halten nur 10 Prozent die Vermittlung religiöser Überzeugungen für einen besonders wichtigen Bestandteil ihrer Aufgabe« (*E. Noelle-Neumann/R. Köcher.:* Die verletzte Nation. Über den Versuch der Deutschen, ihren Charakter zu ändern. Stuttgart 1987, 178f). Bereits 48 Prozent der 18–24jährigen glauben nicht mehr an Gott (s. S. 172). Offenbar geht in unserer wissenschaftlich-technischen Welt eine tiefe Veränderung des religiösen Bewußtseins vor sich. So haben 74 Prozent der 18–24jährigen wenig oder überhaupt kein Vertrauen in die Kirche (s. S. 182).

Gott – wer bist du? Wie kann ich dich finden?

Nun, man kann Gott nur erahnen. Es ist leichter, an ihn zu glauben, wenn man bereit ist, sich existentiell mit Kopf und Herz, mit Verstand und Gemüt auf ihn einzulassen. Ich wage zu sagen: Der wird am ehesten Gott erfahren, der sich dem charakteristischen Zug seines Wesens öffnet: der Unaufdringlichkeit, Selbst- und Wehrlosigkeit seiner Liebe. Diese Eigenschaft Gottes scheint heute deutlicher erfahrbar zu sein als in früheren Zeiten. Gott gibt sich unauffällig;

er steht zwar am Lebensweg, verhält sich jedoch zurückhaltend. Dieses verborgene Verhalten meinen viele Menschen so zu deuten, als gäbe es ihn nicht mehr.

Mir scheint, es ist eine ›Art der Entwicklung‹ in der Offenbarung Gottes sichtbar geworden: Bei Jesus Christus, dem Sohn Marias, ist zwar Gott der Vater, »Herr des Himmels und der Erde«, Mt 11,25; Lk 10,21. Aber Christus erweist sich als macht-lose Liebe, die »gekommen ist, um zu suchen und zu retten, was verloren ist«, Lk 19,10. Dieser unsagbar große Gott erniedrigt sich, wird anfaßbar im hilflosen Kind, das in der Krippe liegt, vgl. Lk 2,7, wird zu einem Gott, mit dem Menschen machen, was sie wollen, vgl. Mt 27,27–31. Das wird anschaubar durch das Lamm, das zur Schlachtbank geführt wird und seinen Mund nicht auftut, vgl. Apg 8,32. Gott wird vom Menschen gleichsam unerkennbar gemacht! Und doch – diese Ohnmacht der beispiellosen Liebe Gottes besiegt alles, auch den Tod, vgl. Röm 6,9. Es bleibt das große Geheimnis, daß der allmächtige und absolute Herr des Himmels und der Erde, vgl. Mt 11,25 par., als unscheinbare, verborgene und selbstlose Liebe uns alle retten will; sie allein ist stärker als alles in der Welt. Dennoch darf man seine selbstlose Liebe nicht als schwächlich, weich oder kraftlos deuten. Jesu Entschiedenheit und Kompromißlosigkeit sind im Evangelium unübersehbar, vgl. Mk 11,15–17 par.; Joh 18,23 u. a..

Hier erwächst die Frage: Kann eine solche Erniedrigung aus Liebe ihr Ziel erreichen, Gott, den Vater, mit den Menschen zu versöhnen? Die Zweifel sind indes unbegründet. Jesus Christus sucht mit der grenzenlosen Güte und Liebe eines gleichsam ungetrübten Auges den Menschen, um das Herz zu finden, das in Stille und Verborgenheit sich öffnet für Umkehr und Umwandlung. »Die Füchse haben Höhlen, die Vögel ihre Nester; der Menschensohn aber hat keinen Ort, wohin er sein Haupt hinlegen kann«, Lk 9,58. Verwehrt der Mensch mit seiner Enge, seinem Habenwollen, Machtstreben und Geldwahn Gott die Einkehr? In der Tat, nur der wird den unaufhörlichen Ruf »des Leisesten von allen« (*Rainer Maria Rilke*) vernehmen, der persönlich still, »arm«, vgl. Mt 5,3 par. u. ö., geworden ist. Vernehmen wir die Stimme Jesu Christi?

Der Mammon – spiegelt er nur das eigene Ich?

Es wird erzählt: Ein Mann kommt zum Rabbi und beklagt sich bei ihm, wie kalt und ichsüchtig die Menschen seien. Jener führt ihn schweigend zum Fenster und fragt: »Was siehst du?« Dieser gibt zur Antwort: »Menschen auf der Straße; sie hasten aneinander vorbei, sprechen flüchtig miteinander oder gehen frohgemut dahin.« Darauf schiebt der Rabbi ein Stück Silber vor das Fenster und fragt erneut seinen Besucher: »Was siehst du?« – »Einen Spiegel und darin mich!« Der Rabbi antwortet mit ernster Stimme: »So ist der Mensch; ein Stückchen Silber und schon sieht er nur sich selbst.«

Sollte uns dieses kurze Gespräch nicht nachdenklich machen? Nicht zufällig nimmt der den Rabbi Fragende die Mitmenschen durch das geschlossene Fenster wahr. Er weiß, daß er, wie jeder Mensch, auf das Gegenüber angewiesen ist, auf die Gemeinschaft, um leben, um sinn-voll leben zu können. Doch diese Offenheit des Mit- und Füreinander erfährt durch ein Stückchen Silber einen Riegel: Es verstellt den Blick für das Wesentliche des Daseins.

Haben wir damit diese Geschichte schon ausgeschöpft? Ist, so fragen wir uns, Geld zur persönlichen Sicherheit und Vorsorge nicht notwendig und damit gerechtfertigt? An der Stelle bricht wieder der entscheidende Gedanke der chassidischen Geschichte durch: »Für wen gehst du?« Dabei erinnern wir uns an die Frohbotschaft vom reichen Jüngling, vgl. Mt 19,16–22. Für ihn kam die Stunde der Entscheidung, als er Jesus fragte: »Meister, was muß ich Gutes tun, um das ewige Leben zu gewinnen?«, Mt 19,16. Jesus lädt ihn unverzüglich ein, indem er ihn liebend anschaut, vgl. Mk. 10,21, mit ihm zu gehen. Zuvor aber soll er seinen Besitz verkaufen und das Geld den Armen geben, vgl. Mt 19,21 par., um dann durch die Gemeinschaft mit ihm den ganzen Reichtum zu finden. Vor diesem Blick Jesu, vor diesem alles entscheidenden Augen-Blick Gottes, versagt der Reiche an seinem Scheideweg. Hat er gemeint, er habe noch Zeit? Zunächst wolle er noch das Leben genießen und erst später für das ewige Leben sorgen. Der Reiche hält den Blick Jesu, seinen Anspruch, nicht aus; er fühlt sich überfordert. All die Erwartungen und Verpflichtungen, die ihn binden, sie verstricken ihn jetzt gleichsam in ein Netz, das von Jesus wegzieht. Dabei sollen wir nicht übersehen, daß Jesus das berechtigte Streben nach Besitz nicht verurteilt, sondern nur »jede Art von Habgier«, Lk 12,15, die »Überfluß« zum Lebensziel macht. Deshalb wird sein Wort: »Ihr könnt nicht beiden dienen, Gott und dem Mammon«, Lk 16,13, für den Menschen, für uns alle zur unausweichlichen Frage, zur Lebensentscheidung!

Worin liegt die zeitlose Bedeutung dieses Evangeliums?
Überblicken wir noch einmal unsere Überlegungen.

Jesus selbst gibt die Antwort auf das Grundanliegen seiner Botschaft. Er stellt den Unsterblichen, – den verborgenen Gott –, dem Vergänglichen, «dem ungerechten Mammon«, Lk 16,13, gegenüber. Dieser verstellt den Blick und den Weg zu Gott. Doch täuschen wir uns nicht. Wir sind und bleiben Verwalter in dieser Welt; und dies auch nur auf Zeit. Eines Tages müssen wir Rechenschaft über unsere Verwaltung ablegen, vgl. Lk 16,2–8! Dennoch ist es tröstlich, darauf vertrauen zu dürfen, daß er uns ein gütiger, barmherziger, wenn auch gerechter Richter sein wird, vgl. Joh 3,17; Apg 17,31.

D. Höffe

Sechsundzwanzigster Sonntag

Lk 16,19–31

I. Bibeltheologische Vorüberlegungen

1. Stellung, Struktur, Gattung der Perikope

Im 16. Kapitel hat Lukas Worte Jesu über Besitz und Reichtum, Armut und Not zusammengestellt. Wie soll der Christ sich zu den sozialen Fragen der Zeit entscheiden? Welche christliche Botschaft hat das Evangelium für die enttäuschten und verzweifelten Menschen in den Ausweglosigkeiten der Welt? Wie geht Jesus mit den Reichen ins Gericht? Ein Höhepunkt der Antwort auf diese Fragen ist das vorliegende Gleichnis.

Die Echtheit der zweiten Hälfte, V. 26–31, wird oft bestritten. Doch lassen sich für eine sekundäre Bildung keine überzeugenden Beweise erbringen. Man sucht in diesem Abschnitt allegorische Anspielungen auf die Auferstehung Jesu oder Weissagungen, die nachträglich interpoliert seien; der Text berechtigt dazu nicht. Das Gleichnis deutet auch nicht an, daß es ausschließlich aus Erfahrungen des apostolischen Zeitalters entstanden sei.

Der vollständige Themenwechsel, den einige hinter V. 26 erkennen wollen, beruht auf falscher Deutung des Grundanliegens der Parabel; denn dieses kommt nicht in den ersten Versen zur Sprache, die Jesus von den jüdischen Schriftgelehrten, wenn auch mit Einschränkung, übernommen hat, sondern erst im zweiten Teil. Erst hier erkennt man auch, und das ist ein anerkanntes Echtheitszeichen, die Situation, in der Jesus die Parabel spricht. Das Gleichnis dürfte somit eine Antwort Jesu an die Pharisäer sein, die praktisch und theoretisch den Ruf Jesu zur Umkehr als für ihresgleichen unnötig erachten, und in ihrer Unbußfertigkeit fordern, Jesus solle sie doch zuerst durch ein Wunderzeichen überzeugen. Er hat ja seine Gegner nicht selten aus ihrem eigenen Munde und aus ihrer eigenen Lehre widerlegt. Er verweist auch anderswo auf Mose und die Propheten als die für alle verbindliche Offenbarung des göttlichen Willens; und

sichten, die in den V. 27–31 sichtbar werden, begründen die V. 19–26 durch die Betonung der eschatologischen Vergeltung den Ruf zur Buße.

(3) Die Predigt des Lukas: Der Evangelist schreibt einer bestimmten Kirche; er ermahnt sie zur rechten Einstellung gegenüber Reichtum und Armut. Jesus ist ein Herr der Elenden und Verachteten, die Kirche ist nach der Apostelgeschichte eine Gemeinschaft von solchen, die »alles gemeinsam haben«. Starke Worte über die Gefährlichkeit des Besitzes sind bei Lukas nicht selten. Er stellt Ideale auf, von denen er weiß, daß sie noch nicht und vielleicht niemals erreicht werden. Doch verlieren Ideale dadurch ihre Geltung?

(4) Lukas zeigt auch in dieser Perikope eine Vorliebe für das Alte Testament als Gottes Offenbarung, vgl. 24,25–27. Er sagt seinen Gläubigen nachdrücklich, daß die Auferstehung kein genügender Beweis ist, um Ungläubige von der Wahrheit der Lehre zu überzeugen. Der Akzent seiner Predigt liegt sowohl auf den ethisch-eschatologischen, 16,14f, als auf heilsgeschichtlich-pädagogischen Motiven, 16,16–18.

W. Pesch

II. Liturgisch-homiletische Vorüberlegungen

1. Liturgische Hinweise

Reichtum kann eine Gefahr darstellen. Dies ist keine hämische oder neidische Feststellung derer, die weniger haben und mehr erstreben. Denn auch Armsein kann so eine Gefahr darstellen. Die Gefahr für beide, Reiche und Arme, besteht darin, daß sie womöglich auf Gott vergessen.

So mahnt die *Erste Lesung* (Am 6,1a.4–7): »Weh den Sorglosen ... und den Selbstsicheren«, V. 1a, die »Wein, Weib und Gesang« lieben und zum Schaden der Armen im Volk Gottes faulenzen. Der Prophet Amos geißelt hier die Mißstände und den Luxus von Samaria.

Aber der Herr wird sich der Armen annehmen: »Recht verschafft er den Unterdrückten, den Hungernden gibt er Brot, ... er richtet die Gebeugten auf« (*Antwortpsalm* 146,7.8b).

Entsprechend ermahnt Paulus in der *Zweiten Lesung* seinen Schüler Timotheus: »Du aber, ein Mann Gottes, strebe unermüdlich nach

Gerechtigkeit . . .«, 1 Tim 6,11. Diese Gerechtigkeit, aber auch »Liebe, Standhaftigkeit und Sanftmut«, V. 11, gehören zum »guten Kampf des Glaubens«, V. 12, der das »ewige Leben« bringt, »zu dem er berufen worden ist«, V. 12.

Wer diesen Auftrag »rein und ohne Tadel«, V. 14, erfüllt, der handelt als der rechte Zeuge von Jesus Christus. Denn auch »er, der reich war, wurde aus Liebe arm; und durch seine Armut hat er uns reich gemacht« (*Ruf vor dem Evangelium,* vgl. 2 Kor 8,9).

Besitz und Reichtum und das falsche Vertrauen darauf in Hinsicht auf das ewige Leben sind sodann das Thema des *Evangeliums*.

Im *Schlußgebet* des Sonntags wird der Gedanke wieder aufgegriffen: »Mache uns bereit mit Christus zu leiden, damit wir auch mit ihm zur Herrlichkeit gelangen«.

2. Homiletische Hinweise

Das Gleichnis des Sonntags bietet dem Prediger mehrere Schichten und Ansatzpunkte für seine Auslegung. Einige davon sollte der Prediger auf jeden Fall vermeiden: Die Höllenpredigt und die Schelte der Reichen.

Vordergründig würde sich dem Prediger durchaus eine Schilderung der damaligen Jenseitsvorstellungen anbieten. Er könnte »Abrahams Schoß« (Paradies) und die »Unterwelt« mit ihren Qualen und dem Feuer und der unüberwindlichen Kluft zwischen beiden Existenzweisen auslegen. Ob dafür jedoch die gewöhnliche Zeit der Predigt ausreicht, dieses vielschichtige Thema zu behandeln? Jesus jedenfalls lehnt die Forderung nach überzeugenden Zeichen und Manifestationen ab. Eine sog. »Höllenpredigt« darf also nicht daraus abgeleitet werden, denn eine Eschatologie ist hier bei Lukas nicht angezielt.

Nicht nur bei den Pharisäern, sondern auch beispielsweise bei Calvin gibt es den Gedanken, daß Reichtum von Gott geschenkt sei, weil der betreffende Reiche so gut Gottes Gebote befolgt habe, daß Reichtum ein Zeichen für seine Auserwählung sei. Und umgekehrt wird Armut, Sünde und die Last bestimmter Berufe als ein Zeichen für weniger Ansehen bei Gott gedeutet.

Auch heute findet sich durchaus der Gedanke, daß Reichtum etwas in sich Schlechtes sei, denn jeder Reichtum könnte doch nur auf Kosten der Armen erlangt worden sein. Sicher war und ist auch der Reichtum der Kirche eine ständige Versuchung für die Kirche selbst, ebenso auch für vorschnelle Kritiker.

Nicht der Reiche als solcher gilt vor Gott nichts, sondern überhaupt jeder Mensch, der sich selbst genügt und der ohne Blick auf Gott und den Nächsten lebt. Dieser Mensch spricht sich dann selbst das Urteil. Weil er nicht auf Gott blicken will, deswegen versteht er selbst den »Wink mit dem Zaunpfahl« nicht: »Sie haben Mose und die Propheten, auf die sollen sie hören«, V. 29. Und selbst »Wenn einer von den Toten zu ihnen kommt, ... werden sie sich nicht überzeugen lassen«, V. 30f.

Damit ist der, der sich als Reicher weiß und fühlt, der eigentliche Arme, dem dann am Ende alles fehlen wird. Während jener, der »vor Gott arm ist«, von Gott also alles erwartet, ihm in allem vertraut, dann auch alles erhält. Somit ist er reich in Gott.

Jenseits von allem berechnenden Denken ist somit das irdische Verhalten doch auch eine Bewährungszeit. Wer die Liebe jetzt übt, bekommt sie in ihrer Fülle einmal geschenkt. Somit braucht jeder den wachen Blick dafür, wie es bei ihm aussieht und zu welchem »Typ« er gehört. Und je nach dem sollte er sich dann für eine Veränderung zum Guten hin entschließen und die dazu nötigen Wege gehen.

»Sie haben Mose und die Propheten, auf die sollen sie hören«, V. 29. Für die ersten Adressaten des Evangeliums sind »Mose und die Propheten« die bekannten Zeugen, auf die Lukas deshalb zuerst verweist. Sie mahnen zu rechtem Verhalten (Zehn Gebote) und zu lauterer Gesinnung (»Das ist ein Fasten, wie Gott es liebt: ... Dein Brot dem Hungrigen zu brechen ... und dich deinem Mitmenschen nicht zu entziehen«, Jes 58).

Im Alten wie im Neuen Testament kann jedoch auch der heutige Leser und Betrachter eine Wegweisung erkennen, die ihm Gott auf diese Weise zukommen lassen will. Denn die Heilige Schrift erhält den Leser und Hörer Tag für Tag wachsam für Gottes Anrede an ihn. Sie bewirkt mehr, als ein unüberbietbares Wunder vermag, das womöglich doch nicht angenommen wird: »Wenn sie auf Mose und die Propheten nicht hören, werden sie sich auch nicht überzeugen lassen, wenn einer von den Toten aufersteht«, V. 31.

Ganz gleich, in welche – für uns schwierige – Bilder auch immer der biblische Schriftsteller die »Ewigkeit« kleidet, sie ist Bestandteil der biblischen Aussage.

Jesus mahnt, der Mensch solle so leben, daß er das Leben für immer gewinnt. Wer sich nicht entsprechend verhält, steht in allergrößter Gefahr, das ewige Ziel (bildlich gesprochen »in Abrahams Schoß zu sein«) zu verfehlen.

Mit den Bildworten »Feuer, große Qual, Abrahams Schoß, unüberwindlicher Abgrund, Ort der Qual . . .« will Christus an das mögliche Ende erinnern (»et respice finem«), die Dimension der Ewigkeit also in das Leben hier und jetzt einbeziehen und so zur Umkehr auffordern. Es wäre für den Leser und Hörer tödlich, diese Dimension der Verkündigung Jesu zu verdrängen.

III. Zur Predigt: Lazarus mahnt jeden zur Umkehr

Er ist zum geflügelten Wort, ja zum Schimpfwort geworden, der »reiche Prasser« des Evangeliums. Dabei ist klar, daß nicht jeder, der Geld hat, zugleich einer sein muß, der es sinnlos verpraßt, ohne Rücksicht auf seinen Nächsten. Aber das ist auch nicht die Frage des Evangeliums!

Als Prediger muß ich heute also nicht die »Reichen« gegenüber irgendwelchen ungerechtfertigten Angriffen verteidigen. Noch muß ich herausstellen, daß es gewiß viele Wohlhabende gibt, die mit ihrem Reichtum sehr viel Gutes tun und persönlich geradezu anspruchslos leben.

»Bedenke das Ende«

Jesus geht vielmehr mit einer Gesinnung ins Gericht, die sich sowohl bei Reichen als auch bei Armen findet. Dabei geht es um eine Haltung, die dadurch gekennzeichnet ist, daß einer in den Tag hinein lebt, ohne an »das Ende zu denken«.

Da fragt einer nur danach: Wie kann ich genießen? Wie kann ich es mir noch besser gehen lassen? Und das alles ohne Rücksicht auf seine Mitmenschen!

Ein solcher Mensch lebt nicht mehr solidarisch mit den Nächsten. Diese falsche Haltung kann sich sogar bei Gruppen finden, die die »Solidarität« als Ziel in ihre Programme aufgenommen haben.

Der Typ des »Reichen Prassers« findet sich also dort, wo einer bewußt die Augen verschließt angesichts der Not, die vor seiner Tür liegt. Dem ist hinzuzufügen: Er setzt zwar selber keine bösen Taten; aber er unterläßt das Gute, das er tun könnte.

Die Not vor der Haustür sehen

Die »Not« meint materielle Not (Hunger, Krankheit und Armut), ebenso wie geistig-seelische Not. – Mein Nachbar kann rein materiell durchaus alles haben; aber seine Not besteht vielleicht darin, daß er keinen Menschen findet, mit dem er reden und sich aussprechen könnte. – Des anderen Not besteht vielleicht darin, daß er zwar gut verdient, aber an seinem Arbeitsplatz nie irgendeine Anerkennung findet.

Und der Dritte beklagt als seine Not, daß alles, was er tut, als selbstverständliche Leistung angesehen wird, die geradezu eingefordert wird. Dies kann auf einen Pfarrer ebenso zutreffen wie auf Väter und Mütter oder auf Ehrenamtliche in der Kirche oder in irgendwelchen Vereinen. Solche Not liegt vor den Türen unserer Zeit ebenso wie Lazarus vor der Tür des reichen Prassers.

Sich dem Anspruch entziehen?

Man könnte sich nun aus der Situation, wie sie Jesus beschreibt, leicht herausziehen. Dazu müßte man nur sagen: Jesus überzeichnet hier typisch schwarz-weiß, um eine Situation überdeutlich zu kennzeichnen. Und man könnte hinzufügen: In Wirklichkeit gibt es das überhaupt nicht, zumindest nicht bei uns in Deutschland (oder in Österreich oder in der Schweiz). Die wirklich große materielle Not ist doch überhaupt nicht vorhanden! Denn die besonderen Wechselfälle des Lebens sind durch die private Vorsorge wie auch durch das soziale Netz des Staates finanziell gut geregelt. Für Nahrung, Wohnung, Kleidung und Ausbildung ist überall gesorgt.

Und: Für viele Familien-, Ehe- und Erziehungsprobleme oder bei seelischen Schwierigkeiten gibt es doch genügend kostenlose Beratungsstellen.

Hinzu kommt, daß immer noch viel Bereitschaft zur Nachbarschaftshilfe vorhanden ist, gegenüber der Anonymität, die sich freilich ebenso findet.

Wer will, kann sich also durchaus sehr leicht dem Anspruch Jesu entziehen und findet dafür gute Gründe. Solche Argumente setzte Jesus schon bei seinen Hörern damals voraus, und sie sind auch heute bei uns zu finden.

Lazarus liegt vor jedermanns Tür

Und doch gilt auch für unser Land: Der »Arme Lazarus« kann vor jedermanns Tür liegen und jeder kann in die Situation des »Armen

Lazarus« kommen. Keiner darf sich deshalb zu schade sein, sich helfen zu lassen und keinem darf der andere zu unwichtig sein, um ihm nicht zu helfen.

Warum soll einer dem anderen helfen? Dafür gibt es ein ganzes Bündel an Motiven.

Jesus spricht in diesem Zusammenhang ungeniert die Angst vor der ewigen Verwerfung an. Dies müssen wir uns als heutige Hörer ausdrücklich bewußt machen, unabhängig davon, ob uns Jesu Bildworte heute zusagen oder nicht.

Jesus jedenfalls bezieht dieses Motiv der »ewigen Folgen« in seine Verkündigung ausdrücklich mit ein. Freilich ist es nicht Jesu einziges Motiv! Wichtiger ist ihm, daß die Seinen dort sind, wo er selber ist, Joh 12,25. Und er spricht von den Wohnungen, die beim Vater bereitet sind, Joh 14,1. Zudem weist er in der Rede vom Weltende gezielt darauf hin, daß jeder im Nächsten schon Christus selber sehen kann, und was jeder dem Geringsten tut, das tut er Christus selbst, Mt 25,40.

Eindringliche Mahnung zur Umkehr

Für jeden also, für den »Kapitalisten« ebenso wie für den »Habenichts«, gilt Jesu Gleichnis. Denn jeder kann in seiner Lage stumpf werden gegenüber Gott und seinem Anspruch an ihn. Das Prophetenschicksal des Alten Bundes und das Schicksal Jesu selber zeigen, wie schwerhörig der Mensch gegenüber Gottes Zeichen und Gottes Worten sein kann. Jedermann braucht deshalb ein offenes Herz für den Mitmenschen, dann ist er auch ein Freund Gottes.

Der »Jedermann« im Mysterienspiel von *Hugo von Hofmannsthal* bekommt zu hören: »Ich gehe mit dir, mein Jedermann . . ., wir gehen in deine Freuden ein.« Lazarus ist »Jedermann«! Der Reiche ist »Jedermann«! Wir alle bedürfen der ständigen Umkehr!.

J. Danko

Siebenundzwanzigster Sonntag

Lk 17,5–10

I. Bibeltheologische Vorüberlegungen

1. Stellung, Struktur, Gattung der Perikope

Die Perikope besteht aus zwei Teilen mit unterschiedlichen Aussagezielen. Es wird schwer sein, beide Gedanken in einer einzigen Rede zu vereinigen. So verlangt der Text die Entscheidung, ob man über die Apostelbitte und die Antwort Jesu, V. 5–6, oder über das Gleichnis vom Sklaven, V. 7–10, sprechen will. Der erste Abschnitt stammt aus der Tradition, die auch dem ersten Evangelisten vorlag, der zweite bringt Sondergut des Lukas. Die V. 5 und 6 sind nach bewährtem synoptischen Muster in die Form »Bitte-Entsprechung« gekleidet. Man vergleiche damit die Einleitung des lukanischen Vaterunsers und dieses selbst, 11,1–4. Die Bitte V. 5 ist wegen ihres Vokabulars (»Apostel«, »Herr«) und der nicht geringen Divergenz zwischen Bitte und Entsprechung – die Apostel bitten um *Mehrung* des Glaubens; Jesus hingegen spricht von der Qualität des Glaubens – als schriftstellerische und nicht als historische Einleitung zu interpretieren. Dabei handelt es sich in V. 6 wahrscheinlich um ein vorliegendes einzelnes Jesuswort, das Lukas unter dem Hauptgedanken »Jüngerbelehrungen« mit Hilfe einer geschickt verbundenen Einleitung hier untergebracht hat.

Das Gleichnis, V. 7–10, steht in keinem logischen Zusammenhang mit dem »Glaubenswort«. Im Munde Jesu wurde es wohl zu den Gegnern oder den Volksscharen gesprochen, wie die Wendung »Wer von euch« noch andeutet, vgl. Lk 11,11; 12,25; 14,5; 15,4 u. a., die man etwa übersetzen kann: »Könnt ihr euch vorstellen, daß jemand von euch . . .« Im Lukas-Text richtet sich das Gleichnis an die Apostel, und das heißt für Lukas: an die Zwölf, und in Abhängigkeit von ihnen die ausgesandten Verkündiger der christlichen Botschaft, die Missionare. Während das Gleichnis also bei Jesus zur Umkehrpredigt gehört, hat es bei Lukas die Aufgabe einer Mahnrede an die »Diener des Wortes«. Während Jesus damit gegen pharisäische Selbstgerechtigkeit vorgeht, warnt Lukas vor einer Selbstüberschätzung der Missionare und vor einer »Apostologie«, nach der die Missionare gewissen heidnischen Götterboten gleichen könnten, wie sie damals durch die Lande zogen.

2. *Einzelauslegung*

V. 5 Der Glaube, von dem in diesem Vers die Rede ist, kann mit »Zuversicht« oder »Vertrauen« umschrieben werden. Um Mehrung dieses Glaubens bitten die Apostel. Nur er, der erhöhte Herr seiner Kirche, kann den oft enttäuschten und machtlosen Aposteln die Zuversicht auf den Erfolg der Mission trotz allen Widerwärtigkeiten stärken.

V. 6 Das Wort Jesu ist eines der übertreibenden Gleichnisworte, wie die Tradition sie oft weitergegeben hat. Man kann sich vorstellen, daß solche Einzellogien in den Versammlungen der Gläubigen weiterlebten, aber auch »zersungen« und verändert wurden. Es überrascht also nicht, wenn Mt 17,20 eine andere Fassung bringt, die nicht von dem besonders wurzelfesten Maulbeerfeigenbaum spricht, der ins Meer versetzt wird, sondern von einem Berg, der sich wegrücken läßt, vgl. auch Mk 11,22f. Der Grundgedanke bleibt gleich: »Auch ein bißchen Zuversicht befähigt zu Gottestaten.« Lukas ermahnt mit diesem Jesuswort die oft kleingläubigen Apostel, denen die Schwierigkeiten von innen und außen nur deshalb über den Kopf zu wachsen scheinen, weil sie nicht den rechten Glauben haben, d. h. Er predigt vor apostolischen Pessimisten über den notwendigen und berechtigten Optimismus des Glaubens.

V. 7–9 Gegen pharisäischen Leistungsstolz wendet sich das Gleichnis vom Sklaven. Jesus will nicht die Besitzverhältnisse der Hörer zu einem Bild benutzen, sondern nur sagen: Ihr werdet das alles bestätigen; denn auch, wer selbst keinen Sklaven hat, weiß doch, daß man ihn so behandelt, wie es das Gleichnis zeigt. Gemeint ist, wie im ganzen Neuen Testament, der eigentliche Sklave im jüdischen Verständnis des Wortes. Die übliche Übersetzung mit Knecht ist irreführend, da sie das Verhältnis totaler Abhängigkeit nicht ausdrückt, eben darauf kommt es aber an. »Sklave« ist der typische Ausdruck der objektiv größten Unterwerfung und subjektiv größten Unterwürfigkeit. Der Sklave ist seinem Herrn zu unbedingter Dienstleistung verpflichtet; wenn er abends von der Arbeit, die er hinter dem Pflug oder bei der Herde leistete, heimkehrt, wird der Herr nicht zu ihm sagen: »Setz dich zum Essen«; er muß vielmehr dem Herrn die Mahlzeit herrichten und ihn bei Tisch bedienen. Es ist dies ein alltäglicher Vorgang, und der Herr, der solches verlangt, wird damit nicht als Tyrann geschildert; er entspricht vielmehr dem Normaltyp aller Herren. Genau so aber, wie der Sklave für seine Arbeit keinen Dank beanspruchen kann, steht auch der Mensch zu Gott im Verhältnis der Abhängigkeit und kann ihm deshalb nicht mit einer Forderung gegenübertreten. Er darf sich also nicht verhalten wie der Pharisäer, der seine Leistung vor Gott aufzählt. Der Mensch bleibt vor Gott immer der Empfangende.

V. 10 Für das Verständnis des letzten Satzes ist zu beachten, daß er sich noch nicht ganz vom Bild der vorigen Verse gelöst hat. Darum wird von den Jüngern das Bekenntnis verlangt: Wir sind unnütze Sklaven. Daß aber Gott die Menschen nicht als Sklaven betrachtet, sagen die synoptischen Texte an vielen Stellen. Der Begriff »Sklave Gottes« begegnet nur im Anschluß an die alttestamentliche Redeweise der Frommen. Es geht also nur darum, daß die Jünger ohne Anspruch vor Gott stehen wie die Sklaven vor ihren Herren. Die Haltung ist gemeint. Mit dem Ausdruck »Alles, was euch aufgetragen wird« bezeichnet der Text alles, was Gott von einem Menchen verlangt, seinen fordernden Willen, der nicht kasuistisch als eine Anzahl von Geboten, sondern theologisch als totaler Anspruch zu verstehen ist. So meint auch die Aufforderung »Sprechet« nicht einen einzelnen Akt, sondern eine Grundhaltung. Auf dem Begriff »unnütz« liegt kein besonderer Ton; alle Sklaven sind armselig und elend.

Auch hier hat Lukas die polemischen Worte Jesu zu Ermahnungen für die Gemeinde gemacht. Er läßt den Herrn der Kirche zu seinen Aposteln sprechen. Was Paulus ohne Bild sagt – 1 Kor 15,10: »Mehr als die alle habe ich (in meiner Missionsarbeit) geschafft; doch nicht ich, sondern die Gnade Gottes, die mit mir ist!« –, das sagt Lukas, indem er Worte Jesu fruchtbar macht. Ob nicht doch im Hintergrund der lukanischen Texte bereits Erfahrungen innerhalb der Mission und Gemeinde stehen, Erfahrungen mit Menschen, die sich auf ihre missionarische Leistung etwas einbildeten und daraus einen Rechtstitel auf eine Belohnung durch Gott und auf eine Stellung in der Kirche ableiten wollten?

3. Theologische Würdigung

(1) *Christliche Zuversicht.*
Der Glaube besitzt noch Möglichkeiten, wo die Welt und die Menschen an eine unübersteigbare Grenze zu stoßen scheinen. Es ist unchristlich und beschämend, wenn wir nur irdische Möglichkeiten der Hilfe, Entwicklung und Hoffnung kennen und vor Katastrophen und Ausweglosigkeiten ratlos werden. Wir sollten lernen, daß unser Glaube sich bewähren muß angesichts des »Unmöglichen«, denn bei Gott ist kein Ding unmöglich. Dies ist das Urteil auch über jenen Pessimismus, der besonders in kirchlichen Kreisen so schnell aufkommt, wenn man eine im tiefsten triumphalistische Grundhaltung infrage gestellt sieht. Für diesen Text gibt es keine unübersteigbaren Hindernisse, keine Angst vor dem »Wunder«.

(2) *Christlicher Lohnverzicht.*
Man wird das Gleichnis nicht werten dürfen als eine Parabel, die etwas aussagt über den Wert sittlicher Leistungen vor Gott oder über eine nur moralische Demutsmaxime; vielmehr sagt Jesu Lehre, daß die Gerechten und Frommen niemals an Gott Ansprüche stellen dürfen, und diese Lehre erfließt aus der tieferen Einsicht, daß die Menschen ihrem Gott bewußt unterworfen sein müssen. So steht die Parabel in scharfem Gegensatz zur Lohn- und Verdienstrechnerei, die Jesus bei maßgeblichen Leuten seiner Zeit antraf. Nicht Vertrauen auf die eigene Tätigkeit, sondern Gehorsam gegen Gott, und zwar gegen Gott, wie er sich in der Botschaft Jesu offenbart, ist das Gebot der Stunde.

(3) *Apostolische Hingabe.*
Mit großem Nachdruck wendet das Evangelium sich an die Verantwortlichen in Mission und Kirche. Ihr Glaube müßte zuversichtlicher sein. Pessimismus soll dem Christen fernliegen. Und mit Recht werden sie Sklaven genannt. Der Sklave erfüllt »mit Leib und Seele« im Dienst des Herrn seine Bestimmung und findet darin seine Ehre. Daher nennen sich die Apostel der Kirche, besonders Paulus, immer wieder »Sklaven Jesu Christi«. Allerdings ist dieser Dienst nur dann wirklich »christliches« Engagement, wenn er nicht Ansprüche aus einer Leistung ableitet und Dank erwartet, sondern fraglos, spekulationslos und radikal getan wird.

W. Pesch

II. Liturgisch-homiletische Vorüberlegungen

1. Liturgische Hinweise

Während am vergangenen und am kommenden Sonntag in den Texten, vor allem in den Evangelien, mehr Dialog und Handlung geschieht, ist in den *Texten dieses Sonntags* kaum »Action«. Heute geht es ruhiger zu. Trost, Mahnung zu Geduld und Besonnenheit, Kritik am Kleinglauben und Berechnungsglauben sind Inhalt der Texte der gottesdienstlichen Verkündigung.

Den nichterhörten Hilfeschrei des Unterdrückten schildert die *Erste Lesung* (Hab 1,2–3; 2,2–4). Die Antwort des Herrn besteht in dem Auftrag, ein Protokoll anzufertigen (». . . schreib das Geschehene nieder . . .«) und den Gang der Ereignisse geduldig abzuwarten. Der Gerechte wird getröstet mit Gottes Zusage, daß er am Leben bleiben wird. Selbst in Bedrängnis, aus dem Gefängnis heraus, tröstet, mahnt und bestärkt Paulus in der *Zweiten Lesung* seinen Begleiter Timotheus (2 Tim 1,6–8.13–14). Den Geist der Kraft, der Liebe und der Besonnenheit gilt es auch in Bedrängnis zu wahren.

2. Homiletische Hinweise

Das *Evangelium* besteht, wie schon bei der Exegese ausgeführt, aus zwei Teilen mit unterschiedlichen Aussagen. Dem Theologen und Prediger ist dies rasch klar. Den Zuhörern nicht ohne weiteres. Normalerweise hören sie das Evangelium nur einmal, lesen nicht nach, meditieren nicht darüber. Deshalb sind wenigstens einige erklärende Sätze angebracht zu den beiden Teilen des einen Evangelienabschnitts, der vorgelesen wurde.

Bei der Predigt über Jesu Vergleich mit dem Sklaven wäre reizvoll aufzuzeigen, wie die »servi« und »Minister« – sie verwenden immerhin den »besetzten« Begriff »doulos-servus« – sich und ihren Dienst verstehen oder wie dieser weithin verstanden wird. Wichtiger scheint mir allerdings, auf die vielen Gutwiligen hinzuweisen, die in unserer Gesellschaft und in unserer Kirche still und stetig »Sklavenarbeit« tun. Für ihre gute Gesinnung und ihre guten Werke sollen sie gelobt und dadurch bestärkt und ermutigt werden.

III. Zur Predigt: Für Gotteslohn

Ohne Belohnung

»Für Gotteslohn habe ich es getan, an eine Auszeichnung habe ich nie gedacht!« Solche Aussagen werden uns bisweilen in den Medien berichtet. Sie wurden von Menschen gemacht, die öffentlich geehrt wurden; geehrt für gute Werke, die sie lange Zeit im Verborgenen getan haben. Kranke haben sie beispielsweise betreut, alte Menschen regelmäßig besucht oder Schulkindern bei den Hausaufgaben geholfen. Viel Zeit, Kraft, Einfühlungsvermögen und Geduld haben sie aufgebracht, damit andere getröstet werden, nicht vereinsamen und verbittern, nicht sitzenbleiben. Nach Rückschlägen und Enttäuschungen haben sie nicht aufgegeben, sondern treu und mutig weitergemacht. Nun ist man auf den einen oder die andere aufmerksam geworden. Der Staat oder die Gemeinde wollen sie auszeichnen, ihnen ein Verdienstkreuz, eine Medaille, einen Ehrentitel verleihen. Beim Festakt, bei dem die Auszeichnung vergeben wird, wird dieser Satz gelegentlich gesagt: ». . . für Gotteslohn habe ich es getan . . .«

Wenn jemand dies so meint, wenn er keine Nebenabsicht dabei hatte, zufrieden ist, weil er helfen konnte und einem Menschen die Lebensbürde leichter machen, dann ist ein solches Wort in Ordnung. Diejenigen, denen geholfen wurde, konnten nichts bezahlen, nichts Gleichwertiges zurückgeben. Die geholfen haben, wollten nichts haben, stellten keine Rechnung. Ein frohes Gesicht, ein dankbarer Blick war für sie Lohn und Auszeichnung genug. Das weitere wird Gott in seiner Größe und Güte schon lohnen. Wenn freilich jemand denkt: Gott muß einmal diese offene Rechnung begleichen, er ist mir eine Belohnung schuldig, dann erhebt er einen Anspruch, den Jesus im heutigen Evangelium klar zurückweist: Vor Gott sind wir mit unseren »Leistungen« wie Sklaven vor ihrem Herrn. »Wir haben nur unsere Schuldigkeit getan!«

Für Sklavenlohn

Durch den Vergleich mit der Situation des Sklaven im Dienst seines Herrn korrigiert Jesus das Glaubensverständnis und die Lohnerwartung seiner Jünger. Für einen Sklaven war es damals üblich, daß er alles tat, was sein Herr ihm anschaffte. Eifrig erfüllte er seine Aufgaben und Pflichten. An sich und seinen Lohn oder gar an Auszeichnungen hatte er nicht zu denken. Er war stolz, wenn sein Herr großes Ansehen genoß. Er trug nach Kräften bei, dieses Ansehen zu wahren und zu mehren. Der Sklave war somit eng mit Freud und Leid seines Herrn verbunden. Für ihn war es wichtig, lebenswichtig, daß es seinem Herrn gut ging –, und nicht ihm. Es war unvorstellbar, daß ein guter Sklave auf geleistete Arbeitsstunden hingewiesen hätte oder auf den fälligen Feierabend, undenkbar, daß er verlangt hätte, sein Lohn müsse auf der Stelle ausbezahlt werden.

Die Frömmigkeit der Juden zur Zeit Jesu war nicht von einer solchen Haltung geprägt. Gute Werke wurden getan in Erwartung, meist sogar mit Berechnung des Lohnes, den Gott dafür zu geben hatte. Je häufiger und größer die guten Werke waren, je mehr einer die Gesetze erfüllte und je sorgfältiger er die Vorschriften einhielt, ein desto größerer Lohn wurde erwartet und berechnet, den Gott zu geben hatte, als »Gotteslohn«. In seinem Vergleich mit dem Knecht sagt Jesus, daß die Erwartung der Juden und der Apostel falsch ist. Gott ist nicht Tarifpartner des Menschen. Gott ist der Herr. Wir sind die Sklaven. Gute Sklaven sollen wir sein, die an sich und ihren Lohn zuletzt denken, die bei ihrer Pflichterfüllung gar nicht dazu kommen, an Belohnung zu denken.

Für Gotteslohn

Es mag bei uns vereinzelt noch vorkommen, daß jemand bei seinen guten Taten im Stillen mit der reichlichen Belohnung durch Gott rechnet, vielleicht erst im Jenseits. Weithin und überwiegend wird jedoch geholfen, Gutes getan, gespendet, verzichtet, zurückgesteckt, weil es Menschen zu helfen gilt, die ärmer und bedürftiger sind als ich, als wir. Dies nicht nur von Christen. Oft auch von Menschen, die nicht an Gott, noch weniger an seinen Lohn oder an Auszeichnung denken. Spontane, schnelle Hilfe, die vielfach und meist verborgen geleistet wird, läßt überhaupt nicht zu, daß zuerst erwogen und berechnet wird. So hat auch die geschichtliche Entwicklung dazu beigetragen, daß eine so berechnende Frömmigkeit wie damals heute nicht mehr vorrangig die Menschen und ihr Handeln bestimmt.

Wenn bei uns gelegentlich Mitmenschen ausgezeichnet werden für gute Taten, die sie über lange Zeit still und treu getan haben, sollten wir es ihnen nicht neiden. Wir sollten uns mit ihnen freuen. Diese Einzelnen werden stellvertretend gelobt für viele andere, die ähnlich Gutes tun, ohne an Lohn und Lob zu denken. Sie haben getan, was Jesus mit dem Vergleich vom Knecht gemeint hat: Gott ist der Herr, wir sind die Sklaven. Die überrascht und spontan gesprochene Aussage »Für Gotteslohn habe ich es getan . . .« kann uns so, recht verstanden, sogar Gott näher bringen, wenn wir damit meinen: »Aus Liebe zu Gott und den Menschen habe ich es getan!«

J. Grehl

Achtundzwanzigster Sonntag

Lk 17,11–19

I. Bibeltheologische Vorüberlegungen

1. Stellung, Struktur, Gattung der Perikope

Die »Heilung der Zehn Aussätzigen« stellt eine in sich geschlossene Wunder-Erzählung mit lehrhaftem Charakter dar. In ihr ist weniger das Wunder als das unterschiedliche Verhalten der Geheilten und das darauf bezogene Wort Jesu von Bedeutung.

Die Erzählung zeigt keinen klaren Aufbau. Nach dem einführenden Satz über den Reiseweg Jesu werden im ersten Teil, V. 12–14, die Begegnung der zehn Aussätzigen mit Jesus und die Heilungstat geschildert. Im zweiten Teil, V. 15–19, geht es vor allem um die Danksagung des allein zurückkehrenden Samariters, die im Wort Jesu in bestimmter Hinsicht reflektiert wird. Die erzählten Einzelheiten lassen erkennen, daß der Evangelist weniger auf biographische Genauigkeit Wert legt als auf die Gesamttendenz, die sich in dieser Geschichte in ihrem »Achtergewicht« deutlichen Ausdruck verschafft. Die »Zehn« des ersten Teiles differenzieren sich im zweiten Teil der Erzählung in die »Neun« und den »Einen«, dessen Verhalten vorbildliche Bedeutung erlangt.

Einen Vergleich der »Heilung der Zehn Aussätzigen« mit der Aussätzigenheilung von Lk 5,12–16 liegt nahe. Hat der Evangelist von zwei verschiedenen Heilungstaten Jesu an Aussätzigen gewußt, oder hat er eine ihm aus Mk 1,40–45 vorliegende ältere Überlieferung selbständig in zweifacher Weise abgewandelt? Für letzteres scheint vor allem der Umstand zu sprechen, daß die Aussätzigen in Lk 17,14 wie in Mk 1,44 und Lk 5,14 an die Priester verwiesen werden. Eine genauere Analyse läßt jedoch erkennen, daß Mk 1,40–45 wohl für Lk 5,12–16 die unmittelbare Vorlage bildete, nicht aber in gleicher Weise für unsere Perikope. Wahrscheinlich haben wir für Lk 17,11–19 eine eigene Erzählungsvorlage anzunehmen, die sich auf einer früheren Überlieferungsstufe selbständig aus der vormarkinischen Erzählung von der Heilung eines Aussätzigen entwickelt hat.

Der Evangelist hat der Erzählung ihren jetzigen Platz im Rahmen seiner Darstellung gegeben. Seine redigierende Hand ist vor allem im ersten und letzten Vers der Perikope zu erkennen. Mit der einleitenden Bemerkung vom Weg Jesu nach Jerusalem erinnert er an den übergeordneten Zusammenhang des Reiseberichts.

2. *Einzelauslegung*

V. 11 Seit 9,51 befindet sich Jesus auf der Wanderung nach Jerusalem, vgl. 13,22. Die sehr schematische Situationsangabe von V. 11 wird nur scheinbar durch die folgende Lokalisierung konkretisiert: »Mitten durch Samaria und Galiläa.« Daß Jesus sich hier »längs der Grenze zwischen Samaria und Galiläa« bewege, dürfte zur Erklärung dieser etwas umständlichen Formulierung nicht genügen. Wenn die folgende Erzählung die Heilung von neun Juden und einem Samariter voraussetzt, liegt es nahe, daß die Handlung ursprünglich in Galiläa spielte und erst Lukas im Hinblick auf den Reiseweg Jesu (und die Erwähnung des Samariters) die Ortsangabe durch Einfügung Samariens erweitert hat.

V. 12 Beim Betreten eines Dorfes begegnen Jesus die zehn Aussätzigen, »die in der Ferne stehen blieben« – wegen ihrer Unreinheit. Die Begegnung mit Jesus hat eröffnende Bedeutung. Zu erinnern ist hier an die ebenfalls von Lukas überlieferte Begegnung Jesu mit dem toten jungen Mann von Naïn und seiner trauernden Mutter beim Betreten der Stadt, 7,11. Jesus geht an der ihm begegnenden Not nicht teilnahmslos vorüber; Begegnung mit ihm ist erweckendes, heilendes und rettendes Geschehen.

V. 13 Die Aussätzigen »erheben ihre Stimme« und rufen: »Jesus, Meister, erbarme dich unser.« Ähnlich ruft auch der Blinde am Weg bei Jericho, Mk 10,47f par. In gleicher Weise rufen auch schon die alttestamentlichen Beter zu Gott, vgl. Ps 6,3; 7,2; 9,14; 40,5 u.ö. Der Evangelist wird sich dieser Zusammenhänge bewußt gewesen sein. Daß sich die Aussätzigen hilferufend an Jesus wenden, bringt ihr Angewiesensein auf Jesus als ihren Retter zum Ausdruck.

V. 14 Jesus erblickt sie und sendet sie zu den Priestern. Diese haben nach Lev 14,2ff die erfolgte Reinigung zu bestätigen. Von einer direkten Heilung, etwa durch Berührung wie in 5,13, ist nicht die Rede. Indem die zehn entsprechend dem Worte Jesu hingehen, werden sie rein. Man muß ihren Gang zu den Priestern nicht als eine »Glaubensprobe« deuten, die sie zu bestehen hätten, um rein zu werden. Hierzu könnte ein Blick auf die alttestamentliche Geschichte von der Heilung des aussätzigen Naaman führen, der vom Propheten Elischa weggeschickt wird, damit er sich siebenmal im Jordan bade, um rein zu werden, 4 Kön 5. Aber die neutestamentliche Erzählung von den zehn Aussätzigen weicht von der alttestamentlichen Überlieferung ab, obwohl sie gewiß einen prägenden Einfluß auf unsere Perikope gehabt hat. Die zehn Aussätzigen werden im »Hingehen« rein, d. h. im Vertrauen auf die Verheißung, die ihnen in der Weisung Jesu gegeben wird. Dem entspricht es, daß im folgenden auf die Bestätigung der Reinigung durch den Priester kein Wert gelegt wird.

V. 15 Als der Eine der Hingehenden »sah, daß er geheilt war«, kehrte er sogleich zurück. Daß er seinen Weg zu den Priestern zuvor beendet hätte, wird nicht vorausgesetzt. Vielmehr fällt jetzt alles Gewicht auf die dankbare Rückkehr zu Jesus und dessen bestätigendes Wort. Angesichts der Tat Jesu preist der Geheilte Gott. Hierin wird deutlich, daß dieser Mann verstanden hat, wie und wo Gott jetzt zu ehren ist, nämlich dort, wo Gott sich am Menschen handelnd geoffenbart hat: in Jesus.

V. 16 Vor Jesus fällt der Geheilte daher auf sein Angesicht, um zu danken. An dieser Stelle erst sagt der Evangelist: »Und dieser war ein Samariter.« In anderer Weise beschämte schon im Gleichnis 10,29–37 der barmherzige Samariter die Juden.

V. 17 Das Wort Jesu ist mehr eine schmerzlich erstaunte Feststellung als eine Frage: »Sind nicht die Zehn rein geworden? Wo aber sind die Neun? . . .« Sie sind jedenfalls nicht dort, wo sie eigentlich sein sollten: bei Jesus.

V. 18 ». . . Haben sich keine (anderen) gefunden, die zurückgekehrt wären, um Gott die Ehre zu geben, als dieser Fremde?« Jesus spricht diese Worte nicht zu dem Samariter, sondern zu den Umstehenden, ohne daß diese in der Erzählung sichtbar werden. Die Angeredeten sind im Sinne des Evangelisten die Hörer des Wortes in seiner Zeit. Ihnen wird der dankbar zu Jesus zurückkehrende Samariter als Vorbild hingestellt. Wohin auch immer einer seinen jeweiligen Voraussetzungen nach gehört, es kommt für ihn entscheidend darauf an, daß er zu Jesus gehört und an ihm orientiert bleibt.

V. 19 Jetzt erst wendet sich Jesus ausdrücklich dem Samariter zu: Er läßt ihn aufstehen und seinen Weg ziehen mit dem Wort: »Dein

Glaube hat dich gerettet.« Dies ist eine öfter wiederkehrende Wendung, vgl. 7,50; 8,48; 18,42. Mit ihr bestätigt Jesus abschließend die bereits vorher erlangte Heilung. Zugleich wird deutlich, daß dieser Mann seine Heilung einem Glauben verdankt, der nach dem zweiten Teil der Erzählung über die Heilungstat hinaus an Jesus orientiert bleibt. Solchem Glauben ist die Heilung als Zeichen des eschatologischen Heilwirkens Gottes unter den Menschen gewährt.

3. Theologische Würdigung

Die Heilungstat Jesu an den zehn Aussätzigen erweist die Liebe Gottes zu den Menschen. Sie findet daher ihre sinngemäße Antwort in der Verherrlichung Gottes durch diese. Aber nur durch den Samariter kommt diese Antwort zum Ausdruck. Die Diskrepanz zwischen der allgemeinen Heilungstat Jesu und der dankbaren Rückkehr eines einzelnen verdient für das Verständnis der ganzen Handlung Beachtung.

(1) Jesus wendet allen seine Hilfe zu. Aber nicht alle finden Gott in Jesus. Mag man nun annehmen, daß die Neun ihren Weg zum Tempel nach Jerusalem gehen und dort das vorgeschriebene Reinigungsopfer darbringen oder auch nach erfolgter Heilung nach Hause gehen, obwohl hierüber nichts festgestellt wird, so ist doch nicht zu übersehen, daß sich im Verhalten des Samariters der Lobpreis Gottes und die Danksagung an Jesus vereinen und so das Offenbarwerden Gottes in Jesus herausgestellt wird. Dies gilt es zu erkennen. Der eine von den Zehn hat wirklich zu Jesus gefunden, und der ist zudem ein Fremder. An dieser Stelle kündigt sich bereits die Verwerfung Jesu durch die Juden an. Nicht zufällig erwähnt der Evangelist einleitend, Jesus befinde sich auf dem Weg nach Jerusalem. In dem Einen, der ein Fremder war, kündigt sich zugleich der heilsgeschichtliche Erfolg des Wirkens Jesu an, dem die Mission der nachösterlichen Kirche unter den Heiden Geltung verschafft. Vorbildlich ist der Samariter also nicht nur wegen seiner persönlichen Dankbarkeit, sondern auch und vor allem als Repräsentant der Gemeinde, die in Jesus ihren Herrn erkennt.

(2) Die Heilungstat erlangt ihre eigentliche Definition erst vom ganzen Geschehen. In unserer Perikope geht es nicht um das Wunder, wie wir es heute verstehen, sondern um die sachgemäße Beschreibung des Wirkens Jesu. Freilich wird hierfür sein Wundertun vorausgesetzt, und an der Wundertat Jesu lassen sich keine Abstri-

che, etwa aufgrund einer rationalistischen Kritik, machen. Aber die Wundertat Jesu wird jedenfalls verkannt und mißverstanden, wenn sie auf die nur sparsam berichtete auffällige Heilung der Zehn begrenzt wird. Vielmehr gehört zur Tat Jesu wesentlich jene Herausforderung hinzu, die der Samariter erkannt und der er allein entsprochen hat. Es mag erlaubt sein, einmal zu fragen, obwohl diese Frage in unserer Erzählung nicht gestellt ist, wieweit eine bloß physisch konstatierte Heilung dem Begriff des Wunders Jesu überhaupt angemessen ist. Außergewöhnliche Heilungen, die ja auch in der Umwelt Jesu überliefert wurden, sind als solche noch nicht eindeutig genug, um als unverwechselbare Taten Jesu gelten zu können. Hiermit wird noch einmal deutlich, daß es immer darauf ankommt; Jesus selbst in seinem menschenfreundlichen Wirken zu erkennen und sich von ihm bestimmen zu lassen.

K. Kertelge

II. Liturgisch-homiletische Vorüberlegungen

1. Liturgische Hinweise

»Dein Glaube hat dir geholfen.« Das ist die entscheidende Aussage im Evangelium des 28. Sonntags im Jahreskreis.

Um Glauben geht es auch an den Sonntagen um den 28. Sonntag. Am 26. Sonntag steht Lazarus im *Evangelium* (Lk 16,19–31) vor uns als der, der im Glauben an Gott in seinem Leiden ausgeharrt hat. Das hat ihm geholfen, im Schoß Abrahams, im Heil Gottes, zu sein. Der 27. Sonntag macht darauf aufmerksam, was der Glaube vermag. »Wenn euer Glaube auch nur so groß ist wie ein Senfkorn, würdet ihr zu dem Maulbeerbaum hier sagen: Heb dich samt deinen Wurzeln aus dem Boden und verpflanze dich ins Meer!, und er würde euch gehorchen«, Lk 17,6.

Wer glaubt, nimmt an der allmacht Gottes teil

Im heutigen *Evangelium* ist es wiederum ein Samariter, dessen Glaube herausgestellt wird, wie im Evangelium des 15. Sonntags, Lk 10,25–37.

Der 29. Sonntag scheint in seinem Wort: »Wird jedoch der Menschensohn, wenn er kommt auf der Erde noch Glauben vorfinden?«, Lk 18,8, die heutige Zeit zu berücksichtigen, in der der Atheismus gesellschaftsfähig geworden ist.

Man sagt, daß der Glaube heute gleichsam verdunstet oder dahinschmilzt, wie der Schnee vor der immer stärker werdenden Frühjahrssonne.

Was Glaube ist, das wird an diesem Sonntag exemplarisch veranschaulicht.

Dem Samariter ist durch seinen Glauben geholfen worden, weil er als einziger von zehn Geheilten in Jesus den »Gott-für-mich« entdeckt hat.

Jesus steht in der Mitte der Perikope. Von ihm gehen die Impulse zur Heilung aus. Zu dieser Einsicht ist der Samariter gekommen. Sie führt ihn zum Glauben. Ausgerechnet der Samariter ist der Glaubende, von dem man es nicht erwartet hatte, wohl von denen, die zum Volk Israel gehörten.

In den *zwei Lesungen* des 28. Sonntags im Jahreskreis geht es wie im Evangelium um Aussatz, Heilung und Heil.

Erste Lesung (2 Kön 5,14–17)
Naaman, der Syrer, ist wie der Samariter im Evangelium ein Nichtjude. Auch er ist ein Aussätziger und sucht Heilung im Jordan durch siebenmaliges Untertauchen. Der Prophet Elischa hat es so angeordnet. Naaman wird gesund und findet durch die Heilung zum Glauben an den Gott Israels.

Zweite Lesung (2 Tim 2,8–13)
Der Apostel Paulus leidet um des Evangeliums Jesu willen. Sein Leiden führt die Auserwählten zum Heil in Christus Jesus, zur ewigen Herrlichkeit.

Es wird an diesem 28. Sonntag im Jahreskreis deutlich, daß Krankheit, Schicksal und Leiden nicht das letzte Wort haben. Gott greift in das Unheil ein: durch den Propheten Elischa, durch Jesus. Dieses Eingreifen bewirkt nicht nur Heilung, sondern auch Heil, Heil im Sinn von Einvernehmen mit Gott. Daraus ergibt sich Dank, Lobpreis, Bekenntnis.

2. Homiletische Hinweise

Man wird dem *Evangelium* des 28. Sonntags im Jahreskreis nicht gerecht, wenn man über die Tugend der Dankbarkeit predigt, indem man die vom Aussatz Geheilten einteilt: hier der eine Dankbare, dort die neun Undankbaren.

In der *Predigt* muß bezeugt werden, daß der Glaube für das Heil entscheidend ist.

In »Gottesdienstpraxis – Arbeitshilfen für die Gottesdienste zu den Sonn- und Feiertagen des Kirchenjahres« hat *Helmut Weingärtner* darauf aufmerksam gemacht, wie man an einzelnen Szenen des Evangeliums anschaulich durchbuchstabieren kann, was Glaube heißt:

- Glaube, das ist »g« wie gehen:
  Die zehn Aussätzigen gehen zu Jesus. Nach christlichem Verständnis gibt es keinen Glauben an Gott ohne Jesus. »Ich bin der Weg, die Wahrheit und das Leben, niemand kommt zum Vater außer durch mich« (Joh 14,6).
- Glaube, das ist »l« wie leiden:
  Zehn Menschen leiden an der furchtbaren Krankheit des Aussatzes. Es ist nicht nur ein körperliches Leiden, sondern ein Leiden in der ganzen menschlichen Existenz. Der Aussätzige ist aus der Volks- und Heilsgemeinschaft ausgeschlossen.
  Glauben heißt, sich in seiner ausweglosen Not an Gott wenden und ihn um Erbarmen bitten, wie es in unserem Gottesdienst geschieht: Kyrie eleison – Herr erbarme dich!
- Glaube, das ist »a« wie anschauen:
  Der Glaube ist eine Wechselbeziehung zwischen Jesus und den Menschen. Es kann nur zum Glauben kommen, wenn Gott in Jesus die Menschen liebend anschaut.
- Glaube, das ist »u« wie umkehren:
  Wer von Jesus liebend angeschaut wird und Hilfe erfährt, der kehrt zu ihm um wie der Samariter im Evangelium. Diese Umkehr ist Glaube, ist neues Leben, Heil.
- Glaube, das ist »b« wie beten:
  Wer im Glauben eine ganz neue Existenz gefunden hat, der kommt ganz von selbst mit Gott in einen Dialog, der kommt zum Gebet, zum Gottes-Lob. Der Glaubende antwortet Gott dankbar für das Große, das er an ihm getan hat.
- Glaube, das ist »e« wie erneuern:
  Wer in Jesus dem lebendigen Gott begegnet, dem ist nicht nur symptomatisch geholfen worden, sondern von der Wurzel seiner Existenz her. Das bringt Jesus in dem Wort zum Ausdruck, das er dem Samariter sagt: »Steh auf und geh!« Nur für ihn, der zu Jesus umgekehrt ist, beginnt ein ganz neues Leben.

Alle zehn Aussätzigen sind geheilt worden. Einer nur hat zum Glauben an Jesus und damit zum Heil gefunden. Er hat in Jesus mehr gesehen als die anderen neun, er hat in ihm die heilige Gegenwart Gottes entdeckt, durch sie wird seine Heilung zugleich auch Heil.

Die Predigt muß bezeugen, daß nur der Mensch zu einem neuen Menschsein kommt, der durch den Glauben mit Gott verbunden ist. »Wo sind die übrigen neun?« – ist nicht eine Frage des Vorwurfs, sondern eher eine Frage der Sorge um ihr Heil. Was nützt ihnen die Heilung, wenn sie nicht zum Glauben finden und damit nicht zu Gott, zum ewigen, erfüllten und vollendeten Leben.

Nur der eine hört, was alle hätten hören müssen: »Steh auf und geh! Dein Glaube hat dir geholfen.« Nur der eine ist in die neue eschatologische Zukunft entlassen worden.

III. Zur Predigt: Heilung und Heil

Kranksein

Jeder von uns ist schon mal krank gewesen, der eine mehr, der andere weniger. Kranksein gehört zum Menschsein, weil unser Leben ein bedingtes, hinfälliges und vergängliches Dasein ist. Wir werden geboren, wir werden älter und krank, wir leiden und sterben. Wir sind in der Krankheit nicht nur organisch betroffen, sondern auch menschlich-existentiell.

Der Kranke im Krankenhaus ist aus seiner vertrauten Welt herausgenommen und muß sich in eine ihm fremde, unbekannte Welt einfügen: Eingeliefert – ausgeliefert. Mit vielen Apparaten und Instrumenten versucht man eine Diagnose zu stellen. Immer wieder treten neue, fremde Menchen an das Bett und verfügen über den Kranken. Nicht wenige fühlen sich in ihrer Menschenwürde angegriffen. Sie fühlen sich in ihrer ganzen Existenz »gekränkt«.

Dazu kommt bei nicht wenigen die bedrängende Frage: »Warum gerade ich? Warum läßt Gott mich leiden? Womit habe ich das verdient?« Der Kranke ist in Gefahr, an Gott irre zu werden, weil er sich von dem verlassen fühlt, auf den er sein ganzes Vertrauen gesetzt hat. Ein Kranker kann also wie ein Aussätziger sein, ein Mensch ohne Gott, ohne Hoffnung, ohne Trost.

Das ist die eine Seite des Krankseins, die andere ist die, daß viele Kranke aufgrund der ärztlichen Hilfe und der Pflege der Schwestern als geheilt oder gebessert aus dem Krankenhaus entlassen werden.

Mehr noch! Es gibt Kranke, die nicht nur Heilung oder Linderung erfahren haben, sondern auch das, was wir das Heil des Menschen bezeichnen. In den Tagen und Wochen des Krankseins ist es für sie zur Begegnung mit Gott gekommen und damit zu einem neuen Selbstverständnis aus dem Glauben.

So wurde die Zeit des Krankseins für sie eine erfüllte Zeit. Um all das geht es im heutigen Evangelium, also um Krankheit, Aussatz, um Heilung, um Glauben und damit auch um Heil.

Zehn Aussätzige kamen Jesus entgegen

Leid und Schicksal, Not und Elend der furchtbaren Krankheit trieb die zehn Aussätzigen zu Jesus. Was werden sie bis dahin alles durchgemacht haben! Sie kannten nicht nur körperliche Schmerzen – Finger und Arme, Zehen und Beine und auch das Gesicht verfaulen langsam –, sie kannten auch Einsamkeit und Verlorenheit. Denn es war ihnen von den Priestern gesagt worden, daß sie unrein seien, von Gott verflucht. Darum hatte man sie aus der Volks- und Heilsgemeinschaft ausgeschlossen. In ihrer aussichts- und hoffnungslosen Situation ist es ein letzter Versuch, Jesus entgegenzugehen, ihn um Erbarmen zu bitten.

Jesus schickt sie zu den Priestern und sie werden geheilt

Der Weg der Aussätzigen führt von der Begegnung mit Jesus wieder zu den Priestern. Auf diesem Weg erfahren sie Heilung. Sie kommen tatsächlich mit »heiler Haut« davon. Ihre Haut ist wieder schön und glatt. Sie können sich wieder ansehen, ohne sich zu ekeln. Und unter den Mitmenschen sind sie wieder angesehen und rehabilitiert. Sie haben wieder Gemeinschaft mit ihnen. Die Priester sollen ihre Heilung amtlich bestätigen. Wie werden sie sich gefreut haben, endlich alles hinter sich zu haben!

Wir kennen diese Freude, wenn wir nach schwerer Erkrankung einigermaßen gesund aus dem Krankenhaus entlassen werden und wieder zu Hause bei unseren Angehörigen sind. Freude und Dankbarkeit erfüllen uns dann.

Auch die Neun, die nach der Heilung und der Vorstellung bei den Priestern sofort nach Hause gingen, werden für die Heilung dankbar gewesen sein.

Einer aber kehrte um

Nur einer von zehn, die geheilt wurden, kehrte um und »lobte Gott mit lauter Stimme. Er warf sich vor den Füßen Jesu zu Boden und dankte ihm.«

Für diesen einen wird die Heilung zum Heil, denn nur er hört das befreiende Wort: »Steh auf und geh! Dein Glaube hat dir geholfen.« Ausgerechnet ein Samariter, von den Juden für ungläubig gehalten, kommt durch die Umkehr, durch seinen Glauben, zum Heil. Er hat nicht nur die Gabe der Heilung gesehen, sondern auch den Geber dieser Gabe. Er sieht in Jesus den Heiligen Geist, der ihm das schenkt, was nur er schenken kann: das Heil.

»Dein Glaube hat dir geholfen.« Dein Glaube? Ist es nicht Gott selbst gewesen, der ihm das Heil geschenkt hat?

Ja, Gott ist der sich schenkende Gott, aber nur der empfängt ihn, der sich ihm glaubend zuwendet, der den Weg zu Jesus findet.

Heil – das ist die Begegnung zwischen Gott und Mensch. In ihr macht Gott sich die Sache der Menschen zu eigen und der Mensch die Sache Gottes.

Wenn einer von Ärzten nicht mehr geheilt werden kann, so kann er doch im Heil sein, wenn er durch den Glauben mit Christus und dadurch mit Gott, der Quelle allen Lebens, in Berührung gekommen ist. Durch den Glauben liegt nämlich der Schwerpunkt seines Lebens nicht mehr im eigenen Ich, sondern im Du Gottes. Darum können dem, der glaubt, Krankheit, Leid und Tod im letzten nichts anhaben. Durch sie hindurch führt sein Weg wie bei Jesus in die Herrlichkeit Gottes. So haben auch wir Grund, in diesem Gottesdienst als Glaubende Gott zu danken und ihn mit lauter Stimme zu loben.

W. Schmidt

Neunundzwanzigster Sonntag

Lk 18,1–8a

I. Bibeltheologische Vorüberlegungen

1. Stellung, Struktur, Gattung der Perikope

Das Gleichnis vom Gottlosen Richter gehört zum lukanischen Sondergut. Traditionsgeschichtliche Erwägungen können also nur mit aller Vorsicht angestellt werden, weil entsprechende Paralleltexte fehlen. Es ist inhaltlich eng verwandt mit dem Gleichnis vom Aufdringlichen Freund, Lk 11,5–8, und dem Gleichnis vom Pharisäer und Zöllner, Lk 18,9–14, das der Evangelist in unmittelbarem Anschluß an unsere Perikope bringt und ebenso wie das vorliegende Gleichnis als Anweisung für ein rechtes Gebet versteht. Auch Lk 11,5–8 sowie 18,9–14 haben keine Parallelen in den anderen neutestamentlichen Schriften.

Da die spezielle Deutung des Gleichnisses in V. 1 dem Evangelisten zugeschrieben werden muß, erhebt sich die Frage nach seinem ursprünglichen Stellenwert. Wahrscheinlich wollte es weniger auf die Frage Antwort geben, »Wie muß ich mich Gott gegenüber verhalten«, als vielmehr auf die Frage, »Wie ist Gott«, oder besser: »Wer ist Gott?«. Und hierauf antwortet der Schluß a minore ad majus, der eine gängige Argumentationsweise des rabbinischen Lehrgesprächs war: Gott sorgt für die Armen und Bedrängten. Er läßt den Menschen, der auf ihn vertraut, nicht untergehen. Gott ist so, daß man ihm unbedingt vertrauen kann.

In diesem Sinne paßt das Gleichnis gut in die Verkündigung Jesu, die ja dem Menschen nicht so sehr Anweisungen für die persönliche Frömmigkeit gibt, sondern das Gottesbild der prophetischen Verkündigung aufgreift und in seiner ursprünglichen Größe und Reinheit darstellt.

2. Einzelauslegung

V. 1 Im einleitenden Vers, der mit großer Wahrscheinlichkeit der Redaktion des Evangelisten zugeschrieben werden muß, wird das nachfolgende Gleichnis als Aufforderung zum beharrlichen und vertrauensvollen Gebet gedeutet.

V. 2–5 Die Gleichniserzählung selbst ist einfach und leicht verständlich: Ein Richter, voll orientalischer Willkür, kümmert sich weder um Gott noch um die Menschen. Vor ihn tritt eine Witwe, um bei ihm ihr Recht zu suchen. Die Witwe ist in den alttestamentlichen Schriften das klassische Beispiel für einen Menschen in seiner Recht- und Hilflosigkeit. Bei dem stark patriarchalisch geprägten Familienverband des Orients ist es auch leicht verständlich, daß man stets versucht war, die schwache Position einer Frau, die des männlichen Schutzes entbehrte, auszunutzen. Darum wurde das Ethos des Richters gerne an seiner Einstellung zu den Witwen gemessen, vgl. Jes 1,17; sie konnten ihm ja kaum Schmiergelder geben und anderweitig ihr Recht ohnehin nicht durchsetzen. Darum wurde warnend gesagt, daß Gott selbst das Recht der Witwen vertritt, vgl. Ps 68,6; Sir 32,15–25.

Im Gleichnis hat die Witwe einen Streit mit einem Widersacher; vermutlich geht es um eine vermögensrechtliche Auseinandersetzung mit einem einflußreichen Mann. Weil dem Richter eine Stellungnahme gegen ihn gefährlich erscheint, benützt er das bewährte Rezept, die Sache hinzuziehen. Die Frau läßt jedoch nicht locker. Schließlich wird ihm die ständige Quengelei der Frau zu viel, und er beschließt, ihr doch zu ihrem Recht zu verhelfen, bloß um vor ihr Ruhe zu haben.

V. 6–8 V. 6 markiert einen deutlichen Einschnitt: Die Anwendung des Gleichnisses wird zwar sofort hinzugefügt, aber dem Herrn in den Mund gelegt. Diese Beobachtung hat manche Exegeten dazu veranlaßt, die V. 6–8 vom Gleichnis abzutrennen und als christliche Prophetensprüche zu verstehen, die von Lukas zur Deutung des Gleichnisses herangezogend werden. Sie verweisen auf den als »Richter« wiederkommenden Herrn. – Der Gedankengang ist jedoch ungebrochen: Wie der gottlose Richter der Witwe schließlich doch zu ihrem Recht verhilft, so wird Gott den Auserwählten in ihrer Bedrängnis zu Hilfe eilen, da sie »Tag und Nacht« zu ihm schreien, V. 7. – V. 8 wirkt in diesem Zusammenhang wie ein Trostwort an die Christen, die sich in der Bedrängnis einer Verfolgung befinden. Gott wird »rasch«, wider alles Erwarten, ihrem »Recht« zur Geltung verhelfen und wird sie retten.

Die Schlußanwendung V. 8b gibt einige Rätsel auf. Gehört das Wort zum ursprünglichen Bestand des Gleichnisses, wäre das ein

Hinweis, daß es sich eigentlich um ein Parusie- bzw. Gerichtsgleichnis handelt, das die Verläßlichkeit Gottes betonen und zu vertrauendem Glauben in aller Drangsal aufrufen soll. Dann hat aber Lukas in V. 1 den Akzent verschoben und eine Aufforderung zu beharrlichem Gebet daraus gemacht.

Es könnte sich bei V. 8b allerdings auch um einen urchristlichen Prophetenspruch handeln, den Lukas hier anfügt, um zu unerschütterlichem Glauben an Gottes Hilfe aufzurufen. Aus sprachlichen Gründen hält J. Jeremias an der Integrität von V. 2–8b fest. Sicher hat sich aber in der endgültigen Fassung durch den Evangelisten die Situation der bedrängten und verfolgten Gemeinde niedergeschlagen.

3. Theologische Würdigung

Bei der Auslegung wird man sich auf einen der möglichen Akzente festlegen müssen, schon um die Zuhörer nicht zu verwirren.

(1) Bedrängnis durch Unglauben und Unverständnis der Umwelt ist das Schicksal der Christen seit den Tagen der Urkirche. Sie kann zum langsamen Absterben des Glaubens führen. Die Klage: »Gott schweigt« ringt sich dann von den Lippen der Leidenden.

(2) Was unsere gläubige Existenz in dieser Welt trägt, ist die Hoffnung auf den erhöhten Herrn. Solche gläubige Zuversicht bedarf aber einer ständigen Stärkung. Sie wird genährt durch den prophetischen Zuspruch, der den Blick auf die Zukunft der Vollendung richtet. Dem Zuspruch entspricht das rufende Gebet, das die Gewißheit des Glaubens sucht. Daß es nicht ins Leere stößt, ist nicht Sache der lehrhaften Behauptung, sondern einer Einsicht, die nur dem demütigen und geduldigen Wagnis des Glaubens zuteil wird.

K. Maly

II. Liturgisch-homiletische Vorüberlegungen

1. Liturgische Hinweise

Der Schluß des lukanischen Reiseberichts zwischen der apokalyptischen Rede vom Tag des Menschensohnes, Lk 17,22–32, und dem Einzug Jesu in Jerusalem, Lk 19,28–44, setzt einige wichtige Akzente hinsichtlich der Sendung Jesu und seinem absoluten Anspruch an alle, die sich ihm als Jünger anzuschließen bereit sind. Das *Evangelium* des 29. Sonntags im Jahreskreis mit dem Gleichnis vom ungerechten Richter wird üblicherweise – wie es offensichtlich auch der Evangelist interpretiert – als Mahnung zu beharrlichem Gebet verstanden. Die anderen liturgischen Texte sind ebenfalls auf diesen Tenor abgestimmt. Daß der ursprüngliche Sinn des Gleichnisses damit nicht ganz getroffen ist, wurde bereits in den bibeltheologischen Vorüberlegungen angesprochen.

Vertrauen auf Gottes Hilfe und Schutz
Schon der *Eingangsvers* der Sonntagsliturgie (Ps 17,6.8) soll die Gemeinde auf das Vertrauen einstimmen, das jedes aufrichtige Gebet beseelen muß. So argumentiert der Beter: »Ich rufe dich an, denn du, o Gott, erhörst mich!» Das Anliegen solchen Gebets ist die Geborgenheit unter Gottes Schutz. Dieser Wunsch wird in anschaulichen und in der Bibel häufig gebrauchten Bildern beschworen: Gott möge den Beter behüten, »wie seinen eigenen Augenstern«, diesen kostbaren Schatz, der dem Leben Licht und Helligkeit beschert, er möge ihn bergen »im Schatten seiner Flügel«.

Diese Einstimmung erfährt im *Tagesgebet* einen bestimmten Zuschnitt: Die wesentlichen Kräfte des Menschen, Wille und Herz, sollen die Ausrichtung erfahren, die der Glaubende Gott als seinem Gebieter schuldet. Damit erscheint das Bittgebet als das, was es immer sein sollte: als Einstimmung des menschlichen Willens auf den Willen Gottes und als Läuterung des Herzens zu aufrichtigem und bereitwilligem Dienst an Gott.

Gottes Hilfe bedingt das Gebet des Gottnahen
Die alttestamentliche *Erste Lesung* (Ex 17,8–13) macht dem heutigen Zuhörer mit Sicherheit erhebliche Schwierigkeiten. Wir sind skeptisch geworden hinsichtlich des Gebets für den Sieg der Waffen. Der Kampf Josuas mit den Amalekitern, der nur siegreich verläuft, solange Mose seine Arme betend zum Himmel erhebt, symbolisiert zwar eindrucksvoll die Macht des Gebetes, seine Verbindung mit grausamen Kriegshandlungen und die Identifikation des Kriegsgegners mit Widersachern Gottes wirft jedoch nach unserem Empfinden darauf dunkle Schatten. Es gehört schon ein unerschütterlicher, heute kaum noch nachvollziehbarer Glaube an die Erwählung und Führung des Volkes Israel durch Gott dazu, um hinter der biblischen

Darstellung den intendierten Sinn zu erkennen: Wer Gottes vorbestimmtem Plan in den Weg tritt, wird hinweggefegt, nicht aus menschlichem Vermögen, sondern weil Gott es will und nur insofern sich der erwählte Mensch betend mit Gottes Willen vereint.

Diesen Gedanken vertieft der *Antwortpsalm* (Ps 121), dessen Kehrvers »Meine Hilfe kommt vom Herrn, der Himmel und Erde gemacht hat«, das Thema immer wieder anschlägt, das im Psalm mehrfach poetisch eindrucksstark variiert erscheint.

Die alttestamentlichen Schriften zeugen von Christus

Die neutestamentliche *Zweite Lesung* (2 Tim 3,14–4,2) scheint sich zunächst nicht in die Linie der anderen liturgischen Texte einzufügen. Bei den »gelernten« Inhalten des Glaubens zu verharren, die Bücher der Schrift als »geisterfüllt« für die Katechese zu nutzen, jederzeit, gelegen oder ungelegen, die Christusbotschaft zu verkünden, das sind eher allgemeine Erinnerungen an die Pflichten des Gemeindeleiters. Und doch gibt es eine Verbindung von dieser zur alttestamentlichen Lesung, nämlich sie konkret als »geisterfüllt«, als Gottes Zeugnis zu betrachten, das zum Glauben an Jesus hinführt. So hat die frühe Christenheit unbefangen die Schriften des Alten Bundes aufgefaßt und benutzt. Um solche Betrachtung sollten wir uns auch heute mühen.

Wenn im vorliegenden Fall der Bericht von den Kämpfen Israels bei der Landnahme mit dem wirksamen Gebet des Mose verbunden wird, sollte der Verkünder sich nicht scheuen, diese Begebenheit im Sinne der Heilsgeschichte der Gemeinde auszudeuten. Überall, wo sich Mächte dem Heilswillen Gottes feindlich entgegenstellen, können sie besiegt werden – durch das Gebet.

Immer beten und nicht nachlassen

Im Kontext der Liturgie wird das *Evangelium* zur Illustration dessen, was dem Gläubigen in der Not dieser Weltzeit bleibt, das beharrliche Gebet, dieses aber nicht als Bitte um Gottes Eingreifen hier und jetzt in dieser oder jener im Alltag unvermeidlicher Bedrängnis, sondern als Ausdruck des Vertrauens auf Gottes Endsieg, der seine Gerechtigkeit bezeugt. Dazu muß der Mensch aber glauben lernen.

In diesem Sinne wäre das *Schlußgebet* der Meßliturgie einzubeziehen, das um die Fähigkeit bittet, den Dienst am Altar mit freiem Herzen zu vollziehen. Die Feier der Liturgie bringt die Gemeinde auf diesem Weg voran, denn sie befreit von Schuld und macht die Mitfeiernden dadurch rein, damit sie Gott gefallen.

2. Homiletische Hinweise

Aus der exegetischen Analyse ist klar geworden, daß beim Gleichnis vom ungerechten Richter zwei Interpretationsebenen zu unterscheiden sind: Die ursprüngliche Gleichniserzählung im Munde Jesu und die Deutung, die sie durch die redaktionelle Bearbeitung des Evangelisten erfährt. Der Prediger wird sich für eine Darstellung entscheiden müssen, da eine Verbindung beider Ebenen im Rahmen der liturgischen Verkündigung kaum zu bewältigen ist.

Wer ist Gott?

Jesus hat in seiner Verkündigung die großen Themen von Israels Propheten aufgegriffen und sie seinen Zuhörern packend durch eine zeitgemäße Darbietung nahegebracht. Das fesselnde Gleichnis scheint mitten aus dem Leben der Zeitgenossen gegriffen, gerät aber nicht – wie es naheliegend wäre – zu einer Anklage gesellschaftlicher Mißstände, sondern zu einer markanten Zeichnung des prophetischen Gottesbildes.

Gott verdient demnach unbedingtes Vertrauen, auch wenn er zu schweigen scheint. Denn er ist da und hört auf das Schreien seines Volkes. Er wird zu seiner Zeit – bald – zugunsten der Gerechten in das Geschehen eingreifen.

Diesen Inhalt in der Verkündigung dem skeptischen Zeitgenossen nahezubringen, stellt an den Prediger hohe Anforderungen. Die Zweifel zu zerstreuen, die vor allem aus dem scheinbar schrecklichen Schweigen Gottes zu den täglich sich ereignenden unglaublichen Geschehnissen resultieren, dürfte sehr schwerfallen.

Trotzdem lohnt eine Auseinandersetzung mit diesem Thema, denn die Frage nach Gott ist heute aktuell wie eh und je. Ansatzpunkt der Verkündigung müßten gerade die Schwierigkeiten sein, die wir mit einem Gott haben, der den Gerechten angeblich zu Hilfe eilt, und die doch eine hoffnungslose Einsamkeit verspüren. Es muß herausgearbeitet werden, daß Vertrauen auf Gottes helfende Gegenwart die Basis jedes lebendigen Glaubens bildet. Die liturgische Feier der Eucharistie ist Zeichen einer Realität, sie ist Unterpfand dafür, daß Jesus, der Sohn Gottes, bei seiner Gemeinde bleibt, bis er wiederkommt.

Man muß allezeit beten . . .

Da der Evangelist Lukas dieses Gleichnis als Aufforderung zum beharrlichen Gebet begreift und die erste, alttestamentliche Lesung diese Deutung stützt, liegt die homiletische Auswertung auf dieser Ebene nahe. Dabei kann gut dargestellt werden, daß das Bittgebet nicht unsere kleinlichen Alltagssorgen zum Inhalt haben soll, sondern die großen Anliegen des Herrn der Kirche: Das Kommen des Gottesreiches trotz und wegen der Bedrängnisse, welche die Gemeinde der Christusgläubigen vielerorts erleiden. Solches Gebet ist beseelt von missionarischem Geist und macht das Bestreben Jesu zum ureigensten Anliegen.

Solches Beten tut not und solchem Beten, das sich mit Gottes Absichten identifiziert, ist die Erhörung gewiß. Wenn es dem Prediger gelingt, das Bittgebet aus der egoistischen Enge in sich selbst befangenen Denkens zu befreien, hat er bei seinen Zuhörern Wesentliches erreicht.

... und darf nie nachlassen

Beten ist kein einmaliger Akt, der jetzt getätigt und im nächsten Augenblick wieder vergessen ist. Beten ist Ausdruck einer Haltung, nicht eine Aneinanderreihung von Worten. Darum sollte der Prediger jede Mühe darauf verwenden, diesen Umstand seinen Zuhörern zu verdeutlichen. Das ständige Zwiegespräch mit Gott, das lebendiger Glaube zuwege bringt, ist mehr als ein punktuell gesprochenes Gebet, es ist lebendiges Zeugnis und Frucht des Glaubens; es beherrscht darum das ganze Denken, Reden und Tun des Menschen. Die Lehre des Evangeliums läuft darauf hinaus, den lebendigen Dialog mit Gott anzumahnen, der in den vielfältigen Sorgen des täglichen Lebens zu ersticken droht.

Wegen des engen Zusammenhangs mit der Liturgie wählt die folgende Predigteinführung das letztgenannte Thema.

III. Zur Predigt: Der Christ muß allezeit beten

Jeder Mensch braucht das Gespräch

Jeder von uns möchte sich mitteilen. Hat er diese Möglichkeit nicht, muß sein geistiges Leben verkümmern. Gerade wenn das Herz vom eigenen Erleben übervoll ist, will man andere daran teilhaben lassen, allen voran ein geliebtes Du.

Es gibt aber Situationen im Leben, da ein menschliches Gegenüber nicht ausreicht, das Übermaß an Freude oder Leid, das einen bewegt, auch nur annähernd zu erfassen. Dann braucht der Mensch das große Du Gottes. Ihm kann er sich voll anvertrauen, ohne enttäuscht zu werden. Er muß beten.

Die Basis des Sprechens zu Gott: Vertrauen

Das Bedürfnis, zu Gott zu sprechen, hat eine Voraussetzung: Vertrauen. Und das ist in der Tat der Dreh- und Angelpunkt, ob der Mensch zum Gespräch mit Gott findet. Vertrauen aber ist nur möglich, wenn auf den, dem Vertrauen geschenkt wird, Verlaß ist. Ohne Erfüllung dieser Grundvoraussetzung liefe das Gebet ins Leere.

Nun ist die Bibel voll von Zeugnissen, daß Gott dieses Vertrauen verdient und es nicht enttäuscht. Jesus hat in seiner Verkündigung oft darauf hingewiesen. Unser Evangelium ist nur ein Beispiel dafür. Die Bibel kennt aber auch Erweise so direkter Erwartung auf Hilfe in drängender Not, daß wir davor erschrecken. Ich erinnere an ein Psalmwort, das Generationen von Gläubigen mit Hoffnung erfüllt, getröstet, aber auch in Zweifel gestürzt hat. »Fallen auch tausend zu deiner Seite, dir zur Rechten zehnmal tausend, so wird es doch dich nicht treffen», Ps 91,7. Wer so spricht, hat so grenzenloses Vertrauen, daß es kaum noch gesteigert werden kann.

Wie wörtlich man diese Aussage verstanden hat, zeigt folgende Tatsache: Im Sande Ägyptens wurden vor einigen Jahren Kapseln gefunden, die offensichtlich als Anhänger getragen wurden. Sie enthielten ein Papyrusblatt, auf dem der zitierte Psalmvers stand. Vermutlich wurden sie von Soldaten benutzt, die sich auf diese Weise vor den Gefahren des Kriegsdienstes schützen wollten. Eine ähnliche Begebenheit erzählt der bekannte Dichter *Boris Pasternak* in seinem Roman »Doktor Schiwago«. Wir empfinden unwillkürlich: Ist da das Psalmwort noch Ausdruck des Vertrauens oder nicht bereits zum abergläubischen Talisman entwertet?

Die Haltung rechten Betens

Diese Überlegung führt uns zum Grundproblem, wie das Bittgebet aufgefaßt werden muß. Vielleicht sind wir selbst noch beeinflußt von einer Haltung, die in früheren Generationen gar nicht so selten war: Gott möge auf mein Gebet hin auf wundersame Weise in das Weltgeschehen eingreifen, um mir in dieser oder jener schwierigen Situation zu helfen.

Das Beispiel Jesu weist uns den rechten Weg. In seiner schlimmsten Verlassenheit am Ölberg spricht er zu Gott: »Mein Vater, wenn es möglich ist, laß diesen Leidenskelch an mir vorübergehen. Aber es soll geschehen, wie du willst, nicht wie ich es will!«, Mk 14,36 par. Diese Worte sind vom Vertrauen getragen, daß der Vater im Himmel ihn hört. Sie zeigen aber auch deutlich, daß es im Gebet nicht darum gehen kann, seinen Eigenwillen durchzusetzen, sondern sich mit dem Willen Gottes in Einklang zu bringen. Vertrauensvoll beten heißt also, eine Haltung zu bekräftigen, die mit dem Glauben gegeben ist.

Die Versuchungsgeschichte Jesu bestätigt diese Erkenntnis. Sich von den Zinnen des Tempels herabzustürzen, um im Vertrauen auf das Schriftwort »Er befiehlt seinen Engeln, dich zu behüten auf all deinen Wegen, sie tragen dich auf Händen, damit dein Fuß nicht an einen Stein stoße« heil unten anzukommen, entspricht nicht der konkreten geschichtlichen Situation und damit der Aufgabe, die das Leben hier und jetzt stellt. Das bedeutet: Wenn Jesus das Ansinnen des Versuchers zurückweist, ist damit nicht Gottes Zusage auf Schutz und Sicherheit überhaupt in Frage gestellt. Nur verweist Jesus darauf, daß der Weg zum Heil dem Menschen oft anders gewiesen wird, als er es sich wünschen mag. In der konkreten Lebenssituation wird die Aufgabe gestellt, der man sich nicht entziehen darf, selbst wenn man das religiös verbrämen wollte.

Beten ohne Unterlaß

Beten entspringt der Haltung eines unverbrüchlichen Glaubens. Wenn der Mensch sich zu dieser Haltung durchringt, wird er »immer beten«, weil er mit Gott in ständigem Dialog lebt.

Wer kennt aber nicht die Gefahr, müde zu werden? Jeder verliert mit der Zeit an Spannkraft. Wir haben allzusehr Verständnis für die Jünger, die körperlich und geistig überfordert am Ölberg eingeschlafen sind. Darum ist auch die Mahnung des Evangeliums nicht müßig, allezeit zu beten und nie nachzulassen. Die Witwe der Gleichniserzählung zeigt es uns: Sie ist von ihrer Sache so durchdrungen, daß sie nie aufgibt, ihr Recht einzufordern. So muß man beten!

Krise des Gebets ist Krise des Glaubens

Wenn wir heute das Gebet immer mehr an den Rand schieben, zeigt das nur die Tatsache, daß unser Glaube in die Krise geraten ist. Als das Verwaltungsgebäude der Vereinten Nationen am East River in New York gebaut wurde, hatte man auf mehrfachen Wunsch einen

Gebets- und Meditationsraum eingeplant. Neben den vielen Sitzungssälen fiel er bescheiden genug aus. Von einer Überfüllung durch allzu starke Benutzung hat man noch nie gehört. Mir scheint das von symptomatischer Bedeutung zu sein. Irgendwo wissen wir alle, daß das Gespräch mit Gott wichtig ist, daß wir beten müssen, vor allem im Interesse richtiger Lebensentscheidungen. Aber dann ist plötzlich wieder alles andere wichtiger, und wir vergessen das Gebet ganz und gar. Die Proportionen haben sich verkehrt. Sollten wir nicht versuchen, sie ihrer wahren Bedeutung gemäß wieder zurechtzurücken?

K. Maly

Dreissigster Sonntag

Lk 18,9–14

I. Bibeltheologische Vorüberlegungen

1. Stellung, Struktur, Gattung der Perikope

(1) Die Perikope ist bei Lukas mit dem voraufgehenden Gleichnis von der bittenden Witwe, 18,1–8, zu einer Unterweisung über das rechte Verhalten zu Gott, näherhin über das rechte Gebet zusammengeschlossen. Es wird sich aber zeigen, daß auf einer älteren Traditionsstufe das Stück von den Betern im Tempel wahrscheinlich mit dem vom Oberzöllner, 19,1–10, als dem Paradigma einer Sünderbegnadigung verbunden war. Von diesen Zusammenhängen wird hier abgesehen, um die Aussage von 18,10–14a für sich zu würdigen.

(2) Es handelt sich um einen maschal, eine »Parabel«. Die Bezeichnung ist nicht mit »Gleichnis« wiederzugeben; denn es wird nichts verglichen, sondern anhand eines Geschehnis-Modells wird eine direkte Aussage gemacht. Man spricht also besser von einer Beispielerzählung oder noch allgemeiner von einem Lehrstück.

(3) Die Rahmung des Kerntextes durch die Situationsangabe V. 9 und die zusammenfassende Sentenz V. 14b scheint zwar zutreffend, man sollte sie aber nicht in die Auslegung einbeziehen. Sie wird als Werk der Redaktion am Ende besprochen.

2. Einzelauslegung

V. 10 Die Erzählung von den »Zwei Männern« läßt sofort erkennen, daß nicht individuelle Gestalten, sondern typische Verhaltensweisen vorgeführt werden. Vor allem für den Typus des Pharisäers muß gelten, daß er nicht aus der Anschauung von Personen gewonnen, sondern als eine figürliche Darstellung der bei den Gesetzesfrommen geltenden Doktrin über die wahre Gerechtigkeit zu verstehen ist.

V. 11f Diese Doktrin wird mit drei Zügen angedeutet: Die Gebote des Gesetzes sind zu erfüllen, die Verbote zu respektieren, und die lückenlose Gehorsamsleistung ist in Anbetracht möglicher Versehen zu sichern durch »Werke der Übergebühr«. Dazu gehört die freiwillige, weit über das gesetzlich verlangte oder verordnete Fasten hinausgehende fromme Übung, die wohl zur Zeit Jesu schon verbreitet war. Dazu gehört ferner die Verzehntung, die nicht nur nach dem Gebot von Dtn 14,22 an den Erträgen von Acker und Weide vorgenommen wird, sondern an »allem, was ich erwerbe«, und zwar aus der Befürchtung, es könnte etwa der Händler auf dem Markt die Vorschrift nur lässig erfüllt haben. Man sieht, es geht um die Sicherung eines Gehorsams, der kein subjektives Moment von Schuld oder Unschuld zuläßt, also um das, was das Prinzip der Gesetzlichkeit ausmacht.

Aber es geht wohl auch um einen Eifer, der freiwilig die Verpflichtungen erweitert, weil der Dienst vor Gott, den man im Gesetz erblickt, Freude macht und Frieden bringt. Es gibt ein Wohlbefinden des Rechtschaffenen, das nicht zu verwechseln ist mit dem Gefühl des »Selbstgerechten«. Es drückt sich aus in alten Gebeten wie Psalm 26: »In Treue zu Dir bin ich meinen Weg gegangen . . . Ich wasche meine Hände in Unschuld . . . Ich will Deinen Altar, o Herr, umschreiten, will den Gesang des Dankopfers hören lassen und Deine Wunder erzählen.« – Wenn der Beter so sprechen darf, muß man ihm auch erlauben, auf dem Heimweg aus der Synagoge zu sagen: »Ich danke Dir, Jahwe, mein Gott, daß Du mir mein Teil gegeben bei denen, die im Lehrhause sitzen und nicht bei denen an den Straßenecken. Ich stehe früh auf, und sie stehen früh auf; ich zu den Worten der Thora, sie zu eitlen Dingen . . .«, Trakt. Ber. 28 b.

So ist zu fragen, wo der Irrtum des Gesetzesmannes gesehen wird. Deutlich ist zunächst der Hinweis auf seine Neigung, sich mit den »übrigen Menschen« – genauer: mit Räubern, Betrügern und Ehebrechern – zu vergleichen und mit dem Zöllner, der in dieselbe Szene aufgenommen ist. Der Hinweis deutet in die gleiche Richtung wie die Warnung vor dem angemaßten Urteil in Mt 7,1–2.3–5 Q. Damit hängt ein Zweites zusammen: Es wird gezeigt, wie der Fromme versucht ist, sich derart auf das Prinzip des Gesetzesdienstes zu verlassen, daß er meint, des Urteils Gottes sicher zu sein. Er nimmt das Gericht vorweg und beginnt sein Gebet mit der Danksagung für seine Gerechtigkeit. Und dem Gebet entspricht die Haltung: Er »tritt hin«, und zwar »für sich«, d. h. abgesondert von den »übrigen«.

V. 13 Die Gegenfigur ist der Zöllner, der für Jesus wie für seine Hörer ein Sünder ist. Sein Beruf, der ihn den Interessen der heidnischen Macht dienstbar macht und ihn als Pächter des Zolls zu Übervorteilung und Erpressung verleitet, vgl. Lk 19,8, ist ihm zum Schicksal geworden.

Der Schuldige hat nichts zu seinen Gunsten vorzubringen. Das öffentliche Bußverfahren mit Bekenntnis, Wiedergutmachung und Sühnewerken hat ihn entmutigt. So kann sein Gebet nur ein Notschrei sein. Er bekennt sich vor Gott als Sünder, er schlägt im Schmerz seine Brust, und er fleht um Gnade.

Auch in diesem Typus wird eine Auffassung vom Gottesverhältnis des Menchen dargestellt. Bei aller Schuld, und vielleicht gerade durch die Erfahrung seiner Schuld, hat der Zöllner begriffen, was es bedeutet, daß Gott souveräner Herr aller Gnade ist.

V. 14a Das wird durch den abschließenden Satz deutlich gemacht. Sprachlich ist zu bemerken, daß par'ekeinon Röm 1,25; Ps 44,8 LXX zu übersetzen ist: »vor jenem«, »in Gegensatz zu jenem«, d.h. »jener aber nicht«.

Den Sinn des Spruches erfaßt man, wenn man sieht, daß in ihm nicht auf Gleichnisweise eine Einsicht erwirkt wird, sondern eine Mitteilung geschieht. Die Mitteilung besagt, daß der Sünder das Wohlgefallen Gottes und damit die »Rechtfertigung» erlangt hat, der Gerechte aber nicht. Man vergleiche dazu den Eröffnungssatz zu den Antithesen Mt 5,20f: »Wenn eure Gerechtigkeit nicht weit mehr ist als die der Schriftlehrer und Pharisäer, werdet ihr keineswegs in die Gottesherrschaft gelangen«. Der Satz 14a spricht also ein Urteil aus, und auf dieses läuft die ganze Darstellung zu. In diesem Urteil liegt das über jede einsichtige Belehrung hinausgehende prophetische Wort Jesu.

V. 9.14b Die redaktionelle Rahmung trägt zum Verständnis der Rede nicht viel bei; sie scheint eher aus ihr gewonnen zu sein. Die abschließende Sentenz paßt zwar zu ihr, ist aber auch an anderen Stellen verwendbar, vgl. Lk 14,11; Mt 23,12. Der einleitende Satz ist polemisch geschärft und erinnert an den anderen lukanischen Spruch, 16,15: »Ihr seid es, die sich vor den Menschen als Gerechte ausgeben, aber Gott kennt euer Herz, denn was unter den Menschen hoch steht, ist bei Gott ein Greuel.«

Das Niveau der Rede Jesu in der Perikope wird damit nicht erreicht. Sie wirkt zwar durch die scharfe Kontrastierung mit dem verachteten Zöllner erregend und herausfordernd, aber sie nimmt doch den Gesetzestreuen ernst. Sie sucht mit ihrem Angriff die tragische Verkennung der Freiheit Gottes aufzudecken. Darum gehört sie nicht bloß in den Stoff der Jüngerbelehrung; sie zeugt vielmehr von dem prophetischen Werk, das Jesus an Israel tut.

3. Theologische Würdigung

(1) Das Verständnis der Perikope ist durch unsere Neigung zu moralischen Wertungen gefährdet. Solche erreichen nicht den Kern der Aussage. Moralisierung geschieht, wenn man den Pharisäer, dem veschlissenen Gebrauch des Wortes folgend, als unredlich, überheblich, hochfahrend und im egozentrischen Sinn selbstgerecht charakterisiert. In Wirklichkeit ist er ein ernstlich bemühter, zuchtvoller, in ständiger Selbstkontrolle, in Ehrfurcht vor Gott, in Bußbereitschaft lebender Mensch. Seine Motivbildung reicht weit über das individuelle Interesse hinaus, ihm geht es um die Zukunft Israels, die er abhängig sieht von einer lückenlosen Erfüllung des im Gesetze kundgegebenen Willens Jahwes.

(2) Das Gleiche gilt auf andere Weise von der Figur des Sünders. Die moralisierende Wertung sieht in ihm ein Muster von Demut und Vertrauen auf die Gnade, einen Menschen, der wegen seiner Schuld und Not Mitgefühl verdient und, recht bedacht, ein Vorbild für den wahren Jünger bietet. Aber er ist in der Rede Jesu ein Sünder, und seine Schuld ist klar gesehen. Nicht Tugend wendet ihm die Vergebung zu, sondern ein glückliches Moment der Einsicht: Er hat begriffen, daß man vor dem Heiligen letztlich nichts tun kann, als sich aufzugeben und der Gnade auszuliefern. Tatsächlich wird hier überhaupt nicht über gutes und schlechtes Verhalten, über Tugend und Verfehlung des Menschen gesprochen, sondern über die Freiheit Gottes, die über Gewissenhaften und Leichtfertigen, über Ordentlichen und Verwirrten mit gleicher Souveränität waltet. Was der Zöllner dem Gesetzesmann voraushat, worin er »reifer« ist als jener, ist das Wissen von Gott; und eben darin liegt der Sinn der Rede Jesu.

(3) Mit dem Thema der »Mitmenschlichkeit« ist dieses Lehrstück also nicht befaßt. Es redet nur vom Menschen, wie er vor Gott steht, und nicht einmal von seinem Handeln – sonst wäre der Gesetzesmann besser gestellt als der Zöllner –, sondern von der rechten Weise, die eigene Existenz im Gottesverhältnis zu begreifen. Wenn dann die tiefere Wahrheit durch alle menschliche Täuschung durchkommt, wenn das entsteht, was im Evangelium Glauben genannt wird, dann kann und wird dieses tiefer begründete Dasein sich auch in der Bruderschaft zu den Menschen bewähren. Es entsteht eine

Frömmigkeit – ein falsches Kleid?

Frommsein ist *kein* Heilsweg – jetzt werden Sie erschrecken, wenn ich das sage. Nein, Sie haben sich nicht verhört, es ist kein Heilsweg. Hören Sie dazu eine *chassidische Geschichte:*

In einer Stadt lebte ein Mann, von dessen Frömmigkeit die Leute so häufig redeten, daß man ihm bald den Beinamen der Fromme gab. Als er einmal krank wurde und seine Angehörigen in Erfahrung brachten, daß einige Leute zu Rabbi Nachum sich begaben, um sich von ihm segnen zu lassen, baten sie diese und trugen ihnen auf, des Kranken beim Rabbi zu gedenken. Bei ihm angekommen überreichten sie ihm Zettel mit ihren eigenen Namen und den Zettel des Kranken. Sie berichteten dem Rabbi, daß dieser Mann wegen seines strengen Lebens sehr bekannt sei und deshalb auch »der Fromme« heiße. »Ich weiß nicht«, erwiderte der Rabbi, »was das ist, ein Frommer, und auch von meinem Vater habe ich nichts darüber erfahren. Aber ich meine, es wird eine Art Kleid sein: der Oberstoff ist aus Überhebung und das Futter aus Groll, und genäht ist es mit den Fäden der Schwermut.« (Zit. nach *M. Buber,* Die Erzählungen der Chassidim, Zürich 1949, S. 519).

In dieser Geschichte wird es also bestätigt, was man landläufig sowieso immer hört: Die Frommen, schaut sie nur näher an, dann entdeckt ihr schon, was sich hinter der Fassade verbirgt. Stolz und unzugängliche Hartherzigkeit, nachtragende und versöhnungsunfähige Wesensart und im letzten Schwermut und Depresssion. Der fromme Pharisäer scheint also gerade in seiner stolzen Phase sein Gebet im Tempel verrichtet zu haben, die Hartherzigkeit wird sich in seinem Alltag zeigen.

Jesus und die Frommen

Dann ist es also doch wahr, daß Jesus gegen die Ritualisten eingestellt war, gegen die, die ihren Glauben kultisch ernst nahmen und ihm eine gewisse Regelmäßigkeit abgewannen. Oft genug hört man es ja in der Bibel, daß er bei Sündern saß, bei Gescheiterten, Gestrauchelten. Wenn Jesus schon damals nicht bei den Frommen saß, haben wir, die wir uns jetzt als christliche Gemeinde versammelt haben, eine Chance, daß er sich zu uns setzt, daß er unter uns ist? Ist er nicht vielmehr draußen an den Brennpunkten des Lebens, wo Menschen unter die Räder geraten, manchmal so lautlos, daß wir ihre Schreie gar nicht hören? Jesus, auf welcher Seite stehst du?

Selbstgerechtigkeit und Leidensdruck

Jesus steht auf der Seite Gottes. Und diesem Gott geht es um Umkehr, um Ausrichtung unseres Lebens nach seiner Art, da er ein Liebhaber des Lebens ist. Gerade diese Umkehrfähigkeit ist in unserem Gleichnis angesprochen, nicht die Zementierung der Selbstsicherheit. Da unterscheiden sich der Pharisäer und der Zöllner in bezeichnender Weise. Der Pharisäer, der seine Frömmigkeitsübungen wirklich ernst nimmt, kommt auch im Gebet, im Stehen vor Gott, nicht vom Leistungsgedanken und vom Kreisen um sich selber weg. Er ist ein Ich-Mensch, der immer »ich« sagt: »Ich danke dir«, »ich bin nicht«, »ich faste«, »ich gebe«. Er ist ein religiöser Solist, der im letzten gar kein Gegenüber vertragen kann, auch Gott nicht. Er braucht keine Korrektur, sondern nur Bestätigung. Aber er sieht dann doch wiederum nicht nur sich, sondern auch den anderen, freilich im Verhältnis der Konkurrenz. Er trägt den Neid ins Gebet und vergiftet es dadurch; aus einer vergifteten Quelle aber kann man nicht mehr trinken.

Ganz anders der Zöllner: Er ist überwältigt von seinem Schmerz, er hat gar keine Zeit, auf den anderen zu blicken. Wer das schon einmal erlebt hat, weiß darum. Da bleibt nur noch die Möglichkeit zum Hilferuf. In der Psychologie würde man sagen, der Leidensdruck muß so groß sein, daß man um Hilfe ruft, weil alle anderen bisherigen Sicherungen versagen. Ist das richtige Beten also die »Psychotherapie Gottes«? Auf jeden Fall in dem Sinn, daß das Gebet erst dann wirkt, wenn ich mich loslasse, in Gott fallen lasse, in seiner Abgründigkeit neuen Grund zum Leben empfange.

Ritualisten nach der Krise

Ich stelle mir vor, daß das Gleichnis weitergehen könnte: Der Zöllner könnte in seinem Gebet eine solche Kraft gespürt haben, daß er wieder in den Tempel kommt, daß er zum regelmäßigen Beter wird, zum »Ritualisten nach der Krise«. Ich hoffe, daß wir solche Beter, solche Ritualisten sind.

E. Garhammer

Einunddreissigster Sonntag

Lk 19,1–10

I. Bibeltheologische Vorüberlegungen

1. Stellung, Struktur, Gattung der Perikope

(1) Die Perikope ist vom Evangelisten in Zusammenhang mit der vom blinden Bettler, Lk 18,35–43, gesehen. Das zeigt sich schon äußerlich an der redaktionellen Veränderung der Vorlage Mk 10,46. Nach Markus trifft Jesus auf den Bettler, wie er bereits die Stadt verlassen hat und seinen Weg nach Jerusalem fortsetzt. Lukas verändert 18,35 diese Angabe und läßt die Begegnung bereits auf dem Anweg zur Stadt geschehen. Offenbar mußte er die Situation des Durchzugs für die Zachäus-Geschichte frei machen, weil die Situationsangabe 19,1 fest mit ihr verbunden war. So rücken die beiden Begegnungen auch inhaltlich nah zueinander: Dem leiblich Armen und dem belasteten Sünder wendet Jesus das Erbarmen Gottes zu.

(2) Die beiden Perikopen stehen aber durch die Ortsangabe Jericho auch im größeren Zusammenhang des zielstrebig auf Jerusalem und die Vollendung seiner irdischen Wirksamkeit gerichteten Weges Jesu, vgl. Lk 9,51–53.

Markus zeigt das deutlicher als Lukas; er sieht offenbar schon den messianischen Einzug im Gange: Jesus hat Jericho verlassen, und er setzt nun den Weg fort, der im nächsten Abschnitt, 11,1 ff, zum Ziel führt, und »seine Jünger und eine große Volksmenge« ziehen mit ihm, 10,46. Das konnte Lukas mit Rücksicht auf die Situationsangabe 19,1 nicht übernehmen. Aber auch in 19,3 ist von der Menge gesprochen, die den Zöllner hindert, Jesus zu erblicken.

(3) Ein anderer Zusammenhang tritt hervor, wenn man die Stoffe, die Lukas aus der Markus-Vorlage übernommen hat, beiseite läßt und das lukanische Sondergut betrachtet. Es scheint, daß dort auf das Stück von den Betern im Tempel, 18,9–14, unmittelbar das Paradigma einer Sünderbegnadigung, Lk 19,1–10, gefolgt ist.

V. 1f Die Nennung des Namens, der nicht wie »Lazarus« sinnbildlich gemeint ist, läßt einen realen Vorgang – im Gegensatz zur »idealen Szene« – erkennen. Auch die Levi-Perikope, Lk 5,27–32 = Mk 2,13–17, die einige verwandte Züge aufweist, ist wohl nicht als Dublette oder gar als Vorlage, die in 19,1 ff verarbeitet wäre, zu verstehen. Das Schmähwort Lk 7,34 Q, das nicht als kerygmatische Bildung verdächtigt werden kann, weist auf einen nahen und häufigen Umgang Jesu mit den »Sündern« hin.

Zakkai ist ein »Oberer der Zöllner«. Das sonst nicht belegte Wort besagt wohl: Ein selbständiger Pächter der Straßen- und Marktzölle, der eine feste Summe an die römische Verwaltung abzuliefern hat, aber im übrigen das Geld für seine ausführenden Organe und den eigenen Unterhalt herauswirtschaften muß. Er ist also nicht nur »unrein«, weil er mit der heidnischen Macht operiert, er steht auch in dringendem Verdacht, die Wehrlosen übervorteilt und erpreßt zu haben, so daß die Charakterisierung »Und er war reich« ihre eigene Bedeutung hat.

V. 3f Erkennt man an, daß hinter der Perikope ein Begebnis steht, dann braucht man die Beschreibung, wie Zachäus auf die breitästige Sykomore am Straßenrande steigt, nicht auszudeuten; es ist dann einfache Tatsächlichkeit. Dennoch kommt sein Verlangen, den prophetischen Mann aus Galiläa zu betrachten – »Wer er sei« –, zu andeutender Darstellung. Es gibt immerhin den Anlaß zu dem, was in der Folge geschieht.

V. 5f Die Aktion liegt allein bei Jesus. Er erfaßt den Mann mit seinem suchenden Blick; er ruft ihn herab. Daß er den Namen weiß, ist in der Erzähltechnik begründet – und bittet um Gastfreundschaft. Die Bedeutung des Vorgangs wird sprachlich erhellt: Drängend ist die Aufforderung: »Schnell, steig herab!«, und auf den Willen Gottes weist die Begründung: »denn es muß sein, vgl. Lk 9,23; 24,26 u. a., daß ich heute in deinem Hause wohne.«

V. 7 Die Freundlichkeit gegen den Sünder erhält ebenso wie beim Gastmahl des Levi und bei der Begegnung mit der Sünderin, die Jesus salben will, ihre Plastik durch den Protest der Gesetzesfrommen. Die Pharisäer werden hier nicht genannt; aber es wird angedeutet, daß deren Auffassung – Ihr Einfluß auf das Volk ist geschichtlich belegt – allgemein in Geltung war. Jesus steht also allein, wenn er es wagt, den Sünder zum Gastgeber zu machen.

V. 8 Dieser Satz spricht von der Reaktion des Begnadeten. Wahrscheinlich ist er durch Lukas zwischen V. 7 und V. 9 eingeschoben worden. Dafür zeugen sprachliche Eigenheiten des Lukas, so: »Er trat hin«; »der Herr« statt des Namens Jesus –, aber auch das theologische Interesse des Evangelisten ist zu erkennen. Offenbar ist ihm daran gelegen, die Umkehr deutlich zu machen und daran zu erinnern, daß man sich »Freunde macht mit dem ungerechten Mammon«, 16,9. Die großmütige Hergabe der Hälfte des Vermögens und die nur in Sonderfällen verhängte vierfache Restitution, Ex 21,37, soll das Glück des Befreiten und nicht nur seinen guten Willen erkennen lassen.

V. 9 Was Jesus auf den Protest der Geärgerten antwortet, erscheint als zu dem Zöllner gesprochen; vielleicht beruht diese Unebenheit auf der Veränderung eines ursprünglichen, ohne V. 8 gelesenen Textes, in dem Jesus zu den Murrenden spricht.

Der Spruch Jesu läßt die kerygmatische Fassung erkennen. Er beginnt mit dem Heilswort »Heute«, vgl. Lk 2,11; 23,43, das schon in der Aufforderung V. 5 angeklungen war; und er redet von dem Heil, das dem »Haus« des Zachäus, vgl. Apg 10,2; 11,14; 16,31; 18,8, widerfahren ist. Er erkennt an, daß auch der Sünder Abraham zum Vater hat und Teilhaber des Bundes ist, vgl. gleichsinnig Lk 13,10, gegensätzlich Lk 3,8.

V. 10 Die Abschluß-Sentenz ist in diesem Falle fest mit der Antwort Jesu verbunden. Sie gehört zur kerygmatischen Fassung seiner Rede in V. 9 und begründet diese mit dem Auftrag, wie er der österlichen Erkenntnis aufgegangen ist: Der vorhereingesandte »Menschensohn« soll zu Gott heimholen, »was verloren war«, vgl. Lk 15,3–10.11–32 im Zusammenhang mit 15,1f.

3. Theologische Würdigung

(1) Der Bericht von dem ursprünglichen Begebnis ist überdeckt von der gestaltenden kerygmatischen Aussage. Das bedeutet: Die Auslegung muß sich jeder Psychologisierung enthalten. Ein wesentlicher Heilsvorgang wird dargestellt an einem Paradigma. Er wird auseinandergelegt und zu erkennen gegeben in den einzelnen Akten des Geschehens. Diese soll man herausstellen, aber nicht sich in Beschreibungen verlieren.

(2) In der Mitte des Geschehens steht Jesus. In der Anlage der Perikope ist der Zöllner nur die Beziehungsfigur seines Handelns, so

wie im Gleichnis Lk 15,11 ff der Vater in der Mitte steht und sowohl der jüngere wie der ältere Sohn nur Beziehungsfiguren sind, an deren Verhalten das des Vaters sich entwickelt und darstellt. Aber Lukas hat durch V. 8, in Fortsetzung zu V. 3, der Beziehungsfigur einige Plastik gegeben. Was er nicht versäumen will zu zeigen, ist der Weg des Sünders, der nicht nur in die Versöhnung führt, sondern über sie hinaus in ein erneuertes Leben, vgl. Lk 7,36–50.

Wichtig wird von daher, wie sich mit der scheuen Distanz, die dem Gefühl der Unwürdigkeit entspricht, das Verlangen des Zöllners verbindet, den Propheten aus Galiläa wenigstens anzuschauen; wichtig auch, dessen Beglückung über die unerwartete und großmütige Zuwendung Jesu darzustellen.

Jesus hingegen – man stelle sich V. 8 wie eine Parenthese vor – antwortet nicht auf die Rede des Zöllners, sondern auf den Protest der Gesetzesfrommen. Er spricht ein grundsätzliches Urteil über diesen und alle Sünder aus, wenn er den Geärgerten entgegenhält, daß nach Gottes Willen auch dieser Mann zu den Söhnen des Abraham zählt.

(3) Es lohnt sich, die Frage nach dem »Sitz im Leben« einer solchen Perikope eigens zu stellen. Denkt man an das missionarische Interesse, das nicht nur den Evangelisten, sondern überhaupt die griechisch-christlichen Gemeinden bewegt: Hier werden jene Unglücklichen angesprochen, die durch die eigene Schuld belastet und durch das Urteil der Gesellschaft niedergedrückt sind. Den Entmutigten wird nicht ein richterlicher Christus gezeigt, sondern der »Freund der Sünder«, Lk 7,34 Q. So mag ein solcher, der wie der Zöllner in die Nähe des Evangeliums geraten ist, erfahren, was der abschließende Satz V. 10 besagt.

H. Kahlefeld

II. Liturgisch-homiletische Vorüberlegungen

1. Liturgische Hinweise

Das Unterwegs-Sein Gottes zu den Menschen, sein »Entgegen-Kommen«, und das Entgegen-Gehen des Menschen, sein Aufbruch zu Gott als antwortende Gegenbewegung, könnten als charakteristische Verbindungslinie in den Lesungen und Gebeten dieses Sonntags entdeckt werden. Davon spricht der *Eröffnungsvers:* »Eile mir zu Hilfe, Herr, du mein Heil«; das erbitten wir im *Tagesgebet:* »Nimm alles von uns, was uns auf dem Weg zu dir aufhält, damit wir ungehindert der (verheißenen) Freude entgegeneilen«; das verwirklicht das Einladungs-Wort von Jesus an Zachäus im *Evangelium:* »Komm schnell vom Baum herunter!« und die Reaktion des Gerufenen: »Er stieg schnell herunter und nahm Jesus freudig bei sich auf.«

Eine andere grundlegende Thematik dieses Sonntags ist das Erbarmen Gottes mit dem umkehrenden Sünder: *Erste Lesung, Antwortpsalm, Evangelium* und *Gabengebet* sprechen je auf ihre Weise davon. Es wird in diesen Texten deutlich: im Alten wie im Neuen Bund geht es Gott um das Heil aller. Jedem umkehrbereiten Sünder wird »Versöhnung zum Glauben« zuteil. In Christus wird den »Verlorenen« Rettung zuteil; im Christus-Heil weitet sich die »Sohnschaft Abrahams« aus auf alle Völker (*Evangelium, Gabengebet*).

2. Homiletische Hinweise

So können in der Verkündigung beide genannten Linien zusammenlaufen: Gottes Aufbruch zum Menschen und die Umkehr des Menschen zum Heil. Ein Fremdkörper bleibt dann allerdings die *Zweite Lesung* (2 Thess 1,11–2,2): Sie bildet schon einen Vorgriff zu den eschatologischen Texten der beiden nächsten Sonntage und würde viel besser zum Evangelium des 33. Sonntags passen, außer man verliest am 31. Sonntag nur 2 Thess 1,11–12 als Impuls, der Berufung zum neuen Leben mit Gottes Hilfe treu zu bleiben.

Die Verkündigung der *Evangelien-Perikope* (Lk 19,1–10) muß mit einigen Schwierigkeiten rechnen. Zum einen wird die Erzählung von Zachäus meist auch als Evangelium am »Kirchweih-Sonntag« (Jahrestag der Weihe der eigenen Kirche) verwendet und steht damit in zeitlich starker Nähe dazu; denn nur zwei, höchstens drei Sonntage liegen dazwischen. Zum anderen ist die Zachäus-Geschichte mittlerweile in der Katechese zur exemplarischen und damit in allen Einzelheiten bearbeiteten Umkehrgeschichte geworden. So scheint es mir homiletisch wertvoller und lohnender, das Handeln Jesu in den Mittelpunkt der Verkündigung zu stellen und Zachäus als Beziehungsfigur dafür zu belassen, wie Jesus auch sonst – im Gegensatz zu den Gesetzesfrommen – mit Sündern, Außenseitern und Ausgestoßenen umgeht. Ich greife damit die Empfehlung der Exegese in der theologischen Würdigung auf, Jesus als »Freund der Sünder« zur Anfrage an uns Christen heute werden zu lassen: Wie gehen wir um mit Zachäus-Typen in Kirche und Gesellschaft?

III. Zur Predigt: Mit Ausgestoßenen leben

Das Mahl mit den Sündern

Das bekannte Studienkolleg für »Theologen deutscher Zunge«, das Germanikum in Rom, hat südlich von der Großstadt ein Landgut: die Villa San Pastore an der alten Straße von Rom nach Palestrina in den Bergen. Für den Speisesaal dort, in dem die Priesteramtskandidaten ihre Mahlzeiten einnehmen, hat der deutsche Pfarrer *Sieger Köder* ein Abendmahlsbild gefertigt, das überrascht, ja sogar schokkiert. An die Stelle der Apostel von damals sind Menschen unserer Tage getreten: nicht nur Männer, sondern auch Frauen; nicht nur ehrbare und angesehene Menschen, sondern auch Randexistenzen unserer Gesellschaft, wie wir sagen. Da hat ein Jude aus dem KZ am Tisch von Jesus Platz genommen; daneben sitzt eine Prostituierte mit sinnlichen Lippen und neben dieser eine verhutzelte alte Frau. Die Runde geht weiter: Ein Clown aus dem Zirkus, der mehr gequält als froh in die Runde blickt, neben ihm skeptisch ein Intellektueller, daneben eine reiche, vornehme Dame. Und die siebte Figur an diesem seltsamen Gastmahl: Ein Farbiger, ein Freiheitskämpfer, der seine rechte Hand verbunden trägt –, das Blut sickert noch durch den Verband. – Eine seltsame Runde, werden Sie denken! Ist das ein Abendmahlsbild für heute, für die Priesteramtskandidaten, für uns, die wir jetzt und hier Mahlgemeinschaft mit Jesus halten?

Jesu »provozierendes« Verhalten

Das Bild ist eine Provokation, so wie das Verhalten Jesu damals eine Provokation war für die Frommen. Der Umgang Jesu mit Zachäus ist nur ein Beispiel für viele: Auch er ist ein Sohn Abrahams –, und auch die Asylanten, die Penner und Landstreicher, die AIDS-Kranken und die Rocker, die Behinderten und die Alkoholiker, sie alle sind Kinder Gottes, Schwestern und Brüder von Jesus und: von uns. Damals wie heute haben »Randgruppen« und »Randexistenzen« das gleiche Schicksal: Sie sind Außenseiter, oft erleben sie sich sogar als Ausgestoßene. Und schnell ist man heute wie damals mit dem Urteil zur Hand: Sie haben keine Chance, weder bei den Menschen noch bei Gott. Ihr Schicksal ist Strafe, auch von Gott her. Denn: »Von nichts kommt nichts.«

Dagegen stehen Jesu Einstellung und Verhalten damals, müssen heute das Verhalten und die Einstellung von uns Christen stehen. Jesus wußte sich gesandt, gerade den Armen, den Verachteten und

Ausgestoßenen die Botschaft von der Liebe Gottes zu bringen. Mehr noch: Er ließ sie diese Liebe Gottes erfahren, indem er die Isolation durchbrach – die Isolation der gemiedenen Aussätzigen, der verachteten und gehaßten Zöllner, der abgeurteilten Sünder. Jesus ging ihnen entgegen, er sprach sie an und: Er ließ sich von ihnen zum Essen einladen. Das war und ist noch heute im Orient ein großes Zeichen: mit jemand Tischgemeinschaft haben, bedeutet eine Ehrung, die Gewährung von Frieden und Vertrauen, von Vergebung und Bruderschaft. Wer den Tisch mit dem anderen teilt, der teilt das Leben mit ihm.

Die Reaktion der Frommen

Und was sagten die Leute dazu? Die Frommen und Gesetzestreuen »empörten sich«. Sie sagten: »Bei Sündern kehrt er ein!« Mit Zöllnern und Dirnen setzt er sich an einen Tisch. Sie, die Frommen, waren für Abstand und Ausgrenzung. Sie übten sozialen Druck aus, indem sie solchen Umgang mieden. In den Synagogen mahnten die Pharisäer: solche Leute sollen ablassen von ihrem verkehrten Leben und sich an ihnen ein Vorbild nehmen.

Die unerhörte Praxis von Jesus wirkte als Provokation, als Gotteslästerung. Durch seine Solidarität mit den Verachteten und Ausgestoßenen wurde Jesus schließlich selbst zum Verachteten und Ausgestoßenen. Allein gelassen und ausgestoßen erlebte sich Jesus, wie die Passionsgeschichte deutlich macht. Und der schmähliche Tod am Kreuz »draußen vor der Stadt« sollte dem ganzen Volk klar machen: Jesus ist von Gott selbst ausgestoßen und verflucht. Doch die Auferweckung Jesu von den Toten hat ihn als den Christus bestätigt: auch als »Freund der Armen, der Sünder und Ausgestoßenen«.

Mit Ausgestoßenen leben

Somit sind die Worte und das Verhalten von Jesus auch für uns maßgeblich. Wie er haben wir Hilfe und Beistand zu leisten für alle Notleidenden: »die Geringsten«, die durch ihr Gering-Sein allein schon Jesu Brüder und Schwestern sind. Wir sind zur Solidarität mit ihnen verpflichtet – unbegrenzt, jenseits von aller Religions- und Glaubenszugehörigkeit, unabhängig von Rasse oder Hautfarbe und ohne alle Vereinnahmungsabsichten. Und: Wir sind zu Einkehr und Umkehr aufgerufen, zum Nachdenken darüber, ob wir nicht durch unser Urteilen und Verurteilen andere ausgrenzen. Die Frage heißt:

Wo bin ich, wo sind wir mitschuldig, daß Außenseitertum in Kirche und Gesellschaft produziert oder verstärkt wird? Schließlich haben wir uns zu fragen: Müssen wir nicht wie Jesus den Tisch, das Haus, das Leben mit den Außenseitern und Ausgestoßenen teilen, damit hier und heute durch uns spürbar und erfahrbar wird: Wir sollen uns einladen lassen und bereit sein zum Teilen des Lebens, so wie Jesus damals vom Zöllner Zachäus sich dazu hat einladen lassen.

K. Baumgartner

Zweiunddreissigster Sonntag

Lk 20,27–38; Kurzfassung 20,27.34–38

I. Bibeltheologische Vorüberlegungen

1. Stellung, Struktur, Gattung der Perikope

Die »Sadduzäerfrage«, die das Problem der allgemeinen Totenauferstehung anschneidet, ist bei den Synoptikern mit drei anderen Gesprächen in den letzten Jerusalemer Tagen Jesu zusammengeordnet. Die vier Perikopen der Pharisäerfrage, der Sadduzäerfrage, des Großen Gebots und der Davidssohnschaft des Messias scheint jedoch bereits in Markus dieser Zusammenstellung übernommen zu haben. Lukas folgt der Vorlage; nur stellt er die Frage nach dem Großen Gebot in einen anderen Lehrkomplex.

Wegen der offensichtlich frühen Tradition ist der palästinensische Hintergrund dieser Stücke gut greifbar. Sie zeigen Jesus als den souveränen »Gesetzeslehrer«, der mit allen Fragen der Auslegung und Anwendung vertraut ist. – Das rabbinische Judentum kennt in seiner Lehrtradition ein viergliedriges Schema von Fragen, die ein Lehrgespräch anstoßen. 1. Fragen der »Weisheit« (Chokma), die das praktische Verhalten in einer bestimmten Lebenssituation behandeln, 2. Fragen der Schriftauslegung (Haggada), 3. Unsinnige Fragen, die im eigentlichen Sinne nicht beantwortbar sind (Boruth), und 4. Fragen des persönlichen Lebenswandels (Derek'eres). Da bereits die Tradition vor Markus die Zusammenstellung der vier Lehrgespräche vorgenommen hat, hat offenbar schon sie sich an dem rabbinischen Schema orientiert. Dabei entspricht die Pharisäerfrage, Mk 12,13–17 dem Typ 1, die Sadduzäerfrage, Mk 12,18–27, dem Typ 3, die Frage nach dem Großen Gebot, Mk 12,28–34, Typ 4 und die Frage nach der Davidssohnschaft, Mk 12,35–37, Typ 2 (D. Daube/J. Blank).

Damit ist die literarische Gattung auch unserer Perikope etwas genauer bestimmt als mit dem verschwommenen Begriff des »Streitgesprächs«. Die Frage der Sadduzäer verlangt zunächst gar keine Antwort; es gehört zum literarischen Genus, daß sie im eigentlichen Sinne unbeantwortbar ist. Die Meisterschaft des Lehrers äußert sich gerade darin, daß er aus dieser unsinnigen Frage etwas »macht«. Darum darf und muß die Antwort Jesu den Akzent total anders setzen. Das Problem lautet dann auch nicht mehr, »wem« von den sieben Brüdern die Frau, die doch schließlich alle zur Frau gehabt haben, bei der Auferstehung »gehört«, sondern daß der Mensch einer Vollendung entgegengeht, die jenseits seiner jetzigen Erfahrung liegt.

Die Kurzfassung läßt die konkrete Fragestellung der Sadduzäer weg. Zum Verständnis der Antwort Jesu müssen die V. 28–33 aber unbedingt überdacht werden.

2. Einzelauslegung

V. 27 Die Sadduzäer »treten hinzu«, nachdem die Pharisäer zum Schweigen gebracht worden sind. Um ihre Fragestellung ins rechte Licht zu rücken, wird ihre Haltung zum Auferstehungsglauben kurz charakterisiert. Ihrer konservativen Meinung nach gibt es so etwas nicht.

V. 28 Die eigentliche Frage wird durch das Schriftzitat Dtn 25,5 f, das Gebot der Leviratsehe, eingeleitet und in ihrer scheinbaren Legitimität ausgewiesen.

V. 29–32 Nach Art der rabbinischen Kasuistik wird das Problem am konkreten Fall erörtert: Sieben Brüder, die nacheinander dieselbe Frau zur Ehe nahmen, weil jeder von ihnen kinderlos blieb, hatten damit nichts anderes getan, als was das Gesetz von ihnen verlangte. Die Ironie ist deutlich: Sie alle sterben, und zuletzt stirbt auch die Frau.

V. 33 Die in ihrer Unsinnigkeit offenkundige Frage wird präzise formuliert: Wem wird diese Frau bei der Auferstehung gehören? Der Nachsatz macht das Dilemma deutlich: Alle haben sie ja schließlich zur Frau gehabt! Der eigentumsrechtliche Charakter, den die Ehe nach jüdischer Auffassung hatte, steht im Vordergrund.

V. 34 Die Antwort Jesu ist bei Lukas anders gefaßt als in der Vorlage. Geht bei Markus Jesus das Problem direkt an und erklärt die Fragestellung für falsch, da sie der Macht Gottes nicht gerecht wird, die sich in der Auferweckung der Toten offenbart, erweist sich die lukanische Fassung als feiner nuanciert. Hier ist die Stellungnahme Jesu durch das Zwei-Äonen-Schema geprägt. »Die Söhne dieses Äons«, die Menschen, die sich in dieser zum Untergang bestimmten Welt befinden, »heiraten und werden geheiratet«; die Ehe wird somit der Ordnung dieses Äons zugewiesen. Die Menschen hingegen, die »jenes Äon«, der hereinbrechenden kommenden Weltzeit, »gewürdigt«, also der Auferstehung teilhaftig werden, »heiraten nicht und werden nicht geheiratet«. In der Ordnung des kommenden Äons hat die Ehe keinen Platz. Also ist die Frage, wem der sieben Brüder die Frau dann »gehört«, in ihrer Irrelevanz erwiesen.

V. 36 Zum Dasein im »kommenden Äon« gehört die Freiheit vom Tode. Der Hinweis auf das »Gleichsein mit den Engeln« paßt nicht recht in das Zwei-Äonen-Schema; er stammt wörtlich aus Markus. Lukas spinnt jedoch den Gedanken der Jenseitigkeit des Lebens im »kommenden Äon« noch weiter aus: Die dort Aufgenommenen sind wie die Engel »Söhne Gottes«. In die lukanische Fassung dieser Passagen mögen gnostisch-spiritualisierende Gedanken eingeflossen sein, die sich in der zeitgenössischen jüdischen Literatur auch hinsichtlich der Ehelosigkeit des jenseitigen Lebens allenthalben finden (z.B. Hen 15,7: »Darum schuf ich für euch keine Frauen; denn die Geist(begabten?) des Himmels haben ihre Wohnung im Himmel«).

V. 37f Daß es aber eine Auferstehung gibt, wird nunmehr aus Ex 3,6 gefolgert. Der »Gott Abrahams, Isaaks und Jakobs« wäre ein toter Gott, würden die geheiligten Erzväter Israels nicht tatsächlich im jenseitigen Bereich »leben«. Die Verallgemeinerung, die Lukas daraus ableitet, liegt theologisch nahe: Alle Menschen leben ja nur aus ihrer Berufung durch Gott und für ihn allein.

3. Theologische Würdigung

(1) Der Glaube an die Auferweckung der Toten gehört seit der Makkabäerzeit zum festen Bestand der Jenseitsvorstellungen im bekenntnistreuen Judentum. Obwohl er nie Allgemeingut im jüdischen Volke war, wurde er oft mit Leidenschaft verteidigt, vgl. bsds. Dan 12,2; Makk 7,9–36; 12,42–45; Apg 23,6. Die Urkirche hat nach dem Vorbild Jesu das Bekenntnis zur Totenauferstehung von Anfang an als verbindlich betrachtet, vgl. bsds. Lk 14,14; Apg 4,2; 24,15; 1 Thess 4,13–15; Hebr 6,2.

(2) Der Auferstehungsglaube fand in der Bezeugung der Auferweckung Jesu durch die Osterbotschaft ein neues, tragfähiges Fundament. Diese christologische Begründung wird heute fast ausschließlich gesehen, insbesondere nach dem Zeugnis von 1 Kor 15,

ohne daß wir uns genügend klarmachen, daß die Wurzeln der Auferstehungsvorstellung weit ins Judentum hinunterreichen. – Die griechische Trennung von Leib und Seele ist dem Orientalen fremd. Wenn es eine Zukunftshoffnung für den Menschen gibt, muß sie sich analog dem vorfindlichen Leben gestalten. Von daher gibt es für das biblische Denken nur das *eine* leib-hafte Leben, das in Gott geborgen ist.

(3) Die Erfahrung des Todes bleibt aber unübersehbar. Der einzige Ausweg ist die Annahme einer »Verwandlung« des Lebens, vgl. 1 Kor 15,51, die Eröffnung einer neuen Dimension der Existenz. Lukas, der differenzierte Denker unter den Synoptikern, faßt die Stellungnahme Jesu zum Problem der Auferstehung der Toten aus diesem Gund in die Form des Zwei-Äonen-Schemas.

(4) Genaue Aussagen über das »Wie« der Auferstehung hat Jesus nach Aussage der Synoptiker nicht gemacht. Der Hinweis auf die Engel ist allgemeiner Natur und weist nur in den jenseitigen Bereich. Auch Paulus, der sich 1 Kor 15,35–53 redlich abmüht, eine Kategorie für die Art und Gestalt des künftigen Lebens zu finden, konnte über den »geistigen Leib«, 1 Kor 15,44, nichts aussagen; er benützt nur allgemeine Analogien. Die Erwartung des »Zukünftigen« und das Wissen vom »Gott der Lebendigen« muß wohl auch uns genügen.

(5) Die Folgerung, daß durch ein eheloses Leben in dieser Welt die Teilhabe an der künftigen erworben wird, kann man aus dem Text nicht ziehen. »Heiraten und Geheiratetwerden« charakterisiert im Hinblick auf das gestellte Problem das jetzige, – ehelos, engelgleich, ohne Geburt und Tod zu existieren, das künftige Dasein.

K. Maly

II. Liturgisch-homiletische Vorüberlegungen

1. Liturgische Hinweise

In den *Orationen* kommen jeweils verschiedene Grundgedanken zur Sprache. Mit der anschaulichen Formulierung »Du hast uns in deine Hand geschrieben« beschwört das *Tagesgebet* die Geborgenheit beim allmächtigen und barmherzigen Gott. Aus diesem Vertrauen erwächst die Bitte, Gott möge von allem Gefahrvollen und Bedrükkenden befreien. Das *Gabengebet* stellt in das Leidensgeheimnis des Sohnes Gottes hinein. In der klassischen Verbindung von Dank und

Bitte dankt das *Schlußgebet* für »die Kraft von oben« und erbittet die bleibende Hilfe des Geistes Gottes.

Bei den biblischen Perikopen besteht zwischen der *Ersten Lesung* (2 Makk 7,1–2.9–14) und dem *Evangelium* (Lk 20,27–38) ein thematischer Zusammenhang: Es geht jeweils um den Glauben an die individuelle Auferstehung der Toten. Der Abschnitt aus dem alttestamentlichen, sehr spät abgefaßten Zweiten Makkabäerbuch formuliert erstmals im Alten Testament explizit diesen Glauben; der Text aus dem Lukasevangelium zeigt die Argumentation Jesu für diesen Glauben. – Die *Zweite Lesung* bringt – in der Reihe einer fortlaufenden Auswahl aus paulinischen Briefen – einen wichtigen Abschnitt aus dem zweiten Thessalonicherbrief (2 Thess 2,16–3,5).

2. *Homiletische Hinweise*

Erste Lesung (2 Makk 7,1–2.9–14): Aus der langen Geschichte über das heldenhafte Martyrium der sieben makkabäischen Brüder und ihrer Mutter werden hier die Texte zitiert, die ein klares Bekenntnis zur persönlichen und leiblichen Auferstehung der Toten enthalten. Historischer Hintergrund ist die Glaubensverfolgung der Juden unter der Fremdherrschaft des seleukidischen Königs Antiochus IV. Epiphanes (175–164 v. Chr.). Für die Juden bedeutet in dieser Situation die Einhaltung des äußerlichen Gesetzes, kein Schweinefleisch zu essen, ein unaufgebbares Zeichen für den inneren Glauben an Jahwe. So sind die sieben Brüder und ihre Mutter lieber bereit, Folterungen und Tod auf sich zu nehmen, als dieses Speiseverbot zu übertreten. Die Hauptquelle für ihre mutige Entschlossenheit, in den Tod zu gehen, bildet die klar formulierte Hoffnung, daß Gott ihnen nach dem Tod ein neues, ewiges Leben schenkt. Dieses ewige Leben ist nicht nur – nach hellenistischer Denkart – eine Unsterblichkeit der Seele, sondern – nach hebräischer Denkart – eine untrennbare Einheit von Leib und Seele, also auch ein neues Leben des Leibes.

Eine Übersetzung dieser Geschichte in die Gegenwart kann beinhalten: Die Ermutigung zum Bekenntnis des Glaubens in der Öffentlichkeit – mit der Bereitschaft, persönliche Nachteile in Kauf zu nehmen; die Bestärkung in der Hoffnung auf das ewige Leben – unter Betonung der Leiblichkeit des neuen Lebens.

Zweite Lesung (2 Thess 2,16–3,5): Ausgehend von der Liebe des göttlichen Vaters, der dauernden Trost und sichere Hoffnung schenkt, erbittet Paulus für die Mitglieder der Gemeinde innere Tröstung und Stärkung, 2,16–17. Umgekehrt ersucht Paulus dann die Gemeinde um ihr Gebet für ihn selbst: Für die Fruchtbarkeit seiner Verkündigung und für seine persönliche Rettung vor Widersachern, 3,1–2. Schließlich wendet sich Paulus wieder in Sorge der Gemeinde zu: Er wünscht ihren Mitgliedern innere Kraft und Bewahrung vor dem Bösen, er erwartet vertrauensvoll ihr Fortschreiten auf dem Weg seiner Anweisungen, er lenkt ihre Herzen auf die Liebe zu Gott und auf die Geduld in Jesus Christus, 3,3–5.

Am meisten beeindruckt in diesem Abschnitt die Wechselseitigkeit, in der Paulus das Verhältnis von Apostel und Gemeinde darstellt. Davon läßt sich Grundsätzliches für die Beziehung von Gemeinde und Verantwortlichen der Gemeinde ableiten. Es soll ein gegenseitiges Geben und Nehmen herrschen: Ein wechselseitiges Beten füreinander, ein wechselseitiges sich Ermutigen und Bestärken, ein gemeinsames Sorgen um die beste Verkündigung des Wortes Gottes, ein Zusammenstehen im Kampf gegen das Böse, eine tiefe Gemeinschaft in der Liebe Gottes.

Evangelium (Lk 20,27–38): Im Streitgespräch Jesu mit den Sadduzäern geht es um das Problem der Auferstehung der Toten. Vertreter der Sadduzäer, welche die Auferstehung leugnen, stellen Jesus eine Fangfrage, mit der sie den Glauben an die Auferstehung ad absurdum führen wollen. Sie konstruieren den Fall einer Witwe, die – gemäß der mosaischen Ordnung der Schwagerehe – nacheinander die sechs Brüder ihres ersten Mannes heiratet. Auf die spitzfindige Frage, zu welchem Bruder diese Frau bei der Auferstehung gehören wird, antwortet Jesus zunächst mit einer grundsätzlichen Aussage über das Wie der Auferstehungswirklichkeit: Die Auferstehung ist keine Verlängerung dieses Lebens, sondern die Verwandlung in eine völlig neue, ewige Lebensweise; dieses ewige Leben ist Teilhabe an der unvorstellbaren Dimension Gottes. Dann begründet Jesus das Faktum der Auferstehung mit der Feststellung: Der Gott der Bundesväter ist »kein Gott von Toten, sondern von Lebenden, denn für ihn sind alle lebendig«.

Da der Glaube an die Auferstehung gerade in unserer Zeit bei vielen Christen in Frage gestellt ist, muß die Verkündigung das Thema aufgreifen. Es gilt, sowohl das »Daß« als auch das »Wie« der Auferstehungshoffnung überzeugend nahezubringen.

III. Zur Predigt: Neues, ewiges Leben nach dem Tod

Urfrage der Menschheit
Was kommt nach dem Tod? Ist mit dem Tod alles aus? Fällt der Mensch mit dem Tod in ein Nichts oder lebt er nach dem Tod in irgendeiner Form weiter? Solche Fragen haben sich denkende Menschen von jeher gestellt.

Was meinen Sie – jede und jeder einzelne von Ihnen! – zu der Frage: Gibt es ein Leben nach dem Tod? Eigentlich müßte sich bei Christen eine derartige Frage erübrigen. Aber Meinungsumfragen zeigen, daß auch ein großer Prozentsatz von Christen nicht an ein Leben nach dem Tod glaubt. Da tut es bitter not, daß wir uns wieder besinnen auf die Quellen: Was sagt die Heilige Schrift zu unserem Problem? Die Frage stellt sich zweistufig: Erstens, gibt es überhaupt ein Leben nach dem Tod? Zweitens, wie sieht dieses Leben aus? Außer der Botschaft der Heiligen Schrift können wir – drittens – auch noch das Zeugnis der Menschheitsüberlieferung und der menschlichen Vernunft beiziehen.

Biblisches Zeugnis: Faktum eines neuen, ewigen Lebens nach dem Tod
Die Grundfrage: »Gibt es überhaupt ein Leben nach dem Tod?« wird in *Lesung,* 2 Makk 7,1–2.9–14, und *Evangelium,* Lk 20,27–38, behandelt. Beide – klassischen! – Texte antworten mit einem eindeutigen »Ja«.

Der Abschnitt aus dem Zweiten Makkabäerbuch bringt – wenn man die Schriften des Alten Testamentes in der historischen Abfolge betrachtet – erstmals klar den Glauben an ein persönliches Leben nach dem Tod zum Ausdruck. Es wirkt besonders eindrucksvoll und überzeugend, daß die makkabäischen Brüder unter schrecklichen Qualen und angesichts des sicheren Todes bekennen: »Der König der Welt wird uns zu einem neuen Leben auferwecken«, und »Gott hat uns die Hoffnung gegeben, daß er uns wieder auferweckt«.

Nicht zuletzt aufgrund dieses Zeugnisses im Buch der Makkabäer hatte sich im Judentum der Glaube an die Auferstehung der Toten durchgesetzt. So war dieser Glaube zur Zeit Jesu (wie wir historisch wissen) bei den Juden allgemein verbreitet; nur die Sadduzäer – die Gruppe von Priestern der obersten Priesterklassen – leugneten die Auferstehung der Toten.

Wie uns das Evangelium schildert, kommen Sadduzäer zu Jesus und provozieren mit einer scharfsinnig konstruierten Frage, die das

Ganze ins Lächerliche ziehen will, eine Stellungnahme Jesu. Jesus stellt ihnen gegenüber unmißverständlich fest, »*daß* die Toten auferstehen« und er begründet diese Feststellung mit dem Satz: »Gott« als Gott Abrahams, Isaaks und Jakobs – »ist nicht ein Gott von Toten, sondern von Lebenden«.

Wie ist diese knappe Begründung Jesu ausführlicher zu umschreiben? Wir können sagen:
Gott *ist* seinem Wesen nach ewiges Leben.
Gott *will* für die mit ihm verbundenen Menschen ewiges Leben.
Gott *kann* – als Schöpfer des Lebens – dem Menschen nach dem Tod ein neues Leben schenken.
So gilt:
Wo Gott ist, herrscht ewiges Leben, kann der Tod nicht sein!
Wer endgültig bei Gott ist, hat ewiges Leben, überwindet den Tod!
Wer jetzt schon in – noch unvollkommener – Gemeinschaft mit Gott steht, darf die feste Hoffnung haben, daß Gott ihm nach dem Tod ewiges Leben schenkt.
Aus all dem ergeht an uns die biblische Frohbotschaft: Gottes Treue währt über den Tod hinaus: Gott, der uns das Leben geschenkt hat, läßt uns beim Sterben nicht im Stich; Gottes Liebe schenkt uns – durch den Tod hindurch! – neues Leben.
Der Tod hat nicht das letzte Wort: Der Tod ist nicht unwiderrufliches Ende. Das letzte Wort hat die Liebe: Die Liebe Gottes ist stärker als der Tod. Am Ende steht das Leben: das ewige Leben.

Biblisches Zeugnis: Modus des neuen Lebens

Wie aber sieht das neue Leben nach dem Tode aus? Von dieser komplexen Frage sei hier nur kurz die prinzipielle Antwort des heutigen Evangeliums erörtert.

Wenn Jesus auf die Fangfrage der Sadduzäer erwidert: »Die, die an der Auferstehung von den Toten teilhaben, werden nicht mehr heiraten«, will er damit grundsätzlich sagen: Das neue Leben nach dem Tod ist keine bloße Verlängerung, keine einfache Fortsetzung des irdischen Lebens; das neue Leben wird »totaliter aliter«, ganz anders sein.

Einzelheiten dieses ganz anderen Lebens kann sich der menschliche Verstand nicht mehr vorstellen: Wie Gott selbst alle menschlichen Vorstellungen übersteigt, so übersteigt auch das Hineingenommensein in die Dimension des Lebens und der Liebe Gottes alle menschliche Vorstellung. Jesus macht nur noch die allgemeinen

Angaben: Im neuen Leben sind die Menschen den Engeln gleich und sind Kinder Gottes; d. h. die Menschen haben wie die Engel unmittelbare Gemeinschaft mit Gott, und sie haben als Kinder Gottes Anteil an der Herrlichkeit Gottes.

Allgemeine Zeugnisse der Menschheit

Hier sei die Erörterung der biblischen Botschaft abgebrochen. Um nämlich den Zweiflern einen neuen Zugang zur christlichen Grundwahrheit vom Leben nach dem Tod zu ermöglichen, scheint es mir nötig, daß wir uns auch allgemeine Zeugnisse der Menschheit für ein Leben nach dem Tod vor Augen führen.

Zuerst sei auf die Zeugnisse der Frühgeschichte der Menschheit hingewiesen. Soweit die Forschungen in die Menschheitsgeschichte zurückreichen, gibt es Zeichen für den Glauben der Menschen an ein Leben nach dem Tod. Wie die frühgeschichtlichen Grabfunde zeigen, hatten die Menschen – im Unterschied zu den Tieren – von jeher eine Bestattung der Toten mit besonderen Riten. Warum wohl? Die gefundenen Grabbeigaben (wie Speise und Trank, Waffen und Schmuck) verweisen darauf, daß man die Toten für ein – sicherlich primitiv materialistisch verstandenes – Fortleben versorgen wollte. In späterer Zeit sind besonders die nordischen Megalithgräber und die ägyptischen Pyramiden sehr eindrucksvolle Zeugnisse für den Glauben an ein Leben nach dem Tod. Auch die steinzeitlichen und jungsteinzeitlichen Höhlenmalereien zeigen uns als ein Hauptthema – neben der Sorge um Nahrung und Fortpflanzung – die Sorge um das Weiterleben der Toten.

Nun sei noch ein Sprung in die Gegenwart gemacht, wo manche meinen, der Glaube an ein Leben nach dem Tod ließe sich nicht mit dem wissenschaftlichen Denken vereinbaren. Dagegen spricht ein entschiedenes Zeugnis des berühmten Raketentechnikers *Wernher von Braun,* der einmal erklärte: »Ich glaube an die Unsterblichkeit der menschlichen Seele. Und zwar nicht nur, weil mich die Bibel darüber belehrt, ich habe für meine Überzeugung auch wissenschaftliche Gründe. Sehen Sie, die Wissenschaft hat herausgefunden, daß nichts spurlos verschwinden kann. Die Natur kennt keine Vernichtung, sondern nur Umwandlung. Wenn Gott nun dieses Grundgesetz schon im kleinsten und unbedeutendsten Teil seiner Schöpfung gebraucht, wird er es dann nicht erst recht gebrauchen bei der Krone seiner Schöpfung, seinem Meisterwerk, beim Menschen mit seiner Geistesseele? Ich glaube, das tut er.«

Entscheidende Gewähr für uns Christen: die Auferweckung Jesu Christi
Das Zeugnis des späten Alten Testaments und die Verkündigung Jesu über ein ewiges Leben nach dem Tod bilden die Krönung der Ahnungen, die in der Menschheit von jeher vorhanden waren. Im biblischen Zeugnis erreicht die Vorstellung eines ewigen Lebens die höchste Klarheit und Geistigkeit. Für den Glauben – nicht für das Wissen – von uns Christen bringt das apostolische Zeugnis von der Auferstehung Jesu Christi die letzte Sicherheit. Als »der Erstgeborene von den Toten« gibt Jesus Christus allen Glaubenden die sichere Hoffnung, mit den Worten des Apostels Paulus gesprochen: »Gott hat den Herrn auferweckt; er wird durch seine Macht auch uns auferwecken«, 1 Kor 6,14.

Darum können wir Christen darauf vertrauen: Der Tod ist ein Durchgang, ein Durchgang zum Leben, zum ewigen Leben.

G. Kraus

Dreiunddreissigster Sonntag

Lk 21,5–19

I. Bibeltheologische Vorüberlegungen

1. Stellung, Struktur, Gattung der Perikope

Der apokalyptischen Rede des Dritten Evangeliums liegt Mk 13 zugrunde. Lukas hat seine Vorlage im Sinne seiner theologischen Konzeption gestaltet. Von daher erklären sich Anlehnungen und Abweichungen. Das Ausbleiben der Parusie führt Lukas und seine Gemeinde zu einer Besinnung über die in der Tradition genannten Ereignisse vor dem Ende. Einige dieser bei Markus eschatologisch verstandenen Geschehnisse sind für Lukas schon Vergangenheit: Der Untergang Jerusalems und des Tempels, Verfolgungen der Urgemeinde, Martyrien erster Missionare, etwa des Stephanus. So ist Lukas genötigt, diese Erfahrungen ihres eschatologischen Charakters weitgehend zu entledigen und sie als historische Vergangenheit zu klassifizieren. Die Parusie rückt in eine ungewisse Zukunft: Statt der Nähe wird die Plötzlichkeit der Ankunft Christi zum beherrschenden Moment lukanischer Eschatologie. Daraus folgt als paränetischer Imperativ: Da der Herr plötzlich kommt, gilt es immer bereit zu sein und sich auch in der Verfolgung zu bewähren im Zeugnis für das Evangelium und in einem christlichen Leben. »Nicht der Zeitpunkt, sondern das Daß eines künftigen Gerichts begründet nun den Appell« (Conzelmann).

Die Perikope beginnt mit einer kurzen Situationsschilderung, V. 5–7, die in eine Rede Jesu »über die letzten Dinge« mündet. Den unmittelbaren Anlaß bildet die Frage nach dem Zeitpunkt der angekündigten Ereignisse, V. 7. Zunächst werden politische, V. 8–10, dann kosmische, V. 11, schließlich die Gemeinde direkt angehende Vorgänge genannt. An die Ankündigung der zuletzt genannten Verfolgungen, V. 12f, schließen sich Verheißungen über das Bestehen in dieser Not, V. 14–19. Die einleitende Jüngerfrage nach dem Wann dieser Ereignisse ist damit freilich nicht beantwortet, was auch bei Markus nicht geschieht. Es geht Lukas nicht um ein Kalenderdatum, sondern um die Deutung der Situation der Gemeinde vom Evangelium her.

2. Einzelauslegung

V. 5f Entgegen Mk 13,1–3, wo Jesus vom Ölberg auf den gegenüberliegenden Tempel blickend zu den Jüngern spricht, findet nach Lukas die Rede im Tempel, vgl. 21,1–4, vor der gewohnten Hörerschaft Jesu statt. Unmittelbar vor dem Abendmahl hält sich Jesus nach Lukas nur an zwei Orten auf: Tagsüber im Tempel, nachts auf dem Ölberg, vgl. 21,37. So weisen nach Lukas denn auch einige aus den Hörern gesprächsweise auf »die schönen Steine«, d.h. weißen Marmor, vgl. Jos. Flav., Ant. Jud. 15,11,3; Bell. Jud. 5,5,1, und – über Markus hinaus – auf die Weihegeschenke hin, die aus aller Welt an den Jerusalemer Tempel kamen. Dieser »Pracht« sagt Jesus nach Lukas im Stil alttestamentlicher Unheilsweissagung, vgl. Am 4,2; 8,11; Jer 7,32, die Zerstörung des Tempels an.

V. 7 Eine Gruppe der nicht näher bestimmten Hörerschaft Jesu fragt daraufhin nach dem Zeitpunkt und den Vorzeichen dieses Ereignisses. Durch die Veränderung der Hörerschaft verliert die eschatologische Rede Jesu den Charakter der Geheimbelehrung für die Jünger, die dieser nach Mk 13,1 eignet. Solcher Geheimnischarakter ist nach Lukas nicht mehr begründbar. Er versteht die Ankündigungen Jesu nicht als Zeichen für das eschatologische Ende – wie Mk 13,4 durch das »alles vollendet werden« deutlich macht –, sondern spricht von Ereignissen, auf die er selbst und seine Gemeinde bereits zurückschauten als auf vergangene Geschehnisse: »All dies wird geschehen«, . . ., V. 7.

V. 8 Die Frage nach dem ankündigenden Zeichen wird mit einer Warnung beantwortet. Die Hörer – und mit ihnen die Gemeinde – sollen sich nicht irreleiten lassen. Zwei Verkündigungsworte stellt Lukas heraus, welche die Verführer im Namen Jesu ausrufen, um sich als Christus darzutun. Das erste übernimmt Lukas aus Mk 13,5: »Ich bin es.«

Damit ist die alttestamentliche Offenbarungsformel aufgegriffen, die innerhalb der Evangelien, besonders in der johanneischen Darstellung Jesu als des Gottessohnes, zu einer christologischen Formel weitergebildet ist, vgl. Joh 6,35; 8,12; 10,9; 11,25; 14,6; 15,1. Dieser pseudomessianischen Selbstdarstellung fügt Lukas, über Markus hinaus, das Grundthema jesuanischer Verkündigung an: »Der Kairos ist da.« Diese Formulierung greift wohl den Heroldsruf Jesu von Mk 1,15 auf: »Der Kairos ist erfüllt, das Reich Gottes ist nahe, erfüllt ist die Zeit und nahegekommen die Herschaft Gottes!« Lukas vermeidet die wörtliche Wiedergabe im Munde der Verführer: Er läßt sie das Reich Gottes nicht ausrufen, obwohl es um dessen Kommen geht. Die Hörer dürfen nicht »hinter diesen hergehen«. Der Evangelist warnt dadurch eindringlich davor, in einen Enthusiasmus der Naherwartung zu verfallen und die Gemeinde durch pseudomessianische Gruppen zu zersetzen.

V. 9 Statt von »Kriegen und Kriegsgerüchten«, Mk 13,7, wird konkreter von Kriegen und Aufständen gesprochen, womit Lukas wohl auf den jüdischen Aufstand gegen Rom und seine Vorbereitung anspielt. Daß solches kommen »muß«, ist mit den Worten Dan 2,28 schon bei Markus gesagt, der diese Ereignisse dadurch als eschatologisches Geschehen charakterisiert. Lukas weist hierzu gleich nachdrücklich darauf hin, daß das Ende »nicht sogleich« eintreten werde, worin seine geschichtliche Erfahrung zum Tragen kommt.

V. 10 Nach dieser vom Rückblick gezeichneten Ankündigung politischer Ereignisse in Palästina weitet sich der Blick auf die Völkerwelt und bezieht universale Völkerkatastrophen mit ein. Deshalb wohl setzt Lukas einen neuen Anfang der Rede Jesu: »Dann sprach er zu ihnen.« Erst die nun folgenden Ereignisse können als Zeichen für das Ende gelten. Sie stehen auch für ihn und seine Leser noch aus. Im Anschluß an Mk 13,8 greift Lukas erneut die Sprache alttestamentlicher Prophetie auf, vgl. Jes 19,2; 8,21; 13,13; 2 Chron 15,6: Völker und Reiche stehen gegeneinander auf.

V. 11 Die politischen Auseinandersetzungen sind von Katastrophen begleitet, die Lukas gegenüber Markus breiter malt: Gewaltige Erdbeben, Hungersnöte und Seuchen, vgl. Jer 14,12; 21,7.9; 24,10; Ez 5,12.17; 6,11. Diesen »irdischen« Ereignissen entsprechen solche im Weltraum: Schrecknisse und gewaltige Himmelszeichen. Aber auch diese schrecklichen Ereignisse kann Lukas nicht als »Anfang der Wehen« klassifizieren (gegen Mk 13,8), sondern als Einleitung des Endgeschehens (s. V. 9: Zuerst). Die Wehen des Endes zeigen sich nach Lukas in den Verfolgungen der Kirche, von denen er nachfolgend spricht.

V. 12 Der Abschnitt der V. 12–19 weicht erheblich von Mk 13,9–13 ab, obwohl er sich inhaltlich deutlich an ihn anlehnt.

Auch er wendet sich wieder der Situation der Gemeinde zu, V. 8. Lukas sieht diese Weissagung im Schicksal der jungen Kirche erfüllt, wie er in Apostelgeschichte zeigt. Die Geschichte selbst erhält den Zeichencharakter auf das Ende hin. Im Unterschied zu Mk 13,9 hebt Lukas durch die Formel »vor alledem« diesen Abschnitt des Geschehens deutlich von den zuvor beschriebenen Zeichen des Endes ab. Die Jünger werden den Synagogengerichten ausgeliefert, ins Gefängnis geworfen, vor Könige und Statthalter geführt. Lukas weiß von Verfolgungen durch Juden, Apg 4,3; 5,18; 8,3; 12,4, und Heiden, Apg 16,23; 23,25; 25,1–12.

V. 13 Diese Verfolgungen bieten die Gelegenheit zum Zeugnis für das Evangelium. Heißt es Mk 13,9: »Zum Zeugnis für sie«, nämlich die Verfolger, hebt Lukas auf die Jünger ab, die nun ihren Verkündigungsauftrag erfüllen können. Lukas verzichtet dabei auf Mk 13,10, wo gesagt ist, daß das Evangelium zuerst noch allen Völkern gepredigt werden müsse, denn zur Zeit des Lukas ist es bereits in der Ökumene verbreitet.

V. 14 f In der Verfolgung sollen die Jünger nicht besorgt sein, was sie vor Gericht sagen sollen. Lukas faßt das Wort Mk 13,11 völlig neu, um nicht zu wiederholen, was er 12,11 f geschrieben hat. Ist es dort, vgl. Joh 14,26, der Heilige Geist, der eingibt, was die Jünger sagen müssen, so wird hier Jesus selbst als der genannt, der ihnen »Mund und Weisheit« geben wird. Zwar sind es die Jünger, die Zeugnis ablegen müssen, aber sie sollen dennoch unbesorgt bleiben, weil Jesus selbst ihnen beisteht und zwar so, daß niemand ihnen »widerstehen« oder »widersprechen« kann. Diese Formulierung entspricht der lukanischen Darstellung der Verkündigung des Stephanus, Apg 6,10. Lukas hat demnach auch hier eine konkrete Situation der apostolischen Kirche mit im Blick.

V. 16 f Die Schwere der Verfolgung wird unüberbietbar, wenn Eltern, Brüder, Verwandte und Freunde die Auslieferung veranlassen. Lukas hat das Wort Mk 13,12 durch Vergrößerung des Personenkreises erweitert und es zugleich verschärft, indem er die Hörer selbst anspricht: »Ihr werdet ausgeliefert werden.« Das Prophetenwort Mich 7,6, auf das Markus an dieser Stelle anspielt, übergeht er, weil der Kreis der Ankläger den Rahmen Eltern-Kinder bewußt überschreitet. Andererseits schränkt er die Aussage des Markus auch ein, wenn es heißt, daß nur »einige von euch« den Tod erleiden werden. Lukas weiß, daß nicht alle Verkündiger des Evangeliums den Martyrertod erdulden mußten. Die Aussage, daß die Christen von allen gehaßt werden um des Namens Jesu willen, übernimmt Lukas wörtlich aus Mk 13,13, weil auch die Situation der Kirche des Lukas dadurch gekennzeichnet ist.

V. 18f Den Schlußabschnitt beginnt Lukas mit einem Trostwort. Es hat sprichwörtlichen Klang, vgl. 1 Sam 14,45; 2 Sam 14,11; 1 Kön 1,52; Apg 27,34. Lukas verwendet es in abgewandelter Form auch 12,7, vgl. Mt 10,30. Verfolgung, Todesgefahr und Haß können im Schutze Gottes durchgestanden werden. Von dieser Überzeugung her formuliert Lukas auch das Wort Mk 13,13b um: Ist dort von der eschatologischen Rettung dessen die Rede, der bis ans Ende ausharrt, so hier davon, daß die Geduld das Leben der Verfolgten bewahren wird. Die Gemeinde des Lukas bedarf in der Vorphase des Endes, das aber nicht für die allernächste Zukunft erwartet wird, der Ermunterung zum Ausharren. Die Kraft dazu schenkt das Evangelium, das sich selbst in der Verfolgung mächtig erweist.

3. Theologische Würdigung

(1) Die Umgestaltung der Markus-Vorlage durch Lukas ist bedingt durch die geschichtliche Entwicklung. Die Kirche des Lukas steht bereits in einer ähnlichen Situation wie die Kirche heute. Die Wiederkunft Christi wird nicht mehr für die unmittelbare Zukunft erwartet, und vieles von dem, was die erste Generation der Kirche als Vorzeichen ansah, ist bereits Vergangenheit. Die Geschichte selbst wird so zur Auslegung des Evangeliums. Außerdem gewinnt der Alltag eschatologischen Charakter. Denn die Geschichte strebt auch im Hingang der Zeit dem Kommen Christi in Herrlichkeit zu.

(2) Die lukanische Gemeinde erlebt die Verfolgungen ihrer Gegenwart im Blick auf die Verfolgungen der ersten Gemeinden. Sie erkennt in ihnen die Zeichen, die der Vollendung vorangehen. In dieser Not wird sie ermuntert, auszuhalten und der Kraft des Evangeliums zu vertrauen. Die Kirche lebt in der Welt und in der Auseinandersetzung mit der Welt. In dieser Auseinandersetzung ist sie gehalten, sich am Evangelium zu orientieren, das immer neu auf die konkrete Gegenwart hin zu befragen ist.

(3) Zugleich tritt eine Verschiebung der Akzente im Grundverhalten der Christen ein: An die Stelle glühender Naherwartung und Vollendungssehnsucht tritt die kluge Prüfung der Situation von Welt und Kirche, die »Tugend« der Beharrlichkeit und der Treue zu Christus im Alltag sowie die Bereitschaft, für den Glauben an

Christus auch öffentlich einzutreten, wenn immer dies erforderlich ist. Erschlaffung von innen und Anpassung an die Umwelt, die den Christen ablehnend gegenübertritt, sind die Hauptgefahren, denen zu begegnen ist.

H. Leroy

II. Liturgisch-homiletische Vorüberlegungen

1. Liturgische Hinweise

Das »Gesicht des 33. Sonntags« als des vorletzten Sonntags im Jahreskreis wird eindeutig vom *Evangelium* her, Lk 21,5–19, bestimmt. Wahrscheinlich hat das bevorstehende Ende des Kirchenjahres die Perikopenauswahl mit beeinflußt. Auf die bange Frage der Jünger, wann denn das Weltende hereinbricht und ob es Anzeichen dafür gibt, erhalten sie von Jesus zur Antwort: »Laßt euch nicht irreführen!« Weder die Zerstörung des Jerusalemer Tempels, Israels Zierde und Stolz, bedeutet das Ende; noch sprechen jene, die den Messias-Namen für sich in Anspruch nehmen und die Endzeit als gekommen ausrufen, die Wahrheit. Selbst Krieg und Aufstände, so schrecklich sie sein mögen, sind in Gottes Ratschluß hineingenommen. Und wenn die Jünger um Jesu Namens willen Gewalt und Verfolgung erleiden müssen, dann sollen sie sich noch immer nicht bekümmern. Er selbst wird ihnen vor Gericht die rechten Worte eingeben. Allen, die in der Drangsal standhaft bleiben, wird kein Haar gekrümmt werden. Das Evangelium – ein wirkliches Trostwort für aufgewühlte Zeiten!

Zur endzeitlichen Thematik äußern sich ebenfalls, wenn auch aus je eigenem Blickwinkel, die beiden Lesungstexte. Die alttestamentliche *Erste Lesung*, Mal 3,19–20b, läßt den Propheten Drohworte gegen Priester und Volk richten, weil sie – unbelehrt von der vorangegangenen babylonischen Exilserfahrung – das Wort Gottes nicht ernstnehmen. Einzig jenen, die den Namen Jahwes fürchten, wird die »Sonne der Gerechtigkeit«, vgl. auch Gotteslob 644, leuchten. In der neutestamentlichen *Zweiten Lesung,* 2 Thess 3,7–12, ermahnt Paulus bestimmte Jüngerkreise in Thessalonich, wieder in Nüchternheit geregelter Arbeit nachzugehen. Dabei verweist er auf sein eigenes Beispiel; denn das erwartete Kommen des Herrn rechtfertigt keineswegs den Müßiggang.

Wie ein roter Faden durchzieht der endzeitliche Gedanke auch die Gebete des Propriums. Das *Tagesgebet* formuliert: »Laß uns begreifen, daß wir frei werden . . ., wenn wir in deinem Dienst treu bleiben.« Das *Gabengebet* spricht von der Hoffnung auf ewige Gemeinschaft mit Gott. Und das *Schlußgebet* erbittet Kraft von der heiligen Gabe, damit der Dienst an den Brüdern und Schwestern als Christusnachfolge im Alltag gelingt. Für alle Zeit stehen die Jünger unter dem Auftrag, den »Tod des Herrn zu verkündigen und seine Auferstehung zu preisen«, bis er wiederkommt. Und dazu erbitten sie sich in jeder Eucharistiefeier die Kraft.

2. Homiletische Hinweise

»Wenn ich das oder jenes nicht mehr habe, so mag ich auch nicht weiterleben«; so lautet ein namentlich unter jüngeren Zeitgenossen weit verbreitetes Wort. Wir dürfen solche Rede nicht unkorrigiert hinnehmen, aber wir sollten uns auch bewußt machen: Das bisherige, überflußreiche Leben hat denjenigen, der diese Auffassung vertritt, dazu geführt.

Der Stolz der Juden auf den Tempel in Jerusalem war verständlich, gehörte er doch zu den sieben Weltwundern der Antike. Ausgerechnet diesem Prachtbau sagt Jesus den Untergang voraus. Folgerichtig reagieren die Jünger bestürzt und fragen: »Ist das das Ende? Können wir da überhaupt noch weiterleben?« Jesus ermutigt sie zum Ausharren und warnt vor irrlichternden Unheilspropheten. Die Predigt müßte aufweisen, worauf letztlich Glaube und Leben gründen.

Im Unterschied zu den fünfziger Jahren, als der wirtschaftliche Neuaufbau für Aufbruchsstimmung sorgte, auch im Vergleich zu den siebziger Jahren, als die Parteien noch breite Bevölkerungsschichten zu mobilisieren vermochten (mit dem Slogan: »Mut zu mehr Demokratie!«), sind die achtziger Jahre von pessimistischer Stimmungslage geprägt: Weder vermag die Wirtschaft die Arbeitslosigkeit zu beseitigen noch besitzen die politischen Parteien jene Integrations- und Motivationskraft von damals. – Trotz Konzil und Gemeinsamer Synode befindet sich auch das kirchliche Leben in einer fundamentalen Krise. Zahlreiche Christen gehen auf Distanz zur Kirche oder lassen ihre Kinder nicht mehr taufen. Zukunftsangst hat viele Gläubigen erfaßt, und sie fragen sich: »Ist die Weitergabe des Lebens noch zu verantworten? Hat die Weitergabe des Glaubens noch einen Sinn?« Die Situation heute ist durchaus mit der Lage der zagenden Jünger im Evangelium vergleichbar. Auf diesem Hintergrund sollte der Prediger den Hörern Trost zusprechen und sie aufrichten.

Was vor zwei Jahrzehnten noch unvorstellbar schien, ist heute Wirklichkeit: Gurus aus dem Osten, adventistische Sektenprediger aus Amerika – alle gemeinsam auf Seelenfang . . . Mit dem Stichwort »New Age« wird suchenden Menschen ein neues Zeitalter verheißen. Jesu Wort aus dem Evangelium »Gebt acht, daß man euch nicht verführt! Denn viele werden in meinem Namen auftreten und sagen: Ich bin es . . . lauft ihnen nicht nach!« hat gewissermaßen über Nacht höchste Aktualität bekommen. Der Prediger, der über diese Thematik spricht, hat wichtige Aufklärungsarbeit zu leisten.

Verfolgung um des Glaubens willen ist gegenwärtig in unserer kapitalistischen Gesellschaft unbekannt. Doch zu gleicher Zeit erleiden Christen in zahlreichen Staaten unserer Welt um des Glaubens willen berufliche Nachteile, Zwangseinweisungen in psychiatrische Kliniken, Gefängnisse oder Arbeitslager. Für jene Verfolgten gilt das Trostwort Jesu: »Macht euch für eure Verteidigung keine Sorgen; denn ich werde euch die Worte und Weisheit eingeben, so daß eure Gegner nicht dagegen ankommen.« Weniger zur Aufklärung als aus Solidarität mit den verfolgten Ortskirchen wäre eine Predigt zu dieser Thematik für unsere Hörer empfehlenswert.

III. Zur Predigt: Gott enthebt aller Sorge

Kein Leben ohne Sorge
Die Sorge begleitet unseren Lebensweg wie Sonne und Regen. Zuerst sorgen sich junge Eltern um die Geburt eines gesunden Kindes; später, daß das Kind gut lernt und sein Leben eigenverantwortlich in die Hände nimmt. Seit etwa einem Jahrzehnt sorgen wir uns in der Bundesrepublik, daß die Arbeitsplätze erhalten bleiben bzw. neue geschaffen werden. Tag für Tag sorgen wir uns um eine unfall- und pannenfreie Heimkehr von den Straßen. Im Erwachsenenalter gilt unsere (Vor-)Sorge der Zeit des Alters. Schließlich möchten wir als Senioren unser wirtschaftliches Auskommen behalten und niemandem zur Last fallen. Als Christen sorgen wir uns letztendlich um eine gute Sterbestunde.

Niemand wird behaupten, daß diese Sorgen nebensächlich wären. Und doch wissen wir: Trotz der Sorge, sind all jene Anliegen letztlich unserer Verfügung entzogen.

Sorgt nicht ängstlich!
Von Kindheit an kennen wir das Mahnwort Jesu aus der Bergpredigt: »Sorgt euch nicht ängstlich! Euer Vater im Himmel weiß ja, was ihr braucht«, vgl. Mt 6,19–34. Ab wann sorgen wir uns eigentlich ängstlich? Ängstlich sorgen wir uns immer dann, wenn wir meinen: Das Gelingen hängt einzig von unserer Tüchtigkeit ab. Die ängstliche Sorge traut Gott nicht zu, daß er unser Leben mit den vielen Ungesichertheiten in seinen Händen hält. Bei genauem Hinsehen deckt ängstliche Sorge stets mangelndes Gottvertrauen auf, oder m. a. W.: sie zeigt einen zu kleinen Glauben.

In Sorge um das Reich Gottes
Jesus kritisiert jedoch nicht nur unsere übertriebene, angstvolle Sorge, sondern er gibt uns auch jenen Bereich an, dem wir unsere Sorge ungeteilt widmen sollen: »Sorgt euch um das Reich Gottes und um die Ausbreitung seiner Gerechtigkeit», Mt 6,33! Tatsächlich haben während der 2000 Jahre, seit Jesus diesen Auftrag erteilt hat, die Jünger sein Anliegen zu dem ihren gemacht. Von der ersten Generation an erwies sich jedoch das Glaubenszeugnis als riskant und gefährlich. Zum einen haben viele Menschen ihre Ohren der Botschaft verschlossen, zum anderen sind zahlreiche Jünger »um Jesu Namens willen« verfolgt und hingerichtet worden. Glaubensverfolgungen gehören jedoch keineswegs der Vergangenheit an. Noch heute widerfährt vielen Christen auf der Welt das gleiche Schicksal: berufliche Nachteile, Gefängnis und Lagerhaft; oder – wie im Fall des Erzbischofs *Oscar Romero* – Meuchelmord. Frauen und Männer werden vor Gerichte gezerrt und oft verleumderisch angeklagt. Schließlich will man sich diese Mahner des Gewissens wie z. B. *Rupert Mayer* nicht nur vom Leib schaffen, sondern auch die möglichen Nachfolger abschrecken.

Sorgenfrei, trotz Glaubensbedrängnis ...
Das heutige Evangelium enthält ein Wort von Jesus, das sich seine Jünger für den Fall der Verfolgung einprägen sollen. Sie brauchen sich nämlich vor keinem Gericht zu fürchten. Sie brauchen sich auch keine Verteidigungsrede zurechtzulegen, mit der sie für Christus

ehrenvoll Zeugnis ablegen. Vielmehr wird sie der Auferstandene, den sie vor dem Richter bezeugen sollen, selbst mit solcher Kraft und göttlicher Weisheit ausstatten, daß die Verfolger darob verstummen. Ihre Worte werden von jenem Optimismus durchherrscht sein, der den Siegeszug des Evangeliums seit Ostern begleitet.

... denn er sorgt für die Seinen

Die Jünger sind jedoch nicht der Macht und Willkür ihrer Verfolger preisgegeben. Vielmehr hält Gott in allem seine schützende Hand über seine Getreuen. Dafür verwendet das Evangelium das Bildwort: »Nicht einmal ein Haar wird von eurem Haupt verlorengehen.« Weder die leidenschaftliche Verfolgung der Gegner noch der Abfall vom Glauben sichern das Leben, sondern einzig die eigene Ausdauer und das Vertrauen in Gottes Fürsorge. »Wer in das Gefängnis soll«, schreibt Johannes als Verfasser des Buches der Offenbarung, »der gehe ins Gefängnis. Wer durch das Schwert sterben soll, der muß mit dem Schwert getötet werden; denn darin zeigt sich das Gottvertrauen der Heiligen«, Offb 13,10. Und Paulus, der um des Gottesreiches willen wahrhaftig genug an Verfolgungen erlitten hat, fügt hinzu: »Was immer auch sein mag, Gott läßt den Seinen nichts widerfahren, was ihnen nicht zum Heile dient«, Röm 8,28.

E. Schulz

Vierunddreissigster Sonntag
Christkönigsfest

Lk 23,35–43

I. Bibeltheologische Vorüberlegungen

1. Stellung, Struktur, Gattung der Perikope

Der Abschnitt handelt von der Lästerung des Gekreuzigten. Lukas hat die Markus-Fassung nicht einfach übernommen, sondern selbst gestaltet. Das wird in Umstellungen, Auslassungen und Einfügungen deutlich, wie die Einzelauslegung darstellen soll.

Die Szene gestaltet zwei Aspekte: Vor der Kulisse des schaulustigen Volkes, V. 35a, verspotten die Volksführer den Gekreuzigten, V. 35b, ebenso wie die Soldaten, V. 36f. Die Erwähnung des Titulus über dem Kreuz, V. 38, eröffnet den zweiten Aspekt, der in sich antithetisch gehalten ist. Dem lästernden Übeltäter am Kreuz, V. 39, ist der gegenübergestellt, der ihm die Lästerung verweist, V. 40, und Jesu Unschuld beteuert, V. 41, und – dies der Gipfel der dreiteiligen Klimax – ihn um sein Gedenken bittet, V. 42. Die Bitte wird gewährt in einem Wort des Gekreuzigten, das nur Lukas überliefert, V. 43. Damit schließt die Szene.

2. Einzelauslegung

V. 35 Das Volk wird als stummer Zeuge genannt. Vor seinen Augen ereignen sich die Beschimpfungen des Gekreuzigten durch Volksführer, Soldaten und einen der Gehenkten, aber auch das Bekenntnis des anderen Übeltäters und die Gewährung der Bitte durch Jesus. Erst nach dem Tod, der von Jesu letzten Worten, V. 46, und von wunderbaren Ereignissen begleitet ist, V. 44f, wird von der stummen Reaktion des Volkes gesprochen. Auf das Bekenntnis des Zenturio hin, V. 47, schlagen sie an ihre Brust, V. 48. Lukas übergeht, was Mk 15,29a zu berichten weiß, daß die Vorübergehenden den Kopf schütteln, womit Ps 22,9 in die Darstellung der Passion aufgenommen ist. Auch das Wort vom Niederreißen und Aufrichten des Tempels, das die Vorübergehenden nach Mk 15,29 b höhnisch dem Gekreuzigten entgegenrufen, bringt Lukas nicht; er hat es schon beim Prozeß Jesu übergangen, vgl. Lk 22,66 neben Mk 14,58. Das Wort gegen den Tempel paßt auch nicht recht zur sonst zu beobachtenden Tempelfrömmigkeit des Lukas, vgl. Lk 24,53; Apg 5,42 u. ö. Das Volk ist nach Lukas an der Verspottung Jesu nicht beteiligt.

Dagegen werden die Volksführer als die eigentlichen Lästerer genannt. Sie sind nicht wie bei Mk 15,31 als Hohepriester und Schriftgelehrte gekennzeichnet: Gruppe steht neben Gruppe; die lästernden Führer vor dem stummen Volk. Das Spottwort, das Mk 15,31 vorgegeben ist und von Mt 27,42 wörtlich übernommen wird: »Andere hat er gerettet, sich selbst kann er nicht retten« wird von Lukas verschärft: »Andere hat er gerettet, soll er sich selbst retten!« Doch während Markus und in seinem Gefolge Matthäus die Selbstrettung als Herabsteigen vom Kreuz näher bestimmen, übergeht Lukas dieses Moment ganz und verlegt den Ton auf den Nachsatz: »Wenn dieser wirklich der Messias Gottes ist, der Erwählte.« Lukas vermeidet im Munde der Juden den Titel »König Israels« und setzt unmißverständlich messianische Termini: »Der Messias Gottes«, 9,20; vgl. 2,26, und »der Erwählte«, wie Jesus bei der Verklärung von der Himmelsstimme bezeichnet wird, 9,35. Damit ist auf den in der Urgemeinde messianisch interpretierten alttestamentlichen Typos des Gottesknechtes verwiesen, vgl. Jes 42,1. Die Volksführer lästern Jesus als den leidenden Messias, was für die jüdische Messiaserwartung eine unmögliche Vorstellung war. Sie spotten somit über den Glauben der Gemeinde, für die Lukas schreibt.

V. 36 Dem Spott der Volksführer schließt sich der der Soldaten an. Lukas stellt dem lästernden Wort die Tränkung Jesu mit Essig voran, von der er wohl aus Mk 15,36 a wußte. Ob das Darreichen von mit Myrrhe vermischtem Wein, das Mk 15,23 vor der Kreuzigung erwähnt, der eigentliche Anlaß für das Aufgreifen dieses Motivs ist, läßt sich schwer entscheiden. Eindeutig versteht der Evangelist die Essigspende als Verhöhung, wobei wohl Ps 69,22 die Richtung gewiesen hat.

V. 37 f Das Lästerwort der Soldaten gleicht dem der Volksführer: »Wenn du der König der Juden bist, rette dich selbst!« Die heidnischen Soldaten bezeichnen Jesus mit dem Titel, den sie offenbar von der Tafel über dem Kreuz ablesen, V. 38.

V. 39 Die kurze Notiz Mk 15,32b, daß die Mitgekreuzigten Jesus lästern, ist zu einer größeren Szene ausgebildet, die insofern die Überlieferung variiert, als nur noch von der Lästerung des einen die Rede ist, während der andere ihm nicht nur solches verweist, sondern im Gegenteil ein bittendes Bekenntnis zu Jesus ablegt. Nicht von ungefähr vermeidet Lukas auch den Markus-Ausdruck »Mitgekreuzigte« und spricht von »gehenkten Übeltätern«, um Jesus allein als den »Gekreuzigten« erscheinen zulassen. Das Wort Kreuz hat bereits religiösen Klang für Lukas und seine Leser.

Zum drittenmal – und nun mit einem die Blasphemie an den Rand der Paradoxie weiterführenden Zug – wird Jesus als Messias angesprochen und aufgefordert, sich selbst zu retten »und uns«. Damit ist lästerlich pervertiert, was der Glaube bekennt: Daß Jesus in seinem Tod die Rettung aller ist. Das Wort fehlt in einigen Zeugen des westlichen Textes, ist aber in den ältesten Handschriften belegt.

V. 40f Der andere Gehenkte verweist zunächst auf die sinnfällige Tatsache, daß sie alle drei demselben Urteil unterworfen sind. Doch wird der Unterschied sofort hervorgehoben: Die beiden empfangen gerechte Vergeltung für ihr Tun, für Jesus aber wird anerkannt, daß er nichts verbrochen habe. So erscheint er nach den Worten des Schuldigen als der unschuldig die Strafe der Sünder duldende Gerechte.

V. 42 Dieses Glaubenserkenntnis ist Grund der Bitte, die an Jesus gerichtet werden kann. Der leidende Messias führt die Gottesherrschaft herauf durch seinen unschuldig erduldeten Tod. »Gedenke meiner, wenn du mit deinem Reiche kommst!« Das Wort hat die Vollendung der Basileia im Blick.

Der Zusammenhang des Kommens der Basileia mit dem Tode Jesu ist herausgestellt. Das Reich kann geradezu als Reich Jesu bezeichnet werden. Diese Bitte nimmt die österliche Erfahrung vorweg, daß Gott sich im Tode Jesu zu dem gelästerten Gekreuzigten bekennt.

V. 43 Die Antwort Jesu ist eine Verheißung, die in die Sprache rabbinischer Theologie gefaßt ist. Das Paradies, die »zukünftige Welt«, bezeichnet die Vereinigung mit Gott. Diese Vereinigung wird der in apokalyptischer Zukunftserwartung gesprochenen Bitte für »heute«, also für die unmittelbar bevorstehende Gegenwart verheissen. Da also schon erfährt der Bittende das »Kommen Jesu in seinem Reiche.« Der Glaube an Gottes Heilsmacht, die sich im Tode des gelästerten Gekreuzigten verhüllt offenbart, gewährt in der Gemeinschaft des Kreuzes die Vereinigung mit Gott. Es liegt auf der Hand, daß damit die historische Szenerie gedeutet ist durch die Glaubensverkündigung, die Jesu Tod bereits in österlichem Licht zu sehen vermag. Anders konnten die ersten Gemeinden nicht davon sprechen, daß ihr Herr am Kreuz gestorben war. In der Tat zeigt sich ja auch lediglich das Faktum des Kreuzestodes Jesu dem historisch prüfenden Blick; die Heilsbedeutung dieses Ereignisses erkennt nur der dem geisterfüllten Zeugnis des Evangeliums geöffnete Glaube.

3. Theologische Würdigung

(1) Die Betonung der Lästerung des Gekreuzigten durch die lukanische Darstellung gestattet eine Vertiefung in der Predigt. Volksführer, Soldaten und selbst einer der Gehenkten fordern Jesus auf, sich selbst zu retten und dadurch seine Messianität unter Beweis zu stellen. Ist dem Juden der am Holze Hängende ein von Gott Verfluchter, vgl. Dtn 21,23, und dem Bürger Roms schon das Wort Kreuz eine Zumutung (Cicero), so wirkt Jesus die Rettung aller gerade dadurch, daß er sich selbst preisgibt. Im leidenden Messias offenbart sich der Heilswille Gottes.

(2) Jesu Leiden und Sterben geschieht stellvertretend für die Schuldigen. Er ist »der Erwählte«, der »Knecht Jahwes«, der unschuldig die Qual der Lästerung und des Todes erträgt. Der Glaube an ihn und sein stellvertretendes Leiden ermöglicht selbst dem Schuldigen, die Gemeinschaft mit Gott zu erhoffen und sein Leiden als Gemeinschaft mit den Leiden des Christus zu begreifen.

(3) Der Niedrigkeitsweg Jesu eröffnet dem Glaubenden die Zuversicht auf Gottes Handeln in der menschlichen Ungesichertheit, ja noch im Preisgegebensein an das Leid und den Tod. Damit wird das Schwache und dem gesunden Empfinden Unerträgliche nicht ungebührlich glorifiziert, sondern dem Menschen in seinem Leben der Ort der Erfahrung seiner Abhängigkeit und seiner Furcht vor dem Ungewissen als Ort des heilsmächtigen Handelns Gottes bezeichnet. Das Kreuz Jesu macht das Kreuz im menschlichen Leben zum Weg in die Gemeinschaft mit Gott.

H. Leroy

II. Liturgisch-homiletische Vorüberlegungen

1. Liturgische Hinweise

Die Einführung des Königtums in Israel war nicht unumstritten. Samuel warnte davor, doch das Volk beharrte: »Nein, ein König soll über uns herrschen. Auch wir wollen wie alle anderen Völker sein«, 1 Sam 8,19f. Dem steht gleichzeitig das Bewußtsein gegenüber, daß Jahwe allein der König Israels ist. Das Volksbegehren nach einem irdischen König konnte in kritischer Interpretation durchaus als Angriff auf die Alleinherrschaft Gottes empfunden werden: »Ich soll nicht mehr ihr König sein«, 1 Sam 8,7. Samuels Lage ist zwiespältig: Er erfüllt den Wunsch des Volkes und salbt Saul zum ersten König Israels, gleichzeitig ist er zutiefst skeptisch: »Ihr aber habt heute euren Gott verworfen, der euer Retter in allen Nöten und Bedrängnissen war . . .«, 1 Sam 10,19. Indem Samuel den Finger auf diese Wunde legte, trug er dazu bei, den Glauben wachzuhalten, der die Geschichte Israels bleibend prägte: »Der Herr ist König«, Ps 93,1; 96,10; 97,1; 99,1 u.a. Die Königspsalmen, vgl. z.B. Ps 47; 145, besingen immer wieder, was der *Kommunionvers* zusammenfaßt: »Der Herr thront als König in Ewigkeit«, Ps 29,10.

Höhepunkt der Königsgeschichte Israels ist die Zeit Davids. David verkörpert den idealen König, wenngleich auch sein Weg nicht ohne Brüche verläuft. Die *Erste Lesung* berichtet davon, wie David, der bereits zum König von Juda gesalbt worden war, nun auch zum König Israels gesalbt wird. Damit ist ein Doppelkönigtum geschaffen, das auch in politischer Hinsicht eine Blütezeit darstellt, nach der sich das Volk noch nach Jahrhunderten zurücksehnte.

Die Geschichte der folgenden Könige ist eine Geschichte des Niedergangs und des Abfalls vom einstigen Ideal. Die Hoffnungen und Projektionen richten sich deshalb auf den idealen König der Zukunft. »Er wird Recht verschaffen den Gebeugten im Volk, Hilfe bringen den Kindern der Armen . . .«, Ps 72,4. Je bedrückender die Situation des Volkes wird, desto größer werden die Erwartungen an diesen Messiaskönig, vgl. Jes 9,1–6; 11,1–9: »Er verkündet für die Völker den Frieden; seine Herrschaft reicht von Meer zu Meer und vom Eufrat bis an die Enden der Erde«, Sach 9,10.

Jesus knüpft in seiner Verkündigung an den Gedanken des Königtums Jahwes an. Im Zentrum seiner Predigt steht die Botschaft: »Die Zeit ist erfüllt, die (Königs-) Herrschaft Gottes ist nahe«,

Mk 1,15. Mit ihm selbst ist diese Gottesherrschaft bereits angebrochen. Deshalb können die Evangelisten – vor allem von der Retrospektive der Auferstehung her – das den Juden vertraute Messiasbild auf Jesus projizieren: »Gepriesen sei, der kommt im Namen des Herrn; gepriesen sei das Reich unseres Vaters David, das nun kommt«, Mk 11,9 f als *Halleluja-Vers*. Jesus paßt aber in dieses Bild vom kommenden messianischen König nicht hinein. Das *Evangelium* hebt vor allem auf diesen scheinbaren Gegensatz ab: Der titulus crucis weist Jesus in zynischem Spott als »König der Juden« aus, doch jeder messianische Anspruch erscheint durch den schimpflichen Tod am Kreuz widerlegt. Diese Paradoxie macht die Pointe des Evangelientextes aus: »Bist du denn nicht der Messias? Dann hilf dir selbst und auch uns!«, Lk 23,39. Trotz dieser Paradoxie bekennt sich einer der mitgekreuzigten Verbrecher zum Messiaskönig: »Jesus, denk an mich, wenn du in dein Reich kommst (andere Übersetzung: Wenn du mit deiner Königsmacht kommst)«, Lk 23,42. Und wie selbstverständlich nimmt Jesus in einem seiner letzten Worte messianische Vollmacht in Anspruch und verheißt dem wider allen Augenschein Glaubenden einen Platz im Paradies.

Die nachösterliche Szene sieht wieder anders aus. Das Bekenntnis zum Kyrios, der – aufgefahren in den Himmel – zur Rechten Gottes sitzt, steht unangefochten im Mittelpunkt. Das *Tagesgebet* faßt es zusammen: »Du hast deinem geliebten Sohn alle Gewalt gegeben im Himmel und auf Erden.« In sein Reich sind die Christen aufgenommen, betont die *Zweite Lesung*. Die alttestamentliche Vorstellung von der kosmischen Königsmacht Gottes wird auf Christus übertragen: Er ist »das Ebenbild des unsichtbaren Gottes, der Erstgeborene der ganzen Schöpfung« (*Zweite Lesung*) und wurde »zum Haupt der neuen Schöpfung gemacht« (*Tagesgebet*). Als »König der ganzen Schöpfung« will er uns Anteil geben »an seiner Herrschaft und am ewigen Leben« (*Schlußgebet*). Viele der alttestamentlichen Attribute des Gottkönigs werden auf Christus angewendet: Er befreit von der Macht des Bösen (*Tagesgebet*), verfügt über »Reichtum und Weisheit, Kraft und Ehre« (*Eröffnungsvers* nach Offb 5,12) und wird »allen Völkern Einheit und Frieden« schenken (*Gabengebet*). Doch verhalten schimmert immer noch die Paradoxie des *Evangeliums* durch: Es ist »das Lamm, das geschlachtet ist«, dem »die Herrlichkeit und die Herrschermacht« zukommen (*Eröffnungsvers*).

2. Homiletische Hinweise

Als *Pius XI.* 1925 aus Anlaß der 1600-Jahr-Feier des Ersten Allgemeinen Konzils von Nizäa das Christkönigsfest einführte, sah er in der Betonung der Königsherrschaft Christi ein Gegensymbol gegen die modernen Zeitströmungen. Zu viel hat sich inzwischen gewandelt, als daß man diese Idee noch in der damaligen Intention übernehmen könnte. Ein besserer Ansatzpunkt wäre die Predigt Jesu von der nahegekommenen Gottesherrschaft. Sie bildet den Kern seiner Verkündigung und ist geradezu ein Schlüssel zum Verständnis seines Lebens und Sterbens. Wo Gott in Jesus seine Herrschaft aufzurichten beginnt, da müssen die Pseudoherrschaften anderer Mächte zurücktreten. Die gesamte Wertordnung wird relativiert, wo die »Gottesherrschaft als Handlungsprinzip« (*Helmut Merklein*) anerkannt wird.

Das *Evangelium* des Tages setzt jedoch nochmals einen anderen Akzent, der für die Predigt bestimmend sein muß: Es betont die Andersartigkeit des Königtums Christi, das den gängigen Königsbildern zuwiderläuft. Jesus erscheint fast wie ein Anti-König, auf den keines der königlichen Klischees zutrifft. Der König am Kreuz – in diesem Paradox werden die messianischen Wunschbilder unterlaufen und korrigiert. Darauf sollte die Predigt den Schwerpunkt legen, gerade weil in der Folgezeit immer mehr Glanz und Gloria des Weltenkönigs Christus in den Vordergrund gestellt wurden. Bei aller Bedeutung, die die Christus-Pantokrator-Vorstellung hat (vgl. die *Zweite Lesung*), wird vom *Evangelium* das Bewußtsein wachgehalten, daß es der König mit der Dornenkrone ist, dessen Fest wir heute feiern.

Das »Gegenbild« eines Königs, das im Evangelium aufscheint, mag manche Hörer positiv überraschen, vor allem diejenigen, die mit »König« negative Assoziationen verbinden: Absolutismus, Reichtum auf Kosten anderer, Standesdünkel u. ä. Andere werden verunsichert sein, vor allem diejenigen, für die »König« ein positiv gefüllter Begriff ist, der eigene Sehnsüchte und Projektionen mobilisiert. Bei ihnen kann mit innerem Widerstand gerechnet werden, wenn sie ihr Bild vom großen Weltenkönig Christus, in dessen Gefolgschaft sie sich wissen, gefährdet sehen. Das Aufbrechen dieses Bildes muß deshalb behutsam, am besten auf narrative Weise geschehen. Damit werden auch die eigenen Machtphantasien und »Königswünsche« unter einen neuen Blickwinkel gestellt.

Ziel der Predigt ist es, den Hörerinnen und Hörern die Paradoxie des Königtums Jesu Christi zu erschließen und damit die eigenen »Königsphantasien« produktiv zu verändern.

III. Zur Predigt: Vom Stall zum Kreuz

Der Titel »König«, den der heutige Festtag Christus zuschreibt, begegnet uns vor allem am Anfang und am Ende der Lebensgeschichte Jesu. Am Ende steht dieser Titel als Spottinschrift über dem Kreuz, am Anfang führte der Stern jene, die den »König der Juden« suchten, in einen Stall. Vom Stall zum Kreuz – eine ungewöhnliche Karriere für einen König!

Die Erzählung vom Vierten König
Eine russische Weihnachtslegende schildert den Weg vom Stall bis zum Kreuz am Lebensschicksal eines anderen Königs. Diese Legende vom »Vierten König« berichtet davon, daß nach der Geburt Jesu nicht drei, sondern vier Könige sich auf den Weg machten, um dem Stern zu folgen, der sie zu dem Kind führen sollte. Nicht Weihrauch, Gold oder Myrrhe, sondern drei kostbare Edelsteine führte der vierte König als Gabe mit sich. Unterwegs findet er im Staub des Straßenrandes ein nacktes Knäblein, blutend aus fünf roten Wunden und dem Tod nahe. Er hebt es auf, bringt es in ein Dorf und opfert einen seiner drei Edelsteine, um das Kind gesundpflegen zu lassen.

Als er weiterzieht, begegnet ihm ein Leichenzug, begleitet von einer Mutter mit ihren Kindern, die um ihren Vater trauern. Weil er in Schulden gestorben ist, sollen die Kinder als Sklaven verkauft werden. Mit seinem zweiten Edelstein kann der König die Schuld bezahlen und die Familie retten.

Seinen dritten und letzten gibt er hin, um die Männer eines ganzen Dorfes freizukaufen, die von Soldaten gefangen wurden. Schließlich verschenkt er auch noch sein Pferd, und als er sieht, wie ein Sklave wegen Ungehorsams gegenüber seinem Herrn von Frau und Kindern weg als Ruderknecht auf eine Galeere geschickt werden soll, da bietet er sich selbst als Lösegeld an und geht als Rudersklave auf das Schiff.

Jahre um Jahre vergingen, und sein Haar war schon grau geworden, als man ihn endlich entließ. Er befand sich in einem fremden Land, inmitten einer Menschenmasse, die vor die Stadt strömte, um einer Hinrichtung beizuwohnen. Es war die Hinrichtung Jesu. Den König traf der Blick des Gekreuzigten, und er erkannte plötzlich, daß er das Ziel gefunden hatte, zu dem er ein Leben lang gepilgert war. Er sank in die Knie und streckte ihm seine leeren Hände entgegen. Da fielen, so heißt es in der Legende, drei Tropfen Blut in die offenen Hände des Königs. Sie waren leuchtender als drei Edelsteine.

Begegnung zweier Könige
Der eine – am Kreuz – hat so gar nichts von dem an sich, was das Volk von seinem Messiaskönig erwartet. Der andere – unter dem Kreuz – entspricht gar nicht dem Bild der »Heiligen Drei Könige«: Um drei Jahrzehnte zu spät gekommen, mit leeren Händen findet er sich unter dem Kreuz. Und doch hat die Begegnung etwas Königliches an sich: Drei Tropfen Blut, vielleicht die letzten, schenkt der eine – leuchtender als drei Edelsteine sind sie – dem anderen.

Der vierte König der russischen Legende – er mußte Abschied nehmen von seiner alten Königsrolle. Die Phantasien von Macht und Reichtum mußten auf seinem langen Lebensweg allmählich zerbrechen. Das Gipfeltreffen der Könige fand ganz anders statt als erwartet. Und wenn diese Geschichte auch nicht in der Bibel steht, sie rührt an den Kern dessen, worum es auch dem heutigen Evangelium geht: um den anderen König, der keine Ähnlichkeit hat mit den Königen, die wir aus der Geschichte oder den Illustriertenberichten der Gegenwart kennen. Auf ihn trifft zu, was die alten Lieder Israels über den verheißenen König der Zukunft sangen: »Er erbarmt sich des Gebeugten und Schwachen, er rettet das Leben der Armen«, Ps 72,13.

Abschied von falschen Königsphantasien
Das ist der König, dessen Fest wir heute feiern; und wenn wir ihm nachfolgen wollen, müssen wir Abschied nehmen von falschen Königsphantasien. Wer diesem König folgt, der noch im Sterben dem Verbrecher Vergebung zugesprochen hat, der muß damit beginnen, Schritt für Schritt die Zacken aus der eigenen Krone zu brechen. Nur wer mit leeren Händen und offenem Herzen vor den Dornenge-

krönten tritt, wird die Edelsteine aus der Hand des wahren Königs empfangen können.

Von der heiligen Elisabeth wird erzählt, sie habe – gegen die Gewohnheit ihrer Zeit – jedesmal ihre Krone abgelegt, wenn sie zum Gottesdienst die Kirche betrat. Sie mag geahnt haben, daß nur einer in Wahrheit König ist, und daß dieser König anders ist als die gekrönten Häupter ihrer Zeit. Auch die Kirche, auch wir dürfen nicht vergessen, daß der Königstitel Jesu, den wir heute feiern, auf ein Holzbrett geschrieben war, angenagelt an den Balken des Kreuzes.

K. Roos

Anschriften der Mitarbeiter

Konrad Baumgartner, Blumenstraße 16, 8417 Lappersdorf 2
Gottfried Bitter, Auf der Neide 3, 5480 Remagen
Fritz Boo, St. Josef-Straße 26, 6650 Homburg-Jägersburg
Roland Breitenbach, Florian-Geyer-Straße 11, 8720 Schweinfurt
Heinrich Bücker, Hammer-Straße 61, 4370 Marl-Sickingmühle
Josef Danko, Vinzenz-Pallotti-Straße 14, 8904 Friedberg
Franziskus Eisenbach, Bischofsplatz 2, 6500 Mainz
Erich Garhammer, Alter Stadtweg 10, 8401 Pentling
Bernd Grandthyll, Langweiler Weg 23–25, 6604 Saarbrücken-Fechingen
Jürgen Grehl, Hans-Purrmann-Straße 22, 6708 Neuhofen
Rudolf Haderstorfer, Stadelheimer Straße 12, 8000 München 90
Peter Hinsen, Vinzenz-Pallotti-Straße 14, 8904 Friedberg
Dietmar Höffe, Moselweißer-Straße 122–128, 5400 Koblenz 1
Florian Huber, Paulinum, A-6130 Schwaz
Heinrich Jacob, Am Natruper Steinbruch 5,
Paul Jakobi, Großer Domhof 10, 4950 Minden
Herbert Kaefer, Germanusstraße 40, 5100 Aachen
Heinrich Kahlefeld († 5. März 1980)
Franz Kamphaus, Roßmarkt 4, 6250 Limburg
Dieter Katte, Breisacherstr. 9a, 8000 München 80
Karl Kertelge, Johannisstraße 8–10, 4400 Münster
Otto Knoch, Steinweg 15, 8390 Passau
Wolfgang Knörzer, Tannbachweg 2, 7075 Mutlangen
Fritz Köster, Probsteistr. 2, 5407 Boppard 2
Heinz Kombrink, An der Wihokirche 14, 4500 Osnabrück-Hellern
Georg Kraus, Salinweg 71, 8209 Schloßberg
Udo Leiser, St. Martin-Straße 16, 8702 Helmstadt
Herbert Leroy, Wilhelm-Hauff-Straße 28/17, 8900 Augsburg
Karl Löning, Jupiterweg 22, 4400 Münster
Karl Maly, Im Heegholz 47, 6458 Rodenbach 2
Josef Meyer zu Schlochtern, Westerholter Straße 9, 4650 Gelsenkirchen-Buer
Ludwig Mödl, Schöneggstr. 7, CH-6048 Horw
Franz Mußner, Domplatz 8, 8390 Passau
Rudolf Pesch, Herzog-Heinrich-Straße 18, 8000 München 2
Wilhelm Pesch, Liebfrauenstraße 3, 6500 Mainz

Josef Pfammatter, Alte Schanfiggerstraße 7, CH-7000 Chur
Franz Richardt, Hörsterplatz 5, 4400 Münster
Klaus Roos, Kreuzstraße 44a, 8722 Bergrheinfeld
Wilhelm Schäffer, Quiddestraße 35, 8000 München 83
Heinrich Schlier († 26. Dezember 1978)
Wilhelm Schmidt, Hervester Straße 53a, 4370 Marl
Franz Schnider, Hofgartenweg 11, 8400 Regensburg
Anselm Schulz, Kirchbergstraße 11, 8193 Holzhausen
Ehrenfried Schulz, Viktoriastraße 4, 8000 München 40
Otto Schwankl, Alois-Muttenhammerstraße 7, 8391 Ruderting
Alois Schwarz, Markt 1, A-2851 Krumbach
Adolf Smitmans, Bergsteige 10, 7475 Meßstetten
Michael Spitz, Don Bosco-Straße 1, 8174 Benediktbeuern
Werner Stenger, Gronewaldstraße 2, 5000 Köln 1
Klaus Stock, Landshuterstr. 65, 8400 Regensburg
Wolfgang Trilling, Karl-Heine-Straße 100, DDR-7031 Leipzig
Josef Übelmesser, Königstraße 64, 8500 Nürnberg 1
Manfred Unsin, Elisabethenstraße 32, 7000 Stuttgart 1
Hubert Windisch, Dornierstraße 16, 8400 Regensburg
Anton Zottl, Domberg 26b, 8050 Freising

